大国通史丛书

总主编 钱乘旦

德国通史

A History of Germany

邢来顺 吴友法 主编

【第一卷】

封建帝国时代

（公元 1500 年以前）

王亚平 著

江苏人民出版社

图书在版编目(CIP)数据

德国通史. 第一卷/王亚平著. --南京:江苏人
民出版社,2019.3(2025.10重印)
ISBN 978 - 7 - 214 - 21492 - 8

Ⅰ.①德… Ⅱ.①王… Ⅲ.①德国-历史 Ⅳ.
①K516.0

中国版本图书馆 CIP 数据核字(2017)第 274875 号

书　　　名	德国通史·第一卷　封建帝国时代(公元 1500 年以前)
主　　　编	邢来顺　吴友法
著　　　者	王亚平
策　　　划	王保顶
责 任 编 辑	叶子帆　洪　扬
装 帧 设 计	刘葶葶
责 任 监 制	王　娟
出 版 发 行	江苏人民出版社
地　　　址	南京市湖南路 1 号 A 楼,邮编:210009
照　　　排	江苏凤凰制版有限公司
印　　　刷	江苏凤凰新华印务集团有限公司
开　　　本	652 毫米×960 毫米　1/16
印　　　张	221　插页 24
字　　　数	2 965 千字
版　　　次	2019 年 3 月第 1 版
印　　　次	2025 年 10 月第 3 次印刷
标 准 书 号	ISBN 978 - 7 - 214 - 21492 - 8
定　　　价	780.00 元(精装)

(江苏人民出版社图书凡印装错误可向承印厂调换)

总　序

此六卷本《德国通史》乃国家社科基金重大项目（项目批准号：13&ZD104）的最终研究成果。

德国乃当今世界上具有重要影响力的国家，无论是在政治、经济、军事方面，还是在科技教育和思想文化等领域，都对欧洲乃至世界文明进程产生过巨大的影响。纵观经历一千多年历史发展的德国，有如滔滔奔腾的江河，在曲折和险阻中前行，终归大海。她有过雄霸欧洲的辉煌，也曾遭受他国的欺凌；虽数度战败，却能如神话中的不死鸟，灰烬中振翅重生；虽历经民族分裂的磨难，却最终归于统一；她曾是世界大战的策源地，却也是无数文化巨擘和科技精英成长的摇篮。而今，历尽沧桑的德国终于成为爱好和平的欧洲大家庭的一员，成了一体化的欧洲联盟的稳定之锚，成了令人向往的政治稳定、经济发达、社会和谐、文化繁荣的国度。

鉴于德国在世界上的这种重要影响力和历史发展的独特性，我国史学界对之表现出浓厚兴趣，已经推出了大量研究成果。而编撰一部高质量的德国通史也一直是学界的强烈期待和努力目标。

一

在我国，早期出现的几部德国通史类著述都是引进版的。1935 年由商务印书馆出版的德国著名历史学家约翰内斯·哈勒尔（Johannes Haller）的《德国史纲》（Die Epochen der deutschen Geschichte）①可谓在中国出版的第一部德国通史著作。该著作共十二章，简略介绍了自远古时期至 19 世纪后半期俾斯麦时代的德国历史。此后由于抗日战争爆发等原因，我国学界有关德国通史类著作的翻译和编撰出现了多年的沉寂。

中华人民共和国成立后，20 世纪 50 年代，东德马克思主义史学家维纳·洛赫到北京大学开设德国史讲座，不仅培养了新中国第一代德国史学者，其讲稿还被整理翻译出版，即大家熟知的《德国史》。② 这是在我国出版的第一部以"科学社会主义"思想为指导的德国通史，阐释了自远古至 20 世纪 50 年代中期的德国历史，对于在我国普及德国历史知识起了非常重要的作用。但是，作为一部德国通史类著作，在长达 700 页的篇幅中，1525 年德国农民战争之前的整个德国古代中世纪历史仅以 20 多页的"德国史引论"的方式加以处理，而 1918 年—1956 年三十多年的德国现当代史，却占用了全书一半以上的篇幅。就此而论，它更像是一部德国近现代史。

20 世纪 80 年代中期，商务印书馆开始出版著名的格布哈特《德意志史手册》第 9 版中译本，书名为《德意志史》。③ 该书分为"古代和中世纪"

---

① 哈勒尔：《德国史纲》，魏以新译，商务印书馆 1935 年版。
② 维纳·洛赫：《德国史》，北京大学历史系世界近现代史教研室译，生活·读书·新知三联书店 1959 年版。
③ 卡尔·迪特利希·埃尔德曼等：《德意志史》，第四卷，高年生等译，商务印书馆 1986 年版；卡尔·艾利希·博恩等：《德意志史》，第三卷，张载扬等译，商务印书馆 1991 年版；马克斯·布劳巴赫等：《德意志史》第二卷，陆世澄等译，商务印书馆 1998 年版；赫伯特·格隆德曼等：《德意志史》，第一卷，张载扬等译，商务印书馆 1999 年版。

"从宗教改革到专制主义结束""从法国大革命到第一次世界大战"和"世界大战时期"等4卷，叙述了从远古到1950年为止的德国历史。《德意志史》的一个重要特色是突出政治史。以第三卷为例，该卷叙述从法国大革命到第一次世界大战爆发前为止的德国历史，共四章，只有最后一章集中叙述社会、经济和技术史方面的内容，其余内容皆属政治史之列。而这一时代正值德国经历前所未有的快速工业化，是经济转型迅速、社会变迁剧烈、思想文化和科技教育大繁荣和大发展的时代。所以，相关内容难以充分反映这一时期德国社会历史发展的生动画卷，给人以意犹未尽之感。

　　20世纪90年代，中国学界开始推出自己编撰的德国通史著作。1991年丁建弘、陆世澄主编的《德国通史简编》①的出版具有标志性意义。这是第一部由中国学者撰写的德国通史，是当时最优秀的中国德国史学者的集体之作。全书共五编18章，叙述了从原始社会到1945年为止的德国历史。今天再回看该著作，有两个明显的特点：一是全书布局强调厚今薄古。到1807年为止的1000多年德国历史叙述特别简单，仅用4章。而1871—1945年为止约75年的德国历史却用了10章加以阐述。二是全书叙述突出大政治史，经济史、社会史和文化史的内容相对单薄。1995年，孙炳辉、郑寅达等学者又推出了《德国史纲》。②该书在叙述时间上打破了以1945年为下限的惯例，将"战后德国简况"单列一章，德国重新统一成为叙述的终点，这是一个新的突破。当然，诚如该书前言中所说，这只是"一本简明通史"，内容较为单薄。此外，该书在结构布局方面同样突出厚今薄古。全书12章，古代中世纪直至18世纪末以前，只有一章篇幅，而纳粹统治时期短短的十几年历史却用了四章。

　　进入21世纪后，我国学界有关德国通史类著作的编撰和出版进入了全新阶段。2002年，丁建弘撰写的《德国通史》③出版。这是我国德国

---

① 丁建弘、陆世澄主编：《德国通史简编》，人民出版社1991年版。
② 赵兴铁、孙炳辉、郑寅达：《德国史纲》，华东师范大学出版社1995年版。
③ 丁建弘：《德国通史》，上海社会科学院出版社2002年版。

通史类著作中的一部高水平之作。全书以民族和民族国家的形成及发展为主线,叙述了从史前古代日耳曼人到 1990 年两德统一的德国历史。或许限于篇幅之故,该著作叙述内容依然集中于政治史,在社会、经济、思想、文化、教育和科技等方面着墨不多。2005 年吴友法、邢来顺所著《德国:从统一到分裂再到统一》①出版。该著作本着以史为鉴的目的,将德意志国家的兴衰及其原因作为关注点。它叙述了从德意志国家的形成到 20 世纪末的德国历史,主要笔墨放在近代以来德国的分裂、统一、崛起、冒险、失败、再分裂、再统一、再崛起的历史,古代中世纪部分比较单薄,涉及领域也不够全面。2014 年郑寅达推出了最新力作《德国史》。② 全书论述了从远古到默克尔政府执政为止的德国历史。该书对以往那种过于偏重近现代史的结构布局有一定程度的纠正,而且对德国历史发展的时段性把握比较到位。从叙述取向看,大政治史仍然占据主要容量,但各章中已经融入了经济和文化等方面的内容。

上述德国通史类著述,在向我国民众介绍、传播德国历史知识和文化方面,起到了非常重要的作用。但是,从总体上看,这些著述都为篇幅较小的单卷本,且多数突出"厚今薄古",涉及内容集中于政治、军事和外交等传统大政治史,经济、社会和文化史的内容简略,无法较充分地展示悠悠千载的德国历史和文化。

此外,业已出版的相关著述对于德国历史的最新国际编撰取向关注度不够,叙述视角主要囿于政治史和民族国家史,对于地区史和全球史视阈下德国历史发展的释读和回应不足。然而,诚如相关德国学者所言,毕竟"几百年来德国史对周围其他民族和国家划定了一条不断变动的、不总明显的界限",因此,德国历史"不能同全欧洲的历史分开",人们不能再把它"引回'民族史'的狭(峡)谷之中"。③ 进入 21 世纪以后,欧洲一体化、全球化进一步深化,各国各民族联系进一步加强。同时,德国本

① 吴友法、邢来顺:《德国:从统一到分裂再到统一》,三秦出版社 2005 年版。
② 郑寅达:《德国史》,人民出版社 2014 年版。
③ 赫伯特·格隆德曼等:《德意志史》,第一卷上册,第 2 页。

身也已经没有"再像 19 和 20 世纪经常那样打上""民族骄傲的烙印"。这些新变化，显然无法单纯地从德国的角度来进行解释，而应该把它置于"新的欧洲和全球结构背景下"加以释读。①

　　鉴于以上状况，很有必要编撰一部全新的多卷本《德国通史》。这部新的多卷本通史应该紧跟世界史学术前沿，吸纳国际国内的最新研究成果，在欧洲文明进程乃至世界历史进程的大背景之下，审视长达一千多年的德意志历史发展道路的独特性，探讨这种独特历史发展的内生性原因和外激性因素，关注这种历史发展的独特性在塑造德意志文明过程中所起的正面作用和负面影响，从中总结经验和吸取教训；在叙述内容上应该打破传统的"政治通史"模式，尽可能地涵盖政治、经济、社会、文化等诸领域，时间布局相对均衡地覆盖从古代直至 21 世纪初，进而能更全面深入地再现德意志历史进程。此外，新的多卷本德国通史的撰写应该体现"经世"功能，从中国人的关注视角去考察德意志文明在欧洲和近现代世界历史进程中的巨大影响力和特殊地位，探究德意志民族活力的历史和文化根源，审视这一民族在历史上的成败得失，供鉴于我国的政治、经济、社会、文化和科教建设。这部六卷本《德国通史》就是基于这些考虑之上。

二

　　综观一千多年的德国历史发展，既整合于大欧洲乃至全球历史进程的节奏之中，也有其独特的律动，而且这种律动时常影响欧洲乃至世界历史进程的节拍。因此，这部六卷本《德国通史》将立足于欧洲乃至世界历史进程的背景，以德意志历史发展的独特道路为关注主线，释读始于古代原始日耳曼语族部落、止于 21 世纪初默克尔时代的德国历史，时段

① Alfred Haverkamp, Wolfgang Reinhard, Jürgen Kocka, Wolfgang Benz (Hrsg.), *Gebhardt. Handbuch der deutschen Geschichte*. Zehnte, völlig neu bearbeitete Auflage, Band 12, Walter Demel, Reich, *Reformen und sozialer Wandel*, Zur 10. Auflage, XIII.

上囊括古代中世纪、近代、现代和当代德国;在内容方面,除政治、军事、外交等传统的大政治史外,还加大了对社会、经济、思想文化、教育科技等方面的关注力度,力求较充分和全面地展示一千多年德国历史发展的多彩性和独特性。

到公元 1500 年为止的德国历史,叙述从远古到宗教改革运动前夕的德国古代中世纪历史,主要涉及辉煌的封建帝国时代。这一时期的德国历史有欧洲历史发展的共性特征,是日耳曼化、基督教化和封建化的欧洲历史的组成部分。同时,德国历史发展的独特性也已经初露端倪,可谓德国历史发展独特道路的发端阶段。

在这一历史时期,德意志国家完成了从法兰克帝国的裂变中形成德意志王国政治实体的进程,并通过对外扩张建立起欧洲中世纪历史上盛极一时的神圣罗马帝国,即德国历史上的第一帝国。由于德意志国王奥托一世在公元 962 年仿照法兰克国王查理大帝加冕为"罗马人皇帝",德国统治者也成了古罗马帝国和法兰克帝国的"当然"继承者。但是这一强大的帝国从起初就孕育着对王权和国家统一不利的因素:德意志国家形成初期确立的王权由选举产生的传统,使王权的不确定性因素增加,各部落公爵和领地主教得以利用选举权而进一步扩大权势;早期德意志国家的对外扩张政策和德意志最高统治者"罗马人皇帝"的头衔都表明了德国统治者对古罗马帝国统治世界的思想的追求。这种称霸世界的野心使皇帝忙于对外征战,无暇顾及国内事务,领地封建主于是趁机加强自己的独立性。由此带来的是德意志皇权的衰弱和领地诸侯势力的崛起,进而塑造出早期德意志国家的政治联邦主义形态。结果,到中世纪后期近代初期,当英、法等国开始向中央集权的民族国家转变时,德国却仍然蹒跚于教俗领地诸侯割据的历史进程之中。

从 16 世纪初马丁·路德宗教改革到 17 世纪中叶"三十年战争"结束,是德国由中世纪向近代社会过渡的时期,涉及从"前现代"向"现代"过渡的近代早期历史,也是德国历史独特道路的发展阶段。

这一时期的德国历史发展呈现三大明显特征:其一,由于马丁·路德宗教改革运动,德国在政治割据的基础上又注入了"信仰分裂"的元素,引发新教和天主教之间的信仰冲突,这种宗教信仰因素因皇权与领地诸侯之间的权力争夺而进一步被放大。一大批皈依新教的诸侯在"教随国定"的原则下成了政教合一的首领,他们承担起邦国宗教领袖职责,进一步将教会事务纳入政府管辖范围,邦国的国家化因此得到发展,独立性继续加强。"三十年战争"既是德国宗教信仰冲突的最突出表现,也是德国皇权建立中央集权国家的最后一次努力。其二,作为"三十年战争"的结果,《威斯特法伦和约》不仅确立了领地诸侯对皇权的最终胜利,同时也使法国、瑞典等国大规模介入德国事务。德国问题全面国际化。从此,若无外国的干涉,"就不能再解决一项全德性的事务"①。其三,从社会经济角度看,作为宗教改革运动的副产品,"普通人起义"(农民战争)的失败,则不仅使德国社会经济生活中出现了"二期农奴制",形成了独具特色的"农场领主制",而且使德国农民在此后的数个世纪中被排除出了德国的政治生活,深刻影响到德国日后的历史发展。

17世纪中叶到19世纪初,德国经历了从传统向现代转型的阵痛。这一时期属于向"现代"社会过渡的近代中期历史,也是德国历史发展道路独特性的进一步凸显阶段。

在这一历史时期,德国与西欧各国一样,经历了专制主义的统治和启蒙运动的思想洗礼,并且受到法国大革命和拿破仑战争的涤荡。与此同时,它无论在君主专制、启蒙运动,还是在传统封建社会向现代资本主义社会转变方面,都呈现独特的历史形态的演进。在政治上,由于皇权衰微,一些强大的领地邦君成为自己领地内的全权统治者。因此,在法国等国呈现的君主专制形态在德国却变成了邦君专制,到18世纪中期以后又发展为独具特色的开明专制,其中以奥地利和普鲁士两大邦国最具典型。在思想文化方面,德国既合拍于欧洲启蒙运动的思想文化潮流,又展示出个性化的启蒙运动特点。它不仅形成了鲜明的南北两派,

---

① 《马克思恩格斯全集》,第21卷,人民出版社1965年版,第468页。

而且融入了文化民族主义的元素,以适应建立现代德意志民族国家的需要。更有甚者,作为对于一味强调理性而忽视情感价值的启蒙思想的反动和对法国大革命所展示的资产阶级普世主义、理性主义等政治思想的回应,德国思想文化界出现了张扬情感和个性、强调回归历史和民族特性的浪漫主义思潮。在传统封建社会向现代资本主义社会过渡方面,德国也没有遵循英、法等国的社会革命道路,而是在法国革命等外力因素的刺激下,采用"上层革命"的改革方式,通过解放农民和全面实施营业自由原则等,废除封建因素,把法国革命的成果和平地移植到德国,渐进式地实现了传统封建社会与现代资本主义社会的和平对接。德国由此进一步奠定了近代独特发展道路的政治、思想文化和社会基础。

从 1815 年到 1918 年的约一个世纪,属于德国以独特方式全面迈入"现代"社会的近代晚期历史,也是德国历史发展独特道路的顶峰阶段。这种独特性突出表现为,通过经济和政治方面与英、法等西方国家不同的"双重革命",完成了工业化进程,建立起统一的民族国家,迈上了强国之路。

这一时期的德国政治发展,走的是一条与法国等西方国家不同的稳中求进的"守势现代化"道路。传统统治阶级采取适时而进的策略,通过满足某些"革命"要求,操控德国政治现代化进程,进而保障自身传统利益。以俾斯麦为代表的普鲁士统治者完成民族统一大业,是典型的顺应历史潮流的"白色革命"。在建立现代国家宪政体制方面,传统统治阶级也展示了适时而进、操控时局的特征。1848 年的普鲁士"钦定宪法"和 1871 年德意志帝国宪法的最明显特点,就是在确保君主制原则的基础上,注入选举制、议会制等现代资产阶级民主政治的元素,建立起君主立宪制,既保证了传统统治阶级在国家政治生活中的主导地位,又满足了资产阶级建立宪政国家的愿望。在经济领域,通过工业革命,德国采用独特的工业化模式和产业发展战略,快速实现了对英、法等老牌工业国家的超越,最终成为欧洲首屈一指的工业强国。工业化也推动了德国的社会变迁和社会关系的现代化。由于独特历史原因和现实动因,德国成为世界上开国家社会保障制度先河者。此外,这一时期的德国教育、科技和思想文化发展也呈现极其活跃的状态。德国不仅成为世界顶尖的科技和教育强国,思想文化领域也呈现多元发展,取得了骄人的成就。需要特别指出的是,民族主义作为一种思潮对整个 19 世纪的德国历史进程都产生了重要影响。特别是在德意志帝国建立后,这股思潮在西方社会达尔文主义和帝国主义思潮的刺激下发展为极端民族主义,成为将德国引向第一次世界大战灾难的主要思想根源。

从第一次世界大战结束到第二次世界大战硝烟散去,在短短的 27 年中,德国如过山车般经历了从"最自由民主"的资产阶级魏玛共和国和右翼极权主义的第三帝国两个截然不同的历史时期。它们属于德国现代史范畴,是德国历史发展道路在与西方文明的适应、冲突中出现危机和畸变的阶段。德国发动第二次世界大战在很大程度上可谓这种危机和畸变的产物。

1919 年建立的魏玛共和国是"十一月革命"的直接结果,但在更大程度上是第一次世界大战中德国战败的产物。因此,德国民众在感情上不太认同这一共和国。与此同时,魏玛共和国在政治体制上迎合并仿照西方国家,甚至在自由和民主制度的设计方面"青胜于蓝",超过西方国家,也使习惯于传统德意志"秩序"的大多数德国民众一时难以适应。于是,在适应西方政治体制和坚持德意志独特历史传统之间出现了激烈的冲突。[①]"没有民主主义者的民主""没有共和主义者的共和国"就成了新生的魏玛共和国的真实写照。这一共和国因此也被称为是"不受爱戴的""带有即兴民主政治"色彩的"保守派的共和国"。[②]结果,虽然魏玛共和

[①] Alfred Haverkamp, Wolfgang Reinhard, Jürgen Kocka, Wolfgang Benz (Hrsg.), *Gebhardt. Handbuch der deutschen Geschichte*. Zehnte, völlig neu bearbeitete Auflage, Band 18, Wolfgang Benz, *Der Aufbruch in die Moderne-Das 20. Jahrhundert*; Ursula Büttner, *Weimar-die überforderte Republik*, *1918-1933*, Stuttgart: Klett-Cotta, 2010, S. 42-43, 47, 52.

[②] Hendrik Thoß, *Demokratie ohne Demokraten. Die Innenpolitik der Weimarer Republik*, Berlin-Brandenburg: be. bra Verlag, 2008, S. 8.

国时期在经济、文化和社会领域都取得了令人注目的成就，它却在固守德意志传统和抵制西方文明的心态之下，在民族复仇主义情绪和世界性经济大危机的夹击之中，仅存在 14 年就归于失败。

1933 年，希特勒打着抵制西方民主、坚持德意志传统和富国强兵的旗帜，夺取政权，德国历史进入第三帝国时期。第三帝国在政治体制上与魏玛共和国截然不同，它实行一党专制的极权主义独裁统治，表现为政治上领袖原则之下的党国一体，经济上全面干预和控制之下的"统制经济"或叫"总体战争经济"，以及文化上纳粹"世界观"严厉控制之下的文化荒漠化。希特勒的独裁统治，是对魏玛共和国的极端反动，对资产阶级自由民主政治的一种倒退，同时也偏离了德国的历史传统。它是德国的历史传统在与西方文明的冲突和适应中出现危机和畸变的体现。希特勒上台后，大肆扩充军备，对外推行侵略扩张政策，图谋建立"大德意志帝国"，为此不惜挑起第二次世界大战，再次将德国和世界带入战争灾难之中。战争的结果是，德国再次战败，德国法西斯走向覆灭。

第二次世界大战结束后，战败的德国经历了盟国分区占领、分裂的两个德国和重新统一后的德国等三个阶段。它们属于当代德国的历史范畴，是德意志民族和国家的重塑时期，也是德国在欧洲一体化和全球化新形势下积极探索新的发展道路的时期。

第二次世界大战结束后，美、英、法、苏四国对德国实行分区占领。在东西方冷战的国际大格局下，德国在 1949 年分裂为实行不同社会制度的德意志联邦共和国和德意志民主共和国。尽管如此，两个德国的人民忍受着民族分裂的痛苦，凭着自己的智慧和才干，使自己的国家迅速发展成为东、西方两大对立阵营中的重要强国。

战后联邦德国虽然属于西方阵营，却没有照搬以美国和英国为代表的西方自由资本主义发展模式或曰盎格鲁-撒克逊模式，而是吸取第二帝国时期专制主义、魏玛共和国时期自由主义、第三帝国时期纳粹极权主义等政治经济体制失败的教训，在政治、经济和文化等领域成功地进行了独具德国特色的新探索，形成了所谓的第三条道路或莱茵模式。联邦德国的独特发展道路大致可以归纳成以下几点:政治方面,在吸收外来民主并结合本民族特点的基础上,建立起具有德国特色的联邦议会民主制。在这种民主制度之下,出于对纳粹独裁统治的沉痛反思,一方面突出"争论的民主"(streitbare Demokratie),保护不同言论和观点;另一方面强调"防卫性民主"(wehrhafte Demokratie),禁止任何言行威胁现行政治制度和社会秩序。① 这一机制通过联邦德国《基本法》第 79 条第 3 款"永久条款"得以确定。② 在社会经济方面,则实行不同于指令性计划经济又区别于纯自由主义经济的"社会市场经济"模式。它一方面确立"市场"核心地位,将经济活力置于市场基础之上。另一方面强调"社会"特征,突出国家对经济的宏观调控;健全劳动制度,形成同舟共济的劳资关系;建立完备的社会保障体系等。由此实现了市场效率与社会公正之间的平衡对接。在思想文化方面,则推行"存异求同,多元一体"的文化多元主义(kultureller Pluralismus),在保持德意志主流文化的前提下,鼓励文化的多样性发展。这既是对纳粹统治时期文化独裁政策进行反思的结果,也是对德国文化联邦主义传统的承继。③ 莱茵模式使联邦德国在战后一直保持着政治稳定、经济增长、文化繁荣的局面。

　　1990 年,东西方关系趋于缓和,分裂长达 40 余年的德国人抓住历史机遇,实现了渴望已久的民族统一。再次统一起来的德国实行联邦德国

---

① Gereon Flümann, *Streitbare Demokratie in Deutschland und den Vereinigten Staaten: Der staatliche Umgang mit nichtgewalttätigem politischem Extremismus im Vergleich*, Wiesbaden: Springer Fachmedien, 2015, S. 16, 100; Isabelle Canu, *Der Schutz der Demokratie in Deutschland und Frankreich: Ein Vergleich des Umgangs mit politischem Extremismus vor dem Hintergrund der europäischen Integration*, Wiesbaden: Springer Fachmedien, 1997, S. 24; Uwe Backes, *Schutz des Staates. Von der Autokratie zur streitbaren Demokratie*, Wiesbaden: Springer Fachmedien, 1998, S. 37 – 54.

② Deutscer Bundestag, *Grundgesetz für die Bundesrepublik Deutschland*, Berlin: Deutscher Bundestag 2010, S. 66, 15, 28.

③ Manfred Abelein, *Die Kulturpolitik des Deutschen Reichs und der Bundesrepublik Deutschland. Ihre verfassungsgeschichtliche Entwicklung und ihre verfassungsgeschichtlichen Probleme*, Wiesbaden: Springer Fachmedien, 1968, S. 252; Armin Klein, *Kulturpolitik. Eine Einführung*, Wiesbaden: VS Verlag für Sozialwissenschaften, 2009, S. 137.

的政治经济体制。德国由于其经济实力和众多的人口,再次成为欧洲最强大的国家。

以上各个时段的德国历史发展,一方面共振于欧洲乃至世界历史进程,更大程度上散发的是自身的独特魅力和发展取向。每个时期的德国历史之间有一种基于因果关系的内在有机联系,具有无法割裂的连续性。它们共同构成了悠悠千载的德意志文明,铺垫出德国独特的历史发展道路。

本书是多位学者合作的产物。由于各位作者的专业积淀、研究重点和文风的差异,加之涉及内容极其丰富,时间跨度长,人名、地名众多,尽管我们已经做了很大努力,显然无法做到全书在完全意义上的统一。此外,因水平有限,全书必定存在错误和不当之处。在此敬请诸位读者批评指正。

最后,要特别感谢"大国通史丛书"总主编钱乘旦教授在本书成稿过程中给予的关心和指导,对江苏人民出版社王保顶副总编为本书出版给予的大力支持和辛勤付出深表谢忱,也感谢各卷编辑付出的辛劳。

邢来顺

2017 年 5 月于武昌桂子山

目　录

附录

前　言

　　今天的德国地处中欧,中欧地区地貌形态多姿多彩,平原、低地、丘陵以及高原错落有致,大小湖泊星罗棋布,自南向北的莱茵河以及自西向东的多瑙河纵横交错,多条蜿蜒的支流不仅滋润着广袤的平原和丘陵,而且还构成了得天独厚的水系网络。随着第四季冰川期的结束以及气候的变暖,吸引了外来人口迁徙至此,开启了中欧地区的农耕拉坦诺文化。公元前 5 世纪与公元前 4 世纪之交,受亚欧大陆匈奴人迁徙的挤压,日耳曼人从西里西亚沿多瑙河逆流而上,逐渐地在莱茵河右岸以及波罗的海沿岸定居下来,形成了日耳曼人的文化。公元前 2 世纪上半叶,在意大利半岛的罗马人越过阿尔卑斯山进入中欧,以莱茵河为界在其西岸设立了大高卢行省,把东岸视为大日耳曼行省。罗马人按照自己的行政机制统治和管理着大高卢行省,推行罗马化,将其划分了多个行省,建立了元老院和总督制;改变了原有的经济结构,通过土地制度在社会中划分了公民和非自由人的界限,确立了奴隶制,为治理社会实施罗马人的习惯法。

　　3 世纪以后罗马帝国穷兵黩武对外扩张加剧了社会矛盾,同时也引发了帝国的全面危机。莱茵河右岸的日耳曼人则因为受匈奴人西迁的挤压越过莱茵河、多瑙河开始了持续几个世纪的民族大迁徙,为摇摇欲坠的罗马帝国压上最后一根稻草，加速了罗马帝国的覆灭。日耳曼人在罗马帝国的废墟上建立了多个部落王国，为在中欧和西欧地区创建一个新的时代打开了大门。创立这个新时代的是法兰克王国。法兰克人用军事力量在高卢地区站住了脚，通过皈依基督教缓和了与罗马贵族以及当地居民的矛盾和冲突。法兰克人在高卢地区实行自身的行政制度，建立以扈从制为基础的政治统治模式，保留马尔克的社会组织机制，但在经济结构上则采纳罗马的大地产制，在延续日耳曼人习惯法的同时也吸收罗马法的要素和法律原则。日耳曼人的社会因素与罗马人的经济模式通过查理·马特的采邑制改革，构建出中世纪西欧特有的封建制度。

西欧的封建制度开始于法兰克王国，土地分封制度把原有的军事贵族转化为土地贵族。为加强罗马人与日耳曼人的融合强化社会的基督教化，一方面，法兰克的君王接受并实践基督教教会提出的"君权神授"的神学政治理论，另一方面，给予教会和修道院大量的土地以及经济特许权和司法审判权，培植出同样以土地为基础的教会贵族。教俗贵族是封建政治体制中的两大政治支柱。6 世纪以后开始的大拓荒运动加速恢复农业生产，同时也最终确立庄园制，庄园制的经营方式改变了罗马帝国时期的经济关系。

社会经济的增长增强法兰克王国的国力，在加洛林王朝时期成功抵御阿拉伯人的入侵，同时也刺激了君王对外扩张、恢复罗马大帝国的野心，并最终促成罗马教皇为法兰克的国王查理戴上罗马帝国的皇冠，进一步实践"君权神授"的神学政治，查理大帝创办的宫廷学校这一教育体制培养了需要的人才。加洛林的文艺复兴恢复古希腊流传下来的自由七艺，确立拉丁语在整个西欧社会中为官方语言，保证教会对教育和文化的垄断，中世纪的西欧有了以拉丁语为语言基础的统一的基督教文化。

法兰克王（帝）国因继承法的习俗导致其多次分分合合，最终通过《凡尔登条约》分解为东西两个法兰克王国，又因各自的政治环境和经济条件有着不同的发展途径。东法兰克地区是查理大帝后征服的地区，日耳曼人世族家族的势力比较大,这些家族或通过武力或通过联姻兼并领地,在王国内形成实力雄厚的五大公国。在东法兰克地区,日耳曼人社会因素的影响存留得比较长久,封建化的程度较弱于西法兰克地区,采邑制和庄园制的发展程度也都不如西法兰克王国,相对西部地区而言社会中的依附者也有限。9世纪末,匈牙利人试图入侵东法兰克王国,五大公国的公爵们为抵御外敌联合起来,在他们中间推举出一位国王,这标志着德意志王国的诞生。

德意志王国从诞生时起就确立了国王选举制的政治传统,国王选举制在此后的历史进程中极大地限制了王权的集权;另一方面,为了防止王国的分裂,废除法兰克人由诸子分治的王位继承习俗。作为德意志王国历史上第一个唯一的王位继承人,奥托在初登王位时就表现出重建罗马大帝国的雄图壮志,把对外扩张作为其施政的一个重要方针,在所扩张地区推行政教二元的施政措施,同时与罗马教会建立和睦的关系,用武力出兵意大利保卫教皇的安全换取了教皇为其加冕为德意志的皇帝。奥托大帝的继任者们继承他的意大利政策,但却忽略了在德意志本土的统治,德意志的教俗贵族乘机增强自身政治势力,他们掌握领地内的司法和经济大权,这就为萨利尔家族的改朝提供了政治契机。

德意志王国的领地制保留了日耳曼人马尔克的社会机制,农民大多以马尔克的形式组织起来从事农业生产,地租的形态决定他们是自由农民还是非自由农民的法律地位。10世纪末期开始的第二次大拓荒运动促进了农业的发展,同时也刺激了手工业和商业的活跃。手工业和商业是中世纪城市复苏的经济基础,市场是城市的经济中心,居住在城市中的人享有法律上的人身自由。中欧地区四通八达的水系网络为远程贸易的发展提供了得天独厚的交通运输条件,促进城市的快速发展。13世纪的德意志与西欧其他地区一样,在常态的拓荒运动的带动下,农业生产以及对土地的经营方式都有革命性的进步,也活跃城市的经济,大小城市如雨后春笋般涌现。城市中生活着自由的市民,他们自愿组成自治的行会,订立契约和规则,在此基础上发展出城市的自治。城市的市场是连接城乡之间的重要经济桥梁,农产品进入商品流通轨道后改变了农业的经营方式,不仅地租的形态有所变化,而且促进农业专门生产区的形成,城市成为区域性经济的中心。

奥托时期开始的经济复苏带动文化和艺术的繁荣,社会的基督教化进一步加强,修道院开办的学校吸收世俗贵族子弟接受古典文化教育,教堂建筑形成自己的风格和特点。自奥托大帝时期起,教会和修道院就是德意志王室施政的一大政治支柱,君王在给予修道院和教会特许权的同时,也牢牢地掌控对修道院院长和主教及大主教的授职权。萨利尔王朝不仅延续了这一教会政策,而且还把这一政策延伸到罗马教会,染指教皇的任免。为此,萨利尔王朝的君主们积极支持修道院和罗马教会的改革。然而,罗马教会通过改革提升其宗教权威,不甘受世俗君权的摆布,激化罗马教会与德意志皇帝之间的矛盾,酿成公开的对峙,引发对主教授职权的争斗。罗马教会与德意志反皇帝的贵族们联合起来,以对君王处以绝罚、另立新王的策略,迫使德意志皇帝不得不妥协,走上卡诺萨之路。

主教授职权之争改变了德意志政治力量的格局,也改变了皇权和教权的关系,在很大程度上增强贵族在其领地的权势以及对帝国事务的影响力。与罗马教会之间的关系极大地限制了德意志君主的集权,与教皇妥协签订的《沃尔姆斯协议》不仅没有改善政教之间的紧张关系,反而加剧了君权与诸侯之间的对立。诸侯利用选举国王的权利推举对各自有利的国王候选人,导致王位更替的乱象不断,甚至为英、法国王觊觎德意志的王位提供了机会。施陶芬王朝依靠新的政治力量,重新划分帝国内的公爵和伯爵领地,将其封授给皇帝的支持者,给予他们各种特许权,改变贵族社会的结构。诸侯获得的新的特许权成为邦国制形成的政治保证。邦国制是德意志王(皇)权走向集权的一个重要障碍,加剧了德意志在政治上的分裂,邦君诸侯为了自身的利益经常与教皇以及英法国王结盟,一再选举对立派国王抗衡,多次出现两王并立的政治局面,甚至出现无政府的"大空位"时期。为克服政治局面的这种混乱,德意志的大诸侯们相互妥协达成一致,确立了七大选侯制度。然而,选侯制度不仅没有避免两王并立的现象,反而更加剧德意志政治上的分裂,选侯的政治势力更强大。邦国制延缓了德意志向现代国家转型的进程。

政治上分裂的邦国制造成多个政治中心,对经济结构的建构产生了极大的影响。市民阶层因为在经济上起到的主导性地位提升其政治上的影响。然而,邦国制的确立为商业活动设下了重重障碍,首先是关卡林立,其次是缺少统一的货币体系。为了克服政治分裂造成的不利因素,有着商业往来的城市联合起来结为城市同盟,其中最具代表的是汉萨城市。城市同盟并没有消除统一市场的障碍,反而更加剧了帝国在政治上的分裂,成为邦国制政体不应被忽略的一个经济基础。

在西欧大拓荒运动中延续了两个世纪之久的东进运动不仅开垦了东部的荒原,同时也对德意志的农业结构的演变产生巨大的影响,土地的经营方式有了很大的改变,为北海和波罗的海沿岸新形成的贸易区创造了必要的先决条件。德意志的封建主为吸引当地的农民在东部地区拓垦,给予他们拓荒自由民的身份,此后又因为土地的持有权和用益权的改变使两者之间的法律身份越来越模糊。货币地租松动了农民原有的人身依附关系,庄园制因此而解体,租赁土地的迈尔(Meier 或 Maier,拉丁语为 Maior 或 villicius,意为管理人、承租人)成为新的富裕农民。14 世纪中叶,肆虐西欧的黑死病为德意志带来毁灭性的灾难,人口大量死亡,农业和手工业生产几乎停滞。黑死病之后,农业经济结构发生了巨变,土地所有权大转移,庄园制彻底瓦解。黑死病之后农业的巨变加速了农产品进入国际贸易的领域,粮食的国际贸易刺激了大地产的发展,在德意志帝国的东部地区出现了"二期农奴制",农民的徭役和赋税加重,激化了农村中的社会矛盾。在胡斯战争的影响下,农民的反抗越演越烈,并自发组织起了带子鞋会。各地先后爆发的农民反抗最终酿成了农民战争的熊熊烈火。

农业结构和经营方式的变化对城市经济产生了巨大的影响,农业生产为手工业提供的原材料是推行包买商制度的先决条件,包买商制度在城市中培植了一个富有的市民群体,富裕市民扩大其经营范围,有了最初的大贸易商行。在这些富裕市民中一枝独秀的是富格尔家族,他们不仅经营商业而且还从事银行业,涉足采矿业、纺织业等实体经济,同时还赞助德意志的文艺复兴。城市是西欧中世纪两次文艺复兴的栖息地,异端运动的兴起、对古典经典的翻译、罗马法的研究以及经院哲学的争辩打破了中世纪在意识形态以及宗教信仰上的各种禁忌。中世纪的大学为社会培养出法学、宗教和政治等各领域的精英,在大学中涌现出一大批人文主义学者,他们根据自己在社会中的实践提出新的宗教观念和政治理论,在他们的推动下,德意志帝国进行了迈向政治现代化的帝国改革,为马丁·路德开启的宗教改革运动做了思想和政治上的准备。

德意志中世纪历史的轨迹有着自身发展的特点,无法建立统一政治体制的邦国制虽然阻碍了德意志走上君主立宪制的道路,延缓了国家现代化的步伐,但此后在这种政治体制和社会条件下发生的宗教改革运动却对近代西欧的历史进程产生了极为重要的影响。

本卷作者　王亚平

2016 年 12 月于天津

第一编

远古和古代时期的德意志地区

第一章　地处中欧的德意志

与世界四大古代文明区域比较而言,受第四季冰川期影响的中欧地区人类的最初痕迹显现得比较晚,其文明开始得也比较晚,石器时代的进程比较漫长。中石器时期,随着冰川期的逐渐结束,气候发生变化,外来人先后迁移至此,他们带来原住地的原始农业文明,在中欧地区开始了犁文化。青铜器时代,居住在中欧地区的主要是凯尔特人、日耳曼人和伊利里亚人,他们共同构成印度日耳曼语族。其中凯尔特人是中欧地区的主要居民,已经开始有目的地耕种土地,承载着拉坦诺文化。

公元前400年前后,日耳曼人从西里西亚沿多瑙河逆流而上挤压凯尔特人,逐渐在所居住地区实现日耳曼化。公元前2世纪上半叶,罗马人盘踞西欧地区。公元纪元年前后,罗马人在西欧设立大高卢省,并在此之外划定大日耳曼尼亚省,以此为基础推行罗马化,中欧地区的原始农业经济有了很大的发展。

3世纪的罗马帝国发生了全面危机,莱茵河右岸的一些日耳曼部族越过莱茵河进入罗马帝国,与罗马人有了较为密切的往来。4世纪中叶,受匈奴人西迁的挤压,更多的日耳曼部族越过莱茵河、多瑙河,由此拉开欧洲历史上持续几个世纪的民族大迁徙的帷幕。日耳曼人的迁徙加速罗马帝国的覆灭,进入中欧、西欧的日耳曼人建立多个日耳曼部落王国。

第一节　远古年代的中欧

一、史前史

今天的德国地处欧洲的中部,其地形自北向南呈梯形上行,最北端的低地上大小湖泊星罗棋布,北海海岸的湿地与泥沼地、黏土台地混杂。由南向北注入北海的莱茵河和威悉河、发源于阿尔卑斯山向东流入奥地利的多瑙河、源自捷克边境流贯德国的易北河以及美因河等一些支流河流,在德国的北部冲击出一个蜿蜒起伏的广袤平原,肥沃的土地一直向南延伸到中部的高地地区。在德国心脏地区的中部高地有矿藏资源丰富的哈尔茨山脉、森林茂密的黑森林山脉①、土壤贫瘠但盛产葡萄的莱茵页岩山区。最南端是属于阿尔卑斯山脉的巴伐利亚高原、阿尔高伊、贝希特斯加登地区,在这些高原山区中点缀着风景秀丽的博登湖、柯尼希湖等诸多的湖泊。

中欧地处大西洋和东部大陆性气候之间凉爽的西风带地区,因此冬、夏两季很少有持续的极端气候,温度也很少大起大落,气温常年适中,而且降雨充沛。

19 世纪上半叶,考古学家们在欧洲北部地区偶然发掘出人类的遗骸和文物,引发对该地区远古时代的极大兴趣,他们根据所发现的地区文物勾勒出一个"北方文化圈"(nordischer Kulturkreis),这个文化圈的地域范围包括今天的丹麦,以及德国境内的石勒苏益格-荷尔斯泰因、梅克伦堡、阿尔特马克。德国以及斯堪的纳维亚的学者们借助地质学采用的年轮年代学和碳—14 年代确定法的科学方法,对相继不断发掘出来的考古文物进行时间排序,提出石器、青铜器和铁器这三个时代概念,建立起了一个三时期的理论体系。19 世纪中叶以后,达尔文的进化论对考古学

---

① 黑森林也音译为施瓦尔茨瓦尔德(Schwarzwald),因山上茂密的森林投影在山上的湖面上使湖面呈现出浓重的墨绿,故得此名。

和人种学都产生了极大的影响,这两个学科的学者们把有机物逐渐演化的观念应用在对考古文物的研究上,从而形成了一种新的历史观,有关史前史(Die Prähistorie)的研究成为历史学研究中不容忽视的一个部分。① 有关史前史的研究最大的困难是没有任何文字的原始资料,因此主要是采用考古学的方法,研究的依据是出土的考古文物,同时这也与古生物学领域有着或多或少的联系,把这些非历史学的研究与历史学的一些方法有机地结合在一起,最终用文字描述出史前史的历史画面。

石器时代是一个非常漫长的进化过程②,与亚洲、北非比较而言,中欧地区中石器时代以及原始农业文明都出现得比较晚,这是因为中石器时期的北欧洲依然处于冰河期,迄今已发现的考古文物零零星星,有的甚至还保持着旧石器时代晚期的风格。根据这些考古发现推论,欧洲中部地区最早有人类生存的痕迹是在大约公元前50万年前。1907年考古学家们首次在今天海德尔堡市附近发现人类的下颚骨化石,经过考古鉴定确定属于一种直立人的遗骸,并将其称为海德尔堡种(Homo heidelbergensis)。海德尔堡种具有直立人的特征,头骨扁平,骨壁厚,眶上脊粗壮。也许为防备野兽的袭击,海德尔堡人居住在山洞或者岩洞里。此外,考古学家们还在沙夫豪森附近的克斯勒尔发现一个洞穴,这个洞穴大约属于旧石器时代,他们通过对克斯勒尔洞穴地层的研究,推测在这个年代生存的人类狩猎的猎物主要是驯鹿和雪兔,此外还有一些鸟类,捕鱼和采集野果也是海德尔堡人获得食物的途径。但是,考古学

---

① H. Grundmann(Hrsg.), *Handbuch der Deutschen Geschichte*, Stuttgart: Klett-Cotta, ²1981, Bd. 1, S. 2ff.

② 石器时代的概念是英国考古学家卢伯克于1865年首先提出的,是指以使用磨制石器为标志的人类物质文化发展阶段。由于石器时代持续的时间很长,因此考古学家们将其分为三个阶段。旧石器时代,距今约250万—距今约1万年,相当于地质年代的整个更新世。这个时期的特点是,以使用打制石器为标志的人类物质文化发展阶段。中石器时代,距今1.5万至1万—8 000年,其地质时代属于全新世,以石片石器和细石器为代表工具,石制工具呈现出多种多样的形态,已出土的一些石制工具的技术制作的工艺更为精细而且石器也已小型化。新石器时代,始于距今8 000年前,以磨制的石斧、石锛、石凿和石铲,琢制的磨盘和打制的石锤、石片、石器为主要工具,这是人类原始氏族的繁荣时期。

家们至今还没有发现有力的考古证据证明海德尔堡人已经在使用火。[①]
然而，令人匪夷所思的是，自此之后人类的遗迹又销声匿迹，直至 40 万
年之后，才又显现出人类生存过的遗迹。1856 年，考古学家们在杜塞尔
多夫附近的尼安德山谷中发现一种古人形态的遗骸，经考古鉴定这些古
人类大约生存于公元前 10 万—公元前 3.5 万年期间，考古学家将其称
为尼安德人（Neandertaler）。尼安德人是一种新智人，其头颅比较长，身
材也颀长，与今天的欧洲人更为接近。尼安德人以群体的方式集体生
活，为保护自己而相互依赖。与此同时，考古学家们还在这个古人类遗
骸的附近发现了火灰层和动物的遗骨，这似乎可以证明尼安德人已经学
会使用火，并且会制作简单的石制工具，如手斧、尖状的器具等，从这些
石制工具的形状来看，可能多是用来防御野兽的武器。

　　由于缺少文字和文物的史料作为支撑，很难较详细地描述史前史阶
段人类社会的状况。尽管如此，在迄今为止发现的一些岩洞的石刻画、
简练刻画的小雕像、明显精心安置的遗骸以及对地层的考察等，似乎都
可以说明，旧石器晚期生存在这里的人类已经群居在一起。德国考古学
家在对汉堡附近杜芬赛地层进行考察时发现，这里的地层覆盖了很厚的
一层坚果壳，类似榛子这样的坚果是植物性食物，这种坚果壳与覆盖的
桦树皮混合在一起，说明这里曾经是人群的定居地。[②] 他们在容易获得
可食性植物的地区定居，通过采集、狩猎、捕鱼等途径获得食物。原始时
代的人类既要防御大自然气候对其生存的影响，也要防御来自凶猛野兽
的威胁，为了生存相互依赖而群居在一起，这是不言而喻的。在这种原
始的群居社会中，人们有了共同的思维和思想，由此产生狩猎巫术、崇拜
生殖等最原始的宗教形式。考古学家们在荷尔斯泰因发现一个池塘遗
址，池塘堤岸的一端有两根木桩，一根木桩上有驯鹿的头颅，另一根木桩
则明显是人的形象，根据宗教学的一些理论似乎可以说明，这表明原始

① R.-W. Henning, *Handbuch der Wirtschafts und Sozialgeschichte Deutschland*, Paderborn-München-Wien-Zürich: Schöningh, 1991, S. 3.
② H. Grundmann (Hrsg.), *Handbuch der Deutschen Geschichte*, Bd. 1, S. 20.

狩猎巫术的一种宗教观念。另一方面,在已经发掘的旧石器时代的安葬地遗迹中,可以清晰地看出人的遗骸是很有规律地被安置在一起,说明当时的人们已经对死亡有所思考。

二、犁文化的开始

中石器时期,中欧地区的气候依然还处冰川期的后期,地质环境以及植物形态在很大程度上都受气候影响,随着冰川期的结束,气候的变化,桦树、松树、橡树、枞树、椴树、山毛榉等一些适应温带气候的植物群先后在中欧出现。宜人的气候、茂盛的森林、充足的水系,这些都吸引着人类迁移至此居留。

考古学家们根据对已经出土的陶器的考证推测,大约在公元前 3000 年左右,来自南方、西方和北方的移民相继进入中欧地区。迄今出土的最古老的新石器的考古文物是在多瑙河流域地区出土的带状纹陶器(Bandkeramik)。考古学家们把这种陶器的制作工艺与东南欧和近东文明的出土文物进行比对研究,研究表明,多瑙河地区出土的陶器与尼德兰地区出土的陶器有很多相似之处,说明在这个历史年代已经有外来的移民进入中欧地区。在此之后的晚些年代,一些小区域范围内出土陶器的制作风格又有了新的特点,可见各个区域的外来移民来自不同的地区,他们带来形态各异的外来文化,对当地产生了极为深刻和长远的影响。

迁入中欧的移民自然会带来原居住地原始农业文明的文化,德国学者将其称为"犁文化"(Pflugkultur)。[①] 出土于新石器时期的一副木质牛轭表明,在农业生产中已经开始使用耕牛。可以说,这种似乎是突然出现的原始农业文明,是随着犁文化的进入开始发展起来的。在对发掘出来的陶土器皿碎片上的印迹以及对土层进行研究后证实,犁文化时期的中欧地区种植的农作物有大麦、小麦、黍等,一些野生的果树如苹果树等

---

① H. Grundmann (Hrsg.), *Handbuch der Deutschen Geschichte*, Bd. 1, S. 25.

逐渐转变为人工栽培,同时还出现饲养牛、羊、猪等的原始畜牧业,捕鱼无疑也是这个时期非常重要的一项经济活动。

　　与农业文明同时发生的是固定居民点的形成。根据现有的考古发掘来看,新石器时期中欧的居住地多是在多瑙河沿岸。多瑙河是欧洲第二大河流,发源于今天德国西南部的黑林山,自西向东流入黑海,它有众多的支流延伸到今天的瑞士、波兰、意大利、波斯尼亚-黑塞哥维那、捷克以及斯洛文尼亚、摩尔多瓦等国家。多瑙河如同一条天然的大道,那些来自近东和东南欧的移民从多瑙河下游逆流而上,移居到多瑙河的中游和上游地区。在阿尔卑斯山的峡谷里,以及在勃艮第的隘口、那慕尔、泽斯特、施滕达尔、皮里茨、格劳登茨等地都发现了新石器时期的居留地遗址。在这些居留地遗址中发现的带状纹陶器都惊人的相似,并且沿多瑙河中游的支流一直到欧洲北海沿岸的低地地区也都发现了具有这种特征的出土陶器,可以看出多瑙河文化(Donaukultur)呈现出来的动态性,这也与这个时期外来移民的迁入情况极为吻合。[①]

　　中欧文化来自西欧和北欧的结论主要是根据当地考古发掘的巨石墓判断出来的,发源于今天瑞士境内的莱茵河是西欧移民进入中欧的通道。莱茵河自南向北纵贯今天的德国,并且还流经今天的奥地利、列支敦士登、法国,在今天荷兰的鹿特丹注入北海,其支流四通八达,像一张大网一样在中欧构成一个庞大的水系。考古学家们在莱茵河的水系区域内不断发现和发掘出类似于史前的巨石柱、长条形的石棺和巨石墓,这些似乎都在向人们证明当时这里已经是一个并不封闭的社会。在今天瑞典的南部、丹麦以及德国北部发现的巨石墓也表明移民从北部的迁入,这也为"中欧北方文化区"(das nordische Kulturgebiet in Mitteleuropa)这一概念提供了可信的依据。[②]

　　在对这些居留地遗址进行研究的过程中,德国的考古学家们发明了一

---

① H. Grundmann (Hrsg.), *Handbuch der Deutschen Geschichte*, Bd. 1, S. 33.
② Ebenda., S. 34f.

种"居留地考古观察法"（Die siedlungs-archäologische Betrachungsweise），根据这种方法推断出新石器时代人们定居的生活方式。那个时代的人们建造了一种立柱式住房，住房约有 6—7 米宽、30—40 米长的空间，有垂直的墙面和一种双坡的屋顶。[①] 这种住宅多是单间的房屋，若干单间房屋聚集在一起形成一个居民点——村庄，村庄周边围着篱笆，显然是用来防御野兽或者是外来入侵者的攻击。被圈围起来的村庄的遗迹显示，共同居住在一起的人们有着共同的劳动，正如恩格斯对劳动的评价，"它是整个人类生活的第一个基本条件，而且达到这样的程度，以致我们在某种程度上不得不说，劳动创造了人本身"。[②] 因为共同的劳动有了共同的意志，也是这种共同的劳动促进了社会共同体（Gemeinde）的形成，有了部落形式的社会共同体。部落的社会共同体是一种自给自足的社会经济形态，通过共同体内的共同劳动保证生存的必需条件。显而易见，社会共同体因为劳动程度的强弱存在着社会的分工，男子承担种地、饲养牲畜等需要很强体力的劳动，妇女则多从事碾磨、种植园地、采集野果、纺线织布等力所能及的家务性的劳作，最简单的社会分工也开始显现，有了专门制作石器和专门制作陶器的手工业者（Handwerker）。家务性的劳作以及单间的房屋遗址都说明，在新石器时期家庭是最小的社会细胞。随着"犁文化"的开始，在采集和狩猎活动中建立起来的家族或氏族联盟的社会结构也随之发生变化。

犁文化带来的原始农业文明的开端与狩猎采集式原始社会的终结在新石器时期同时发生，根据迄今为止在墓葬中发掘出来的器物可以明显地看出这两者的共存。另一方面，也可以根据这个时期的安葬习俗，了解这个历史时期中欧居民的宗教观念。在狩猎采集式原始社会中就已经有了的相信灵魂的宗教观念，在犁文化时期更为鲜明地表现出来，那些手足被捆绑的遗骸显然并不是随意摆放，陪葬的陶制器皿和工具也

---

① H. Aubin；W. Zorn（Hrsg.），*Handbuch der deutschen Wirtschfts-und Sozialgeschichte*，Stuttgart：Klett-Cotta，1978，Bd. 1，S. 17.
②《马克思恩格斯选集》，人民出版社 1972 年版，第 3 卷，第 508 页。

说明人们有了关于另一个世界的遐想。墓穴中出土的鸣器、乐器以及陶土制造的面具等则是狩猎人举行巫术时不可缺少的祭祀用的器物,可见巫术同样也是原始宗教信仰中不应忽视的组成部分。德国的历史学家们以此为依据得出这样的结论:"犁文化进入欧洲所具有的形态以一个极长的发展过程为前提,在此过程中各种完全不同的崇拜均得到发展。"①

在已经发现的考古文物中尚没有发现文字文物。19 世纪初期,欧洲的语言学家们通过把欧洲的语言与最古老的文字语言印度语进行比较,确定了印度日耳曼语族的语言学的概念。学者们从印度日耳曼语族的基础语言中还原原始民族的文化景象,与中欧地区的游牧生活状态和耕作知识有着许多相同之处,与"桩上建筑物"(Pfahlbauten)的考古发现以及"犁文化"也有很多吻合之处。

三、进入青铜器文化

与犁文化一样,青铜器文化也随着外来移民一起进入中欧地区。新石器晚期(约公元前 2200 年—公元前 1800 年)被称为"钟形杯人"(Glockenbecherleute)的移民进入中欧,带来"钟形杯文化"。② 钟形杯文化的发源地在与比利牛斯山相邻的伊比利亚半岛,承载这种文化的是从事狩猎和捕鱼以及饲养牲畜的游牧民族。伊比利亚半岛有包括铁矿在内的丰富的矿藏资源,因此钟形杯人较早使用铁质的战斧。公元前 2000 年前后,在欧洲相当大的范围内都出现只葬单人的单人墓穴(Einzelgräber),这种墓穴或是单个出现,或是成群出现。在男子的墓穴遗址中通常都会发掘出来用作工具或者武器的战斧,故被称为战斧人(Streitaxtleute)的单人墓。在单人墓穴中发掘出来的战斧不仅有石头打

---

① H. Grundmann (Hrsg.), *Handbuch der Deutschen Geschichte*, Bd. 1, S. 40.
② "钟形杯文化"距今约 3000 年—2000 年,因在墓葬遗址中发掘出一些钟形的陶土制作的杯子而得名。

造的,也有制作精致的铜斧。可见,这些具有游牧民族特点的战斧人为中欧输入了铜制品和铁制品。在萨克森、图林根以及德意志南部地区发现的单人墓穴中,与战斧同时被挖掘出来的还有双耳陶罐以及一些杯具,说明这些身为勇士的战斧人不仅善战并且喜酒。因为这些用陶土制作的器皿上通常带有用绳子压出来的几何形图案的纹络,因此考古学家将其称之为"绳纹陶器"(Schnurkeramik)。①

这种单人墓分布的地域很广,几乎涵盖整个中欧,并扩展至斯堪的纳维亚以及不列颠和爱尔兰。然而,在发现单人墓的区域内则极少发现居留地的遗迹,这似乎不太符合游牧民族流动的文化特性。欧洲的历史学家们根据已经发现的单人墓的地域范围,勾勒出游牧民族进入中欧的线路图:他们从东部越过萨勒河,横穿日德兰半岛进入北方巨石文化圈(der nordisch-megalitische Kreis)。制作绳纹陶器人群的单人墓不仅出现在地域较为广阔的哈雷地区,而且在索尔兹伯里也发现了钟形杯人的单人墓穴。不仅如此,在莱茵河下游、法兰克的侏罗山脉以及劳厄山脉也都出现了战斧人的单人墓遗址。②

在这些已发现的单人墓中还偶尔发现有其他的陪葬物,如弓、箭筒、作为装饰品的金手镯等。这似乎又可以说明发掘出单人墓的地域已经进入青铜器时代。在一些单人墓穴的墓壁上还发现了带柄的战斧、弓箭手以及弓和箭筒的装饰壁画。这些装饰品和装饰壁画说明,在单人墓中安葬的应该是具有较高社会地位的首领。在瑞典基维克发现的一块墓板上刻有赛马和战车的图画,甚至还有许多车辆并排而立、驭手挽着缰绳的场景。游牧民族频繁迁徙寻找适宜生存的地方,这就不可避免地引发了各部落相互之间因争夺居住地而进行的战争,率领兵士集体猎取猎物以及共同防范野兽的攻击,所有这些都促使在共同生活的群体中必然要产生出领袖式的人物,形成有首领的部族。由于缺少必要的文字史

---

① H. Grundmann (Hrsg.), *Handbuch der Deutschen Geschichte*, Bd. 1, S. 48f.
② Ebd. , S. 51.

料，学者们只能依据语言学家的研究为这些部族命名。

19 世纪初，欧洲的语言学家们通过对现代语言的比较，认定欧洲语言和亚洲部分地区的语言有着很近的亲缘关系，提出印度日耳曼语族人的概念。他们认为，在太古时代欧洲和亚洲部分地区有着共同的语族，印度人是最东部的一支，日耳曼人（Germanen）是最西部的一支，因此这个语族被称之为印度日耳曼语族。这些原始语言提供的地理、植物和动物的概念与人类学和考古学的研究相互印证，反证了语言学家们得出的论断。在整个印度日耳曼语族中，虽然各个语言本身有很大的差异，但也有着十分惊人的相似之处，例如，印度最古老的文学著作《梨俱吠陀》和古希腊最古老的文学著作《荷马史诗》中都有类似的描述，即武器是用一定数量的牛进行交换。再如，无论是在东部还是在西部的印度日耳曼语族的原始人都把羊作为原始祭祀的主要牲畜祭品，而牲畜的这个名词几乎都是从羊毛皮的单词中派生而来的。语言学家提出的印度日耳曼语族的概念也被历史学家们引入历史学领域，与日耳曼民族的概念融合在一起。①

中欧地区青铜器时代的考古发现主要分布在三个区域，根据语言学提出的印度日耳曼语族是由诸分支组成为一个整体的理论，历史学家们推论这三个区域分别是属于印度日耳曼语族中的三个分支，即：分布在北欧和中欧的日耳曼人、分布在高卢和北意大利的凯尔特人（Kelten）以及分布希腊西北部的北伊利亚人（Nordillyrien）。约公元前 2000 年初的新石器时期，由于气候环境因素的差异，以及人们生存活动的不同，在欧洲同时存在着完全不同的两种文明。爱琴海的克里特岛上出现了以原始的商品经济活动为基础的希腊城邦的文明形态，而在欧洲北部则是长期存在着的以狩猎和采集为主的游牧文明的形态。这两种不同的文明并没有各自封闭，两个文明地区的人们相互之间有着经常性的商业往来。

---

① 有关方面较为详细的介绍参见 H．Grundmann（Hrsg.），*Handbuch der Deutschen Geschichte*，Bd. 1，S. 44ff.

　　凯尔特人生活在中欧的西部地区,约公元前 1000 年前后在今天法国境内的塞纳河、德国境内的莱茵河和多瑙河下游地区出现,在漫长的新石器时期经历了几次大的迁徙。19 世纪中期,考古学家们在奥地利萨尔茨堡附近的哈尔施塔特发掘出 2000 多座墓葬以及史前史时期的盐矿遗址。这些墓葬的安葬方式极具特点,墓穴中没有遗骸而是盛装骨灰的坛子,考古学者将其称之为骨灰坛墓穴(Urnengrabe),并且以遗址发掘地命名哈尔施塔特文化(Hallstattkultur)。哈尔施塔特文化约在公元前 1000 年左右,属于具有游牧民族特点的凯尔特人,所涵盖的区域范围很大,从今天法国境内北部的马恩河流域一直延伸至喀尔巴阡山。这些已经发掘出来的墓穴中的陪葬品中有陶器、金属器具,与欧洲其他地区同时期发现的文物有很大的同一性,也有着明显地受到外来文化影响的痕迹。可以推论,凯尔特人占据着从巴伐利亚到波希米亚地区,由此掌控着莱茵河、塞纳河、罗纳河以及多瑙河的水系,通过与希腊人通商有了一些青铜、陶土之类的器皿。凯尔特人雄踞中欧相当长的时间,在今天瑞士纳沙泰尔湖北岸的拉坦诺出土的文物表明,直至公元前 5 世纪,凯尔特人依然主宰着中欧地区,尽管其出土的文物与哈尔施塔特文化时期出土的文物有着明显的差异。拉坦诺文化(La-Tène-Kultur)时期出土的文物中有带着装饰剑鞘的铁剑、武士佩剑用的铁链、宽刃的重型矛头,镶有铁制浮雕和支座的木盾,还有铁制的剪子,等等。不仅如此,在这些出土文物中还有来自意大利中部坎特鲁斯坎人(Etruskan①)制作的青铜器。在已经发掘的更晚一些年代的墓穴中还有铁镰、长柄大镰、斧、锯、锤等铁制器具。

　　德国历史学家认为,公元前 700 年开始的拉坦诺文化标志着中欧地区进入青铜器时代,因为在这个时期有了用铜和锡混合炼制的青铜和铁制作的装饰品、各种器皿、武器,尤为重要的是用青铜和铁制作的农机具

---

① 坎特鲁斯坎人是意大利埃特鲁里亚地区的古代民族,公元前 7 世纪左右在今天的博洛尼亚建立其文化中心,并很快在沿波河流域扩张,与同在波河流域的拉坦诺文化有所接触。参见《不列颠百科全书》,中国大百科全书出版社 1990 年版,第 6 卷,第 143 页。

已运用在农业生产中。[①] 有目的、有规律地在土地上播种,在一年内固定的时间集中收割庄稼,人工饲养作为运输脚力的牛被用来疏松土地,由此提高了土地的产值,流动式的生活方式逐步向定居的生活方式过渡。相对稳定的定居的生活方式把从事农业生产活动的人们聚集在一起,组成从事原始农业生产活动的社会共同体。

伊利里亚人主要居住在巴尔干半岛的西北部,欧洲学者通过对他们语言的研究推论,他们的语言比较接近于希腊语和拉丁语。通过对语言的研究大致可以确定中欧的东部地区是伊利里亚人的发源地,这个地区的考古发现也对此作出印证。伊利里亚人的发源地属于战斧文化的一个分支,被看作是哈尔斯塔特文明的又一创造者。大约在公元前 1000 年左右,伊利里亚人扩大了他们的居住圈,并与凯尔特人有所接触,双方不仅在语言上有相互借用的词汇,在铁器器具的制作方面也相互影响,这一点无论是语言方面的研究成果还是考古发掘都能相互印证。另一方面,通过伊利里亚人居住区域内被焚毁的废墟、防御工事的遗址以及发掘出的金属器具也说明,凯尔特人与伊利里亚人的接触致使这一区域处于一种不安定的状态,这也许是伊利里亚人向南部地区迁移的一个重要原因。在公元前的最后几个世纪中,凯尔特人成为这个区域的主要居民,成为拉坦诺文化在该地区的承载者。[②]

公元前 400 年以前,一个新的民族从西里西亚沿多瑙河逆流而上,与凯尔特人结为邻居,这就是被罗马人称为日耳曼人的游牧民族。进入这个区域的日耳曼人具有极大的流动性,他们多次并且是大规模地向着不同的方向迁徙,把凯尔特人挤压出这个区域。在这股迁徙的浪潮中,日耳曼人进入莱茵河上游、多瑙河以北,今天德国的南部、波希米亚、摩拉维亚、奥得河以及维克瑟尔河流域地区都成为日耳曼人的居留区,并逐渐地日耳曼化。

---

① R. -W. Henning, *Handbuch der Wirtschafts und Sozialgeschichte Deutschland*, S. 8.
② H. Grundmann (Hrsg.), *Handbuch der Deutschen Geschichte*, Bd. 1, S. 60f.

第二节　古代的中欧社会

一、原始日耳曼语族部族的民族形态

日耳曼人是罗马人对居住在北海和波罗的海沿岸异族人的总称。有关这些异族人的记载最早见诸公元前 350 年左右希腊马赛丽亚的皮提亚斯写的游记,他把居住在英国和北海沿岸的异族人称为斯堪特人(Skythen)和条顿人(Teutonen①)。这些异族人不断地向北推进,扩大自己的居留地,逐渐地挤走了居住在今天德国西部的凯尔特人。公元前 2 世纪前后,由于异族人口的增长以及气候变化等诸多方面的原因,再加上生活在亚欧大陆草原上的匈奴人的挤压,他们迁徙到罗马帝国的东北部地区,遂与罗马人不断发生摩擦和冲突。公元前 1 世纪中叶,恺撒(Gaius Julius Caesar, v. Chr. 100 – v. Chr. 44)远征高卢,在那里设立了高卢行省,此后继续向莱茵河以东扩张,在莱茵河以西的地区设立日耳曼尼亚行省(Province Germania②)。在东征的过程中,恺撒了解到凯尔特人和日耳曼人在社会习俗等方面有着很大的区别,他在后来写的《高卢战记》(Bellum Gallicum)中将居住在日耳曼尼亚省的异族人统称为日耳曼人,称居住在英国的异族人为凯尔特人,这两种称谓一直沿用至今。③

---

① 拉丁语单词 Teutonen 源自古希腊语 Τευτονες,根据罗马的史料,这个部族原居住在日德兰半岛,约公元前 120 年前后迁徙至意大利半岛,此后又迁徙到了日耳曼尼亚地区,被视为日耳曼人的一支。德国学者认为,在远古时期,Teutonen 这个词并不等于现代德语单词 Deutsch,Deutsch 源自于古日耳曼语中的 theoda。参见 A. Petsch, *Die Goldbrakteaten der Völkerwanderungszeit*, *Reallexikon der Germanischen Altertumskunde*, Berlin: de Gruzter, 2007, Bd. 36, S. 368f.

② 日耳曼尼亚省分为上、下两个部分,上日耳曼尼亚省包括今天瑞士的西部、法国东北部的阿尔萨斯、德国的莱茵地区;下日耳曼尼亚省包括今天的卢森堡、比利时东部以及荷兰的南部地区。参见 *Lexikon des Mittelalters*, Stuttgart · Weimar: Verlag J. B. Metzler, 1999, Bd. 4, S. 1338.

③ 据此,后来进入罗马帝国境内的一些异族部落均根据其所定居的帝国行省或者地名命名,但也有些地名则是依据定居在此的异族名确定的,如意大利北部的伦巴第平原是因旺底利夷人(Vandilii)的定居而得名;士瓦本这一地名则可以追溯到斯维比人(Swabians)。参见塔西佗《阿古利可拉传日耳曼尼亚志》,马雍等译,商务印书馆 1983 年版,第 81 页。

日耳曼人不是一个完整的政治实体，而是各自独立的部族群体，每个群体都有自己的首领，有自己的社会生活习俗，构成各自独立的社会。在远古口耳相传的歌谣中，这些日耳曼人的部族有着共同的始祖，即大地之神隤士妥(Tuisto)和他的儿子曼奴斯(Mannus)，日耳曼人的各支都是他们的子孙，各部族都是以他们的名字命名。[①] 迄今为止在中欧地区还极少发现与日耳曼人有关的考古遗址或考古文物，因此西方学者们了解和认识日耳曼人更多的是通过罗马历史学家塔西佗(Publius Cornelius Tacitus，58—120)的《日耳曼尼亚志》(Germania)，他在书中较为详细地描述了对于罗马人来说无论是在语言方面还是在社会形态方面都十分陌生的这个社会群体。在塔西佗的笔下，日耳曼尼亚是一个“景物荒凉、风光凄厉”的地区，虽然已经是处在新石器时期，但日耳曼人依然停留在古老的状态，他们与外族极少交流或者通婚，保持着自身部族血统的特点。塔西佗描述的日耳曼人已经结束了半游牧民族的生活方式，开始定居下来，有了固定房屋居所，构成了村落，但日耳曼人所居住的地区很少有城郭。他们分散地逐水草或者逐树林而居，这种流动性的居住方式也许是他们不善于建筑房屋的一个重要原因，他们的房屋都是用不做任何加工的原木建造，房屋的墙壁上涂着泥土。[②]

已经过着定居生活的日耳曼人依然具有游牧民族的特点，他们居住的地区“谷物颇丰，但不宜于种植果树”，“禽畜繁殖，但多半不甚肥硕”。在日耳曼人的社会经济生活中，农业生产活动的比重仍然小于畜牧业。青壮年除了从事战争以外更多的时间都用于狩猎，修缮房屋、管理庭园和种植农田一类的与农业生产活动有关的事物则交给老人、妇女及体弱的人去做。[③] 恺撒在《高卢战记》中也有关于日耳曼人这样的记述：“他们对农耕不怎样热心，他们的食物中，绝大部分是乳、酪和肉类，也没有一个私人拥有数量明确、边界分明的土地，官员和首领们每年都把他们认

① 塔西佗：《阿古利可拉传日耳曼尼亚志》，第56页。
② 同上书，第63页。
③ 同上书，第55—57页。

为大小适当、地点合宜的田地分配给集聚在一起的氏族和亲属。一年之后又强迫他们迁到别处去。"①日耳曼人对财富的衡量依然还是以畜群为准,"多以畜群的多寡相夸耀",最贵重的馈赠礼品是马匹、盔甲、马饰或者牛群。②

在罗马人看来,以专事战争为主要社会活动的日耳曼人勇武强悍,古罗马历史学家阿庇安这样描述他们:"这个民族的身躯大小超过其他的民族,就是身体最大的人也不能跟他们相比;他们凶猛残酷,是勇敢的人中间最勇敢的,藐视死亡,因为他们相信死后还会活着的。他们能够同样地忍受寒暑,在断粮的时候,他们吃野草维持生活,而他们的马则吃树木的嫩叶。但在作战中,他们似乎没有耐心,他们像野兽一样,是在激动情绪指导下,而不是在智慧和科学指导下进行战斗的;因此,他们为罗马人的科学和耐心所征服。"③在日耳曼人中,勇敢、善战是成为将领的首要条件,在战场上苟且偷生是终生的耻辱,乃至于不得不以结束生命换回自己的荣誉;对他们来说,即使是丢掉盾牌都是一个奇耻大辱的罪行,会被排斥在公民大会之外,并处以禁止参加宗教仪式的处罚。将领用以身作则的勇敢博得他的士兵的拥戴和服从;士兵英勇战斗,勇敢地保护将领,这被看作最尽忠的表现。这种专事战争的行为把日耳曼人中的青壮年集合在将领的周围,构成相互之间的扈从(Gefolgmann)关系。"在战场上,酋帅的勇敢不如他人,是他的耻辱;侍从们的勇敢不如酋帅,也是他们的耻辱。"将领把在战争中获取的大量战利品赏赐给他的扈从,扈从也寄希望于将领的慷慨大方。"这些恩典的财源都是从战争和劫掠中得来的。要想劝他们像向敌人挑战和赢得创伤那样地去耕种土地和等待一年的收成,那是很困难的。"④尽管塔西佗这段文字的语气不乏调侃之意,但依然可以这样说,在某种程度上他比较真实地描述了日耳曼人

---

① 恺撒:《高卢战记》,任炳湘译,商务印书馆1979年版,第143页。
② 塔西佗:《阿古利可拉传日耳曼尼亚志》,第63页。
③ 阿庇安:《罗马史》,上卷,谢德风译,商务印书馆1976年版,第57页。
④ 塔西佗:《阿古利可拉传日耳曼尼亚志》,第58、62页。

所具有的游牧民族的特点。这种以战争作为社会分配物资的方式,使得日耳曼人的社会群体不是以自然居住点或者职业来划分,而是以适于战争的集结方式以及提供战争的兵源来划分,形成"百家村"制度,一个"百家村"是一个能提供一百个士兵给养的经济单位。①

　　日耳曼人的社会中依然存在着母系社会的一些因素,在这个以家庭为基本要素构成的社会里,妇女是社会活动的重要参与者之一,她们不仅供养士兵们,而且以自己的精神激励战场上的士兵。恺撒曾经这样记述,每次战斗中妇女都会待在距战场最近的地方,"她们伸出双手,痛哭流涕地哀求那些正在进入战斗的战士们,不要让她们落到罗马人手里当奴隶"。② 塔西佗也曾经有过相似的记述:"站在身旁的就是自己亲爱的人,他们可以听到妇孺的悲号声:这里有着每个男子心目中所最重视的旁观者;这里有着他们所急于想博得的赞誉;他们把自己的创伤带到母亲和妻子们面前,而她们也毫无畏惧地要求看一看和数一数那些伤口。"③在日耳曼人看来,妇女与他们所信奉的神相通,不仅能够感觉到,在"她们身上有一种神秘的和能够预知未来的力量",甚至在做重大决定时都要征求她们的看法,然而重大的决定权则在祭司的手中。

　　根据塔西佗的记述,日耳曼人信奉多个神,他们常常以占筮的方式表示对所信奉神的崇拜,因而在这个社会中祭司享有很大的权力,他们主持占筮仪式,但却相信能够"传达"神的意愿的则是那些专门饲养的白马,通过白马的嘶鸣和鼻息之声来预测重大决定可能出现的结果。日耳曼人还用马的颅骨做成饰物装饰在墙壁上,可见马对于他们的重要性。日耳曼人也常常会用树枝做成筮,以抽签的方式询问,希望了解未知的结果,④他们甚至会因为相信占卜而放弃战机以致失去可能会赢得的胜

---

① 詹姆斯·W.汤普逊:《中世纪经济社会史》,上册,耿淡如译,商务印书馆 1988 年版,第 108—109 页。

② 恺撒:《高卢战记》,第 41 页。

③ 塔西佗:《阿古利可拉传日耳曼尼亚志》,第 59 页。

④ 同上书,第 59—60 页。

利。① 日耳曼人以战事为主的社会活动方式似乎使他们对死亡并没有那么恐惧，因此他们在葬礼中并没有太多的繁文缛节，使用特定的木材焚化死者的尸体，陪葬的是他的盔甲乃至战马。在中欧地区发掘出来的不断扩大的骨灰坛圈的遗址，也从另一个方面佐证了日耳曼人火葬的宗教观念。② 总而言之，从塔西佗的记述中可以看出，至少在他生活的年代，日耳曼人的宗教还处于原始宗教的状态，虽然他们有被称为"鲁恩"的文字，但仅仅用于祭祀中，没有被广泛地应用于日常生活。日耳曼人非常相信那些尚不了解的神秘力量，对其畏惧更甚于对他们的国王。

日耳曼人的国王是按照出身被推举出来的，但是国王并没有无限的权力，重大的事务都是由全体部落成员参加的部落会议决定。部落会议都是在固定的日期举行，或在月盈之时或在月亏之期，主持会议的通常不是国王而是祭司。部落会议不仅商议战与和的对外事务，而且还对部落内犯罪者审判和宣判。③ 日耳曼人虽然没有文字的法典，但在公元5世纪记录下来的《撒利克法典》(Lex Salica)中可以看出，日耳曼人施行的是约定俗成的习惯法(Gewohnheitsrecht)，对犯罪者的处罚主要是罚金，罚金的多寡一是依据罪行的轻重，二是依据涉案双方的身份。④ 很显然，在日耳曼人的部落中存在着较为明晰的社会等级(Stand)，国王、祭司以及将领是社会的上层，除了他们身边的士兵侍从之外，在他们之下还有相当数量的自由民。这些自由民以马尔克(Mark⑤)的社会机制被组织起来，每个马尔克因耕种者的数量多与寡而获得国王分配的土地。马尔克的土地属所有成员共有，以份地的形式按照其身份的高低分配给自由民耕种，耕种土地的还有相当数量的非自由人。逐渐安定下来从事农耕生产的日耳曼人以莱茵河为界与高卢人隔河相望。

---

① 恺撒：《高卢战记》，第40—41页。
② H. Grundmann (Hrsg.), *Handbuch der Deutschen Geschichte*, Bd. 1, S. 58, 62.
③ 塔西佗：《阿古利可拉传日耳曼尼亚志》，第60—61页。
④ 有关《萨利克法典》较为详细的阐述，请参见王亚平《西欧法律制度转型的社会根源》，人民出版社2009年版，第一章，第三节"约定成俗的日耳曼习惯法"。
⑤ 国内学者通常把"马尔克"翻译为"农村公社"。

二、盘踞中欧的罗马人

公元前 7 世纪左右,来自巴尔干半岛和伊利里亚地区的凯尔特人向中欧迁徙①,此后在莱茵河与马恩河之间的地区定居下来,后来进入的罗马人将这个地区称为高卢,把居住在这里的凯尔特人称为高卢人。② 发源于阿尔卑斯山自南向北流入北海的莱茵河把中欧分为两个部分,莱茵河左岸居住着高卢人,右岸生活着日耳曼人。

公元前 2 世纪上半叶,经历了三次布匿战争并战败迦太基的罗马人将其触角伸向了山内高卢地区,并以此为基地逐步向外高卢地区扩张。③公元前 2 世纪末、1 世纪初,罗马军团击败了山南高卢凯尔特人中的阿罗布罗基部族和阿维尔尼部族,在纳尔榜南西斯地区站稳了脚,并控制了外高卢部分地区。④ 公元前 58 年,凯尔特人的一支赫尔维特人从今天瑞士境内向加龙河流域迁徙,面对压境的赫尔维特人,当地的凯尔特人向罗马军团求援,时任山南内高卢总督的恺撒率罗马军团进入外高卢,击败了赫尔维特人。此后,恺撒还率军击败了越过莱茵河的日耳曼人,迫使其退回莱茵河东岸。在军事上连连获得胜利的罗马人驻足外高卢,把整个高卢都并入罗马人的统治之下。不仅如此,恺撒以及他之后的执政者还都试图把罗马人的势力范围扩展到莱茵河的东岸。罗马帝国的第一位皇帝屋大维(Gaius Octavius Thurinus,63 v. Chr. —14 n. Chr.)自称为奥古斯都(Augustus⑤),在他执政时期,罗马军团从石勒苏益格高

① 在欧洲古代社会没有国家和民族间疆域的概念,很难将其明确地划分,本节中所涉及的中欧是一个大的地理概念,包括今天法国、德国、瑞士、比利时等现代国家的区域,并以此区别于今天的意大利、西班牙等地区。
② 高卢人和凯尔特人同属一个部族,希腊人称之为凯尔特人,罗马人把居住在高卢的凯尔特人称之为高卢人。参见费尔南·布罗代尔的《法兰西的特性》,顾良等译,商务印书馆 1997 年,第 42 页。
③ 古罗马人把今天意大利卢比孔河以及比利牛斯山、莱茵河以西直至大西洋的广袤地区都称之为高卢,并且以阿尔卑斯山为界分为山南的内高卢以及山北的外高卢。
④ 纳尔榜南西斯地区位于阿尔卑斯山、地中海和塞文山脉之间,今天法国的东南部。
⑤ “奥古斯都”意为“神圣者”。

地横穿日德兰半岛，力图向易北河地区推进，并且在威悉河沿岸和易北河河口建立了兵营。虽然他的两个继子进一步把阿尔卑斯山地区都并入罗马人统治的版图中，但罗马人最终还是放弃易北河流域地区，被隔在莱茵河的左岸，莱茵河与多瑙河成为罗马帝国与日耳曼人之间的天然边界。[①]

在高卢地区驻足以后的罗马人开始在中欧地区推行罗马化，首先是在行政机制方面的罗马化。恺撒在征服外高卢的过程中设立了一个大高卢省，他亲任该省的执政官（consulat），屋大维延续了恺撒在高卢地区的政策，他把大高卢行省分为几个行政区，分别设立了高卢比利时行省、包括今天法国中部和北部的里昂高卢行省、法国南部的那旁高卢行省、包括今天法国中部和东南部的阿基坦高卢行省。此外，在大高卢行省以外的地区设立大日耳曼行省，其中包括今天的荷兰和德国，分为上日耳曼行省和下日耳曼行省；在多瑙河以南的巴伐利亚、今天奥地利西南的蒂罗尔以及瑞士东部区域内的地区设立了里西亚行省；在今天的匈牙利西部、奥地利的东部、斯洛文尼亚和南斯拉夫的北部的区域内设立了潘诺尼亚行省。高卢以及欧洲中部的每个行省都由罗马军团的将领担任总督，同时也吸收一些当地的氏族贵族（Stammesadel）进入行省的元老院，给予那些自愿加入罗马军团的当地居民罗马公民权。在每个行省中都驻扎着一个或几个军团，罗马军团的驻扎在中欧成为一种常态，建立了永久性的兵营或者要塞。奥伯豪森是最早建立的一个永久性兵营，其目的是为了防护莱茵河右岸异族的侵入，罗马人还在维也纳附近建立了卡农图姆兵营以防备日耳曼人沿多瑙河而上。屋大维十分强调巩固帝国边界的重要性，借助于天然的屏障在莱茵河左岸的科隆、美因茨、沃尔姆斯、斯特拉斯堡、巴塞尔以及莱茵河与摩泽河相交之地的科布伦茨等多个地点建立了罗马帝国的兵营。另一方面，罗马人还在一些没有天然屏障的地方建墙垣、挖壕沟、修塔楼或者角面堡。在哈德良

---

① H. Grundmann（Hrsg.），*Handbuch der Deutschen Geschichte*，Bd. 1，S. 73.

(Publius Aelius Traianus Hadrianus,76—138,117—138 年在位)至安东尼(Antoninus Pius，86—161,138—161 年在位)任皇帝期间,罗马人为防御日耳曼人修建了一道防护长城,起始于多瑙河畔雷根斯堡附近的克尔海姆,向西经魏森堡及符腾堡,在罗耳士向北转,穿越美因河蜿蜒直达莱茵河畔的科布伦茨,形成了一个相当广阔的防御三角地带。不仅如此,还在这个大的三角区域内设立了无人地带,罗马军队在莱茵河与多瑙河上巡逻,禁止日耳曼人的船只在河上航行。①

罗马军团为其扩张的目的修筑了四通八达的道路,在所到之处监督修建桥梁、港口以及要塞(Festung)和城堡(Burg),罗马人修建的军用大道被商人(Kaufmann)所利用,成为通商的大道,其中比较重要的是以位于巴黎盆地的兰斯为起点,像扇面一样伸展开来,有从兰斯到莱茵河畔的美茵茨的、有经梅斯到斯特拉斯堡和图尔的、有经朗格勒到贝桑松等地的多条大道;有起始于索恩河经里昂穿越摩泽尔河、再经梅斯以及图尔到达美因茨和科隆的大道;还有从意大利过阿尔卑斯山到达巴塞尔,并从巴塞尔沿莱茵河下行至科隆以及北海沿岸的乌特勒支的水路。这些道路纵横交错、相互连接构成一个便利的交通网络,②曾经因为阿尔卑斯山的阻隔而仅限于北欧的古老的"琥珀之路"(Bernsteinstraße③),也因为罗马军团修筑了四通八达的道路使之得以纵贯中欧与地中海相连接。

中欧地区得天独厚良好的水系以及与大西洋和地中海连接的天然水路,吸引着那些活跃的意大利商人与罗马军团一起进入到中欧。珍

---

① 詹姆斯·W.汤普逊:《中世纪经济社会史》,上册,第 16—17 页。
② 同上书,上册,第 16 页。
③ 琥珀是北欧东海地区特有的天然物品,是一种在海底深藏了数千万年的树脂。约公元前 2000 年左右,东海沿岸的居民发现了这种色泽明亮、形状各异的"海上的漂流物"(amber),将其作为佩戴的宝石饰品,用其与黑海、波斯、埃及以及远东地区进行贸易交换,又被称之为"北方黄金"。历史学家们把用于进行琥珀交易的、从北欧通向欧洲南北、连接地中海与北海、东海的商路称之为"琥珀之路"。"琥珀之路"没有固定的线路,通常会因为战争等因素有所变化,但天然的水系通常是"琥珀之路"的最佳选择。

珠、宝石、香料、丝绸、象牙等来自东方的奢侈品被跟随罗马军团的商人
从意大利贩运到了中欧；北欧的琥珀以及其他物品也沿着多条琥珀之
路，经由阿尔卑斯山的布伦诺隘口进入意大利到达地中海地区。罗马兵
营和要塞的建立以及众多军队的驻扎，为那些贩运琥珀等贵重物品的商
人提供了安全进行交易的场所，莱茵河沿岸的科隆、美因茨、沃尔姆斯、
科布伦茨、斯特拉斯堡、巴塞尔等，都是在罗马兵营或要塞周边形成的进
行贸易的场所，在此基础上生长成为罗马的城市。欧洲西部以及意大利
和喀尔巴阡山地区的金属资源，伊比利亚人、凯尔特人、西徐亚人
（Scythians①）所在地区的谷物、羊毛、皮革、腌制的肉和鱼类、蜂蜜、蜂
蜡、盐等，也都进入中欧贸易交换的渠道，此外还有可以进行买卖的奴
隶。可以这样说，罗马人的进入带来了希腊和意大利的商业传统，为中
欧地区的商业贸易注入了新的活跃因素，显现出繁荣的景象。

　　罗马军团进入中欧的初期，这个地区的经济形态因以为军队提供物
资为主而由军队掌控；然而，由于罗马军团长期的驻扎，当地的原住居民
逐渐不再排斥驻扎在此地的罗马人，这就使得因为军需而发展起来的经
济转变为一种满足于当地人生活必需的常态经济。军需转变为民需，地
区手工业（Handwerk；Gewerbe）的格局也因此有了改变。公元 1 世纪
中叶以后，一些被罗马军团废弃的陶窑被当地的居民启用，他们用曾经
为罗马军团烧制砖瓦和陶器的窑烧制出陶罐、花瓶等民用器皿，出现仿
制意大利彩陶（terra sigitlata）的大型作坊，今天在德国一些博物馆中收
藏的那个时代的饰有浮雕花纹的陶器和红色带釉的彩陶，具有意大利彩
陶的特点与中欧原有陶器的特质融合在一起的显著特征。与罗马军团
一起进入中欧的还有生产玻璃器皿的工艺，这些工艺匠们跟随着罗马军
团向欧洲的北部和东部迁移。在今天比利时的那慕尔，德国的特里尔、

---

① 西徐亚人是具有伊朗血统的一支游牧民族，公元前 8 世纪以后从中亚迁徙至俄罗斯的东南
　部，这里所指的是今天的克里米亚地区。

沃尔姆斯、科隆等地生产玻璃器皿的历史都可以回溯到 1 世纪前后。[①]
毋庸置疑,罗马人的进入推进了中欧地区手工业的发展,来自中欧的陶
制和玻璃制器皿、具有凯尔特风格的黄铜制品也输入到意大利,几乎垄
断半岛的市场(Markt),对当地的手工业造成巨大的冲击。[②] 不仅如此,
在中欧落户的罗马人从凯尔特人那里学会冶炼技能,掌握了加工铁器、
银器和金器的制作技术,学会铁制农具的制造和使用,掌握了养马和骑
术的技能。[③] 包括今天奥地利中部和巴伐利亚部分地区在内的诺里库姆
蕴藏着丰富的金矿和铁矿,在当时以产铁著称,罗马人将其兼并之后设
立新的行省,掌控矿山(Bergbau)和炼铁作坊,当地生产的铁被大量地输
入到意大利。

　　罗马人进入之前,中欧地区的农业文明已经形成,普遍种植大麦、小
麦等粮食作物,然而毋庸置疑的是,高卢地区的农业生产仍然处于粗陋
的原始状态。公元前 146 年,罗马人战败迦太基帝国,非洲、亚洲的一些
原始农业相当发达且富庶的地区先后被归并在罗马的版图中,当地的农
耕生产方式和种植技术也随之为罗马人所了解、所接受。公元前 121
年,罗马人征服普罗旺斯,在此之后葡萄、啤酒花、栗树、燕麦等相继被罗
马人移植到高卢和中欧地区;同时,腌肉、羊毛等畜牧业的产品也输入到
罗马。从恺撒时期起,罗马的农业作家就在元老院的支持下,翻译大量
的亚洲和非洲有关农业种植和农田管理方面的著作,果树的种植、葡萄
藤的修剪、菜园的管理技术等都被引进意大利,[④]此后又都随着罗马人一
起进入高卢地区。对高卢地区农业产生更大影响的是罗马的大地产制
和奴隶制。

---

① M. M. 波斯坦等主编:《剑桥经济史》,第二卷《中世纪的贸易和工业》,王春法主译,经济科学
　　出版社 1987 年版,第 67—71 页。
② 科瓦略夫:《古代罗马史》,王以铸译,三联书店 1957 年版,第 788—789 页。
③ 费尔南·布罗代尔:《法兰西的特性》,顾良译,商务印书馆 1995 年版,第 43—44 页。
④ 詹姆斯·W. 汤普逊:《中世纪经济社会史》,上册,第 35—36 页。

罗马的大地产制形成于共和晚期,布匿战争(Punische Kriege①)加速了罗马土地制度的演变以及社会结构变化的进程。共和时期的罗马实行的是"公有地"(ager publicus),主要的耕地、草地、森林、牧场都是属于共和国,元老院贵族(Senat)、骑士(Ritter)和平民按照身份获得相应的土地,被称之为领地(possessiones),领有领地的经营者被称之为领主(possessores)。自恺撒之后,罗马军团不断地对外扩张,新征服的土地不断扩充公有地的面积,原有的公社土地制度逐渐瓦解,那些担任行政官职的元老院贵族以及骑士在征服战争中利用权势,通过拍卖或者继承将越来越多的土地据为私有,成为自己的私有领地(Herrschaft)。大田庄的形成必然导致在农业生产方面使用大量的奴隶,使用奴隶开垦荒地、耕种土地成为一种常态。罗马人使用的奴隶多来自在战争中俘获的战俘。奴隶的命运十分凄惨,白天在皮鞭的监督下在田地里进行着沉重的劳动,夜晚被关闭在黑暗的大营里,他们只被罗马人看作是"聪明的牲畜"。② 大量使用奴隶使得那些自由小农失去与大地产主进行竞争的能力,再加上越来越不堪重负的严苛的赋税(Steuer),致使他们面临着失去已有土地的困境,逐渐地沦为债务奴隶。

大地产制以及奴隶制的盛行改变了罗马人占领的高卢以及中欧地区的农业形态和社会结构,高卢以及中欧原有的农业文明很快就与罗马人引进的农业文明融合在一起,高卢行省成为罗马帝国在欧洲最繁荣的农业区。罗马人的进入也为高卢和中欧孕育了城市的胚胎③,罗马军团的兵营、要塞等都是此后城市建立的基石,今天在这些罗马帝国时期建立的城市里依然还保存着罗马时期的神庙、广场、浴池以及下水道设施等各种各样仿罗马式公共建筑的遗迹,正如法国学者布罗代尔所说:"高

---

① "布匿战争"是指公元前3世纪中叶至公元前2世纪中叶罗马人与迦太基人进行的三次战争。罗马人把迦太基人称之为"布匿"(Punici),故被称之为"布匿战争"。
② 詹姆斯·W.汤普逊:《中世纪经济社会史》,上册,第39页。
③ 法国历史学家布罗代尔认为,罗马人进入之前高卢尚没有真正的城市,城市化的建设是高卢罗马化的一个重要标志,参见布罗代尔《法兰西的特性》,第67—68页。德国历史学家在阐述德意志城市的历史时也都回溯至罗马帝国时期。

卢的城市化及其形式正是罗马化的鲜明表现。"①罗马的拉丁文化也在高卢行省和中欧地区盛行，拉丁语成为这个地区的官方文字。

罗马帝国 3 世纪的危机同样也为高卢行省和中欧地区带来灾难，连年不休的内战加剧政治上的混乱，破坏原有的社会经济秩序，在课税方面无度地强征暴敛，激起民众的极大不满，在整个罗马帝国境内各地都先后发生大规模的人民反抗和奴隶大起义。与此同时，居住在莱茵河东岸的日耳曼人也频频侵入罗马帝国境内，对高卢行省造成极大的威胁。

三、日耳曼人的部落王国

公元 1 世纪以后，以莱茵河和多瑙河为界，由罗马人统治着的高卢行省与日耳曼人居住的区域有着极为紧密的毗邻关系，尽管两个区域的农业文明发展程度有很大的差异，但双方的贸易往来却很密切。尚处于半游牧状态的日耳曼人极喜欢罗马人酿造的葡萄酒，用琥珀、皮货以及奴隶与之进行交换。在迄今为止考古发现的墓地和居留地遗址中，可以看到产自罗马帝国的餐具，还有罗马帝国早期的钱币等其他随葬品。罗马人在莱茵河、多瑙河等与日耳曼人划河为界的地方设立的关卡也说明罗马人与日耳曼人有着经常性的贸易往来，位于莱希河畔的奥格斯堡因临近阿尔卑斯山的布伦纳山口，成为罗马人与日耳曼人进行贸易交往的中心。经常性的贸易加强了罗马人与日耳曼人之间的接触，一些日耳曼人进入罗马人的辖区，逐渐适应和学会农业生产，从而进一步接受罗马人的文化和宗教，罗马帝国的皇帝还给予进入罗马帝国境内的外族人罗马公民的权利。然而，罗马人与日耳曼人之间并不完全是和平的交往，也存在着公开的武力冲突。随着日耳曼人的深入侵入，尤其是武装性的劫掠，罗马军团给予反击，一些战败的日耳曼人被俘虏，沦落为罗马人的奴隶，或者从事农业生产活动或者被补充进军队充当士兵。

2 世纪末期，罗马帝国穷兵黩武，争权夺利的内战刺激了罗马军团将

---

① 布罗代尔：《法兰西的特性》，第 70 页。

领的野心,他们依仗手中的军队攫夺政权,导致帝国政治的混乱,内战连年不断,社会秩序和经济活动都受到灾难性的破坏。生活在社会下层的民众不仅因战乱无法从事正常的经济生产活动,而且还要饱受苛重赋税的压榨以及物价无度上涨的蚕食,生存环境日益恶化,一些破产的自由农民因此失去土地沦为奴隶。据西方学者估计,这个时期奴隶的总数甚至约占人口总数的三分之一。[①] 2世纪下半叶和3世纪连续发生的瘟疫肆虐整个罗马帝国,正在萎缩的罗马经济雪上加霜,人口的锐减致使劳动力严重不足。大奴隶主对奴隶的残酷剥削引发强烈的反抗,民众的反抗和起义此起彼伏,在高卢地区掀起大规模的巴戈德运动(Bagaudes)。[②]在186—188年期间爆发农民起义,大地产主的庄园被抢劫,村庄遭受袭击,尽管农民军遭到罗马军团的镇压,但罗马帝国的奴隶制同样也受到沉重的打击,引发帝国在3世纪出现全面的危机。从235年起罗马帝国境内军队叛乱、军事政变连年不断,造成以军队将领为主的地方割据的政治局面。军队在争夺罗马帝国皇权中的重要地位更加突出,为了获得军队的支持,奉行"让士兵致富,其他皆可不顾"的信条[③],帝国政府加重对奴隶和自由农民的盘剥,一方面在征收各种赋税时无度地强征暴敛聚敛财富,另一方面无节制地发放货币,导致货币贬值物价上涨,致使社会下层更加陷入赤贫之中,加剧了社会的动荡不安。

　　社会的动乱为日耳曼人渡过莱茵河提供了良好的时机。最早跨越莱茵河界线的是日耳曼人中的沙滕人(Chatten),他们于162年进入日耳曼尼亚省的南部;235年,日耳曼人的一支阿雷曼人(Alamannen)进攻坎斯塔特,对其造成严重的破坏。此后日耳曼人不断地侵入,致使罗马军团不得不加强在莱茵河、多瑙河沿岸的防御设施。3世纪中期,罗马人逐

---

① 布罗代尔:《法兰西的特性》,第74页。

② 据西方历史学家估计,Bagaudes(巴戈德)一词从凯尔特语bag(战斗)转意而来,意为"战斗者"。

③ 菲利普·李·拉尔夫等:《世界文明史》,上卷,赵丰等译,商务印书馆2001年版,第353页。

渐地丧失了莱茵河与多瑙河之间的地区,韦特劳地区①、从博登湖自伊勒河的狭长地区也都先后被日耳曼人占领。3 世纪末,罗马帝国的皇帝戴克里先(Gaius Aurelius Valerius Diocletianus,245—312,284—305 年在位)把位于摩泽尔河畔的特里尔市提升为皇帝的直辖市(Kaiserstadt),在那里修筑了牢固的防御工事,至今依然屹立在特里尔的黑门(Porta Nigra)成为防御日耳曼人侵入的北大门。357 年阿雷曼人入侵阿尔萨斯地区②,遭到罗马皇帝尤里安(Flavius Claudius Julianus,331—363,360—363 年在位)军队的抗击。然而,罗马军队并没有能阻挡住日耳曼人的侵入,他们如潮水一样一浪接着一浪地涌进了罗马帝国境内。然而,这些被罗马人称之为"蛮族"(Babarian③)的日耳曼人与罗马人相比在数量上并不占绝对优势,据西方历史学家们估算,当时的法兰克人(Franken)约有 8 万人,勃艮第人(Burgunder)约有 10 万人,汪达尔人(Wandalen)仅 2 万人左右,但他们却对改变罗马人的社会起到"酵母"的作用。早期"一群一群地淹没在高卢农民大众之中" ④的日耳曼人,在一定程度上填充了罗马帝国在 3 世纪危机之后出现的劳动力的匮乏状况,补充了罗马军队兵源的枯竭,一些日耳曼部族甚至成为罗马军队的同盟者(Föderaten),那些骁勇善战、屡建战功的日耳曼士兵还被提拔为罗马军团的将领。由此,日耳曼人与罗马人之间无论是在社会的上层还是下层都较为广泛地实现了种族的融合,这种融合与罗马社会的动乱同步,加速了罗马帝国的覆灭。

4 世纪中叶,居住在欧亚达草原上的匈奴人(Hun)受气候变化的影响西迁,占领了喀尔巴阡山地区,致使原来居住在那里的哥特人(Goths)被分为东西两部分,西哥特人(Visigoth)继续西移渡过多瑙河。新迁入

① 今天德国黑森州区域。
② 今天法国与德国接壤的东北部地区。
③ Babarian 是罗马人指侵入的日耳曼人讲的都是"巴拉、巴拉"的话,故称他们为"讲巴拉巴拉语的人"(Babarian),国内学者按照中国人的习俗把 Babarian 翻译为"蛮族"。
④ 布罗代尔:《法兰西的特性》,第 78、79 页。

罗马帝国境内的西哥特人并没有因此改善他们的生活境遇，反而受到罗马统治者不公正的待遇，强迫他们卖身为奴从事农业生产，他们的财物被勒索，强壮者被迫充军服兵役。日益不满的西哥特人于 378 年举兵起义，在阿德里安堡战役中打败了罗马军队，西方历史学家将这一历史事件看作欧洲历史上民族大迁徙的开端。

4 世纪末期，日耳曼人的民族大迁徙与帝国内的巴戈德运动交织在一起，对罗马帝国造成巨大的冲击，395 年帝国分裂为东西两个部分，即以君士坦丁堡为中心的东罗马帝国和以罗马城为政治中心的西罗马帝国。与此同时，迁徙中的日耳曼人自身也在发生着极大的变化，组合成了各个部落联盟，在部落联盟军事首领的带领下，在罗马帝国境内移动，寻求更好的生存环境，获得更多的土地和财富。4 世纪 30 年代以后，西哥特人作为罗马帝国的同盟者移居到多瑙河下游的下米希亚行省（Niedermösien）。410 年，西哥特人进入意大利，在洗劫罗马城之后长驱直入到达高卢南部，但很快又被罗马人驱赶到了西班牙。西哥特人在西班牙再次成为罗马人的同盟者，参与抗击汪达尔人、阿兰人和苏维汇人（Sueben）的进攻；为此，罗马帝国在高卢的总督为加强防御，于 418 年从西班牙召回了西哥特人，视其为同盟者，将其布防在阿奎塔尼亚，西哥特人以此为根据地建立了第一个日耳曼人的部落王国——西哥特王国。

进入 5 世纪，罗马军队似乎完全丧失了阻击日耳曼人进入的军事能力，而且越来越多地把日耳曼人作为不可缺少的兵源，或者将日耳曼人的部落联盟作为军事同盟，这就使日耳曼人更加容易进入到罗马帝国境内。406 年冬季，莱茵河东岸的汪达尔人与阿兰人（Alanen）都轻易渡过冰封的河面，前者先后击败西哥特人和苏维汇人，横穿高卢进入西班牙。428 年，汪达尔人的首领、自称为"长矛之侯"（Speerfürst）的盖泽里希①（Geiserich，389—477）率领本部族和部分阿兰人横渡海峡进入非洲的西北部，经过激烈的战斗攻占北非的迦太基古城，于 439 年在与罗马隔海

---

① Geiserich 的意思为"长矛之侯"。

相望的北非建立汪达尔王国,控制地中海中部地区,将其从罗马帝国中分割出来。455年,盖泽里希派遣大军从海上进攻意大利,再次洗劫罗马城,给予摇摇欲坠的罗马帝国沉重一击。

3世纪中期,来自斯堪的纳维亚半岛的勃艮第人迁移至莱茵河上游地区,4世纪末期定居在美因茨和沃尔姆斯周围地区。437年勃艮第人受到匈奴人摧毁性的攻击,其残余部分被罗马军团的将领阿埃蒂斯(Flavius Aëtius,390—454)作为同盟者移居到萨瓦地区,在那里建立勃艮第王国,457年获得高卢元老院的首肯。站稳脚跟的勃艮第人将王国的领地延伸到迪朗斯河,向北到达弗朗什孔泰地区,形成一个大勃艮第地区。早在3世纪就渡过莱茵河进入罗马帝国境内的法兰克人,始终没有丢弃原有的居留地,而是以此为根据地壮大自己的实力,沿着莱茵河到达欧洲的中南部,481年建立法兰克王国。毋庸置疑,并不是所有迁徙到罗马帝国境内的日耳曼人的部落联盟都建立起部落王国,如萨克森人(Sachsen)①、图林根人(Thüringer)②以及较早进入罗马帝国境内的阿雷曼人等,但这些部落联盟也都掌控了一定的地区。直至5世纪中期,西罗马帝国的大部分地区被日耳曼人的部落王国或者部落联盟所占据。

罗马帝国境内的这些部落王国和部落联盟都具有相对的独立性,有自己的国王或者部落首领,他们以同盟者的身份居住在帝国内,不享有罗马公民权,保持着日耳曼人原有的社会结构和生活习俗,俨然就是一些存在于罗马帝国内的独立王国,这就严重地破坏了罗马帝国原有的行省建制,这个横跨欧洲、亚洲和非洲的罗马大帝国实际上已经名存实亡,虽然皇帝的权位依然存在,但是帝国的国库已然枯竭,完全无力支付军饷,由此引起军队强烈不满。476年8月,驻扎在意大利的由日耳曼士兵组成的军团发生哗变,士兵们推举该军团的将领奥多瓦卡(Odowakar,

---

① 萨克森人进入北欧后分为两部分,一部分留居在今天德国北部地区,一部分跨海登上了英伦三岛,与盎格鲁人(Angles)组合在一起改变了英伦三岛的种族基因。进入英伦三岛的"萨克森人"一般按照英语Saxon翻译为"撒克逊人"。
② 图林根人的部落是由北方的赫尔蒙杜人以及部分盎格鲁人和瓦尔恩人组合而成。

约 433—493，476—493 年在位)为国王,他向罗马元老院宣布自己是皇帝委托的政府领导人,全权代表皇帝在西部帝国执政。历史学家们把这一历史事件作为西罗马帝国覆灭的标志。

5 世纪中叶,匈奴人的大军欲进驻高卢,遭遇罗马军团联合西哥特人、法兰克人和勃艮第人的共同阻击退回莱茵河东岸,此后转而进入意大利,终因军中发生瘟疫而导致衰败。曾经被匈奴人战败的东哥特人(Ostrogoth)依靠东罗马帝国东山再起,趁匈奴人的衰势进入意大利,在狄奥多里克(Flavius Theodoricus, 451 或 456—526,493—526 年在位①)的率领下打败奥多瓦卡的军队,于 493 年在拉韦纳建立东哥特王国。狄奥多里克力图联合所有在帝国西部的日耳曼人的王国和部落联盟,在意大利重新建立一个新的政治中心;然而,在西欧重新建立一个大帝国的基础并不是东哥特王国,而是在高卢东南部立足的法兰克人建立的法兰克王国。

第三节　罗马的遗产

一、对古希腊文明的吸收

从公元前 1 世纪恺撒征服中欧直到 5 世纪末法兰克人最终在中欧建立王国的几百年间,穷兵黩武的罗马人改变中欧和西欧地区原有农业经济的形态和社会的结构,日耳曼人的民族大迁徙(Völkerwanderung)以摧枯拉朽之势冲垮了庞大的罗马帝国。相比较而言,虽然在中欧历史的长河中罗马人在中欧驻足的时间可谓是弹指一挥间,但是却留下了非常宝贵的历史遗产。

罗马人在建立起一个横跨三大洲的帝国的同时,也为东西方古典文明的相互吸收和融合创造了不可或缺的条件,尤其是希腊的古典文明被传到中欧和西欧地区,为其之后历史进程的发展奠定了一个非常重要的

---

① 东哥特王国建立之后西罗马帝国的皇帝依然在位,因此学界对狄奥多里克是否称王依然有争议。

基础。有西方学者认为,罗马是个"模仿的民族",因为罗马在各个方面都处于希腊的影响之下,而且古希腊人创建的文明在罗马人那里得到继承和发扬。[1] 也有西方学者甚至认为"罗马历史是西方历史的真正开端",因为"由亚历山大带到东方的希腊文明未能持续太长的时间,由恺撒、西塞罗(Marcus Tullius Cicero,公元前 106 年—公元前 43 年)和奥古斯都带到西方的同样的文明,却成了西欧其后许多成就的起点"。[2]

罗马人在其社会从氏族部落向帝国的演进过程中,接受希腊城邦制时期确立的法权思想,按照希腊人提出的"正义"(ius)和"自然法"(ius naturale)的两个最基本的法理要素,把罗马人口耳相传的习惯法以文字形式确定下来,有了欧洲最早的成文法(das schriftliche Recht),通过制定公开的诉讼程序,建立适合自身社会发展的法律体系。1 世纪以后,法律权威的凸显培养了一批著名的法学家,他们对法律权威进行诠释,对法律问题进行解答,为后世留下了不朽的法学著作,他们在争辩和论述中确立了罗马法的基本原则。从 2 世纪中叶起,罗马法学家们积极的法律活动逐渐地被列入到罗马帝国的政体中,编辑法典、解释法律问题成为官方的法律行为,在罗马帝国内有了常设的法律顾问,设立了常设的法律咨询机构。[3] 3 世纪的危机造成帝国社会的动荡,催生了罗马帝国专制君主制的确立,戴克里先皇帝(Gaius Aurelius Valerius Diocletianus,236 或 245—312,284—305 年在位)采取强硬的措施进行一系列政治和行政改革,皇帝通过颁布谕令(constitutiones)提升皇权的权威。戴克里先要求罗马的法学家们依据皇帝的授意解释法律,组织法学家们把皇帝颁布的谕令汇集成册,出现了法典(codex)这种法律形式。这种"专制统治与法律以及世界范围的公民权思想的结合给欧洲的历史和思想以巨大的影响"[4]。

民族大迁徙时期,日耳曼人用他们的习俗在西欧和中欧地区建立起

---

① 理查德·詹金斯主编:《罗马的遗产》,晏绍祥等译,上海人民出版社 2002 年版,第 2 页。
② 菲利普·李·拉尔夫等:《世界文明史》,上卷,第 360 页。
③ 朱塞佩·格罗索:《罗马法史》,黄风译,中国政法大学出版社 1994 年版,第 349 页。
④ 理查德·詹金斯主编:《罗马的遗产》,第 9 页。

自己的部落王国,这些部落王国虽然独立于罗马帝国的行政体制和法律体系之外,但是它们并没有完全的故步自封,而是有意识地吸收罗马帝国某些制度因素。正如马克思所说:"定居下来的征服者所采纳的社会制度形式,应当适应与他们面临的生产力发展水平,如果起初没有这种适应,那么社会制度形式就应按照生产力而发生变化。"① 5 世纪中叶,先后在罗马帝国境内建立日耳曼部落王国的国王们,授命罗马人用拉丁文编纂日耳曼人现行的习俗,作为王国的法律颁布,以使罗马人了解和遵守日耳曼人的习俗和传统,以此调解王国所在地区各民族之间的纠纷。迄今存留下来的那个时期的日耳曼人的法典有西哥特王国的《尤列克法典》(Codex Euricianus,466—484)、东哥特王国的《狄奥多里克法典》(Edictum Theodorici,493—526)、法兰克人的《撒利克法典》(Lex Salica,507 或 511)等,以及还有在意大利北部建立的最后一个日耳曼人部落王国——伦巴底王国的《洛塔列法典》(Edictum Rothari,634)。② 在东哥特王国统治的地区内,还同时存在着两种不同的法典,一种是以规定赎金数目为惩罚方式,以陪审、亲属的义务、誓言为形式的源自于日耳曼人传统的日耳曼人的法律,一种是没有进行任何修改而保存下来的罗马法,前者适应于东哥特人,后者应用于被征服地区的罗马人。③

西方的历史学家们对保存较完好的《撒利克法典》进行了多方位的研究。法国著名学者基佐认为,《撒利克法典》是一部打有罗马烙印的日耳曼人的法规,它表明了从日耳曼人社会状况变成罗马社会状况这一过程,同时也表明了这两种社会的衰微及融合的过程,并在这个过程中出现了一个新的社会。④ 可以这样说,罗马法的原则通过日耳曼人的部落王国在一定程度上得到了传承,尽管这种传承并不如大地产制这样明

---

① 《马克思恩格斯选集》,第 1 卷,第 751 页。

② U. Wesel, *Geschichte des Rechts. Von der Frühformen bis zu Gegenwart*, München: C. H. Beck 2001, S. 264.

③ 佩里·安德森:《从古代到封建主义的过渡》,郭方等译,上海人民出版社 2001 年版,第 116 页。

④ 基佐:《法国文明史》,沅芷等译,商务印书馆 1998 年版,第 1 卷,第 241 页。

显,但与大地产制一样,同样可以被看作是罗马因素,与日耳曼因素融合在一起,在法兰克王国中产生出一个新的制度。

二、基督教的延续

罗马帝国留给西欧的另一个遗产是基督教(Christentum)。公元前1 世纪中叶前后,罗马人攻占耶路撒冷,将其置于罗马人的统治之下,成为罗马的一个行省。罗马人对犹太人(Juden)的强征暴敛引起当地居民强烈的反抗,犹太教(Judentum)内部也因与罗马统治者的关系分裂出不同的教派,一些不满犹太教祭祀集团的中下层社会的民众组成艾赛尼派(Essener)。这一教派通过传播自己的教义号召人民反对罗马人的盘剥和统治,反对犹太祭祀集团屈服罗马人的统治,故而遭到罗马统治者和犹太教上层祭司团的镇压和排斥。1 世纪上半叶,艾赛尼派的宗教首领耶稣(Jesus von Nazaret, 4 v. Chr. —30 或 31 v. Chr.)和他的随从在耶路撒冷被犹太教上层祭司团俘获,他们都以异端的罪名被处以钉上十字架的处罚。这一残暴的处罚在社会中下层民众中激起强烈的反响,更多的人成为耶稣的追随者,艾赛尼派也逐渐演变成信奉基督(Christus①)的基督教派。基督教派把基督奉为"救世主",在传播教义的过程中产生的 4 部《福音书》(Evangelium),将基督神化,②从而吸引众多的信徒。1 世纪中叶,具有罗马公民身份的犹太教信徒保罗(Paulus von Tarsus, 10? —67?)在参与迫害基督徒的过程中了解并接受了基督教派的宗教思想,转而自称是基督的使徒,在地中海各地传教(Mission),并且在传教的过程中创立基本的教义理论,确定基本的宗教仪式,创建最初的组织机构——教会(Kirche),基督教从犹太教中游离出来,成为一个独立的宗教。

---

① Christus 是人们对耶稣的一种尊称,意为"受洗者",是从古希伯来语翻译而来,因此 Jesus Christus 也可以称之为"受洗者耶稣"或者音译为"耶稣基督"。

② 四部福音书分别为:《马太福音》《马可福音》《路加福音》和《约翰福音》。四部福音书主要记载的是耶稣的生平,他的神奇化的出生,他的受洗,他的布道,他显现的奇迹,他的受难以及他的复活。笔者在《基督教的神秘主义》一书中对此有较为详细的阐述,参见《基督教的神秘主义》,东方出版社 2001 年版,第二章"关注人的本质的原始一神教",第 34—103 页。

罗马帝国 3 世纪危机时期,罗马皇帝戴克里先为了消除多帝并治而造成帝国内部的分裂,借助罗马的神教重树皇帝的绝对权威,然而罗马神教的民族狭隘性与帝国内多民族的社会结构有着不可调和的矛盾而受到多方抵制。戴克里先皇帝采取强硬的手段排斥基督教和其他宗教,基督教的信徒遭受迫害和镇压。但基督教本身所具有的普世性,尤其是其教义的可解读性和可诠释性,一经传播就被帝国内各个民族和部族的人们接受,甚至早在 2 世纪时罗马帝国上层社会中就已经不乏基督教的信徒。2 世纪后期,上层社会中的基督徒有意识地把基督教的教义趋向于罗马帝国的政治统治,在诠释教义时声称基督徒应遵循耶稣的教诲自愿地为帝国缴纳赋税。被誉为拉丁第一教父的泰尔图利安(Quintus Septimius Florens Tertullianus,150—230)就竭力说明基督徒是罗马帝国的支持者,基督教是帝国安定的保证。306 年,君士坦丁(Flavius Valerius Constantinus①,272 或 285—337,306—337 年在位)依靠罗马以及其他部族的贵族确立在帝国西部的统治地位,313 年在米兰颁布宽容基督教的《米兰敕令》(Edikt von Mailand),宣布允许民众自由信奉各种宗教,帝国不仅归还基督徒和教会在戴克里先时期被没收或抢劫的财产,而且还给予丰厚的馈赠,免除担任神职人员的各种赋税和劳役,这就为基督教更为广泛的传播提供了政治和经济的保障。

君士坦丁大帝宽容基督教,是要以此作为树立其统治权威所采取的一项措施,因而必须保证基督教在教义上的统一。325 年,君士坦丁在今天土耳其境内的古城尼西亚亲自主持召开第一次有各地主教参加的基督教公会议(Ökumenisches Konzil②),确立"三位一体"(Trinität)为基本

---

① 根据拉丁语的发音应把 Constantinus 音译为"康斯坦丁",作者按国内大多数译著约定俗成地翻译为"君士坦丁"。

② "Ökumenisches Konzil"是指基督教世界所有主教都要参加的宗教会议,讨论教会内部的事务,第一次尼西亚宗教会议首开先河,制定了《尼西亚信经》。从尼西亚宗教会议至 8 世纪 80 年代共召开了 7 次,均与"三位一体"的教义有关。东正教教会仅认可 325 年的尼西亚宗教会议和 381 年的君士坦丁堡的宗教会议。869 年第二次尼西亚宗教会议之后直到 12 世纪 20 年代才再次因十字军东征以及主教授职权之争等问题召开类似的宗教会议。

信经,即《尼西亚信经》(Bekenntnis von Nicäa)。为了控制教会,君士坦丁按照罗马帝国的行省建制划分教区(Bistum)和大主教区(Erzbistum),任命皇室信任的人为重要地区教会的主教(Bischof)和大主教(Erzbischof),帝国的社会上层越来越占据着教会的重要职务,比较典型的例证是米兰的大主教安布罗修斯(Ambrosius von Mailand,339—397)。在西罗马帝国境内,米兰大主教的宗教地位仅次于罗马的大主教,①安布罗修斯的父亲是罗马军团驻特里尔的长官,他本人也曾经做过米兰行省的总督,374 年在他还未受洗皈依基督教时就被任命为米兰的大主教。这些担任宗教职务的主教和大主教们行使着罗马行省总督的职权,他们还持有大量的土地财产。达马苏斯一世(Damasus Ⅰ.,350—384,366—384 年在位)入主罗马教会任教皇之后强调,驻节在罗马城的教会是由使徒彼得(Simon Petrus,? —67)建立的教会,彼得是耶稣的第一使徒,罗马教会的主教是彼得合法的继任者,因而罗马教会的主教具有绝对宗教地位。他授命把希腊语的《圣经》翻译为拉丁语,确认《尼西亚信经》的权威性,排斥持有异议的阿里乌派(Ariannismus)以及其他一些对教义持不同观点的教派为异端教派(Häresie),②宣布将他们逐出罗马城。450 年,罗马教会的主教利奥一世(Leo der Große,400—461,440—461 年在位)借助瓦伦蒂尼安三世(Valentinian Ⅲ.,419—455,425—455 年在位)皇帝的支持,在西罗马帝国确立罗马教会绝对的宗教权威,罗马教会的主教被尊称为教皇(Papst)。

受到西罗马帝国排斥的阿里乌派在罗马帝国的东部站住了脚,高卢

---

① 早期基督教时期,罗马教会在宗教上没有享有绝对的权威,君士坦丁时期并列着四大基督教教会:位于意大利的罗马教会、埃及的亚历山大里亚教会、位于中东的耶路撒冷教会以及在叙利亚的安条克教会。四大教会享有同等的宗教权威。君士坦丁在欧洲东部建立新罗马君士坦丁堡后又增添了君士坦丁堡教会。
② 阿里乌派的代表人物是埃及亚历山大里亚教会的主教阿里乌(Arius,256—336 年),因对"三位一体"的基本信经有异议,在尼凯阿宗教会议上拒绝在《尼西亚信经》上签字,并因此在东方教会和西方教会之间展开了激烈的争论。此后,被逐出西罗马帝国的阿里乌派得到东罗马帝国皇权的支持,东西方教会的大分裂初现端倪。

周边地区的日耳曼人却普遍都皈依了基督教的阿里乌派，日耳曼人的原始宗教则随着其皈依基督教而消失。正如恩格斯所说的："在日耳曼人那里，甚至只要他们一接触正在崩溃的罗马世界帝国，一接触它刚刚采用、适应于它的经济、政治、精神状态的世界基督教，这种情况就发生了。"①西哥特人是最早皈依基督教阿里乌派的日耳曼人。4世纪中叶左右，西哥特的第一位主教乌勒菲拉（Wulfila，311—383）用哥特语主持基督教的仪式、诵读《圣经》（Bibel），即使在阿里乌派被罗马皇帝斥之为异端之后，西哥特人依然信奉阿里乌派。在意大利建立部落王国的东哥特人以及在北非落脚的汪达尔人也都先后信奉基督教的阿里乌派。然而，在高卢地区建立王国的法兰克人则奉罗马教会为基督教的权威，这是罗马天主教得以在中世纪延续乃至发展的一个最为重要的原因。尽管日耳曼人的民族大迁徙给了摇摇欲坠的罗马帝国致命的一击，但是基督教却作为罗马的一个重要因素通过法兰克人进入新的社会结构中。

基督教得以在罗马帝国晚期提升为官方允许的宗教并能步入中世纪的另一个重要原因在于，基督教神学理论家们用希腊古典哲学对基督教教义的理论化。4世纪中叶以后，基督教的教父们（Kirchenlehrer）先后用希腊古典哲学的知识和方法对基督教的教义进行理论诠释，其中最具代表的教父是安布罗修斯、哲罗姆（Hieronymus，342—420），尤其是希波的主教奥古斯丁（Augustinus von Hippo，354—420）。② 奥古斯丁用柏拉图的哲学方法论阐述基督教的原始教义，为基督教创建了一个完整的神学理论体系，他用13年的时间完成重要著作《上帝城》（De civiate Dei），构筑了他的"天国论"的理论基础。奥古斯丁把世界分为二元，即：

---

① 《马克思恩格斯选集》，第4卷，人民出版社1972年版，第231页。

② 4世纪被西方历史学家看作是基督教发展的一个重要时期，这个世纪产生了一些对基督教神学理论体系的创建产生重要影响的希腊教会学者和拉丁教会学者，他们被后世尊称为教父，4世纪被称之为教父学时代。在拉丁教父中最具代表的是安布罗斯、哲罗姆、奥古斯丁，他们与一个世纪以后的格雷戈尔一世（Gregorius，540—604）教皇被统称为四大拉丁教父。参见 W. -D. Hauschild, *Lehrbuch der Kirchen-und Dogmengeschichte*, Gütersloh：Chr. Kaiser Gütersloh Verlagshaus ²2000, S. 219f.

天上的天国世界和地上的世俗世界;属于天上王国的是被上帝选中注定能得救的人,被上帝所弃的人则在尘世为虚妄的权势相互争斗。基督教的教会是上帝设在尘世拯救罪孽深重人们的机构,教会是上帝神圣的工具,应该承担世俗国家应该履行的职能。奥古斯丁认为罗马帝国灭亡的原因在于人的"原罪",原罪的根源在于人滥用了自由意志,这就需要教会为其祈求上帝的神恩,用一种不可抗拒的力量给予天启,拯救那些处于罪孽深渊的人。奥古斯丁没有把入侵的日耳曼人看作是天国的敌人,他认为教会的任务是使这个新的君主皈依基督教。奥古斯丁的《上帝城》是进入中世纪以后法兰克王权以及后来的德意志皇权"君权神授"(Gottesgnadentum)神学政治理论的基础。

第二章　法兰克王国时期的德意志

5世纪中叶,作为罗马人同盟者的法兰克人进入中欧,他们在帮助罗马人抵御日耳曼其他部族的同时不断壮大。法兰克人依靠自身的军事力量在高卢地区站住了脚,在克洛德维希的率领下皈依基督教,以此淡化外来入侵者的身份,缓和了与当地居民尤其是与社会上层贵族之间的矛盾,与罗马贵族有效地融合在一起。法兰克人带去了其扈从制和马尔克制等社会组织机构,推行日耳曼人的习俗;与此同时,法兰克人吸收罗马帝国晚期因庇护制而形成的大地产制,接受基督教教会提出的"君权神授"的神学政治理论,在进行采邑制改革的基础上形成了西欧中世纪政教二元的政治体制。

加洛林王朝时期,继承王位的查理在罗马由教皇为其戴上皇帝的皇冠,把法兰克王国提升为法兰克帝国。他不仅抵挡住阿拉伯人的入侵,同时还不断扩大法兰克帝国的版图,在这个过程中采邑制进一步完善,教会的权势因此增强,社会开始全面基督教化。

日耳曼人大迁徙的动荡阻碍了社会经济的发展,城市凋敝、手工业商业活动几乎停滞,农业也遭受很大的破坏。法兰克王国用庄园制改变了罗马帝国时期的经济关系,同时也加速了其从半游牧民族向农耕民族的转变,从刀剑转向了犁头。6世纪以后,动荡的社会逐步平稳,人口快速增长,刺激了拓荒垦殖运动的开展,土地面积大幅增加,庄园制基本形成。

农业的复苏为文化的复兴创造了条件,查理大帝建立的宫廷学校为恢复古典文化提供了平台,确立拉丁语在整个西欧社会中为官方语言,保证了教会对教育和文化的垄断。加洛林文艺复兴使中世纪的西欧有了以拉丁语为语言基础的统一的基督教文化。

第一节　墨洛温王朝

一、开创基业的墨洛温家族

在欧洲中部地区延续罗马人历史的是法兰克人。西方学者普遍认为,法兰克王国为此后的德意志民族和法兰西民族奠定了基础,因此法兰克的历史就被看作是德意志民族和法兰西民族共同的"史前史"。[1] 法兰克人作为日耳曼人一支最早见诸历史文献记载是在 3 世纪中叶[2],他们自称为"自由的人"或者"勇敢的人",即法兰克人。[3] 根据图尔的主教格雷戈尔(Gregor von Tours[4], 538 或 539—594)在《法兰克人史》(Historiae)中记载,法兰克人是从潘诺尼亚迁徙到莱茵河畔的,[5]他们中的萨利尔部族(Salier[6])定居在莱茵河下游的东岸,里普阿利尔部族(Ripuarier[7])在莱茵河中游地区驻足,卡滕部族(Chatten[8])定居在莱茵河谷地区。此后,这些部族的法兰克人继续从不同的地区越过莱茵河向

---

① H. Grundmann(Hrsg.), *Handbuch der deutschen Geschichte*, [2]1981, S. 92.

② R. Schneider, *Das Frankenreich*, München: R. Oldenbourg Verlag 1990, S. 5.

③ Franken 在古日耳曼语中意为"自由的人"(Freien)或者"勇敢的人"(Kühnen)。

④ 格雷戈尔出身于高卢罗马元老院贵族家庭,其家族在高卢地区享有非常显赫的地位,其 *Historiae*(《历史》)主要讲述的是法兰克人的历史,故中文译著为《法兰克人史》,这是研究法兰克人早期历史最重要的一部史料。本页中注释 5 的作者格雷戈里与之同一人,本书采用新华通讯社规范的人名译文,但在引用著作的作者译名时保留不变。

⑤ 格雷戈里:《法兰克人史》,寿纪瑜等译,商务印书馆 1981 年版,第 66 页。

⑥ 古日耳曼语的 Salii,意为"盐海的居民"(Salzmeerbewohner)。

⑦ 因里普阿利尔居住在莱茵河中游地区,又称之为莱茵法兰克人(Rheinfranken)。

⑧ 在古日耳曼语中 ch 与 h 的发音相同,Chatten 此后演变为拉丁语的 Hessen,故又被称之为卡滕—黑森人(Chatten-Hessen)。

西部迁徙,与罗马人有了较为密切的接触。4世纪中叶,萨利尔部族作为罗马军团的重要兵源获得罗马皇帝的认可,定居在马斯河与斯海尔德河之间的托克桑德里亚地区。他们帮助罗马人成功地抗击了西哥特人、萨克森人和阿雷曼人的进攻,上升为罗马帝国的同盟者。

5世纪中叶,盘踞在今天比利时境内图尔奈的萨利尔部族是一个由多个部落组合而成的大部族,各部落的军事首领被称为"小王"(Kleinkönig)。在这个大部族中,以墨洛维希(Merowech,?—?)为小王的部落在与罗马人以及抗击其他日耳曼人的战争中屡战屡胜,其部落不断强大。其子希尔代里克一世(Childerich Ⅰ.,?—481,460—481年在位)继承小王之位时,这一部落的势力范围扩张到高卢北部地区,他被尊称为国王,被看作是法兰克王国的第一任国王,①开始了法兰克王国的墨洛温王朝(Merowinger,4世纪早期—8世纪中期②)的统治。463年,希尔代里克一世率领他的部族打败了进攻奥尔良的西哥特人,驱赶了意图向这一地区迁徙的萨克森人。③希尔代里克一世的善战得到罗马帝国的赏识,因而任命他为高卢比利时行省的总督。481年以后,希尔代里克一世之子克洛德维希(Chlodwig Ⅰ.,466—511,481—511年在位)④继承父业,以图尔奈为根据地继续扩大法兰克人的势力范围。486年,克洛德维希率领萨利尔部族攻克罗马军团驻守的苏瓦松,此后又兼并法兰克人中的里普阿利尔部族。493年,克洛德维希与当时较为强大的勃艮第王国缔结姻亲关系,以此结成政治联盟,缩小敌对势力的范围。496年,萨利尔的大军在曲尔皮希地区战胜不断迁移的阿雷曼人;507年,在今天法国的维埃纳附近战胜西哥特人。至此,整个高卢地区除了勃艮第和普罗旺斯以外都被并入法兰克王国的版图中,所有法兰克人也都被统一在克洛德

---

① 1653年希尔代里克在图尔奈的棺木被打开,里面发现了"国王希尔代里克"(Childirici Regis)的字样。参见 Schneider, R., *Das Frankenreich*, S. 10.

② 德国历史学家普遍认为墨洛温王朝的名字应该源自最早在文字史料中的墨洛维希,故将该王朝的起始年代划定为4世纪早期。

③ 参见格雷戈里的《法兰克人史》,第60—66页。

④ 又译克洛维。

维希国王的旗帜之下。

　　克洛德维希率领仅有 8 万之众的法兰克人进驻有着 300 万人口的高卢，而且很快就在这一广袤的地区站稳脚跟，这足以说明他不仅是一位善战的将领，而且也是一位多谋的政治家。皈依基督教是克洛德维希与罗马人建立良好关系的一条重要纽带。法兰克人与其他迁徙至罗马帝国境内的日耳曼人部族一样，信奉原始氏族宗教，同时代的编年史家格雷戈里这样描述法兰克人的宗教信仰："他们把树林、河水、飞禽、走兽以及其他自然要素都当作偶像，甘心奉若神明，加以崇拜，并且向它们贡献牺牲。"[1]日耳曼各部族在罗马帝国境内建立部落王国的过程中都先后皈依了基督教，但西哥特、东哥特、汪达尔等王国皈依的是基督教中的阿里乌派，阿里乌派的信徒大多为社会的中下层，因而历史学家们总是把罗马帝国对早期基督教的迫害与驱赶日耳曼人联系在一起，作为外来入侵者的日耳曼人很难与罗马上层社会融合在一起。克洛德维希采取与其他日耳曼部落王国不同的政策，他不仅与罗马帝国社会上层的贵族们修好，而且还与高卢的大主教们建立良好的关系。罗马教会的支持者、高卢兰斯教会的主教雷米吉乌斯（Remigius von Reims，436—533）于 5 世纪 80 年代两次致函克洛德维希，游说他皈依基督教，[2]克洛德维希的王后、勃艮第的公主赫洛德希尔德（Chrodechild，474—544）更是时常敦劝国王信仰真正的上帝，皈依以罗马教会为教宗的基督教。496 年，在曲尔皮希与阿雷曼人进行激烈交战之际，战场上一度处于劣势的法兰克人内部发生了亲兵（Hausgesinde）的哗变，险些使克洛德维希折戟沉沙。几乎濒临绝望的克洛德维希许下诺言，若这场战役能转败为胜的话，他必率领法兰克人皈依基督教。[3] 曲尔皮希战役胜利之后，班师回朝的克洛德维希没有食言，于当年的圣诞节（12 月 25 日）那天率领三千亲兵在

---

① 格雷戈里：《法兰克人史》，第 66 页。

② W. v. Steinen, *Chlodwigs Übergang zum Chritsntum*, Darmstadt：Wiss. Buchges. 1963, S. 31ff.

③ 格雷戈里：《法兰克人史》，第 85—86 页。

兰斯大教堂(Dom)接受主教雷米吉乌斯为他们主持的洗礼仪式。[1]

　　法兰克人皈依基督教在很大程度上改变了其与罗马人社会上层间的关系。德国学者施耐德认为,克洛德维希把皈依基督教作为与高卢罗马大贵族建立合作关系的一种公开表示,[2]在举行洗礼仪式的当天,他当众释放那些信奉基督教的罗马战俘,以示信奉基督教的罗马人同样是他的臣民。508 年,东罗马帝国的皇帝阿纳斯塔斯奥斯一世(Anastasios I.,430—518,491—518 年在位)委任克洛德维希为执政官,授予他紫色袍服和王冠。[3]　与信奉阿里乌派的西哥特人和勃艮第人比较而言,高卢罗马社会上层更愿意接受同样信奉罗马天主教的克洛德维希为新的国王,他们似乎并没有把法兰克人的征服看作是一场灾难,几乎没有进行任何反抗性的行为,在很大程度上减小了作为征服者的法兰克人与被征服者的罗马人之间的敌对,致使日耳曼因素与罗马因素的融合成为可能。

　　克洛德维希是通过其军事力量在高卢地区站住脚,而且保持了法兰克人自己的社会习俗和马尔克(Mark)社会组织机制。马尔克是一种村落式的居住点,同时也是一个最基层的司法单位,它为每个马尔克成员规定了应享有的权利以及必须履行的义务。每个马尔克成员都要履行参加马尔克公民会议、共同参与筑桥修路以及其他一些公共设施的建设和维护的义务;他们也因此有权受到马尔克给予的保护,有权决定是否接受新的成员的迁入。马尔克又是一个经济活动单位,在马尔克中还没有出现完全的土地私有制度,实行的是所谓的 Gewere[4] 制度。德国学者巴德尔认为这个单词的含义非常丰富,很难用某个现代词汇来表述,

---

[1] 有关克洛德维希接受洗礼的年份有很大的争议,有认为是 497 年,也有认为是 498 年,笔者采用格雷戈里在《法兰克人史》中 496 年的说法,参见《法兰克人史》第 87 页。

[2] R. Schneider, *Das Frankreich*, S. 12ff.

[3] W. v. Steinen, *Chlodwigs Übergang zum Chritsntum*, S. 84.

[4] Gewere 这个词很难找出相对应的中文词汇,在古德语中有"保护"的涵义,即因为某种事物法官给予的保护,19 世纪西方的法学家认为这个词相当于中世纪拉丁语的 investitura (任职),它是古老德意志物权法的基础,参见 *Lexikon des Mittelalters*, Stuttgart-Weimar: Verlag J. B. Metzler 1999, Bd. 4, S. 1420.

它既表示了对财产的保护权,也涉及社团的概念和作用,是一种共同都能参与的保护权。[①] 抑或可以这样说,每一个马尔克成员都有权支配马尔克共同所有的财产,他们支配的财产都会受到马尔克的保护。为了保证由法兰克人、西哥特人、阿雷曼人以及罗马人共同构成的这个社会的稳定,克洛德维希于 507 年授命,选择法兰克人、阿雷曼人、西哥特人中普遍通行的习惯法,按照罗马法典的模式进行汇编,历时 4 年成就了《撒利克法典》(Der Pactus legis Saliae,或:Lex Salica)。法国著名的学者基佐认为,《撒利克法典》是一部打着罗马烙印的日耳曼人的法规,它表明了从日耳曼人社会状况变成罗马社会状况这一过程;同时也表明了这两种社会衰微和融合的过程,在这个过程中出现了一个新的社会。[②]

6 世纪初期,在西欧能够与克洛德维希抗衡的只有在意大利的东哥特的国王狄奥多里克。511 年克洛德维希的辞世消除了法兰克人对东哥特王国进攻的威胁,其很大原因在于法兰克人的继承制。按照法兰克人的习俗,整个王国一分为四,由克洛德维希的四个儿子共同继承,国王的权力也必须由其诸子共同执掌,他们也都享有获得王国土地的权利。由于克洛德维希的突然去世,法兰克王国的疆域还不十分清晰,四位王子以阿基坦地区为王国的主体进行分配,长子提奥多里克一世(Theodorich Ⅰ.,484—533)得到阿基坦的东部地区,将首府设在兰斯,此后其势力范围延伸到尚帕涅地区;次子希尔德贝特(Childebert Ⅰ.,497—558)占据巴黎,控制阿基坦的西部;三子克洛德墨(Chlodomer,494—524)定都奥尔良,得到了阿基坦的北部,卢瓦尔河以北地区也在其势力范围之内;四子克洛塔尔(Chlothar Ⅰ.,500—561)以苏瓦松为首府,占据了法兰克人最初占领的阿基坦的南部。

国王权力虽然因继承而被割裂,但是法兰克王国并没有因此而被完全分裂,继承王位的四位国王同心协力且一如既往地实施其父对外扩张

---

① K. S Bader,. *Dorfgenossenschaft und Dorfgemeinde*,Wien-Köln-Graz:Böhlau 1962,S. 12ff.
② 基佐:《法国文明史》,第 1 卷,第 241 页。

的外交政策。526 年,东哥特国王狄奥多里克去世,东哥特王国迅速衰亡,原属于东哥特王国的普罗旺斯地区被置于法兰克王国的权辖之下。6 世纪 20 年代,法兰克王国的四王共同向罗纳河河谷地区推进,定居在那里的勃艮第人抵挡不住进攻,匍匐在法兰克国王的脚下成为其臣民。6 世纪 30 年代,从美因河上游直达多瑙河流域地区生活着来自波希米亚的图林根人。提奥多里克趁图林根王室内部纷争之际,在萨克森人的协助下打败了图林根人,图林根王国的大部分地区被置于法兰克公爵(Herzog)的统辖之下。在法兰克墨洛温王朝不断向外扩张的过程中,设立了一种新的地方行政机制,即:公爵领地(Herzogtum)和伯爵领地(Grafschaft),国王或让其亲属,或任命顺从其的部落首领为公爵或伯爵,给予他们特许权(Privileg),在所领有的领地内行使地方行政权力。这些公爵和伯爵构成了西欧封建社会中的大贵族阶层。

二、法兰克贵族的崛起

法兰克诸王一致的对外政策虽然维持了王国在形式上的统一,但法兰克人沿袭的继承习俗还是导致王国内领地的一再被分割,诸王之间也经常因为争夺势力范围而同室操戈,内争不断,导致王国在政治上的分裂不可避免。无论是在对外扩张还是在内争中,诸王在军事上依靠的是自己的亲兵。在罗马帝国境内建立起部落王国的法兰克人长期保持着军事民主制的政治体制,在这个政体中那些强壮勇敢的青壮年都只专事战争,他们围绕在诸王身边,成为诸王的扈从(Gefolgmann)。国王任命原来部落的首领们为公爵,由他们统领被法兰克人征服的地区,形成了一些部落公国(Stammesherzogtum)。

克洛德维希去世之后,他的长子提奥多里克得到了法兰克王国的东部地区,他率领法兰克人打败盘踞在这里的阿雷曼人、图林根人和巴伐利亚人,巩固法兰克人在这一地区的统治地位。阿雷曼人原是西日耳曼人中的一个部族,罗马时期的历史学家卡修斯·迪奥(Cassius Dio, 263—229)在他的历史著作最早提及这个部族。日耳曼人大迁徙时期,阿雷曼人沿多瑙河西迁至雷根斯堡，随后在博登湖西部地区立足，此后又控制了黑林山以西莱茵河上游地区。6 世纪初，阿雷曼人被法兰克人征服，阿雷曼人居住的地区归属法兰克王国，被确立为公爵领地，其部族首领被封为公爵。然而，被法兰克人收服的阿雷曼公爵并不甘心对法兰克国王俯首称臣，而是竭力保持公爵领地的独立性，同时一直力图摆脱法兰克国王的控制。在法兰克诸王争斗之际，阿雷曼公爵洛伊塔利（Leuthari，？—554）和布蒂林（Butilin，？—554）乘机率军向意大利地区扩张，但以战败告终，法兰克国王也因此加强了对阿雷曼公爵领地的控制。墨洛温王朝时期，自波希米亚迁入的东哥特人的一支进入潘诺尼亚地区，被法兰克人称为"来自波希米亚的人"，即：巴伐利亚人（Baiern，Bayern）。巴伐利亚人在阿吉洛芬格家族（Agilolfinger）的加里巴尔德（Garibald，550—591）的率领下以雷根斯堡为根据地确立了其管辖区域，555 年，加里巴尔德被法兰克国王任命公爵，他所统领的地区成为巴伐利亚公爵领地。

6 世纪 60 年代初，克洛德维希的四子克洛塔尔去世之后，整个法兰克王国再次因为王位的继承习俗被分配给他的四个儿子，后因其长子沙里贝尔特（Charibert，520—567）的早逝导致王国被三兄弟瓜分，分为奥斯特拉西亚（Austrasien）、纽斯特里亚（Neustrien）以及勃艮第三大区域。① 奥斯特拉西亚地区以兰斯为核心，包括香槟在内的莱茵河流域与马斯河流域之间的"东部领地"（Ostland）。纽斯特里亚则是法兰克人新征服的西部新领地（Neu-Westland），以巴黎和苏瓦松为核心。此外，曾经因为与克洛德维希联姻而被并入法兰克的勃艮第也成为法兰克王国的一个分王国（Teilreich），法兰克人对其政治影响越来越大。除此之外，罗马帝国晚期农业物产丰厚并有着丰富森林资源的普罗旺斯和阿基坦，也都划分为三份分给了法兰克的三个分王国国王。

法兰克王国的这三大区域，无论是在自然资源、经济发展的程度上

---

① 奥斯特拉西亚包括今天法国的东部、德国西部、比利时、卢森堡和荷兰。纽斯特里亚指卢瓦尔河与斯海尔德河之间的地区。勃艮第指汝拉山脉与巴黎盆地东南端之间的地区，是莱茵河、塞纳河、卢瓦尔河和罗讷河之间的通道。

以及政治文化领域都存在着很大的差异。奥斯特拉西亚区域是罗马人最早占领的地区,罗马帝国的政治因素通过兰斯、特里尔、马恩河畔的沙隆、凡尔登、美因茨等大主教区保存下来,这些大主教区同时也获得法兰克国王们给予的大量土地,增强了法兰克王室对教会在政治上的影响力。这个地区有特里尔、科隆等在罗马兵营或者要塞的基础上建立起来的一批城市,有较为传统的商业和手工业的基础。正因为如此,在日耳曼人大迁徙的过程中,这些城市遭受到很强的攻击和劫掠,被破坏的程度也很大。地处卢瓦尔河和斯海尔德河之间的纽斯特里亚地区以巴黎为核心,包括鲁昂、博韦、亚眠等罗马帝国时期建立的城市。无论是在奥斯特拉西亚还是在纽斯特里亚,国王们赖以依靠的是其扈从,他们因在法兰克王国的建立以及此后保卫法兰克分王国的战斗中屡建战功,获得土地作为对其赏赐,上升为服役贵族(Dienstadel)。这些服役贵族逐渐地取代法兰克的部族贵族,凭借着在战争中的地位和重要性参与王国的政务,在王国政治中的权重逐渐增加。在这些崛起的法兰克的贵族中,宫相(Hausmeier)的政治地位和权势日益突显出来。

宫相最早是日耳曼人在建立部族王国时出现的一种职务,由王室指定没有人身自由的亲兵担任,他们主要负责管理王室成员的日常起居事务。法兰克王国建立之后,宫相被委以管理王室土地和财产的重任,其职权范围也随之扩大。6世纪70年代之后,法兰克王国中新崛起的贵族因遗产的继承与国王产生矛盾,最终激化为公开的武装冲突。从581年起,奥斯特拉西亚地区发生贵族暴动,并很快波及整个法兰克王国。尽管这次暴动于585年被镇压下去,但其产生的政治冲击波则是巨大的。这次动乱之后,纽斯特里亚的分王国国王克洛塔尔二世(Chlothar Ⅱ.,584—629,584—629年在位①)借助奥斯特拉西亚和勃艮第贵族的政治力量,扩大其势力范围,于613年再次实现法兰克王国的统一。

623年,克洛塔尔二世任命其年仅15岁的长子达戈贝特(Dagobert

---

① 克洛塔尔二世刚出生时其父被暗杀,他继承王位,由其母摄政,13岁亲政。

Ⅰ.，608—639，629—639 年在位）为奥斯特拉西亚的副国王
（Unterrkönig），委任长者皮平（Pippin der Ältere，580—640）为宫相，辅
佐其进行统治。与此同时，克洛塔尔二世还继续借助于奥斯特拉西亚和
勃艮第的贵族的政治影响力，加强了与地方行政官员伯爵（Graf）们的个
人联系，致使罗马帝国时期的行政因素逐渐消亡，伯爵成为管理地方行
政区域的领主，其参与王国事务的要求也因此更加强烈。长者皮平更是
不甘心仅仅享有辅佐的权限，他通过与梅斯主教阿努尔夫（Arnulf，
582—640）之间结成的儿女联姻组成一个强有力的贵族政治同盟。从长
者皮平开始，宫相不仅是国王的内务官吏，而且开始掌握朝政，更重要的
是成为新兴贵族参与王国政治事务的代表。

　　宫相权势强盛自然让墨洛温的国王感到不安，亲政后的达戈贝特于
629 年迁都地处纽斯特里亚地区的巴黎，重用纽斯特里亚的贵族，以此削弱
皮平的政治影响，迫使其失去宫相的职务。然而，达尔贝特的这一举措不
仅没有削弱奥斯特拉西亚贵族在该地区的影响力，反而致使以纽斯特里亚
的宫相为首的贵族与奥斯特拉西亚贵族因争夺参政权而产生摩擦，贵族间
的斗争加剧了墨洛温王室的不稳定。尽管在克洛塔尔三世（Chlothar，
650—673，657—673 年在位）执政时期法兰克王国再次出现了王国的统
一，但是驻扎在巴黎的墨洛温王室对奥斯特拉西亚地区的政治影响却十分
有限。更何况长者皮平的儿子与梅斯主教阿努尔夫女儿的婚姻把这两个
家族在奥斯特拉西亚地区的领地连接在一起，成为该地区最有势力的贵族
家族。7 世纪 80 年代以后该家族的皮平二世（Pipping der Mittlere①，
640—714）强势参与法兰克王国的政治事务，与墨洛温家族的提奥多里克
三世（Theuderich Ⅲ.，653—691，675—691 年在位）国王以及纽斯特里亚
的宫相贝尔沙（Berchar，？—688）之间产生激烈的矛盾冲突。687 年，皮平
二世率领军队与墨洛温王室的军队发生武装冲突，在泰尔特里战役中大获

---

① "Pipping der Mittlere"直译应为"中者皮平"，是相对于在其之前的"长者"和在他之后的"年
轻的"皮平而言，笔者将其意译为"二世"。

全胜。尽管提奥多里克三世没有因为兵败泰尔特里被废黜,贝尔沙继续担任纽斯特里亚的宫相,皮平二世依然只是掌管奥斯特拉西亚的公爵(dux),但他实际上已经掌控了墨洛温王朝的王权。此后,皮平二世通过联姻的方式扩大奥斯特拉西亚的实际领地范围,他迎娶管理王室领地(Fiscus)的行宫伯爵(Pfalzgraf)胡戈贝尔特(Hugobert,?—693)之女为妻,由此将家族的领地延伸到艾菲尔高原和摩泽河中游地区。另一方面,他还促成其长子、香槟的公爵德罗戈(Drogo,670—708)与纽斯特里亚的宫相瓦拉托(Waratto,?—686)之女的婚姻,希望借此婚姻获得她的财产,将势力渗入到纽斯特里亚地区。697年,皮平二世任命他的次子格里莫阿尔德(Grimoald,680—714)为该地区的宫相,708年成为勃艮第的公爵,墨洛温家族的根据地以及王室所在的巴黎都被掌握在奥斯特拉西亚宫相家族的手中。

8世纪初,皮平二世相继展开与反对派贵族之间的争斗,他首先收服图林根公国,任命其亲属为公爵掌管该地区,由此控制从维尔茨堡至图林根森林的广大地区,并且把这一地区与已经掌握的马斯河至摩泽河间的区域连接起来。714年,皮平二世因身患重病去世,他的雄心大略也随之付之东流。拉甘弗里德(Raganfrid,?—731)借机获得了纽斯特里亚宫相之职,他拥立墨洛温家族的希尔佩里希二世(Chilperich Ⅱ.,670—721,716—721年在位)为国王,墨洛温王室才得以苟延残喘。715年,皮平二世的三子铁锤卡尔(Karl Martell[1],688—741)在特里尔地区贵族的支持下走马上任,担任奥斯特里西亚地区的宫相。卡尔是皮平二世"法外婚姻"(Friedelehe[2])所生之子,因此其父在世时他就被排斥在家族的继承人之

---

[1] 国内学界通常如同"查理大帝"的翻译一样,按照英语的发音把 Karl Martell 音译为"查理·马特",Martell 是"铁锤"之意,故笔者遵照德文原文将其翻译为"铁锤卡尔"。

[2] "法外婚姻"(Friedelehe)是西欧中世纪早期的一种婚姻模式,这种婚姻不受日耳曼人习惯法的保护,夫妻的结合只基于男女双方的意愿,丈夫对妻子不具有任何监管权,夫妻双方都享有提出离婚的权利。这种婚姻结合所生的子女的监管权不由丈夫掌握,而是在妻子的手中。通常这是不同社会等级成员之间的一种婚姻模式,无须双方家长和家族其他人的同意,因为这种婚姻很少掺有财产和政治的因素。参见 *Lexikon des Mittelalters*,Bd. 3,S. 1621ff.

外,皮平二世的遗孀普莱克特鲁迪斯(Plektrudis,670—725)则更因视其为自己儿孙的权力争夺者,而将其监禁。然而,卡尔不仅逃出了牢笼,而且还率军打败企图进军科隆的弗里斯人(Friesen),弗里斯兰被归入法兰克王国版图。716 年,卡尔利用法兰克的混乱局势战胜纽斯特里亚的军队,以此为筹码迫使普莱克特鲁迪斯承认他的地位,他于 717 年拥立克洛塔尔四世(Chlothar Ⅳ,?—719,717—719 年在位)为对立派国王,与纽斯特里亚的宫相拉甘弗里德对抗。在这场争斗中,卡尔不仅依靠贵族,而且也借助基督教教会的政治力量,增强其已经掌握的政治权势,被后世称为"铁锤卡尔"。铁锤卡尔不仅为加洛林王朝的崛起打下坚实的政治基础,与此同时他还借助了基督教教会的影响力。

三、法兰克王国的基督教化

克洛德维希皈依基督教并没有完全改变所有法兰克人的宗教信仰,仍然有相当多的人保持着对原有氏族神祇的崇拜,基督教的教义对法兰克社会的影响甚微,但是法兰克的历任国王们都没有忽略基督教本身所具有的宗教社会功能,在建立王国之后依然保留罗马帝国时期设立的梅斯、图尔、凡尔登等主教区,那些出身于罗马贵族家庭的主教们也为了保有教会的土地臣服于法兰克的国王们,高卢地区的罗马贵族通过教会与法兰克贵族融为一体。维埃纳的主教阿维图(Avitus von Vienne,460—518)曾向克洛德维希谏言,把推行基督教作为兼并其他部族的一种措施。罗马帝国晚期,基督教的教会还没有形成统一的宗教权威,各个地区都有自己崇拜的殉教者或圣徒,为保存他们的遗物、圣迹修建教堂、建立修道院。克洛德维希就把在高卢地区崇拜的圣马丁作为王权的表征,圣马丁的墓地成为王国的圣地,图尔主教区也因为是圣马丁的墓地所在教区成为法兰克王国的宗教中心区,高卢地区重要的宗教会议(Konzil)都在这里召开。法兰克的国王们根据主教阿维图的建议,在征服和兼并其他日耳曼人部族的同时在各地兴建起圣马丁修道院(Kloster St. Martin),建造圣马丁教堂,基督教教会的影响也随之扩大和增强。

511年，克洛德维希在奥尔良主持召开基督教的宗教会议，颁布敕令强制全体法兰克人必须参加基督教的各项礼拜仪式，宣布教会法令（Canon）与王国的法令具有相同的法律权威，"教会与罗马法同在"（ecclesia vivit lege Romana）。[①] 不仅如此，克洛德维希还赐予教会和修道院大量的土地，在他之后的法兰克的国王们都毫不吝啬地赐予教会和修道院土地和财产，7世纪20年代，达戈贝特一世国王甚至把图尔的全部收入都赐予圣马丁教堂，在这个世纪，许多教会都因为捐赠而拥有七千乃至八千个庄园。[②]

法兰克人给予教会大量的土地捐赠在某种程度上改变了基督教教会的组织机制，按照法兰克人的习俗，只有国王的亲兵和扈从才能获得土地和其他财产，而主教、大主教是因为臣服国王才会获得土地捐赠的，所以在王室领地内建立的主教教堂和大主教教堂、教堂财产的所有权以及对该教堂神职的任命权都归属国王，是国王的私有教会（Eigenkirche）。私有教会制的本质问题是教会财产的所属。早期基督教教会为了供奉的圣物和圣坛获得财产，同时还要把作为教会内部事务所用的公共基金用以赈济贫病者。法兰克时期，主教和大主教因为获得国王的封赠的土地而被附加上各种义务，包括服兵役和徭役、缴纳各种赋税，他们也由此获得了与公爵和伯爵一样的权利，主教、大主教以及修道院的院长因此都成为统治集团内部的重要成员，由国王任命，教会和修道院常常被作为采邑封授给他们，甚至因此不乏一些尚未接受洗礼的世俗都被国王任命为主教或修道院院长（Abt）。在法兰克王国，国王是主教的封主，教会是国王的私有财产，他有权占有和支配教会的财产以及教会征收的什一税，他有权享有教会的各种权利和利益以及教会获得的各种馈赠。为了保护自己的利益不被瓜分，各封建领主也效仿国王在自己的领地内修建教堂，将其作为敛财的一个重要方式，私有教会制在

---

① K. Baus（Hrsg.），*Handbuch der Kirchengeschichte*，Bd. II/2，S. 108f.
② 詹姆斯·W. 汤普逊：《中世纪经济社会史》，上册，第104页。

各地盛行。私有教会制是领主权利的一个重要部分，是可以再分封、买卖、赠送的私有财产，无论是国王还是封建领主都力争控制对教会职务的授职权，教职一般也都由家族成员或亲信担任。获得教职的教士或者从私有教会领主那里领取薪俸，或者因为其管理财务和借贷等事务享有对教会财产的使用权，或作为封主的封臣（Vasall）管理采邑，对其履行各种封建义务。为获得教会的职务，不仅教士，甚至俗人也都竞相取悦领主，赠送厚礼，逐渐演变为重金购买，买卖教士职务的现象愈演愈烈。那些跟随国王南征北战、因赫赫战功而得到大量土地的亲兵和贵族们，都效仿国王任命其家庭成员为主教，教会的什一税（Zehnte）成为其财产收益的一部分。

549 年，在奥尔良召开的宗教会议决定，国王享有对教会圣职授职权，而获得圣职者的首要条件是候选者必须臣服国王。至 6 世纪末期，在法兰克王国境内的 11 位大主教和 114 位主教都是国王的臣仆（homo regis）。[①] 不仅如此，国王还享有决定召开宗教会议的权利，有权确定宗教会议的议题。宗教会议的决议也须经国王批准才能颁布和实施，主教区要根据国王的旨意划定和设立。593 年，法兰克人占领了意大利北部地区，立刻把阿奎莱亚大主教管区下辖的三个教区划归法兰克的教会。[②] 法兰克的国王们几乎实现了对基督教教会的控制，主教、大主教与王国官吏之间的教俗界限也日益模糊，贵族们甚至更青睐教会的教职。曾经掌管克洛塔尔二世王室财政的财政大臣（Schatzmeister）埃利吉乌斯（Eligius，589—659）就放弃了这个重要的职位，614 年成为图尔的主教。奥多恩-达多（Audoen-Dado，609—684）是深得达戈贝尔托一世国王信任的掌玺官员，640 年被任命为鲁昂的主教。[③] 这样的例证在法兰克王国时期不胜枚举，王国内到处都设立新的教区，建立新的修道院。

---

① H. v. Schubert, *Geschichte der christlichen Kirche im Frühmittelalter*, S. 162.

② K. Baus,（Hrsg.）, *Handbuch der Kirchengeschichte*, Bd. II/2, S. 123ff.

③ F. Prinz, *Frühes Mönchtum im Frankenreich*, München: R. Oldenbourg Verlag 1988, S. 124ff.

四、修道院的经济职能

从克洛德维希执政时起,法兰克的国王和王室成员就都热衷于捐建修道院,克洛德维希和他的妻子在图尔建立了圣彼得修道院(St. Peterkloster)和圣玛丽娅修道院(St. Marienkloster),赐赠给这两所修道院大量的土地。克洛德维希的儿子希尔德贝特一世在巴黎城外修建一座大教堂,该教堂附有一所修道院,他还在巴黎建立圣杰曼努斯修道院(St. Germanuskloster),在勒芒建立圣加莱修道院(St. Calaiskloster),该修道院与法兰克的墨洛温王室始终有着非常密切的关系,修道院保存至今的档案中记载着墨洛温的历代国王给予的捐赠。墨洛温王室建立修道院并不出于纯粹的宗教目的,更多的是将其看作政治统治的需要。531 年,希尔德贝特一世向西哥特人的地区扩张,西哥特人信奉的是被罗马教会斥之为异端的阿里乌教派,希尔德贝特占领该地区后建立谢尔河畔的塞勒修道院(Selles-sur-Cherkloster),目的是为了消除阿里乌教派在政治方面的影响,树立所谓正统教派的宗教权威,以巩固法兰克人在该地区的统治。克洛塔尔一世国王通过建立修道院,在普瓦图地区连成一个很大地域的势力范围,他的儿子贡特拉姆一世(Guntram,532—592,561—592 在位)在索恩河畔的沙隆建立圣马尔瑟修道院(St. Marcelkloster),这所修道院不仅是其在这一地区的政治中心,而且也是王室铸币所(Münzenprägung)所在地。[1] 抑或可以这样说,修道院的建立以及修道院所起到的经济和政治的作用,是法兰克王国实现基督教化的一个重要途径。

7 世纪上半叶,法兰克王国各地兴建的修道院在宗教方面深受爱尔兰的修道士圣高隆班(Columban,521—597)的影响。爱尔兰修道院与罗马时期西欧大陆的教会和修道院没有建立过任何关系,始终保持

---

[1] F. Prinz, *Frühes Mönchtum im Frankenreich*, S. 152ff.

着早期修道院的宗教传统；另一方面，日耳曼大迁徙掀起的社会浪潮
也没有对其有任何的触及。590 年，圣高隆班偕同 12 位爱尔兰修道士
前往罗马朝圣(Pilgerfahrt)途经高卢地区，深感这些已经皈依基督教的
法兰克人缺少对上帝的敬畏，不关心自己灵魂的得救，氏族原始崇拜
的习俗依然浓烈，为此，他在勃艮第的吕克瑟伊莱班建立了吕克瑟伊
修道院(Kloster Luxeuil)，以此作为他传教的基地。高隆班派的修道院
严格遵守早期基督教的禁欲规定，把组织修道士从事农业生产劳动看
作是灵魂得救不可缺少的一种修道方式，圣高隆班还为其建立的修道
院制定了严格的院规，要求修道士要绝对服从院长，遵守院规。修道
院组织修道士砍伐树木，开垦周围的荒地，从事农业和手工业生产。
修道院周边地区的大片的荒地、林地、沼泽地被开垦为良田。有序的
农业生产活动稳定了社会秩序，修道院成为农村社会的经济中心和精
神中心。圣高隆班修道院的这种经济和社会效益显而易见，因而获得
勃艮第的国王贡特拉姆一世的大力支持，以其为模式相继在王室领地
内建立了安讷格雷修道院(Kloster Annegray)和方丹修道院(Kloster
Fontaine)等多个修道院。法兰克的贵族们还把其领地内的林地、荒地
和沼泽地捐给修道士，让他们在那里建立修道院，通过建立修道院扩
大耕地的经济目的不言而喻。这个时期法兰克贵族们在维埃纳捐建
60 余所修道院，在勒芒捐建 36 所，这些修道院都成为王室和贵族的私
有修道院(Eigenkloster)。

　　圣高隆班建立的修道院在社会经济活动中的实际影响，极大地刺激
了墨洛温王朝的历任国王和王室成员建立修道院的积极性。可以这样
说，卢瓦尔河和马斯河流域之间地区建立的一系列修道院为了恢复和组
织农业生产的经济目的更多于其宗教目的。这些修道院以其经济职能
帮助尚不善于从事农业经济的法兰克人组织生产劳动，许多农业中心都
是在修道院的周围建立起来的，是其所在地区农业拓殖的最早基点。从
6 世纪起，在索恩河和罗讷河流域之间修道院拓垦 80 个农业生产区域，
从比利牛斯山至卢瓦尔河区间拓垦 94 个，7 世纪初期在卢瓦尔河至孚日

山脉区间更是多达 228 个。[1]

如果说 7 世纪修道院更多的是建立在法兰克王国的西部，即今天的法国境内，那么 8 世纪初期来自英伦三岛的盎格鲁-撒克逊的教士博尼法修斯（Bonifatius，672—754），则把建立修道院浪潮推向法兰克王国的东部地区，也就是今天的德国境内。716 年，博尼法修斯渡过英吉利海峡从弗里斯兰南下，途经巴伐利亚，翻越阿尔卑斯山前往罗马朝圣。博尼法修斯原名温弗雷斯（Wynfreth），曾隐修于英伦三岛上的努尔斯林修道院（Kloster Nursling），这是一所具有本尼狄克（Benedikt）传统的修道院。他在往返罗马和英国时途经法兰克，目睹已经皈依了基督教的法兰克人依然保持着日耳曼人氏族宗教崇拜的方式，氏族宗教的观念还很强烈，尤其是各地盛行的私有教会制度破坏了罗马帝国时期建立的基督教教会的组织机制。718 年，温弗雷斯再次离开英伦三岛前往西欧大陆，目的是要让那些迷途的基督徒真正地皈依基督教。他在阿默讷堡建立了第一所以本尼狄克院规（Benediktinerregel）为原则的米夏埃尔修道院（Michaelkloster），以此作为大本营在黑森和图林根地区传教。温弗雷斯的传教活动获得罗马教皇格雷戈尔二世（Gregor Ⅱ.，669—731，715—731 年在位）的首肯，于 719 年赐予他圣徒"博尼法修斯"的名字，给予他以圣博尼法修斯的名义进行传教的权利。此后，温弗雷斯就以博尼法修斯的名字游历了弗里斯兰、黑森、图林根和巴伐利亚地区，履行传教的使命。格雷戈尔二世还于 722 年任命他为传教主教（Missionsbischof[2]）。被委以传教重任的博尼法修斯获得了法兰克宫相铁锤卡尔的大力支持和保护，支持他于 723 年在盖斯马砍伐被视为日耳曼人保护神的、名为多纳（Donar[3]）的橡树。用这棵橡树的木材在其原址上建造圣彼得教堂，这

---

① P. 布瓦松纳：《中世纪欧洲生活和劳动》，潘源来译，商务印书馆 1985 年版，第 70 页。

② 传教主教与主教的区别在于其没有固定主持的教区和主教驻节地。

③ 多纳 Donar＝Thor 是日耳曼人信奉的氏族宗教中掌管天气的神，克洛德维希时期之后，法兰克人完全地从半游牧的经济活动转变为农耕活动，气候在农业生产中的因素日益突出，以掌管气候为主的多纳神的宗教地位日益提升，参见 *Lexikon des Mittelalters*，Bd. 3，S. 1231f.

一举措很明显地表明法兰克王国在宗教信仰方面的趋向。732 年，教皇格雷戈尔三世（Gregor Ⅲ.，？—741，731—741 年在位）任命博尼法修斯为法兰克王国东部地区的大主教，在此之后他先后在雷根斯堡、弗赖辛、帕骚、萨尔茨堡和爱尔福特设立主教区。此外，他还在黑森建立弗里茨拉尔修道院，在图林根建立奥尔德鲁夫修道院，并委托他的学生施图尔姆（Sturmius，？—779）在黑森东部建立富尔达修道院。[①] 博尼法修斯在建立的修道院中实施本尼狄克院规，并且对法兰克的教会进行改革，以此提升罗马教皇的宗教权威，同时也为在政治上处于弱势的铁锤卡尔增强自身的权势开辟一个新的途径。

第二节　加洛林王朝

一、加洛林帝国的基点

博尼法修斯在法兰克东部地区设立主教区、建立修道院等一系列的传教活动，遭到所在地区原有主教们的抵制，他们为维护自身的宗教权威，与当地的世俗贵族联合起来，地方贵族的实力也因此有所增强。732 年，阿拉伯人对外扩张的势头延伸到西班牙，为了组织一支强有力的骑兵队伍阻挡阿拉伯人进入到欧洲，身居宫相要职的铁锤卡尔以服骑兵役为条件封赐给骑兵土地，由此在西欧开始了以土地分封为基础的采邑制度（Lehnswesen）。推行这种新的采邑制度需要大量的土地，铁锤卡尔没收了一些教会的土地财产，使得一些地方的主教更依赖于当地的世俗贵族，私有教会更加盛行。

博尼法修斯在法兰克改革法兰克王国的教会和建立修道院的目的，是要将其都统一在罗马教会的宗教权威之下，摒弃具有日耳曼因素的私有教会的因素和原则，可以说这与铁锤卡尔以封地为基础推行的采邑制度有着异曲同工之处，因而得到铁锤卡尔的大力支持。不仅如此，铁锤

---

① F. Prinz, *Frühes Mönchtum im Frankenreich*, S. 231ff.

卡尔还通过博尼法修斯与教皇格雷戈尔三世之间建立了最初的联系。8
世纪30年代,铁锤卡尔力图将其势力范围扩大到阿雷曼公国,但因公爵
家族与施瓦本地区贵族间的密切联系而遇到了极大的阻碍。由传教主
教皮尔米缪斯(Pirminius,670—753)于724年在博登湖的赖兴瑙岛上建
立的赖兴瑙修道院(Kloster Reichenau)是阿雷曼地区的宗教中心,因同
样遵循本尼狄克院规与博尼法修斯的教会和修道院有了一致性,这就为
铁锤卡尔及其继任者最终兼并阿雷曼地区提供一个极为有利的条件。8
世纪初期,地处南德的巴伐利亚虽然隶属于法兰克王国,但实际上却有
着很大的独立性,博尼法修斯在王国东部地区设立的主教区与巴伐利亚
的主教区在宗教上的一致性,帮助铁锤卡尔将其政治影响力渗入到巴伐
利亚。通过对教会进行的改革以及推行采邑制,铁锤卡尔几乎权倾全王
国,以致在737年国王提奥多里克四世(Theuderich Ⅳ.,711—737,
715—743年在位[1])去世时,他迟迟不立新君,致使王位虚悬数年。

　　741年铁锤卡尔去世,其长子卡尔曼(Karlmann,706/708—754)继
承掌管奥斯特拉西亚、图林根和阿雷曼地区的宫相之位,次子矮子皮平
(Pippin der Jüngere[2],714—768,751—768年在位[3])则成为掌管纽斯
特里亚、勃艮第和普罗旺斯的宫相。然而,以巴伐利亚公爵奥迪洛
(Odilo,700—748)为首的贵族们并不甘心依附于铁锤卡尔的这两个继
任,他们明确宣布只承认墨洛温王室的王权,这就迫使卡尔曼和皮平不
得不于743年立墨洛温家族的希尔代里克三世(Childerich Ⅲ.,720—
755,743—751年在位)为王。另一方面,为了削弱卡尔曼和皮平的影响

----

[1] 提奥多里克四世于737年去世,但王位虚设,他的国王头衔一直保留到743年。

[2] "矮子"皮平的原文应为 Pippin der Klein,这个称谓是在11世纪的史料中才出现,但 Kleine
与他的前辈 Ältere(老年或长者)和 Mitteler(中年)表述的意思不相符合,德国史学家们根据
拉丁语文献推测,可能是因为11世纪的编年史家把8世纪的拉丁语 Pippinus minor(年轻的
或小的)误翻译为11世纪的拉丁语 Pippinus brevis(矮子),因此这一称谓一直谬传至今。今
天德国历史学家又将其还原为 Pippin der Jüngere(小皮平),与高矮无关。参见 *Neue
Deutsche Biographie*,Berlin:Duncker & Humblot 2001, Bd. 20, S. 469f.

[3] 矮子皮平于751年起为法兰克王国的国王。

力,奥迪洛还力图说服罗马教皇扎哈里亚斯(Zacharias，679—752，741—752 年在位)免去博尼法修斯在巴伐利亚教皇特使(Legat)的教职。阿基坦、阿雷曼以及萨克森的贵族也纷纷起来反对宫相。由此,两位宫相联手对奥迪洛实施武力,他们率军在莱希河畔战胜巴伐利亚公爵的军队以及阿雷曼和萨克森的援军,奥迪洛被迫承认法兰克王室对巴伐利亚的统治权,745 年臣服皮平的传教士、来自爱尔兰的弗吉尔(Virgil，700—784)被任命为萨尔茨堡主教区的主教,掌控巴伐利亚的教会。

巴伐利亚公爵的臣服致使反对两宫相的联盟土崩瓦解,教会在王国中的政治地位突显出来。742 年,博尼法修斯在卡尔曼的支持下召开"日耳曼宗教会议"(Concilium Germanicum),宣布对法兰克的所有教会进行改革的决议。决议中还规定:以采邑为由在世俗(Laien①)管辖下的主教区都应由主教管辖;禁止教士持有武器;所有修道院都要遵循本尼狄克院规;教士的宗教生活要遵守教规;等等。这次宗教会议上还决定在爱尔福特、维尔茨堡、彼拉堡建立"博尼法修斯式"的教会。743 年、744 年,卡尔曼先后两次召开宗教会议,敦促法兰克各地教会的改革。在这两次宗教会议上再三严令禁止任何异教(Heiden)的习俗,强调国王有权召开和主持宗教会议,设立主教区,任免主教,更为重要的是,明确规定教会的大部分土地都是"有纳税义务的封地"(zinspflichtige Landleihe)。② 卡尔曼通过法兰克教会的改革,把基督教的教会和修道院都纳入铁锤卡尔开始的采邑制度中,这样就在法兰克形成一个新的教会贵族阶层。在奥斯特拉西亚地区,与卡尔有着姻亲关系的维多家族(Widonen)被称之为"主教王朝"(Bischofs dynastie),这个家族的米洛(Milo，?—761 或 762)是特里尔和兰斯的主教,他还控制着霍恩巴赫修道院;卡尔曼的侄子胡戈(Hugo，?—?)掌控了鲁昂、巴约和巴黎主教区以及圣万德里勒修道院和瑞朱耶日修道院。

---

① 在基督教教会中分为有教职的教士(Kleriker)和没有教职的信徒或称基督徒被称为世俗(Laien)两个社会阶层。

② K. Baus,(Hrsg.), *Handbuch der Kirchengeschichte*, Bd. Ⅲ/1, S. 16ff.

　　747 年，支持教会改革获得成效的卡尔曼隐退修道院，把自己分王国的宫相权力转交给他的兄弟皮平，皮平成为全王国的宫相。此时的皮平已经完全掌有了国王的权力，他在谋划如何能戴上王冠、合法地行使国王的权力，成为一个名正言顺的国王。749 年，皮平派遣圣丹尼修道院的福尔拉德（Fulrad，710—784）和维尔茨堡的主教布卡德（Burkard，683—755）为特使前往罗马寻求罗马教皇的支持。他们向教皇扎哈里亚斯提出询问："如果身为法兰克的国王们不掌握国王们的权力是好还是不好？"（Wegen der Könige in Francia，die keine Macht als Könige hätten，ob das gut sei oder nicht?）心领神会的教皇回答说："最好是奉掌握权力的人为国王！"（Es ist besser，den als König zu bezeichnen，der die Macht hat）①有了教皇给予支持的明确表态后，皮平堂而皇之地把希尔代里克三世送进了圣贝廷修道院（Abtei Saint Bertin），于 751 年在苏瓦松召开会议，要求与会者按照法兰克人的习俗推举其为法兰克国王（Rex Francorum），博尼法修斯以教皇特使的身份，按照教会的传统礼仪为其主持了涂油膏礼，墨洛温家族由此退出历史的舞台，加洛林家族获得"上帝的恩赐"（Dei gratia），取而代之成为法兰克王国的合法君王。②

　　加洛林家族依靠罗马教皇的宗教权威掌握了法兰克王国的统治权（Oberhoheit），政治权力与宗教权威密切相连。751 年，伦巴底王国的军队占领了拜占庭帝国在意大利北部的拉韦纳特辖区（Exarchat von

---

① R. Rau（Bearb.），*Die Reichsannalen. Einhard Leben Karls des Grossen*，*Zwei*，*Leben Ludwigs*，*Nithard Geschichten*，Darmstadt：Wiss. Buchges. ²1977，S. 14f. zum Jahr 749.

② 卡罗林家族的基础是梅斯的主教阿努尔夫与宫相长者皮平的女儿联姻后组成的阿努尔夫家族（Arnulfinger），梅斯的教堂因供奉着圣马丁的披风（cappa）成为墨洛温王室的宫廷教堂（Hofkapelle），梅斯教堂的教士们也有了 Kapläne 的称谓，故阿努尔夫家族子孙的名字中都含有"Karoli"，即"卡尔"（Karl），如：Karlenses，Karlingi，Karolini，Karolingi 等，在 10 世纪下半叶的史料中第一次出现了"卡罗林家族"（Karolinger）。参见 R. Schieffer，*Die Karolinger*，Stuttgart：Kohlhammer，⁴2006.

Ravenna)①,此时的拜占庭帝国因正抗击阿拉伯人的武力进攻而对此无暇顾及,更因为帝国内部如火如荼的破坏圣像运动(Ikonoklasmus②)而漠视罗马教皇斯特凡二世(Stephan Ⅱ.,? —757,752—757 年在位)的求援。754 年 1 月,教皇翻越阿尔卑斯山前往法兰克国王在庞蒂昂的行宫(Pfalz),皮平以基督徒的身份出迎,为其坐骑牵引缰绳,以表示对教皇的尊重。为了获得皮平的军事援助,这一年的 6 月 28 日,斯特凡二世教皇在圣丹尼修道院的教堂里为皮平以及他的两个儿子施涂膏油礼,并授予他们"罗马贵族"(patricius Romanorum)的头衔,此后又授予其"罗马公爵"(dux von Rom)的称谓。教皇这一系列的行为给予皮平充分的理由阻止隐退在修道院的卡尔曼以及他的诸子"重出江湖"与之瓜分王国;另一方面,具有"罗马贵族"头衔的法兰克国王进军意大利则成为"保卫罗马教会"当仁不让的职责。这是罗马教皇首次为世俗君王主持加冕礼,作为圣彼得代理人的教皇亲自施涂油膏礼,进一步表明王权的神授性,上帝恩赐的神授王权完全取代法兰克人的氏族王权。对罗马教皇而言,作为"罗马贵族"的法兰克国王负有保护罗马教会的义务,圣彼得的宗座应该受到他选定的世俗君王的保护。罗马教皇与法兰克的国王通过涂油膏礼结成政与教之间的联盟。755 年早春,皮平亲率大军进入意大利,迫使伦巴底的国王艾斯图尔夫(Aistulf,? —756)臣服法兰克国王。然而,在皮平凯旋之后,艾斯图尔夫却出尔反尔,拒不履行自己的承诺。756 年,皮平应教皇的请求再次出兵意大利,他强迫艾斯图尔夫以正式证书的形式归还罗马教皇拉韦纳辖区,史称"皮平赠礼"(Pippinische Schenkung),在此基础上产生了教皇国(Kirchenstaat)。教皇国的宗教理论依据是"君士坦丁赠礼"

---

① 拉韦纳位于意大利北部的平原,5 世纪归属东哥特王国,6 世纪以后是拜占庭帝国在意大利的统治中心。

② 717 年阿拉伯人从海上攻击拜占庭帝国的首都君士坦丁堡,拜占庭帝国的皇帝利奥三世为了抵抗阿拉伯人以军区制划分行省,把大量的土地分封给军事贵族以保证军事实力,并以反对圣像崇拜为由没收教会的土地和财产,封闭修道院,史称"破坏圣像运动"。8 世纪 50 年代,破坏圣像运动达到高潮。

(Konstantinische Schenkung①)，在此后的几个世纪中它对罗马教会宗教权威的增长和确立起到非常重要的作用。

在意大利取得的胜利以及与罗马教皇结成的同盟，使皮平的权力欲大大膨胀，他把扩张的矛头指向萨克森，753 年、757 年，皮平两次与萨克森人作战，强迫他们对其宣誓效忠，缴纳赋税，皈依基督教，把附属王室的富尔达修道院作为王国北部地区传播基督教的中心。皮平还通过控制美因茨、黑森、图林根等地区的主教和一些重要的修道院，在德意志中部地区建立一个重要的"王国教会体系"（Reichkirchensystem），这个体系极大地削弱了私有教会的影响和作用。

博尼法修斯的教会改革以及与罗马教会的结盟改变了法兰克私有教会制度，但是王朝的更替却没有改变法兰克人的继承传统。768 年皮平去世，此前他再次把王国分为以奥斯特拉西亚和以纽斯特里亚为主体的两个分王国，长子查理（Karl der Große②，747—814，768—814 年在位③）继承前者，次子卡尔曼（Karlmann，751—771，768—771 年在位）成为纽斯特里亚的分王国王。

二、查理大帝对外的扩张

与卡尔曼比较而言，查理从登基时起就显示出了强势和雄心，年仅20 岁的他成功地平定了阿基坦公爵胡诺尔德（Hunold，？—774）试图获

---

① "君士坦丁赠礼"出现于 8 世纪中叶左右，文艺复兴时期的人文学者对其拉丁文字进行考据后证实，这份文档不是君士坦丁（Kontantin，272 至 285 期间—337）生活的 4 世纪的拉丁文字，而是出自 8 世纪人之手，因而是伪造的。这份赠礼的内容是，因为教皇西尔维斯特一世（Silvester I，？—335）治好了君士坦丁的麻风病，他因此敬畏上帝的权威皈依基督教，为此他迁都君士坦丁堡，把帝国西部的土地和统治权赠予教皇，承认罗马教皇的宗教权威高于普世中的所有教会。参见 *Lexikon des Mittelalters*，Stuttgart 1999，Bd. 5，S. 1385ff.
② "Karl der Große"的德文原意为"卡尔·伟大的人"，在国内学界约定成俗地按照英文 Charles the Great 音译为"查理大帝"，或者按照法语 Charlemagne 音译为"查理曼"，笔者按照国内学界英语约定成俗的翻译将其译为"查理大帝"。
③ 查理大帝于 768 年加冕为法兰克国王，800 年加冕为罗马皇帝，此后他同时拥有国王和皇帝两个头衔。

得独立而发动的骚乱,阿基坦牢牢地在查理的掌控之中。769 年,年轻的查理迎娶伦巴底国王德希德里(Desideriu,？—786)的女儿为妻,这个婚姻较为明显地昭示出查理对伦巴底王国有所图,但这个婚姻仅维系了两年。771 年初查理抛弃他的妻子,与阿雷曼公爵赫纳比(Hnabi,710 或 715—785 或 788)的女儿缔结连理,也因此为此后与德希德里的冲突埋下伏笔。

查理的雄心勃勃令卡尔曼不得不防,卡尔曼在其兄长平定阿基坦的动乱时袖手旁观,两兄弟间的矛盾初露端倪。771 年卡尔曼早逝,查理不费吹灰之力获得了其弟的分王国,卡尔曼的遗孀不得不带着年幼的子女避难伦巴底,试图在那里寻求支持,这就更加激化了查理与德希德里之间的矛盾。772 年,德希德里国王占领拉韦纳周边地区,以武力要挟教皇哈德里安一世(Hadrian Ⅰ.,？—795,772—795 年在位)为卡尔曼的儿子施涂油膏礼,力图帮助卡尔曼的后人夺回被查理夺走的分王国,并且试图迫使教皇加入查理的对立面一方。在遭到教皇拒绝后,德希德里挥军逼近罗马。773 年 3 月,哈德里安一世遣教皇特使前往查理的宫廷求援,以解除兵临城下的危机。查理亲率大军南下意大利,773 年 9 月围攻德希德里驻扎的帕维亚。双方对峙 9 个月后,德希德里最终于 774 年 6 月缴械投降,他被放逐到今天法国境内的科尔比的修道院,在那里度过余生。查理戴上伦巴底国王的铁制王冠,把王国的土地以采邑的形式分封给随其征战的法兰克贵族和愿意臣服于他的伦巴底贵族,伦巴底成为法兰克王国的一个部分。[1] 781 年,在查理的授意下,教皇哈德里安一世(Hadrian Ⅰ.,？—795,772—795 年在位)为其两个儿子施涂油膏礼,次子意大利的皮平(Pipinn von Italien,777—810,781—810 年在位)为意大利的亚国王,虔诚者路德维希(Ludwig der Fromme,778—840,781—840 年在位[2])为阿基坦的亚国王。

---

[1] J. Jarnut, *Geschichte der Langobarden*, Stuttgart：Kohlamanner, 1982, S. 116ff.

[2] 虔诚者路德维希于 781 年加冕为阿基坦的亚国王,814 年加冕为法兰克王国的国王,813 年加冕为法兰克的皇帝。

戴上伦巴底铁王冠的查理自认是罗马教皇的保护者,他不仅把拉韦纳归还给教皇,而且还把一直以来与拜占庭有争议的贝内文托赠与教皇。教皇在754年给予法兰克国王"罗马贵族"(Patricii Romanorum)称谓的含义似乎也有了变化,他俨然成为与拜占庭帝国的皇帝有着同等地位的统治者。[①] 查理在意大利取得胜利的影响扩大到巴伐利亚,巴伐利亚掌握在阿努尔夫家族的手中,与王室有着宗亲关系,巴伐利亚公爵领地在法兰克王国中一直享有自主权。巴伐利亚公爵塔西洛三世(Tassilo Ⅲ,741—796)是查理的堂兄,他7岁继位,757年对皮平宣誓效忠,成为国王的封臣。塔西洛三世同样也迎娶伦巴底国王德希德里的女儿为妻,与伦巴底国王结成政治上的同盟,巴伐利亚也因此成为伦巴底落难王子的避难之地。787年,查理以塔西洛三世公爵欲与阿瓦尔人(Awaren)联盟试图为其岳父复仇为理由,领兵长驱直入巴伐利亚。面对法兰克人的大兵压境,塔西洛三世不战自降,巴伐利亚公爵领地作为查理的行政辖区(Entität)被保留下来,塔西洛三世被废黜,被放逐到瑞朱耶日修道院直至终老。798年,查理在巴伐利亚的萨尔茨堡设立大主教区,加强对这个行政辖区的控制,巴伐利亚的自主权不复存在。

与巴伐利亚相邻的多瑙河盆地一直是一个不稳定的地区,6世纪中叶以来斯拉夫人(Slawen)、保加利亚人(Protobulgaren)不断侵入这个地区。7世纪初,来自亚洲中部的游牧民族阿瓦尔人穿越潘诺尼亚迁徙至此,他们控制了通往东方的商路。741年,博尼法修斯在维尔茨堡设立大主教区,同时还建立几所修道院,希冀以此为基地向东南欧拓展,但始终受阻于阿瓦尔人。巴伐利亚公爵臣服后,查理从791年起多次率兵征讨阿瓦尔人,在这个地区设立阿瓦尔马尔克(Awarenmark[②]),以抵挡来自潘诺尼亚和欧洲东部的侵扰。798年,查理把阿瓦尔马尔克划归维尔茨堡大主教区管辖,加强基督教教会对这个地区的影响力。803年,查理再

[①] P. Classen, *Karl der Große*, *das Papstutum und Byzanz. Die Begründung des karolingischen Kaisertums*, Sigmaringen: Thorbecke, 1988, S. 21f.

[②] 阿瓦尔马尔克包括今天的下奥地利、保加利亚和匈牙利的西北部。

次加强对东部边境地区的控制,设立东部马尔克(Ostmark 或 Marchia orientals)。他把阿瓦尔马尔克与巴伐利亚公爵领地合并在一起,同时还囊括了从多瑙河的支流恩斯河至匈牙利的巴拉顿湖以及地处今天斯洛文尼亚的克恩滕马尔克伯爵领地在内的广阔区域,巴伐利亚公爵领地的地域面积更加扩大。

7 世纪中叶,阿拉伯半岛上的哈里发(Kalifen)国家对外进行扩张。711 年,阿拉伯人渡过直布罗陀海峡侵入西班牙,756 年建立倭马亚王朝(Umayyaden)。778 年,西班牙萨拉戈萨的阿拉伯酋长(Emir)在受到科尔多瓦酋长的攻击时向查理求援,查理欣然伸手相助,但在撤军至龙塞峡谷时惨败于巴斯克人(Basken),一些随军的阿基坦地区的贵族阵亡,导致与西班牙为邻的加斯科涅乃至整个阿基坦地区的社会出现不稳定的局面。为此,查理以巴塞罗纳伯爵领地为中心设立了一个地域宽广的西班牙马尔克,它包括贝尔加、贝塞鲁、塞尔丹亚、孔弗凌特、安普利亚、基洛纳、曼雷萨、里瓦戈萨、鲁西永等多个伯爵领地。由于西班牙马尔克远离法兰克王国的中心区,801 年查理将西班牙马尔克并入阿基坦亚王国(Unterkönigtum),在亚国王虔诚者路德维希的管辖之下。

三、与萨克森人的战争

与法兰克王国东北部接壤的是萨克森人居住的地区。6 世纪 30 年代萨克森人以同盟者的身份帮助法兰克人打败图林根人,占据图林根北部地区,但此后又被法兰克人击退。7 世纪,屡屡受到斯拉夫人侵扰的法兰克王国,再次视萨克森人为同盟者,允许他们驻扎在王国的东北部边境威悉河以西地区。7 世纪末期,萨克森人延长与法兰克王国接触的边界,双方的接触更加频繁。8 世纪的萨克森人还依然保持着游牧民族的生活习俗,大土地制尚未形成,萨克森人的主要社会经济活动还不是农业生产。在政治上起着主导作用的是由贵族、自由人和半自由人组成的公民大会,公爵由公民大会选举,但公民大会的权力仅限于战争,公爵的职责也仅限于在军事上。萨克森人与法兰克人在社会结构以及经济活动上的差异，导致双方在相互接触时常常发生武力冲突，经常性的武装冲突终于在 772 年激化为公开的战争。圣高卢修道院的修道士艾因哈特(Einhard，770—840)就曾很清楚地说明了查理对萨克森人宣战的原因："因为萨克森人与同住在日耳曼地方的大多数种族一样，生性凶暴，崇信鬼神，敌视我们的宗教，他们并不认为破坏和违犯上帝的法和人的法律是一种耻辱。另外也有一些原因可以随时引起骚乱。因为除了在少数地方有茂密森林和绵亘山脉阻隔，明确地划分疆界以外，双方的领土差不多处处都在空旷的平原上毗连；每一边都经常发生杀害、抢劫、放火的事件。法兰克人被这些事情激怒了，他们竟至认为不能再满足于报复，而应该向他们公开宣战。"①

对萨克森人的战争是查理投入最多、时间持续最长的战争，延续三十年之久。在这三十年间查理或亲自领兵、或派遣贵族率军进攻萨克森人居住的地区，但始终没有获得全胜，也未能在萨克森人居住的地区站稳脚跟。持续的战争改变了萨克森人的政治权力和社会结构，公爵的权限因为经常性的战争被扩大，贵族阶层内部出现了分化，西部以威斯特法仑家族为中心，中部是恩格尔家族，东部是奥斯特法伦家族。萨克森内部的社会分化削弱了共同抵抗法兰克王室军队的军事力量，萨克森的贵族最先向查理俯首称臣，查理在萨克森贵族中推行采邑制，虽然对查理宣誓效忠的贵族们以封臣的身份重新获得自己原有的土地，但这些土地的性质发生变化，成为法兰克国王的封地(Landleihe)。然而，大多数居住在封地上的萨克森自由农民则沦为封臣的依附农民，激化了自由农民与法兰克人和萨克森贵族之间的矛盾。792 年，萨克森的自由民举兵起义，反对法兰克人和已臣服的萨克森贵族对土地的兼并，进行了持续十余年的斗争。803 年，查理在雷根斯堡召开会议，明确地把萨克森与阿雷曼、巴伐利亚连在一起，划定法兰克东部的边境。804 年，萨克森自由民的起义被彻底镇压，萨克森完全归入法兰克王国的版图。

---

① 艾因哈德：《查理大帝传》，戚国淦译，商务印书馆 1983 年版，第 11 页。

　　在与萨克森人战争的后期,罗马教皇利奥三世(Leo Ⅲ.,? —816,795—816 年在位)深陷罗马城内贵族派系间的斗争,799 年 4 月被迫逃亡至查理驻扎的帕德博恩,向他发出救援的请求。与萨克森人激战正酣的查理无力分身,利奥三世失望地返回罗马,被罗马贵族囚禁。在与萨克森人的战争有所转机后,查理立刻于 800 年夏季出兵意大利,闻风丧胆的罗马贵族释放利奥三世,11 月底,利奥三世出迎数十里将查理引入被称之为"永恒城市"的罗马。800 年 12 月 23 日,利奥三世当众举行无罪宣誓,否认罗马贵族给予他的一切谴责,两天之后的圣诞节这天,利奥三世突然为正在教堂做弥撒的查理带上了皇冠,[①]称他为:"查理,由上帝加冕的奥古斯都殿下、给予和平统治的罗马帝国的皇帝、受上帝恩宠的法兰克和伦巴底的国王。"(Karolus serenissimus Augustus a Deo coronatus magnus pacificus imperator Romanum gubernans imperium, qui et per misericordiam dei rex Francorum atque Langobardorum.)自 476 年罗马元老贵家族的罗穆鲁斯(Romulus,460—476)被冠以"奥古斯都"(Augustulus)之后,这一称谓在西欧消失了 300 余年;这一称谓的再现,标志着出现了一个新的加洛林皇朝的帝国。查理统治的法兰克帝国把罗马帝国时期在西欧的绝大部分地区都囊括在自己的版图中:东起易北河和多瑙河,西临比利牛斯山和大西洋,北始北海和波罗的海,南抵意大利半岛。自此,查理在原来的西罗马帝国的地域内"复制"出一个与拜占庭帝国(东罗马帝国)并存的法兰克帝国。802 年,查理在亚亨召开的帝国会议上颁布法令,要求所有封臣,无论是世俗的还是教会的都要以"恺撒之名"(Nomen Caesaris)重新对他

---

① 查理的传记作者艾因哈德在《查理大帝传》中写道:"他最初非常不喜欢这种称号,他肯定地说,假如当初能够预见到教皇的意图,他那天是不会进教堂的,尽管那天是教会的重要节日。"参见艾因哈德的《查理大帝传》,第 30 页。

宣誓效忠。① 他也被冠以"大帝"(der Große②)之名,在西欧地区再次出现了一个皇帝。1165 年,教皇帕斯卡利斯三世(Paschalis Ⅲ.,？—1168,1164—1168 年在位)根据德意志皇帝弗里德里希一世(Friedrich Ⅰ.③,1122—1190,1155—1190 年在位④)的示意,将查理尊称为"欧洲之父"(Pater Europae)。

第三节　原始农业和文化的复兴

一、动荡后的殖民与拓荒

罗马帝国 3 世纪发生全面危机之后,西欧的经济整体进入一个全面衰败期,日耳曼人的武装迁徙在加剧经济衰敝的同时也造成西欧人口的大幅下降,根据意大利著名经济史学家奇波拉的研究,500—650 年期间,欧洲南部的人口从 1 300 万下降到了 900 万,西欧和中欧地区的人口从 900 万下降至 550 万,⑤原有的居民地也因日耳曼人的武装迁徙在很大程度上遭到破坏。西欧地区的社会结构因为罗马帝国的衰亡和日耳曼王国的建立发生了巨大的变化,土地财产发生大转移。

最先进入欧洲的西哥特人和勃艮第人在其所占领的地区占据了罗马帝国和罗马贵族三分之二的土地,其余的三分之一交还给臣服的罗马人。此后,这些土地又都作为封地转移到了法兰克人以及臣服于法兰克人的罗马贵族手里,他们成为新的土地占有者。⑥ 遭受抢劫的罗马居民或逃亡或被驱赶,原来的罗马土地所有者沦为新的日耳曼土地占有者需

---

① P. Classen, *Karl der Große, das Papsttum und Byzanz*, S. 82.

② 德语的"Der Große"译自拉丁语 magnus,意为"伟大的",法语的 Charlemagne 最接近拉丁语的翻译,即"伟大的卡尔",国内学界将其译为"查理大帝",笔者延续约定俗成的翻译把"Der Große"译为"大帝"。

③ 在国内学界也有把 Friedrich 译为"腓特烈"。

④ 弗里德里希一世于 1152 年被加冕为罗马-德意志国王,三年后加冕为皇帝。

⑤ 卡洛·M. 奇波拉主编:《欧洲经济史》,第 1 卷,徐璇译,商务印书馆 1988 年版,第 28 页。

⑥ P. 布瓦松纳:《中世纪欧洲生活和劳动》,第 19 页。

要的耕种者,那些曾经的罗马公民都根据日耳曼人的社会组织结构被组织起来,或成为自由人,或成为半自由人(lite),罗马帝国晚期托庇于大地产主的隶农(colonus)因为耕种土地的性质也被赋予日耳曼自由人或半自由人的意义。

被日耳曼人视为劫掠对象的城市更是严重凋敝,城市居民因各种原因被迫迁往农村,城市既失去了政治中心的地位,也丧失了作为手工业中心和商业中心的经济作用。科隆、特里尔、沃尔姆斯、斯特拉斯堡等众多的罗马时期兴盛的城市都遭到不同程度的破坏乃至被摧毁。曾经繁荣的市场几乎不复存在,曾经生气勃勃的港口变得冷冷清清,罗马时期畅通无阻的道路因年久失修无法通行,桥梁倒塌、驿站消失。盗匪的出没使不安定的社会增添了更多的不安全因素,更加阻碍了商人们的出行,社会经济的流通几乎处于停滞的状态。在这个几乎是封闭的、自给自足的原始农业经济形态中,土地是唯一的资源,一切经济活动都离不开土地。

在罗马帝国境内建立部落王国的日耳曼人改变了罗马帝国时期原有的经济关系,同时也加速了日耳曼人从半游牧民族向农耕民族的转变,土地作为战利品给予的赏赐致使日耳曼人不得不更加关注农业生产,“耕地农业缓慢地替代了牧场农业在人们心中的位置”。① 东哥特的国王就要求亲兵们要“憎恨刀剑”,“转向犁头”,②勃艮第王国和西哥特王国有了关于开垦土地的一些法令条款,并且有目的地组织农业人口迁移。通过开垦荒地扩大耕种土地的面积振兴萎缩的农业,这几乎是所有日耳曼王国都在采取的措施。为了把移民固着在新开垦的土地上,甚至给予他们免除垦地赋税和租金(Zinse)的优越条件,由此形成了一个自由农民的社会阶层。这些移民群居在开垦的土地上形成了固定的居民点——村庄,在今天的德国那些有着 weiler、weil、wyl 为词尾名称的村庄几乎都能回溯到 6 世纪或 7 世纪,它们大多都是国王或贵族移民拓垦

---

① M. M. 波斯坦等主编:《剑桥欧洲经济史》,第 1 卷,王春法译,经济科学出版社 2002 年版,第 37 页。
② P. 布瓦松纳:《中世纪欧洲生活和劳动》,第 67 页。

的结果。① 然而，一旦村庄形成，这些移民就会被束缚，失去自由流动的可能；另一方面，整个西欧社会依然处于不稳定的状态，日耳曼国家间的相互征战和吞并，也迫使那些自由农民越来越多地寻求保护。罗马帝国晚期施行的庇护制（Munt）在日耳曼人的王国中继续下来，自由农民因为获得保护而成为依附农民。依附农民以胡符地（Hufe②）为土地单位缴纳租税或者服徭役（Frondienste）。③

650 年以后，欧洲人口快速增长，几近增加了三分之一，④扩大耕地面积以满足社会人口增长的必需，这是这个时期全面进行拓荒和殖民最大的动力，大量的移民流动并聚集到无人居住或尚未开垦地区，形成新的村落，并逐步发展成为城镇。7 世纪初进入西欧大陆的爱尔兰修道士高隆班建立的修道院很快就汇入这一时期殖民和垦荒的社会潮流中，同时也为其提供了在当时最为可行的农业生产模式。在高隆班建立的修道院中，修道士要依靠自己的双手开垦荒地、耕种土地，修道院的院规要求修道士把劳动看作是苦修的主要方式，要求他们劳动到精疲力竭，"让他们疲劳万分，甚至站着都能睡觉"。⑤ 高隆班派的修道院俨然是一个自给自足的、封闭式的、社会基本经济单位，修道院院内设有磨坊、各类手工作坊（Handwerksbetrieb），修道士们自己建造房屋、自己织布缝衣、自己酿造葡萄酒。⑥ 可以看出，修道院成为那个时期在农业生产活动方面

---

① M. M. 波斯坦等主编：《剑桥欧洲经济史》，第 37、35 页。
② 胡符地是一块耕地，或称之为"份地"，即：一个家庭的劳动力和一张犁耕种的耕地。胡符地的面积大小不等。王室胡符地的面积通常很大，约 120 阿克尔（1 阿克尔约 360 x 120 英尺，或等于 12 x 4 杆，1 杆约 3.8 米），农民的胡符地一般都很小，只有约 15 阿克尔。参见 G. Landau, *Die Territorien in Bezug auf ihre Bildung und ihre Entwicklung*, Hamburg und Gotha：Perthes, Andreas 1854, S. 4.
③ 胡符地是一种份地的概念，即一个家庭的劳动力用一张犁所能耕种的面积单位，因此胡符地的面积大小不等。参见 G. Landau, *Die Territorien in Bezug auf ihre Bildung und ihre Entwicklung*, Hamburg und Gotha：Friedrich und Andreas Perthes 1854, S. 4.
④ 卡洛·M. 奇波拉：《欧洲经济史》，第 1 卷，第 29 页。
⑤ P. 布瓦松纳：《中世纪欧洲生活和劳动》，第 68 页。
⑥ 葡萄酒是基督教不可缺少的祭品，它代表基督的血，在举行圣餐礼时吃圣餐饼、饮葡萄酒表明与基督融为一体，因而中世纪修道院一直从事葡萄酒业，长期垄断葡萄酒的销售。

最有能力、最有效的组织者。法兰克的国王和贵族们把尚待开垦的荒地、林地和沼泽地捐赠给修道士,他们清除草丛、砍伐树木、排干淤水,将其开垦改造为耕地,种植葡萄和果树。修道士们充当拓荒运动的"排头兵",这个时期建立的修道院几乎都成为推进所在地区农业生产的中心,吸引自由农民和半自由农民迁移至其周边定居,形成新的自然村落,或独立或依附于修道院,今天德国一些城镇名或者城市名都源自于这个时期建立的修道院,例如罗耳士、富尔达等等。

二、庄园制度

法兰克的国王和贵族建立修道院的目的是为了扩大耕地面积,以此增加土地财产,因而无论是修道院组织开垦的耕地还是自由农民殖民开垦的耕地以及形成的自然村落,都被纳入正在形成的新的经济制度——庄园制(Villikationg)中。"庄园"(Villa)这个词源自于罗马帝国时期,特指罗马贵族在城市的房舍(Villa urbana)或者在乡村的房舍(Villa rustica),这个词当时尚不具有多少农业经济功能的含义。庇护制的盛行以及日耳曼人的武装迁徙,致使大多数罗马贵族纷纷迁往乡村,他们居住的房舍逐渐成为所占大地产的中心区,6 世纪以后不仅"庄园"这个词的概念与以前有所不同,而且实际内容也不同,不再仅是贵族房舍的概念,而是指一个地产。一个庄园通常是以贵族(9 世纪以后被称之为领主)的住宅大院(Fronhof,拉丁语为 curtis)为中心,这是正在形成的封建制度的政治中心、经济管理中心和行政管理中心。9 世纪以后,随着采邑的世袭化,封地转变为领地(Herrschaft),领主的住宅或者城堡(Burg)成为领地核心,庄园也同时被赋予了政治的涵义。

领主住宅或者城堡的周边是由其领主自己或者领主委托的管理者迈尔经营的土地,即自营地(Salland 或 Eigenwirtschaft,拉丁语为 terra salica)。他们负责管理和组织依附于领主的非自由人(Hofgesinde),非自由人以服徭役(Frondiest)的方式耕种领主的自营地。非自由人源自日耳曼人军事民主制社会结构中的"亲兵"(Gefolgesmann),日耳曼人在罗马帝国境内建立部落王国之后,军事民主制逐步解体,亲兵的军事职能也逐渐消失,这些亲兵转而投入到农业生产活动中,成为领主的依附农民(Hintersassen)。他们的职能改变了,但依附身份没有改变,听从于迈尔的指派,每周不少于 3 天、多则 5 天强制性地在领主的自营地上劳作,领主则给予他们胡符地以维持生计。对于这些非自由人来说,正是因为他们与领主之间的人身依附关系才获得了领主给予的胡符地,他们也因此被置于领主的司法审判权(Gerichtshoheit)之下,获得了领主给予的庇护。在领主的自营地外围还有半自由人①和自由人的胡符地,与领主的自营地一同构成庄园的经济结构,庄园被赋予经济的含义。

法兰克王国墨洛温王朝的建立、铁锤卡尔进行采邑制改革、此后加洛林王朝的改朝换代、查理大帝建立大帝国,在这一系列政治大事件的发生过程中,“庄园”这个原本是表示罗马贵族住宅形态的词汇,演变为表示包括领地制的政治统治和经济体制形态在内的具有多层涵义的词汇。一个领主的庄园可以是一个或者包括多个自然村落,在这些自然村落中居住着非自由人、半自由人和自由人。这三个不同法律身份的社会阶层因为这个时期的耕种水平被“捆绑”在一起,庄园也有了社会的含义。

法兰克时期,西欧延续着自罗马帝国时期施行的轮作制(Fruchtfolge)的耕种方式,胡符地是一种狭长的长条地,加洛林时期王室的一块胡符地的长度是 270 竿②,但宽度仅 24 竿。③ 各种性质的长条形(Langfelder)的胡符地,即王室的、自由农民的、半自由农民的或者非自由农民的胡符地交叉地连成一片,成片的耕地以庄园的组织形式采取统一的轮作制的方式耕种,因而所有农民,无论其具有自由的、非自由的

---

① 西方学界对“半自由人”的概念一直有很大的争议,一种观点认为,半自由人是指那些每年必须强制性地为领主服数周的徭役,此外还需缴纳一定数额的实物地租的人。

② 德国古代的长度单位,1 竿约等于 3.8 米。

③ 参见 H. Wasserschleben, *Sammlung deutscher Rechtsquellen*, Gießen: Heinemann, 1860, S. 91.

或半自由的法律身份,都被组织到庄园的生产管理中。可见,庄园不仅是一种经济制度,而且还是社会生产活动的组织机制。在法兰克时期的史料中自由农民被称之为 coloni(小土地持有农),非自由农民被称之为 servi(非自由农①),这两者在经济意义上的区别几乎是很微小的,都被固着在土地上,也都不享有迁徙和改变社会身份的自由;所不同的是,前者在国王的司法保护下,后者必须听命于领主。自由民和非自由民构成了法兰克王国时期的社会基础。

三、加洛林文艺复兴

日耳曼人武装入侵造成的社会动荡给罗马拉丁文化画上一个大大的休止符,从 6 世纪起整个西欧处于文化的“黑暗”时期,西欧的古典文化在动荡的社会中几乎消失殆尽。8 世纪的西欧,被日耳曼人武装迁徙搅动的社会动乱趋于平稳,经历了铁锤卡尔确立的采邑制、皮平建立的加洛林王朝、加洛林的君王与罗马教会结盟形成的政教二元的政治体制、法兰克王国实现社会的基督教化,以及查理大帝最终“复制”了大帝国,所有这一系列的历史事件和历史进程都为古典拉丁文化的复苏创造了条件,在复苏古典传统拉丁文化的基础上形成新的拉丁基督教文化。

基督教在法兰克王国政治生活中的重要地位,在拓荒殖民运动中的领导作用,都促进了社会更为深入的基督教化,然而在 7 世纪以前教会中尚没有法兰克血统的教士和修道士,其中一个重要的原因是日耳曼人文化方面落后,他们既没有形成自己的文字,也不会读、写拉丁文,②法兰克君王们颁布的敕令都只能由教士或者修道士用拉丁语执笔,大主教和主教们在政治上的作用不断增强,基督教教会在社会上的影响也日益深入。从 8 世纪中叶起,西欧各地的一些大主教教堂和修道院都相继开办

---

① servi 的这个拉丁文的原意为“奴隶”或者“雇工”,国内一般翻译为“农奴”。

② H. Furmann, „Das Papsttum und das kirchliche Leben im Frankenreich“, in: *Settimane di studio del Centro italiano di studi sull'alto medioevo*, Bd. 28, Spoleto: Centro, 1981, S. 421.

学校,法兰克人开始进入这些学校学习读、写拉丁文。正是基于这样的原因,查理大帝于 777 年在亚亨建立宫廷学校(Hofschule),以培养皇室需要的教士,同时也要改变法兰克人不拘礼仪的粗陋习俗,查理本人、他的子女以及宫廷中的官员都曾在宫廷学校中接受教育。他还建立了宫廷图书馆,收藏圣经、教父学和古典文化方面的书籍,更为重要的是他还有目的地招贤纳士,在他的宫廷学校里几乎聚集了那个时代所有享誉欧洲的基督教教会的名家学者。

　　来自西班牙的西哥特人奥尔良的狄奥多尔夫(Theodulf von Orléans,750—821)是那个时代享有盛名的教会学者和诗人,他深谙古典文化。798 年,查理大帝任命狄奥多尔夫为弗勒里修道院的院长和奥尔良的主教,委以国王在法兰克南部地区代理(missus dominicus)的重任。作为查理大帝的宫廷顾问,狄奥多尔夫曾于 800 年陪同其前往罗马,见证了教皇利奥三世为查理的加冕礼。在 800—803 年间,狄奥多尔夫为查理大帝执笔起草加洛林的法令(Kapitularien),为了协助查理大帝实施教会政策,他撰写了《论圣灵》(filioque,Das Heilige Geist),为 381 年制定的《尼西亚信经》做注解,他还在查理大帝的授意下完成《论洗礼仪式》(De ordine baptismi)一书。意大利阿奎莱亚的保利努斯(Paulinus Ⅱ. von Aquileia,730 至 740 间—802)出身于伦巴底的贵族家庭,接受过良好的教育,在拉丁文献、神学以及法学知识方面有很深的造诣,保利努斯曾在伦巴底王室中担任过要职。成为伦巴底国王的查理大帝十分欣赏他的才学,将其召集到亚亨的宫廷讲授拉丁语的文法,传授意大利的传统文化。776 年,保利努斯被任命为阿奎莱亚的大主教,同时他还主持在弗留利地区奇维达莱的学校。同样在伦巴底接受过良好教育的保卢斯·迪亚克努斯(Paulus Diaconus,725/730—797)也受到查理大帝的重用,尽管他的弟弟参与了伦巴底贵族反对查理的起义。保卢斯还曾提出以留任宫廷学校讲授希腊语的文献为条件,换取被查理囚禁的弟弟的自由。保卢斯·迪亚克努斯在查理的宫廷学校期间撰写《伦巴底史》(Historis Langobardorum),这部史书以 568 年伦巴底人在意大利建立王国为起点,直至伦巴底的最后一任国王柳特普兰德(Liutprand,？—744,712—744 年在位)去世的近 200 年间的历史。他在这部《伦巴底史》中把法兰克王国与古代晚期的传统连续起来,在当时享有很高的学术声望,直到 15 世纪《伦巴底史》中的内容依然被西欧历史编撰学家们引用。保卢斯还是位杰出的诗人,他记录并改编了 7 世纪在意大利广为流传的史诗题材的传说《伦巴底世族的起源》(Origo Gentis Langobardorum),撰写了大量的诗歌、墓志铭、信函以及有关神学方面的文章。他在撰写《约翰内斯赞美诗》(Johannes-Hymnus①)时采用早在希腊时期就已经流行的 ut,re,mi,fa,sol,la,si 的音阶,使这些音阶得以保留下来。

　　法兰克时期堪称首屈一指的基督教学者是阿尔昆(Alkuin,735—804)。阿尔昆来自英伦三岛的约克郡,出生于盎格鲁-撒克逊的一个贵族世家,他自幼在著名的约克大主教教堂的学校里接受教育,此后又成为该校的领导者。781 年,阿尔昆前往罗马朝圣,途经帕尔马时邂逅查理大帝,查理大帝在交谈后为其渊博的学识所折服,当即邀请他到亚亨的宫廷学校任教。782 年,阿尔昆再次从英伦三岛来到西欧大陆,担任查理宫廷学校的领导者。阿尔昆在法兰克的宫廷学校中恢复当时在西欧大陆几乎失传的修辞学、逻辑学、文法、算术、几何、天文学以及音乐,这些被统称为"自由七艺"(Sieben Freien Künste)。"自由七艺"是在古希腊时期创建,经罗马帝国流传下来的基础知识。阿尔昆认为系统地掌握这些基础知识就能提高学识,更深刻地理解基督教的教义。法兰克王国时期王室颁布的敕令日益增加,然而拉丁语书写的不规范性致使敕令的效力大打折扣。为此,查理大帝建议阿尔昆对拉丁文进行文字改革,从而有了字体优美清晰的"加洛林字体"(karolingische Minuskel),这一字体一直流行到中世纪晚期。796 年,阿尔昆辞去宫廷学校校长的职务,隐退去了图尔,查理任命他为图尔圣马丁修道院(Saint-Martin de Tours)的

---

① 赞美诗是专门颂扬早期基督教的使徒或者殉教者的诗歌,《约翰内斯赞美诗》颂扬的是施洗者约翰内斯(Johannes der Täufer),《新约全书》中的人物。

院长,他在此后的有生之年致力于在图尔地区传教,尤其是在信仰异教的部族中传教。

艾因哈德(Einhard,770—840)出身于法兰克贵族家族,十几岁时进入著名的富尔达修道院,在那里接受古典文化的教育,他于794年被富尔达修道院院长送到亚亨宫廷学校继续深造,师从阿尔昆,很快就成为查理大帝的宠臣。阿尔昆隐退之后,艾因哈德接替他任宫廷学校的校长,同一时期他还被任命为圣彼得修道院、比利时根特的圣巴沃修道院等多所修道院的世俗院长。9世纪初,艾因哈德为查理大帝撰写了生平传记《查理大帝传》(Vita Karoli Magni①),这不仅是一部为查理大帝歌功颂德的传世之作,而且也是中世纪第一部详细记述查理重大行为的传记。艾因哈德的另一部传世之作是《运送圣彼得的遗骸和SS遗骸》(Translatio et Miracula SS. Marcellini et Petri),这部著作从尊奉圣迹的角度记述了法兰克王国的基督教化。艾因哈德详细描述了在罗马供奉的圣彼得和其他一些殉教者的遗骸运送到法兰克王国境内的过程。书中记载,为了供奉圣彼得的遗骸在美因河畔修建塞利根施塔特城,其他殉教者的遗骸则运往北莱茵-威斯特法仑的科尔维修道院(Kloster Corvey)等地,这一历史事件对法兰克的基督教化具有非常重要的意义。艾因哈德还为查理设计建造了多处建筑,例如亚亨的大教堂、在英格尔海姆的王室行宫以及在美因茨的桥梁,等等。

这些来自各地的基督教学者带来了不同的文化元素,更重要的是他们为法兰克王国输入几乎消亡的古典文化的元素,恢复几乎中断的古典时期的传统教育,后世学者把查理大帝建立的宫廷学校以及基督教学者的活动称为“加洛林文艺复兴”(Karolingische Renaissance),并给予阿尔昆很高的评价,称其为加洛林文艺复兴的创立者。加洛林文艺复兴是法兰克文化与古典文化的一个交接点,同时也是德意志文化生成的温床。加洛林文艺复兴为中世纪的西欧奠定了一个形成统一的拉丁基督

---

① 该书的中文译文版书名为《查理大帝传》,由商务印书馆翻译出版。

教文化的基础,"加洛林字体"规范了杂乱不一的拉丁文,为西欧各个地区间的文字交流创造了便利的条件;另一方面,拉丁文的规范在某种程度上也为各地区民族语言的规范性提供了一个范式,在现代英语、法语、德语和西班牙语中都有拉丁文的印记,各地的民间传说也都是通过拉丁文整理记录被保存下来,德国历史学家施奈德把这个时期的文化现象称为"书写文化"(Schriftkultur)。[①]

[①] R. Schneider, *Das Frankenreich*, S. 87.

第二编

从德意志王国走向德意志帝国之路

第三章　萨克森王朝

　　9 世纪的法兰克帝国经历多次的分分合合,最终经过凡尔登条约解体为东西两个法兰克王国,东法兰克王国的加洛林家族在帝国分裂的相互争斗中消耗了实力,各世族家族或通过武力或通过联姻兼并领地顺势强盛,最终在王国内形成实力雄厚的五大公国。9 世纪末,匈牙利人试图侵入东法兰克王国,五大公国的公爵们为共同抗敌联合起来,共同推举一位国王,德意志王国由此诞生。

　　10 世纪初,萨克森公爵海因里希一世被选为国王,他在临终前改变法兰克人由诸子分治的王位继承习俗,指定其次子奥托为王位的继承人。奥托初登王位就表现出有重建一个大帝国的雄心壮志,他把对外扩张作为施政的一个重点方针,在所扩张地区推行政教二元的施政模式,同时与罗马教会建立了和睦的关系,并最终在罗马由教皇加冕为德意志的皇帝,称之为奥托大帝。奥托大帝的继任者们继承其意大利的政策,故而疏忽了在德意志本土的统治,德意志贵族乘机增强自身政治实力,这就为萨利尔家族的改朝换代提供了政治契机。

　　萨克森王朝时期,社会等级制度基本确立,教俗贵族构成社会的上层,他们掌握领地的司法和经济大权;广大的自由农民和非自由农民是社会的下层,他们为教俗贵族耕种土地、从事手工业等生产活动。领地制保留了日耳曼人马尔克的社会机制,自由农民大多被组织在马尔克中垦荒殖民,非自由农民则被组织在庄园中从事农业生产活动。大规模的拓荒运动促进农业的发展,同时也刺激手工业和商业的活跃。奥托时期经济的复苏带动文化和艺术的繁荣,社会的基督教化进一步深入,各地的修道院都开办学校,吸收世俗贵族子弟入学接受古典文化教育,教堂建筑形成自己独特的风格和特点。

第一节 德意志王国的诞生

一、法兰克帝国的终结

9 世纪,显赫一世的查理大帝用武力进行对外扩张,西欧在经历 400 年左右的动荡之后再次出现一个大帝国。然而,这个大帝国在区域结构和种族结构方面都存在着很大的差异,各个地区的社会结构以及经济发展水平均不在同一个水平上,帝国内各氏族部族或者各民族间在文化上也存在着极大的差异,甚至缺少必要的内在联系。从铁锤卡尔开始的采邑制,在查理大帝用武力征服的地区广泛实施,并且借助基督教"君权神授"的神学政治理论维系着封臣与封君之间的采邑关系,法兰克帝国的政治统治基础是采邑制和教会。采邑制巩固了贵族与君主之间个人联合的政治关系,教会则为这种关系罩上一个神圣的光环。美国学者汤普逊说:"法兰克帝国是由采邑和保护权集合而成的一个又广大又复杂的国家。"[1]虔诚者路德维希在继承其父亲查理的皇位时,法兰克帝国没有健全的行政机制,社会中也含有诸多不安定的因素。

早在 781 年复活节时,教皇哈德里安一世就在查理大帝的授意下在罗马为虔诚者路德维希[2]主持了阿奎坦亚国王的加冕礼。802 年,年轻的路德维希在阿奎坦伯爵威廉(Wilhelm von Aquitanien,754—812)的

---

[1] 汤普逊:《中世纪经济社会史》,上册,第 303 页。
[2] 又译虔诚者路易。

支持下打败摩尔人(Mauren),占领巴塞罗那。812 年,他又成功地平定与西班牙接壤地区的巴斯克人(Basken)的起义,在这一地区拓土扩疆的同时他还设立各级教会组织机制。虔诚者路德维希这一系列的胜利和举措深得查理大帝的赞赏。810、811 年间,路德维希的两个兄弟先后去世,他成为查理大帝皇位的唯一继承人。813 年 9 月,查理大帝按照罗马帝国的政治传统提升路德维希为"共治皇帝"(Mitkaiser),在亚亨亲自为其戴上了皇冠。814 年 1 月 28 日,查理大帝去世,路德维希立刻从阿奎坦启程前往亚亨,履行帝国皇帝的职能。816 年 10 月 5 日,罗马教皇斯特凡四世(Stephan Ⅳ., ? —817,816—817 年在位)在兰斯为路德维希加冕为皇帝。①

继位后的路德维希延续查理大帝的施政政策,他尤为重视教会的政治作用,一方面支持教会和修道院规范宗教生活方式、严肃宗教法规的改革,同时还力促教会和修道院的改革,使之为其政治统治服务,从而进一步巩固教会与帝国已经建立起来的政治同盟,路德维希也被冠以"虔诚者"的称谓。路德维希对基督教的"虔诚"基于实现帝国统一的政治目的,里昂的大主教阿戈巴德(Agobard von Lyon,769—840)就曾向他谏言,应该建立一个统一的"帝国制度"(ordinatio imperii),即"一个上帝,一个教会,一个皇帝"。为此,路德维希签署诏书《重建法兰克帝国》(Renovatio regni Francorum),强调皇帝要履行"上帝赋予职责"(munus divinum)的义务。② 虽然在 817 年召开的亚亨帝国会议上依然作出决定,把帝国分为三个分王国,交由路德维希的三个儿子分别治理,但是依据查理大帝于 806 年 2 月 6 日颁布的《帝国的划分》(Divisio Regnorum③)敕令,同样获得帝国一个分王国的长子、巴伐利亚的公爵洛塔尔(Lothar Ⅰ., 795—855,817—855 年在位)同时也是"共治皇帝",这

① E. Boshof, *Ludwig der Fromme*, Darmstadt: Wiss. Buchges. 1996, S. 89, S. 137.

② H. Grundmann (Hrsg.), *Handbuch der deutschen Geschichte*, Bd. 1, S. 191.

③ W. Schlesinger, „ Kaisertum und Reichsteilung. Zur Divisio regnorum von 806 ", in *Forschungen zu Staat und Verfassung*, Berlin: Duncker & Humblot 1958, S. 9ff.

就意味着他被确立为皇位的继承人;分别获得另外两个分王国的次子阿奎坦的国王皮平(Pippin,797—838)和三子巴伐利亚的公爵德意志路德维希(Ludwig der Deutsche,806—876)则要隶属洛塔尔,这样就可以保证在分王国治理的情况下保持帝国的完整统一。这次帝国会议还规定,如果洛塔尔没有子嗣,则在其两兄弟的后代中推举一位为皇位的继承者。可见,自克洛德维希以来实行的诸王子共同继承王位的原则有了重大的改变。

在与贵族的关系方面,虔诚者路德维希同样实施政治联姻的政策,但这同时也蕴藏了一些不稳定的政治因素。他与勃艮第的韦尔夫家族的政治联姻为其增强了政治上的实力,但却在其家族内部引发不可调和的矛盾。路德维希的第二位妻子尤迪特(Judith,795—843)不甘自己的儿子秃头卡尔(Karl der Kahle,823—877)没有获得分王国,于 829 年为其年仅 6 岁的儿子争得了阿雷曼公爵的头衔,这就引起路德维希前妻所生诸子的不满,甚至联合起来起兵反抗其父。833 年,路德维希的军队倒戈,皇帝被废黜,被迫隐居位于苏瓦松的圣梅达尔德修道院(Kloster Saint-Médard),并被要求进行公开的忏悔(Buße)。路德维希的逊位,点燃了其诸子相互争夺分王国领地的战火,各分王国也因此更加独立。自 833 年之后,德意志路德维希将其分王国称之为"东法兰克"(orientali Francia),此时的洛达尔则想将其原有的共治皇帝的身份提升为最高统治权的地位,遭到皮平和德意志路德维希的反对,兄弟间为此反目成仇。在修道院里忏悔的路德维希趁机与次子和三子联合,把洛达尔驱逐到意大利,路德维希于 834 年再次登上皇位。① 837 年,路德维希封秃头卡尔为纽斯特里亚的亚国王,引起德意志路德维希强烈不满,酿成与其父的公开战争。838 年皮平去世后,虔诚者路德维希为维护最宠幸的小儿子秃头卡尔的利益,不惜向长子洛塔尔妥协,在 839 年的沃尔姆斯帝国会议上宣布,把罗讷河、索恩河、马斯河以西的地域交由秃头卡尔治理,东

---

① E. Boshof, *Ludwig der Fromme*, S. 185.

部地区交给洛塔尔。

840 年,虔诚者路德维希辞世,但其子之间的争斗却越演越烈,互有胜负,洛塔尔、德意志路德维希以及秃头卡尔三兄弟的势力范围也在胜负中越来越显现出来。842 年 10 月 19 日,三兄弟各自派遣使者共约 110 人聚集在科布伦茨的圣卡斯托教堂(Basilika St. Kastor),就帝国的三分进行协商。843 年 8 月 10 日,兄弟三人再聚凡尔登,在科布伦茨协商的基础上达成协议,签订了《凡尔登条约》(der Vertrag von Verdum)。根据这个条约,洛达尔以亚亨为政治中心,保留皇帝的称谓,领有意大利、弗里斯兰以及在莱茵河、阿尔卑斯山与斯海尔德河、马斯河、索恩河及罗讷河之间的狭长地带;秃头卡尔领有法兰克帝国的西部地区;德意志路德维希领有原来的日耳曼尼亚行省,还包括美因茨教区、沃尔姆斯教区以及施派尔教区所辖的地区。三兄弟承诺,不相互抢夺他人的领地,保证各自的子嗣为其王国的继承人,法兰克帝国无论是在名义上还是实际上都被三兄弟一分为三。①

二、东法兰克王国

9 世纪中叶,阿拉伯人和来自北欧的诺曼人(Normannen)相继进攻意大利和北海沿岸,法兰克的三个分王国各自为战,更具独立性。855 年 9 月,长兄洛达尔辞世之前把他的分王国再次一分为三,传给了他的三个儿子。长子路德维希二世(Ludwig Ⅱ.,825—875,855—875 年在位②)继承皇帝的头衔,在他领有意大利之后就陷入与阿拉伯人争夺意大利的战争中不能自拔,直到去世之时都没有离开过意大利;领有普罗旺斯的次子卡尔(Karl,645—863,855—863 年在位)和领有洛林的三子洛塔尔二世(Lothar Ⅱ.,835—869,855—869 年在位)则都因无子嗣而没有继承人。

---

① C. Brühl, *Deutschland-Frankreich. Die Geburt zweier Völker*, Köln: Böhlau, 1990, S. 353ff.
② 路德维希二世于 839 年加冕为意大利国王,844 年加冕为伦巴德国王,850 年为共治皇帝, 850 年由加洛林的氏族贵族选举为皇帝。

870 年,德意志路德维希和秃头卡尔在今天荷兰境内的梅尔森达成协议,瓜分了两个侄子的分王国。根据《梅尔森条约》(Vertrag von Meerssen),洛达尔的王国以马斯河、乌尔特河、摩泽河、马恩河、索恩河以及侏罗山脉为界的西面部分给秃头卡尔,与其原有的地区组合在一起构成西法兰克王国。包括重要的帝国城市(Reichsstadt)亚亨、今天的荷兰以及阿尔萨斯地区在内的东部由德意志路德维希领有,与弗里斯兰、莱茵兰、洛林以及法兰克人、施瓦本人、巴伐利亚人和萨克森人居住的东部地区共同构成东法兰克王国。[①] 欧洲学者普遍认为,《梅尔森条约》最终确立的东、西法兰克王国的疆域是现代德国和法国版图的基础。

东法兰克王国大部分地区是查理大帝新征服的地区,这个地区南北交通不便,因而联系并不十分密切,经济发展也不同步。东法兰克王国推行采邑制的时间比较晚,也没有西法兰克地区发展得那样充分。查理大帝的政权扩大到东法兰克地区后,他的后代子嗣先后成为公爵领地或者伯爵领地的领有者,与其他贵族不同的是他们与君王之间没有建立采邑关系,具有相当的独立性。而一些地方贵族或者通过政治联姻与皇室结盟,或者利用王室家族的内部争斗成为东法兰克王室在政治上的新宠。也正因为如此,这些贵族在政治上摇摆不定,甚至德意志路德维希的三个儿子也因为相互之间争夺势力范围举兵反叛,逐渐形成独霸一方的世族公爵领地(Stammesherzogtum)。勃艮第的韦尔夫伯爵家族(Welfen)因两次与加洛林王室联姻,社会地位明显提升,尤其是在与德意志路德维希的长子、巴伐利亚的公爵卡尔曼(Karlmann,830—880)的联姻之后,逐渐成为东法兰克王国内举足轻重的政治人物;施瓦本的贵族阿洛芬格(Ahalofinger)家族也是通过与胖子卡尔(Karl der Dicke,839—888,885—888 在位)的联姻确立在施瓦本公爵领地的重要政治地位。黑森地区的康拉德家族(Konradiner)与加洛林王室有着较近的血缘

[①] R. Schieffer, *Die Zeit des karolingischen Großreichs* 714—887, Stuttgart: Klett-Cotta, [10]2005, S. 146ff.

关系,因参与和德意志路德维希的争斗被其剥夺伯爵领地,他转而投靠秃头卡尔。888 年,该家族的奥达(Oda,873—903)与克恩滕的阿努尔夫(Arnulf von Kärnten,850—899)公爵结为连理,在东法兰克王国重新站住了脚,其政治地位日益上升。①

876 年 8 月 28 日,德意志路德维希辞世,这就更加剧了东法兰克王国内局势的不稳定,西法兰克的国王秃头卡尔趁机占领一直有争议的洛林地区。同年 10 月 8 日,德意志路德维希的次子小路德维希(Ludwig der Jüngere ,835—882)与其叔父在安德纳赫交战,秃头卡尔败北,停止继续吞并洛林的步伐,但是他与萨克森的伯爵柳多夫(Liudolf,805—866)女儿的婚姻使在萨克森地区最有权势的这个世族家族更加不可一世。安德纳赫战役之后,东法兰克王国实质上处于一种分裂的状态。小路德维希三世虽然享有东法兰克国王的称谓,但他实际仅控制着萨克森、图林根地区,他的弟弟胖子卡尔三世则领有施瓦本。879 年,德意志路德维希的长子、巴伐利亚的卡尔曼因重病缠身,把意大利的统治权交与胖子卡尔三世。881 年 2 月 12 日,教皇约翰内斯八世(Johannes Ⅷ.,? —882,872—882 年在位)在罗马为卡尔三世施皇帝加冕礼,东法兰克的加洛林王室家族延续查理大帝开始的皇朝,实现法兰克帝国短暂的、最后的统一。

9 世纪 80 年代初,东西法兰克王国成为来自北欧诺曼人劫掠的目标,萨克森、洛林都先后遭到诺曼人的洗劫,与萨克森地区比邻的斯拉夫人的暴动更为东法兰克王国雪上加霜。胖子卡尔三世不仅在抗击诺曼人时屡屡败北,而且还试图用巨额赎金向诺曼人赎买和平,他的这一政策逐渐失去东法兰克贵族的支持。887 年 11 月 11 日,东法兰克王国的贵族们聚会,共同决定废黜卡尔三世,一致推举加洛林皇朝中最具古老

---

① H. Keller, „Zum Sturz Karls Ⅲ. Über die Rolle Liutwards von Vercelli und Liutberts von Mainz, Arnulfs von Kärnten und der ostfränkischen Großen bei der Absetzung des Kaisers", in: *Deutsche Archiv für Erforschung des Mittelalters*, 22(1966), S. 333ff.

传统、最有政治势力的克恩滕的公爵阿努尔夫为东法兰克的国王。[1] 887
年对国王的选举,标志着东法兰克的加洛林皇朝从此退出历史的舞台,
新的德意志王国正在孕育之中。

三、五大部落族公国

加洛林家族的诸王在 9 世纪瓜分帝国的过程中消耗了自身的实力,
查理大帝时期设立的边疆马尔克伯爵领地、公爵领地和伯爵领地也在王
室内部的斗争中逐渐被一些大的世族家族贵族兼并、把持,最终在东法
兰克王国形成了五个实力雄厚的部落大公国,即:柳多夫家族
(Liudolfinger)把持的萨克森公国,范围包括今天的黑森、德国北部的巴
登-符腾堡、图林根的西部以及莱茵兰-普法尔茨;康拉德家族
(Konradiner)控制的法兰克公国,以特里尔为该家族的核心所在地,向东
延伸到兰高,与萨克森公国的黑森和图林根接壤;阿洛芬格家族
(Ahalofinger)掌管着施瓦本公国,其公国领地覆盖今天的施瓦本地区;
阿吉洛芬格家族(Agilofinger)成为巴伐利亚公国的统治者,该家族把巴
伐利亚公爵原有的领地与克恩滕伯爵领地合并,公爵的王宫设在雷根斯
堡。洛林原本是王国,是虔诚者路德维希的长子洛塔尔在《凡尔登条约》
中获得的分王国的一部分,《梅尔森条约》中将其划分给东法兰克王国,
洛塔尔的后人始终在这个地区拥有很大的政治势力,被称之为"洛塔尔
王国"(Lotharii Regnum),统治这个地区的世族大贵族是洛塔尔家族
(Lotharingien),897 年被选为国王的克恩滕的公爵阿努尔夫把洛林降为
公国,任命他的非婚生儿子茨文蒂博尔德(Zwentibold,870—900)任公
爵。这些由世族家族掌有的公国在政治上、军事上、经济上以及司法审
判方面都具有很大的独立性,俨然是独立的王国。899 年,阿努尔夫辞

---

[1] R. Schieffer, „Karl Ⅲ. und Arnolf", in: K. , R. Schnith(Hrsg.), *Festschrift für Eduard Hlawitschka zum 65. Geburtstag*, *Münchener Historische Studien. Abteilung Mittelalterliche Geschichte* 5, Kallmünz-Opf. : Lassleben, 1993, S. 133ff.

世,临终前指定他唯一的婚生子、年仅 6 岁、人称"孩童"的路德维希四世
(Ludwig Ⅳ. das Kind,893—911,900—911 年在位)继承王位,并请西
法兰克的国王、人称"憨人"的卡尔三世(Karl Ⅲ. der Einfältige,879—
929)辅佐。新国王的年幼,辅佐者又鞭长莫及,更为五大公爵增强其独
立性提供了很大的政治空间。

894 年,来自斯拉夫地区的匈牙利人把侵扰的目标对准东法兰克王
国,袭击潘诺尼亚,次年占领整个潘诺尼亚地区。899 年,匈牙利人不断
地袭击意大利,这就对东法兰克产生直接的威胁,年幼的国王完全不具
备组织抵挡外侵者的能力,以致侵入者得以长驱直入。自 900 年之后,
匈牙利人先后进攻萨克森、巴伐利亚,入侵者几乎可以畅通无阻地侵入
东法兰克的东部地区。为了抵御强大入侵者,一些贵族家族自行结成同
盟,形成新的世族贵族家族同盟。

在巴伐利亚公国,加洛林时期移居过来的法兰克贵族与当地的巴伐
利亚贵族和斯拉夫贵族结盟,907 年 7 月,马尔克伯爵卢伊特波尔德
(Luitpold,? —907)的儿子、人称"恶人"的阿努尔夫(Arnulf Ⅰ. der
Böse ? —937)率领由贵族联盟组成的军队,在位于今天捷克的普雷斯堡
激战一个月之久,击败匈牙利人,巩固在恩斯堡设立的防线,阿努尔夫成
为巴伐利亚公国新的领导者,他自称是"上帝指定的巴伐利亚和周边地
区的公爵"。萨克森的柳多夫家族是因为与东法兰克加洛林王室的联姻
在政治上站稳了脚,在为王室服役以及抗击斯拉夫人的斗争中,柳多夫
家族显赫的奥托(Otto Ⅰ. der Erlauchte,877—912)成为萨克森公国的
首领。10 世纪初期,柳多夫家族先后在萨克森的东部地区、恩格尔斯的
部分地区以及图林根地区确立了领导者的地位。法兰克公国是东法兰
克加洛林王室的大本营,但在孩童路德维希四世执政的 6 年期间,法兰
克公国的康拉德家族与巴本贝格家族之间为争夺美因河流域地区的势
力范围,持续不断地进行着贵族血亲复仇的战争(Adelsfehden),整个公
国因此陷入动荡之中。903 年,巴本贝格家族在弗里茨拉尔战役中败北,
得到加洛林王室支持的康拉德家族稳固了其在法兰克公国中心地区的

权势范围。906 年,康拉德一世(Konrad Ⅰ.,881—918,911—918 年在位①)成为法兰克的公爵,路德维希四世去世后,康拉德家族在法兰克公国更确立了无可争议的统治地位。

与之比较而言,在施瓦本公国则是出现多种政治势力的较量。900 年前后权势膨胀最快的是雷蒂亚的马尔克伯爵布尔夏德(Burchard Ⅰ.,855 至 860 期间—911),忠诚的行宫伯爵埃尔尚格(Erchanger,？—917)家族因竭力维护王室的利益,与之发生激烈的冲突。与加洛林王室有着密切关系的康斯坦茨的主教、圣高卢修道院的院长扎洛莫三世(Salomon Ⅲ.,860—919 或 920)以及赖兴瑙修道院的院长哈托一世(Hatto Ⅰ.,850—913)也都被卷入这场冲突之中,致使在施瓦本公国迟迟未确立起一个具有权威的权力核心。在这同一时期,洛林公国的公爵则投靠西法兰克的国王憨人卡尔。

911 年 9 月 24 日,路德维希四世辞世,11 月 10 日巴伐利亚公爵、萨克森公爵、施瓦本公爵以及法兰克公爵聚集在位于巴伐利亚福希海姆市的王宫,康拉德一世因为具有王室血统而被各公爵共同推举为东法兰克的国王。② 这次选举标志着东法兰克地区的世族贵族家族结成的政治联合体最终完成,然而在这个政治联合体中却充满着各种各样的矛盾。912 年 11 月 30 日,显赫的奥托去世,康拉德一世企图夺取图林根,由此与萨克森公国的新公爵人称捕鸟者(der Vogler)的海因里希一世(Heinrich Ⅰ.③,876—936,919—936 年在位)发生武装冲突。在冲突中败北的康拉德一世被迫承认,海因里希在其公国中享有绝对的权威,萨克森公国在此后相当长的历史时期都在政治上与皇权保持着一定程度的独立性。

---

① 康拉德一世于 906 年为法兰克公爵,911—918 为东法兰克国王。

② H.-H. Kortüm,„König Konrad I.-Ein gescheiterter König？ “,in:H.-W. Goetz (Hrsg.), *Konrad I.:auf dem Weg zum „Deutschen Reich"*？,Bochum:Winkler,2006,S. 52f.

③ 国内学者一般根据英文的书写和发音将其翻译为"亨利",本书中按照德文的书写和发音翻译为"海因里希"。

行宫伯爵埃尔尚格是王室在施瓦本公国的特使、财产的管理者,他与康斯坦茨的主教扎洛莫三世联手追逐自身的政治利益,埃尔尚格权势的扩大侵犯了康拉德的政治利益,913 年几乎酿成公开的冲突,这场冲突因为国王与埃尔尚格姐姐的婚姻暂时平息。914 年,埃尔尚格与扎洛莫三世发生冲突,支持后者的康拉德一世以埃尔尚格吞噬王室收入为由将其放逐。然而,康拉德一世在施瓦本的麻烦并没有因此而减小,正在崛起的马尔克伯爵布尔夏德家族与曾经的敌手埃尔尚格联合,迫使康拉德一世不得不对埃尔尚格妥协。流放归来的埃尔尚格与布尔夏德组成联军,于 915 年在瓦尔魏斯战役中击败国王的军队,埃尔尚格成为施瓦本的公爵。不甘于在施瓦本失去势力范围的康拉德一世力图通过教会挽回损失,授意教会于 916 年 9 月 20 日在上阿尔特海姆召开宗教会议,作出决议支持“已涂过圣油礼的君主”(Gesalbten Herrn)并反对叛乱者。917 年 1 月,康拉德一世下令处决埃尔尚格,布尔夏德二世(Burhard Ⅱ., 883—926)从中“渔翁得利”,成为施瓦本公国的公爵,与萨克森公国一样享有相对的独立性。

被内部争斗缠身的康拉德一世无暇顾及抵抗匈牙利人的入侵,致使王国内外交困,甚至康拉德本人都感到无能为力。根据著名的萨克森编年史家维杜金德(Widukind, 925—973)在《萨克森史》(Res gestae Saxonicae)中的记载,康拉德临终前劝告他的弟弟埃伯哈特(Eberhard, 885—939)把王位转让给军事实力强大的萨克森公爵捕鸟者海因里希。919 年 5 月 14 日,海因里希前往弗里茨拉尔的王室行宫,在那里接受法埃伯哈特转交给他象征王权的信物(Insignien①),埃伯哈特保留法兰克公爵的头衔,自称为“国王的朋友”,在王国的政治事务中继续起着举足轻重的作用。② 此后,萨克森和法兰克的贵族们集会,一致同意埃伯哈特

---

① 王权的信物包括王冠、权杖以及国王的披肩。

② L. Körntgen, *Königsherrschaft und Gottes Gnade. Zu Kontext und Funktion sakraler Vorstellungen in Historiographie und Bildzeugnissen der ottonisch-frühsalischen Zeit.* Berlin: Akad. -Verl. 2001, S. 81 ff.

举荐的海因里希为国王。这次王位的交接标志着自克洛德维希一世以来的血缘王权基本终结,取而代之的是以各公国联合为基础的德意志王权。

四、德意志王国的政治基础

东法兰克王国是在抵御外敌入侵这一共同利益为前提的基础上共同选举出国王,一旦外敌入侵的威胁减小或者消除,这个基础就会动摇,更何况王国内各公国之间的利益冲突依然存在,尤其表现在对王位的争夺方面。919 年 5 月,在弗里茨拉尔王室行宫举行王位接交时,巴伐利亚的贵族们违背埃伯哈特的举荐,推举他们的公爵阿努尔夫为国王。获得此讯的海因里希一世立刻发兵施瓦本,一直举棋不定的布尔夏德二世公爵没有进行任何的抵抗,"带着所有的城堡,率领全体人民"臣服海因里希一世,承认他为新国王①,赢得了海因里希一世的信任,国王把王国的征税管理权(Fiskus)以及对教会的控制权(die Kirchenhoheit)都交与布尔夏德二世。② 自此,施瓦本公爵作为宫廷的官吏受到国王的重用。926年,布尔夏德二世去世,海因里希一世任命康拉德家族的赫尔曼(Hermann Ⅰ.,? —949)为施瓦本的公爵,前公爵尚未成年的儿子布尔夏德三世(Burchard Ⅲ,915—973)被遣送到萨克森公国。布尔夏德三世后来成为德意志国王最信任的大贵族之一,他于 949 年回到施瓦本,被任命为施瓦本的公爵。

施瓦本公爵的臣服在很大程度上改变了巴伐利亚公爵恶人阿努尔夫一世的政治立场。920 年,海因里希一世出兵巴伐利亚,围攻阿努尔夫的居住地雷根斯堡。921 年,被围困的阿努尔夫最终打开雷根斯堡的城

---

① W. v. Corvey, *Die Sachsengeschichte des Widukind von Corvey*, in: A. Bauer(bearb.), *Quellen zur Geschichte der sächsischen Kaiserzeit*, Darmstadt: Wiss. Buchges. ⁵2002, Bd. 1, S. 27.

② W. Giese, *Heinrich Ⅰ. Begründer der ottonischen Herrschaft*, Darmstadt: Wiss. Buchges. , 2008, S. 71.

门迎接海因里希一世入城,承认其为王国的国王,甘愿成为他的封臣。此后,阿努尔夫全力支持海因里希一世推行的王国政策,协助其出兵与波希米亚人(Bömen)和匈牙利人交战,海因里希一世称他是"我忠实的可爱的公爵"(unser treuer und geliebter Herzog)。海因里希一世给予阿努尔夫很大的信任,给予他任命公国主教的特许权和管理王国赋税的特许权。① 10 世纪 20 年代以后,因抵抗匈牙利人的需要,一度脱离东法兰克王国的洛林公爵吉泽贝尔特(Giselbert,890—939)又回到海因里希一世国王的阵营中。928 年吉泽贝尔特公爵迎娶海因里希一世的女儿,与王室的关系更为密切,成为五大公国中的一员,这五大公国构成德意志王国的主体。

　　10 世纪以后,"德意志"(Deutsch)这个词在史料中频频出现,这个词的使用标志着不同于法兰克王国的一个新王国出现。从词源的角度来看,deutsch 这个词溯源于古萨克森语 thiod("民族"或者"部落"),这个词的延伸意义是"讲这个语言的人"。加洛林王朝晚期,这个词是用来区分在法兰克王国内不讲罗马语言的人,即萨克森人、阿雷曼人、法兰克人②、巴伐利亚人以及图林根人,他们都居住在东法兰克王国境内。10 世纪以后,"德意志"这个词逐渐取代了"东法兰克","德意志王国"是由萨克森公国、阿雷曼公国、巴伐利亚公国、法兰克公国以及在 10 世纪 20 年代以后重又回归的洛林公国这五大公国构成的一个联合体,五大公国享有同等的政治地位,德意志王国的这种政体形式决定了德意志在此之后历史进程的特点。19 世纪中叶德国著名的历史学家威廉·封·吉泽布莱希特评价海因里希一世当选为国王这一历史事件标志着"一个新的、德意志王国的开始"③;兰克的亲传弟子、实证主义史学的大家乔治·维茨称海因里希一世是"完全意义的德意志国王,他统治着一个真

① W. Giese, *Heinrich I. Begründer der ottonischen Herrschaft*, S. 78.
② 这里的法兰克人指在法兰克(Frank)公国中的法兰克人(Franken)。
③ W. V. Giesebrecht, *Geschichte der deutschen Kaiserzeit*, Leipzig：Duncker & Humblot, ⁵1881, Bd. 1. S. 207.

正的德意志王国"。① 20 世纪以后的德国历史学家们也大多认为,919 年王位交接这一历史事件是德意志历史上一个重要的转捩点:"统治权转交给海因里希一世,这是从东法兰克王国向德意志王国过渡的重要一步。"②

第二节　奥托大帝的内外政策

一、平定内乱

海因里希一世借助于五大公国联合起来的军事实力,在 928 年与 929 年之交的冬日抵挡住易北河上游斯拉夫人的进攻,占领勃兰登堡。933 年,海因里希一世率领军队在里亚德战役(Schlacht bei Riade)中大胜不可一世的匈牙利人,最终消除了外族入侵的威胁。军事上取得的重大胜利,巩固了海因里希一世的王位,为了保证王位掌握在萨克森公爵家族的手中,同时也为了德意志的王位不再被分割,他毅然改变长久以来法兰克人由诸子继承王位的政治习俗,于 929 年明确指定他的次子奥托(Otto der Große,912—973,962—973 年在位③)为其王位的继承人,但同时依然强调要经由诸公爵选举后才能合法继承。936 年 8 月 7 日,在其父去世数周后,奥托几乎毫无争议地登上王位。根据维杜金德的记载,德意志的诸贵族首先在亚亨的"加洛林大教堂"的前厅举行了隆重的"普世选举"(electio universalis),高坐在王位上的奥托接受贵族们对他宣誓行效忠礼(Lehnseid),此后,在美因茨大主教希尔德贝特(Hildebert,? —937)的引领下身着法兰克式服饰的奥托国王进入教堂,宣布他是"由上帝选定的、君主海因里希指定的、由贵族共同推举的"国

---

① C. Waitz, *Jahrbücher des Deutschen Reichs unter König Heinrich I.*, Darmstadt: Wiss. Buchges. 1963, S. 111.

② H. Grundmann (Hrsg.), *Handbuch der deutschen Geschichte*, Bd. 1, S. 226.

③ 奥托大帝于 936 年为萨克森公爵和东法兰克国王,951 年为意大利国王,962 年为罗马德意志皇帝。

王,并接受民众的欢呼。大主教在大教堂的圣坛前为其施涂油膏礼,加冕为德意志的国王,紧接着奥托登上这座大教堂里专门为查理大帝安置的大理石的宝座,参加了弥撒的全过程。①

奥托一世早年就参与其父王的政事,加冕执政后继续其父的执政政策。为改善东法兰克王国时期诸王与各公爵之间在政治上已经造成的紧张敌对关系,海因里希一世通过分别委任各大公爵参与管理王室领地经济的要职与之修好,与他们建立起友好的关系。奥托一世在亚亨加冕时确认各公爵在宫廷中的最高要职:洛林的吉泽贝尔特公爵任司库大臣(Kämmerer),法兰克埃伯哈特公爵为膳务大臣(Truchseß),施瓦本的赫尔曼公爵任掌酒大臣(Mundschenk),巴伐利亚的阿努尔夫公爵任御马监(Marschall)。② 另一方面,奥托还延续了法兰克时期的政治传统,依然把教会看作是世俗君王倚重的政治力量。早在海因里希一世执政时期就在极力地拉拢各公爵领地内的大主教、主教和修道院的院长,920 年他首度造访富尔达修道院,重申路德维希和康拉德先后给予修道院的特许权,以此强调该修道院作为王室私有修道院的地位。922 年,奥托任命美因茨的大主教黑里格(Heriger,？—927)为德意志宫廷的大主教,希冀通过他把主教们紧密地围拢在王室的周围,进而掌握对全王国教会的控制权。新国王在登基仪式时强调的宗教性,也说明基督教教会对德意志新王权的重要性。

新国王在亚亨举行的盛典中登基,释放出奥托想要效仿查理大帝建立强势王权的野心,但他所面临的却是一波又一波的动乱和危机。在奥

---

① W. v. Corvey, *Die Sachsengeschichte des Widukind von Corvey*, Bd. II, S. 1ff.
② 德意志王室这四个最高级的官职是从墨洛温时期的宫廷职务中发展而来的,司库大臣(Kämmerer)原本是一种私人的服役,负责管理国王的财产和宝物,后上升为负责王室的财政;膳务大臣(Truchseß)顾名思义是负责国王的膳食;掌酒大臣(Mundschenk)主要管理国王的酒窖和葡萄园;御马监(Marschall)原来是国王的马厩,后来上升为国王骑兵的统帅。奥托执政之后,这些宫廷的职务都失去了原有的实际职能,只具有象征性的性质,由王国中与国王关系密切的那些大贵族担任。参见 G. Tellenbach, *Die Entstehungen des deutschen Reiches von der Entwicklung des fränkischen und deutschen Staates im 9. und 10. Jahrhundert*, München: Rinn, 1943, S. 157ff.

托登基的同一年,德意志东部边界的斯拉夫人力图借德意志王位更替之际摆脱与其采邑关系而起兵叛乱。奥托率军在平定斯拉夫人的叛乱战役中重用萨克森的贵族赫尔曼 · 比隆(Hermann Billung, 900 或 912—973),任命他为军事首领(princeps militiae)。此后奥托又在易北河下游和波罗的海之间的区域额内设立边疆马尔克伯爵领地,比隆作为国王的封臣为该领地的伯爵,巩固了在这个地区的政治势力。在萨勒河与易北河中游的区域内,奥托同样也在反击斯拉夫人的斗争中培植自己的亲信,在那里设立东部马尔克伯爵领地,提升萨克森的贵族格罗(Gero, 900—965)为军事领袖。自 939 年以后的 20 余年的时间里,格罗多次镇压一再叛乱的斯拉夫人,不断扩大东部马尔克伯爵领地的范围,因此又被称之为格罗马尔克(Geromark)。

德意志东部地区一直是奥托异母同父的兄长唐克马(Thankmar, 900 或 906—938)的垂涎之地,奥托在东部边界设立马尔克伯爵领地提升新贵族,激起唐克马极大的不满。937 年,法兰克公爵埃伯哈特围攻黑尔莫城堡,因为城堡的领主拒绝与埃伯哈特建立采邑关系。黑尔莫城堡地处佩克尔斯海姆附近,与萨克森公爵领地比邻。为此,奥托要求埃伯哈特以及被围攻的城堡领主前往马格德堡接受王室法庭的审判,埃伯哈特被处以缴纳等价为 100 匹马的罚金,他的追随者也受到很重的处罚,心怀不满的埃伯哈特愤然与唐克马结成反奥托同盟。同一年的 7 月,巴伐利亚公爵阿努尔夫在临终前指定其长子巴伐利亚的埃伯哈特(Eberhard von Bayern, 912—940)为继承者,然而继任者却拒绝向奥托国王宣誓效忠。938 年初,奥托率军征伐巴伐利亚,但出师不利,唐克马趁机与法兰克的埃伯哈特联合公开举兵反叛。但唐克马的反叛没有在贵族间获得相应的支持,当奥托亲率大军兵临城下时,城堡里的贵族以及他们的军队不战而降,唐克马避难于彼得教堂之内,被国王的士兵刺死在教堂的祭坛旁。巴伐利亚的埃伯哈特欲放下武器与国王议和,但并没能达成一致。938 年的秋季,奥托率军进驻巴伐利亚,放逐巴伐利亚的埃伯哈特,任命忠实于国王的巴伐利亚的埃伯哈特的叔父贝特霍尔德

(Berthold，900—947)为巴伐利亚的公爵,巴伐利亚公爵领地与王室更紧密地联系在一起。与此同时,奥托还在巴伐利亚设立行宫,委任行宫伯爵为国王的全权代理,处理王室在该地区的赋税和法律事务。

奥托的弟弟海因利希(Heinrich Ⅰ. von Bayern，919 或 922—955)曾在唐克马的叛乱中被俘,被迫逃亡法国,希冀在路德维希四世(Ludwig Ⅳ.，920 或 921—954，936—954 在位)国王那里寻求庇护。海因里希一直觊觎德意志的王权,不满其父将王位仅传给他的兄长,与法兰克的公爵埃伯哈特和洛林公爵吉泽贝尔特联合谋划反叛,势图借此机会收回洛林的法国国王路德维希四世也参与其中。939 年 10 月,奥托一方面借助西法兰克王国内部的反王权势力,消除了来自西法兰克王国的威胁;另一方面与施瓦本公爵赫尔曼的军队联合,在安德纳赫战败法兰克和洛林的联军,埃伯哈特阵亡,吉泽贝尔特逃亡,海因里希被迫投降,但他获得其兄长的宽恕,被授予管辖洛林欧诺公爵领地的采邑权,但之后很快又被剥夺。941 年复活节之际,海因里希再次密谋,甚至企图刺杀奥托夺取王位。东窗事发后,海因里希在奥托的行宫伏地忏悔,又一次获得其兄长的宽恕,化解了两兄弟之间的恩怨。海因里希于 948 年获得巴伐利亚公爵领地作为其从国王那里受封的采邑。

安德纳赫战役以及王位争夺之后,奥托在德意志王国内更站稳了脚,他通过联姻、培植亲信等方式调整与各大世族贵族之间的关系,并由此扩大德意志王室的领地范围。法兰克公爵领地是多次发生反叛的策源地,埃伯哈特公爵在安德纳赫战役中阵亡之后,奥托再没有另立公爵,而是亲自兼领法兰克公爵领地。他原本就已经亲领萨克森公爵领地,如此一来,萨克森公爵领地和法兰克公爵领地与德意志的王室领地连在一起,极大地扩大了王室势力能够直接干预的政治范围。早在 983 年海因里希就迎娶巴伐利亚公爵阿努尔夫的长女尤迪特(Judith，925—985)为妻,与德意志王室建立姻亲关系。948 年,与奥托修好的海因里希因与尤迪特的婚姻成为巴伐利亚的公爵。施瓦本公爵赫尔曼的女儿伊达(Ida，? —986),因为没有兄弟而自然成为公爵领地的继承人,与其结亲的奥托的儿子利乌多尔夫（Liudolf，931—957）于 949 年顺理成章地成为施瓦本的公爵。洛林公爵领地一直处于东西法兰克王国的争夺之中，公爵的权力也因此受到很大的制约。940 年，海因里希曾一度领有洛林公爵领地，因再次反叛而被剥夺其享有的采邑权，此后洛林公爵领地一再易主。944 年，奥托培植的亲信、萨利尔家族的红头发康拉德（Konrad der Rote，922—955）伯爵被提升为洛林的公爵，三年之后奥托的女儿下嫁公爵，康拉德与王室有了姻亲关系。10 世纪 50 年代末期，在联合而成为德意志王国的五大世族公国中，有两个直接掌握在奥托国王的手中，其他三个则与其有着极为密切的血缘关系或者姻亲关系，这就形成了一个与王室有着各种密切血缘或姻亲关系的贵族统治集团，成为德意志王权倚重的重要政治基础。

二、外结联盟

在对外关系上，奥托也沿用在其国内实施的政治手段。尽管法国国王路德维希四世曾经加入过德意志反奥托的联盟，但奥托依然通过其胞姐格贝尔加（Gerberga，913—969）的婚姻与法国国王路德维希四世修好，后者于 942 年放弃对洛林公爵领地的要求。奥托的妹妹哈德维希（Hadwig，914 或 920—950）嫁给在法国具有非常重要政治影响的法兰茨恩（Franzien[①]）的公爵胡戈（Hugo der Große，895—956）为妻。胡戈曾经为路德维希四世赢得王位助过一臂之力，法国国王称他为"我最亲爱的胡戈、法兰克的公爵、全王国在我之后的第二人"，他在法国持有多个伯爵领地和法兰克王室最原始的王室领地。胡戈公爵的强势无疑会对路德维希四世国王的王权造成不可避免的危机，10 世纪 40 年代初，路德维希四世国王力图摆脱胡戈公爵在政治上的控制，与之产生激烈的矛

---

① Franzien(法兰茨恩)与 Franken(法兰克)同为法兰克卡罗林家族的财产，即：Francia；9 世纪末，这一地区被分为两个部分，位于卢瓦尔河北部的地区划分给西法兰克王国，东法兰克人为与他们所获得的部分区分开，将其称之为 Franzien(法兰茨恩)，在东法兰克范围内的称为 Franken(法兰克)。参见 *Lexikon des Mittelalters*，Bd. Ⅳ.，S. 680f.

盾冲突,胡戈率军占领兰斯,驱赶忠于国王的兰斯大主教阿托德(Artold von Reims,? —962)。奥托的姐妹与法国这两大强势政治人物的婚姻为其介入其中提供了合理的借口,他于946年亲率大军进入法国支持路德维希四世国王,帮助国王的军队夺回兰斯,重新安插阿托德为兰斯的大主教。不甘心失败的胡戈公爵请求罗马教皇阿加皮二世(Agapitus Ⅱ.,? —955,946—955在位)出面解决在兰斯大主教任命上的纠纷,然而事与愿违。948年,教皇特使在英格尔海姆主持召开的宗教会议上作出决议,对胡戈公爵处以开除教籍的绝罚(Bann①)。此后,奥托授命红头发康拉德出兵协助法国国王,迫使胡戈不得不于950年臣服路德维希四世国王。

　　干预法国内政的结果使奥托想要效仿查理大帝建立霸权的野心进一步膨胀,意大利是其不会忽略的一个重要地区。937年勃艮第的公爵鲁道夫二世(Rudolf Ⅱ.,880或905—937)去世时,奥托就把公爵的儿子康拉德三世(Konrad Ⅲ.,? —993)置于德意志王权的保护之下。然而,普罗旺斯的雨果(Hugo Ⅰ.②,? —947)因觊觎意大利的王位而将其触角伸向勃艮第,他不仅娶鲁道夫二世的遗孀贝尔塔(Berta von Alamannien,907—966)为妻,而且还让他的儿子洛塔尔(Lothar Ⅱ.,928—950)迎娶贝尔塔的女儿阿德尔海德(Adelheid von Burgund,931或932—999)。两父子与两母女间的两个婚姻极为明显地表现出雨果的政治目的,他企图把勃艮第与普罗旺斯连在一起,更何况从946年起洛塔尔二世还继任了意大利的王位。雨果的政治野心阻碍了奥托实现效仿查理大帝的政治目的,为此他要求勃艮第的新公爵康拉德三世对其宣誓效忠,以其封君的身份介入到意大利的权势斗争中。

　　10世纪40年代和50年代之交,普罗旺斯的雨果和意大利国王洛塔尔先后去世,他们的反对者贝伦加尔(Berengar Ⅱ.,900—966,950—

---

① "绝罚"即革除教籍的处罚。
② 根据德语的发音 Hugo 音译为胡戈;根据法语的发音 Hugo 音译为"雨果"。本书中凡德国人物均按德语发音音译,法国人物均按法语发音音译。

161 年在位)在奥托的支持下攫取意大利的王位,并把洛塔尔的遗孀阿德尔海德囚禁于加尔达宫殿的塔楼上,前王后的支持者们求助于奥托,这就为他提供了夺取意大利王位的一个良好契机。[1] 951 年夏末,奥托率领浩浩荡荡的大军穿过阿尔卑斯山的隘口进入意大利,几乎没有遇到任何抵抗直达帕维亚。意大利的贵族们纷纷倒戈,在众贵族的支持下奥托与被其解救的阿德尔海德结婚,并因此理所当然地成为意大利的国王。奥托效仿查理大帝被尊称为"法兰克人和伦巴底人的国王"。[2]

德意志后院起火阻挡了奥托继续向罗马的进军,952 年春他班师回朝,授命他的女婿、红头发康拉德监管意大利。但让他所料不及的是,康拉德很快就与贝伦加尔达成协议,意大利作为采邑交由贝伦加尔领有。恼怒的奥托虽然接受了贝伦加尔的宣誓效忠,认同这一协议,却附加一项苛刻的要求,必须把维罗纳和阿奎莱亚从意大利分割出去并入巴伐利亚公爵领地,置于奥托异母弟弟海因里希的管辖之下。这一附加要求不仅让忠心耿耿的康拉德心怀不满,而且也使奥托之子利乌多尔夫极为不安。利乌多尔夫始终不满其父的意大利政策和新的婚姻,常在王国事务中与叔父海因里希针锋相对,尤其新王后于 952 年年末产下一子后,利乌多尔夫更加深刻地感到自己继承王位的地位受到威胁。利乌多尔夫与康拉德惺惺相惜,联合起来密谋反叛,在美因茨大主教弗里德里希(Friedrich,937—954)的帮助下,于 953 年复活节之际挟持奥托签订协约,要求他保证把德意志的王位传给利乌多尔夫。

三、奥托的教会政策

953 年的反叛瓦解了奥托在王国内建立起来的以家族成员为核心的贵族统治集团,也让他深刻地认识到,家族的联合并不一定能保证王权

---

① G. Althoff, *Die Ottonen. Königsherrschaft ohne Staat*, Stuttgart: Kohlhammer,[2] 2005, S. 96.

② H. Grundmann(Hrsg.), *Handbuch der deutschen Geschichte*, Bd. 1, S. 242.

的集权统治,必须培植能够抑制地方封建势力的新的政治势力,科隆的大主教布鲁诺(Bruno,925—965)为其提供了一种新的政治模式。布鲁诺是奥托最小的弟弟,从小被送到乌得勒支的大教堂学校(Domschule)接受神学教育,939年回到奥托的宫廷继续接受神学教育。940年,奥托在宫廷内设立掌玺官(Reichskanzler①),任命布鲁诺担任这一要职,同时还掌管宫廷教堂(Hofkapelle)。953年,布鲁诺由奥托授职为科隆的大主教,给予他国王的特许权,其中包括允许其在科隆市设防、开办市场、开办铸币所、征收关税等等,科隆成为王国中最重要的一座城市。不仅如此,还因为布鲁诺在平定利乌多尔夫的反叛中起到的重要作用,奥托把洛林公爵领地交与其掌管,以其取代红头发康拉德。布鲁诺在洛林充分施展他的政治才能,有效地均衡了教会和世俗之间的势力,稳定洛林的局势。奥托一世在布鲁诺治理的洛林看到一种新的统治模式,他把主教区作为各公爵领地内行使王权的一个据点。为此,奥托一方面通过任命主教控制主教区,另一方面在各地建立修道院。奥托给予主教和修道院院长众多权利,他们不仅主持教区和修道院内的宗教事务,还获得国王封赐的土地,授予特许权,被委以执行世俗行政管理权和司法审判权。主教对教区的管辖权等同于世俗伯爵的统治权,由此建立王国教会制度(Reichskirchensystem),培植教会的政治势力。

954年,匈牙利人再次入侵德意志地区,共同抗击外敌的需要给予奥托重新获得王国内大多数封建主支持的大好时机,意欲反叛国王的公爵们力图借助匈牙利人的支持推翻奥托,反而激起王国内公众强烈的反对。同年6月,王国内的贵族们聚集在朗根岑召开王国会议(Reichstag),美因茨的大主教弗里德里希借此机会与奥托和解,红头发康拉德也再次向奥托宣誓效忠臣服于国王。眼看大势所趋的利乌多尔夫也不得不在4

---

① 从卡罗林王朝起,王国的档案文书存放在宫廷小教堂里,由小教堂的教士管理。奥托执政时期在宫廷内设立掌玺官,不仅掌管国王的国玺,而且还处理王国的文书,享有很大的权限。因为中世纪只有教士才能读会写,因此直到13世纪这一重要职务一直由教士担任,并且主持王室的教堂。参见 *Lexikon des Mittelalters*, Bd. 5, S. 910f.

个月之后前往图林根请求其父的宽恕。同年 12 月,奥托在阿恩施塔特召开王国会议,重新调整贵族统治集团的结构。他提拔在平定叛乱中立下汗马功劳的布尔夏德为施瓦本公爵,罢免美因茨的大主教,取而代之的是奥托的非婚生子威廉(Wilhelm,929—968)。奥托的兄弟、科隆的大主教布鲁诺兼领洛林公爵领地。

洛林一直是法国国王与德意志国王争夺的焦点之地,公爵领地内部的反对派与法国国王结盟增强其政治实力,身兼教会和世俗双重职务的布鲁诺有着同时调动教会和世俗政治力量的能力和权限。他在任职期间培养了一批能够胜任地方行政管理的教士,任命他们担任洛林各主教区的主教,同时又行使着地方管理的职责,这些主教有效地遏制了地方反对派实力的扩张。布鲁诺为奥托提供了一种可以借鉴的统治模式,奥托在其王室宫廷的教堂里培养大批教士,并且掌握对王国内各大主教区和主教区的授职权,给予大主教和主教执行世俗行政管理权、司法审判权以及设防、开办市场、开办铸币所、征收关税等各种特许权,把教会完全置于王权的控制之下,推行王国教会制度。奥托把这种王国教会政策与世族贵族的家族政策结合起来,给予教会与世族家族相同的政治、经济、司法以及军事的特许权,以便使教会和世族家族这两大政治势力能够相互制衡,巩固奥托的王权。

955 年初,匈牙利人又一次进攻德意志王国,劫掠巴伐利亚公爵领地,威胁着施瓦本地区。同年 8 月,消除了王国内动乱隐患的奥托从各大公爵领地集结一支强大的军队,在莱希费尔德平原上与匈牙利人的军队展开激烈的战斗。德意志国王的军队在莱希费尔德战役(Schlacht auf dem Lechfeld)中取得巨大的胜利,遭受极大损失的匈牙利人最终停止了进入德意志向西欧迈进的脚步,奥托在王国内以及整个西欧的声望都有显著的提升。对外御敌的节节胜利再次激起奥托恢复查理大帝国的野心。同年,新上任罗马教皇约翰内斯十二世(Johannes Ⅻ.,937 或 939—964,955—963 年在位)深陷罗马城内元老院贵族的斗争中不能自拔。959 年,与其为敌的贝伦加尔率军从斯波勒托出发进攻罗马城,面对

兵临城下威胁的约翰内斯十二世不得不派出使团向奥托求助。王国内
的教会政策、意大利得天独厚的经济地位以及效仿查理大帝建立一个大
帝国的野心,无疑都是促使奥托应允教皇求助的重要原因。961 年 5 月,
奥托在沃尔姆斯召开王国会议,敦促与会的贵族推举其年仅 6 岁的儿子
奥托二世(Otto Ⅱ.,955—983,973—983 年在位①)为德意志的国王,随
后在亚亨的大教堂为他举行了加冕礼。接着,奥托委托其叔父、科隆的
大主教布鲁诺和其兄长、美因茨的大主教威廉辅佐这位新加冕的年幼的
国王,以保证德意志王国内的安定。同年 8 月盛夏,奥托第二次率军长
驱直入意大利,次年 1 月 31 日抵达罗马城下。962 年 2 月 2 日,罗马教
皇、罗马城内的教士和市民出城迎接,奥托在众人的欢呼声中进入这座
具有悠久传统的帝国首都,约翰内斯十二世教皇依据罗马帝国的传统在
圣彼得大教堂为他及其妻子阿德尔海德施涂油礼,加冕其为皇帝和皇
后。自此,他被称之为奥托大帝(Otto der Große)。

　　为了提醒奥托一世应该是罗马教皇的保护者,约翰内斯十二世命人
精制了一个"君士坦丁赠礼"的复制品作为礼物赠送给新加冕的皇帝。
但在奥托看来,德意志的国王是西欧最强大的君王,只有他能继承查理
大帝的衣钵。在其加冕 11 天后的 2 月 13 日,奥托以皇帝的身份给予罗
马教皇特许权,即"奥托特恩权"(Ottonianum),再次确认皮平和他的继
任者先后给予罗马教皇的领地②,并要求教皇以及罗马城的贵族们向奥
托大帝宣誓效忠。奥托的要求违背了教皇的初衷,尽管约翰内斯十二世
违心地宣了誓,但在新皇帝离开罗马城后,转而与他的宿敌、罗马城内的
元老院贵族以及拜占庭的皇帝结成联盟,策划驱逐奥托在罗马任命的行
政官。为此,奥托于 963 年秋季率军三进意大利,约翰内斯十二世闻风
而逃,进驻罗马城的奥托于 12 月 4 日召开宗教会议,废黜教皇约翰内斯
十二世,指定他的世俗封臣为教皇,称利奥八世(Leo Ⅷ.,？—965,

---

① 奥托二世于 961 年被其父推举为共治国王,967 年为共治皇帝,973 年其父去世后为皇帝。
② G.，Althoff，*Die Ottonen. Königsherrschaft ohne Staat*，S. 115.

963—965 年在位)。不仅如此,奥托在重申"奥托特恩权"的同时还增添了新的内容:选举教皇时须经皇帝允许,新当选的教皇要向皇帝的特使宣誓,履行对皇帝的义务。[①]

逃亡的约翰内斯十二世并不甘心被放逐,奥托大帝离开罗马城后他立刻与城内的反对派贵族联合起来,赶走了利奥八世,重新登上教皇的宗座。964 年 5 月,约翰内斯十二世去世,罗马贵族们无视"奥托特恩权"中的规定,自行推举罗马贵族之子为教皇,即本尼狄克五世(Benedikt V.,? —965 或 966,964—966 年在位)。964 年 6 月,奥托进军意大利,围困罗马城数周之后重又掌控罗马城,废黜本尼狄克五世,将其放逐到北海岸边的汉堡市,恢复利奥八世教皇的职权。至此,奥托大帝实现了在西欧重塑一个大帝国的梦想,德意志的国王戴上皇帝的皇冠,德意志成为中世纪西欧历史上的一个大帝国直至 20 世纪初。

四、意大利的重要地位

东部边界一直是德意志国王关注和垂涎的地区。海因里希一世在建立萨克森王朝之初就继承了加洛林王朝的东进政策,不断进军多瑙河、易比河以北地区,把王国的边界延伸到斯拉夫人居住的易比河流域地区。奥托即位后继续实施其父的东进政策,为了加强对斯拉夫人的统治,一方面扩大了在东部边界马尔克伯爵领地的建制,在易比河下游、中游和萨勒河之间设立两个东部马尔克伯爵领地,以此为据点步步东移,德意志的贵族和农民也源源不断地殖民到东部马尔克伯爵领地。另一方面,奥托大帝为在这个新征服的地区施行政教二元的执政措施,加强在斯拉夫人中推行基督教化,在这两个伯爵领地内设立若干个主教区,其中最为重要的是马格德堡大主教区。967 年 4 月,奥托大帝在拉文纳宗教会议上获得教皇约翰内斯十三世(Johannes XIII.,? —972,965—

---

① W. Ullmann, "The origins of the 'Ottonianum'", in: *Cambridge histolical Journal*, 11 (1953), pp. 114—128.

972 年在位)的首肯,把原有的马格德堡主教区提升为大主教区,作为在易北河东岸地区斯拉夫人中间传教的大本营,以此为核心在易比河中游设立勃兰登堡、哈弗尔贝格、荷尔斯泰因的奥尔登堡、梅泽堡等诸多主教区。此后,这些新设立的主教区先后都被置于美因茨大主教的管辖范围内。同时,奥托大帝还在德意志的北部设立了石勒苏益格、里佩、奥胡斯等主教区,将其划归汉堡-不莱梅大主教区的辖区内,即扩大这两个大主教区的辖区范围,同时也加强对新教区的控制和管理。不仅如此,奥托大帝还于 937 年在马格德堡建立圣毛里蒂乌斯修道院(St.-Mauritius-Kloster),赐予其大量的地产、享有在易北河东岸斯拉夫人地区众多的城堡以及在这个地区的各种用益权。[①]

奥托大帝不仅通过传教和设立主教区、建立修道院等宗教政策施加对东部边疆地区的政治影响,而且还在这个东部边界地内设立一种新的建制,即以城堡为行政管理单位建制的城堡辖区(Burgwarde)。[②] 城堡辖区这种建制最先建于马格德堡,其行政职能是统治被占领的斯拉夫人地区,保护所在居民的安全,这种具有行政管理职能和军事防御功能的行政建制与大主教区和修道院进行传教的宗教政治作用相互结合。基督教化和军事防御稳定了东部边界的政治局势,大主教、主教和修道院院长成为奥托大帝倚重的一股政治力量,这就在很大程度上决定了德意志政治制度建构的走向。

奥托大帝的教会政策得以顺利实施的一个先决条件是保持与罗马教皇之间和睦的关系,并给予教皇有力的保护。965 年末,罗马城内的贵族再次为争夺教皇的职位发生暴乱,奥托大帝于 966 年 8 月第五次率军进军意大利。在这次对意大利的远征中,奥托大帝把德意志的势力范围从意大利北部扩大至南部,967 年在卡普阿接受贝内文托公爵潘德尔夫

---

① J. Fleckenstein,„Problematik und Gestalt der Reichskirche",in: K. Schmid(Hrsg),*Reich und Kirche vor dem Investiturstreit: Vorträge beim wissenschaftlichen Kolloquium aus Anlaß des 80. Geburtstag von Gerd Tellenbach*,Sigmaringen: Thorbecke, 1985, S. 96ff.

② 参见 *Lexikon des Mittelalters*,Bd.,Ⅱ, S. 1101ff.

(Pandulf Ⅰ.,？一?)的效忠宣誓。对奥托大帝来说,意大利的经济地位与罗马教会的宗教地位一样重要。10 世纪意大利的商业和手工业活动都远比欧洲其他地区活跃,得天独厚的地理环境使之成为东西方贸易的天然中转站,伦巴底肥沃的冲积平原,保留了罗马帝国时期工业技术的遗产和传统的米兰、热那亚、都灵等城市,这些都为意大利活跃的手工业提供了丰富的资源,正如意大利著名的历史学家奇波拉在其主编的《欧洲经济史》中所阐述的:"特别在经济领域中,意大利比欧洲其他地方都远为先进。这个支配地位部分地源于她能坚守罗马与拜占庭古典传统的技术和优良的组织形式……"①意大利从古代起就与东方有着密切的贸易往来,是地中海地区进行贸易往来的巨大分发站,奥托大帝多次进军意大利加强了其与德意志的密切联系,美国学者汤普逊认为:"意大利是德意志黄金供应的一个来源,越来越多的与东方的贸易,使黄金源源不绝地向阿尔卑斯山外流出。"②在奥托多次进军意大利之后,德意志的君主基本控制了阿尔卑斯山通向中欧的各个隘口,从中获取丰厚的经济利益。

意大利在宗教和经济上的重要地位,致使奥托一世执政时期经常滞留在意大利,疏忽了对德意志本土的统治,这就为德意志境内的地方贵族增强自身的政治和经济实力提供了大好的机遇。973 年 5 月 7 日奥托大帝去世之后,德意志南部的教俗贵族为争夺主教管辖区相互发生争斗,洛林、巴伐利亚等地区也多次发生动乱。奥托二世十八岁即位,此后他用了整整 7 年的时间平定帝国内各地此起彼伏的叛乱。他先发制人地治服了施瓦本公爵与波希米亚和波兰公爵企图推翻皇帝的密谋,用外交手段平息了有法国国王参与的洛林贵族的反叛,以及在巴伐利亚、帝国北部、西部发生的骚乱。尽管如此,奥托二世依然没有放弃实践其父重建"罗马帝国"的宏愿。980 年 10 月,奥托二世率军远征意大利,扶持

---

① 卡洛·M. 奇波拉:《欧洲经济史》,第 1 卷,第 232 页。
② 汤普逊:《中世纪经济社会史》,上册,第 366 页。

被罗马贵族赶下台的本尼狄克七世（Benedikt Ⅶ.，？—983，974—983年在位）教皇，驱赶在意大利南部的阿拉伯人，重新把这一地区置于德意志皇帝的统治之下。然而，一场重病击倒了风华正茂的皇帝，983 年 12 月 7 日，年仅 28 岁的奥托二世客死罗马。三周之后，3 岁的奥托三世（Otto Ⅲ.，980—1002，996—1002 年在位①）在亚亨被推选为德意志的国王，由美因茨的大主教维利希斯（Willigs，940—1011）和拉文纳的大主教约翰内斯（Johannes Ⅹ.，？—998）在亚亨大教堂为其主持加冕礼。

新国王年幼登基，摄政权成为篡位者们争夺的对象。此时被奥托二世因于亚亨、人称"争端者"的施瓦本公爵海因里希二世，（Heinrich Ⅱ. der Zänker，951—995）在乌得勒支主教福克马（Folkmar，？—990）的帮助下获得自由，他以奥托三世叔父的身份向科隆的大主教瓦林（Warin，？—985）索要摄政权，此后又于 983 年复活节之际策动其亲信在奎德林堡选他为王。为了获得支持，"争端者"海因里希不惜与波兰、波希米亚以及法国的国王结成联盟，因此遭到以美因茨大主教维利希斯和萨克森公爵贝尔哈德（Bedrnhard Ⅰ.，950—1011）为首的德意志诸侯的强烈反对。他们极力维护奥托三世的王位，拥立皇后塞奥法诺（Theophanu，955 或 980—991）为摄政王（Regent）。为了保住奥托三世的皇位，皇后塞奥法诺充分施展其卓越的政治才能。985 年 6 月，她以封赐巴伐利亚公爵领地为条件与"争端者"海因里希相互妥协，原有的巴伐利亚公爵海因里希二世（Heinrich Ⅱ.，973 或 978—1004）改封为克恩滕的公爵；乌尔姆斯的奥托（Otto von Worms，948—1004）虽然失去了克恩滕公爵领地，但获得莱茵河上游以西的大片地区。皇后塞奥法诺对封地进行的调整既满足了反对派对领土的要求，也维护了忠诚者的利益。986 年复活节之际，皇后塞奥法诺在奎德林堡召开王国会议，授命再次为奥托三世施国王加冕礼，效仿奥托大帝任命施瓦本公爵为司库大臣，巴伐利亚公爵为膳务大臣，克恩滕公爵为掌酒大臣，萨克森公爵为御马监。

---

① 奥托三世于 983 年为罗马德意志国王，996 年为皇帝。

994 年 9 月，奥托三世成年亲政。幼年登基后就深陷王国内争夺摄政权漩涡之中，无疑给年仅 15 岁的少年打下了深刻烙印；另一方面，从小受到的古典和基督教的教育也为其储备了丰富的知识①，他在亲政之后立刻显示出卓越的统治才能。毋庸置疑，戴上皇冠是奥托三世必须实现的政治目的，在稳定德意志境内的局势、消除斯拉夫人对易北河边界地区的威胁之后，奥托三世于 996 年 3 月出兵意大利。行进至帕维亚时获悉教皇约翰内斯十五世去世(Johannes XV.，? —996，985—996 年在位)，奥托三世立刻任命德意志的宫廷教士(Kaplan)、乌尔姆斯的奥托的儿子布鲁诺为教皇，称格雷戈尔五世(Gregor V.，972—999，996—999 年在位)，他是中世纪历史上第一位德意志籍的教皇。② 新教皇上任后完成的第一件大事就是于同年的 5 月 21 日加冕奥托三世为皇帝。新皇帝自称为"罗马皇帝奥古斯都"(Romanorum imperator augustus)，他梦想再建一个罗马帝国的野心昭然若揭。为此，奥托三世启用精通罗马法的意大利韦尔切利的罗马法学家利奥为宫廷法庭(Hofgericht)的陪审法官(Beisitzer)，协助年轻的皇帝发布敕令，起草法律文书。③ 此外，他还招募了一批精通罗马古典文化的主教和大主教，他们对奥托三世的决策和帝国思想都产生了重大的影响。与此同时，奥托三世积极寻求与拜占庭皇帝的友好关系，在宫廷内施行古罗马的礼仪，明确地提出"复兴罗马帝国"(Renovatio Imperii Romanorum)的政治目标，甚至将这一政治口号印在皇室铸的钱币上。

奥托三世的政治目的决定了其掌控罗马的必然性，997 年、1001 年，奥托三世先后两次进军罗马，并且企图把德意志帝国的势力范围伸向波

---

① 奥托三世的母亲是拜占庭的公主，因而十分注重对其子进行希腊古典文化和拉丁文化的教育，教授他的一位是德意志宫廷教士贝恩瓦尔德(Bernward，950 或 960—1022)，另一位是希腊人约翰内斯·费拉(Johannes Philagathos)。

② G. Althoff, *Die Ottonen*, *Königsherrschaft ohne Staat*, S. 176.

③ H. Dormeier, „Kaiser und Bischofsherrschaft in Italien: Leo von Vercelli", in: M. Brandt (Hrsg.), *Bernward von Hildesheim und das Zeitalter der Ottonen: Katalog der Ausstellung*, Hildesheim: Bernward-Verl., 1993, S. 103ff.

兰和匈牙利地区,然而突如其来的高烧击倒了怀有重建罗马帝国梦想的皇帝,1002 年 1 月 24 日奥托三世在离罗马不远的潘泰诺城堡与世长辞。奥托三世的突然去世不仅让"复兴罗马帝国"计划付诸东流,波兰和匈牙利借机又摆脱了德意志皇帝的控制,而且还改换德意志帝国的王朝。年仅 22 岁的皇帝无子嗣,德意志的王位两易其主后,最终 1027 年由洛林公爵康拉德二世(Konrad Ⅱ.,990—1039,1027—1039 年在位①)即位,开始了萨利尔王朝的统治。

第三节　帝国早期的社会和经济

一、帝国的社会阶层

在中世纪的西欧社会中,土地是唯一的资源,采邑制度以及社会的等级结构都是以对土地的占有权和用益权为基础建构起来的。土地的用益权决定了社会中不同群体的政治权利和社会地位,土地的所有关系决定了封建社会的等级制度。国王、教俗封建领主、自由的和非自由的农民间的社会关系都是由于对土地的占有权和用益权决定的。

9 世纪下半叶,在东法兰克王国的基础上建立起来的德意志王国除了洛林和意大利地区外,萨克森、巴伐利亚、阿雷曼、施瓦本等大多数地区都是查理大帝新征服的地区,这些地区的封建化起步比较晚,封建化的程度也相应地不太充分,尽管东法兰克王国的政治体制与西法兰克一样都是封建的,但是采邑关系还没有完全构成东法兰克王权的基础,血缘和亲缘关系还起着相当大的作用。东法兰克地区的贵族阶层主要是由征服后移居在此的法兰克人构成,他们或是在征服时被查理大帝以及后来的君王派往那里担任某个职务的陪臣,或是与王室(皇室)有某种血缘关系或姻亲关系的贵族家族,即使是当地的氏族大贵族也通过与法兰

---

① 康拉德二世于 1024 年起为东法兰克国王,1026 年加冕为意大利国王,1033 年起为勃艮第国王。

克大贵族以及王室的联姻提高自身的社会地位,形成一个由世族家族组成的强大的贵族集团,逐渐排斥和取代加洛林王朝时期的贵族家族的地方势力,成为德意志王权在当地实施统治的重要政治支柱。

德意志王国是一种个人联合的政体模式,国王只是个人联盟中的首领,国王与臣属之间具有庇护性质、以保护为原则的效忠关系,维系这种关系的纽带是采邑分封,并且被基督教教会罩上一个神圣的光环,王权是上帝的委托,即"君权神授"。由此封建的国王既不再是日耳曼人军事部落体制的首领的概念,也不同于罗马帝国的皇帝。从日耳曼人军事首领和罗马皇帝这两者几乎完全不同的建制中产生出来的德意志和法兰西这两个封建国王,分别走了不同的历史路径。与法兰西王国比较而言,德意志王室占有雄厚的土地资源,萨克森王室不仅拥有萨克森家族的大片领地,而且还持有加洛林王室在东法兰克王国区域内的王室领地,王室领地中的一部分分散在各公爵领地内,由此王室领地的地产与公爵领地的地产相互交叉地联系在一起,因此在这些公爵领地内也存在着领有王室领地作为采邑的"王国贵族"(Reichsadel),或者称之为"我的封臣"(vasallus noster)。在德意志诸国王以及诸皇帝扩大东部边界的过程中,公爵、边疆马尔克伯爵、伯爵乃至大主教、主教和修道院院长都逐步进入国王封臣的行列,王国的官职转变为一种采邑(Lehn),公爵、伯爵、大主教、主教、修道院院长都因为是国王的封臣获得采邑,封臣是国王在王国各地实施统治的执行者。在通过采邑制建立起来的这种个人联合的政体中,国王和各公爵乃至大主教、主教之间的关系很大程度上取决于血缘关系和亲缘关系上的亲与疏、近与远,以此获得土地的用益权,并且通过这些用益权获得领有领地的治理权,享有在领地内的司法审判权(Gerichtsbarkeit)、军事防御权(Wehrhoheit)、开办市场权(Marktrecht)、征收赋税权以及铸币权(Münzrecht)等经济权利。9 世纪以后,采邑越来越世袭化逐渐地演变为封地(Benefizien),在封地上附着的各种权利提升教俗贵族的社会地位,增强了其对德意志王国政治事务的参与性,教俗贵族构成德意志社会的上层。

社会下层的主体是农民(Bauer),农民作为一个等级的出现是以农耕者脱离兵役为起点的。法兰克王国时期,诸国王都在引导日耳曼人"憎恨刀剑""转向犁头",①社会不再需要农耕者的兵役义务,而是更需要他们投身于农业生产,让他们通过缴纳兵役税取代服兵役的义务。马克斯·韦伯在谈到这种经济的转变时着重提到人的身份的转变:"人在经济中的等级的个体的共同劳动越是必不可少,他就越减少了战争和掠夺的性质,这种类型的报酬对他来说就越少,他就有更多的机会被土地牢牢地吸住,那么从经济的意义上说他就被'固着在土地上'并且——当然是相对而言——是非战争的。"②由于农业生产活动的增多,尤其是拓荒这一生产活动逐见成效,至 10 世纪耕地面积大大增加,从而引发农业生产技术的改进,三圃制取代轮作制,不再强调播种、收割必须同时进行。另一方面,农业的经营方式也有了很大的变化,生产活动不再完全根据习俗或集体的决定进行,个体性的生产活动成为可能。社会经济活动的变化导致社会结构的演变,德国历史学家布伦纳认为,正是在这个历史时期,过去的"农耕士兵"(Bauernkrieger)转变为单纯的"农夫"(Ackermann)。③ 也是从这个历史时期起,社会不再按照日耳曼人的习惯法划分等级,而是根据人们在社会中所从事的经济活动和社会地位划分社会的等级,这种划分在国王的法令中明显地表现出来。早在 808 年,查理大帝在敕令中不仅规定禁止农民携带长矛和剑,即使是为了防身所用,只允许他们使用镐、短刀、镰刀等农用工具,用于生产活动或者防身。此后,这些农具成为农民特有的的社会等级的标志。④ 不仅如此,敕令还明令规定农民穿着的颜色、布料的质地和样式。农民只能穿黑色

---

① P. 布瓦松纳:《中世纪欧洲生活和劳动》,第 67 页。
② M. Weber, „Der Streit um den Charakter der altgermanischen Sozialverfassung in der deutschen Literatur des letzten Jahrhunderts", in: ders., *Gesammelte Aufsätze zur Sozial- und Wirtschaftsgeschichte*, Tübingen: Mohr, 1924, S. 538.
③ O. Brunner, „*Europäisches Bauerntum*", in: ders., Neue Wege der Verfassungs-und Sozialgeschichte, Göttingen: Vandenhoeck & Ruprecht, ²1968, S. 203.
④ 汉斯—维尔纳·格茨:《欧洲中世纪生活》,第 148—153 页。

的和灰色的用亚麻布缝制的衣服；上衣的开衩只能在两侧；做内衣和裤子的面料只能用 7 英尺长的粗布，不能用其他的布料；鞋子只能用牛皮做。只有这样的穿着才符合农民的等级。留长发，由专门的裁缝用多块的、优质布料做的衣服是贵族才能享有的特权，等级的界线是不允许逾越的。①

德意志国王下层社会的组织基础是日耳曼人的马尔克制度。恩格斯曾经这样分析过："在战胜了罗马帝国的德意志人中间，国家是作为征服外国广大领土的直接结果而产生的……由于被征服者和征服者差不多处于同一经济发展阶段，社会的经济基础和从前一样，所以氏族制度还能够以改变了的地区的形式，即以马尔克制度的形式继续存在几个世纪。"②自由人、半自由人、奴隶构成了马尔克的社会结构。马尔克中长期保持着日耳曼人的习俗，统治和管理马尔克的方式是"领地制"（Grundherrschaft）。

二、帝国的土地制度

"领地制"是现代的术语概念，德国历史学家格茨这样诠释这个概念："领地制与财产和土地有关，也就是与土地的占有有关：支配土地是每个领地制都不可缺少的基础。作为一个技术的术语（*terminus technicus*），这个概念同时含有组织、管理和使用方面的固定模式：这是从经济的角度理解领地制。此外，'领地制'还含有从占有土地中派生出来的，并且是与之相关的统治权力。当然不是对农村的统治，是对在农村居住的人的统治：这是领地制的社会角度。把这两个因素组合起来说明了，哪里占有了土地，能对人实施统治的权利，哪里就有领地制。"③9 世纪中叶以后，领地制随着采邑的世袭化发展起来。领地的领主因为

① W. Rösener, *Bauern im Mittelalter*, München: C. H. Beck, 1985, S. 98.
②《马克思恩格斯选集》，第 4 卷，人民出版社 1972 年，第 166 页。
③ H.-W. Goetz, *Leben im Mittellater*, München: C. H. Beck, ⁶1996, S. 116.

享有对土地的支配权和各种权利实现对辖区内的统治,同时也就有了对领地内的人有监护的职能以及进行保护和庇护的义务,由此构成德意志中世纪早期政治统治的一个统一体。在这个统一体中,领主具有军事力量,既可以自我保护,也可以为他人提供保护;在领地内受其保护的人向领主宣誓效忠,以赋税和服徭役(Frondienste)为条件获得耕地(Ackerland)。

领地制度中最基础的经济单位是农民的农庄(hoba, mansus①)。农庄是一个包含多种含义的集合名词②,它既是农民家庭居住所在,也是农民家庭租赁(Pacht)耕地的一个单位,同时还是农民缴纳租金和赋税(Steuer)的一个计量单位。领主的领地分为自营地和租赁地两类,法国著名的历史学家马克·布洛赫说:"从经济角度看,一份大产业与许多小地产在同一个组织中的共存是领地制的最基本的特征。"③所谓大地产是指领主的自营地,由受领主庇护的农民以服徭役的方式耕种,他们领有领主的非自由农庄(mansi serviles)。小地产则是指自由农庄(mansi igenuiles)和半自由农庄(mansi lidiles),领有者要缴纳规定的实物地租(Abgaben)。洛尔施修道院(Kloster Lorsch④)在盖恩斯海姆有 24 个自由农庄,每年向每个农庄各征收 1 头仔猪、1 只鸡、10 只蛋、1 车盖房子的木板、5 车木料、用于雇女工的 1 个先令、1 匹听候使唤的马;此外,每个农庄还要为修道院出徭役犁地、收割和运输。洛尔施修道院在这同一地

---

① Hoba ＝ Hufe,Hufe 这个词在不同时期历史的文献中表述的词义有很大的差异,9 世纪以前通常指日耳曼人马尔克中的份地,9 世纪以后指的是农民的农庄。国内学者通常把 mansus 翻译为"庄园",但德国学者通常把 mansus 与 Hufe 等同起来,根据他们的考察 mansus 主要在西法兰克地区使用,在莱茵河流域地区多使用 Hufe 一词。Hufe 与 Hof(庄园)有所区别,有学者认为 Hufe 是庄园(Hof)最初的所在地。参见 W. Schlesinger, „Die Hufe im Frankenreich", in: H. Beck(Hrsg.), *Untersuchungen zur eisenzeitlichen und frühmittelalterlichen Flur in Mitteleuropa und ihrer Nutzung: Bericht über die Kolloquien der Kommission für die Altertumkunde Mittel-und Nordeuropas in den Jahren* 1975 und 1976,Göttingen: Vandenhoeck & Ruprecht, 1979,Bd. I, S. 41ff.

② A. Dopsch, *Wirtschaftsentwiklung der Karolingerzeit*, *vornehmlich in Deutschland*, Weimar: Böhlau 1962, S. 329f.

③ 马克·布洛赫:《法国农村史》,余中先等译,商务印书馆 1991 年,第 80 页。

④ 洛尔施修道院位于黑森南部地区,始建于 764 年,是黑森地区一个重要的政治、宗教和文化中心。

区有 30 个非自由农庄,每个非自由农庄每年需缴纳 1 头仔猪、1 只鸡、10 只蛋,但是每年要服的徭役则是不定期的,有很大的随机性,此外每周还需服 3 日徭役,为女工交付 15 个第纳尔(Denar①)。② 这些非自由农庄的农民因为承担不定期的徭役,因而在人身方面没有自由,被称之为非自由农(servi),也被称之为农奴(Leineigene)。

在领主的领地之外还有一个小土地持有者阶层,这个社会阶层可以追溯至日耳曼的部族社会,他们的祖先属于日耳曼人中的某个部族和亲族,能得到族长、家长或首领的保护和恩惠,是享有一定程度的自由的人。他们通常被安置在王室的大领地内、王国的边境地区、重要的交通要道和要塞周围,没有服兵役的义务,只有防御的义务,并由此获得一块份地,享有自由的世袭承租权(freie Erbleihe),也就是说,享有完全的用益权和使用权。他们只需交纳固定的数额不高的息金,即"世俗什一税",他们也服徭役,但每年只有两三天,多用于修路筑桥等公共事务。这些人被称为"国王的自由人"(Königsfreie)。法兰克帝国解体后,在德意志王国的境内这批自由人的社会地位被保留下来,随着疆域基本稳定,这些"国王的自由人"不再负有防御的职责,而是转变为专门从事农业生产活动的佃农。他们虽然在法律上是自由的,但是未经许可不得自由迁徙他地,要履行不迁徙的义务(Schollenpflicht),否则将失去国王司法权的保护,沦为其他封建主的依附农。他们中的一些人连同土地一起被国王赠送给教会和修道院,受教会法权的保护,成为教会和修道院的佃农,为教会交纳什一税。这些自由人通常墨守成规地在自己的份地上劳作,靠其生活,他们的社会地位和经济状况都很难有大的改变,德国历史学家包斯勒称这个社会群体的人为"不自由的自由人"。③

---

① 第纳尔最早是古罗马的银币名称,查理大帝时期按照罗马古银币的模式铸制了卡罗林的银币,也称为第纳尔。中世纪的第纳尔与芬尼(Pfennig)等同。

② H. -W. Goetz, *Leben im Mittellater*, S. 160f.

③ K. Bosl, *Frühformen der Gesellschaft im mittelalterlichen Europa*, München-Wien: Oldenbourg, 1964, S. 185.

三、村社的组织机制

持有自由农庄的自由农民、非自由农庄的非自由农民以及小土地持有农（coloni）松散地居住在"开阔地"（open fields），在那里形成了村庄。在自然形成的村庄里通常混居着自由农民、非自由农民和半自由农民，他们可以共同使用与村庄相连的公有地（Allmende①）。不同身份的农民领有的耕地也都混杂地交叉在一起，这些耕地大多是长条形耕地（Langstreifen-Flur），在依然盛行轮作制农业经济模式时期，耕种长条地的农民，无论是自由的、非自由的还是半自由的都必须共同协商后耕种，因此村庄就成为一种"相邻关系的共同体"（Nachbarschftsverband）。属于这种相邻关系的成员居住在一个共同的地域界限范围之内，共同使用耕地的边缘地和林地，和睦地共同生活在一起，共同进行武装自卫，出于自然保护和互助的目的建立了这种"相邻关系"。毋庸置疑，在村庄里的共同生活，尤其是共同的农耕经济活动，增强了村民的社会关系和法律关系。② 德国历史学家格茨认为："村庄首先是一个相邻的联合体，它是调解共同生活、进行经济协商所不可缺少的；同时，在危难时能互相帮助，它还参与家庭的事务。"③

10 世纪以来在西欧普遍开展的拓殖运动的历史时期，德意志的封建主们以马尔克为组织形式有目的地组织拓荒移民，按照马尔克的习惯法，分给参加拓荒的农民宅地、园地和份地。虽然份地的所有权是领主的，农民要为其服役纳租，但这种赋役一般都很轻。因此，在德意志地区保留并产生了各种类型的具有自由身份的自耕农：享有世袭租借使用权、受国王或伯爵保护、对他们有赋役纳租义务的王室的自由人或伯爵

---

① "公有地"指森林、草地、河流等，森林用于为居住在村庄里的全体村民提供木材、猪饲料、放养蜜蜂，草地是公共放养地。

② 德国历史学家巴德尔对中世纪村庄的这种"相邻关系"进行过较为深入的研究，这里所涉及的问题参见 K. S. Bader, *Dorfgenossenschaft und Dorfgemeinde*, Wien-Köln-Graz: Böhlau, 1962, S. 40ff.

③ H.-W. Goetz, *Leben im Mittellater*, S. 134f.

领地自由人;享有土地继承权并必须履行采邑义务的自由农民;因参与拓荒活动而得到土地用益权的沙滩地自由农,等等。[①] 这些新迁移到拓荒地区的农民尽管还要为领主提供赋役,但各种类型的特许权给予当地的依附农民很多优惠,致使这些依附农民逐步获得人身自由。因此恩格斯说,在法兰西"农民的土地总是变成了地主的土地,在最好的情形下,也要叫农民缴纳代役租、提供徭役,才归还农民使用。可是农民却从自由的土地占有者变成缴纳贷役租,提供徭役的依附农民,甚至农奴";但是,"在莱茵河东岸,却还存在着相当多的自由农民"。[②] 这些自由农民大多居住在村镇里,以马尔克的社会组织形式与国王保持着直接的联系,向国王交租赋役,由此被置于国王的保护之下,他们是国王的自由人。

10 世纪以后,德意志的人口逐年增长,人口的增长无疑增大了对耕地的需求,从 10 世纪开始几乎没有中断过的拓荒运动的规模也在不断扩大,成为一种经常性的对荒野的征服运动。原有居民区周围的荒地几乎都得到改造,远离村庄的林地、沼泽地乃至海岸地区的冲击地也都被拓垦为良田。大规模的拓荒带动了大规模的殖民,为了吸引移民鼓励拓荒,德意志的国王以及大封建主们给予新建的居民区和殖民区的农民不同于旧庄园的法律身份,人身依附的农奴制(Leibeigenschaft)没有在新拓荒地区实行。尽管新开垦的土地依然是封建主的,但农民则通过缴纳租金换取了自由使用土地的权利,出现新的拓荒自由农民(Rodungsfreier)。这个时期较为广泛流行的政治谚语"拓荒使人自由"(Rodung macht frei),无疑是农村中农民获得新的法律身份的真实写照。

四、商业与手工业

如果说德意志的东北边疆政策推进了此后持续几个世纪的东部殖

---

① K. Bosl, *Frühformen der Gesellschaft im mittelalterlichen Europa*, S. 427.
②《马克思恩格斯选集》,人民出版社 1972 年,第 4 卷,第 3363 页。

民（Ostkolonisation），那么自奥托大帝以来持续的意大利政策则在很大程度上促进了德意志的商业和手工业的发展。

9世纪，由于阿拉伯人控制了地中海地区的制海权，诺曼人的不断侵扰破坏了北海沿岸的贸易往来，西欧地区的交通往来逐渐转移到内陆河道。内陆河流是一种天然的交通要道，与那个时代极不发达的陆路交通比较而言，水路运输载货量大、速度快，成本也比较低，更何况德意志境内的莱茵河、多瑙河、美因河等都是具有通航能力的河道。莱茵河是欧洲内陆最重要的水路之一，它贯通欧洲南北，连接地中海与北海，而且还有众多能通航的支流。通过这些支流一是可以进入多瑙河水系到达斯拉夫地区，二是可以与黑勒之路（Hellweg①）相通，三是可以向东和向北进入波罗的海和北海的航线到达英伦三岛，四是可以流经弗里西亚，沿北海岸到达波罗的海和斯堪的纳维亚。这种四通八达的水系交通为德意志的远程贸易提供了极为便利的优势条件，在这些水系的要冲之地出现了一些重要的城市，如科隆、雷根斯堡、哈雷、汉堡、不莱梅、马格德堡、奥格斯堡、维尔茨堡等等。这些城市或者是国王的行宫所在，或者是大主教的驻节地，在这些城市里开办的市场（Markt）或者市集（Messe），为王室和大贵族增加了不菲的经济收入，位于美因河注入莱茵河河口处的美因茨甚至被称之为德意志"王室的黄金泉源"（aureum regni caput）。②因而，德意志的国王们始终把王国境内的陆路、水路交通都置于王权的保护下，在莱茵河等多条水路上设立通行税卡，委派代理人收取通行税。

奥托时期，德意志的贸易大多都集中在边境城市，雷根斯堡是与匈

---

① 黑勒之路（Hellweg）意为"明亮大道"，是中世纪在德意志境内的几条贩运远程货物的通道，是自凯尔特人时期起贩运盐的几条通道，又称"运盐之路"（Salzweg）。商人们期望道路宽敞且安全，因此将这些远程贩运货物的道路称之为"明亮大道"，其中比较著名的是连接莱茵河与易北河的"威斯特法伦的黑勒之路"（Westfälischer Hellweg），从明登经埃姆斯河到荷兰的"山下黑勒之路"（Hellweg unter dem Berg），连接迪尔门和哈尔滕的"齐滕黑勒之路"（Sythener Hellweg），连接明登和威斯特法伦的黑勒之路的"桑德费尔德的黑勒之路"（Hellweg vor dem Santforde）。

② 汤普逊：《中世纪经济社会史》，上册，第363页。

牙利和波兰进行贸易的重要城市,10 世纪成为中欧与拜占庭进行贸易往来的分发站;哈雷和马格德堡集中了对波罗的海的贸易;汉堡和不莱梅无疑是与英国和北欧地区进行贸易往来的中转站。[①] 961 年末、962 年初,奥托大帝第一次进军意大利之后,中欧通过阿尔卑斯山隘口的所有通路都在德意志皇帝的控制下,来自东方的货物以及黄金源源不断地被输送到中欧,进入多瑙河、莱茵河水系,在王室控制的城市继续分发到西欧和北欧,德意志的王室通过通行税卡获得了丰厚的收入。远程贸易的收益与王室的领地一起构成了德意志王权坚实的经济基础。

第四节 奥托时代的文化和艺术

一、修道院里的文化

法兰克帝国晚期,整个西欧因外族的入侵都遭受到程度不同的破坏,政权发生变化,农业经济衰退,社会动荡,文化也受到很大的损害,教堂、王宫遭到洗劫,曾经是文化中心的修道院几乎都遭到严重地抢劫,基督教文化自然也受到外来文化的冲击和挑战。10 世纪,奥托大帝及其继任者建立了一个比较强大的德意志帝国,在这个过程中奥托继承加洛林的传统,把教会作为新政治秩序的一块重要基石,大主教、主教以及修道院院长掌有很大的世俗权力,社会的基督教化是奥托帝国实行统治的一项重要措施,由此再次促进基督教文化的复兴,修道院的修道士们也再次成为复兴基督教文化的主力军。10 世纪中叶,帝国南部和西部那些直属帝国的大修道院,如赖兴瑙、圣高卢、圣马克西米等都迁移到宫廷附近,在教育和文化方面为宫廷服务。

奥托一世第一次进军意大利时就召集那里的学者,把他们安置在帝国的修道院内。对奥托时期的文艺复兴起到极大推动和领导作用的是他的弟弟、科隆的大主教布鲁诺。布鲁诺受过良好的古典教育,精通拉

---

① 汤普逊:《中世纪经济社会史》,上册,第 364 页。

丁文和希腊文,他在为奥托一世设计帝国新的行政机构时,极力推行教育,复兴文化,积极付诸实践。中世纪早期,无论是世俗王公还是大小贵族,几乎都很少受过教育,能写会读的人只有那些教士和修道士,这不利于国王法令的颁布和实施。在布鲁诺的倡导下,德意志的贵族把自己的子弟送到修道院学习文化,提升贵族和教士的知识水平。这个时期颇有代表性的人物是希尔德斯海姆的贝恩瓦尔德(Bernward,950 或 960—1022)。

贝恩瓦尔德出身于萨克森的贵族家庭,从小在希尔德斯海姆的主教堂学校(Domschule)接受古典和基督教的教育。977 年在其叔父的引领下进入了奥托二世的宫廷,此后又通过奥托二世的未亡人进入奥托三世的王室,成为其重要的幕僚。993 年,贝尔瓦尔德由美因茨的大主教维利希斯授职为希尔德斯海姆的主教。希尔德斯海姆是奥托家族的大本营,是萨克森德王室的政治权力中心,奥托一世第二次进军意大利返回后从罗马运回圣埃皮法尼(Epiphanius[①],439—496)的部分遗骸,供奉在希尔德斯海姆的教堂里,以此提升该教会的宗教地位。虔诚者路德维希皇帝在位时就在希尔德斯海姆建立主教堂学校,奥托一世从罗马搬运回十万余册书籍,在这里建立了主教堂图书馆(Dombibliotek),这是德意志北部地区最古老的图书馆,也是奥托时期最重要的教育中心。雄心勃勃的贝尔瓦尔德试图把希尔德斯海姆教会打造成第二个罗马教会,他仿照 5 世纪 20 年代的教皇克勒斯丁一世(Coelestin Ⅰ.,? —432,422—432 年在位)在罗马建造的圣萨比娜教堂的建筑风格,于 1015 年改建希尔德斯海姆主教堂西部的大门,为中世纪德意志的教堂建筑史留下了光辉的一

---

① 埃皮法尼是帕维亚的主教,生活在罗马帝国最后覆灭、东哥特人在意大利建立王国的历史时期,他曾经是罗马帝国最后一位皇帝委托的使者,也是东哥特人的第一位国王的使者,担任重要的出使任务,通过在日耳曼人中传教缓解因民族大迁徙在社会中激化的社会矛盾,在东哥特人中树立教会的权威。参见 E. Hermann-Otto,"The social and political activities of Saint Epiphanius, bishop of Pavia",in: *Studia Patristica*, 29. Leuven, 1997, pp. 46—51.

笔,即贝恩瓦尔德门(Bernwardtstür①)。

在奥托宫廷中最博学的当属格贝特(Gebert,950—1003)。格贝特出生于法国的欧里亚克,在西班牙的圣玛丽娅·德·里珀尔修道院(Kloster Santa Maria de Ripoll)学习过音乐、算术、几何、天文学等古典七艺,精通文法、逻辑学、数学以及其他一些自然科学,同时他还接触过阿拉伯伊斯兰教文化。格贝特被公认是那个时代具有非常重要地位的学者,他以在修辞学方面的知识和能力著称,但更为著名的是在数学和天文学方面的建树。900 年之后,西欧发现了公元前 1000 多年前的一种计算工具(Abacus②),格贝特凭借其扎实的算术知识将其应用于实践中,是西欧中世纪古典计算工具的发明者。格贝特是最早向欧洲介绍阿拉伯数字和"0"的学者,但欧洲人广泛使用阿拉伯数字和"0"还是在 12 世纪之后。此外,格贝特还是在中世纪的西欧最早使用星盘(Astrolabium)的学者。982 年,格贝特担任意大利博比奥修道院的院长,991 年被授职为兰斯的大主教。他是奥托三世的授业老师也是其政治顾问,对奥托三世的政治理念和政策的决定都有毋庸置疑的影响。998 年戈贝特担任拉文纳的大主教,次年被奥托三世指定为罗马教皇,称西尔维斯特二世(Silvester Ⅱ.,950—1003,999—1003 年在位)。西尔维斯特二世在政治上支持奥托皇朝"复兴罗马帝国"的政治目的,为其提供神学政治理论依据,这无疑对此后中世纪历程中的历任皇帝都产生极为深刻的影响。

二、教会学校

设立主教区是奥托家族历任皇帝在实施东部边疆政策中一项非常重要的措施,在设立主教区和建立修道院的同时兴办了修道院学校和主

---

① 所谓的"贝恩瓦尔德门",是在铜质的大门上雕刻了圣经中摩西书中描绘的场景以及耶稣生平,被认定为是德意志最早的圣像雕塑艺术,被列为世界文化遗产。

② Abacus 是类似中国算盘的一种计算工具,在古巴比伦、古埃及、古罗马时期都有各自形状的计算工具,参见《不列颠百科全书》,第 1 卷,第 4 页。

教堂学校,其中最著名的是马格德堡的大主教教堂学校。这所学校是在奥托一世的庇护之下由英利茨修道院的第一任院长安诺(Anno,？—？)建立的,兰斯的格贝特和被誉为"萨克森西塞罗"的奥特里克(Ohtrich,？—981)都曾在该校任教,他们为学校带来了很大的声誉。布鲁诺任科隆大主教后,也在科隆大主教教堂兴办了主教堂学校,吸引西欧各地的求知者慕名而来。马格德堡的主教堂学校和科隆的主教堂学校是分别设在德意志东部和西部的两个教育中心,奥托时期的国王和皇帝越来越多地在这两所学校中遴选主教和大主教。

维尔茨堡的主教堂是德意志西部的又一个教育要地,维尔茨堡的大主教珀波(Poppo,？—961)曾担任过奥托一世的掌玺官,他邀请意大利诺瓦拉的经院哲学家斯特凡(Stephan von Novara,？—？)到此任教。沃尔姆斯的主教堂学校是由安诺继马格德堡主教堂学校之后建立的又一所重要学校,这里因阐述主教授职权的理论而闻名遐迩。奥托三世的掌玺官希尔德巴尔德(Hildebald,940—998)、科隆的大主教黑里贝特(Heribert,970—1012)以及奥托一世的重孙、教皇格雷戈尔五世(Gregor Ⅴ.,972—999,996—999年在位),都曾经在该校学习或执教。可以说,奥托时期的主教堂学校为帝国培养了忠实于帝国宫廷的高级教士,他们为德意志实行政教二元统治提供重要的理论支持,影响着王权制定教会政策的走向。

奥托时期的大教堂学校承担了编年史的撰写工作。955年,伦巴底的宫廷编年史家柳特普兰德(Liutprand von Cremona,920—972)进入奥托一世的宫廷,961年被任命为克雷莫纳的主教。他曾任奥托的特使出使拜占庭,958年完成历史著作《诅咒书》(Liber antapodoseo),记述888年—958年在欧洲发生的历史事件。此后,柳特普兰德又撰写了《奥托王朝史》(Historia Ottonis)和《君士坦丁堡出使记》(Relatio de legatione Constantinopolitana)。968年,科尔维的维杜金德(Widukind von Korvei,925—973)完成了2卷本的《萨克森史》(Res gestae Saxonicae)的编撰,第一卷记述从萨克森部族至海因里希一世的历史。

第二卷描述的是奥托一世的业绩,详细地阐述奥托一世在罗马的加冕礼、建立马格德堡主教区等重大的历史事件。与奥托家族有着密切联系的编年史家、梅泽堡的主教蒂特马尔(Thietmar, 975—1018)于 1012—1018 年间撰写的 8 卷本的《编年史》(Chronik),涵盖了 908—1018 年间所有重大的历史事件,同时还撰写了为奥托家族歌功颂德的《虔诚的萨克森国王们的生平和功绩》(Saxonie regum vitam moresque piorum)。奥托时期还应该提到的是甘德尔斯海姆的赫罗茨维斯(Hrotswith von Gandersheim, 935—973),她是德意志历史上第一位女诗人,她用拉丁语的六音步诗行体(Hexametern)撰写了《奥托史诗》(Gesta Ottonis),描述奥托家族以及他的政治功绩。奥托时期,有关主教、公爵等各种人物传记也很流行,无论是编年史还是人物传记都配有手绘的彩色插图,形成特有的风格,最具代表性的是特别制作的奥托颁布给教会的《奥托特恩权》。

奥托时代的大主教教堂学校不仅是宗教学术的中心,同时还是那个时代宗教艺术的中心,是加洛林时期艺术的传承者。曾经在大主教教堂学习过的一些主教或者大主教们,如科隆的布鲁诺、列日的诺特格(Notger, ? —1008)、特里尔的埃格伯德(Egbert, 950—993)、美因茨的维利希斯、帕德博恩的迈因维尔克(Meinwerk, 975—1036)、希尔德斯海姆的贝恩瓦尔德、沃尔姆斯的布尔夏德(Burchard, 965—1025),等等,都在任职期间对所在主教区的教堂进行修缮,对教堂内部进行装饰,创造宗教人物的雕塑,形成奥托时代的艺术风格。奥托时代的教堂建筑比加洛林时期更有规则性,教堂外部更像是带有尖塔的城堡,内部的设计比较简单,但布局较有系统性。与礼拜堂相连接的是内堂和两个后殿,后殿呈半圆形,有两个十字形的耳室。教堂内装饰的圣经人物的雕塑姿态生动,色彩鲜艳。虽然这个时期的石雕还不多见,但木雕和铸铜的雕塑都有了很大的发展,最具代表的是上文提到过的"贝恩瓦尔德门"。

第四章　主教授职权之争前后

　　自奥托大帝时期起,教会和修道院就是德意志王室施政的一大政治支柱,萨利尔王朝更是延续这一政策,在给予修道院和教会特许权的同时,又牢牢地掌控着对修道院院长和主教及大主教的授职权。出于同样的政治考量,德意志的皇帝染指教皇的任免,并积极支持罗马教会的改革。罗马教会通过改革提升宗教权威,不甘受世俗君权的制约,扩大了对世俗政治的影响力。由此,罗马教会与德意志皇帝的矛盾加剧,最终因争夺对主教的授职权而激化,酿成公开的对峙。罗马教会与反皇帝的贵族联合起来,采取对海因里希四世皇帝(Heinrich Ⅳ. , 1050—1106,1084—1105 年在位)处以绝罚另立新王的策略,迫使德意志皇帝不得不妥协,走上了卡诺萨之路。

　　主教授职权之争不仅改变了德意志皇权和教权的关系,而且还在很大程度上改变了贵族的社会结构,同时也在一定程度上增强了贵族在其领地的权势以及对帝国事务的影响力。另一方面,第三等级也在此期间有了很大的变化。首先,自由农民和非自由农民因为土地的持有权和用益权有所改变;其次,城市的复苏培植了新的市民阶层,成为第三等级中新的社会因素。城市是王权新的经济来源,市民阶层则是王权依靠的新的政治力量。

在卡诺萨事件中示弱的海因里希四世平息了帝国内的政治动荡，再次对罗马教会发起反击，重新控制罗马教会。新上任的罗马教皇乌尔班二世（Urban Ⅱ.，1035—1099，1088—1099 年在位）与德意志帝国境内的反对派再次结盟；此间，乌尔班二世还发动了第一次十字军东征。第一次十字军东征以及十字军国家的建立极大地提升了罗马教皇的权威，海因里希四世皇帝则在很大程度上失去了已有的政治影响。另一方面，海因里希四世晚期与其子的争斗削弱了皇权的权威，导致海因里希五世登基后不得不与罗马教皇妥协，双方签订《沃尔姆斯协议》，皇帝放弃对主教的授职权，但保留对主教区的经济权。

第一节　修道院和教会的改革

一、萨利尔王朝的东方政策

萨克森奥托家族的海因里希二世（Heinrich Ⅱ.，973—1024，1014—1024 年在位①）死后无子嗣，与奥托家族有着姻亲关系的萨利尔家族有了获得王位的机遇。奥托一世执政时期，萨利尔家族的红头发康拉德因与奥托的女儿结为连理进入奥托王朝的统治集团，从伯爵上升为公爵，在与德意志的王权诸侯贵族的争斗中萨利尔家族的势力不断壮大。10 世纪以后，萨利尔家族因为与王室的近亲关系受到奥托三世的重用，995 年，康拉德二世年仅 5 岁就被封为克恩滕公爵领地的公爵。康拉德二世从小丧父，在沃尔姆斯的主教布尔夏德（Burhard von Worms，965—1025）的监护下长大。1016 年康拉德二世与施瓦本公爵夫人吉塞拉（Gisela，989—1043）缔结婚姻，吉塞拉是施瓦本公爵领地的继承人，又通过 1014 年的第二次婚姻有了勃艮第公国的继承权，康拉德二世迎娶吉塞拉的政治目的不言而喻，这也自然引起海因里希二世皇帝的警

---

① 海因里希二世于 1009—1017 年为巴伐利亚公爵，1002—1024 年为东法兰克国王，1004—1024 年为意大利国王，1014—1024 年为皇帝。

觉。海因里希二世以该婚姻不符合基督教教规为由,将康拉德驱逐出施瓦本,致使康拉德二世与皇帝间的关系陷入紧张状态,终因海因里希二世染病身亡才未导致紧张关系的恶化。[①]

海因里希二世去世几周后,德意志的教俗贵族们于1024年9月4日聚集在美因河畔的坎巴选举国王。康拉德二世高贵的出身使他成为德意志王位最有利的竞争者,在美因茨大主教阿里伯(Aribo,990—1031)的强力举荐下,与会的教俗贵族大多都推举康拉德二世为德意志的国王。同年9月8日,阿里伯在美因茨的大主教教堂为其施国王加冕礼,然而他却拒绝为吉塞拉施王后加冕,王后的加冕礼是由科隆的大主教皮尔格林(Pilgrim,?—1036)于9月21日主持。自此之后,科隆大主教和美因茨大主教在德意志境内有了相同的宗教权威和政治地位。

萨利尔家族年轻国王的登基虽然改变了德意志的王朝,但新王朝依然延续前朝提出的"复兴罗马帝国"的政治方向。与萨克森最后一位皇帝海因里希二世比较而言,新国王更善于采用外交手段解决东部边疆问题。[②]

10世纪中叶,位于奥得河与布格河区间的波兰人(Polanen)在梅什克一世(Mieszko Ⅰ.,922或945—992)大公的领导下迅速崛起。梅什克一世大公通过政治联姻的手段扩大其政治影响,如果说他与波希米亚公爵女儿的婚姻更多的是出于其政治目的,他的儿子博莱斯瓦夫(Boleslaw Ⅰ.,965或967—1025)的几次婚姻的政治目的则更是昭然若揭。博莱斯瓦夫的第一次婚姻是与迈森边疆马尔克伯爵的女儿,这次婚

---

① F.-R. Erkens, *Konrad* Ⅱ. (*um* 990-1039). *Herrschaft und Reich des ersten Salierkaisers*, Regensburg: Pustet, 1998, S. 35.

② 奥托大帝加冕为皇帝之后,德意志的国王(König)和德意志的皇帝(Kaiser)是两个并存的称谓,并且规定只有在加冕为德意志国王之后的君主才能加冕为德意志皇帝,加冕礼必须在罗马举行;因此,新即位的国王并不等于就是皇帝,只有在罗马接受了加冕礼之后才能称之为皇帝。在以下的章节中,同一位君主凡尚未施加冕的均称其为"国王",接受加冕礼后的称其为"皇帝"。Reich即可以翻译为"王国",也可以翻译为"帝国",视君主是否加冕为国王或是皇帝而定,以下章节中依君主的国王身份或皇帝身份分为"德意志王国"或"德意志帝国"及"德意志王权"或"德意志皇权"。

姻的目的是其父为了实现将触角伸进到德意志的迈森边疆马尔克伯爵
领地的政治企图。虽然此举得到施瓦本公爵争端者海因里希的认可，但
功亏一篑，梅什克随即结束了儿子的这段婚姻。985 年他让儿子与匈牙
利的一位贵族家族定亲，但因匈牙利与波希米亚之间近乎发生军事冲
突，这段婚姻仅维系了两年就结束了。987 年，博莱斯瓦夫与索布人
（Sorben①）多布罗米尔贵族家族的埃姆尼达（Emnida，973—1017）成亲。
索布人居住在萨克森和勃兰登堡之间的区域，与德意志的迈森、劳齐茨
和北方三个边疆马尔克伯爵领地相邻。992 年，博莱斯瓦夫继承大公之
位，不仅很快就统一了波兰人的各个部族，并且以多布罗米尔贵族家族
所在地为权力中心，借助奥托三世提升自身的政治影响力，成为德意志
东部边疆地区最大的威胁因素。海因里希二世执政期间，这种威胁因素
被激化为公开的军事冲突。康拉德二世登基后，改变前任的政策，主动
放弃与波兰、波希米亚以及匈牙利有争议的一些地区，与其修好，保证东
部边疆地区的安定。

　　1026 年，康拉德二世借助伦巴底主教们的支持戴上伦巴底国王的铁
王冠。次年的 3 月 26 日，教皇约翰内斯十九世（Johannes ⅩⅨ．，？—
1032，1024—1032 年在位）在罗马为康拉德二世和他的妻子主持了隆重
的加冕礼。科隆、美因茨、特里尔、马格德堡、萨尔茨堡、米兰以及拉文纳
等大主教区的大主教们，在当时有着很大影响力的克吕尼修道院的院长
奥迪洛（Odilo，962—1049）等至少 70 位高级教士，以及随康拉德二世前
往罗马的世俗大贵族们见证了这次加冕礼。② 加冕后，康拉德二世给意
大利的修道院和主教区签发 17 份证书以显示皇帝在意大利地区的权
威。③ 同年 4 月，康拉德二世离开罗马率军南下，接受了南意大利卡普

---

① 索布人是西斯拉夫人的一支，居住在今天德国东部的萨克森和勃兰登堡之间的地区，是德国
　的少数民族，至今仍保持着本民族的语言和习俗。

② E. Boshof, *Die Salier*, Stuttgart: Kohlhamme,⁵2008, S. 47.

③ H. Wolfram, *Konrad* Ⅱ. 990—1039. *Kaiser dreier Reiche*, München: C. H. Beck, 2000,
　S. 127.

阿、贝内文托和萨莱诺三个地区贵族们的效忠宣誓。

在罗马的加冕以及在意大利取得的胜利提升了康拉德二世在德意志本土的权威，与此同时，他又利用勃艮第与法国之间的矛盾，获得勃艮第的王冠。康拉德二世不仅坐上德意志的皇位，而且还拥有德意志、伦巴底和勃艮第的三个王冠。为了稳固在德意志的统治，康拉德二世迟迟不在那些已镇压谋反叛乱的地区任命公爵和伯爵，而是派遣忠实于他的王室封臣（Reichsministerialität）管理这些空缺公爵和伯爵的领地土地财产。王室封臣是王室中没有人身自由的侍从，康拉德二世通过他们实际控制公爵领地和伯爵领地的土地收益，扩大皇室的财源。这些王室封臣虽然被委以重要职务，但享有的权利有限，缺少能够在政治上形成割据一方的经济基础。王室封臣是康拉德二世依靠的较为可靠的一股新的政治力量。

二、支持修道院的改革

教会和修道院是康拉德二世稳固皇权所借助的又一股政治力量。德意志帝国是一个没有建立完善行政机构的公国和王国的联合体，维系这个联合体的是各大公爵对皇帝的承认和效忠、"君权神授"的皇权思想以及罗马教皇施与加冕礼的仪式。作为圣彼得代理人的教皇为皇帝施的加冕礼是对普世的一种宣言，表明皇帝的绝对权威。从奥托一世起，历任德意志的国王都要尊崇在罗马进行皇帝加冕礼的传统，这也是历任德意志的国王进军意大利的最重要的政治原因。奥托一世建立的诸侯与教会并存的政治体制在海因里希二世时期得到进一步发展，他继承自奥托一世以来德意志皇权对教会采取的一贯政策，一方面慷慨地赠与主教领地和各种权利，另一方面又牢牢控制对主教的授职权、设立主教区的权利以及主持和授意召开宗教会议的权利，甚至还参与制定教会的教规。通过这些措施，海因里希二世培植了一个教会诸侯群体，有效地制衡公爵和伯爵的政治势力，以此巩固德意志皇权的权威。康拉德二世在承续萨克森王朝教会政策的同时，更加强对教会的控制，通过教会统治整个帝国，同时也更强化其对修道院的政策。

　　修道院制度始于 3 世纪的埃及，源自于东方隐修士的生活模式，4 世纪传入西欧。圣奥古斯丁、教皇格雷戈尔一世（Gregor Ⅰ.，540—604，590—604 年在位）等教父学家们（Kirchenvater）按照基督教的教义，用"原罪说""赎罪说"等基督教的教义将其理论化，对其进行改造，改变东方隐修制度完全退避社会苦修孤寂的生活方式，把进行农业体力劳动看作修行的重要方式，把隐修的生活方式融进基督教，由此给予修道院非常重要的社会经济职能。5 世纪末至 6 世纪中期，西欧的修道院有了很大的发展，在这个发展过程中起到极为重要影响的是修道士诺尔西亚的本尼狄克（Benedikt von Nursia，480—547）。592 年，本尼狄克在意大利中部的卡西诺山上建立一座修道院，制定约束修道士生活的院规——本尼狄克院规，开创西欧修道院制度的最初模式。修道院的生活方式和组织原则表明了在现世生活中人们要减轻所承受的原罪压力、改变人的本性的强烈意识。然而，修道院成长起来的动力是因为其所具有的经济因素，它从传入西欧时起就为世俗贵族创造了很大的财富，尤其是在拓荒垦殖活动中修道院做出了重大的贡献，许多农业生产中心都是在修道院的组织下创造出来的。德国著名的社会学家马克斯·韦伯曾经说过："修道士们是最有条理的、在政治上最没有危害的、也是最便宜的教员。政治统治者们所希望得到的支持再没有比修道士们对被统治人民的影响更保险的了。"[1]

　　9 世纪外族入侵时，西欧各地的许多修道院都遭受劫掠，动荡不安的时局使修道士们无法恪守修道院的规程，修道院的房屋和地产被世俗贵族占有，本尼狄克院规也几乎完全被人遗忘。909 年，兰斯大主教区的主教们在特罗斯勒召开的宗教会议上一致谴责修道院的世俗化现象："城镇空寂无人，修道院被焚为废墟，土地荒芜。正如最初生活在没有法律或约束的状态中感情用事的人们那样，现在每个人都各行其是，无视上

---

[1] M. Weber, *Wirtschaft und Gesellschaft-Grundriß der verstehenden Soziologie*, Bd. 2, Tübingen: Mohr, 1921, S. 788.

帝和人世的法律及教会的法规。满目皆是对穷人的暴力和对教会财富的掠夺,人与人之间就像海中之鱼那样弱肉强食。修道院未能幸免于难,它们有的被异教徒摧毁,另一些则被劫掠剥夺得近乎一无所有。即使那些幸存的修道院,也不复存在对教规的遵从。它们不再拥有合法的上司,因为它们甘受世俗的统治。因此,在修道院中,我们看到的是俗人修道院长和他们的眷属,他们的卫兵及他们的看门狗。"①

9 世纪中期以后,西欧的封建主们一直试图恢复正在逐渐消失的修道院制度,重建和新建修道院,任命那些有名望的修道士担任院长,赠给修道院地产,授予他们各种特许权,修道院因获得有条件的自由而实现自治。在这其中最具代表性的是克吕尼修道院。克吕尼位于今天法国中东部的勃艮第地区,9 世纪下半叶在阿奎丹公爵威廉三世(Wilhelm Ⅲ.,900—963)的管辖之内。克吕尼原本是一个小教堂,威廉公爵在此基础上扩建修道院,并在 910 年 9 月 11 日落成典礼上,任命在当时负有虔诚盛名的圣马丁修道院的修道士贝尔诺(Berno von Baume,850—927)为克吕尼修道院的院长。威廉把原来属于这个教堂的房舍、葡萄园、耕地、牧场、树林以及依附农,都赠给克吕尼修道院,要求院长依据本尼狄克院规严格管理和监督该修道院里的修道士,修道士们有义务为威廉和其家族成员祈祷。

克吕尼修道院的修道士们过着严格的禁欲生活,每天除了做礼拜、诵读圣经和唱赞美诗还要从事各种繁重的农业和手工业劳作。修道士必须毫无保留地服从院长,遵守修道院的院规,要做到放弃财产、禁欲、绝婚、缄默、服从、谦恭、友善。为了防止世俗对克吕尼修道院财产和宗教事务的染指,威廉公爵把克吕尼修道院献给使徒彼得和保罗,由罗马教皇监护。克吕尼修道院的修道士们有权共同选举领导他们的院长,可以自主选择信任的主教为其主持授职仪式,也可以自己选择修道院的庇

---

① 克里斯托弗·道森:《宗教与西方文化的兴起》,长川某译,四川人民出版社 1989 年版,第 134 页。

护者。在克吕尼修道院里,修道院院长是使徒的代理人,修道院所在主教管辖区的主教未经院长的邀请不能擅自进入修道院,修道院享有较为充分的自主权和自由权。克吕尼修道院虽然仅仅是着眼于重建修道院内部的宗教生活秩序,但是却显示出一种新的有秩序的基督教社会原则,这是克服封建社会中无政府状态的一种新的措施,因而很快就成为封建世俗贵族可以借助的力量,勃艮第的大贵族们都把自己领地内的修道院交由克吕尼修道院的院长进行改革,或成为克吕尼的子修道院。自927 年之后,法兰西的国王和罗马教皇先后多次给予克吕尼修道院各种特许权,首肯其已经享有的一切宗教和世俗的权利,允许其按照自己的模式对其他修道院进行类似的改革。在王权和世俗大贵族的推动下克吕尼修道院的改革得以传播,形成大规模的修道院改革运动。改革后的修道院表现出一种基督教的、自治的、有秩序的原则,成为 10 至 11 世纪西欧封建社会中无政府状态下的一支新的政治力量。"那些无视道德或法律的无法无天的封建贵族发现了某种比残暴力量更强的东西的存在,这是他们不敢视而不见的神秘的超自然力量。"[1]修道院的改革运动对德意志王权的教会政策产生了重大的影响。

在德意志,开始推行克吕尼改革运动的是海因里希二世皇帝。海因里希二世青年时曾在希尔德海姆修道院接受教育,培养出一种割舍不断的宗教情节。他与克吕尼修道院的第五任院长奥迪洛有着极密切的交往,在他还是巴伐利亚的公爵时就已经在积极地推行克吕尼修道院的改革,登上德意志的王位之后,更是把修道院的改革运动引入德意志王国的统治政策之中。继位初期,海因里希二世面临着平息地方封建势力叛乱和巩固集权的重任,他试图把克吕尼修道院在改革中建立的秩序和服从的原则吸收到帝国的统治中,下令在普吕姆、斯塔布罗、赫尔斯费尔德、赖兴瑙、富尔达、科尔沃韦、乌勒梅迪、圣马克西米、甘德斯海姆等修道院进行改革,把上述修道院都置于皇帝法权的保护下,成为直属帝国

---

[1] 克里斯托弗·道森:《宗教与西方文化的兴起》,第 140 页。

皇权的修道院。在他的授意下,德意志境内的一系列修道院都以改革的形式被置于王国教会的管辖之下。康拉德二世登基之后更是大力支持修道院的改革,他重用前朝修道院改革的干将斯塔伯洛的珀波(Poppo von Stablo,978—1048),委托他在洛林的林堡建立一所修道院,并且指令他对洛林地区的十几所修道院进行改革。为了推行修道院的改革,珀波同时身兼 17 所修道院的院长。通过珀波对洛林地区修道院的改革,康拉德二世获得洛林贵族对其在政治上的支持,也因为修道院的改革改善了与法国国王海因里希一世(Heinrich Ⅰ.,1008—1060,1027—1060年在位①)之间紧张的关系。抑或可以这样说,与其前任比较而言,康拉德二世更多地是以支持修道院改革运动这种和平的方式稳定德意志各地的局势;同样,他也通过教会平息了在意大利发生的动乱。

　　1039 年 6 月,海因里希三世(Heinrich Ⅲ.,1017—1056,1046—1056 年在位②)成为德意志的君主,他进一步强化修道院与帝国皇权的直属关系。他为多个修道院颁布诏书,解除这些修道院与捐建贵族间的关系。贝罗米斯特修道院和舍尼修斯修道院是由克莱托的伯爵建立的,海因里希三世于 1045 年分别给这两个修道院颁布证书,给予它们与帝国教会和修道院同等的各项权利,使它们脱离与伯爵的从属关系,成为直属帝国的修道院。同年,海因里希三世在给帕维亚的圣玛丽娅·塞纳托立斯修道院的证书中强调,确立该院与帝国的直属关系,以此为前提给予其自由。乔万尼修道院(Kloster Giovanni)是由蒂特的伯爵建立的,该院于 1047 年获得海因里希三世的证书,规定它是帝国的直属修道院。③ 海因里希三世通过对修道院的改革强化皇权对修道院的主权,他给予改革后不受世俗封建主管辖的修道院自由,以此来确定修道院与皇权的直属关系。帝国的统治权所以能和修道院的自由相提并论,是因为

---

① 海因里希于 1027 年与其父一起为同治王,1031 年其为独立的国王。
② 海因里希三世于 1039 年加冕为国王,1046 年起为罗马德意志皇帝。
③ G. Lander, *Theologie und Politik vor dem Investiturstret: Abendmahlstreit, Kirchenreform, Cluni und Heinrich Ⅲ.*, Wien: Wiss. Buchges. ,1936, S. 62f.

自由被看作是自愿地服从上帝和他的教会，自愿地服从上帝在世俗的代理人——帝国的君主。

　　11 世纪初期，得天独厚的地理环境使意大利北部作为东西方中介贸易的优势越加突显出来，奥托大帝以来德意志的历任皇帝都是通过任命这一地区的主教和大主教掌控这一地区，给予他们司法审判、开办市场、铸币、征收关税等各种司法和经济的特许权，尤其是米兰的大主教阿里贝托（Ariberto，？—1045）。阿里贝托曾是海因里希二世和康拉德二世的积极支持者，他曾力荐康拉德二世远征意大利，而且还帮助他获得了伦巴底的王位，亲自为其主持伦巴底国王的加冕礼。这些大主教、主教掌握着北意大利的城市，控制着市场、港口和水陆交通要道，他们与这一地区从事手工业和商业活动的城市市民（Bürger）和骑士之间的矛盾越来越深。1035 年末、1036 年初，米兰市的市民和骑士联合起来反对大主教阿里贝托，与其率领的军队发生武力冲突。北意大利局势的动乱促使康拉德二世做出再次远征意大利的决定。1037 年初，康拉德二世进入意大利，为了获得伦巴底贵族和市民的支持，他罢免了阿里贝托米兰大主教的教职，任命其宫廷教士继任米兰的大主教。

　　海因里希三世不仅在帝国境内大力支持修道院的改革，同时还加强与罗马教会之间的联系，在他的支持和影响下，修道院的改革被引入罗马教会，引发了罗马教会的改革。

三、罗马教会的改革

　　康拉德二世留给海因里希三世的是一个实力较为强大的帝国皇权，但是他却一度忽视了与罗马教会之间的关系，致使罗马教会陷入罗马城内教俗贵族之间的纷争之中无力自拔。11 世纪 40 年代，罗马教会再次因教皇的人选问题陷入罗马世俗贵族的派系斗争中。1032 年，年仅 18 岁的迪奥菲拉特被罗马图斯库讷家族安置在教皇的宗座上，称本尼狄克九世（Benedikt Ⅸ．，1012—1055，1032—1048 年在位）。本尼狄克九世利用教皇的权势打击其他家族的反对派，且行为残暴荒淫，激起了罗马城内各社会阶层的强烈不满。1045 年 1 月,罗马人赶走了本尼狄克九世,选举萨比纳的主教约翰内斯为教皇,称西尔维斯特三世(Silvester Ⅲ.,? —1063,1045—? 年在位①),但这一选举并未能改变罗马教会的局面,他刚上台不久就被罗马城内的贵族图斯库拉讷兄弟赶下台。不甘失利的本尼狄克九世眼看得不到罗马社会各阶层的支持,深感即使重登圣宗座也难以为继,自身地位极不稳固,他遂以 1000 磅的白银把教皇的职位卖给他的教父格拉蒂安,称格雷戈尔六世(Gregor Ⅵ.,? —1047?,1045—1046 年在位)。1046 年,西尔维斯特三世和本尼狄克九世先后返回罗马,都称自己是合法的教皇,这样就在罗马教会中出现三个教皇并存的局面。罗马教会的这种局面以及教皇受控于罗马城的贵族,不仅不利于德意志皇帝对意大利的控制,而且也动摇了"君权神授"这一神学政治理论的实际基础,这对德意志的皇权是一种潜在的威胁。为了平息罗马教会内部的派系争斗,消除这一潜在的威胁,巩固皇权集权统治的政治,德意志国王海因里希三世毅然于 1046 年 9 月率军启程前往意大利。10 月 25 日,海因里希三世在帕维亚主持召开宗教会议,严厉谴责买卖圣职(Simonie)的行径。② 12 月 20 日,海因里希三世再次在罗马的苏特立宫主持宗教会议,以冒充教皇罪监禁西尔维斯特三世,以买卖圣职罪放逐格雷戈尔六世。3 天后,海因里希三世再次召开宗教会议废黜本尼狄克九世,指定德意志班贝格的主教苏伊特格为教皇,称克莱门斯二世(Clemens Ⅱ.,1005—1047,1046—1047 在位)。12 月 25 日圣诞节这天,新教皇克莱门斯二世为海因里希三世夫妇主持皇帝和皇后的加冕礼。然而克莱门斯仅在位一年就去世,本尼狄克九世返回罗马,重登圣宗座。海因里希三世派遣卡诺萨的博尼法修斯(Bonifatius von Canossa,985—1052)将其逐出罗马,另立布里克森的主教珀波为教

---

① 西尔维斯特三世被选为对立派教皇,但他何时逊位却没有史料记载。

② G. Martin, „Der salische Herrscher als Patricius Romanorum. Zur Einflussnahme Heinrichs Ⅲ. und Heinrichs Ⅳ. auf die Besetzung der Cathedra Petri", in: *Frühmittelalterliche Studien*, Bd. 28 (1994), S. 260.

皇,称达马苏斯二世(Damasus Ⅱ.,? —1048,1048—1049 年在位),但他即位仅 24 天后就暴卒。1049 年 2 月 12 日,海因里希三世指定他的堂兄图勒的大主教布鲁诺为教皇,称利奥九世(Leo Ⅸ.,1002—1054,1049—1054 年在位)。

图勒主教区所在的洛林地区直至 11 世纪都在各大主教和主教的控制之下,其中科隆的大主教是这一地区的实际统治者。洛林地区的科隆、图勒、梅斯、凡尔登等重要的大主教和主教都与德意志皇室有着十分密切的血缘关系或者姻亲关系,德意志的历任皇帝掌握着对该地区教职的任免权。自 10 世纪以来,图勒主教区就积极推广修道院改革运动,这个地区的修道院以高尔茨修道院(Kloster Gorze)的改革为模式。高尔茨修道院由梅斯的大主教于 748 年建立,深受博尼法修斯的影响,修道院一直在大主教的掌控之下,严格地遵守和执行本尼狄克院规。匈牙利侵入洛林地区时,高尔茨的修道士们为避难四处逃散,修道院因此而衰敝,修道院的地产被当地的教俗贵族瓜分。933 年,梅斯的主教阿达贝尔洛(Adalbero Ⅰ. von Bar,? —962)重建高尔茨修道院,任命以苦修著称的修道士约翰内斯(Johannes von Gorze,900—974)为院长。重建后的高尔茨修道院比克吕尼修道院更严格地遵守禁欲的生活制度,它与克吕尼修道院最大的区别是,修道院的自治和自由是在主教的监护下。

高尔茨和克吕尼改革的重要区别在于,克吕尼修道院是在私有教会制充分发展的基础上进行的改革,因而它只能直接置于罗马教会的监管之下,尽管这种监管是有名无实的,但修道院借助教皇给予的免受主教管辖的豁免权,抵制私有教会的领主染指修道院的财产和宗教事务,建立起一个完全独立自主的宗教团体。高尔茨修道院是在德意志帝国教会的体制上进行的改革,修道院在大主教的监管之下,修道院的所有宗教事务以及院长的选举都要获得大主教的同意和批准,完全服从于大主教。高尔茨修道院的这种改革模式有助于增强大主教、主教在地方的宗教和政治的权势。利奥九世是高尔茨改革派的积极推动者和参与者,他在担任该主教区的大主教期间就牢牢地控制了教区内的所有修道院,同时还要求教区内的教士也同样要遵循修道院的禁欲生活制度。

洛林地区的主教们十分重视从教义理论上阐明修道院的改革运动。10 世纪末、11 世纪初,列日的主教诺特格(Notger von Lüttich,？—1008)在他的教区内成立当时颇有名望的教堂学校,从教会法权和教义的角度阐述修道院的改革。在洛林的列日主教区的教堂学校培养了一批在此后的罗马教会的改革中起到重要作用的改革骨干,让布卢修道院的院长奥尔贝特(Olbert von Gembloux,？—1048)、沃尔姆斯的主教布尔夏特(Burchard von Worms,965—1025)、乌得勒支的主教阿达巴尔德(Adalbald Ⅱ.,？—1026)以及列日的主教瓦措(Wazo von Lüttich,？—?)等等。奥尔贝特院长和布尔夏德主教以德意志帝国的教令为基础,编辑 11 世纪的教会法令集,瓦措主教是最早批评世俗干预教会事务的教士。利奥九世登上圣宗座之后,把高尔茨修道院改革的模式引入罗马教会,他不仅依靠德意志皇帝的势力抑制罗马城内贵族对教会的渗入,而且还从他后来所在的主教区和邻近的教区挑选一批积极主张改革的有名望的教士进入罗马教会,他们中间有修道士希尔瓦坎迪达的洪贝特(Humbert von Moyenmoutier,1006 或 1010—1061),勒米尔蒙的胡戈·坎迪杜斯(Hugo Candidus,？—1099),洛林公爵的兄弟、副主教弗里德里希——即后来的斯蒂芬九世教皇(Stepahan Ⅸ.,1020—1058,1057—1059 年在位),以及后来成为教皇格雷戈尔七世(Gregor Ⅶ.,1020—1085,1073—1085 年在位)的希尔德布兰德。这些力主改革的主教和修道院院长们协助利奥九世平息了罗马教会内部的派系斗争,形成一个以教皇为首的改革派核心,在此基础上组建一个由 7 位枢机主教(Kardinal)、28 位枢机祭司和 18 位枢机副祭司组成的枢机主教团(Kardinalskollegium①),罗马教会自此有了一个坚实的常设机构,这就杜绝了由某个有势力的贵族家族或者世俗势力操控罗马教会的可能性。

---

① 枢机主教是以教皇为中心的高级圣职幕僚,为与其他主教有所区别其主教的祭衣、领圈和帽子都是红色的,故又被称之为红衣主教。

利奥九世在德意志皇帝海因里希三世的支持下,依靠枢机主教团与罗马的大贵族展开不妥协的斗争,这场斗争的焦点是反对买卖圣职。

买卖圣职涉及教会的权限、宗教仪式的权限,关系到教会的自主和自治,是导致教会世俗化的一个重要因素。反对买卖圣职的斗争首先得到德意志皇帝海因里希三世的支持,他在德意志和意大利多次召开的宗教会议上颁布法令,明令禁止以购买或贿赂的手段获得任何教区的或者修道院的职务。改革派的核心人物则在神学理论上对此进行了阐述,1054—1085 年这 30 余年间,希尔瓦坎迪达的洪贝特撰写了三卷本的论著《斥买卖圣职者》(Libri tres adversus simoniacos)。[1] 他认为,授予主教权杖和戒指的仪式应该完全是教会的权力,教会的任何职务都不应该由世俗授予,无论他是国王还是皇帝,而是应该按照传统的基督教教义由教士或者教徒选举产生。洪贝特认为,买卖圣职是一种罪过,是异端(Häresie)的行为,那些通过购买或贿赂获得圣职的人主持任何圣事都是无效的。洪贝特还特别强调,不仅要谴责那些通过买卖手段窃取圣职的人,而且更要严厉地指责那些出售圣职的人。与此同时,利奥九世也颁布教令,因贿赂得到圣职的教士须经过重新审定后才能再接受授职礼(Weihe)。

禁止买卖圣职的一个有效措施是严肃教会内部的纪律,首先制定了教士的独身制(Zölibat[2])。进行改革的教皇认为,娶妻生子的教士不会全身心地把自己的一切都奉献给基督,而且还会因为继承权致使教士的职位成为世袭,那些世袭教士职务的家族不可避免地要瓜分教会的财产,教会的权力也因之被分割,教会的世俗化无法避免。只有那些把自己的全身心都奉献给基督的教士组成的教会才能成为基督教社会的中心。利奥九世实施的反对买卖圣职、教士独身制以及要求教士坚持禁欲等改革措施的最终目的,是要求所有教士都无条件地服从罗马教皇的绝

---

[1] *Lexikon des Mittelalters*, Bd. V., S. 207f.

[2] 在此之前,基督教教会尚未作出强行规定禁止教士结婚,因此罗马教会改革之前主教、大主教结婚生子的现象并不罕见。

对权威。1049 年,利奥九世在法国兰斯召开的宗教会议上宣布,在基督教教会中教皇享有至高无上的权力,并采取各种措施实现这一宣言。

利奥九世通过授予改革的修道院各种特许权,尤其是给予修道院免受当地主教管辖的豁免权,将其置于罗马教会的直接管辖下。依附于罗马教会的修道院得到了有条件的自由,即修道院要服从罗马教皇的管理,只有教皇才有权为由修道士们共同选出的院长主持授职礼。他在给予德意志南部地区修道院的所有特许权中都强调修道院与教皇的隶属关系,修道院要遵守"罗马的传统",多次强调只有教皇才能为修道院的院长主持授职仪式。① 利奥九世还积极建立与地方教会间的直接联系,他在任期间周游西欧各地,在罗马停留的时间总计不足 6 个月。利奥九世在所到之地召开教区或教会省的会议(Synoden),斥责买卖圣职的现象,强调圣职要由教士选举产生的教士担任,用教令规范教士的道德行为,大力推行独身制,禁止世俗通过任何手段瓜分教会的财产。不仅如此,利奥九世还经常派遣教皇特使出访各地,把教皇的通谕传到各地。教皇的亲临和教皇特使的频繁光顾,直接干预各地的教会事务,教皇的教令所具有的法权超越了封建领主的司法权,从而具体地实践了教权至上的理论。为了证明教会的权威高于任何封建领主,利奥九世组织编撰教令集,以《伊西多尔教令集》(Isidorus Mercator②)为依据,收集了公元

---

① H. Hirsch, *Die Klosterimmunität seit dem Investiturstreit*: *Untersuchungen zur Verfassungsgeschichte des deutschen Reiches und der deutschen Kirche*, Köln: Böhlau, 1967=1931, S. 7.

② 伊西多尔(Isidor von Sevilla, 560—636)是 6 世纪末、7 世纪初期的西班牙神学家,曾任塞维尔的大主教,生前著有多部语言学和神学著作。讹传这部教令集出自他之手,故被称为《西多尔教令集》。1435 年,意大利的拉丁语语言学家洛伦佐·瓦拉(Lorenzo Valla, 1405—1457)用词汇学的方法对该教令集进行了考证,证实其拉丁文的写作方式不是 7 世纪的,该《教令集》的拉丁文写作习惯应该是 9 世纪的,故此后将其称为《伪伊西多尔教令集》,或称《伪教令集》。拉丁语语言学家考证后认为,最早提出该教令集的是 9 世纪中叶的兰斯大主教欣克马(Hinkmar von Reims, 800 或 810—882)。847—852 年间,法兰克帝国解体,西法兰克王国的封建领主以庄园习惯法为依据与教会争夺土地,欣克马提出了该教令集与之相抗争,该教令集中的大多数教令的内容都是在保护主教和教会的财产免遭世俗封建领主的侵占。参见 *Lexikon des Mittelalters*, Bd. Ⅶ., S. 307f.

2 世纪以来历任教皇的将领书信以及历届宗教会议颁布的教令和宗教法规,其中包括著名的《君士坦丁赠礼》。这部此后被证明是伪造的《伊西多尔教令集》(Pseudoisidor)得到利奥九世的充分肯定,视其为教会法的权威性资料,并在书信中多次引用。

利奥九世通过巩固和扩大教皇国的实际领地为教权的权威构筑了实际的支座,为此,他与德意志皇帝海因里希三世达成协议,以停止对班贝格主教区行使教会法权、放弃征收富尔达修道院的税金为代价,换取贝内文托公爵领地的统治权,将其归为罗马教皇的直辖领地。为了扩大在意大利的领地范围,利奥九世还把目标对准土地辽阔、物产丰富、与东方有着持续贸易往来的南意大利和西西里。早在 8 世纪,南意大利的一些重要的经济地区都被归入拜占庭的皇室领地,这些地区的主教脱离了罗马教皇的管辖。9 世纪,由于阿拉伯人占领西西里,拜占庭的势力逐渐地退居到君士坦丁堡,1016 年诺曼人占领南意大利和西西里半岛。重新把罗马教会的势力扩张到南意大利,是利奥九世矢志不渝的奋斗目标。他多次出巡南意大利,在当地推行修道院改革,1050 年任命教会改革的得力干将洪贝特为西西里的大主教,以加强罗马教廷对该地区的影响力。为了达到目的,利奥九世还不惜动用武力,于 1053 年亲率教皇军进攻在意大利的诺曼人,但由于德意志皇帝海因里希三世中途撤军,没有履行助他一臂之力的诺言,致使教皇军孤立无援,惨败奇维塔。利奥九世被诺曼人俘获,关押数月后才获释返回罗马。这是罗马教会第一次凭借武力扩大领地,在此之前,罗马教会一直把宗教信仰作为精神武器,以此获得丰厚的土地和财产,借助宗教信仰对世俗的政治事务施加影响。利奥九世采取的军事行动说明罗马教会开始朝着宗教诸侯国的方向发展。

罗马教会对南意大利的政策引起了始终垂涎该地区的拜占庭帝国的敌意,为了抵制罗马教会势力的扩张,君士坦丁堡的大牧首米恰尔·色鲁拉里乌斯(Michael Ⅰ. Cerularius, 1000—1059, 1043—1058 年在位)发出连环信,通谕南意大利地区的主教们,谴责罗马教会主持的圣餐礼不符合基督教的教义,因此是无效的,并且宣布没收那些按照拉丁仪式举行礼拜的教会和修道院的财产。利奥九世针锋相对,援引收录在《伪伊西多尔教令集》中的"君士坦丁赠礼"予以反击,因为在"君士坦丁赠礼"中明确说明了罗马教会的地位:"我们决定,彼得的教区统治其他四个教区——亚历山大教区、安提阿教区、耶路撒冷教区和君士坦丁堡教区,以及全世界所有教区,罗马教会的最高教士在任何时候都比全世界所有教士更高尚、更光荣。关于宗教礼仪及信仰问题,其裁定权应高于所有人。"利奥九世还进一步指出:"没有人能够否定,彼得及其继承人决定着整个教会的制度和结构。就像门轴启合着门而本身并不移动一样,彼得及其继承人有权宣判任何一个教会、任何人都不许背叛或者怀疑他们的身份,因为最高主教不受任何人仲裁。"[①]1054 年,利奥九世派遣枢机主教洪贝特和洛林的副主教弗里德里希为教皇的特使前往君士坦丁堡,与米恰尔·色鲁拉里乌斯进行谈判,但遭到其拒绝,同时还阻止他们在君士坦丁堡按照罗马教会的礼仪主持礼拜仪式。同年的 7 月 16 日,洪贝特当着众教徒的面把罗马教皇有关革除色鲁拉里乌斯及其追随者教籍的训谕呈献在圣索菲亚大教堂的圣坛上:"我以神圣不可分割的圣父、圣子、圣灵之名,以及全体参加过 7 次大公会议的、具有使徒职务的神父之名宣布,将米恰尔及其同谋者处以绝罚,羞辱所有的买卖圣职者、瓦利齐派教徒和所有的异端者,以及魔鬼及其代理人。"色鲁拉里乌斯毫不妥协地予以回击,他召开宗教会议,指责洪贝特等人"像雷霆、或风暴、或冰雹,或者更准确地说,像野猪一样,为了推翻真理,自黑暗之西方来到虔信之国",宣布将罗马教皇的使节革除教门。长期以来东西方教会之间在教义、领地等方面日益激化的矛盾最终酿成公开的冲突,最终导致东西方教会的大分裂(Das Morgenländische Schisma),在基督教中形成了以罗马教会为首的天主教教会(katholische Kirche),以君士坦丁堡教会为首的东正教教会(Orthodoxe Kirche)。

---

① 克雷维列夫:《宗教史》,上卷,中国社会科学出版社 1981 年版,第 202 页。

　　经过改革的罗马教会加强自身的建设，有了较为坚实的核心集团——枢机主教团，以此增强罗马教会的独立性，抵制世俗势力对教会事务的染指，尤其是在选举罗马教皇方面，罗马教会的改革派力图通过改革选举教皇的程序摆脱德意志皇帝的控制。在这同一时期，德意志的皇位因海因里希四世幼年登基、皇后阿戈内斯（Agnes von Poitou，1025—1077）为摄政王（Reichsverweser）而摇摆不定，这也为罗马教会提供了有利的时机。1057 年 7 月 28 日，教皇维克托二世谢世，枢机主教团违反奥托一世以来的惯例，未经摄政皇后的同意于 8 月 2 日推举圣卡西诺修道院院长弗里德里希为教皇，即斯特凡九世（Stephan Ⅸ，1020—1058，1057—1058 年在位）。这是进入中世纪以后第一位不受任何世俗政权干涉、由罗马教会自己选举出来的教皇。斯特凡九世上任仅一年就去世，罗马城内的图斯库讷家族企图再次掌控罗马教廷，推举其家族的枢机主教为教皇，称本尼狄克十世（Benedikt Ⅹ.，？—1073 至 1085 之间，1058—1060 年在位）。以希尔德布兰德为首的枢机主教团借助洛林公爵戈特弗里德（Gottfried Ⅲ.，？—1069）的军事力量赶走本尼狄克十世，选举佛罗伦萨的主教格哈德为教皇，即尼古劳斯二世（Nikolaus Ⅱ.，990 或 995—1061，1058—1061 年在位）。1058 年，枢机主教洪贝特再次为了斥责买卖圣职撰写了《斥买卖圣职者》的第二卷，书中明确阐明反对买卖圣职的目的是要彻底清除包括德意志皇帝在内的所有世俗势力在教会中的影响，他重申圣奥古斯丁的宗教理论，天国的权力高于地上的权力，因此精神的权力高于世俗的权力。他讥讽由世俗任命的圣职是"头脚倒置"，违背了基督教的教规（canon），是蔑视基督教的信仰。为了杜绝再次出现世俗干涉教皇选举的事件，尼古劳斯二世教皇于 1059 年在拉特兰宫召开宗教会议，颁布选举教皇的敕令（Papstwahldekret），该敕令中规定只有枢机主教有权推荐教皇候选人，由枢机主教团认可，下级教士和世俗只能对枢机主教团的决议表示赞同或反对；教皇候选人只能从罗马教廷的枢机主教中遴选，只有当教廷中没有合适人选时才能在其他教会中挑选；可以在罗马城以外的任何地方举行选举教皇的程序。1059年的选举教皇敕令可以说是罗马教会提出教权至上理论的最初宣言,它的依据是"君士坦丁赠礼"。"君士坦丁赠礼"的核心内容是:圣彼得是基督耶稣的"宗徒之长",是被指定为上帝圣子在世上的代理人,教皇是圣彼得的继任者,因而他应该享有至高的统治权,君士坦丁的皇权只是地上的,他尊敬和称颂代表天国权力的罗马教皇,为此他迁都君士坦丁堡,罗马城应是基督教世界的中心,统治基督教世界的教皇只能由罗马教廷选举。

在对教义理论进行再三诠释的同时,尼古劳斯二世还改变了进一步谋求南意大利领地的策略,他派遣蒙特卡西诺修道院的院长道夫利乌斯即后来的教皇维克托三世(Viktor Ⅲ.,1027—1087,1086—1087年在位)于1059年3月在诺曼人占领的坎帕尼亚、阿普利亚、卡拉布利亚地区的所有修道院中推行罗马教会的改革措施,同时还任命枢机主教希尔德布兰德为教皇的特使,频繁地与诺曼诸侯接触,与诺曼人建立良好的关系。占领意大利的诺曼人一直被视为入侵者,这种身份给他们的对外交往带来诸多不利,诺曼诸侯一直尝试改变自己的外来者的身份,罗马教会向他们伸出的橄榄枝很快就被接受。1059年8月,诺曼公爵阿普利亚的罗伯特·吉斯卡德(Robert Guiskard,1015—1085)和卡普阿的伯爵理查德(Richard von Capua,？—1078)与教皇在梅尔菲签订和约,罗伯特和理查德向教皇行臣服礼,对其宣誓效忠;教皇把他们占领的地区作为罗马教会的采邑分封给他们,为此他们每年要向教皇交纳采邑税,负有保护教皇的义务。尽管诺曼人是一个极不顺从的封臣,一直没有停止过对外扩张,甚至还于1061年袭击教皇国的领地,多次抢劫和火烧罗马城,但与诺曼人建立的采邑关系使罗马教会有了除德意志皇权之外的又一个可以借助的军事力量,继诺曼人之后,教皇又与西班牙的阿拉贡王朝确立了采邑关系,在勃艮第、匈牙利都有了自己的世俗封臣。

与世俗封建主之间确立的采邑关系促使罗马教会的权力欲膨胀,罗马教会要确立其在基督教世界至高无上的权力,就一定要摆脱世俗权力对教会宗教事务的干预,在这个历史时期德意志皇权面临的危机为罗马教会谋求权力提供了有利的契机。

第二节 授职权之争

一、雄霸一方的大贵族

海因里希三世执政期间,将其统治重心放在意大利,他虽然以基督教君主的身份掌控罗马教会,然而却疏忽了对德意志境内地方贵族的防范,致使德意志境内的封建诸侯有了扩大自身政治势力的空间,与王权的矛盾凸显出来,首先在洛林公爵领主权的问题上演化为公开的冲突。

奥托一世以来,洛林公爵的领主权一直在萨克森王室的掌控之中。959 年,科隆的大主教布鲁诺把洛林分为南北两个部分,即上洛林和下洛林,以防止在政治上形成强大的反对势力。1037 年,洛林曾一度统一,并且有效地阻止了法兰西的国王吞并洛林的企图。1044 年,洛林公爵戈策勒(Gotzele Ⅰ.,970—1044)逝世之后,海因里希三世为避免对王权造成政治上的威胁,无意促成一个强大的洛林大公国,再次把洛林公爵领地一分为二,把上洛林分封给戈策勒公爵的长子戈特弗里德(Gottfried Ⅱ.,965—1023),下洛林则分封给在政治上非常平庸的公爵的次子戈策勒二世(Gotzele Ⅱ.,1008—1046)。海因里希三世的决定引起戈特弗里德的强烈不满,他于 1044 年末、1045 年初以及 1047 年两次举兵哗变,但都以失败告终,海因里希三世重新又掌控了洛林公国的局势。逃亡的戈特弗里德在意大利的中部和北部建立新的势力范围,成为抵抗德意志皇权的反对派。

自 919 年以来,萨克森公爵家族把持着德意志的王位长达一个世纪之久,该家族得到当地贵族的有力支持。1024 年,法兰克的萨利尔家族继承德意志的王位,萨克森贵族在德意志王国内的政治影响逐渐减弱,与德意志王室之间出现裂痕。然而,萨克森地区对于王室经济的影响依然如故。这里有王室庄园、王室的行宫宫廷,哈尔茨的茂盛森林和拉梅尔斯山脉的银矿依然是王室不可缺少的经济支柱。萨利尔王朝康拉德二世执政期间,启用王室封臣经营和管理这些产业,逐渐剥夺萨克森贵族长期以来享有王室产业经济利益的权利,以比隆家族为首的萨克森封建诸侯对德意志王权的抵触情绪越来越大。为了抑制比隆家族政治势力的扩张,海因里希三世于 1043 年任命图林根的伯爵不莱梅的阿达尔贝特(Adalbert von Bremen,1000—1072)为汉堡-不莱梅的大主教。教皇利奥九世授予他管辖 12 个主教区的教权,海因里希三世给予他世俗伯爵所享有的各种权利。不仅如此,海因里希三世还扩大哈尔伯施塔特和希尔德斯海姆两个主教区主教的世俗权势范围,以此牵制萨克森贵族们的政治势力。另一方面,海因里希三世加强对银矿和森林资源的控制和管理,在经济上钳制比隆家族等贵族。海因里希三世的一系列政策激起萨克森贵族的极大不满,他们曾计划谋杀海因里希三世,只是因为海因里希三世突然去世而未付诸实施,但在萨克森地区已经形成的反对派对德意志王权构成的威胁并没有因此有所减弱。

德意志南部地区的巴伐利亚公爵领地、施瓦本公爵领地以及克恩滕公爵领地是萨利尔王室的大本营。这些地区的封建贵族与王室之间有着各种各样的亲属关系。在支持王权实行统治政策的同时,他们的权势也在随之增长,而且对制定王室政策的影响越来越大,乃至与王室发生冲突。1052 年,巴伐利亚的公爵康拉德一世(Konrad Ⅰ.,1020—1055)因为反对海因里希三世对匈牙利进攻的政策而被废黜,不得不逃亡他乡。海因里希三世随即把巴伐利亚公国分封给了逃亡者的妻子及他的两个儿子,引起众贵族的不满,先后站在康拉德一边,形成一股潜在的反对国王的势力。可见,海因里希三世执政时期的德意志帝国已经形成了诸侯分裂帝国的态势。

1056 年 10 月 5 日,海因里希三世猝然辞世,其子海因里希四世年仅 6 岁登基为德意志的国王,由其母阿戈内斯摄政。次年 7 月,摄政皇后的政治顾问维克托二世教皇辞世,软弱的皇后无力控制德意志的政治局面,萨利尔王室在各地的领地先后被各地的公爵蚕食瓜分。逃亡在外的洛林公爵戈特弗里德重又获得下洛林的领地；施瓦本和勃艮第几易他手后落到西南德地区最强大的的莱茵费尔登的公爵鲁道夫（Rudolf von Rheinfelden，1025—1080）的手中；萨克森的诺特海姆的伯爵奥托（Otto von Northeim，1020—1083）控制巴伐利亚上升为公爵；策林格家族的贝特霍尔德（Berthold Ⅰ.，1000—1078）成为克恩滕的公爵。一贯支持德意志王权的科隆的大主教和不莱梅的大主教也趁机分割王室在教会中的权力，并且还控制所辖大主教区内世俗伯爵的领地，拥有类似公爵的权力和地位。

德意志实行的是王国教会制，大主教、主教和修道院长都是王国统治集团中的成员。"奥托特恩权"给予他们较为广泛的权利，他们在所管辖的教区内行使的不仅有宗教权利，而且还有司法权、经济权、军事权以及各种社会公共权。阿戈内斯皇后摄政期间，科隆的大主教安诺（Anno Ⅱ.，1010—1075）与美因茨的大主教西格弗里德（Siegfried Ⅰ.，？—1084）、诺特海姆的伯爵奥托以及不伦瑞克的伯爵埃克贝尔特（Ekbert Ⅰ.，？—1068）等萨克森的教俗贵族们结成一个强大的政治同盟，1062年4月，安诺甚至劫持12岁的海因里希四世，迫使阿戈内斯不得不交出摄政权，委任安诺和不莱梅的大主教阿达尔贝特为摄政大臣。安诺和阿达尔贝特利用掌握的统治权扩充自己的实力，其中最主要的方式之一是解除了一批修道院与皇室的从属关系。安诺把马尔梅迪修道院（Kloster Malmedy）、科尔里和维里希修道院（Kloster Vilich）据为己有，阿达尔贝特则把王国的重要修道院罗耳士（Kloster Lorsch）和科尔维修道院（Kloster Corvey）划归到他的管辖区内。安诺和阿达尔贝特都控制了所在大主教区的所有修道院和伯爵领地，获得了近似公爵的政治地位，几乎成了德意志的无冕君主。

二、恢复集权的王权

1065 年，海因里希四世成年亲政，年轻的国王从亲政之初就试图要削弱教俗诸侯在德意志王国中的政治影响，重建王权的集权统治，收复王室失去的领地和经济权利。他首先派遣施瓦本地区的王室封臣进驻萨克森,在曾经是德意志王室重要经济命脉的萨克森多处地方修建城堡,尤其是在戈斯拉尔行宫附近建立哈尔茨堡。海因里希四世封王室封臣为城堡的领主,以城堡为据点化解萨克森贵族在当地的政治影响,强化国王在萨克森地区的政治势力。他还把哈尔茨的林区和矿区划为王国特辖区(Reichsvogtei),由王室封臣组成的军队作为国王的代理人常驻在特辖区修建的城堡,以此加强对特辖区的管理。海因里希四世实施的这些措施直接地危害到萨克森诺特海姆的奥托伯爵的利益。奥托曾经在摄政时期在政治上给予年轻的国王很大的支持,特别是在反对阿达尔贝特大主教力图控制德意志的斗争中助了他一臂之力,为此奥托被封为巴伐利亚公爵。然而,奥托家族的封地位于哈尔茨山脉西部和南部的边缘地带,无疑对国王在哈尔茨地区施行的经济政策有着很大的阻碍。1070年,海因里希四世以奥托指使一名强盗企图谋杀国王为罪名对其进行起诉,判处其接受参加决斗(Zweikampf)的处罚,奥托拒不服从,海因里希四世废黜其巴伐利亚公爵的头衔,收回巴伐利亚公爵领地,将其分封给韦尔夫家族的韦尔夫四世(Welf Ⅳ., 1030 或 1040—1101)。愤怒的奥托立刻与萨克森比隆家族的马格努斯(Magnus, 1046—1106)结成联盟,但终因寡不敌众,不得不屈服国王,奥托的部分封地被国王收回,部分世袭领地也被国王剥夺。

德意志王室在萨克森的领地大多是广袤的森林和荒野,长期以来一直没有被开发利用,当地的贵族和自由农民依照萨克森地区的习俗,把王室领地内尚未开发的森林和荒野看作是公有地,任意砍伐、开垦。海因里希四世亲政之后在萨克森圈围荒地,废除萨克森地区长久以来实行的习惯法,颁布森林禁令,渔猎也成为王室的经济特权。开垦荒地、伐树烧炭、捕鱼围猎等经济活动都被王室掌控,由来自施瓦本的王室封臣管理,征收赋税和利用森林、河流的费用,这些都成为王室经济收入的来源。海因里希四世的一系列经济政策加重了当地的各种赋税和徭役,致使许多自由农民破产沦为依附农民,激起当地农民的强烈反抗,拆毁城堡、破坏银矿的事件常有发生。农民的反抗与德意志贵族们的不满交织在一起,巴伐利亚的公爵韦尔夫、克恩滕的公爵贝特霍尔德也都因为海因里希四世追讨王室领地的政策与之对立。1073 年 7 月,诺特海姆的奥托以及马格德堡的大主教维尔纳(Werner von Steußlingen,? —1078)、哈尔伯施塔特的主教布尔夏德(Burchard Ⅱ.,1028—1088)在哈尔登斯莱本附近的霍滕斯莱本盟誓,共同起兵反抗国王。这次反抗在当地农民中获得热烈的响应,起义很快就席卷萨克森东部和图林根地区。起义军占领了众多的城堡,海因里希四世陷于危机重重的困境中,仓皇出逃,危急中沃尔姆斯市的市民赶走该市的城市领主、沃尔姆斯的主教阿达尔贝特(Adalbert Ⅱ.,? —1107),打开城门,迎接处于危难之中的海因里希四世。

得到沃尔姆斯市民支持的海因里希四世有了些许的喘息之机,1074 年 1 月,率一支小军队回师萨克森,以归还巴伐利亚公爵领地为条件争取诺特海姆的奥托的支持,2 月 2 日在盖斯通根的行宫与萨克森的大贵族们签订和约。和约中商定,海因里希四世必须拆除在萨克森地区修建的众多城堡,尤其是哈尔茨堡,但因为这个和约只涉及萨克森大贵族的利益,依然未能消除其他社会阶层的不满。海因里希四世利用这一机会,采用赦免、许诺等各种手腕分化萨克森的贵族,破坏起义军的团结,以便各个击破。1075 年 6 月 9 日,养精蓄锐后的海因里希四世在波希米亚公爵弗拉季斯拉夫(Vratislav Ⅱ.,1035—1092)、班贝格的主教赫尔曼(Herman Ⅰ.,? —1084)等其他地区教俗诸侯的支持下再次率军进入萨克森,在温斯特鲁特河岸的洪堡大败萨克森贵族的联军。诺特海姆的奥托再次成为海因里希四世瓦解萨克森贵族政治同盟的一个重要政治筹码,他对海因里希四世行了臣服礼,获得萨克森作为采邑,分崩离析的萨克森贵族们也纷纷效仿奥托臣服国王,于 1075 年圣诞之际在戈斯拉尔行宫向国王宣誓效忠,行了臣服礼,并且承诺拥立国王年仅 2 岁的王子康拉德为德意志王位的继承人。

德意志摄政统治时期,罗马教会也发生极大的变化,利奥九世开始的改革给教廷注入新的生命力。罗马教会通过改革加强了自身的建设和纪律,宗教组织机构进一步地健全和完善。1059 年颁布的选举教皇敕令宣布禁止包括德皇在内的所有世俗势力对教会事务的干预。教皇的实际领地进一步扩大,有了自己的世俗封臣,有了一定的军事力量,罗马教皇在西欧政治事务中的影响增大,与各地修道院的关系更为直接。利奥九世和海因里希三世之后,罗马教皇和德意志皇帝不再携手共进。1061 年 7 月 27 日,尼古劳斯二世教皇辞世,罗马教会中的改革派在枢机主教希尔德布兰德的主持下,以教皇选举敕令为依据,在卡普阿推举卢卡的主教安塞尔莫为教皇,称亚历山大二世(Alexander Ⅱ.,1010 或 1015—1073,1061—1073 年在位),新教皇于 10 月 1 日回到罗马登上圣宗座。从利奥九世担任教皇时期起,希尔德布兰德就是罗马教会改革派中的核心人物,如果说洪贝特是主张教会改革的理论家,那么希尔德布兰德就是教会改革的实践者,他曾多次担任前任诸教皇的特使,在西欧各王国、各地区实践罗马教会改革的各项主张,为罗马教廷决定处理各地教会事务提出建议。教会改革派拥立的新教皇遭到德意志和意大利米兰地区的世俗诸侯、大主教和主教们的反对,他们不承认亚历山大二世为合法教皇,在巴塞尔召开宗教会议拥立意大利帕尔马的主教卡达鲁斯(Cadalus)为对立派教皇(Gegenpapst),称洪诺留二世(Honorius Ⅱ.,? —1072,1061—1072 年在位)。1062 年 4 月,洪诺留二世率军向罗马进发,途中遭遇洛林公爵戈特弗里德的阻拦,被迫返回帕尔马。同年 10 月,在奥格斯堡召开的宗教会议上亚历山大二世教皇的合法地位再次获得确立,不甘失败的洪诺留二世于 1063 年重又率军前往罗马,再次遭遇戈特弗里德公爵的抵制。1064 年圣灵降临节之际,[①]亚历山大二世在意大利曼托瓦主持召开宗教会议,洪诺留二世因拒绝前往参加被处以绝罚,亚历山大二世成为无可争议的合法教皇。这场两个教皇的争斗表明,在罗马教廷与德意志国王和诸侯之间有了公开的抗衡。亚历山大二

---

① 圣灵降临节没有固定的日期,是复活节后的第 7 个周日。

世继续教会改革的立场更坚定，并且通过强化修道院改革，把教皇权威的影响扩大到西欧各个大主教区和主教区，通过对各大主教和主教的任命权进行实际的控制。他多次以买卖圣职为由罢免由海因里希四世任命的主教，以此证明教皇的绝对宗教权威，也以此干预德意志的宗教事务，这就与正在加强王权的海因里希四世之间产生几乎不可调和的矛盾，引发持续一个多世纪的主教授职权之争（Investiturstreit）。

三、举足轻重的授职权

主教授职权之争的导火索是关于米兰大主教的任免。米兰地处意大利穿越阿尔卑斯山进入中欧的门户之地，是地中海与中欧进行远程贸易陆路交通的枢纽。早在罗马帝国晚期，自教父学家安布罗斯担任米兰的大主教之时起，米兰就在西欧享有了仅次于罗马的宗教地位，米兰的大主教不仅享有宗教上的权威，而且对米兰市有绝对的统治和管理权。10 世纪中叶，奥托大帝兼领伦巴底王国的国王之后，德意志与意大利的贸易往来日益频繁，米兰的地理位置使其经济地位更加凸显出来，更何况米兰市周边地区物产丰富，为米兰市的纺织手工业提供了丰富的原材料，不仅其手工业的发展早于其他地区，手工业的行业门类也很多。毋庸置疑，具有如此重要经济地位和政治作用的米兰是德意志君主在伦巴底地区施行统治的政治中心。米兰的大主教是该市的城市领主，自奥托大帝以来的德意志君主就都竭力要控制对米兰大主教的任命权，大主教在政治、经济、司法审判以及军事等诸多方面都享有与世俗诸侯同等的权势和地位。

米兰的大主教以及教士利用所获得的特许权征收各种课税、侵占乃至抢夺商人和手工业者的财产，市民与教士之间的冲突屡见不鲜。1035年、1042 年，米兰市民两次起义反对教士肆无忌惮地强占市民的财产，1056 年米兰市民联合起来组织帕塔利亚会（Pataria），共同反对作为城市领主的大主教以及教士和修道士，要求罗马教会在米兰推行修道院和教会改革中提出的反对买卖圣职、规范教士和修道士的宗教生活等一系列措施。亚历山大二世意欲借助米兰市民的政治力量削弱德意志皇帝在伦巴底地区的政治影响,他明确表示支持米兰市民驱除由德意志皇帝任命的米兰大主教维多(Wido,1045—1071),革除维多的教籍,派遣教皇特使在米兰推行教会改革的各项措施,要求米兰的教士们遵守独身制,否则将会被处以绝罚。1070 年,维多被迫辞去大主教的职务,海因里希四世随即任命米兰的教士戈特弗里德(Gottfried,? —?)为米兰的大主教,遭到米兰市民的强烈反对,他们推举阿托(Atto,? —?)为大主教,并且得到亚历山大二世教皇的认可。

海因里希四世与亚历山大二世因米兰大主教的任职人选问题争执不休,这场关于大主教任免争执产生的影响延伸到德意志境内。1066 年,特里尔的前任大主教乌多(Udo von Nellenburg,1030 或 1035—1078)被指名接任米兰的大主教,亚历山大二世教皇责令乌多接受甄别,审查他是否是通过买卖获得的这个教职,直到教皇认可乌多自辩后才授予他大主教的披肩(Pallium)。教皇还把这一甄别主教的程序引入德意志的主教区,他于 1070 年责令科隆的大主教安诺、美因茨的大主教西格弗里德以及其他一些德意志的主教前往罗马为自己申辩,是否是通过买卖圣职获得该教职,但遭到德意志主教们的拒绝。1073 年,亚历山大二世宣布,担任海因里希四世宫廷顾问的五位德意志主教都犯有买卖圣职罪,处以他们绝罚,但这一处罚尚未具体实施,亚历山大二世就于同年的 4 月 21 日去世。4 月 22 日,红衣主教希尔德布兰德被推举为教皇,称格雷戈尔七世。格雷戈尔七世曾是克吕尼修道院的一名修道士,是坚定地追随利奥九世的教会改革者,参与制定过教会改革以来几乎所有重大宗教事务的决策,他也曾与海因里希三世皇帝有过密切的交往。新教皇的即位似乎缓解了罗马教会与德意志君主间的对立,1073 年 12 月 20 日,新教皇致函萨克森的主教们,要求与他们进行和谈,停止与海因里希四世的对抗。格雷戈尔七世的态度缓和了海因里希四世与罗马教廷的对立情绪,他致信格雷戈尔七世,表示愿意在米兰大主教的任免问题上做出妥协,后者则于 1074 年撤销了前任教皇对德意志诸位主教处以的绝

罚。然而,格雷戈尔七世要扩大教皇权威的企图与海因里希四世欲重塑
皇权的意愿是不可调和矛盾的两个方面,他上台后更是全力以赴地推行
教权至上的思想,通过在德意志推行希尔绍修道院(Kloster Hirsau)的
改革扩大其影响。

　　希尔绍修道院位于黑森北部,罗马帝国时期这里只有一座小教堂。
约 830 年,意大利韦尔切利的主教诺廷(Noting,? —?)把米兰的圣徒奥
雷留斯(Aurelius von Riditio,400—475)的遗骸赠送给他的亲属、卡尔
维的伯爵埃尔拉弗瑞德(Erlafried von Calw,? —?),从米兰运送到这个
小教堂供奉,以这个小教堂为基础建立了圣奥雷留斯修道院。此后,该
修道院在动荡的社会中衰败,修道院的财产也被分割。1043 年,当时还
是图尔大主教的利奥九世要求他的侄子、卡尔维的伯爵弗里德里希
(Friedrich Ⅰ.,? —1071)按照高尔茨的模式在希尔绍重建修道院,但
直到 1065 年,弗里德里希才带领数名修道士迁居到此地,建立起希尔绍
修道院。1069 年,雷根斯堡埃默拉姆修道院(Kloster Emmeram)的修道
士威廉(Wihelm von Hirsau,1030—1091)应邀前往希尔绍修道院担任
院长,他把高尔茨修道院的改革思想和主张带到希尔绍。1075 年 10 月,
希尔绍修道院获得德意志国王海因里希四世给予的证书,成为德意志的
王国修道院。同年年末,威廉前往罗马朝圣,谒见了格雷戈尔七世教皇,
教皇给予威廉特许权,希尔绍修道院被置于罗马教会的保护下,与克吕
尼修道院一样直辖罗马教会。至此,希尔绍修道院成为罗马教会在德意
志施加影响的基地。[1]

　　希尔绍修道院的改革否认了德意志自开国以来一直实行的王国教
会制,改革后的罗马教廷加强了与地方教会的直接联系,在各王国和各
地区派驻教皇特使干预各地的政治事务。王国教会制拒绝教皇特使,地
方教会也因为自身的利益而不愿与王国的君主和诸侯对立,致使教皇特

---

[1] 有关希尔绍修道院改革方面的内容均参考 H. Jakobs, *Die Hirsauer. Ihre Ausbreitung und Rechtstellung im Zeitalter des Investiturtreites*, Köln: Böhlau, 1961.

使一直在德意志地区很难施加影响,希尔绍修道院的改革为教皇特使打开了大门。1077 年,威廉青年时的好友、克吕尼修道院的修士乌尔里希(Ulrich von Zell,1029—1093)协助他制定《希尔绍院规》(Hirsauer Formular)。《希尔绍院规》中除了要求修道士遵守本尼狄克的院规外,更重要的是强调修道院直属罗马教廷的宗法地位,由此获得免受地方主教管辖的豁免权。1091 年之后,威廉以及继任修道院的院长在罗马教皇的支持下,在德意志各地按照希尔绍修道院的模式对沙夫豪森的万圣修道院(Kloster Allerheilligen)、阿尔高的穆里修道院(Kloster Muri)等进行改革,这股修道院改革的浪潮很快就在施瓦本、巴伐利亚和法兰克地区蔓延开来,这些地区的很多王国修道院因为按照希尔绍的模式进行管理而解除了与王室或者大贵族间的隶属关系,转为直属于罗马教廷。更为重要的是,按照希尔绍修道院的模式进行改革的修道院强调与"世俗兄弟"(Laienbrüder)的合作,形成改革派的修道院与世俗贵族联合的政治同盟,韦尔夫家族在巴伐利亚的罗滕堡建立的教士会(Stift)就具有这样的性质,成为在德意志地区支持格雷戈尔七世教皇一个最重要的据点。希尔绍改革派的政治影响力还扩散到了克恩滕、图林根以及萨克森等王权势力比较强大的地区。不仅如此,自罗马教会改革以来,德意志的教士遵守统一的教会生活方式,成为格雷戈尔七世在德意志施加影响的重要支持者。

格雷戈尔七世一直把确立教皇的绝对权威当作是首要任务,他在1075 年制定的 27 条《教皇札记》(Dictatus Papae)中明确指出,只有教皇有权享有最高的普世统治权,所有诸侯都要拜倒在他的脚下;他宣布,教皇永远是正确的,有权罢免和任命主教,有权颁布法令,有权废黜世俗皇帝、解除封臣对其封主的誓言;他强调,教皇不仅有权处理教会的宗教事务,而且也有权干预世俗的事务,因为世上的君主、诸侯都是教皇的封臣。格雷戈尔七世认为,教会是基督徒的社团,它不应受世俗的控制,教士必须直接服从罗马教皇,他是罗马教会制定教规的执行者,教皇通过他们实现对普世的统治。格雷戈尔七世再次否定了自法兰克王国以来一直实行的私有教会制,明确地反对世俗的私有教会权,为此他多次传讯德意志以及其他王国的主教和大主教到罗马接受对其进行的审查,罢免那些不服从罗马教廷的主教和大主教的职务,在德意志首当其冲的是班贝克的主教赫尔曼(Hermann Ⅰ.,？—1084)。

班贝克大主教区是 1007 年由海因里希二世设立的,自设立以来一直由德意志的国王任命该教区的大主教和主教。① 1074 年,格雷戈尔七世在对德意志的主教和大主教进行审查时认定,班贝格的主教赫尔曼不是通过教会的选举而是由国王直接指定的,因为他向王室支付了高额贿金,犯有买卖圣职罪,罢免其主教之职。这年的 12 月,格雷戈尔七世先后传讯不莱梅的大主教列曼(Liemar,？—1101)、美因茨的大主教西格弗里德以及从属美因茨大主教区的 6 位主教。这些主教拒绝前往罗马,格雷戈尔七世决定给予他们严厉的处罚。1075 年 2 月,格雷戈尔七世在罗马召开宗教会议,宣布担任海因里希四世宫廷顾问的 4 位德意志主教犯了出售教职之罪,如果他们于当年的 6 月 1 日前未赴罗马忏悔,将受到绝罚的处罚。在这次宗教会议上,教皇重申禁止买卖圣职,不允许国王任命教职;强调教士必须遵守独身制。

在这同一时间,米兰市再次因为大主教的人选问题发生冲突,海因里希四世出面进行干预,他宣布帕塔利亚会为异端,不受法律的保护;任命米兰的教士特达尔多(Tedaldo da Castiglione,？—？)为大主教,同时还分别为费尔莫和斯波勒托两个主教区任命了主教。1075 年 12 月 8 日,格雷戈尔七世教皇致信海因里希四世,谴责他违背诺言,藐视神圣的宗教法规,要求他与被处以绝罚的宫廷顾问断绝关系。1076 年 1 月,海因里希四世召开王国会议,德意志的大部分大主教、主教均到场出席。会议谴责格雷戈尔七世违背德意志国王的旨意颁布教会法令,海因里希四世以"罗马贵族"自居,直呼格雷戈尔七世为"希尔德布兰德",宣布废

---

① St. Weinfurter(Hrsg.), *Die Salier und das Reich*, Sigmaringen: Thorbecke 199, Bd. 2, S. 229f.

黜其教皇之职。伦巴底的主教们也积极支持德意志国王，在皮亚琴察召开宗教会议，宣布拒绝服从格雷戈尔七世。罗马教会立刻做出回应，格雷戈尔七世于同年 2 月在罗马的宗教会议上宣布对海因里希四世处以开除教籍的绝罚，解除所有臣民对其誓约，否定他在德意志和意大利的所有统治权力。

四、卡诺莎之路

罗马教皇给予海因里希四世绝罚的决定立刻在德意志境内引起了强烈的反响，与国王有着不解宿怨的巴伐利亚公爵韦尔夫、施瓦本公爵鲁道夫、克恩滕公爵贝特霍尔德与拥护教皇的主教们以及希尔绍修道院的改革者们结成联盟，8 月他们在乌尔姆集会做出决定，定于 10 月 16 日在特里布尔召开会议，选举德意志的新国王。德意志教俗诸侯与罗马教皇的结盟增强了反对海因里希四世的政治势力，尚未接受教皇施皇帝加冕礼的海因里希四世面临被废黜的威胁，这就迫使他不得不改变策略。他一方面率军在莱茵河畔的奥彭海姆安营扎寨与诸侯对峙；另一方面，派遣特里尔的大主教乌多前往罗马，向教皇递交"诺言书"（promissio），告知教皇已经解除了被教皇处罚的宫廷顾问的职务，向教皇进行忏悔。然而，海因里希四世在"诺言书"中只字未提德意志诸侯的利益，他们依然如期集会，做出决定，如果教皇在一年之内没有解除对海因里希四世的处罚，将不再承认他为德意志的国王。他们将邀请教皇到德意志来，请他支持他们选举的新国王。格雷戈尔七世欣然接受德意志贵族的邀请，出发前往德意志。为了阻止教皇与诸侯的结盟，海因里希四世抢先在教皇进入德意志之前出发进入意大利，尚在途中的教皇因不明海因里希四世之举的目的，慌忙躲进托斯卡纳女伯爵玛蒂尔德（Mathilde von Toskana，1046—1115）的卡诺沙城堡。

1077 年 1 月 25 日，海因里希四世摘下头上的王冠，身披毛毡，光头赤脚站在雪地里，以一个忏悔者的身份在卡诺沙城堡的门前静候三天三夜，请求教皇的宽恕。此时，海因里希四世的教父、身兼教皇特使之职的克吕尼修道院院长雨果(Hugo von Cluny，1024—1109)也来到卡诺萨城堡，他与海因里希的堂姐、卡诺沙的女伯爵玛蒂尔德一起从中斡旋，躲避在城堡内的教皇最终做出让步，接受海因里希四世的忏悔，要求他在教皇规定的限期内向德意志反对国王的诸侯们道歉，与他们和解，并要求他承诺保证教皇的安全。两位主教以国王的名义向教皇宣誓做出承诺，教皇赦免了海因里希四世的罪，取消了对其绝罚，赐予其圣餐，重新接受其为基督徒。[1]

教皇的宽恕为海因里希四世的"卡诺萨之路"(Gang nach Canossa)画上一个圆满的句号，格雷戈尔七世放弃前往德意志的行程，返回罗马。然而，教皇的宽恕并没能阻止德意志诸侯中那些激烈的反对派的行为，他们依然谋划选举对立派国王(Gegenkönig)。1077 年 3 月，德意志的诸侯们在福希海姆召开诸侯会议(Fürstentag)，邀请教皇与会，但教皇只派遣了两位特使前往。在这次诸侯会议上，贵族们共同推举施瓦本的公爵鲁道夫为德意志的国王，试图让他与海因里希四世对抗，并力图让他取而代之。然而，对立派国王并没有获得教皇的认可，格雷戈尔七世在两个国王之间采取中立的态度，因为他无法确定反对派的国王是否完全听命于他。在德意志境内，即使是施瓦本的教俗贵族们也没有完全站在对立派国王一边，因为他们推举对立派国王的目的是为了阻止海因里希四世收回王室的领地和权利，以便达到维护已有的经济利益和在其领地内的政治权力，并无意增强对立派国王的政治实力，反对派因内部不可调和的矛盾无法在政治目的上达成一致。

获得教皇宽恕的海因里希四世返回德意志，在德意志城市市民以及大多数自由农民的支持下，立刻对德意志贵族进行反攻。首先，他借助在巴伐利亚的王室封臣的政治力量废黜了巴伐利亚的公爵，把公爵领地划归为王国领地。1078 年 8 月，海因里希四世率军在梅尔里希施塔特成

---

[1] 德国历史学家们把这一重大的历史事件称之为"卡诺萨之路"(Gang nach Canossa)或"卡诺莎晋见"，给予这一历史事件不同的诠释和历史评价，在这里不予赘述。

功地阻止了对立派国王鲁道夫与施瓦本贵族举行的联盟会议；同时，支持海因里希的农民军在内卡河畔击败维尔夫四世和策林格家族的诸侯联军。支持对立派国王鲁道夫的地方贵族势力被分化，国王剥夺了施瓦本和巴伐利亚公爵对其领地的采邑权，亲自领有这两个公爵领地，把克恩滕公爵领地分封给埃彭施泰因的柳托尔德（Liutold von Eppenstein，1050—1090）。1079 年复活节之际，海因里希三世年仅 7 岁的女儿阿格尼丝（Agnes，1072—1143）与施瓦本的施陶芬（Staufer）家族的弗里德里希（Friedrich，1050—1105）定亲，后者由此被封为施瓦本公爵，这个后来取代萨利尔王朝的家族成为海因里希四世的政治盟友。

　　1079 年冬季，海因里希四世进攻萨克森，取得一定的胜利，海因里希四世的王位得以巩固，对教皇的态度再次强硬起来。1080 年初，格雷戈尔七世再次重申世俗君主无权干预教会职务的任免，并计划就这一问题在德意志召开宗教会议做出决议，受到海因里希四世的阻挠。为此，格雷戈尔七世于 3 月 7 日第二次宣布革除海因里希四世的教籍，然而形势朝着不利于教皇的方向发展，德意志和意大利的大多数主教、大主教都与国王站在同一战线。10 月 15 日，国王的军队与对立派国王的军队在埃尔斯特河畔交战，鲁道夫战死，反对派内部出现分裂，罗马教皇在德意志境内失去支持的政治力量。与此同时，格雷戈尔七世在罗马的地位也受到威胁，甚至枢机主教团中的 13 名成员都成为德意志国王的盟友。1084 年初，海因里希四世率军进入罗马，3 月 24 日，枢机主教团在德意志国王的支持下在罗马召开宗教会议，选举拉文纳的大主教维贝特为对立派教皇，称克莱门斯三世（Clemens Ⅲ.，1020 或 1030—1100，1080—1100 年在位），在几天之后的复活节这天（3 月 31 日），新教皇在罗马的圣彼得教堂为海因里希四世举行涂油礼，为其加冕为皇帝。

　　逃亡中的格雷戈尔七世，力图借助与教皇有采邑关系的诺曼公爵罗伯特·吉斯卡尔德（Robert Guiskard，1015—1085）的军事支持，诺曼人的军队虽然迫使德意志的皇帝退回德意志，但却是引狼入室，诺曼人对罗马进行大肆劫掠。遭到罗马市民强烈指责的格雷戈尔七世不得不随着撤离的诺曼人离开罗马，逃亡萨莱诺。1085 年 5 月 25 日，格雷戈尔七世在流亡中客死他乡。在海因里希四世与格雷戈尔七世的争斗中，德意志王权的政治支点发生了转移，社会等级（Stand）的政治作用越来越突显出来。

第三节　社会结构的渐变

一、社会中的三个等级

　　等级制度在中世纪的西欧是一个普遍的社会现象，最早提出社会等级理论的是基督教的神学家（Theologe）。6 世纪下半叶，处于半游牧民族社会状态的日耳曼人完成了向农耕民族的过渡，与当地的罗马人融合在一起。经历了因日耳曼人依靠武力进入加速西罗马帝国覆灭的西欧，处在一个十分动荡的历史时期，尚处于半游牧社会状态的日耳曼各部族先后在原来罗马帝国的境内建立自己的王国，但又因各种原因瞬间即逝，社会呈现出一种"无政府"的状态，在这种社会状态中尚能有效组织社会的是基督教教会。基督教的教父们用关于"等级"的教义学说诠释社会，以强调基督教教会在社会中享有统治和治理社会的世俗权力。被教会史学家称之为"古代的最后一个、中世纪第一个教皇"的格雷戈尔一世用基督教"服从"和"恭顺"的宗教伦理阐述世俗社会的等级，他认为上帝为每个人确定了适合于他的等级，每个人都要有适合自己地位的恭顺：奴隶不应该忘记他是他主人的奴仆；主人不应该忽视他们是上帝的奴仆，即使教皇也是"为上帝服务的奴仆"（servus servorus Dei）。基督教用服从的宗教伦理使中世纪的人除法律身份（自由人与非自由人）和政治身份（因封地而获得的各种权利）以外，又有了社会的等级身份，产生了社会的等级制度，等级制从社会观念上束缚人们的社会性行为。格雷戈尔一世不否认所有人的本质都是相同的，但是他们在社会中属于不同的等级，而且是由上帝根据人们所犯的不同程度的罪为他们确定下来的等级。社会中的每个人都有自己的生活轨迹,一个人有权利统治另一个人,这是上帝做的安排;即使统治者是恶人,人们也应该服从他,受恶人的统治是因为他们所犯的罪过而应得的惩罚,这是以上帝的名义给予的惩罚。服从等级制,就是服从上帝,因为等级制是上帝的意志。① 格雷戈尔一世的这一教义理论是中世纪西欧社会等级制的理论基础。

　　法兰克王国时期,西欧社会在罗马因素和日耳曼因素的基础上确立了采邑制,采邑制既是一种政体形式,也是一种经济制度,同时又是一种法律体系。然而,在这个制度中的人的法律身份与社会的等级地位和政治权利并不一致,从法律的角度看,这个社会中的人被分为自由人和非自由人。在日耳曼人带入了西欧社会的陪臣制中衍生出一种社会的附庸关系,在法律上没有人身自由的那些封臣因为获得封地而享有对土地的用益权,同时享有了用益权所附带的各种权利,如司法审判权、纳税权、铸币权、建立城堡权等。这些权利赋予非自由的封臣相当大的政治权力,享有较高的社会地位,他们构成社会的上层,即贵族阶层。

　　进入 11 世纪,西欧社会的封建政体形式基本确立,世俗贵族和教会贵族构成了统治权力的主体,社会的结构也随着经济的发展有了很大的变化,这个世纪的神学著作、布道词以及颁布的国王敕令等法律文献中越来越多地出现了封臣(milites)、市民(cives)、农民(rustici)这样的名词,以此取代了自由人(liberi)、非自由人(servi)这类名称。② 基督教的神学家们在布道时更进一步地把社会被分为三个等级,即:祈祷的人(oratores)、从事战争的人(bellatores)和从事劳动的人(laboratores),并对此进行了较为详细的诠释。③ 1030 年法国康布雷的主教热拉尔(Gerhard Ⅰ. von Cambrai,？—1051)在一次布道时说,人类从最初起就被分为三个等级,即:祈祷者、士兵和农民。大约在这同一时期,拉昂

---

① H. Zimmermann, *Das Papsttum im Mittelalter:eine Paptgeschichte im Spiegel im Spiegel der Historiographie*, Stuttgart：Ulmer 1981, S. 39.

② W. Rösener, *Bauern im Mittelalter*, München：Beck 1985, S. 19.

③ 参见 *Lexikon des Mittelalters*,Bd. ,8, S. 46.

的阿达贝罗(Adalbero von Laon，947—1030)也在布道时诠释了三个等级的观点，他认为这三个等级是相互依存的，以保证人们能够共同和谐的生活，保障一个符合上帝意愿的社会秩序。① 自此之后，西欧社会中有了明确的三个等级的观念，确立了中世纪意义的等级制度。17 世纪，法国学者路易瑟在他的研究中进一步归纳了封建社会三个等级的理论，即：专事祈祷的教会等级(第一等级)；专事战争的骑士等级(贵族或第二等级)；专事生产的农民、手工业者和商人的劳动等级(第三等级)。20 世纪以后，法国年鉴学派的历史学家们继承和发展了这个观点，著名的历史学家杜比在其《封建制度构想的三个等级》一书中，从三个等级的角度论述了法国封建制度的社会基础。② 勒高夫也认为，中世纪的社会是由修道士、骑士和农民这三个最基本的群体组成的。③ 法国学者的观点也被德国历史学家们接受，科伦本茨也有这样的论述，他说："这三个等级的每一个等级都从事自己的专门的事务，而赋予它所应从事的事务也对其他两个等级有益。教会等级关系整个基督教人民的灵魂；骑士用他们的武器防卫来自外界的威胁，以及保证内部的秩序和公义；农民和城市的市民用他们的活动来满足其他两个更高等级在物资上的需求。"④

中世纪社会等级的划分与近代社会有着极大的区别，德国历史学家格茨认为："西欧中世纪既不承认那种按宗教划分的等级，也不承认受经济条件制约的阶级。贵族的意识并不是要贪婪地占有生产资料，而直到很晚时期，农民的意识还只是依据农民的劳动价值来确定。它只承认法律认定的等级(教士—俗人；自由人—非自由人；骑士—农民)，这些等级是逐渐形成的，或者说是逐渐地划分开的。"⑤

---

① O. G. Oexle, „Die fungktionale Dreiteilung der 'Gesellschaft' bei Adalbero von Laon", in: *Frühma. Studien*, 12 (1978), S. 1ff.

② G. Duby, *Les trois orders ou l'imaginaire du féodalisme*, Paris: Gallimard, 1979.

③ J. Le Goff (Hrsg.), *Der Mensch des Mittelalters*, Frankfurt: Campus-Verl. , 1989, S. 17f.

④ H. Kellenbenz, *Handbuch der Europaeischen Wirtschafts- und Sozialgeschichte*, Bd. 1, Stuttgart: Wiss. Buchges. 1980, S. 140.

⑤ 汉斯-维尔纳·格茨:《欧洲中世纪生活》，王亚平译，东方出版社 2002 年版，第 5 页。

二、贵族权势的增长

　　贵族是中世纪西欧在政治上掌握统治权力的社会群体,但同时也是在中世纪社会中不断发生变化的一个社会群体,在整个中世纪不同的历史阶段,贵族的含义都有所不同。法国历史学家马克·布洛赫认为,在法兰克墨洛温王朝时期,"配得上贵族这一称号的等级显然必须具备两个特点:第一,必须拥有自己的法律地位,这一地位能够肯定其所要求的优越性,并使这一优越性实际有效;第二,这一地位必须是世袭的"。① 贵族社会地位的优越性在《撒利克法典》中明显地反映出来,无论是在赔偿金还是在其他方面,贵族与其他等级都有很大的差异。② 随着法兰克人先后征服日耳曼其他部族,以及诸王之间在法兰克人建立王国后争夺势力的斗争中,贵族的社会结构逐步地发生了变化。为国王服役的人参与王国的统治,他们也都因此与王室建立了亲疏程度不同的亲属关系或者姻亲关系,又因采邑制的改革而成为国王的封臣,封臣取代旧贵族,构成新的贵族阶层。比利时历史学家冈绍夫在论述什么是封建制度时分析了采邑和统治的关系,他认为:"从查理大帝执政时起,封臣制极大地扩展,这是各种因素共同作用的结果。首先,每个国王和每个皇帝为了巩固自己的统治都在竭力地增加自己封臣的人数。出于同样的目的,伯爵、马尔克伯爵以及公爵都有义务,作为国家权力的代理人成为国王的封臣。加洛林的国王们认为,只有使他们成为封臣,受到双重誓约义务——封臣和伯爵、马尔克伯爵以及公爵——的约束,才能牢牢地控制统治。"③

　　加洛林时期开始实行的采邑制培植了西欧中世纪的贵族阶层,日耳

---

① 马克·布洛赫:《封建社会》,下卷,张绪山等译,商务印书馆 2004 年版,第 471 页。

② 参见 P. J. Geary,(edited),*Readings in Medieval History*,Peterborough:Broadview Press,1995,p. 151,153.

③ F. L. Ganshof,*Was ist das Lehnswesen？*,Darmstadt:Wiss. Buchges.,⁷1989,S. 22.

曼人的习惯法则使得封地"基本上成为世代相传之物"。① 877 年,为了获得贵族的支持,卡尔二世国王在奎尔日颁布敕令,承认采邑可以完全世袭。在封地世袭化的过程中,大小贵族在自己的领地范围内代表或占有、夺取或行使应该是国王行使的权利。10 世纪初期,法兰克加洛林王朝的国库领地几乎被分封殆尽,这些封地的世袭化使国王丧失了对封地的用益权。土地的用益权以实物地租和徭役地租的形式掌握在获得封地的伯爵或其他贵族的手中,曾经是国家的税收,包括市场税和关税,都进入贵族的囊中。不仅如此,贵族还掌握了领地内的最高司法审判权,控制了对教会职务的授予权,王权则成为贵族们获得各种权利的保障。正如德国的历史学家特伦巴赫所说的:"从加洛林时期一直到中世纪晚期,体现了国家集合体和统一趋向的王权只是一个具有各种不同用途的工具。"②

加洛林王朝以来,西欧各国的国王都只不过是贵族阶层中的一个成员,德国的历史学家把这种王国的体制称之为"贵族体制的王国政体"。③ 恩格斯在阐述国家时强调"国家是整个社会的代表,是社会在一个有形组织中的集中表现",基于这一点"在中世纪是封建贵族的国家"。④ 在这个政体中,贵族享有与国王几乎相等的权利,这些权利是贵族在采邑制度发展的过程中逐步获得的。法兰克帝国解体之后,东法兰克地区囊括了萨克森、巴伐利亚、阿雷曼、施瓦本等查理大帝新征服的地区,在这些地区日耳曼人的习惯和传统比较久地保持下来,所在地区的世族贵族家族依然享有特殊的权利和地位。这些世族贵族家族的成员,或是在查理大帝征服时期派去担任某个职务的陪臣,或是通过与皇室结成姻亲关系

---

① 马克·布洛赫:《法国农村史》,余中先等译,商务印书馆 1991 年版,第 86 页。

② G. Tellenbach, „Vom karolingischen Reichsadel zum deutschen Reichsfürstenstand", in: T. Mayer (Hrsg.), *Adel und Bauern in deutschen Staat des Mittelalters*, Leipzig: Koehler & Amelang, 1943, S. 2.

③ H. Hirsch, *Die hohe Gerichtsbarkeit im deutschen Mittelalter*, Köln: Böhlau, 1958, S. 234.

④《马克思恩格斯选集》,人民出版社 1972 年版,第 3 卷,第 438 页。

提升了政治地位,他们是法兰克王权在当地施行统治的重要支柱,是国王权力的执行者,他们享有王权给予的各种特权,逐渐地发展成为掌握各公爵领地大权的大贵族。① 德国著名的历史学家特伦巴赫在阐述德意志从东法兰克王国向德意志王国演变时强调,在新建立的德意志王国中虽然确立了国王的权威,但是那些有势力的世族贵族家族担任王室宫廷中的重要职务,在决定王国事务时施加很大的影响力,甚至一而再、再而三地发生争夺王位、对抗王权的行为,世族贵族家族的权势在不断地增大。② 为了牵制大贵族的政治力量,奥托承袭查理大帝施行的教会政策,培植教会的势力,实施奥托特恩权,大主教享有大公爵所掌有的司法审判、收取关税、开办集市权和铸币权。

奥托特恩权以及在德意志皇帝支持下进行的教会改革,极大地增长了教会贵族的经济实力和政治势力,但这并没有达到均衡世俗贵族势力的目的,反而形成一股能与德意志王权抗衡的新的政治力量,德意志的世俗贵族也把罗马教会作为强有力的同盟者。在海因里希四世与格雷戈尔七世围绕主教授职权展开的斗争中,德意志的部分贵族与罗马教皇结盟与其对抗,甚至在罗马教廷的支持下推举出对立派国王,迫使海因里希四世不得不对教俗贵族做出极大的让步,走上卡诺萨之路,以一个忏悔者的身份请求教皇的宽恕。抑或可以这样看,与其说海因里希四世是对教皇的屈从,不如说是德意志国王对教俗贵族的妥协和让步。尽管教皇赦免了忏悔的海因里希四世,使其日后有了反击的机会,但德意志的教俗大贵族则都把与教皇的合作看作是抵抗皇权最有效的方式。

卡诺萨事件之后,海因里希四世改变了以往的策略转而重用王室封臣(ministerial)。王室封臣的制度起源于法兰克时期的陪臣制度,王室

① G. Tellenbach, „Vom karolingischen Reichsadel zum deutschen Reichsfürstenstand" , in: T. Mayer (Hrsg.), *Adel und Bauern in deutschen Staat des Mittelalters*, S. 24.
② G. , Tellenbach, *Die Entstehung des deutschen Reiches: von der Entwicklung des fränkischen und deutschen Staates im 9. und 10. Jahrhundert*, München: Rinn, 1943, S. 142.

封臣是在法律上没有人身自由的国王的侍从,他们为国王管理分散在各地的王室领地和财产,由此获得生存和装备所必需的食物、马匹、货币以及奴隶和其他物品,所有这些都是由他们所管辖的王室领地或者城市以赋税的形式提供的。他们对王室的财产没有支配权但却享有用益权,他们的子嗣经国王获准可以继承其父的职位。① 王室封臣在人身和经济上都受到王权的制约,然而随着王权与教俗大贵族之间矛盾的激化,他们在王国中的政治作用逐渐增强。海因里希四世时期,分散在各地的王室领地上先后设立帝国特辖区(Reichsvogtei),由王室封臣担任特辖区的行政长官,以此限制教俗大贵族的权势。王室封臣成为德意志君主反对教俗大贵族所依靠的主要政治力量,他们管理着被没收的或者被收回的教俗大贵族的领地,他们也越来越多地被委以重任。② 王室封臣的政治地位日益提高,在地方上的权力越来越大,逐步地上升为新的贵族阶层。

三、土地改变的农民等级

在中世纪早期的西欧社会中,农民不是一个阶级或一个阶层的概念,而只是一个经济概念,是一个从事农业生产活动的很大的社会群体③,在这里我们不妨将其称为农耕者。从法律的和社会的角度看,农耕者绝不是一个有着相同权利的社会阶层,而是依据他们与土地的关系划分的不同的阶层。中世纪的土地制度是领地制,正如马克·布洛赫所说:"从经济角度看,一份大产业与许多小地产在同一个组织中的共存是领地制的最基本的特征。"④中世纪西欧社会的土地不是单纯的地产意义,更重要的是土地因为是一种采邑而附带了各种权利。此外,"土地本身也有其法律地位,而且它不完全与土地所有者的法律地位一致。比如

---

① 参见 *Lexikon des Mittelaltes*,Bd. 6,S. 638.

② K. Bosl,„*Die Reichsministrialität als Element der mittelalterlichen deutschen Staatsverfassung im Zeitalter der Salier und Staufer*",in:T. Mayer(Hrsg.),*Adel und Bauern in deutschen Staat des Mittelalters*,Leipzig:Koehler & Amelang 1943,S. 83,86.

③ 汉斯—维尔纳·格茨:《欧洲中世纪生活》,第 147 页。

④ 马克·布洛赫:《法国农村史》,第 80 页。

自由人份地及奴隶份地等等。原则上说，不同等级的土地在法律上要负不同的义务。"①正是不同的法律地位和法律义务，划分了占有土地者、土地的用益者以及土地的耕种者的社会阶层。

中世纪早期西欧土地的占有形式、用益权的形式以及耕作方式并不是统一的，从某种意义上来说，土地的占有者并不完全享有对土地的用益权；另一方面，土地的所有者和用益者也不一定就享有自主耕种土地的权利。中世纪早期的西欧的农耕者是根据习俗耕种土地的，即轮作制，而且是强制性的轮作。这是因为中世纪早期西欧的地产一般都是狭长的"长条地"，这些长条地经过多次的分封、继承而一再地被分割，这就使得土地因为归属不同的用益者而分散，且又相互交叉地分布在各地。这种在归属上是分散且又交叉的耕地因为轮作的原因必须统一地进行耕种，即由集体或习俗决定同时播种、收割。这种耕作方式的不自主性实际上就造成了对个体农耕者的约束，因此尽管农耕者中有不同的法律和社会地位的划分，但真正能够划分其社会地位和法律身份的主要是交纳租税和服徭役的形式和数量，租税和徭役把农耕者划分为自由农民和非自由农民。在中世纪早期的史料中一般把农耕者称之为"自由人"（liberi）、"半自由人"（liti）和"非自由人"（servi）。自由人有自己的份地、园地和宅基地，有义务参加村庄的民众大会，享有不受限制的权利。一般来说，份地就是征税的单位。非自由农在领主的强权下，耕种以"庄园"为征税单位的领主的地产，此外他们还要服徭役、交纳地租。但由地产构成的村庄结构、强制性的轮作制都使得农耕者的各种身份和社会地位失去实际的意义，更何况村庄的司法审判权都掌握在领主的手里。自由的农耕者和非自由的农耕者混居在一个村庄里，村庄对土地的裁判权和对民事及刑事的裁判权归领主所有，甚至成为领主可以世袭、可以让与的权利。② 这种审判权致使对公有地和草地的使用权、磨房的使用权

---

① 马克·布洛赫：《法国农村史》，第 84 页。
② 同上书，第 55—56、93、95、173 页。

(尤其是水磨房,因为河流属于领主)以及烘制面包烘炉的使用权、酿酒用的压榨机的使用权,乃至牲畜的配种等等与经济活动有关的各种权利都受到领主的控制。[①] 可见,自由的农耕者与非自由的农耕者在法律上和社会地位上的实际区别并不十分明显。

　　毋庸置疑,在中世纪社会中大多数的农村居民都依附于领主,但是在很多地区依然存在着自由居民和自由的村镇。中世纪早期"自由"的概念与近代社会以及今天给予自由的概念有很大的差异,"自由"是一个很含糊的词。更确切地说,所谓自由的标志就是这些自由农民和社团直接隶属于国王,他们享有国王给予的土地,并因此有义务为其服兵役和纳税。或者可以说他们是国王的自由人,"他们成为国王的自由人,成为公职人员,承担修桥筑路的劳役,而且还要承担纳税的义务。他们得到国王给予的份地,未经允许不得离开或者转让。此外,还禁止他们根据自己的传统献身于教会,以此摆脱兵役,只有国王自己才能这样做。"[②]这些自由人一部分来自日耳曼公社的成员,一部分是因为参与拓荒而获得自由的人,这两部分人构成了法兰克王国时期的自由人。[③] 自由人有自己的份地、园地和宅基地,有义务参加村庄的民众大会,享有不受限制的权利。一般来说,份地就是征税的单位。然而,在法律上是自由的自由农民却不享有任何政治权力,因为他们只能根据日耳曼人的习惯法分到份地和宅基地,在那个土地是唯一财富的中世纪社会中,有限的份地给予他们的只有参加公民大会的有限的权利,使他们处于社会的下层。那些自由农民和封建领地(Grundherrschaft)中的依附农民之间仅就这一点来说存在着差异,但就社会经济活动和社会生活方面而言,则有着很多的共同之处,处于同一个社会地位。可见,自由的农耕者与非自由的

---

① W. Rösener, *Bauern im Mittelalter*, S. 19.

② Th. Mayer, „Die Königsfreien und der Staat des frühen Mittelalters", in: F. Borden (bear.), *Das Problem der Freiheit*, Bd. . 2, Paderborn: Schöningh 1962, S. 19.

③ H. K. Schulze, „Rodungsfreiheit und Königfreiheit. Zu Genesis und Kritik neuerer verfassungsgeschichtlicher Theorien", in: *Historische Zeitschrift*, 19 (1974), S. 549.

农耕者在法律上和社会地位上的实际区别并不十分明显。在经济方面，似乎更无法以地产的大小或者财产的多少将其区分开，"自由人与非自由人之间真正的经济差异并不是他们所拥有的地产平均数的不同，而是对他们田地中所产出的收入的控制权有所不同"。① 从社会地位的角度上来看，那些具有自由身份的农民和晚些时候的城市市民并不享有政治上的权利，他们处于社会的下层；而那些在法律上没有人身自由的封臣则因为获得的封地而掌有一定的地方统治权，又因享有的封地及其附带的各种权利在政治上具有相当的影响力，甚至能够参与对封建王国的统治，形成了社会的中上层。

与西欧其他王国和地区比较而言，中世纪德意志自由农民的比例相对较大。所谓"自由"在不同的历史时期有不同的含义和内容。在日耳曼人中，享有"自由"权利者属于一定的部族和亲族，能得到族长、家长或首领的保护和恩惠。这个原则被法兰克王国承袭下来，与罗马帝国晚期的庇护制融合在一起，成为法兰克王权实施统治的一种方式。受国王保护的自由人被安置在王室的大领地内、在王国的边境地区、在重要的交通要道和要塞周围，他们没有服兵役的义务，只有防御的义务，并由此获得一块份地。这是中世纪最早的一种土地租赁形式，土地的所有者国王把土地租佃给受他保护的自由人，他们享有自由的世袭承租权（freie Erbleihe），也就是说，享有完全的收益权和使用权，只需交纳固定的数额不高的息金，即"世俗什一税"，他们也服徭役，但很轻，每年只有两三天，用于修路筑桥等公共事务。这些人被称为"国王的自由人"（Königfreie）。法兰克帝国解体后，在德意志王国的境内这批人被保留下来，随着疆域基本稳定，这些"国王的自由人"不再负有防御的职责，而是指专门从事农业生产活动的佃农。虽然在法律上他们是自由人，但是未经许可不得自由迁徙他地，即负有不能迁徙的义务（Schollenpflicht），否则将失去国王司法权的保护沦为封建主的依附农。他们中的一些人

---

① M. M. 波斯坦等主编：《剑桥经济史》，王春法主译，经济科学出版社 2002 年版，第 525 页。

连同土地一起被国王赠送给教会和修道院,受教会法权的保护,成为教会和修道院的佃农,交纳什一税,此后又增加了人头税、婚姻税和死亡税。德国历史学家把这种受不许迁徙束缚(Schollengebundenheit)的社会结构称为马尔克制。这些自由人只能墨守成规地在自己的胡符地上劳作,靠其生活,所以他们的社会地位和经济状况很难有大的改变。德国历史学家包斯勒称这个社会群体的人为"不自由的自由人"。[①] 他们是社会下层的一部分,他们很少有改变社会地位和经济状况的机会,城市市民和中小贵族都不是出自这个群体,而是来自包含了各类不同群体的非自由人。

中世纪早期的非自由人并不仅指依附农,还包括那些为国王和封建主服役和效忠的依附者,上到宫廷大臣、骑士陪臣、下到农奴、仆役、手艺人。他们必须随时为其服役和服务,并根据服役的内容而得到大小不等的土地和其他财产作为赏赐,为此他们不需交纳人头税、什一税以及各种息金(Zins)。是否交纳什一税和世俗息金是中世纪自由人和非自由人间最大的区别。少数非自由人居住在国王和教俗封建主的庄园里,管理庄园的事务,是社会的上层。非自由人中的大部分是庄园的农奴(servientes)和仆役(mancipia)。领主的庄园一般分为领地庄园(Salhof、Herrenhof)和徭役庄园(Fronhof),由农奴和仆役耕种,他们所服的徭役是无定期的、无限制的。他们也有一块份地(mansus),交纳地租,但不交人头税、婚姻税和死亡税等,以此表明他们的人身是不自由的。管理庄园的人称为迈尔(Meier),迈尔受封建主之命管理庄园的土地,他必须向其宣誓效忠,并由此从庄园的收成中得到一定的报酬。10 世纪以后,管理庄园的方式逐渐地发生了演变,迈尔制转变为一种租佃的形式,出现了迈尔庄园(Meierhof)。教俗封建主把整个庄园连同土地租佃给迈尔,迈尔依然是其封臣,他依然受采邑权的制约,他没有继承权。封建主则随意地或以实物、或以货币、或以徭役的形式收取地租,而且他还有权随

---

① K. Bosl, *Frühformen der Gesellschaft im mittelalterlichen Europa*, S. 185.

时收回租佃的土地。与采邑制一样,迈尔也可以把土地出租给他人,或是自由农民,或是非自由人,向他们收取赋税。10世纪开始的垦荒活动扩大了领主的耕地,用徭役耕种土地的经营方式越来越显示出弊端,农奴在服役时的懒散、不负责任造成收成的减少都影响了领主的收益。相比之下,租佃制在收益上的优势明显地表现出来,无论年景如何,税收的收益都是固定的,这是促进迈尔制普遍盛行最根本的原因。一般来说,迈尔承租的土地面积并不大,大约在2—5个胡符地之间,而且封建主也很少把这种迈尔权交给有相当军事实力的家臣和骑士;所以,只有那些非自由的依附农才能获得迈尔权,他们中的相当一批人上升为小土地持有者(不是所有者)。

非自由人中还有一部分是从事非农业生产活动的人,诸如纺织、采矿、制造武器、制造玻璃、制毛皮、酿酒、烘制面包、长途贩运和零售商品等等。11世纪以后,西欧社会农业经济的发展是贸易和手工业发展的基础,后两者逐渐成为社会经济结构中不可或缺的重要组成部分,从事贸易和手工业的人自然也就被纳入供养的社会等级,即第三等级。手工业者和商人的经济活动中心和生活中心是正在复苏的城市,城市有着与农村不同的政治结构、法律体系,德意志城市的复兴在很大程度上基于远程贸易的活跃。

四、成长的城市市民

罗马帝国时期,西欧远程贸易的活动区域主要分布在沿海地带,一是在西地中海与亚得里亚海之间,一是在波罗的海和北海之间。8世纪,阿拉伯人掌握了地中海地区的制海权,致使东罗马帝国收缩到了君士坦丁堡,成为在经济上、政治上与西欧相互隔绝的拜占庭帝国,东西罗马帝国之间的贸易往来也因此受到阻碍。不仅如此,阿拉伯人还夺取了科西嘉、撒丁和西西里,在北非海岸建立港口,控制了地中海的贸易,这就迫使西欧的交通不得不逐渐地向北方内陆地区转移。中世纪早期,由于道路和桥梁设施不完善,加上日耳曼人大迁徙之后陆路遭到很大破坏,陆路交通极不畅通,同时国王的商贾还要饱受盗匪的侵袭和劫掠。与之相比较而言,河流成为重要的交通要道,因为河流是天然的水道,其成本低、速度快,载货量较大,并且在开阔的河面上航行被盗匪侵袭的可能性相对较低。德意志有着得天独厚的丰富的内陆水系资源,流经德意志地区的莱茵河是贯通欧洲南北的大动脉,连接北海和地中海。莱茵河有众多能够四通八达的支流,通过这些支流即可以进入多瑙河水系,抵达斯拉夫人居住的地区,也能与历史上著名的黑勒之路①相接,还可以向东进入波罗的海或向北进入北海航线到达英国,也能经弗里斯兰到北海海岸至波罗的海的斯堪的纳维亚。此外,多瑙河、美因河也都流经德意志境内,多瑙河还被誉为德意志南部"商业的自然动脉"。②早在罗马帝国时期,在这些河流的沿岸就已经建立起了许多城市,如科隆、波恩、沃尔姆斯、美因茨、斯特拉斯堡,美因河畔法兰克福、维也纳等。法兰克帝国时期,查理大帝为了能与新征服的东北部地区保持经常性的联系,在莱茵河、多瑙河、美因河等重要的水路和军旅陆路沿线设立了许多王宫和军用驿站,建造城堡和城镇。德意志王国建立后,国王海因里希一世为了防御诺曼人的侵袭,在图林根和萨克森地区罗马城市的遗址上重新修建了很多城堡和城镇,如雷根斯堡、奥格斯堡等。这些城镇和城堡都有较为稳固的城墙作为防御设施,因而都成为王室或大贵族的府邸或者是大主教的驻节地,这些城市和城堡大多都地处交通便利的河畔和交通要冲。

阿拉伯人掌握地中海和北海的制海权后,德意志的商人被迫改变商路,他们转移到以莱茵河为中枢的内陆河流区域,迁居到莱茵河、多瑙河、美因河沿岸的城堡或城镇,例如作为主教驻节地(Bischofssitz)的主教城市(Bischofsstadt):巴塞尔、斯特拉斯堡、施派尔、沃尔姆斯、美因茨、

---

① 黑勒之路位于德国北部高地,是历史上的走廊地带,西起杜伊斯堡,东至帕德博,与绍尔兰北缘平行;南以鲁尔河、北以利帕河为界,位于莱茵河中游的科隆市有路向东与这条路衔接,这是中世纪最重要的一条远程贸易之路。

② 汤普逊:《中世纪经济社会史》,上册,第 364 页。

科隆、乌特勒支等，作为王室行宫的城市波恩、科布伦茨、威斯巴登、安德纳赫等，在莱茵河沿岸结成了一条贸易之链，一直通向北海沿岸，并渡过海峡到达英国。正如马克思和恩格斯所说的，那个时期的贸易活动，"取决于现有的交通工具的情况，取决于由于政治关系决定的沿途的社会治安状况（大家知道，整个中世纪，商人都是结成武装商队的），以及取决于交往所及地区内由相应的文明程度所决定的需求的发展程度"。① 比利时著名的历史学家亨利·皮朗把这些主教驻节地和王室行宫的所在地称之为中世纪"城市的踏脚石"。②

　　萨克森王朝时期实行的意大利政策加强了意大利与德意志的贸易往来，东方的奢侈品、意大利的手工业制品以及黄金通过阿尔比斯山隘口源源不断地进入德意志，阿尔卑斯山的山路和莱茵河不再仅仅是用于军事和朝圣，同时也在经济上获得重要意义。10 世纪中期前后，奥托一世率领德意志骑士击退了匈牙利人的进攻，这一胜利不仅巩固国王在德意志的政治地位，而且也扩大德意志王权在欧洲的影响力。951 年，奥托一世把意大利置于其统治之下，此后又与罗马教会建立政与教之间的联盟关系，意大利与德意志之间的政治关系保证了贸易往来的畅通，这种贸易往来还包括教会之间互相赠送的礼物。例如，罗马教会的一位执事收到博尼法修斯大主教赠送的一只银杯和一匹当地生产的布匹，前者回赠了来自东方的肉桂、胡椒和毛皮；908 年，奥格斯堡的主教阿达贝罗（Adalbero von Augsburg，？—909)赠送给圣加莱修道院当地特产的价值昂贵的紫色长袍。相互之间赠送的礼品逐渐演变为有价的对等交换，德国历史学家库利施把这种相互之间的赠礼交往看作是德意志中世纪早期远程贸易的前身。③ 从 10 世纪一些修道院的账簿中也可以看到，购

---

① 马克思、恩格斯：《费尔巴哈》，载《马克思恩格斯选集》，人民出版社 1972 年版，第 1 卷，第 59 页。
② 亨利·皮朗：《中世纪的城市》，陈国梁译，商务印书馆 1985 年版，第 47 页。
③ J. Kulischer, *Allgemeine Wirtschaftsgeschichte des Mittelalters und der Neuzeit*, Bd. 1. „ Das Mittelalter", Darmstadt: Wiss. Buchges. 1976, S. 89.

买来自东方货品已经成为常态,主要有胡椒、小茴香、肉桂、丁香、藿香、大黄等多种类型的香料以及诸如蜡之类的其他奢侈品。[①]

中世纪早期,在德意志从事远程贸易的主要是犹太商人、弗里斯兰商人。这些商人熟悉商路,了解各地的风土人情,懂得当地的语言。他们长途贩运的商品都是只有王公贵族和教会才能享用的来自东方的奢侈消费品,因此他们把销售点和货栈设在王公贵族和主教们居住的城堡或城镇附近,在这些地区出现商人们的居住区,被称为维克(wik)。维克是国王管理商人的一种机构,国王委派伯爵管理维克中的商人,审理他们的诉讼案件。[②] 居住在维克中的商人春去秋来,贩运城堡领主和教会所需要的货物,他们因同一商旅目的地结队而行,组成了早期的汉萨(hansa)和行会(Gilde)。[③] 早期的汉萨和行会还不是商人同盟的组织机构,仅是商人们在商旅中自愿结伴而行的一种方式,为了限制地方贵族利用所享有的政治、司法以及经济的权利对商人进行赋税盘剥,国王还给予维克中的商人特许权,以使从事远程贸易的商人有较为安定的经商环境。957 年,奥托二世给予马格德堡商人特许权,允许他们有从事商业的自由、迁徙的自由,明确规定商人应缴纳的赋税额,以此避免地方贵族随意对其征收各种赋税。1003 年,康拉德二世给予瑙姆堡的商人与之相类似的特许权。[④] 通过这些特许权,从事远程贸易的商人们在国王司法审判权的保护下,在各地都可以不服从地方贵族司法审判权,商人的行动自由有了保证,商人的人身自由在法律上得到承认。

德意志的商业和城市在王权的保护下复苏和复兴起来,一方面是由于城堡大多数都是建立在王室的领地上,城堡的主权多属于王室;另一方面,商人的经济活动为王室带来很大的经济利益,因此德意志的国王

---

① 汤普逊:《中世纪经济社会史》,上册,第 367 页。

② H. Planitz, *Die deutsche Stadt im Mittelalter*, Köln: Bohlau, [3]1954, S. 54ff.

③ G., Dilcher, „ Die genossenschaftliche Struktur von Gilden und Zünfte ", in: B. Schwineköper, *Gilden und Zünfte*, Sigmaringen: Thorbecke 1985, S. 71ff.

④ F. Keutgen, *Urkunde zur städtischen Verfassungsgeschichte*, Berlin: Felber 1901, S. 71, S. 76.

们自然要把水路交通置于自己的监督和保护之下，在莱茵河以及陆路要冲设立关卡，以此增加王室的收入，同时也保护商路的安全。国王对商人的保护冲击了地方贵族的利益，城市中的商人不可避免地被卷入王室与地方贵族的争斗中。11世纪中期，海因里希四世年幼由摄政王掌权时，莱茵河以及其他重要的水路和陆路交通要道的关卡都被沿途主教城市的主教们或者地方世俗诸侯霸占，他们利用关税榨取来往的商队和商船。莱茵河中游的一些主教城市，如美因茨、沃尔姆斯、施派尔等，都先后发生了城市商人反对主教的斗争。海因里希四世国王亲政后，力图追回王室在莱茵河上被教会和地方贵族强占的关卡，得到城市商人们的支持。1073年，沃尔姆斯的市民们驱逐了城里的主教，打开城门迎接在与罗马教皇和德意志贵族的争斗中落败的海因里希四世，向他宣誓效忠，在军事上和财政上给予他支持。次年，海因里希四世给予沃尔姆斯的商人们免征关税的特许权。为海因里希四世撰写传记的作者热情地赞颂国王为维护水路畅通取得的成就："现在，船夫在河流上可安然无恙地划过那些强盗贵族的城堡，而他们以前原是靠掠夺财物而自肥的；公路上不复充斥着劫人的匪帮；森林不复成为盗匪出没之所；公路开放给商人旅客，使他们安全地来往；于是以劫掠为业的匪徒也陷入潦倒贫困状态，像他们曾长久地使别人遭受的那样。农民、手艺人和商人都歌颂国王，而他们从他的德政，获得了这种宝贵的安全。因为现在，土地的耕耘者、勤劳的手艺人、节约的市民，有些把握可以想望将来享受他们从劳动所得到的成果了。"[①]

　　商人们聚集在位于城堡附近的维克中，受王权的保护，居住在集市（mercatus）周围，在10世纪的史料中他们被称之为"集市人"（mercatores），集市周围还居住着隶属于封建主、主教和国王的手工业者（artifices，Handwerker）。维克的地理位置、手工业产品的销售对象都吸引着手工业者迁徙到此。早在829年虔诚者路德维希的一份文件中

---

① 汤普逊：《中世纪经济社会史》，上册，第376页。

就提到,一些手工业者迁居到沃尔姆斯的维克中。[①] 这些迁徙到维克中的手工业者依然是封建主的依附者,他们没有迁徙的自由,没有对手工作坊的支配权,用领主的工具加工领主提供的原材料,在领主的许可下出售自己生产的手工产品。他们不享受国王司法审判权的保护,必须为领主服劳役,缴纳各种具有封建义务的赋税,而不向集市的领主缴纳赋税。11 世纪初,城市的领主开始拒绝那些不缴纳集市税的依附的手工业者进入集市从事经济活动。1023 年,沃尔姆斯的大主教布尔夏德明确宣布,在城市中居住的依附手工业者要离开其领主,有自己的作坊,成为在经济上完全独立的手工业者,承担集市人应该承担的纳税义务,这样才可以享有与商人同样的特许权。这一规定很快就在德意志的城市中普遍实施。[②]

11 世纪初期,依附的手工业者的境况有了明显的改变,他们的生产能力超过了领主自身所需,在满足了领主的封建赋税义务之后,能够自主销售的产品的数量大大增加,积累了一定的财富,具有了拥有作坊的经济实力。在经济上的独立,致使他们逐渐地融入自由的集市人中,居住在同一城市里的同行业的手工业者依照商人的方式联合起来结成了同业公会(Zunft)。为了摆脱领主对其人身自由的束缚,他们以"城市的空气使人自由"(Stadtluft macht frei)反对城市领主们强调的"城市的空气是自己的"(Stadtluft macht eigen)。[③] 在城市中获得自由的手工业者也同样享受着国王给予商人的特许权,1101 年,海因里希四世在给予施派尔市的特许权中强调,尽管那些独立居住的手工业者的人身是不自由的,但这个特许权对他们同样有效,因为只有那些真正居住在封建主庄院中的手工业者才具有依附身份,才受庄园法的约束。1107 年、1109

---

① R. Sprandel, „Handel und Gewerber von 6-11 Jahrhundert", in: B. Schwineköper (Hrsg.), *Gilden und Zunfte*, S. 28.

② L. Weinrich, *Quellen zur deutschen Verfassungs-, Wirtschafts-und Sozialgeschichte bis 1250*, Darmstadt: Wiss. Buchges. 1977, S. 29.

③ H. Planitz, *Die deutsche Stadt im Mittelalter*, Köln-Graz: Böhlau ³1954, S. 105.

年,海因里希五世在先后给予列日市和马斯特里赫特市的特许权中也有类似的规定,把在城市里独立居住的手工业者看作是具有公共意义的集市人(pubicus mercator)。[1]

城市以市场为经济中心,以手工业和商业为经济活动主体,所以城市的经济活动与土地没有直接的关系。正如著名的比利时历史学家亨利·皮朗所说的:"没有哪个时代有过像中世纪城市的社会、经济组织与农村的社会、经济之间那样鲜明的差别。"[2]正因为这样,在从土地中衍生出各种权利的中世纪社会里,居住在城市中的市民既然因为没有土地而无须履行各种封建义务,自然也就不可能凭借土地获得相应的保护和权利,市民的经济活动由此受到封建主的极大制约。国王给予城市特许权的主要内容是保护市民,保护那些不享有政治权利的市民免受地方封建领主滥用自己的权力而肆无忌惮地对他们进行蚕食和剥削。其中比较典型的例子是王权给予异教徒犹太人的特许权,把他们置于王权司法审判权的保护下,允许他们有自己的居住地,从事国王和教会所需要的商业活动。在各地开办的市场和集市也都是因获得国王给予的特许权后才得以存在和发展,正是在这些市场或者集市的基础上复苏或新建了许多中世纪的城市。

城市复苏和新建的标志是修建城墙,城市市民获得的特许权中的一项重要内容是有权修建城墙。城墙的防御功能是不言自明的,但更为重要的是,城墙使城市成为一个不同于农村的完全独立的社会,一个不同于庄园的社会经济组织。比利时著名历史学家皮朗就曾这样说过:"不可想象在那个时代会有一座不筑墙的城市;这是一种权利,或者用当时的话来说,这是任何城市不可缺少的一种特权。"[3]市民修建城墙不仅仅具有防御外敌的目的,尤其是在匈牙利人入侵之时,并且城墙更重要的作用在于区别城墙内居住的人与在城墙外居住的人的法律身份。那个

---

[1] 参见 H. Planitz, *Die deutsche Stadt im Mittelalter*, S. 100ff.

[2] 亨利·皮朗:《中世纪的城市》,第 82 页。

[3] 同上书,第 93 页。

时期广为流行的政治谚语"城市的空气使人自由",是对城墙所具有的这种社会功能最切实的写照。城市的空气是自由的,因为居住在城市中的市民依据特许权解除了采邑制和庄园制建立的人身依附关系,凡是在城市中居住了一年零一天的人都是自由人。[1] 自由是中世纪城市居民的一个重要属性,修建城墙把城市围起来是中世纪城市复兴的一个标志。海因里希四世在给科隆市民的特许权中,首先承认了市民修建城墙的权利,市民们参加同盟的首要义务也是修筑城墙。[2] 城墙表明市民有了从事社会经济活动的区域,商人和手工业者都被市场固定在商业的共同体中,11 世纪的史料中,含有出售商品意义的 forum(市场)一词取代了原来的 mercatus(市集);burgenses(城里人)、urban(城市居民)、icivies(市民)等词汇越来越多地出现,mercatores(集市人)逐渐地消失。[3]

　　城墙里的市民能够自由选择从事经济活动的内容、方式,在经济活动中的这种自由使市民有了完全的"个人"的财产,在领地制经济体制中有了一个新的因素。领地制无可否认是一种财产的私人占有制度,然而在这个占有制度中,相对于土地的占有权来说,其用益权更具有实际的意义;另一方面,在这个私人占有制中仍然存在着公共的和个人的区别,如公共的草地、林地、河流,这些公共的财产属于村庄,属于领主,但是领地内的居民对此只享有用益权。德国的史学家巴德尔认为,在中世纪的这种土地制度中地产的使用权(Nutzung)代替了占有权(Eigentum)。[4]但在中世纪的城市里,手工业者和商人的财产所有权是完全意义上的个人占有,不存在用益权的概念,这就决定了城市社会逐渐与农村社会有了区别,而城市市民则更希望置于国王司法审判权的保护之下,以此摆脱封建领主对商业、手工业经济活动的控制,以及对其完全个人财产的

---

① H. Mitteis, „Über den Rechtsgrund des Satzes □ Stadtluft macht frei' ", in: ders: *Die Rechtsidee in der Geschichte*, Weimar: Böhlau 1957, Bd. 2, S. 202.

② H. Planitz, *Die deutsche Stadt im Mittelalter*, S. 103f.

③ 参见 E. Ennen, *Frühgeschichte der europäischen Stadt*, Bonn: Röhrscheid 1953, S. 179ff.

④ K. S. Bader, *Rechtsformen und Schichten der Liegenschaftsnutzung im mittelalterlichen Dorf*, Wien・Köln・Glaz: Böhlau 1973, S. 6f.

侵害。基于此,在与地方诸侯争斗时,市民成为国王可以依靠的新的政治力量。

第四节　第一次十字军东征

一、海因里希四世的权力欲

教皇格雷戈尔七世去世之后,海因里希四世的权势达到了顶峰,他借助于其指定的教皇克莱门斯三世的影响把德意志皇权的势力渗透到匈牙利、英国和克罗地亚。1083 年 1 月,德意志皇帝反对派的首领巴伐利亚公爵诺特海姆的奥托去世,接任他为反对派首领的是萨勒姆的伯爵赫尔曼(Hermann von Salm,1035—1088),但他的影响力仅局限在萨克森地区。德意志大部分地区城市的市民都给予皇帝在政治、经济以及军事上的支持。为此,海因里希四世于 1084 年 4 月在美因茨召开帝国会议,宣布在全德意志范围内施行"上帝和平"(Pax Dei,Gottesfreiden)。"上帝和平"运动始于 10 世纪末期法国南部地区,勒皮主教区的主教维多二世(Wido Ⅱ.,? —?)为了保护教会的财产不被封建主强占和分割,于 975 年在教区内召开宗教会议,颁布了"上帝和平"(Treuga Dei)的教令,该教区内所有的骑士、农民都必须集体进行宣誓遵守上帝规定的和平日,即在礼拜日、圣徒纪念日以及宗教节日期间禁止一切私战(Fehde①)和械斗行为。以"上帝和平"维护地区内安定的模式很快就在西欧各地普及。1082 年列日的主教、1083 年科隆的大主教也都宣布在其教区内实行"上帝和平"的教令。1084 年 4 月,海因里希四世皇帝在美因茨召开帝国会议,宣布在全帝国范围内实行"上帝和平",以此保证市民阶层从事经济活动所需要的社会安定,同时也有效地抑制了贵族之间的武力争斗,进一步削弱了皇帝的反对派势力。1087 年 5 月 7 日,海因里希四世要求贵族们推举他的次子康拉德三世(Konrad Ⅲ,1074—

---

① 私战是从日耳曼人那里延续下来的一种习俗,是血亲复仇的一种武力行为。

1101,1087—1098 年在位①)为德意志的国王,并在亚亨为其举行国王加
冕礼,以保证王室家族的稳固。在此之后,他再次把政治的焦点对准了
意大利,对准了罗马教会。

　　格雷戈尔七世之后的罗马教会虽然重又在德意志皇帝的控制之下,
但那些坚定的教会改革者们并没有完全地放弃教会改革的宗旨。1086
年 5 月,罗马教会的改革派们在诺曼底诸侯的支持下,推举蒙特卡西诺
修道院的院长德西戴里为对立派教皇,称维克托三世(Viktor Ⅲ.,
1027—1087,1086—1087 年在位)。维克托三世力主与德意志皇帝海因
里希四世媾和,但终因身染重病,未能实践就辞世。1088 年 3 月 12 日,
罗马教廷中的格雷戈尔改革派推举法国籍的红衣主教奥托为教皇,称乌
尔班二世。乌尔班二世曾担任过克吕尼修道院的副院长(Prior),是克吕
尼修道院改革和罗马教会改革的积极参与者,他承袭了格雷戈尔七世推
行的教会神权政治的主张,更严格地禁止世俗掌握对圣职的授予权,在
德意志地区积极扶持反对海因里希四世皇帝的诸侯势力。乌尔班二世
大力支持南德地区展开的希尔绍修道院改革运动,给予众多修道院免于
主教管辖的豁免权,允许它们享有"附属于罗马的自由",使其脱离与德
意志皇权的直接从属关系,修道院获得受教皇委托的世俗贵族的保护。
罗马教会又把对修道院的庇护权转交给德意志皇帝的反对派诸侯,世俗
贵族借助对修道院的庇护权扩充自身的经济实力,扩大其政治影响。例
如,韦尔夫家族先后获得赖兴瑙、肯普滕等帝国重要修道院的庇护权,扩
大在博登湖地区的势力范围,此后韦尔夫家族的遗产被施陶芬家族继
承。在黑森地区,策林格家族通过对修道院的庇护权建立自己的势力范
围,后被哈布斯堡家族取代。修道院以及修道院的财产是此后施陶芬家
族和哈布斯堡家族崛起的重要经济基础。不仅如此,乌尔班二世还授权

---

① 因海因里希四世的次子康拉德三世易与斯托芬家族的对立派国王康拉德同名号,故德国历
　史学家在其名字后面的"三世"加括号以示区别。海因里希四世于 1087 年促使诸侯选立康
　拉德(三世)为德意志国王,但在 1087 年将其废黜。1093 年其父立他为意大利国王,又在
　1098 年将其废黜。

萨尔茨堡、帕骚和康斯坦茨的三位主教共同为米兰的大主教举行授职礼,以此促进他们与反德意志皇帝的卢卡、比萨、曼托瓦等伦巴底城市联盟之间的合作。

1089 年,教皇乌尔班二世积极撮合德意志皇帝的反对派、巴伐利亚公爵的韦尔夫四世的长子,年仅 18 岁的韦尔夫五世(Welf V.,1073—1120)与 43 岁的玛蒂尔德女伯爵之间的婚姻。这一年龄相差悬殊的婚姻促使海因里希四世于 1090 年三次进军意大利,并且取得了初步的胜利,乌尔班二世"偷鸡不成蚀把米",不得不仓皇出逃。然而,自 1092 年起一直高奏凯歌的海因里希四世皇帝却转而陷入劣势,四面楚歌。1093 年初,海因里希四世的儿子康拉德三世在乌尔班二世的策反下,出人意料地加入与其父对立的反对派阵营,并在米兰被加冕为意大利国王,得到伦巴底地区的普遍承认。康拉德三世与韦尔夫四世联合起来切断了海因里希四世返回德意志的退路,迫使他不得不暂留威尼斯王国(Venezianisches Königtum)。此后,海因里希四世的第二任妻子、俄罗斯大公之女阿德尔海德(Adelheid von Kiew,1067 或 1070—1099)也改变了政治立场,加入反对皇帝的阵营。

二、乌尔班二世的蛊惑

德意志皇帝处境的突变为乌尔班二世提供了反击的契机,1093 年他重新控制罗马城。1095 年 3 月 1 日,乌尔班二世在皮亚琴察召开宗教会议,会议持续 5 天,大约有 200 名主教、3800 名教士、3 万名世俗贵族和骑士与会。在这次宗教会议上,乌尔班二世首先颁布教谕(Bulle)处以德意志皇帝支持的对立派教皇克莱门斯三世(Cleamens III.,1020 或 1030—1100,1080—1100 年在位)绝罚,重新任命那些有争议主教区的教职,重申罗马教会反对买卖圣职、禁止世俗势力干预教会事务,禁止教会的封臣向世俗君主行封臣礼。他规定任何世俗都不能占有教堂和神坛,在教会法规中完全清除了有关私有教会权的条款。乌尔班二世还在这次宗教会议上宣布了对阿德尔海德和海因里希四世婚姻做出的决议、对法国国王菲利普一世

(Philipp I.，1052—1108)处以绝罚的决议。这次宗教会议对欧洲历史产生的最重要的一个影响是,拜占庭的皇帝亚历克赛一世(Alexius I.，1048—1118，1081—1118 年在位)派遣使节出席会议,并请求教皇提供军事援助抵御塞尔柱突厥人(türkische Seldschuken)对拜占庭帝国的进攻。

　　11 世纪中期,居住在中亚地区突厥人的一支在酋长塞尔柱的率领下西征至地中海东部地区,1055 年占领了巴格达,1071 年大败拜占庭军队,致使这个庞大的帝国龟缩到欧洲东南隅狭小的地区。自 1054 年东西方教会大分裂后,罗马教会的改革膨胀了教皇格雷戈尔七世推行教权至上的权力欲,重新统一东西方教会是他力求实践的一个目标。格雷戈尔七世在拜占庭帝国的困境中看到了向东欧扩张权势的契机,他在 1074 年致阿奎丹公爵威廉八世(Wilhelm VIII.，1025—1086)的信函中就发出号召:异教徒已经威胁着基督教的帝国拜占庭,成千的基督徒被异教徒杀害,教皇随时准备着帮助东方的居民,所有基督徒应该捍卫基督教的信仰。[①] 1074 年 12月,格雷戈尔七世在给德意志国王海因里希四世的信中号召基督徒们应该援助东方的基督徒,他已经装备了 5 万骑士,随时准备亲率大军前往耶路撒冷,与上帝的敌人作战。为此,他请求海因里希四世给予必要的支持和援助。[②] 然而,格雷戈尔七世进军东方的计划因为与海因里希四世的争斗而搁浅。11 世纪 80 年代,塞尔柱突厥人加强了对拜占庭帝国的攻势,君士坦丁堡岌岌可危,拜占庭皇帝亚历克赛一世不得不派遣使节向罗马教皇求助,这就再次为罗马教皇提供了向东方扩张的口实。乌尔班二世教皇立刻接受了拜占庭皇帝使节的请求,皮亚琴察宗教会议之后,他周游意大利、勃艮第和法国多个地区,蛊惑基督徒前往耶路撒冷。

　　西欧社会历来有去耶路撒冷朝圣的传统,朝圣是由基督教教会倡导的一种宗教行为,教会提出朝圣的最初目的是,要求教士、修道士以及基

---

① C. Erdmann，*Die Entstehung des Kreuzzugsgedankens*，Stuttgart：Wiss. Buchges. 1935，S. 149.

② W. Lautemann，(bearbeitet)，*Geschichte in Quellen. Mittelalter. Reich und Kirche*，München：Bayerischer Schulbuch-Verlag ³1989，S. 286ff.

督徒必须经受长途跋涉的艰苦行程的磨难,前往基督教早期殉教者的墓地,在那里进行虔诚的忏悔以获得灵魂的拯救。11 世纪的修道院改革运动带动了整个西欧的拓荒运动,修道院从事的宗教活动自然也对社会施加着深刻的影响,在农业经济恢复的同时,社会的宗教意识也随之有了显著的提升。[①] 位于中东的耶路撒冷是耶稣受难之地,是在欧洲之外的基督教最大的朝圣地,它的宗教意义对于虔诚的教士、修道士和基督徒来说是不言而喻的。有据可查的最早去耶路撒冷的朝圣是 333 年,朝圣者从今天法国的波尔多出发,长途跋涉前往耶路撒冷,从那个时期起,往来于西欧和耶路撒冷的朝圣者似乎就再也没有中断过,即使是在阿拉伯人对外扩张严重阻碍了东西方交通期间。[②] 1064 年冬季,美因茨的大主教西格弗里德(Siegfried,？—1084)与班贝格的主教、雷根斯堡的主教以及乌德勒支的主教一起组织一支 7000 人的朝圣队伍前往耶路撒冷朝圣。[③] 1095 年初,法国亚眠的传教士隐居者彼得(Peter der Einsiedler,1050—1115)前往耶路撒冷朝圣,途经小亚地区时被塞尔柱突厥人俘获,遭受蹂躏后返回西欧。他游历了奥尔良附近的贝里、香槟、洛林,经亚亨到达科隆,一路布道,宣讲他在东方的遭遇和所见所闻,抵达科隆时其追随者已经多达 1.5 万人左右。

　　乌尔班二世把基督教朝圣的思想与反对异教(Heidentum)联系起来,同时又煽动起了西欧骑士对渴望财富的热情。1095 年 11 月 18 日,乌尔班二世在法国的克莱芒市召开宗教会议,会议结束后他对到场的成百上千的教士、修道士、骑士、市民和农民等社会各等级进行布道,号召基督徒们停止彼此间内部的争斗和仇视,共同踏上前往耶路撒冷的征途,把那块"流着奶与蜜"的大地从那些邪恶的民族手里夺回来。他几近煽动性地宣称:"耶路撒冷是世界的中心,土地肥沃,如同天堂,它等待你

---

① S. Blick, *A Canterbury Keepsake：English Medieval Pilgrim Souvenirs and Popular Culture*, Kansas：UMI 1994，p. 17.

② H. E. Mayer, *Geschichte der Kreuzzüge*, Stuttgart：Kohlhammer 1985，S. 18.

③ C. Wernicke, *Die Geschichte des Mittelalters*, Berlin：Duncker 1854，S. 186.

们去拯救。你们蒙上帝赐给强大的武力，所以要毫不迟疑地前往，这样不仅罪得赦免，而且将得到天国永不朽的荣耀。"①乌尔班二世对东方财富夸张的渲染把骑士的贪婪与朝圣者的虔诚这两股看似不相干的潮流合并为一股洪流——十字军（Kreuzzug），开启了在西欧历史上持续了近两个世纪的十字军东征运动。

　　1096 年 4 月，迫不及待的农民、小贵族组成数万人的队伍在隐居者彼得的率领下，自法国的北部出发，沿莱茵河、多瑙河向东方进发。这支被称为"农民十字军"（Bauernkreuzzug）的队伍杂乱无章，既没有武器装备，也没有物质保障，一路抢劫财富，强取豪夺，把久居莱茵河流域地区的犹太商人作为抢劫的主要目标。这支毫无战斗力的农民十字军未能到达耶路撒冷，10 月一进入小亚地区就被塞尔柱突厥人歼灭。同年 11 月，法国、意大利南部以及德意志西部的骑士们组成一支装备精良的十字军，在诺曼底的罗伯特二世（Robert Ⅱ.，1054—1134）、下洛林的公爵布永的戈特弗里德（Gottfried von Bouillon，1060—1100）等率领下，分别从洛林、诺曼底、法国南部和意大利南部向君士坦丁堡出发，1097 年陆续攻占了地中海东岸的一些城市，并自 1099 年起先后在巴勒斯坦、叙利亚地区建立起了耶路撒冷公国（Königreich Jerusalen）、安条克侯国（Fürstentum Antiochia）、特里波利伯国（Grafschaft Tripolis）和爱德沙伯国（Grafschaft Edessa）四个十字军国家（Kreuzfahrerstaaten）。

　　第一次十字军东征以及十字军国家的建立极大地提升了罗马教皇的权威，海因里希四世皇帝则在很大程度上失去了已有的政治影响。第一次十字军东征促使主教授职权之争的双方相互妥协。

三、教皇与皇帝的妥协

　　1096 年，海因里希四世与他的强硬反对派韦尔夫四世和解，韦尔夫五世也与比他年长 25 岁的妻子玛蒂尔德解除了婚姻，伦巴底与巴伐利

---

① 转引自杨真：《基督教史纲》，上册，三联书店 1979 年版，第 222 页。

亚的反对派同盟由此解散,海因里希四世得以于 1097 年初从意大利返回德意志,于圣灵降临节之际(Pfingsfest①)在雷根斯堡举行庆典,众多的教俗贵族前往参加,表明海因里希四世皇帝的权威在德意志重又获得较为广泛的承认。② 1098 年,海因里希四世在美因茨召开的一次宗教会议上废黜了他的叛逆之子康拉德的德意志国王王位,选立年仅 12 岁的次子海因里希为德意志的国王,即:海因里希五世(Heinrich Ⅴ.,1081/1086—1125,1106—1125 年在位③),但直到 1099 年的 6 月科隆的大主教赫尔曼三世(Hermann Ⅲ.,1055—1099)才在亚亨为海因里希五世举行加冕礼。对海因里希四世来说,只要罗马教皇不取消处以他绝罚的处罚,就会对他的权威产生不利的影响;为此,海因里希四世频频向罗马教会示好,甚至明确表示,一旦撤销了对他的绝罚,他就会立刻组织十字军前往耶路撒冷。1098 年 7 月 29 日,教皇乌尔班二世在东征的十字军节节胜利之时辞世,但是几乎在近一年之后,也就是在 1099 年 8 月 14 日,他的继任帕斯卡利斯二世(Paschalis Ⅱ.,?—1118,1099—1118 年在位)才入主罗马教廷。新教皇无意与德意志皇帝和解,1102 年再次宣布对皇帝的绝罚,教皇与皇帝之间的矛盾和冲突没有出现缓和的迹象。

在与教皇的争斗中,海因里希四世多次得到市民等级的支持,他也因此多次颁布《和平条例》(Landfrieden)保护商人和手工业者的经济活动和利益。1103 年,海因里希四世在美因茨颁布的一个《和平条例》中强调,凡是破坏帝国内和平的人,无论他属于哪个等级,都将给予严厉处罚;教士、商人乃至犹太商人都受该条例保护。包括巴伐利亚的韦尔夫五世、策林根的贝特霍尔德二世、施瓦本的弗里德里希一世在内的大批有势力的贵族都宣誓遵守该条例。德意志境内"到处安宁,和平和繁荣

---

① 圣灵降临节在复活节后的第五十天,复活节是每年春分月圆之后的第一个周日。
② G. Althoff, *Heinrich Ⅳ.*, Darmstadt: Wiss. Buchges. 2006, S. 226.
③ 海因里希五世自 1098 年起与其父一起是共治国王,1106 年起作为德意志国王独立执政,1111 年加冕为德意志皇帝。

同时存在",海因里希四世的传记作者这样写道。[1] 在这个几乎是在全帝国范围内都有效实施的《和平条例》中,明确规定禁止贵族之间为争夺经济利益而进行的私战,皇帝通过这一规定极大地扩大了皇室的司法审判权。1104 年 2 月,布格豪森的伯爵西格哈尔特(Sigehard von Burghausen,? —1104)在与市民以及他的封臣发生争端时被打死,在调解这一案件时海因里希四世没有对雷根斯堡的市民处以任何惩罚,由此引起贵族的极端不满,皇子海因里希五世也态度鲜明地站在了贵族一边。这年的 12 月,羽翼已经丰满的海因里希五世秘密离开在弗里茨拉尔的王室行宫前往巴伐利亚,与皇帝的宿敌结成联盟。1105 年初,海因里希五世以其父受绝罚为由,公开宣布解除誓约,甚至于 10 月在雷根斯堡与他的父皇有了军事上的对峙,几乎酿成武力冲突。这一年的圣诞节之际,海因里希五世准备在美因茨召开帝国会议,对外宣布希望与其父和解,并邀请教皇的使节到场见证。然而,早有蓄谋的海因里希五世并不真的打算让其父现身美因茨,他用计把海因里希四世囚禁在英格尔海姆。不甘受其控制的海因里希四世试图故伎重演,表示愿意放弃帝位,公开进行忏悔,但却遭到拒绝。1106 年初,在海因里希五世主持下帝国会议如期在美因茨召开,与会教俗贵族一致承认他为德意志的国王。不甘被逼退位的海因里希四世在下洛林找到了支持者,但终因年老体弱,无力东山再起。1106 年 8 月 7 日,海因里希四世在与儿子的争斗中辞世,他也最终没有获得罗马教皇的宽恕。五年后,海因里希五世请求教皇宽恕这位身负绝罚去世的德意志皇帝,才使其有可能葬于施派尔大教堂的墓地。[2]

　　与其父的执政纲领不同的是,海因里希五世从执政之初就谋求与罗马教皇的和解,他派遣特里尔的大主教布鲁诺(Bruno von Lauffen,1045—1124)为国王的使节与罗马教皇进行谈判,希望教皇帕斯卡利斯

---

① 汤普逊:《中世纪经济社会史》,上册,第 376 页。
② 按照基督教的教义,被处以绝罚等同于非基督徒,不能安葬在教堂的墓地。

二世承认他为德意志的合法国王,但在有关主教授职权方面却坚持以往的立场,没有作出任何妥协,依然控制着对主教的授职权。1107 年 5 月,帕斯卡利斯二世在特鲁瓦的宗教会议上再次重申反对世俗君主干预对主教的任免。尽管如此,罗马教皇在授职权的问题上还是表现出了妥协的姿态。

自 11 世纪中叶以来,在基督教教会中有了这样一种观点,即主教虽然享有宗教和世俗的双重权利,但其在任时应该把宗教和世俗的职能区分开。因为主教的职权是宗教的,而与土地财产、经济权(Regalien①)以及优先权(Gerechtsame)有关的则属于世俗的权利。法国沙特尔的主教伊沃(Ivo von Chartres,1040—1115)则进一步从宗教法规的角度阐述了主教所享有的双重权利以及承担的双重职能,他于 1097 年提出了"圣职权限"(Spirituarien)和"世俗权限"(Temporalien)这两个概念。主教的"圣职权限"是国王完全不可能授予的,只有依据教会的法规选举出来的主教才能享有授予权;而教会在世俗世界中的财产是国王根据自然法规给予的,象征主教权能的戒指和权杖应该与之无关。伊沃的这一宗教观点首先在英国得到实践,自 1107 年起,英国国王虽然还对主教的任命施加很大的影响,但不再为所任命的主教授予代表主教权能的戒指和权杖。英国国王的这种做法为海因里希五世力图解决与罗马教皇的矛盾和冲突提供了一个新的思路。

12 世纪初,海因里希五世国王通过政治婚姻与英国结成联盟,年仅 8 岁的英国未婚妻玛蒂尔德(Mathilde,1102—1167)为德意志的国王带来 1 万马克(Mark②)银子的嫁妆,这就足以使海因里希五世实现计划已久的意大利之行。1110 年 9 月,海因里希五世第一次远征意大利,他在意大利北部和中部获得城市市民以及贵族的广泛支持,这无疑膨胀了他的权力欲,派遣密使前往罗马,寻求与罗马教皇间的和解。1111 年 2 月

---

① 经济权包括铸币权、征收关税权、开办市场权、统治城市权、司法审判权等。
② 马克(Mark)是日耳曼人计量贵金属的单位,1 马克相当于 8 盎司。

4 日和 9 日,海因里希五世先后在图里的圣玛丽娅教堂和苏特立与教皇帕斯卡利斯二世秘密会晤。德意志的国王向教皇表示放弃任命主教的权利,交换的条件是德意志主教们不再享有世俗的经济特权,他们只保有什一税和私人的馈赠;罗马教皇则允诺为海因里希五世加冕为德意志皇帝。然而,2 月 12 日这一天,海因里希五世在罗马的圣彼得大教堂向在场的教俗贵族宣布这一秘密协议时却擅自修改了其中的内容,他不但要求帕斯卡利斯二世为其加冕,而且还要求享有完全授职权。愤怒的教皇断然拒绝,国王立即撕毁协议,下令拘捕了教皇和枢机主教们。海因里希五世的这一举动也激怒了罗马人,他们发动了反对德意志国王的武装反抗,海因里希五世一行挟持着教皇匆忙离开罗马,在罗马城外的蓬蒂·莫纳洛驻扎。4 月 11 日,被囚禁了 2 个月之久的帕斯卡利斯二世有条件地接受了德意志国王的提议,即允许国王按照教规指定主教,由教皇赐予被指名的主教戒指和权杖,然后再由国王赐予特许权。两天之后,在德意志国王军队的武装保护下,帕斯卡利斯二世为海因里希五世主持了皇帝加冕礼。与此同时,教皇还被迫保证,永不绝罚海因里希五世,同时还解除了对其父海因里希四世的绝罚,此后新皇帝释放了教皇,班师返回德意志。8 月 7 日,海因里希五世在施派尔的大教堂,为曾经的对手、他的父亲海因里希四世举行了隆重的基督教安葬仪式。

从表面上看,在罗马教皇与德意志国王之间达成的秘密协议中,后者放弃对主教的任命权,做出很大的妥协,但德意志的国王却因此获得德意志教会的土地财产以及经济权。不仅如此,一些贵族也因此丧失原有的经济利益,这就导致新皇帝与德意志教会和贵族之间产生不可调和的矛盾。1111、1112、1114 年,海因里希五世先后给施派尔、科隆、沃尔姆斯三个大主教掌管的城市特许权,支持市民反对作为城市领主的大主教们通过经济权对他们的盘剥和侵害,这就在德意志的教会中形成一个很强硬的王权反对派,美因茨的大主教阿达尔贝特(Adalbert Ⅰ. von Saarbrücken,？—1137)充当反对派的首领人物。阿达尔贝特在罗马参与过海因里希五世与帕斯卡利斯二世达成秘密协议的过程,但对新皇帝的教会政策极为不满,返回德意志后与世俗贵族的反对派首领、萨克森公爵洛塔尔(Lothar Ⅲ von Süpplingenburg,1075—1137)结成联盟。1112 年,海因里希五世以阿达尔贝特参与萨克森反叛背弃诺言为由,将其囚禁在特里菲尔斯的王室城堡(Reichsburg①),直到 3 年后才因美因茨市民的起义所迫将其释放。

　　海因里希五世执政后在施瓦本、法兰克以及阿尔萨斯地区②兴建王室城堡,以此扩大王室的领地,这就不可避免地与地方贵族有了利益冲突。1113 年 3 月,魏玛-奥拉明德的伯爵西格弗里德(Siegfried Ⅰ.,1075—1113)为抵制皇帝试图把其伯爵领地并入王室领地,与皇帝的军队发生武装冲突,他在这次冲突中与萨克森的公爵洛塔尔结成联盟。洛塔尔原是叙普林根的伯爵,他曾坚定地支持海因里希五世与其父的争斗,因此在比隆家族马格努斯(Magnus,1045—1106)去世后,皇帝把没有子嗣继承的萨克森公爵领地分封给了洛塔尔,他很快就通过对斯拉夫人的征服扩大了势力范围,在萨克森培植自己的政治势力,加入反对海因里希五世的阵营。洛塔尔的背叛激怒了海因里希五世,1114 年末他亲率大军进攻萨克森。1115 年 2 月 11 日,皇帝军队与诸侯联军在韦尔费斯霍尔茨会战,在军力上占有优势的海因里希五世反而落败,逃离萨克森,从而大大削弱了德意志王权此后在帝国北部地区的政治影响力,洛塔尔则因为韦尔费斯霍尔茨战役(Schlacht am Welfesholz)的获胜赢得了诸侯首领的地位。

　　海因里希五世在与诸侯斗争中的失利给予罗马教廷反击的机会。早在海因里希五世从罗马返回德意志后不久,教皇帕斯卡利斯二世就在1112 年 3 月召开的拉特兰宗教会议上宣布,曾经与海因里希五世达成的蓬蒂·莫纳洛协议无效,禁止世俗以任何方式任命主教,对海因里希五

---

① 王室城堡是中世纪德意志国王(皇帝)在各地修建的王室机构所在地,由王室封臣或者领主(Burgmann)管理。
② 阿尔萨斯是一个历史地理名词,其地域范围从今天法国的东部地区向西延伸到巴塞尔与美因河畔的法兰克之间的莱茵河上游的低地平原。

世处以绝罚。1115 年 7 月 4 日,在卡诺萨事件中起过重要政治作用的女伯爵玛蒂尔德去世,她在临终前指定海因里希五世为卡诺萨伯爵领地的继承人。为了接受这份遗产,也为了防止德意志诸侯再次与罗马教皇结盟,海因里希五世无暇顾及德意志诸侯的反叛,再次进军意大利。海因里希五世委托施瓦本的公爵弗里德里希(Friedrich Ⅱ. der Einäugige,1090—1147)以及他的弟弟康拉德(Konrad Ⅲ., 1093—1152,1138—1152 年在位[①])为其不在德意志时期的摄政王,希冀以此制约以洛塔尔和阿达尔贝特大主教为首结成的贵族反对派联盟,这不仅为施陶芬家族在美因茨流域地区扩大势力范围提供了极为有利的政治条件,而且也为康拉德日后登上德意志的王位奠定了政治基础。

　　海因里希五世继承卡诺萨伯爵领地后,通过授予意大利北部城市一系列特许权改变它们的政治立场,但罗马教廷并未因之而妥协。1119 年 10 月 24 日,在克吕尼修道院的院长庞修斯(Pontius von Melgueil,?—1126)以及香槟的主教威廉(Wilhelm von Champeaux,1070—1121)的斡旋下,海因里希五世与新教皇卡利斯特二世(Calixt Ⅱ,1060—1124,1119—1124 年在位)在今天法国的穆宗就主教任职权的相关事宜进行谈判,双方互不退让,最终未达成任何协议。卡利斯特二世返回罗马,重申对海因里希五世的绝罚。与此同时,获释的美因茨大主教阿达尔贝特也作为教皇的使节在萨克森组成新的反对派联盟,这就迫使海因里希五世不得不离开意大利返回德意志,率领巴伐利亚公爵韦尔夫五世、施瓦本公爵弗里德里希二世以及法兰克和洛林两地贵族的军队围攻美因茨,与此同时阿达尔贝特的援军也星夜赶到。正当双方剑拔弩张之际,当地的诸侯出面调停,促成海因里希五世在维尔茨堡与教皇的使节阿达尔贝特进行和谈。德意志局势发生了极具戏剧性的变化,这就迫使教皇改变了强硬的态度,他应邀派遣教皇使节前往德意志参加于 1122 年 9 月 8 日在

---

① 康拉德三世自 1116—1120 年为法兰克的公爵,1127—1135 被选立为洛塔尔三世的对立派国王,1138 年加冕为德意志皇帝。

沃尔姆斯举行的宗教会议。在这次宗教会议上,海因里希五世、教皇的使节以及德意志的教俗诸侯在共同商议制定的协议上签字。《沃尔姆斯协议》(das Wormser Konkordat)中规定,德意志皇帝放弃授予主教戒指和权杖的权利,承认在他的王国和帝国内按照教规进行的主教选举和举行的授职礼,但德意志主教的选举必须是在国王或其委派的代表在场的情况下进行;在举行授职礼接受戒指之前,当选的主教从国王的手中获得代表经济权的权杖。① 由此,代表教会权威的戒指以及代表世俗经济权的权杖分别由教皇和世俗君王授予。

1122 年的《沃尔姆斯协议》,为德意志皇权与罗马教廷之间围绕主教授职权进行的半个世纪的争斗画上句号。沃尔姆斯协议否定了德意志皇帝对教会的绝对支配权,动摇了长期以来教会作为德意志皇权支柱的重要基础;然而,它却是德意志封建诸侯势力进一步强大的表征,是德意志在政治上逐渐走上分裂的开端。

---

① W. Lautmann (bearbeitet), *Geschichte in Quellen*, *Mittelalter. Reich und Kirche*, S. 353.

第五章 初登政治舞台的施陶芬王朝

《沃尔姆斯协议》的签订不仅没有完全改善政教之间的紧张关系，而且皇权与诸侯之间的对立也没有得到缓解；反之，诸侯利用选举国王的权利推举对各自有利的国王候选人，导致王位更替的乱象不断，也为英、法国王觊觎德意志的王位提供了机会。

施陶芬家族的弗里德里希一世登上王位后，为重塑皇帝的最高权威重新划分了帝国内的公爵和伯爵领地，将其封授给皇帝的支持者，给予他们各种特许权，将其置于皇帝的直接掌控之下，同时也以此打击其反对派。另一方面，他还通过政治联姻把长期以来难以渗入的勃艮第纳入囊中。为了延续奥托大帝的帝国梦，弗里德里希一世先后六次远征意大利，在意大利颁布四个法令，强调德意志皇帝对意大利的一切权力，介入罗马教会的争斗之中以此"渔翁得利"。

弗里德里希一世不仅依靠他的封臣，同时还依靠不断成长的市民阶层，给予他们相应的权利，尤其是市民的自由。获得自由的市民自愿结成行会和同业公会，这就为城市自治奠定社会基础，提供法律条件。市民的自由和城市的自治改变了社会的意识形态，12世纪的文艺复兴运动、神学的理论发展以及世俗文化的繁荣都是其集中的体现。

第一节 施陶芬家族的政治目的

一、王位更替的乱象

《沃尔姆斯协议》签订之后，王权与诸侯之间的矛盾和对立没有丝毫缓解，在德意志的东部边疆地区，萨利尔王朝的反对派首领、萨克森的公爵不断地扩大和巩固自己的势力范围。1123 年，艾伦堡的伯爵海因里希二世（Heinrich Ⅱ.，1103—1123）去世，格罗伊奇的伯爵维普雷希特（Wiprecht von Groitzsch，1050—1124）通过贿赂从海因里希五世皇帝那里获得了隶属于海因里希伯爵的迈森和劳齐茨这两个伯爵领地的封授。维普雷希特曾是海因里希四世的宠臣，他曾在 1080 年坚定站在海因里希四世一边与对立派国王鲁道夫进行斗争，此后又多次参与反对教皇格雷戈尔七世的斗争，1084 年新教皇选举时他也为海因里希四世对枢机主教团的施压立下了汗马功劳。然而，自 1106 年以后，维普雷希特转而效忠于海因里希五世，参与反对其父的争斗。与维普雷希特不同的是，萨克森的公爵洛塔尔则反其道而行之，他一直在试图排斥王权对其领地的干预，任命阿斯卡尼家族的大熊阿尔布雷希特（Albrechter der Bär，1100—1170）为劳齐茨伯爵领地的新伯爵，把迈森分封给贵族世家韦廷的康拉德一世（Konrad Ⅰ. von Meißen，1098—1157），由此更加巩固了其在萨克森地区以及德意志东部边疆地区的政治势力，也因此在东部地区更加排斥德意志皇权以及其他政治势力的进入，拒绝对其管辖区域的干涉。

德意志的西部地区与法国接壤，因为与英国国王亨利一世（Henry Ⅰ.，1068—1135，1100—1135 年在位）女儿玛蒂尔德的婚姻，海因里希五世被卷入英法之间的争夺。自从 1066 年诺曼公爵征服者威廉（Wilhlem der Eroberer Ⅰ.，1027 或 1028—1087，1066—1087 年在位[①]）

---

① 征服者威廉于 1035 年起为诺曼底公爵，称威廉二世，1066—1087 年为英国国王，称威廉一世。

率领诺曼亲兵征服英伦三岛之后，英国国王就具有了双重身份，他既是英国的君主，同时也是法国国王的封臣。征服者威廉临终前把英国的王位传给次子威廉二世（Wihlem Ⅱ．，1056—1100，1087—1100 年在位），把诺曼底公国传给长子罗伯特二世（Robert Ⅱ．，1054—1134），小儿子亨利一世（Henry Ⅰ．，1068—1135，1100—1135 年在位）分得 5000 磅的银子。1100 年，威廉二世去世，闻讯返回的罗伯特在途中成了亨利一世的阶下囚，此后亨利一世顺利地登上英国的王位，并把诺曼底公国划归为英王的财产。但诺曼底公国从建立之初就臣服于法国国王，法王菲利普一世（Philippe Ⅰ．，1052—1108，1060—1108 年在位）也从未想放弃这个大公国。1108 年，路易六世（Luois Ⅵ．，1081—1137，1108—1137 年在位）继位，他对诺曼底公国采取强硬的政策，与亨利一世之间的冲突不可避免，甚至演化为公开的军事冲突。亨利一世虽然有众多的子女，但合法婚生子女只有德意志的皇后玛蒂尔德，换句话说，玛蒂尔德是英国王位当然的直接继承人。因此，在英法冲突中，海因里希五世态度鲜明地支持英王。1124 年夏季，海因里希五世率大军逼近梅斯进攻法国，对法国造成很大的军事威胁。法王召集旗下所有封臣组成了 6 万王室大军，准备在梅斯与德国军队交战。法王能迅速组织起这样一支强大的军队，完全出乎海因里希五世的意料，他不得不从梅斯撤回德意志。

　　1125 年 5 月，年仅 39 岁的海因里希五世因病辞世，没有子嗣的皇帝临终前指定他的外甥、施瓦本的公爵、施陶芬家族的弗里德里希二世[①]（Friedrich Ⅱ．，1090—1147）为法定继承人。然而，海因里希五世的遗愿未能实现，遭到了美因茨的大主教阿达尔贝特的坚决抵制。阿达尔贝特是海因里希五世的掌玺官，他是德意志在政务决策时一个举足轻重的人物，同时他还是罗马教皇卡利斯特二世委派在德意志的教皇使节，在签订《沃尔姆斯协议》时起过决定性的作用。在阿达尔贝特的呼吁和力主之下，8 月 24 日在美因茨召开选举新国王的大会，众多诸侯参加大会。

---

① 弗里德里希二世的母亲是海因里希五世的姐姐。

会议期间,萨克森、施瓦本、巴伐利亚、法兰克四大公爵领地的世族家族各自派出 10 名代表组成了一个四十人委员会,委员会提出了三位王位候选人:施瓦本家族的弗里德里希二世、奥地利巴本贝尔格家族的利奥波德三世(Leopold Ⅲ.,1073—1136)以及萨克森公爵洛塔尔三世(Lothar Ⅲ.,1075—1137,1133—1137 年在位①)。美因茨大主教阿达尔贝特在巴伐利亚公爵黑人海因里希(Heinrich der Schwarze,1075—1126)的支持下操纵整个选举,萨克森公爵洛塔尔最终登上德意志的王位,9 月 13 日在亚亨举行国王加冕礼。这次通过诸侯选举确立新国王的方式,再次强调了德意志王国建立之初的政治传统,诸侯选举的程序否定了王位的血缘继承。戴上王冠的洛塔尔三世立刻将登基的消息致函教皇洪诺留二世(Honorius Ⅱ.,1060—1130,1124—1130 年在位)②,请求教皇给予认可。

诸侯选举产生的国王与海因里希五世指定的继承人的错位首先涉及王室财产的归属问题。萨利尔家族长期把持着德意志的王位,同时也占有着王室的领地财产,因此王室领地与其家族的领地几乎混为一体。海因里希五世临终前把王室领地以及家族领地一起交给他指定的继承人弗里德里希二世。新国王洛达尔三世登基后向弗里德里希二世索要王室领地,并且强调,由于萨利尔家族没有继承人,其家族的所有领地财产也都应该归属王室。1125 年 11 月,洛塔尔三世在雷根斯堡召开的王室会议上要求施陶芬家族把王室领地从其家族领地中剥离出来交与国王。已经失去王位的弗里德里希二世极不甘愿把他管理的王室财产拱手相让,再三强调他合法继承人的身份,拒绝洛塔尔三世的要求。为此,洛塔尔于 12 月对其宣布剥夺法律保护令(Reichsacht③)。1126 年 1 月,越来越多的诸侯聚集在戈斯拉尔准备对施陶芬发起武装进攻,战争一触

---

① 洛塔尔三世是萨克森公爵,1125 年被选为德意志国王,1133 年加冕为皇帝。
② 上文第四章、第四节中提到的洪诺留二世是对立派教皇,即:Honorius Ⅱ. (Gegenpapst)。
③ "剥夺法律保护令"意味着解除了国王与封臣之间的采邑关系,国王不再履行对封臣的保护义务,封臣也失去了要求国王保护的权利,任何人都可以对其进攻。

即发。1127 年夏,洛塔尔三世亲率大军围攻萨利尔王朝时期重要的皇室城市纽伦堡①。施陶芬家族在施瓦本和法兰克贵族们的支持下顽强抵抗,他们甚至在被围困的纽伦堡集会另立弗里德里希二世的弟弟、刚从耶路撒冷朝圣返回的康拉德三世(Konrad Ⅲ.,1093—1152,1138—1152 年在位②)为对立派国王。

康拉德三世是法兰克的公爵,曾任维尔茨堡的主教,在德意志西南部地区的贵族们中享有较高的声誉。为了获得更多的支持,康拉德三世于 1128 年夏季前往伦巴底,试图接管玛蒂尔德女伯爵的遗产,尽管没有如愿但却戴上意大利的王冠。然而,康拉德三世的意大利之行并没有如他所期望的获得更多的支持,反而为对手提供了有利的局势。1129 年12 月,洛塔尔三世的军队攻下皇室的重镇施派尔,1130 年秋季,经历长期围困之后的纽伦堡最终成为国王的战利品。为了保存施陶芬家族的其他领地,1134 年 3 月,弗里德里希二世向洛塔尔三世国王宣誓效忠,次年,康拉德三世也臣服洛塔尔三世。③

洛塔尔三世虽然在与施陶芬家族的争斗中赢得胜利,但不料后院起火。在萨克森领地内的争斗逐渐升级,并且由此逐渐形成了新的较为强大的贵族势力。阿斯卡尼是古日耳曼人中的一个部族,民族大迁徙之后定居在萨克森东部地区,德意志王国建立后,这个古老的部族虽然成为德意志的贵族家族,但直到 1036 年这个家族才在文字史料中第一次出现。12 世纪初,该家族的大熊阿尔布雷希特被洛塔尔三世提升为萨克森东部边疆地区的伯爵。自 10 世纪中叶起,阿斯卡尼家族所在的哈弗尔

---

① 纽伦堡地处萨克森与巴伐利亚之间、法兰克东部与波希米亚之间的交叉之地,具有非常重要的战略意义。1050 年,海因里希三世皇帝为该城命名 nuorenberc,并在该城修建了皇家城堡,成为这个地区非常重要的政治中心。1065 年,海因里希四世把纽伦堡和周边地区整合为一个具有独立司法审判权和行政管理权的皇室辖区。国王康拉德三世登基后将其改设为享有独立法庭和行政管理的城堡伯爵领地,封赐给了自法兰克时期延续下来的自由贵族世家、下奥地利的拉伯家族(Raabs)。

② 康拉德三世 1127—1135 被选立为洛塔尔三世的对立派国王,1138 年加冕为德意志皇帝。

③ W. Ziegler, „Studien zur staufischen Opposition unter Lothar Ⅲ. (1125—1137)", in: *Concilium medii aevi* 10(2007) S. 78ff.

兰地区就一直处于德意志与斯拉夫人拉锯式的争夺中。位于哈弗尔河岸边的勃兰登堡是查理大帝时期为镇守东部边疆在该地区修建的城堡，是易北河与波罗的海区间的一个战略要地。奥托大帝于 936 年在这个地区设立了东部边疆马尔克伯爵领地。1127 年，斯拉夫人普利比斯拉夫（Pribislaw，1075—1150）占据勃兰登堡，控制了哈弗尔兰地区的政治权力。12 世纪初，在洛塔尔三世扶持下，上升为伯爵的大熊阿尔布雷希特在东部边疆地区多次镇压了斯拉夫人的起义，与此同时他还采取灵活的怀柔政策，与普利比斯拉夫建立友好关系，阿斯卡尼家族的势力范围扩大到与勃兰登堡地区西北部接壤的普里格尼茨地区。大熊阿尔布雷希特势力的迅速增长令洛塔尔三世深感不安，为此他加强了在东部边疆地区非常重要的马格德堡大主教区的控制，1126 年任命他非常信任的、与罗马教会有着密切关系的克桑滕的诺贝特（Norbert von Xanten，1080 或 1085—1134）为该大主教区的大主教，以此削弱大熊阿尔布雷希特在东部边疆地区的政治影响。不得不有所收敛的大熊阿尔布雷希特，重又对洛塔尔三世忠心效力，积极支持洛塔尔三世的首次意大利之行，大熊阿尔布雷希特也因此于 1134 年获得德意志北部边区普勒茨考伯爵领地的采邑权。自此，阿斯卡尼家族更加巩固了在德意志东部地区的政治地位，具有了举足轻重的影响力。

　　自德意志王国建立以来，与罗马教会的关系就是德意志国王无法忽视的一个重要政治问题，也因此在很大程度上左右了德意志国王的内外政策。1130 年 2 月 14 日，洪诺留二世去世，罗马枢机主教团因新教皇的候选人问题产生分歧，少数力主教会应继续改革的青壮年派的枢机主教们推举圣安杰拉的格雷戈尔为教皇，称因诺森二世（Innocenz Ⅱ.，？—1143，1130—1143 年在位），但多数枢机主教们则推举枢机主教彼得为教皇，称阿纳克勒特二世（Anaklet Ⅱ.，1090—1138，1130—1138 年在位）。彼得出身于罗马城改宗基督教的犹太家族，自 11 世纪中期起，该家族因出资支持罗马教会的改革在罗马城的政治地位和社会影响力逐渐增强。彼得本人曾是克吕尼修道院的修道士，并以此身份在巴黎大学学习神学,帕斯卡利斯二世教皇曾任命他为枢机主教。由于该家族在罗马城内的影响力,阿纳克勒特二世在罗马获得广泛的支持,并且以提升西西里公爵领地为西西里王国为条件,获得新提升的西西里国王罗格二世(Roger Ⅱ.,1095—1154,1130—1154 年在位)在政治上和军事上的支持,这就迫使教皇因诺森二世不得不到罗马城以外寻求承认和支持。

　　法国西多修道院的院长克莱尔沃的贝纳尔(Bernhard von Clairvaux,1090—1153)给予因诺森二世极大的支持。贝纳尔是 12 世纪最有影响的一位基督教神学家,在那个时代被誉为"无冕教皇",在他的游说下英国国王和法国国王都先后承认因诺森二世为合法教皇,他创立的西多派修道院(Zisterzienserorden)也都给予因诺森二世坚决的支持。几乎是势均力敌的两位教皇都力图拉拢德意志国王洛塔尔三世,获得他的支持,贝纳尔的影响力在这个天平上为因诺森二世增加了一个筹码。1130 年 10 月,洛塔尔三世在维尔茨堡主持召开宗教会议,经过马格德堡大主教诺贝特的积极活动,与会的德意志的主教、大主教们一致决定承认因诺森二世为合法教皇。1131 年 3 月,洛塔尔三世与因诺森二世和贝纳尔在列日会晤,洛塔尔三世像法兰克时期的国王皮平一样,亲自出迎到访的教皇,扶其上马,为其手挽马的缰绳,行牵马礼(Stratordienst①),表示对其服从。洛塔尔三世允诺将亲自护送教皇返回罗马,条件是教皇要在罗马为其戴上德意志皇帝的皇冠。1132 年夏季,仍然处于与施陶芬家族争斗中的洛塔尔三世亲率一支人数不多的军队护送因诺森二世返回罗马。在罗马,洛塔尔三世与因诺森二世再次就德意志君王对主教的授职权的问题以及玛蒂尔德女伯爵的遗产归属问题讨价还价,双方最终相互妥协达成协议,罗马教会掌有对主教、大主教的任免权,德意志君主则享有授予当选者经济收益权的权利;玛蒂尔德的遗产作为教皇的财产封授给巴伐利亚的公爵、洛塔尔三世的女婿、韦尔夫家族的骄傲者海因

---

① 封臣对封主表示效忠大多只需行吻脚礼,扶上马、挽缰绳的牵马礼与吻脚礼则是 11、12 世纪皇帝与教皇会晤时两个必不可少的礼仪,以表明皇帝本人对教皇的尊重。

里希（Heinrich der Stolze，1102 或 1108—1139），接受分封的海因里希要向教皇行封臣礼。教皇对骄傲者海因里希封授的意图显而易见，通过这份遗产换取能够在罗马城外可以支配的军事力量；但相比较而言，教皇的封授对韦尔夫家族的意义似乎更大，极大地提升了该家族在德意志帝国的经济实力和政治权力，为此后韦尔夫家族参与王位竞争埋下伏笔。

　　加冕后的洛塔尔三世在与施陶芬家族的争斗中获得了先机，迫使其不得不放弃敌对的态度，这就使洛塔尔三世有精力集结力量消除德意志东部和北部边境地区斯拉夫人以及丹麦人造成的威胁。洛塔尔三世借机插手丹麦的王位之争，迫使丹麦国王对其称臣；把奥得河以东的波莫瑞地区①封授给波兰公爵博莱斯瓦夫（Boleslaw Ⅲ.，1085—1138），稳定了这个地区的局势。洛塔尔三世还在贝纳尔的鼓动下伺机夺取西西里王国的王冠，1136 年夏他再次率军进入意大利，意大利北部几乎所有的城市都敞开大门迎接德意志皇帝的到来。然而，此时正避难比萨的因诺森二世教皇却因为阿普利亚的封授问题与踌躇满志的皇帝产生了分歧，新一轮的政教冲突一触即发。1137 年 12 月 3 日，身在意大利的洛塔尔三世突染重病，不久客死意大利，临终前指定他的女婿、巴伐利亚的公爵、韦尔夫家族的骄傲者海因里希为其王位的继承人，同时还指定他继承萨克森公爵领地，加之在此之前继承的玛蒂尔德女伯爵在意大利的财产，骄傲者海因里希成为当时德意志最强大的诸侯。在罗马教廷站稳脚跟的因诺森二世教皇坚决反对海因里希为德意志的合法国王，王位之争由此再现。1138 年 3 月 7 日，特里尔的大主教阿尔贝罗乘美因茨和科隆的大主教区均空缺大主教之际，在科布伦茨召集施陶芬家族的支持者们推举康拉德三世为德意志国王。3 月 13 日，阿尔贝罗以教皇使节的身份

---

① Pommern 是一个历史地名，古斯拉夫语，意为"靠海岸"，今天称之为波莫瑞或波美拉尼亚（Pomerze 或 Pomerania），其地域范围包括今德国的东北部和波兰的西北部。

在亚亨为新选举的国王举行加冕礼,开始了德意志历史上的施陶芬王朝。①

二、登上王位的施陶芬家族

　　康拉德三世的登基虽然是少数诸侯选举的结果,但却很快就得到较为广泛的承认,甚至骄傲者海因里希也没有提出任何异议,他放弃对王位的要求,交出王冠、权杖和宝剑等王权象征物(Reichsinsignien)。但骄傲者海因里希的妥协并没有换来新国王康拉德三世的信任,他执政后推行的首要政策是削弱韦尔夫家族的实力。1138 年 7 月,康拉德三世在维尔茨堡召开帝国会议,以骄傲者海因里希拒不向国王宣誓效忠为由,对其宣布剥夺法律保护令,同时收回萨克森和巴伐利亚两个公爵领地的采邑权,把萨克森公爵领地的采邑权封授给大熊阿尔布雷希特,把巴伐利亚公爵领地封授给国王同母异父的弟弟、巴本贝尔格家族的利奥波德四世(Leopold Ⅳ. ②,1108—1141)。不仅如此,康拉德三世还收回骄傲者海因里希的弟弟韦尔夫六世(Welf Ⅵ.,1115—1191)在意大利北部的图斯策恩伯爵领地。③

　　康拉德三世采取的这一系列强硬的措施激化了施陶芬家族与韦尔夫家族之间的矛盾,将两个家族之间埋藏已久的争夺王位的暗战演化为公开的武装冲突。然而,这场在萨克森的武装冲突因骄傲者海因里希于1139 年 10 月 20 日突然辞世无果而终,他的岳母、洛塔尔三世的遗孀丽兴扎(Richenza von Northeim,1078 或 1089—1141)掌管了韦尔夫家族,骄傲者海因里希 10 岁的儿子狮子海因里希(Heinrich der Löwe,1129

---

① 施陶芬家族(Staufer)是士瓦本的一个古老家族,这个家族的名称源自 1070 年士瓦本的公爵弗里德里希一世在地处今天德国巴登-符滕堡州的霍恩施陶芬山上修建的城堡,这个城堡由里斯高的伯爵管理。12 世纪,弗里德里希一世修其家族的族谱,首次提及施陶芬家族,或者称霍恩施陶芬家族。

② 康拉德三世的母亲寡居之后与奥地利巴本贝尔格家族的利奥波德三世伯爵再婚,生子利奥波德四世。

③ 图斯策恩(Tuszien)即今天的托斯卡纳(Toskana)。

或 1130—1133 或 1135)继承了萨克森公爵的头衔。1142 年 5 月,大熊阿尔布雷希特在法兰克福召开的一次诸侯会议上表示不再与狮子海因里希争夺萨克森公爵领地。大熊阿尔布雷希特由此获得了在德意志北部边界地区的领地;狮子海因里希也因放弃了对巴伐利亚公爵领地的要求,从而得到合法继承萨克森公爵领地的认可。

施陶芬家族最重要的一个支持者是奥地利的巴本贝尔格家族,海因里希五世皇帝的妹妹阿格内斯(Agnes von Waiblingen,1072—1143)的第一次婚姻把施陶芬家族与萨利尔家族联系在一起,她寡居后改嫁巴本贝尔格家族的利奥波德三世(Leopold Ⅲ,1073—1136),第一次婚姻的后代弗里德里希二世和国王康拉德三世与第二次婚姻的后代巴本贝尔格公爵海因里希·雅索米尔戈特(Heinrich Ⅱ. Jasomirgott①,1107—1177)以及巴伐利亚的公爵利奥波德四世是同母异父的兄弟,施陶芬家族与巴本贝尔格家族之间有了较为密切的亲缘关系。1142 年,海因里希·雅索米尔戈特与洛塔尔三世的女儿格特鲁德(Gertrud von Sachsen,1115—1143)结成婚姻关系,但因为格特鲁德难产去世,这段婚姻仅持续一年,海因里希·雅索米尔戈特鳏居,随即迎娶了拜占庭皇帝马努伊尔一世(Manuel Ⅰ. Komnenos,1118—1180,1143—1180 年在位)的侄女西奥朵拉(Theodora Komnena,1134—1184)为妻。这一连串的政治婚姻把巴本贝尔格家族与施陶芬家族紧密地联系在一起,巴本贝尔格家族是后者在德意志南部地区权力的重要支柱,也是与韦尔夫家族竞争的主要对手。

1144 年 12 月,第一次十字军东征时期在东方建立的十字军国家爱德沙伯国沦陷,耶路撒冷公国、安条克公国、的黎波里伯国这三个十字军国家也面临着覆灭的危险,它们再次向西方提出求救请求。新当选的教皇欧根三世(Eugen Ⅲ. ? —1153,1145—1153 年在位)呼吁法国国王路易七世(Louis Ⅶ.,1120—1180,1131 或 1137—1189 年在位)再组十字

---

① 海因里希二世的绰号为 Jasomirgott,意为:"如上帝帮助我一样。"

军,法王积极响应,于 1145 年圣诞之际宣布将亲率十字军前往圣地。欧根三世教皇的老师克莱尔沃的贝纳尔为征募十字军游说德意志国王康拉德三世,在其鼓动下,德意志的国王最终于 1146 年 12 月 27 日宣布组建十字军,次年 3 月在美因河畔的法兰克福召开的王国会议上宣布,在十字军向东方进军期间禁止在德意志境内以任何理由进行私战,实行普遍的和平。在国王的要求下,与会的诸侯同意选立其年仅 10 岁的儿子海因里希(六世①)(Heinrich Ⅵ. , 1137—1150,1147—1150 年在位)为共治王,作为德意志王位的继承人,国王远征期间由美因茨的大主教海因里希(Heinrich Felix von Harburg, 1080—1153)为摄政王,主管国内政务。国王的号召获得德意志诸侯的响应,不仅支持国王的诸侯,而且国王的反对派韦尔夫六世也参加了东征的十字军。狮子海因里希以征讨斯拉夫人为借口拒绝参加十字军,同时也暂时搁置了归还巴伐利亚公爵领地的要求。1147 年 5 月,康拉德三世率领德意志的十字军与法王路易七世率领的法国十字军同时向耶路撒冷进发。两支十字军先后在东方惨败,康拉德三世在战斗中受伤,在拜占庭度过两个冬天之后,1149 年春返回德意志。

第二次十字军东征虽然失败了,但这次十字军东征却转嫁了德意志境内诸侯为争夺领地相互之间进行的内战。狮子海因里希没有参加远征东方的十字军,与丹麦和波兰的诸侯一起组织十字军,共同征讨居住在易北河东岸的文德人(Wenden),由此拉开德意志诸侯大规模、有计划、有组织地向东部殖民的序幕。

从东方返回德意志的康拉德三世再次陷入与诸侯的争斗之中,狮子海因里希重新提出对巴伐利亚公爵领地的要求,他多次拒绝参加国王召开的王国会议,甚至用武力强占巴伐利亚部分地区。为此,康拉德三世于 1151 年秋季向韦尔夫家族宣战,围攻狮子海因里希的首府不伦瑞克,但没有获得成效。此时远在罗马的教皇欧根三世再次陷入危难之中,向

---

① 因其早逝,为与其后的海因里希六世区别,故加括号。

康拉德三世发出救援的请求，并允诺为其在罗马主持皇帝加冕礼，遗憾的是康拉德三世尚未成行就于 1152 年 2 月 15 日辞世，最终未能戴上皇帝的皇冠。

三、弗里德里希一世的登基

康拉德三世是施陶芬家族第一任德意志国王，他没有登上皇帝的御座，但他却为施陶芬家族势力的扩张铺上了一块稳定的基石。1151 年，康拉德三世把德意志、勃艮第以及意大利这三个王国的掌玺官整合为一个具有集权性质的王国文书处（Reichskanzlei），设立大掌玺官（Erzkanzler）一职。这个新的王室机构不仅继续负责通常的文字事宜，而且还被委以外交使命，科隆的大主教阿诺尔德二世（Arnold Ⅱ. Von Wied，1098—1156）被任命为首任大掌玺官。王室文书处的成员多由王室封臣组成，宫廷教堂教士占的比例越来越小。在施陶芬王朝时期，王国文书处和王室封臣是王权重要的政治支柱。

由于康拉德三世的长子、已被诸侯确立为王位继承人的海因里希先其父 2 年去世，重病缠身的国王担心年仅 6 岁的次子和他的摄政王无法在与狮子海因里希的争斗中获胜，故而指定随同其参与第二次十字军东征的侄子、施瓦本的公爵弗里德里希一世（Friedrich Ⅰ.，1122—1190，1155—1190 年在位①）为王位的继承人。企图继续掌握摄政大权的美因茨的大主教海因里希依然试图把康拉德三世尚未成年的儿子扶上王位，遭到众多诸侯的抵制。1152 年 3 月 4 日，诸侯在美因河畔的法兰克福召开王国会议，推选弗里德里希一世为德意志国王，5 天后在亚亨由科隆的大主教阿诺尔德二世为其主持国王加冕礼。弗里德里希一世的登基之所以在当时没有遭到诸侯强烈反对的一个重要原因在于，他的母亲尤迪特（Judith，1100—1130）出自韦尔夫家族，两个敌对的家族在弗里德里

---

① 弗里德里希一世于 1147—1152 年为施瓦本公爵，自 1152 年起为德意志国王，1155 年起为皇帝。

希一世身上找到一个平衡点，新国王也力图以这个平衡点为基础实现与韦尔夫家族的和解，维持国内的和平。为了安抚没有得到王位的堂弟罗滕堡的弗里德里希（Friedrich von Rothenburg，1144—1167），他把施瓦本公爵领地转交给他，前提是在其成年之前必须由王室监管。为了获得他的叔父韦尔夫六世的支持，弗里德里希一世把先王收回的图斯策恩伯爵领地以及斯波莱托公爵领地和玛蒂尔德女伯爵的领地重又分封给韦尔夫六世。1152 年 10 月，弗里德里希一世在维尔茨堡召开的王国会议上做出决定，准许狮子海因里希获得温泽堡的赫尔曼（Hermann von Winzenburg，？—1152）的遗产、大熊阿尔布雷希特获得普勒茨考的伯恩哈德（Bernhard von Plötzkau，？—1147）的领地，在狮子和大熊之间长久以来因领地而发生的争端由此得到了解决。此外，弗里德里希一世还在这次王国会议上颁布一系列的《和平条例》，其中强调对任何破坏王国和平者都要给予严厉的处罚。

自奥托一世以来，德意志的国王只有在罗马城接受教皇的加冕礼才能成为合法的皇帝，这一不成文的政治传统决定了德意志国王必须获得罗马教皇的承认。在亚亨顺利加冕为王的弗里德里希一世把调解国内诸侯间的纠纷作为其登基后的首要任务，他仅派使节传达给罗马教皇已登上王位的信息，似乎并不在意教皇是否认同。这种怠慢的态度令教皇欧根三世非常不满，德意志国王与教皇之间的关系趋于冷淡。12 世纪40 年代以后，意大利北部城市自治运动勃然兴起，50 年代波及罗马城，罗马城内的市民成立了实现城市自治的市议会（Stadtrat），展开反对教皇控制的斗争，教皇在罗马城的权威受到威胁。弗里德里希一世利用这一有利的时机欲与罗马教皇媾和，并计划于 1154 年秋前往罗马。1152年末、1153 年初，弗里德里希一世在康斯坦茨与教皇的使节就此计划以及在罗马举行皇帝加冕礼等事宜进行协商，1153 年 3 月 23 日双方签订《康斯坦茨条约》（Vertrag von Konstanz），弗里德里希一世向教皇保证，未经教皇的许可不与罗马市民和西西里诺曼人签订任何和约；协助教皇镇压罗马市民；保护教皇领地不被侵占；阻止拜占庭帝国的皇帝在意大利扩大势力。教皇则许诺亲自为弗里德里希一世举行皇帝加冕礼；处罚那些反对他的德意志主教；不向拜占庭的皇帝妥协。教皇欧根三世还根据《康斯坦茨条约》免去美因茨大主教海因里希的教职，由曾大力支持弗里德里希一世登上王位的塞恩霍芬的阿诺尔德（Arnold von Selnhofen，1095—1160）接替这一重要的教职，同时还罢免曾经反对过他的明登、希尔德斯海姆和艾希施泰特三个主教区的主教。

　　为了实践《康斯坦茨条约》，弗里德里希一世必须先解决与德意志诸侯之间的纠纷，尤其是要平息与韦尔夫家族的争斗。这不仅是为了消除国王远征意大利的后顾之忧，而且国王也希望能获得韦尔夫家族军事上的支持。1154 年 6 月，弗里德里希一世在戈斯拉尔召开王国会议，在诸侯的支持下剥夺了巴本贝尔格家族的海因里希二世对巴伐利亚公爵领地的采邑权，将其转交给韦尔夫家族的狮子海因里希，任命他为国王的代理人，在巴伐利亚公爵领地行使国王的权力。在这次王国会议上，狮子海因里希还获得了在波罗的海沿岸区域内的奥尔登堡、梅克伦堡和拉策堡等主教区的主教授职权，更加巩固了其在德意志东北部地区的政治地位。弗里德里希一世做出的一系列妥协的举措，在很大程度上缓和了施陶芬家族与韦尔夫家族之间的矛盾，在政治上得到满足的狮子海因里希于 1154 年 10 月率领他的骑兵随弗里德里希一世率军远征罗马。

　　长久以来，身为意大利国王的德意志君王极少在意大利逗留，意大利的王位近乎处于空位的状态，意大利的城市先后在自治运动中建立了共同体（Kommune），有了自治的市议会，由市民共同选举城市的执政官，罗马城也不例外。新当选的教皇哈德里安四世（Hadrian Ⅳ. 1100 或 1120—1159，1154—1159 年在位）力图重新控制罗马城，这就必然与要求自治的罗马市民产生矛盾和冲突。1154 年 2 月，西西里的国王罗格二世去世，人称恶棍的威廉一世（Wilhelm I. der Böse，1122—1166，1154—1166 年在位）继承王位。教皇哈德里安四世拒不承认他的合法性，被激怒的威廉一世率军攻打教皇的领地，为在罗马的教皇雪上加霜。1155 年 1 月，教皇派使节与弗里德里希一世接洽，要求他履行前任皇帝在《康斯坦茨条约》中对教皇欧根三世作出的承诺,迅速率兵到罗马为教皇解难。6 月 8 日,弗里德里希一世与哈德里安四世在罗马城以北的苏特立会晤,心高气傲的国王不甘愿按惯例为教皇行牵马礼。不仅如此,他还要求教皇下令铲除因诺森二世教皇命人在罗马城拉特兰宫墙上所作的三幅有关为德意志皇帝加冕的油画,因为油画较为明显地表示罗马教皇居高临下,德意志皇帝则甘为其封臣。有求于国王的教皇不得不违心地作出承诺,才得以在德意志国王军队的护送下返回罗马。当弗里德里希一世护送教皇至罗马城外时,罗马市民派代表觐见德意志国王,要求他给予市民对罗马城的自治权并向市议会支付 5000 磅黄金,以此作为他在罗马城内加冕为皇帝的条件。遭到拒绝的罗马市民关闭城门,把德意志国王和教皇关在城外。国王以武力强行入城,在 6 月 18 日这天,哈德里安四世教皇在圣彼得大教堂为弗里德里希一世主持加冕礼,他是施陶芬家族第一位登上皇位的皇帝,他自称是"神圣罗马帝国"（das Heillige Römische Reich）的皇帝。加冕礼当天,罗马市民公开反叛,罗马城内发生骚乱,但很快就被狮子海因里希率领的军队镇压下去。

　　弗里德里希一世显然并没有十分看重与教皇之间的友好关系,罗马城恢复安定后,这位新皇帝既没有遵守《康斯坦茨条约》中规定的协助教皇继续镇压罗马市民,也没有帮助教皇在罗马城恢复权势,而且还试图通过婚姻与拜占庭皇帝建立政治联盟。1155 年 9 月,弗里德里希一世力图进攻西西里国王威廉一世盘踞的贝内文托,但遭到随其征战的德意志诸侯们强烈的反对,他不得不踏上了返回德意志的归程。此时的威廉一世大病初愈,他率军镇压了意大利南部各城市的起义,赶走进入南意大利的拜占庭帝国军队,控制了南意大利的局势。失去德意志皇帝军事支持的教皇哈德里安四世改变与威廉一世为敌的政策,1156 年 6 月在贝内文托与从前的敌手签订和约,双方相互妥协,教皇不再干预西西里王国王位继承,威廉一世则从教皇的手上接过采邑证书,对其行封臣的宣誓效忠礼。《贝内文托和约》（Vertrag von Benevent）之后,罗马教廷与德意志皇帝之间再生芥蒂。

四、王权的强势

从意大利返回的弗里德里希一世把树立皇权的权威作为其制定帝国政策的核心，为此他竭力要打破奥托一世以来延续下来的公爵领地和伯爵领地原有的政治格局，力图建立一个以皇帝为首的"整体国家"（Gesamtstaat）。出于这个政治目的，从 12 世纪 50 年代起，施陶芬王朝重新划分一些老的世族公爵领地的边界，同时还把原来的一些伯爵领地提升为公爵领地。施陶芬家族在德意志最大的反对派是韦尔夫家族，弗里德里希一世父母的婚姻消除了自海因里希五世以来两个家族之间因争夺王位产生的对立。1152 年 3 月，弗里德里希一世在调解狮子海因里希与大熊阿尔布雷特因继承权而起的纠纷时，有意把萨克森和巴伐利亚两个公爵领地整合在一起，似乎也较为清晰地表明了要继续消除这种政治对立的意图。1154 年 6 月的戈斯拉尔王国会议之后，海因里希·雅索米尔戈特把他的首府从雷根斯堡迁往维也纳，为弗里德里希一世重新划分公爵领地创造了一定的条件。1155 年 10 月弗里德里希一世从意大利返回之后，立刻在雷根斯堡召开会议，再次宣布把巴伐利亚公爵领地分封给萨克森公爵狮子海因里希。为了安抚失去巴伐利亚公爵领地的巴本贝尔格家族，弗里德里希一世于 1156 年 6 月宣布，奥地利伯爵领地从巴伐利亚公爵领地中分离出来，提升为奥地利公爵领地，将其分封给巴本贝尔格家族的海因里希·雅索米尔戈特，由此成功地调停了奥地利巴本贝尔格家族与韦尔夫家族争夺巴伐利亚公爵领地的纠纷。

为了使新公爵领地能够完全摆脱原来的母邦，弗里德里希一世于 1158 年授予巴本贝尔格家族"小特权书"（Privilegium minus）。"小特权书"中首先强调了公爵领地的继承权问题，如果公爵夫妇无子嗣，可由他们推荐继承人，海因里希·雅索米尔戈特的父系和母系家族共同享有继承奥地利公爵领地的同等权利，这一规定基本上杜绝了其他诸侯染指公爵领地的可能。作为封君的弗里德里希一世皇帝的权威并没有因为这一规定受到限制，因为他享有裁决继承人的权利。"小特权书"中还宣布,奥地利公爵在其领地内享有最高司法权,承认其在公爵领地内享有行使地方分权的权利;奥地利公爵只需参加在巴伐利亚召开的帝国会议,只参与公爵领地周边地区的军事行动。弗里德里希一世通过这一特许权把这个新提升的公爵领地置于德意志皇权的直辖之下,把它看作防御匈牙利人的坚固防线。新提升的奥地利公爵因为这个特许权在政治上有了相当的独立性,自然给予皇权极大的支持。德国历史学家们普遍认为,奥地利公爵获得的"小特权书"被看作是德意志皇权对地方贵族领土主权(Souveränität)的一种承认,为此后德意志各邦国政权(Landesherrschaft)的建立铺下了第一块基石。

弗里德里希一世试图通过加强与地方贵族的采邑关系削弱世族公国的权力,以增强皇权在整个帝国内的统治权。从表面上看,狮子海因里希获得巴伐利亚公爵领地,但由于从中分割出奥地利伯爵领地,他的势力范围依然局限在德意志的北部和东北部地区。弗里德里希一世委任他为皇帝在萨克森和巴伐利亚地区的代理人,试图通过他扩大皇权在这个地区的影响。1154 年,狮子海因里希利用皇帝给予的特权设立拉策堡主教区,掌有对该主教区主教的任命权。狮子海因里希在萨克森重新建立位于易北河下游的吕贝克市,由此控制北海和波罗的海地区的贸易,扼制住了丹麦人的扩张。1157 年,丹麦国王瓦尔德马(Waldemar Ⅰ.,1131—1182,1157—1182 年在位)不是向狮子海因里希而是向弗里德里希一世俯首称臣。在巴伐利亚,狮子海因里希拆毁了位于弗尔林的跨越伊萨尔河的大桥,取消弗赖辛的主教的市场权和关税权。与此同时,他还下令沿伊萨尔河逆流而上,在利于其控制的地方修筑一座大桥,设立关卡,在大桥的一端建立慕尼黑市,开办市场,从而控制了从赖兴堡至奥格斯堡的重要盐路。狮子海因里希的这一系列强硬的措施增强了帝国东北部边疆的稳定,自然也都得到弗里德里希一世的认可。此后,狮子海因里希对皇帝再次远征意大利、征讨波兰的政策也给予积极的支持。

勃艮第向来是德意志皇帝很难插入的地区。1152 年,弗里德里希一世把对勃艮第和普罗旺斯的管辖权（Vogtei）封赐给策林格的公爵贝特霍尔德四世（Berthold Ⅳ.，1125—1186），并与之订立有关该地区管辖权的协议。1156 年 6 月 17 日，弗里德里希一世迎娶年仅 14 岁的勃艮第伯爵领地的唯一女继承人贝娅特丽克丝（Beatrix，1140—1184），这段婚姻为弗里德里希一世增添了勃艮第伯爵的头衔，也最终使策林格家族失去勃艮第公爵的头衔。为了补偿策林格家族，皇帝把日内瓦、洛桑以及锡藤三个主教区的管辖权和王室经济特权（Regalien）封赐给贝特霍尔德四世。1178 年 7 月，德意志的皇帝弗里德里希一世在阿尔勒被加冕为勃艮第的国王，至此，勃艮第、普罗旺斯以及与之相连接的阿尔卑斯山重要通路的掌控权都落到德意志皇帝的手中。斯塔勒克的赫尔曼（Hermann von Stahleck，? —1156）因为与施陶芬家族的姻亲关系而被提升为莱茵行宫伯爵。1156 年赫尔曼去世，在这一年的雷根斯堡王国会议上，皇帝以已故伯爵没有继承人为由把莱茵行宫伯爵的领地分封给了他同父异母的弟弟康拉德（Konrad der Staufer，1136—1195），莱茵河中游广大地区也都成为施陶芬家族的势力范围。1157 年 9 月，弗里德里希一世在维尔茨堡举行盛大的效忠礼大典，参加大典的不仅有德意志帝国内各个地区的世俗诸侯、骑士和高级教士，而且法国、英国、丹麦、西班牙、意大利以及拜占庭的王公贵族或亲自或派代表团前来恭贺。强烈的权力欲膨胀了弗里德里希一世恢复罗马帝国的野心，称他的帝国为"神圣罗马帝国"，并且还频频向东部地区发起进攻。他用武力征服了波兰，迫使匈牙利改变与之为敌的政策，有效地干涉了波希米亚的王位之争。

1157 年 10 月，弗里德里希一世在贝桑松召开帝国会议，要求勃艮第的贵族们对其宣誓行效忠礼。教皇哈德里安四世派遣两名教皇使节参加，在会上宣读了教皇的信函，强调德意志皇帝的权威来源教皇的恩赐，皇帝是教皇的封臣（Lehnsmann）。这无疑激怒了权力欲膨胀的弗里德里希一世，他在回信中强调德意志皇帝是罗马皇帝和查理大帝的继承人，德意志帝国是"神圣罗马帝国"的延续。弗里德里希一世宣称，他的皇冠和权杖是上帝的恩赐并且通过德意志诸侯们的选举而获得的，他的权威包括由教皇支持的加冕礼、统治罗马城、保护基督教教会。与会的德意志主教们都坚决地支持皇帝的权力论，毫不留情地驱逐了教皇的使节，哈德里安四世不得不妥协。在这种权力论的推动下，恢复德意志皇权在意大利北部和中部的经济权是驱使弗里德里希一世再次远征意大利的动因。

前两次十字军东征在客观上促进了西欧社会商品贸易的活跃，在某种程度上改变了西欧原有的经济结构，商业在经济中的比重明显增加。意大利北部是地中海东西方贸易的中转站，收回在意大利北部地区的经济权，既可以增加德意志皇权的经济来源，也可以恢复帝国在意大利的权势。1158 年 6 月，弗里德里希一世率领大军进入意大利北部，意大利的部分城市立刻放弃了抵抗，向德意志皇帝宣誓行效忠礼。9 月 7 日，试图抵抗的米兰市在坚持了数周后也接受了皇帝的条件，在缴纳巨额赎金后保持市议会和选举执政官的权利，但全体市民必须向德意志的皇帝宣誓行效忠礼，市民选举的执政官必须经皇帝的批准才能履行职责。11 月 11—26 日，弗里德里希一世在皮亚琴察附近的隆卡利亚地区召开帝国会议，力图把意大利北部的城市共同体整合在一起，使王室的经济权与对各城市的统治权等同起来。为此，弗里德里希一世指令博洛尼亚大学的四名法学家以及二十几个城市的代表共同组成法律编辑委员会，编辑了四部法规。第一部是《经济权法》(Lex Regalia)，该法规明确规定皇帝享有对所有公爵领地、马尔克伯爵领地、伯爵领地以及城市的经济特权，皇帝有权为其任免执政官，有权确定是否给予市场权和铸币权，有权掌管和支配道路和水路的交通网络、设立关卡，有权享有对交通道路的使用特权、收取关税以及道路和港口的费用。第二部是《普通法令》(Lex Omnis iurisdicio)，这个法规强调弗里德里希一世皇帝是法律的制定者和解释者，享有最高司法审判权，规定了皇帝可以在帝国境内的任何地方设立法庭，法庭的法官由皇帝委任，接受法官职务的人要向皇帝宣誓，以表明司法权属于皇帝。通过这个法规弗里德里希一世可以在隶属帝国的意大利制定其他的相关法律，其结果是城市共同体的法律成为一纸空文。第三个法规是《王宫和财产法》(Lex Palaci et Pretoria)，根据这个法规弗里德里希一世有权在任何地方建立行宫。第四个法规《纳税法》(Lex Tributum)则是明确规定皇帝享有在意大利制定征税政策的权利，皇帝享有在全帝国境内征收特别税的特权，有权提高或降低税收。[①]

弗里德里希一世颁布的这四部法规针对的不仅仅是意大利北部的城市，而且还扩展到了托斯卡纳以及教皇国的领地，引起教皇的极端不满，哈德里安四世派遣教皇使节与弗里德里希一世交涉，令其交出玛蒂尔德女伯爵的遗产，弗里德里希一世则谴责教皇违背了《康斯坦茨条约》，双方各持己见。1159 年 9 月 1 日，哈德里安四世辞世，缓和了正在激化的矛盾，同时在罗马教廷内再次引起分裂。9 月 7 日，枢机主教团的大多数成员选举哈德里安四世教皇的幕僚罗兰(Rolando Bandinelli)为教皇，称亚历山大三世(Alexander Ⅲ.，1100—1181，1159—1181 年在位)。罗兰是哈德里安四世教皇的坚决支持者，曾为其执笔致函弗里德里希一世，并作为教皇使节参加贝桑松的王国会议。然而，在弗里德里希一世的封臣维特尔斯巴赫家族的奥托(Otto Ⅰ.，1117—1183)的影响下，少数枢机主教选举奥克塔维安为教皇，称维克多四世(Viktor Ⅳ. 1095—1164，1159—1164 年在位)。10 月 4 日，维克多四世在皇帝的武装保护下登上了圣宗座。亚历山大三世逃亡法国，但他依然以教皇自居，并且获得枢机主教团中大多数成员以及法国、英国、西班牙和北欧等地区教士们的支持。意大利北部的城市也联合起来与逃亡教皇站在同一阵线，共同抵制德意志皇帝在意大利推行皇室经济特特权。

罗马教会的分裂无益于德意志皇帝的权威，弗里德里希一世试图以教会保护者的身份消除教会的分裂。1160 年 1 月 13 日，他在帕维亚邀请两位对立教皇到此参加宗教会议，就双方的矛盾进行调解。亚历山大三世和他的支持者们拒绝前往，仅有德意志和意大利北部的主教和大主教五十余人以及英国、法国、匈牙利、丹麦、波希米亚的国王派遣的使节

---

① D. Willoweit，*Deutsche Ver fassungsgeschichte*，S. 59.

到达帕维亚参加 2 月 5 日的宗教会议。会议发布了通函(Rundbrief 或者 Rundschreiben①)宣布革除亚历山大三世的教籍,并作出相关方面的决议。弗里德里希一世的介入并没有消除教会的分裂,却导致在整个西欧形成了以皇帝和教皇为首的两大阵营。英国国王亨利二世(Henry Ⅱ.,1133—1189,1154—1189 年在位)和法国国王路易七世也都因各自的政治目的被卷入其中。1164 年初,亨利二世与坎特伯雷的大主教托马斯·贝克特(Thomas Becket,1118—1170)之间因为英国教会的独立问题产生争端,也极大地影响了教皇与亨利二世之间的关系,弗里德里希一世借机欲与英国国王结成政治联盟。1165 年复活节之际,德意志的皇帝派科隆的大主教雷纳尔德(Rainald von Dassel,1114 或 1120—1167)为特使前往鲁昂,在那里促成了狮子海因里希与英国国王长女的婚姻,同时也为自己才一岁的长子与亨利二世的另一个女儿订立婚约。以这两个婚姻为基础,亨利二世允诺支持皇帝新立的对立派教皇帕斯卡利斯三世(Paschalis Ⅲ.,? —1168,1164—1168 年在位),他还派遣使者参加 5 月在维尔茨堡召开的王国会议。在这次王国会议上,弗里德里希一世命与会的大多数诸侯、主教和大主教宣誓,绝不承认亚历山大三世以及他的继任为合法的教皇,凡是拒绝宣誓的诸侯和主教都将解除与皇帝的采邑关系,失去封地和财产。美因茨的大主教维特尔斯巴赫的康拉德(Konrad Ⅰ. von Wittelsbach,1120 或 1125—1200)虽然曾任弗里德里希一世的大掌玺官,也曾是他实践意大利政策的积极支持者,但因支持亚历山大三世而被弗里德里希一世免职。

弗里德里希一世对意大利经济权的重视致使其在任期间 6 次进军意大利,同时代的意大利人称他为"巴巴罗萨"(Barbarossa 红胡子),说他的胡子是被意大利人的鲜血染红的。弗里德里希一世在任期间在德意志境内居住最长的时间仅 6 年半,但他并没有忽略稳固其在德意志境

---

① 通函是中世纪的一种外交文件,通常由君王或者教皇关于某个问题做出的决定,在诸侯、主教、大主教中传阅通报,阅读者通过签名以示态度。

内的权威,他通过政治联姻以及调节继承权等方式把王室的领地与施陶芬家族的领地连成片,设立了一系列的国王直辖区。施瓦本公爵罗滕堡的弗里德里希一世是弗里德里希一世的堂兄,他于1167年8月去世,皇帝把施瓦本公爵的头衔授予了他年幼的儿子,后因施瓦本家族的成员均无子嗣,弗里德里希一世顺利地继承堂兄家族在施瓦本南部的所有遗产,同时还获得属于罗滕堡的弗里德里希一世所有的、与捷克接壤的埃格尔兰地区,在德意志的中东部地区形成一个连成片的、地域辽阔的大王室领地,北起莱辛和科迪茨,南至埃格尔河。这个连成片的王室领地既包括阿尔卑斯山的重要隘口,也把蕴藏着丰富矿物资源的哈尔茨山脉囊括其中,还有被称为"金色草原"(Goldene Aue①)的大片肥沃平原,成为王室最重要的经济支柱。弗里德里希一世不再把成片的王室领地分割成采邑,而是委派他所信任的王室封臣管理王室的和家族的领地,形成了一种新的领土(Territorium)的概念。弗里德里希一世还逐渐地把施陶芬王朝的政治中心从原来的东法兰克转移到了上普法尔茨地区,把东法兰克与上普法尔茨连成一片,王室的这个新的领土包括巴伐利亚的北部和南部、法兰克的中部和北部。

　　弗里德里希一世的领土政策明显地表示出对巴伐利亚领地的要求,侵害了巴伐利亚公爵狮子海因里希的利益,双方必然会产生矛盾,出现摩擦。狮子海因里希多年来积极支持皇帝对意大利的政策,因而在几起领地继承的纠纷中都得到皇帝的支持;此外,他还通过有目的、有组织地向东部地区殖民,扩大了领地的地域范围,建立起一个以不伦瑞克市为其政治中心的大公国,成为当时德意志在政治上最强大的诸侯。狮子海因里希还通过女儿与丹麦国王儿子的婚姻保证边界的稳定,他也因为是英国国王的女婿,与英国保持着良好的外交关系。狮子海因里希还常常以皇帝宠臣自居,无视其他诸侯的权利,在诸侯中树敌甚多,甚至在德意

---

① 被称之为"金色草原"的平原北部与哈尔茨山脉的南缘相接,南部靠屈夫霍伊泽山和温德高地,发源于哈尔茨山的黑尔默河流经贯穿整个平原,可谓地肥水美。

志形成了一个反对他的政治同盟。狮子海因里希的强势是皇帝在巴伐利亚地区推行其领土政策的一个巨大障碍,克恩滕的公爵韦尔夫六世的继承权问题为皇帝铲除这个障碍提供了一个极好的契机。

意大利斯波勒托的公爵韦尔夫六世曾因与康拉德三世为敌被剥夺在意大利的领地,后因韦尔夫家族与施陶芬家族的和好重又获得意大利斯波勒托公爵领地和托斯卡纳伯爵领地。1167 年,韦尔夫六世唯一的儿子去世,他失去了直接继承人,他的两个侄子狮子海因里希和皇帝弗里德里希一世都享有继承权。韦尔夫六世把在意大利的封地卖给了皇帝弗里德里希一世。此后,韦尔夫六世又与狮子海因里希订立了协议,将其在施瓦本地区的全部地产出售给后者。由于狮子海因里希没有按照协议的规定支付相应的数额,韦尔夫六世单方面撕毁协议,把他的财产赠送给了皇帝和他的儿子们,这就在德皇和公爵之间埋下了引发争端的导火索。1177 年,狮子海因里希因与哈尔伯施塔特的主教之间因教会的地产问题起了争端,主教宣布对其进行绝罚,科隆的大主教海因斯贝格的菲利普(Philipp von Heinsberg, 1130—1191)也介入其中,成为哈尔伯施塔特的主教强有力的后盾。1178 年,双方同时上诉至德皇弗里德里希一世。1179 年 1 月,皇帝根据从 9 世纪流传下来的法令(Landrecht①)召开帝国会议审理此案,被传唤的狮子海因里希拒不到会,与会的众诸侯共同做出判决,如果狮子海因里希继续违背帝国的法令,将对他处以革除教籍的绝罚。由于强硬的狮子海因里希再次拒不服从德皇对其传唤,同年 6 月,在马格德堡召开的帝国会议上宣布,对狮子海因里希处以绝罚。被革除教籍就意味着将失去所有的封地,狮子海因里希不得不做出妥协,力图与弗里德里希一世皇帝修好,皇帝则要求公爵支付 5000 马克的罚金。这个巨额的罚金促使狮子海因里希背水一战,再次与皇帝反目为仇。1180 年 1 月,弗里德里希一世在维尔茨堡主持帝国会议,与会

---

① Landrecht 一词最早出现于 9 世纪初,与拉丁语的 lex(法令)同义。11 世纪以后,Landrecht 特指通行于德意志境内的、普遍有效的法令。参见 *Lexikon des Mittelalters*,Bd. 5,S. 1672f.

诸侯一致通过对狮子海因里希的判决,剥夺他享有帝国采邑的权利,宣布他丧失了所有荣誉和权利,瓜分他的公爵领地。[①] 狮子海因里希举兵反抗,但曾经支持他的萨克森、丹麦以及斯拉夫的贵族们都先后背离他,就连吕贝克市的市民也为皇帝打开了城门,众叛亲离的狮子海因里希被迫屈服。1181 年 11 月,狮子海因里希在爱尔福特王国会议上宣布,他放弃在帝国的封地,仅保留了不伦瑞克和吕内堡,同意接受流放三年的处罚,并于1182 年夏前往英国,投奔他的英国岳父。

弗里德里希一世通过狮子海因里希的案件成功地铲除了推行领土政策的最大障碍,弗里德里希一世借此机会把一些原有的伯爵领地提升为直属皇室的公爵领地,在进一步扩大王室领地的基础上向领土化(Territorianlisierung)迈出了重要的一步。另一方面,这个案件还标志着德意志的贵族结构开始发生巨大的变化,它改变了自德意志王国建立以来,巴伐利亚和萨克森这两个大公爵领地一直由古老的世族家族控制的政治局面,古老的世族贵族家族或者沉沦没落,或者与王室封臣一起演变为一种新的帝国诸侯等级(Reichsfürstenstand)。1180 年 4 月,在盖尔恩豪森的王国会议上发布的关于处罚狮子海因里希的文书中,不仅对整个诉讼案件进行了总结,而且还以采邑权为基础明确规定了帝国诸侯的等级,制定各等级享有向下订立采邑关系权利的盾牌制度(Heerschild)。在这个制度中,帝国内可以订立采邑关系的人分为七个等级:第一等级为国王,有权与直属诸侯建立采邑关系;第二等级为教会诸侯;第三等级是世俗诸侯,世俗可以接受教会诸侯的采邑,但教会诸侯不能反之接受世俗诸侯的采邑;第四等级为伯爵和自由领主;第五等级为自由人和王室封臣;第六等级为自由人和王室封臣的随从;第七等级

---

① K. Heinemeyer, *Kaiser und Reichsfürst. Die Absetzung Heinrich des Löwen durch Friedrich Barbarossa*, in: A. Demandt(Hrsg.), *Macht und Recht. Große Prozesse in der Geschichte*, München: Beck, 1991, S. 74 — 10. H. Grundmann (Hrsg.), *Handbuch der deutschen Geschichte*, Bd 1., S. 406—407.

是不享有采邑权的人。①

第二节　从市民的自由到城市自治

一、市民的自由

　　弗里德里希一世在实现其"整体国家"目标时不仅仅依靠王室封臣，而且也极为重视城市市民的政治力量，市民的政治力量体现在城市的自治中。中世纪城市的自治起始于城市中誓约团体(Eidgenossenschaft)的产生，结成誓约团体的是城市里具有自由法律身份的商人和手工业者。

　　德意志的城市大多都是以商业和手工业为基础复兴和发展起来的，商业和手工业发展的前提是自由交换，自由交换必然会引起自由竞争，自由竞争是封建特权的天敌。有了人身自由的市民就必然要自由支配自身的财产，拒绝封建领主司法权的判决，这就不可避免地会在市民与封建主之间产生冲突，更何况城市市民获得的特许权和自由常常要受到身兼城市领主的主教或者贵族的干预和约束。1035、1042 年，米兰市的商人和手工业者曾先后两次因不满大主教强制实施城市政策而与之发生武装冲突。1074 年，科隆的大主教强行征用一位富商已经装满货物准备起航的商船，商人拒不服从，商人和大主教之间发生了激烈的冲突。这个事件成为引发科隆市民反抗城市领主斗争的导火索，揭开了市民为摆脱大主教对城市控制而进行斗争的序幕。1077 年在美因茨，1101 年在施派尔，也都发生了市民驱逐该城大主教的事件。

　　市民反对城市领主的斗争常常与德意志教俗贵族与皇帝(国王)的争斗交织在一起，皇帝(国王)通常以给予城市特许权的方式支持市民，特许权的一个重要内容是给予市民享有自由的权利。享有自由的权利是中世纪城市市民的一个重要属性，自由是市民从事经济活动的一个重要前提。进入 12 世纪以后德意志的商业活动逐渐发生变化，尽管远程

---

① *Lexikon des Mittelalters*，Bd. IV.，S. 2007f.

贸易依然是商业中不可或缺的因素,但远程贸易不再仅仅是输入来自东方的货物,同时还贩运各地生产的农产品和手工业产品;销售的对象也不再仅仅是王公贵族和教会,而且还为城乡手工业生产者提供生产所需的原材料和生活必需品,同时还收购他们的产品。农业和手工业产品的销路被打通,反过来又促进了农业和手工业的发展,致使那些具有半农业性质的乡村手工业者完全从农业生产中游离出来,有了独立的手工作坊,成为专门的手工业者。因为出售产品和购买原材料的需要,使他们认识到地理位置的重要性,商人居住的城市是他们最理想的迁徙之地,产品交换把那些在农村中成长起来的专职手工业者们吸引到了城市中来。他们带来了生产资料和生产设备,城市的居住人口大幅增加,城市的规模由此而扩大,成为商业和手工业的中心。德意志商人的经营方式也因此从行商转变为坐商,商人通过出售所在地的手工业产品,不仅扩大了自己的贸易范围,而且还与当地的手工业者建立直接的经济联系,社会的分工进一步扩大。"分工进一步扩大表现为商业和手工业的分离,表现为特殊的商人阶级的形成。"①商人和手工业者分离后,专业的手工业者们为保护自身的利益,防止同行业内部的竞争,保护本行业的共同市场,防止不断流入城市的逃亡农奴的竞争,以及对抗封建主的侵犯,居住在同一城市的、享有自由的同行业手工业者自愿地结合在一起,他们按照日耳曼人的习惯结成一种誓约团体,以誓约约束每个成员的社会性行为,以此保证在团体内相互缔结的契约能够有效地实行,保证契约的有效性。恩格斯说:"只有能够自由地支配自身、行动和财产的,并且彼此处于平等地位的人们才能缔结契约。"②这就产生了中世纪最初的手工业者的同业公会(Zunft③)和商人组成的行会(Gild)。

---

① 《马克思恩格斯选集》,第 1 卷,第 59 页。
② 《马克思恩格斯选集》,第 4 卷,人民出版社 1972 年版,第 76 页。
③ 在德国中世纪的历史中,同业公会(Zunft)通常都是手工业者的社团,行会(Gild)则是商人的社团,有较为明显地区分。在英国中世纪的历史中,同业公会与行会之间的这种区别没有像德意志这样分明。

二、同业公会和行会

　　中世纪最早的商人行会出现于法兰克王国时期,商人结成的行会是一个誓约团体,目的是为了保护行会成员在贩运途中的人身安全、货物安全,在风险和灾难中相互自助和自救。与行会比较而言,手工业者的同业公会出现相对晚些,最早的同业公会是 1099 年在美因茨的织布工同业公会,1106 年在沃尔姆斯有了鱼商行会,1128 年在维尔茨堡出现制鞋同业公会,类似的制鞋同业公会在哈雷出现于 1157 年,1149 年科隆成立了床单织布同业公会。[①] 早期同业公会的出现是为了保证同业公会的成员在市场上都能够享有自由出售自己产品的权利,是一个自发的社会组织。这些同业公会通常是以个人或者是以一个住户(Haus)为基础,是一个以住户的户主(Hausvater)为代表组成的自治的社会团体,这个团体是按照日耳曼人的习俗结成的誓约团体,不依附任何权力。在这个团体中,虽然财富的多寡造成了人与人之间社会地位的差别,但每个人的身份都是平等的,都具有人身自由的法律地位。每个成员都必须履行参加"晨会"(Morgensprache)的义务,在晨会上经过协商达成的共同意愿和意志就是必须遵守的规则。[②]同业公会是城市里具有多种职能的社会团体,它延续了日耳曼人的传统,是一个"共同体"(Gemeinde),所有成员必须共同祈祷、共同庆祝节日、共同举行殡葬,进而共同制定有关产品的质量、规格、数量以及出售价格等有关生产活动方面的规定。同业公会还具有社会救助的职能,必须照顾成员中的病患、扶助孤寡。

　　同业公会最重要的职能是监督成员的手工生产,他们共同协商制定了有关同一种产品的原材料的使用、产品的工艺流程、产品的质量以及产品出售的价格,以保证同业公会中所有手工作坊的共同生存。同业公

---

① H. Aubin, W. Zorn (Hrsg.), *Handbuch der deutschen Wirtschafts- und Sozialgeschichte*, Bd. 1. , Stuttgart: Klett-Cotta, 1978, S. 217.

② G. Dilcher, „ Die genossengschaftliche Struktur von Gilden und Zünfte ", in: B. Schwineköper(Hrsg.), *Gilden und Zünfte*, Sigmaringen: Thorbecke, 1985, S. 102f.

会为手工作坊规定了学徒的学习年限、帮工的工资，帮助帮工建立独立的手工作坊，决定是否同意他们加入同业公会。从组织的结构来看，同业公会是一种个人的联合体，在这个联合体内有着成员共同遵守的审判权和决定赔偿的审判权，这是一个完全自治的共同体。[①] 城市中每个自由的手工业者都自愿加入这个自治的共同体，他们通过这个共同体参与城市的公共活动，这就赋予了同业公会政治的职能。在德意志帝国，11世纪、12世纪的城市自治运动与政教之争紧密地联系在一起，大多数的城市自治运动在支持王权的过程中获得了王权给予的特许权，王权把给予城市的特许权作为削弱教权的一个重要措施，城市的政治地位由此获得了提升。

手工业者的同业公会和商人的行会在城市中的社会地位日益巩固，政治影响也越来越凸显出来，在城市中形成一个新的社会群体，即市民阶层（Bürgertum）。市民阶层成为德意志皇帝与诸侯斗争可以依靠的新的政治力量，德国学者弗尔迪南德就曾这样评价科隆的市民起义："1074年的起义虽然是一个瞬间的事件，但是它不仅反映了科隆商人的经济实力，而且也表明了早期城市历史中非常重要的社会问题。主教授职权之争期间政治上的不稳定为市民第一次展现他们的政治作用创造了条件。"[②]正是出于这样的政治目的，施陶芬家族为保证在该家族政治中心地区（Hochburg）的政治优势，在德意志西南地区以及图林根、阿尔萨斯有目的地新建立了许多城市，赋予这些城市政治或经济方面的重要意义，12世纪初期建立的阿格诺市被提升为帝国在阿尔萨斯地区的政治中心，施瓦本哈尔市是作为王国的铸币所（Münzstatt）而建立的。此外，皇帝还给予卡姆尼茨、阿尔滕堡和茨维考等城市自治权，以这种方式提升皇权在城市所在地的政治权威。这些城市都是皇帝和国王的财产，享有施陶芬家族给予的自由的特许权，所有居住在城市里的居民，无论是商

---

① E. ,Ennen, *Frühgeschichte der europäischen Stadt*, Bonn：Röhrscheid, 1953, S. 167.

② O. Ferdinand, *Stadt und Reich im 12. Jahrhundert*（1125—1190）, Wein-Köln：Böhlau, 1966, S. 95.

人还是手工业者都是享有自由的市民。自海因里希五世执政时期起,皇帝给予城市的特许权中不再标注为"城市权"(Stadtrecht),而是改变为"市民权"(das Recht der Bürger)。自由的市民抑或以手工业者的同业公会的组织形式,抑或以商人行会的组织形式自愿结成了城市共同体(Stadtsgemeinde,也被称为 Kommune[1]),共同抵抗城市领主及其官吏对他们的盘剥和压制,从自治的同业公会和行会中发展出自治的城市。

三、城市的自治

德国历史学家施托普在对德意志中世纪许多城市进行具体深入研究后认为,施陶芬王朝时期是德意志自治城市形成和发展的重要历史时期,这些自治城市一般都经历了三个步骤:其一,以誓约为依据组成的市民共同体;其二,市民共同体逐渐地提出参与城市管理的要求,在参与管理城市事务的过程中建立了城市的市政机构,1150 年前后从上意大利、法国的普罗旺斯到德意志的莱茵河下游地区,很多城市都先后有了独立的市政机构,尤其是意大利的伦巴德、加泰隆等地区,那里的城市在行政结构上,例如:在市议会的人数、任职的年限、职能等方面一般都延续了罗马帝国时期的模式,市议会具有防卫、司法和管理等方面的职能;其三,城市之间建立了联盟,诸如伦巴德城市联盟、莱茵城市联盟、施瓦本城市联盟,乃至其后的汉萨同盟。[2]

城市自治运动如果没有皇帝(国王)的特许权是不可能产生任何结果的,1101 年海因里希四世皇帝给予施派尔市特许权,承认该市的城市权,施派尔的市民以此为尚方宝剑驱逐了专制的主教。1111 年,海因里希五世再次给予施派尔市的市民特许权,保证市民的自由。1114 年,海因里希五世给予沃尔姆斯市相同的特许权。1119 年,美因茨的大主教效

---

[1] 国内学者通常把 Kommune 翻译为"公社",但就中世纪城市而言 Kommune 的含义与 Stadtgemeinde 相同,因此更准确的翻译应该是"城市共同体"。

[2] H. Stoob, *Forschungen zum Städtewesen in Europa*, Köln Wien: Böhlau 1970, S. 52f.

仿海因里希五世给予美因茨市民特许权,允许他们有自己的法庭,自我进行管理,但令他所料不及的是,获得特许权的市民不再服从大主教对该城的控制。1157年,大主教欲向市民征收赋税,作为参加弗里德里希一世远征意大利的军费,遭到市民强烈的反对,为此皇帝给予市民严厉的处罚,下令拆毁美因茨的城墙,拆毁城墙就意味着市民失去了已经享有的所有权利和自由,直到1163年皇帝才撤销了这个处罚,允许市民重建城墙。12世纪,诸如沃尔姆斯、康斯坦茨、特里尔、奥格斯堡、梅斯、雷根斯堡等等,所有这些中世纪重要的城市都先后获得了皇帝给予的保障市民自由、允许城市共同体存在的特许权。[①] 与领地一样,城市通过获得特许权成为王权的封臣,在海因里希(七世)执政期间(1220—1235年),德意志境内有51%的城市获得了国王的特许权成为国王的城市(Königstadt),有35%的城市是主教和大主教的城市(Landstadt),仅有14%的城市具有其他的附属关系。[②] 从这个比例中可以看出,中世纪德意志的城市绝大多数都获得过国王或者主教和大主教给予的特许权。

早期的城市共同体是一种按照日耳曼人的习惯法组成的誓约团体,所有成员都有义务受到誓约的约束,相互之间禁止械斗,他们有参与保卫城市、修筑城墙的义务。防御权是城市自治中最重要的一项内容,所有市民联合起来保卫自己所居住的城市,共同承担由此而需要的军费,城市有向市民征收赋税的征税权(Steuerhoheit)。1114年,科隆市最先有了城市徽章(Stadtsiegel),上面刻有科隆市城墙和城门图案。1130年,科隆市的市民在城市的中心修建了专门用于市民集会的建筑"市民会议厅"(Bürgerhaus)。城市的市徽和市民会议厅的建造,标志着全体市民是一个独立的法律个体,此后众多城市都效仿科隆有了自己的市徽,建造了市民会议厅,特里尔于1149年,美因茨于1150年,索斯特于

---

① 德国历史学家普拉尼茨对这个时期的德国城市有十分详尽的研究,有关城市自治的内容参见 H. Planitz, *Die deutsche Stadt im Mittelalter*, S. 102ff.

② B. Diestelkamp, „König und Städte in Salischer und Staufischer Zeit Regnum Teutonicum", in: *Historische Zeitschrift*, Beiheft 7 (1982), S. 274f.

1168 年，梅斯于 1180 年，维尔茨堡于 1195 年，乌特勒次于 1196 年，沃尔姆斯和科布伦茨同是在 1198 年，斯特拉斯堡则是在 1200 年。

　　自治的城市作为一个独立的法律个体就必然要有自己的管理机构，但 12 世纪德意志的自治城市尚没有市政机构，抑或可以这样说，城市的自治主要体现在调节市民纠纷的城市法庭的建立。城市法庭设立初期，法官通常由城市领主指定，他们是城市领主的代理人。1103 年，科隆的城市法庭上第一次有了商人陪审员（Schöffe），陪审员参与对案件的裁定，城市领主的意愿受到极大的限制，此后参与城市法庭审判的陪审团中商人和手工业者的比例逐渐增多，他们又因为陪审员的身份参与了城市的管理，构成城市市民的上层阶层，即富裕市民，或称之为城市贵族（Patriziat）。[1] 市民中的上层阶层组成了"富人兄弟会"（Richerzeche），富人兄弟会不仅参与解决市民之间的纠纷，而且还定期举行大会，商议并决定对市民的税收、城墙的维护、城市的防御等各项事务。[2] 德国历史学家弗尔迪南德把这种富人兄弟会看作是"市民的机构"，从中衍生出城市议会（Stadtrat）。在这个市民机构中推举出市长（Bürgermeister），由他主持市议会的日常事务，践行议会做出的各项决议。[3] 1180 年，皇帝承认了科隆市的富人兄弟会，历史学家们认为这标志着城市议会的产生。

　　城市自治运动产生的又一个重要结果是城市法的诞生，正如美国学者诺思所说："新市镇发展了自己具有行政和保护职能的政府，因而它们必须逐渐形成一套法律来裁决因这些新情况而引起的争端。"[4] 城市法通常源自于市场法和行会法，美国学者利维就曾经强调，"商人若要从事有

---

[1] F. Rörig, *Die europäische Stadt und die Kultur des Bürgertum im Mittelalter*, Göttingen：Vandenhoeck & Ruprecht, 1955, S. 49.

[2] E. Ennen, *Die europäische Stadt des Mittelalters*, Göttingen：Vandenhoeck & Ruprecht, ²1979, S. 202f.

[3] B. Diestelkamp, „König und Städte in Salischer und Staufischer Zeit Regnum Teutonicum", in：*Historische Zeitschrift*, Beiheft 7, (1982), S. 98.

[4] 道格拉斯·诺思、罗伯斯·托马斯：《西方世界的兴起》，厉以平等译，华夏出版社 1999 年版，第 18 页。

秩序而又经常性的贸易,那就得要有一种制度,既可保证人身安全,又使得贷款、保险和汇兑都可能办理"。① 商人和行会为自身订立的法律,所形成的法律体系是为商人自身的利益服务的。1188 年,马格德堡市的大主教维希曼(Wichmann von Seeburg,1116—1192)给予该城城市法庭特许权,准许法庭把长期以来盛行的习惯法进行规范并用文字记录下来,这就是德意志中世纪第一部成文的城市习惯法汇编《马格德堡法》(Magdeburger Recht)。这部法律汇编中包括了商人法、继承法、婚姻法以及刑法等诸多方面的内容,此外还有法庭的诉讼程序。②德国城市史学家伊森曼认为,所谓的城市法是在城市设立和建设时期由城市领主一再强调和重申的特许权的基础上发展而来的。最初的城市市民依然受在乡村施行的法律制约,只有当市民获得了自由(libertates)、公正(iustitiae)和权利(iura)后才能联合起来组成议会,才能不受乡村法律的约束。③《马格德堡法》汇编而成之后很快就在德意志北部地区传播,勃兰登堡伯爵领地、波希米亚、普鲁士、图林根、萨克森、西里西亚、波莫瑞、摩拉维亚和劳齐茨等地区的 80 余座城市都把《马格德堡法》作为自己城市的法律。④ 城市法中包含了比皇帝(国王)的特许权更多的内容,它不仅取消了城墙内封建土地制度所规定的个人的依附身份,限制或取消了城市领主的各种封建特权,而且还规定了市民应尽的义务,如根据财产缴纳一定数目的赋税作为城市的公共基金,市民要承担修建城垣、构筑防御工事等劳役,要为保卫城市服兵役,等等。1120 年,弗赖堡制定的城市法中规定,如果一个领主要否定一个在城市居住的人的法律地位,称作是他的农奴(servus),要将其召回,那么这个领主就必须要有 7 个与此

---

① 泰格·利维:《法律与资本主义的兴起》,纪琨译,学林出版社 1996 年版,第 4 页。

② O. Ferdinand, *Stadt und Reich im 12. Jahrhundert*, S. 113f.

③ E. Isenmann, *Die deutschen Stadt im Spätmittelalter*:1250—1500, Stuttgart:Ulmer,1988, S. 78.

④ H. Reichard, *Die deutschen Stadtrechte des Mittelalters in ihrer geograghischen, politischen und wirtschaftlichen Begrüdungen*, Berlin:Sittenfeld, 1930, S. 76ff.

人有血亲关系的证人在公爵那里宣誓予以证明,①实际上这对于领主来说几乎是很难做到的。可见,城市法还可以有效地改变那些因各种原因迁徙到城市中人们的法律身份。

城市法的产生不仅得力于城市自治运动和世俗君权与教会给予的特许权,还得力于 12 世纪在西欧开展的文艺复兴运动中对罗马法的研究。

第三节 12 世纪文艺复兴

一、知识分子的产生

"12 世纪文艺复兴"这一概念是美国学者哈斯金斯首先提出来的,他在研究中世纪西欧文化时批驳中世纪是"黑暗的时代"这一传统的史学观点。② 他认为:"14 世纪是从 13 世纪走出来的,就像 13 世纪是从 12 世纪中走出来的一样,在中世纪的文艺复兴和 15 世纪的文艺复兴之间没有隔断。"③毋庸置疑,正如社会经济和政治的发展是连续的一样,社会文化和思想意识的发展也是具有连贯性的,而且思想文化的发展是与经济和政治的发展同步进行的。继第一次拓荒活动之后,11 世纪的西欧再次出现了大规模的拓荒活动:法国通过排水改造沼泽地;低地地区围海筑堤造良田;德意志地区则是开始了有组织、大规模地向东部地区殖民④;意大利地区蓄水灌溉滋润土地;英国大量地砍伐原始森林。⑤意大

---

① H. Mitteis, „Über den Rechtsgrund des Satzes ‚Stadtluft macht frei ? ", in: ders. *Die Reichsidee in der Geschichte* Weimar: Böhlau, 1957, S. 718.

② 中世纪是"黑暗的时代"这一观点是 14 世纪文艺复兴时期的人文学者提出来的。14 世纪中叶,被誉为"人文主义之父"的意大利人彼特拉克(Petrarch)从文化的角度把他生活之前的时代定义为"黑暗的时期",将其与他致力于恢复的古典文化区别开。自此有了中世纪是"黑暗的时期"的观念。

③ Ch. H. Haskins, "The Renaissance of the Twelfth Century", in: Ch. R. Young (ed.), *The Twelfth-Century Renaissance*, London: Themas & Hudson 1976, S. 14.

④ 参见本书第三篇中第六章的第五节。

⑤ P. 布瓦松纳:《中世纪欧洲生活和劳动》,潘源来译,商务印书馆 1985 年版,第 231—234 页。

利历史学家奇波拉认为,在 10—13 世纪之间,开垦土地的活动已经成为一种经常性的对荒野的征服。[①]

　　根据德国历史学家的研究计算,加洛林时期德意志西北部地区的农民家庭中,一个成年人的膳食结构中粮食仅占三分之一,其余三分之二是肉类和鱼类,这说明当时的土地耕种面积尚很有限。[②] 在经过了 11、12 世纪对林区、沼泽地和荒地的拓垦之后,耕地的面积大幅增加,谷物尤其麦子成为人们主要的食物,最重要的是黑麦、小麦、燕麦和大麦。有的地区,例如在德意志的西南部、莱茵河流域普遍种植斯佩尔特小麦(Dinkel,Spelz),因为这些品种的麦子有较好的烤制和酿制的品质,有些地方还种植了稷。除了谷物以外,菜圃和果园也在很多地区出现,有了各种豆类、白菜、萝卜等蔬菜,有了苹果、梨、草莓、李子、桃、榅桲、核桃等果类。可见,此时人们的膳食结构已经有了很大的改变。12 世纪中叶,在一些地区逐渐形成了满足家庭生活自足之外的专门的果树种植区,莱茵河右岸从瓦尔鲁夫至洛尔希豪森的高地地区、图林根和爱尔福特等都有了这样的专业种植区。葡萄种植也大面积地扩大,不仅是在罗马帝国时期的传统种植葡萄地区,而且在德意志北部也有了大规模的葡萄种植园。[③]

　　这个历史时段拓荒活动所产生的效应是多方面的:首先,拓荒活动扩大了耕地面积、改良了生产工具、改进了生产技术,原始的耕种方式转变为轮作的二圃制(Zweifelderwirschaft)、三圃制(Dreifelderwirtschaft)以及其他方式的农田作物栽培制,这就使家庭独立耕种的生产方式成为可能。独立耕种的生产方式改变了经营土地的方式,徭役庄园(Fronhof)的数量在减少,租佃土地的面积在增加。租佃制的经营方式

----

① 卡洛・M. 奇波拉:《欧洲经济史》,第 1 卷,徐璇译,商务印书馆 1988 年版,第 156 页。

② H. Aubin; W. Zorn, *Handbuch der deutschen Wirtschaft-und Sozialgeschichte*, Stuttgart: Klet-Cotta, 1978, S. 91.

③ F. -W. Henning, *Deutsche Wirtschafts-und Sozialgeschichte im Mittelalter und in der frühen Neuzeit*, Paderborn-München-Wien-Zürich: Schöningh, 1991, S. 96f.

增强了耕种土地人的自主权，为了能够充分地利用已有的土地，因地制宜，出现了农作物专业生产区，农产品的交流和交换必不可少，从而促进了社会的流动。社会的流动不仅局限在物品的交换方面，更重要的是在人员的流动方面。人员的流动表现在两个方面，一是人员在地域性地流动，即从农村向新兴城市的流动，从原有的居住地向新开垦地区的殖民；一是社会阶层的流动，不仅原有的农业劳动群体发生了分化，而且还形成了市民、商人、手工业者等新的社会阶层。更为重要的是，在西欧社会中还形成一个与社会生产没有直接关系的新的社会阶层——知识分子（Intellektueller）。

知识分子阶层的产生源于人们对自我认识的需要，人们在努力满足物质需要的同时，也在满足精神和理智的需要。社会经济活动创造的财富，不仅瓦解了人身依附的封建关系，而且也造成了政治权力的移位。新旧贵族的交替、城市议会的建立，无不与社会财富的增加有密切的关系，人们传统的权威观念被动摇，个人的自我意志在被动摇的权威面前越来越强烈地表现出来。耕种土地的自主权、城市行会获得的自治管理权、城市的自治权都反映了一种自主精神。自主精神与宗教和政治的权威对立，它需要自己的理论和学说与权威对话，在人们的思想意识和宗教观念中也都有了自主的要求，正如曼罗所说："12 世纪文艺复兴较为显著的特点就是自主精神的革命。"[1]人内心的精神生活更丰富了，良知和爱的观念也开始有了新的内容。法国历史学家勒・高夫评价 12 世纪的文艺复兴实际上是"社会集体心态的一次大变化"[2]，社会的价值观和价值趋向都在发生着重大的变化，这种变化最先体现在有关世俗君权与教权关系的争论上。

---

① D. C. Munro, "A Period of New Life", in: Ch. R. Young (ed.), *The Twelfth-Century Renaissance*, p. 7.

② J. le Goff, *Kultur des europäischen Mittelalters*, München: Droemer Knaur, 1970, S. 576f.

二、神学政治理论的辩论

11 世纪下半叶开始的主教授职权之争，从对教会授职权的争夺激化上升为关于政治权威的激辩，最先发起这场争辩的是教皇利奥九世进行教会改革的核心人物、红衣主教希尔瓦坎迪达的洪贝特。在其著名的《斥买卖圣职者》中，他从教职的买卖问题延伸出了有关基督教教会在世俗社会中的权力以及世俗在教会中的地位。他以古代基督教的传统思想为理论依据，强调天国的权力高于地上的权力，教会是天国在世俗的代理，就像精神统治躯体一样，教会应该统治世俗世界，因而教会的权力高于世俗君权。世俗掌握教会的授职权是对基督教教义的背叛，也违背了教会的法规。① 德意志皇帝海因里希四世与罗马教皇格雷戈尔七世就米兰大主教的授职权的争辩转化为激烈的冲突，引发了持续半个多世纪的主教授职权之争，尤其是在卡诺沙发生的戏剧性的历史事件，突显了世俗君权与教权之间的权利关系，即：谁有权利掌控基督教世界的最高权力。1081 年，格雷戈尔七世就处以海因里希四世绝罚的问题致信西欧各教俗诸侯，他在信中着重阐述了格拉休斯一世教皇（Gelasius Ⅰ., ？—496?，492—496 年在位）提出的"双剑论"（Zwei‐Schwerter‐Theorie）。

格拉休斯一世教皇提出"双剑论"的依据是《路加福音》中的一段话："他们说：主啊，这里有两柄剑，他对他们说，这就足够了。"②格拉休斯一世认为这段话表明了世上应该有两种权力，即：上帝授予教士的神权和同时授予国王的王权，这是因为基督教世界是由一个超自然的教会团体和一个人类社会的自然团体组成的二元社会体制。③ 在此后的 600 余

---

① 克里斯托弗·道森：《宗教与西方文化的兴趣》，长川某译，四川人民出版社 1989 年版，第 147 页。

②《路加福音》，第 22 章，第 38 节。

③ H. J. Lieber, *Politische Theorien von der Antike bis zur Gegenwart*, München: Olzog, 1991, S. 62.

年,"双剑论"一直是描述世俗王国和罗马教会关系的真实写照。在查理大帝时期,这两柄剑被看作是皇帝用来保护教会的武器,法兰克宫廷教士阿尔昆就认为,皇帝应该有两柄剑,一柄用来防御教会内部的异端,一柄用来抵御教会外部的敌人。[①] 罗马教会改革期间,紧紧追随改革派教皇的枢机主教佩特鲁斯·达米亚尼(Petrus Damiani,1006—1072)在一次布道中把两柄剑比喻为国王(regnum)和教士(sacerdotium)。他宣称,耶稣对其使徒所说的剑指的是教会和世俗君主这两种权力。[②] 罗马教会改革时期著名的神学理论家枢机主教洪贝特以圣奥古斯丁的《上帝城》中的理论为依据,阐述世俗和教会之间的关系。他认为,世俗君权和世俗社会的结构要完全效仿教士的统治权和教会的结构,在基督教世界中的国王要服从教士。教皇格雷戈尔七世则进一步认为,在这个社会体制中,享有人类社会自然团体中最高权威的皇帝要服从教士的神权,因为是教士为其施加冕礼,给予其权威。1075 年 3 月的《教皇札记》中较为明确地阐述了这一观点,在这个有 27 条的口授记录中,第一条是"罗马教会是由主建立的",第二条为"只有罗马教皇有权称'普世'",第三条是"只有他有权罢免和任命所有的主教"。[③] 这是格雷戈尔七世因主教授职权处以海因里希四世绝罚的重要神学理论依据。

德意志的皇帝们在神学政治理论方面也不乏有教会学者的支持,其中具有代表性的是意大利拉文纳的彼得·克拉苏(Peter Crassus,? —?),他于 1084 年撰写了《为海因里希四世国王辨》(Defenio Heinrici regis)。彼得·克拉苏以罗马法为依据,支持海因里希四世的君主权力是上帝赐予的,他享有统治世界、保卫和平、安定社会的权力。他谴责教

---

① W. Levism, „Die mittelalterliche Lehre von den beiden Schwerter", in: *Deutsches Archiv für Er forschung des Mittelalters*, 9 (1952), S. 28.

② F. Kern, *Gottesgnadentum und Widerstandsrecht im früheren Mittelalter. Zur Entwicklungsgeschichte der Monarchie*, Münster: Bählau, ²1954, S. 76.

③ E. Caspar (Hrsg.), *Das Register Gregors* Ⅶ. 1. Buch Ⅰ-Ⅳ. 2. unveränderte Auflage. Weidmann, Berlin: Weidmann, 1955, (*Monumenta Epistolae* 4, *Epistolae selectae* 2, 1), S. 201ff.

皇格雷戈尔七世凌驾于上帝所选定的国王之上,对其处以的绝罚违背了法律,是造成帝国混乱和不安定的原因。克拉苏认为,在人类社会的王国中存在着世俗和教会两个群体,因此也就有了教会法和罗马法这两种类型的法律形式,教会法约束教士的行为,世俗的国度则应该由罗马法规范。1100 年左右,在英国的约克郡流行着一本《诺曼匿名手册》(*Norman Anonymus*①),其中着重论述国王具有的双重身份,这也为反驳格雷戈尔七世的言论提供了论点:"国王的权力就是上帝的权力。因为上帝的权力是自身所固有的,通过恩赐给予了国王。因此,国王通过恩赐也就是上帝和基督不是作为一个普通人所作所为,而是通过恩赐成为上帝和基督的那个人的所作所为。"②国王通过加冕礼和涂油礼成为上帝在人类社会中的代理人,具有了双重的性质:自然的人性以及通过恩赐而获得的神性。君权与教权的争斗引发了在神学领域的大争论以及对罗马法的研究。

三、外来文化的影响

君权与教权关于权力的大争论开启了西欧中世纪政治思想领域的一个新的历史时期,政与教的争论是世俗政治思想与神学政治思想分离的开端。在这场大论证中,政教双方各自的支持者都引经据典,从修辞学、逻辑学以及教义学的方面论述君权与上帝的关系、教权与君权的关系,有关哲学和神学的拉丁古典文献由此受到极大的关注。11 世纪下半叶,意大利卡西诺修道院的修道士康斯坦丁(Konstantin,？—?)在萨莱诺建立了一所修道院学校,组织教会学者把在西欧几乎已经失传的古典著作,尤其是亚里士多德的全部著作,从希腊语或者阿拉伯语翻译为拉丁语。这个时期对亚里士多德和其他古典哲学家著作的翻译,不只是一

---

① 据后世学者考证,12 世纪初在英国约克郡开始流行的这本匿名小册子的作者是诺曼底人,因此被称为《诺曼匿名手册》。

② E. H., Kantorowicz, *The King's Two Bodies: A Study in Medieval Political Theology*, Princeton: University Press, 1957, p. 48.

个文字对文字的转换工作,这项工作的意义在于许多学者在翻译的同时写了大量评论性的文章,对亚里士多德主义的评说和研究中产生了新的神学思想。对亚里士多德主义研究的意义还不仅于此,亚里士多德主义不是一个陈旧的思想,它在几百年的历史长河中不断地被提炼,其中凝聚了古代希腊和罗马思想的精华,犹太学者和阿拉伯学者也对其注入了自己的精髓。学习和研究亚里士多德主义,就必然要接触所有附着在其中的思想和理论,这就打破了宗教信仰之间和民族之间无形的界限,这是中世纪西欧认识论史上向前跨出的一大步。在翻译希腊古典哲学的同时,基督教的学者们也把阿拉伯语的哲学著作以及阿拉伯学者对古典著作的相关评述介绍到了西欧。

阿拉伯哲学具有独特的性质,与这个时期西欧哲学家比较而言,绝大多数阿拉伯哲学家都不是宗教人士,而是医生或者自然科学家,令哲学与自然科学有机地结合在一起。阿拉伯哲学家深受希腊古典哲学思想和辩证方法的影响,他们尤其崇尚亚里士多德主义,在阿拉伯哲学中理性主义更为强烈,主张以理性主义的观点判断信仰。在这个时期,出身于意大利贵族家庭的安瑟姆(Anselm von Canterbury,1033—1109)远赴诺曼底的贝克修道院(Abtei Le Bec)求学,此后他担任了该修道院学校的校长、修道院的院长,并被任命为英国教会的核心坎特伯雷的大主教。安瑟姆在贝克修道院潜心研究希腊古典哲学的方法论,以此阐释基督教的教义,与此同时他还在贝克修道院创立了一种新的神学教育体系,18 世纪晚期,西欧学者们把这种哲学和神学的结合称之为"经院哲学"(Scholastik),安瑟姆也被冠以"经院哲学之父"的美誉。

四、罗马法研究

早期的经院哲学家们(Scholastiker)并没有完全止步于翻译古典文献,而是给予这些古典文献很多的注释和评论,因为不同视角的注释以及就某些观点的争论,在经院哲学中形成各种不同的学派。经院哲学家们对神学和古典哲学的讨论唤醒了沉闷的西欧社会,历史学家们把这种文化现象称为文艺复兴。[①] 在这次文艺复兴中，"罗马法的复兴是所有罗马文化复兴的核心部分"。[②] 在论证教皇和皇帝谁有权利掌握基督教世界最高权力的过程中，罗马帝国时期的法学著作以及东罗马帝国的法典，作为古典文献的一个重要部分自然也越来越受到重视。最先把经院哲学中的修辞学与法学联系在一起的是意大利巴吉奥的安瑟姆（Anselmo da Baggio，1010 或 1015—1073），1061 年他被枢机主教团推选为教皇，即亚历山大二世。11 世纪末期，在意大利阿玛尔非城一所修道院的图书馆里发现了东罗马帝国皇帝查士丁尼（Justinian Ⅰ．，482—565，527—565 年在位）于 529—534 年组织编纂的法律文献和文件的手抄本。1046—1048 年期间，安瑟姆在撰文谴责教士的不道德行为时，以古典"自由七艺"（artes liberales）的修辞学方法阐述有关涉及法律的问题，从而推动了对所发现的罗马法律文献的注释。经院哲学的法学家把注释法学家的简单方法发展成一种高度复杂的以形式逻辑和经院哲学为基础的方法。在这同一历史时期，意大利其他地区，例如拉文纳、帕维亚等地的经院哲学家们也十分注重有关教会和修道院的法律文献中的修辞。[③] 西方法律史学家们一般认为，这是西欧中世纪法律科学最初的形态，称之为"注释法学派"（Glossatoren）。注释法学派最著名的代表是博洛尼亚的伊尔内留斯（Irnerius[④]，1050—1130）。

关于伊尔内留斯的生平没有很多的文字记载，他是博洛尼亚主教学堂中教授自由七艺的教师。[⑤] 11 世纪末期，查士丁尼组织编撰的法律文献《学说汇纂》的手抄本在博洛尼亚地区出现后，激起了他对这个手抄本的极大兴趣，力图把其中的文字解释得准确，为此他不仅考查拉丁文的

---

① D. Knowles，*The Evolution of Medieval Thought*，London · New York：Longmans，1988，pp. 72—73.

② 哈斯金斯：《12 世纪的文艺复兴》，第 159 页。

③ H. Lange，*Römisches Recht im Mittelalter*，Bd. 1，*Die Glossatoren*，München：Beck，1997，S. 17f.

④ 历史学家们从伊尔内留斯的名字推测他应该是出生于一个德意志的家庭。

⑤ H. Lange，*Römisches Recht im Mittelalter*，Bd. 1，*Die Glossatoren*，S. 154ff.

字面意思，而且还参照其他法律文献分析手抄本中拉丁词汇的含义，同时他还在教学中结合对法律文献的分析讲授自由七艺。伊尔内留斯对罗马法的注释和讲授为他赢得极大的声誉，尽管他不是注释法学派的第一人，而且也不是出于纯粹的科学兴趣开始讲授法律的人，但是他在罗马法研究方面的贡献却是无人能比拟的。从 1100 年起，伊尔内留斯开始在博洛尼亚讲授查士丁尼《民法大全》中的精髓《学说汇纂》，通过对汇纂中词语的解释、注解、参阅等方法，处理文中前后存在的矛盾，①这是西欧中世纪法律理论构建的开始。西欧各地对罗马法有极大兴趣的人们，其中包括教士、律师等都慕名而来，汇集在博洛尼亚，聆听伊尔内留斯以及其他的注释法学家们讲解罗马法的文献，逐渐形成较为系统的法律课程，培养了一大批注释法学家。② 伊尔内留斯对罗马法知识的了解使他受到托斯卡纳的女伯爵玛蒂尔德的青睐，聘任他为处理外交和法律事务的顾问。当玛蒂尔德成为教皇的忠诚支持者之后，伊尔内留斯于 1116 年改换门庭，成为海因里希五世皇帝的宫廷顾问，直到他 1130 年辞世。③

　　12 世纪初，不仅仅是君王和教会进行斗争的时代，同时也是社会中新的政治势力形成和发展的时代，是各种各样的政治势力相互支持，相互结盟，相互争斗的历史时期。在这里应该强调的是，君权与教权之间的争斗不是使博洛尼亚成为罗马法研究中心的唯一原因。城市的复兴、商业的发展使得地方性的习惯法不再适应这个时期发展起来的各种社会关系，城市的复兴培育了市民阶层，商业和手工业的活跃提升了市民的社会地位，货币价值的增长增强了市民的政治影响力，使之成为一股越来越不容忽视的政治势力，打破了原有的贵族、教会和君权三足鼎立的政治局面，君权、教会、贵族以及市民之间的政治关系发生了多层面的

---

① 格尔德·克莱因海尔等主编：《九百年来德意志及欧洲法学家》，许兰译，法律出版社 2005 年版，第 2 页。

② R. Hastings, *The Universities of Europe in the Middle Ages*, London：Oxford University Press，1937，p. 150.

③ H. Lange, *Römisches Recht im Mittelalter*, Bd. 1, *Die Glossatoren*, S. 156ff.

演变:贵族与王权、贵族与教会、市民与王权、市民与贵族、农奴与封建主等等,都发生很大的变化。政治关系的演变导致在采邑制基础上结成的人身依附关系日益松动,取而代之的是越来越多的因利益需要而在平等的基础上建立的契约关系。契约关系需要一种强有力的集权给予保护,而这个时期在"君权神授"的神学政治理论上确立的王权已经不再适合社会各个方面的演变,因为"神授"的君王必定要受到教会的制约,卡诺沙事件就是最有力的证明。寻找新的政治理论无疑是德意志皇帝在政教之争中迫切需要的。1158 年,德意志皇帝弗里德里希一世在意大利境内隆卡利亚召开帝国会议,邀请伊尔内留斯的四位高徒布尔加鲁斯(Bulgarus,？—？)、马尔提努斯(Martinus,？—？)、雨果(Hugo,？—？)和雅克布斯(Jacobus,？—？)参加,承认他们在注释罗马法方面所作的成就和贡献,令他们继续对罗马法进行注释和教学①,弗里德里希一世还重申了 1155 年为保护那些在博洛尼亚追求学问的学习者和教学者颁布的敕令《完全居住法》(Authentica habita)。在这个敕令中,德意志皇帝授予求学者和教学者在该城市居住和自由活动的权利,免除他们受城市法官司法审判的豁免权。② 法令中规定,求学者"可以平安地到学习的地方并安全地居住在那里",皇帝的司法权"保护他们免受任何伤害"。③ 法令中要求城市为其提供合适的房屋,不得随意提高提供房屋的租金。法令中命令:"如果有人由于商业方面的问题要对学生起诉,学生可以享有选择的权利;可以传唤起诉者到教授面前,也可以传唤到本市的主教面前,我们已经给了教授和主教对于这类事件的审判权。"④

　　罗马法是罗马帝国时期的一种统治技艺,其中包含着政治思想的理论,而且是世俗的政治思想理论。罗马法中传递了法律与皇帝权威的关

---

① H. Lange, *Römisches Recht im Mittelalter*, Bd. 1, *Die Glossatoren*, S. 77f.

② W. Rüegg (Hrsg.), *Geschichte der Universität in Europa*, München: Beck, Bd. 1, *Mittelalter*,1993, S. 83f.

③ E. P. 克伯雷:《外国教育史料》,华中师大教育系译,华中师范大学出版社 1991 年版,第 169 页。

④ 同上书,第 170 页。

系,即查士丁尼强调的:皇帝的权威需要通过法律来增强,这为德意志皇帝消除"君权神授"理论附加在其身上的制约提供了最有利的武器,这是其保护并且支持博洛尼亚的注释法学家研究罗马法的根本原因。在罗马法的统治技艺中还包含着"平等"的观念,所谓的"平等"是指作为法律的制定者和执行者的统治者如何利用法律这个技艺平衡社会;与此同时,被统治的社会阶层也在充分地利用法律维护自己的权利,这就是平衡。如同美国学者乌尔曼所强调的,在罗马法中表明了这样的观点:"皇帝是法律的制定者(law—giver),臣民是法律的接受者。法律被设想为是皇帝的让步(principle of concession)。"他强调:"如同任何人都没有权利向上帝要求什么一样,臣民们也同样没有权利要求制定特别的法律,法典说明了这点:统治者的意愿承认法律向臣民让步。"①正是这些新发生和新发展的政治关系把德意志皇权与博洛尼亚的注释法学家密切地联系在一起,前者给予后者极大的保护,后者为前者提供所需要的理论。

逐渐聚集的学者和学生们使博洛尼亚人口剧增,12 世纪中期约有万余求学者在博洛尼亚学习②,给这个城市市民的生活造成了很大的压力。市民与外来者之间的矛盾和冲突不断加剧,为求自保,外来者按照出生地(natio)结成了社团(universita)。自 1155 年以后,德意志的几任皇帝先后给予博洛尼亚的学者们一系列特许权。弗里德里希二世在罗马接受皇帝加冕礼的当天(1220 年 11 月 22 日)就给予博洛尼亚的法学家们特许权和司法豁免权,保证他们在那里继续进行罗马法的研究,使这里成为中世纪学习和研究法学的中心。可以这样说,正是在德意志皇帝们的支持下,聚集在博洛尼亚研究罗马法的学者们组建了西欧中世纪最初的大学(Universität)——博洛尼亚大学。③ 1224 年,弗里德里希二世还在西西里王国的那不勒斯建立了一所大学,使之成为培育支持皇室政治

---

① W. Ullmann, *Law and Politics in the Middle Ages*: *An Introduction to the Source of Medieval Political Ideas*, London: Sources of History, 1975, p. 62.

② P. Koschaker, *Europa und das römische Recht*, München, Berlin: Beck, 1966, S. 69.

③ W. Rüegg (Hrsg.), *Geschichte der Universität in Europa*, Bd. 1, S. 59, S. 89f.

力量的教育中心。[①]

　　12 世纪经院哲学的大本营在法国的巴黎大学。巴黎大学的彼得·阿贝拉尔(Petrus Abaelardus，1079—1142)在辩证法方面卓越的声望吸引了西欧各地的求学者前往，其中当然不乏德意志的教会学者和青年求学者。在巴黎大学与阿贝拉尔就神学问题展开过激烈争辩的是巴黎圣维克多修道院的雨果(Hugo von Sankt Victor，1097—1141)。雨果出生于今天比利时的伊珀尔，在萨克森地区的哈默斯莱本接受过神学教育并在那里接受了教职。约 1115 年，他进入巴黎圣维克多修道院的学校，学业有成后留在那里教学，1133 年担任校长。雨果是被誉为"无冕教皇"克莱尔沃的贝纳尔的追随者，贝纳尔是西多派修道院(Zisterzienser[②])的创建者之一，他摒弃克吕尼派修道院追求奢侈的生活方式、富丽堂皇的教堂建筑风格，强调修道士的纯洁和隐修，通过个人虔诚的宗教体验感悟上帝的存在。贝纳尔被看作是中世纪基督教神秘主义的创始人之一。雨果把经院哲学的方法论与神秘主义的体验协调在一起，在他的努力下圣维克多修道院的学校成为基督教神秘主义神学的中心。

　　12 世纪文艺复兴期间，虽然在德意志尚没有形成类似博洛尼亚、巴黎这样的学术研究的中心，也还没有建立中世纪的大学，但是班贝格的大教堂学校、希尔德斯海姆的大教堂学校以及康斯坦茨大教堂学校都在那个时期具有各自的特点和影响力。另一方面，受到法国、意大利和英国的影响，社会文化的多元性也逐步地呈现出来。

第四节　骑士文学与宫廷文化

一、骑士精神的要素

　　12 世纪社会文化中最为突出的是骑士文学的兴起，骑士文学是在骑

---

① W. Rüegg (Hrsg.)，*Geschichte der Universität in Europa*，Bd. 1，S. 91f.
② 有关西多修道院的详情请见下面第三篇、第六章的第六节"新修士团与异端教派"。

士制度的土壤上盛开的一朵文化之花。骑士这个社会阶层的形成可以回溯到日耳曼人民族大迁徙时期,法兰克的宫相铁锤卡尔的采邑制改革培植出了一个以服骑兵役为条件的社会群体,他们或是国王或是大贵族的封臣,身兼多种职能。德国历史学家们把这些服骑兵役的封臣看作小贵族。11 世纪中叶之后,政教之间的斗争激化了德意志大贵族与国王之间的矛盾,国王的封臣越来越被授予地方的行政治理职能,他们也越来越多地获得各种特许权,这些享有特许权的、服骑兵役的封臣提升了社会等级,成为贵族等级中的重要成员,在施陶芬王朝时期,骑士这个称谓逐渐等同于贵族。只有封臣的子弟才被允许接受作为骑士的训练,只有骑士才允许进行决斗,要获得骑士的身份必须通过骑士晋封仪式(Ritterschlag)。

骑士晋封仪式源自于法国,最早出现在十字军东征时期。十字军东征这场对外扩大领地的战争被罗马教会和世俗王权冠以"圣战"之名,罗马教皇为动员社会各阶层参与这场战争,为其罩上了宗教神圣的光环,正如美国历史学家沃伦·霍莱斯特所说的:"十字军代表着中世纪以虔诚、好战及贪婪三种动力为特征的融合,三者都是异常重要,没有基督教的理想,十字军的行为是难以想象的,何况从异教徒手中解放耶路撒冷与圣地,使之重新向朝圣的基督徒开放的愿望,更因新疆界和巨额财富的吸引而增强。"①具有浓烈宗教色彩的骑士团的出现是十字军东征的必然产物,骑士团为基督教而战的宗旨、骑士团必须遵守的宗教生活规制以及骑士团的一些仪式都对世俗骑士产生了极大的影响,参加十字军的士兵们通过发誓愿摆脱原有的封建义务,脱离人身依附的封建关系,好战的骑士被赋予基督教的精神,被视为为基督而战的勇士,也就有了具有宗教性质的骑士晋封仪式。

战争的基督教化和神圣化提升了参战者的社会地位和声誉,在战争中英勇善战的人被看作是对上帝的忠诚和献身,骑士也因此像教士和修

---

① C. 沃伦·霍莱斯特:《欧洲中世纪简史》,陶松寿译,商务印书馆 1988 年版,第 177 页。

道士一样成为受崇拜的人。十字军运动发端于法国南部,最早组建的十字军是在法国,骑士晋封仪式自然也是在法国最先出现,它表明通过晋封仪式的骑士必须遵守一定的道德规范和宗教要求。骑士要在晋封仪式上立誓忠于国王,做基督教教会的卫士;他们要精通武艺,要勇敢善战;他们有义务保护妇女儿童。骑士必须要履行的这些誓约,构成了骑士精神的三个基本要素,即:荣誉、勇敢和宽容。骑士晋封仪式、骑士的道德规范以及对骑士出身的要求等,所有这些构成了形成骑士制度的要素。12 世纪初,法国的骑士制度经过佛兰德、勃艮第传入德意志的西部地区,1127 年在维尔茨堡举行的盛大的骑士竞技大赛,大概是德意志最早的骑士竞技大赛。

二、骑士文学

骑士的精神要素在 12 世纪的英雄史诗中充分地体现出来,在此之前的英雄史诗称之为"武功歌"(Chanson①)。武功歌原本流行于法国,后通过翻译被引入了德意志。1170 年,狮子海因里希的宫廷教士康拉德(Kanrad,? —?)以法国著名的《罗兰之歌》(Chanson de Roland)为版本,撰写了德意志的"武功歌"——《罗兰之歌》(Rolandslied)。这部《罗兰之歌》集中了早期骑士英雄史诗的特征,歌颂德意志骑士对他们国王的无比忠诚,突出尚武的精神和勇敢的品德,赞扬友爱的美德,着重刻画基督教骑士如何以超人的毅力进行战斗。

十字军东征时期,西欧的骑士直接接触东方世界,他们亲眼所见、亲身经历东方的文明,认识东方的文化,对东方的生活方式、社会的行为准则、道德伦理观念等都产生极大的兴趣。尤其是有关礼节和爱情方面为他们留下深刻的印象,由此有了一种新的观念,即:骑士的举止要有节制、有礼貌,谈吐要文雅,对妇女尤其是对贵族妇女要尊敬,由此要"缔造

---

① Chanson 是古法语,是指一种有曲调和歌词的长篇史诗,因为这类史诗的题材都是以武士为主,故笔者把这个词翻译为"武功歌"。

一个以罗曼蒂克的理想为核心的新型的社会行为模式"。[①] 应该强调的是,这种新观念对骑士实际行为的冲击远不如对骑士文学的冲击。12 世纪末期,着重于描写浪漫爱情的抒情诗和行吟诗广为流行,这类爱情诗歌一般都是取材于古代社会,如特洛伊战争、亚历山大的远征、具有传奇色彩的亚瑟国王,等等。12 世纪、13 世纪之交,德意志的行吟诗人创作了洞察深邃、具有神秘色彩的亚瑟故事改编本,创作了以爱情为主线、歌颂骑士勇武忠贞的长篇英雄史诗《尼贝龙根之歌》(Libelungenlied)。《尼贝龙根之歌》约创作于 1198—1204 年之间,它的作者已经无从考证。整部史诗共有 39 首歌,2379 节,9516 行,分为上下两部,上部的标题为"西格弗里之死",下部标题是"克琳希德的复仇"。这部英雄史诗取材于日耳曼人大迁徙时代在沃尔姆斯建立的勃艮第王国的故事,具有风格雄浑、感情饱满的特点。后世学者把这部史诗的韵体称混合诗体,又称尼贝龙根诗体。《尼贝龙根之歌》是中世纪德语文学中流传最广、影响最大的一部作品,有 32 种手抄本留存至今,其中有 10 种被完整地保存下来。

骑士文学是中世纪基督教文化中的一个组成部分,所不同的是它所塑造出来的人物形象是骑士而不是圣徒,从这个角度上看骑士文学具有相当大的世俗性。但是,这个时期的写作者依然是以教士或者修道士为主,在史诗的体例和结构上、文体的形式及文字的描述方面都有着很浓烈的宗教色彩,尤其是所宣扬的基督教的骑士精神。抑或也可以说,骑士文学为基督教文化增添了一个新的元素,但无论是法国的、英国的还是德意志的骑士文学似乎都没有十分明显的特点。

三、宫廷文化

骑士的竞技大赛、为骑士晋封仪式举行的盛典活动催生了中世纪的宫廷生活和宫廷文化。中世纪的德意志没有固定的国都,国王在各地王室的领地上建立城堡,从一个城堡巡游到另一个城堡,因而在德意志的

[①] 道森:《宗教与西方文化的兴起》,第 172 页。

历史上有了较为独特的"行宫"(Pfalz),以及专门管理行宫的"行宫伯爵"(Pfalzgraf)。行宫以及宫廷(Hof)通常是在王室领地内的一个建筑群,是王国长期或者短期居住的场所,不仅有各种生活必需的设施,还设有小教堂,召集会议以及举行交际活动的大厅。不仅王室领地建有这样的行宫,大诸侯、大主教的领地也有类似的建筑群,可以这样说,行宫是各个地区的经济中心、政治中心,同时也是文化中心,骑士的晋封仪式以及在此之后举行的竞技大赛、大型的庆典活动乃至教会的重大庆典活动都是在行宫所在地举行。12 世纪最大的宫廷庆典活动是 1184 年举行的,弗里德里希一世在美因茨召开的宫廷会议(Hoftag),其后为他的儿子举行了骑士晋封仪式的盛典。根据亲临这次庆典的同时代的人记载,约有 7 万骑士到场,此外还有教士、市民等。在美因茨城外用木头建起一个供庆典所用的"行宫",庆典活动持续了三天,消耗了大量的食物、葡萄酒和啤酒。①

　　主教授职权之争之后,教会事务与世俗事务的界限日益清晰,世俗贵族作为一种新权势的政治影响力日益增强,诸侯与国王一样成为宫廷生活和宫廷文化的载体。12 世纪末期修建的宫廷有:图林根的邦国伯爵赫尔曼一世(Hermann Ⅰ., 1155—1217)修建的瓦尔特城堡,韦尔夫家族的狮子海因里希在不伦瑞克修建的宫廷,巴本贝尔格在维也纳的宫廷,迈森的马尔克伯爵、巴伐利亚的公爵在慕尼黑的宫廷,以及策林格的宫廷,当然还有那些教会诸侯的宫廷,等等。早期最活跃的当属雷根斯堡主教康拉德一世(Konrad Ⅰ. von Raitenbuch, 1070—1132)的宫廷。② 参加这些宫廷盛典的人们身着那个时代最时尚的服装,在共同聚餐的餐桌上有了种种规定,形成了参加者必须遵守的宫廷生活方式。

　　宫廷文化并不仅反映在宫廷的生活方式上,也体现在娱乐和消遣方面,如果说骑士文学反映的是骑士的精神,那么吟游诗人(Trobador)则

---

① J. Bumke, *Höflische Kultur: Literatur und Gesellschaft im hohen Mittelalter*, München: Dt. Taschenbuch-Verl., ⁷1994, S. 276ff.

② H.-W. Goetz, *Leben im Mittelalter*, München: C. H. Beck 1986, S. 167ff.

是宫廷文化的一种特质。所谓的"吟游诗"是中世纪一种古老的抒情诗，用奥克语（Okzitanisch①）书写，11 世纪中期流行于法国的南部。阿奎丹公爵威廉九世（Wilhelm Ⅸ，1071—1126）被公认为是中世纪的第一位吟游诗人，他用奥克语书写了很多歌颂骑士和描述宫廷生活的诗歌。吟游诗是随着骑士制度从法国南部经勃艮第传入德意志的宫廷，王室的封臣纷纷加入了这支吟游诗人的行列，改变了中世纪只有教士和修道士才能读会写的文化现象，甚至一些贵族妇女也为了能阅读宫廷诗歌学会了读写。豪森的弗里德里希（Freidrich von Hausen，1150—1190）是弗里德里希一世皇帝的王室封臣，专门负责王室的圣器管理，他同时还是那个时期最著名的宫廷诗人（Minnersänger），在莱茵河流域地区形成了一个以他为核心的莱茵宫廷诗歌流派（Rheinischer Minnesang），又称豪森流派（Hausen-Schule）。宫廷诗歌歌颂的是国王、诸侯的家族，因而也具有了历史编年史的体裁，例如《埃伯斯海姆的年代记》（Chronicon Ebersheimense）和《维尔夫家族史》（Historia Welforum）。宫廷诗歌还具有教导的功能，通常是用讽喻的口吻劝导人们避免做那些无道德、有害于人的事情，例如《瓦尔特堡上的歌者之战》（Sängerkrieg auf der Warburg）。宫廷诗歌还有消遣的作用，例如《美酒、女人和色子》（Wein，Weib，Würfelspiel）。② 无论是哪一种体裁的宫廷诗歌都会涉及勇敢和爱情这两个永恒的主体，因而极易在全社会普及和流行。流浪的艺人、云游四方的诗人吟唱着宫廷诗歌从一个宫廷到另一个宫廷，从一个城市到另一个城市，同样也在大众中找到了知音，成为一种喜闻乐见的市民文化。

---

① 奥克语（Okzitanisch，法语：ocittan）是一种高卢罗曼语，是在欧洲中世纪社会中除拉丁语之外最早在社会中广为使用书写的文字之一。参见 *Lexikon des Mitellalters*，Bd. Ⅰ.，S. 491.
② H.-W. Goetz，*Leben im Mittelalter*，S. 169f.

第三编

没有政治中心的"神圣罗马帝国"

第六章　帝国政治的新格局

　　弗里德里希一世塑造的皇权权威在中世纪的历史上仅仅是昙花一现，随着他的意外身亡，德意志陷入王位争夺的混战之中。教皇因诺森三世借机干预德意志的内政，英、法国王也觊觎德意志的王位。弗里德里希二世登基后，将帝国的政治重心东移，他利用教皇的影响力与德意志诸侯斡旋。英法之间的战争也致使两国放弃对德意志政治的干预。然而，弗里德里希二世一再违背对教皇的承诺，政教之争烽烟再起。为了获得教会贵族的支持，皇帝给予教会极大的特许权，引起世俗诸侯的不满，弗里德里希二世被迫颁布法令，给予世俗诸侯同样的特许权。这两个法令极大地损害了市民阶层的利益。力图篡夺父王权力的海因里希（七世）极力争取市民的支持。父子之间的权势争斗给予教俗贵族增强政治实力的机遇，德意志处于分裂的边缘。

　　13世纪中叶，从东方返回的德意志骑士团，在帝国的东部地区站稳了脚，并且不断地向东扩张，在其占领的地区建立起一个骑士团王国。德意志骑士团进入东部增强了自7世纪以来德意志持续几个世纪的对东部的殖民。德意志的东进运动不仅开垦了东部的荒原，同时也对德意志农业结构的演变产生了巨大的影响，土地的经营方式有了很大的改变，为北海和波罗的海沿岸新形成的贸易区创造了必要的先决条件。

12 世纪以后西欧新兴的修士团在东进运动中起到了排头兵的作用,被视为异端教派的瓦尔多派和卡塔尔派也对德意志产生了不能忽视的影响。

第一节 德意志的王位之争

一、政治力量对比的转变

12 世纪 80 年代,施陶芬王朝推行的领土政策极大地提升了皇帝的权势,在德意志境外也享有很高的威望。1184 年圣灵降临节之际,弗里德里希一世在美因茨召开宫廷会议,参加会议的诸侯、主教、大主教、骑士、市民和游方的艺人不仅来自德意志各地,而且还来自法国、英国、意大利、西班牙以及巴尔干等地区。5 月 20 日这天举行盛大的游行,之后是丰盛的流水席,同时代的人估计到场的人数多达 4 万,有人则估算为 7 万。为此,在美因茨城外搭建了一个临时的木质教堂和为数众多的帐篷。在宫廷会议召开的次日,弗里德里希一世为他的两个儿子举行了盛大的骑士晋封仪式和骑士授剑礼(Schwertschlag)。盛大的庆典活动持续了三日,但一场突如其来的狂风吹垮木质教堂,掀翻帐篷,庆典因为天气的突变而终止。

德意志政局的稳定为弗里德里希一世在西欧政治影响力的扩大创造了有利的政治条件。12 世纪 60 年代中期,意大利北部的城市联合起来组成了伦巴底城市同盟(Lombardenbund),抵制德意志皇帝在意大利推行经济权。1176 年 5 月 29 日,伦巴底城市同盟组建的武装在距米兰市 30 公里的莱尼亚诺战胜了弗里德里希一世的军队,迫使皇帝于 1177 年在威尼斯与伦巴底城市同盟签订了 6 年的停战协议。1183 年 3 月,双方再次就意大利北部地区的局势进行谈判,皇帝后院的稳定以及德意志教会和诸侯的支持,致使伦巴底城市同盟放弃了强硬的态度,同年 6 月 25 日,双方在康斯坦茨签订和约。为了表明《康斯坦茨和约》(Friede von Kongstanz)具有永久性,和约的内容被镌刻在浇铸的铜板上,树立在康斯坦茨市中心市场上的皇帝泉旁。根据《康斯坦茨和约》，皇帝承认各城市共同体的权利以及它们结成的同盟，这些城市或者一次性或者每年支付皇帝一定数量的款项，以此获得皇帝在 1158 年隆卡利亚召开的帝国会议上提出的经济权。意大利的城市可以由市民自己选举城市的执政官，但必须获得皇帝的批准，执政官要向皇帝宣誓行效忠礼，皇帝是在城市中享有最高审判权的领主（Gerichtsherr）。

　　与伦巴底城市同盟签订的《康斯坦茨和约》，为弗里德里希一世在意大利推行领土政策扫清了一定的障碍，也为其解决与罗马枢机主教团和罗马教会之间的纠纷增加了有利的筹码。自从 1159 年罗马教会分裂以来，一直存在着两个教皇对立的局面，即：由德意志皇帝支持的教皇和由枢机主教团选举的教皇。皇帝与教皇发生矛盾的一个焦点实际涉及的是在意大利的经济利益，其中之一是玛蒂尔德女伯爵的遗产问题。玛蒂尔德领有的托斯卡纳伯爵领地位于意大利的伦巴底平原，阿尔诺河贯穿流过，这里气候宜人、水源充足、自然植被丰富，极适于农业生产。这个地区还有比萨、佛罗伦萨、阿雷佐、锡耶纳、里窝那等有着贸易传统的城市。法兰克王国早期，皮平把托斯卡纳的南部地区和拉文纳一起赠给教皇，成为教皇领地的一个部分，其北部地区则是隶属于洛林公爵领地的托斯卡纳伯爵领地。11 世纪中叶的三位教皇斯特凡九世、尼古拉二世以及亚历山大二世都来自托斯卡纳，这个地区可谓人杰地灵。1090 年，40 岁的玛蒂尔德与 16 岁的韦尔夫五世的婚姻为托斯卡纳与德意志皇室建立起了最初的联系，此后的韦尔夫六世放弃了在意大利的封地之后，德意志的皇帝委派王室封臣掌管这一地区。尽管如此，这个地区的归属一直存在很大的争议。弗里德里希一世第五次进军意大利时，曾于 1177 年 7 月 24 日在威尼斯与亚历山大三世教皇订立和约，其中一个重要的内容是，在此后 15 年内玛蒂尔德遗产的收入归教廷所有。这无疑有损德意志皇帝在意大利的经济利益，为此他向新上台的教皇卢修斯三世（Lucius Ⅲ.，1097—1185，1181—1185 年在位）提出要求，德意志帝国获得托斯卡纳的全部领地，德意志皇帝把在意大利全部收入的十分之一交给教皇和枢机主教团。这一提议表明,教皇以及罗马教廷的财政收入要在很大程度上依赖于德意志帝国,故遭到罗马教廷的反对。为解决这一争端,1184 年 9 月弗里德里希一世开始了他一生中的第六次也是最后一次意大利的远征。

在这次意大利远征中,弗里德里希一世通过政治联姻一改一贯与诺曼人敌对的策略。1184 年 10 月他促成了其 19 岁的次子、已经加冕为德意志国王的海因里希六世(Heinrich Ⅵ., 1165—1197, 1191—1197 年在位[①])与西西里国王罗格二世最小的女儿康斯坦策(Konstanze von Sizilien, 1154—1198)订婚,此时的康斯坦策已经 30 岁。康斯坦策尚未出生时父亲就去世了,她虽然有 6 位兄长,但都相继去世,且又都未留下子嗣,她是西西里王国王位的唯一继承人。1186 年 1 月,海因里希六世与康斯坦策在米兰举行了婚礼,婚礼之后海因里希六世立刻被加冕为意大利国王。在意大利有了根据地的弗里德里希一世,命令新婚燕尔的海因里希六世率军占领了教皇国。刚刚登上圣宗座的教皇乌尔班三世(Urban Ⅲ., 1120—1187, 1185—1187 年在位)转而去德意志寻找同盟者。弗里德里希一世长期滞留意大利,在德意志境内形成一个以科隆大主教菲利普为首的诸侯反对派。菲利普不仅是科隆的大主教,还是威斯特法仑公爵领地的公爵,狮子海因里希垮台之后,他是德意志北部地区最有势力的教会诸侯。菲利普借助丹麦国王的力量,并且试图与法国国王结盟。在英国流亡三年返回德意志的狮子海因里希成为菲利普的盟友。因此,乌尔班三世的加入将会使弗里德里希一世的后方不稳,弗里德里希一世不得不于 1186 年夏季返回德意志。同年 11 月弗里德里希一世在盖尔恩豪森召开的宫廷会议上谴责菲利普,大多数的教会贵族和世俗诸侯都站在皇帝一边。次年的圣灵降临节之际,菲利普阻挠皇帝的军队进攻法王的军队,受到皇帝公开的强烈谴责。此后,弗里德里希一

---

① 海因里希六世于 1169 年他 4 岁时就继承了德意志的王位,1191 年加冕为德意志的皇帝,与此同时他还在 1194 年成为西西里的国王。

世又利用英法之间的冲突破坏了菲利普与法王结成的联盟。1188 年 3月,科隆的大主教菲利普在美因茨宫廷会议上臣服弗里德里希一世,狮子海因里希再次受到流放三年的处罚,又跨海远渡英国。

意大利和德意志在政治力量对比上的变化,对皇帝和教皇之间久而未决的教皇国领地和玛蒂尔德的遗产等问题产生极大的影响。1189 年4 月,弗里德里希一世与教皇克莱门斯三世在斯特拉斯堡签订条约(Vertrag von Straßburg),教皇同意为海因里希六世加冕为共治皇帝(Mitkaiser),以此为条件换回教皇国。此外,弗里德里希一世还再次允诺教皇将组织十字军远征耶路撒冷。1189 年 5 月,弗里德里希一世亲率德意志十字军经匈牙利进入拜占庭帝国,英国和法国的国王也都参加了第三次十字军东征。次年早春,德意志十字军进入今天土耳其的西部,6 月 10 日,弗里德里希一世在格克苏河中溺水身亡,群龙无首的德意志十字军折戟小亚细亚。

弗里德里希一世的意外身亡给留在德意志摄政的海因里希六世造成很大的危机,德意志境内反对派诸侯势力抬头,流亡的狮子海因里希也提前从英国返回萨克森,迅速夺回韦尔夫家族失去的领地。在意大利,西西里的贵族们在教皇的支持下趁机解除与海因里希六世的效忠誓约。年轻的海因里希六世使用强硬的政治和外交手腕化解了面临的所有危机。1191 年 1 月,他出兵伦巴底,在那里赢得了北意大利城市的支持。此后进军罗马,迫使年近 90 岁的教皇克莱斯汀三世(Coelestin Ⅲ.,1106—1198,1191—1198 年在位)为其加冕为皇帝。称帝后的海因里希六世依然麻烦不断。在意大利,他前脚离开了罗马,克莱斯汀三世就把西西里分封给了罗格二世的孙子莱切的坦克雷德(Tankred von Lecce,1138—1194),承认他为西西里的国王。在德意志,一贯支持施陶芬家族的马格德堡的大主教维希曼(Wichmann von Seeburg,1116—1192)去世,皇帝在萨克森地区失去一个强有力的支柱,此消彼长的是,狮子海因里希的势力有所抬头。此外,科隆的大主教、美因茨的大主教以及莱茵河中游和下游地区的许多主教、伯爵都因不满帝国的政策联合起来反对海因里希六世。与此同时,他们还谋求与英国、西西里和罗马教会的支持,把德意志的皇帝置于四面楚歌的困境中。英国国王狮心理查德(Richard Löwenherz, 1157—1199,1189—1199 年在位)从耶路撒冷返回经过德意志的途中深陷囹圄,化解了海因里希六世的危机。

　　1192 年 10 月,率军参加第三次十字军东征的狮心理查德从巴勒斯坦回国,途中获悉他的政敌、自称为奥古斯都的法国国王菲利普二世(Philipp Ⅱ., 1165—1223)下令,一旦法国军队发现他就将其逮捕,理查德只得乔装成朝圣者取道奥地利。在途经维也纳附近的弗里萨赫时,狮心理查德的随从人员因使用金币购物而引起怀疑,他的身份很快被识破,奥地利公爵利奥波德五世(Leopold Ⅴ., 1157—1194)下令将其扣押。此前十字军围攻巴勒斯坦地区重要城市阿卡城时,理查德曾傲慢地扯下了利奥波德五世插在城外表示战利品的旗子,双方因此结下仇怨,他将要面临的处境可想而知。利奥波德五世把理查德囚禁在迪恩施泰因的城堡里,并派使者与海因里希六世协商,如果他能获得一半的赎金,就把他的俘虏引渡给德意志皇帝。1193 年 3 月 28 日,利奥波德五世把狮心理查德押解到施派尔,在那里引渡给海因里希六世,后者将其囚禁在地处莱茵兰-普法尔茨山林中的特里菲尔斯王室城堡中。虽然海因里希六世在 1191 年就与法国国王菲利普二世约定,一旦有机会就逮捕狮心理查德,但他并没有实践这一约定,而是把囚禁狮心理查德视为反对德意志诸侯势力的一个十分重要的政治筹码。海因里希六世以将其引渡给菲利普二世相要挟,迫使他的囚徒交纳 10 万马克银的赎金,[①]这相当于英国王室一年收入的两倍。此外,他还要求英王向他行效忠礼,承诺帮助海因里希六世出兵意大利与坦克雷德作战。这个历史事件对英国历史产生的影响似乎更远大于德意志,英国贵族与国王签订的《大宪章》以及议会制度的产生,最初的源头都可以追溯到这笔巨额赎金上。

――――――――――――

① 马克(Mark)是自日耳曼人时期一直延续到中世纪中期的一种重量单位,各地的计算方式有所区别,德意志皇帝要求按照科隆马克计算。1 科隆马克相当于 233 克。5 万马克银相当于 12 吨银。

在德意志,英国国王的赎金为海因里希六世夺回西西里提供了充足的军费,海因里希六世于 1195 年 5 月率领军队长驱直入意大利,顺利地占领西西里。进军意大利的胜利对在德意志境内瓦解皇帝反对派同盟起到了重要的作用。同年,狮子海因里希去世,这就更加削弱了诸侯的势力。这一系列的胜利使海因里希六世的权力欲膨胀,他意欲控制罗马教会,甚至企图把法国也并入德意志帝国的疆域中。1197 年 9 月 28 日,准备组织第四次十字军东征的德意志皇帝因患疟疾在意大利的墨西拿与世长辞。

二、两个国王的对立

德国的历史学家们普遍认为弗里德里希一世时期是德意志帝国的鼎盛时期,他的继任者海因里希六世在此基础上继续扩张,征服西西里的诺曼王国,以政治婚姻的方式获得诺曼王位的继承权。然而,弗里德里希一世和海因里希六世的大帝国既没有行之有效的行政机制,也没有真正行使中央集权的政治中心,维系对帝国进行统治的依然是皇帝个人的施政策略和政治手腕。虽然弗里德里希一世实行的直辖领地的政策在某种程度上打击了旧的诸侯集团,致使一些旧有的世族公爵家族覆灭,但从另一方面来看,他扶植的新诸侯也都在利用对新的领地主权的要求获得更多的特许权。新诸侯的特许权并没有对德意志皇权的集权起到应有的作用,反而加剧了德意志帝国在政治上的分裂。海因里希六世突然辞世时,他唯一的继承人、年仅 3 岁的弗里德里希二世(Friedrich Ⅱ., 1194—1250, 1220—1250 年在位①)随母后远居西西里,而且还尚未加冕为德意志的国王,这就不可避免地在帝国内引发争夺王位的内战,首先发难的是科隆的大主教阿道夫(Adolf Ⅰ. von Altena,1157—1220)。

———————

① 弗里德里希二世从 1198 年起为西西里的国王,1212 年被选为德意志国王,1220 年加冕为德意志皇帝,从 1225 年起他还戴上了耶路撒冷王国的王冠。

　　自奥托三世时期之后,科隆的大主教的权势就在不断地增长,尤其是在选举德意志国王时有着举足轻重的影响。科隆的历任大主教都在政治和经济上享有相当于世俗王权的各种权利,甚至可以这样说,在某种程度上大主教的权势并不亚于德意志国王的权势。科隆地处莱茵河中游,是东西陆路和南北水路两大交通动脉的交界点,也是从中欧内陆跨海与英国进行贸易往来的重要枢纽之一,科隆控制着对英国进行转运贸易的特许权。因此,英国历任国王都与科隆大主教保持着友好的关系,1194 年 2 月,英王狮心理查德获释返回英国时途经科隆,受到大主教的热情款待。德意志与英国的敌对不利于科隆与英国的贸易往来,阿道夫大主教企图在德意志立新君之际攫取对德意志王位的决定权,从而改变德意志王权对英国的政策。海因里希六世去世后,他的兄弟、施瓦本的公爵菲利普(Philipp von Schwaben,1177—1191)保举年幼的弗里德里希二世为德意志的国王,他自称为摄政王。阿道夫则宣称菲利普公爵是在诸侯缺席的情况下指定国王的,程序上完全不合法。1197 年 8 月,阿道夫召集威斯特法仑地区的诸侯,共同商议选举新的国王,经过近一年的挑选,选中了不伦瑞克的奥托四世(Otto Ⅳ. von Braunschweig,1175—1278,1209—1218 年在位[①]),在 1198 年 6 月 9 日召开的诸侯会议上推举他为德意志的国王,7 月 12 日在亚亨为其举行国王加冕礼。奥托四世的父母是狮子海因里希的儿子和英国国王亨利二世的女儿,他是狮心理查德的亲外甥,从 1182 年起他就被送到外祖父身边,从小在英国王室宫廷里长大,1196 年被他的舅舅狮心理查德封为法国境内普瓦图的伯爵。显而易见,奥托四世并不属于德意志的诸侯,尽管他也出自韦尔夫家族,但其对不伦瑞克仅有三分之一的继承权,更何况他久居英国,对德意志极不熟悉和了解,甚至不会讲德语,科隆大主教阿道夫在英国国王支持下立这个新君的政治目的不言而喻。

　　阿道夫的这一举动遭到施陶芬家族以及德意志南部诸侯和王室封

────────────

① 奥托四世于 1198—1218 年被选为德意志国王,1209—1218 年为德意志皇帝。

臣的强烈反对,但年仅 3 岁的弗里德里希二世远在西西里,而且还尚未举行过国王的加冕礼,面对科隆的大主教阿道夫选立的国王,他们必须采取相应的对策。在奥托四世被选立之前的 3 月,德意志东部的诸侯在图林根的伊希特斯豪森和米尔豪森两地召开诸侯大会,会上选举菲利普为德意志的国王,但直到 9 月 8 日才在美因茨由偶然到此的一位勃艮第的大主教为其戴上了德意志的王冠,此时奥托四世已经加冕两个月。菲利普虽然得到德意志大多数诸侯和主教以及大主教的承认和支持,而且他还拥有王冠和权杖等王权象征物,但他却没有按照传统在亚亨举行加冕礼,而且在德意志政治中占有非常重要地位的莱茵兰地区的诸侯和大主教们均未在场见证;奥托四世虽然是按照传统在亚亨接受的加冕礼,但他却没有真正的王权象征物,头上戴的王冠、手持的权杖都是复制品。这样一种戏剧性的局面使两个对立国王都有理由自称是合法的国王,互不妥协,互相指责对方违背传统。施陶芬家族在德意志南部和西南部有着辽阔的领地,同时还享有英王的赎金和来自意大利的财源。韦尔夫家族则掌控着德意志北部的领地,英王狮心理查德也不遗余力地在财政上给予支持。两个对立国王无论在经济上还是在军事上都是势均力敌,不分伯仲。此时,与英王争夺在西欧大陆领地的法国国王菲利普二世也毫不犹豫地介入其中,加入施陶芬家族的阵营。英法两国的介入使德意志的王位之争演变为一场国际性的纠纷,德意志的王位之争与英法的领地之争犬牙交错般地交织在一起。1199 年 4 月 6 日,狮心理查德在与法国的战斗中负伤,不久去世,胜利的天平开始偏向了菲利普国王一边,奥托四世致函教皇因诺森三世(Innocenz Ⅲ., 1161—1216, 1198—1216 年在位),请求他对此进行仲裁,这就为罗马教会干涉德意志的王位之争提供了口实,成为罗马教会推行和实施神权政治理论的一次极好机遇。

因诺森三世是一位很有政治头脑的教皇,他收到奥托四世请求仲裁的信函后并没有马上介入其中,而是提出了所谓的"收复政策"(Rekuperationen),即:收复罗马城和教皇国的自主权;收复对西西里的采邑权;收复在意大利中部地区的领地;意大利的各种政治势力都必须

服从罗马教皇的权威。施陶芬家族的追随者以及德意志的 28 名主教于
1199 年 5 月 28 日在施派尔集会,强烈谴责教皇的收复政策,拒绝教皇干
涉德意志国王的选举;与之相反,为了获得教皇支持的奥托四世则立刻
积极响应,他在被选立为国王之初就曾经旗帜鲜明地支持因诺森三世的
"收复政策",派遣使节前往罗马,向教皇许诺,如果教皇承认他为德意志
的合法国王,他将把施陶芬家族在意大利占领的教皇领地奉还给教皇。
奥托四世的叔父英王狮心理查德和科隆的大主教阿道夫也分别致函教
皇,为他的承诺进行担保。1199 年 5 月,奥托四世再次派遣使者前往罗
马向教皇作出承诺,从拉迪克法尼到切普拉诺的世袭领地、拉文纳总督
区、安科纳伯爵领地、斯波勒托公爵领地以及贝尔蒂诺罗伯爵领地都会
归属罗马教廷所有;承认教皇对西西里的最高采邑权;按照教皇的意愿
处理托斯卡纳和伦巴底城市同盟之间的关系。1199 年年底,奥托四世再
次致函教皇,明确地表示狮心理查德去世后他非常需要教皇的支持。
1201 年 5 月,因诺森三世派教皇特使前往德意志,宣布承认奥托四世为
德意志合法国王,允诺为其加冕为德意志的皇帝。次年,因诺森三世又
致函施瓦本地区的教俗诸侯,要求他们背弃菲利普,支持奥托四世。为
此,奥托四世于 6 月 8 日在诺伊斯城以文字的形式承诺向教皇宣誓效
忠,履行实践罗马教皇的"收复政策"的义务,7 月 3 日在科隆向教皇使
节、枢机主教普雷内斯特的吉多宣读了"诺伊斯誓言"(Neusser Eid)。

　　教皇的支持并没有在王位之争的政治天平上为奥托四世增加多大
的筹码,奥托四世的舅舅狮心理查德去世后,他失去了英国在财政上的
支持。1204 年,理查德的继任,被称为无地王的约翰(Johann Ohneland,
1167—1216,1199—1216 年在位)在与法国国王的战争中丢失了英国王
室在大陆的领地,退回英伦三岛,奥托四世的阵营开始分崩离析。他的
兄长海因里希(Heinrich der Ältere von Braunschweig, 1173—1227)在
与菲利普达成协议后获得普法尔茨伯爵领地,加入反对奥托四世的阵营
中。受他的影响,布拉班特公爵领地的公爵勇敢者海因里希(Heinrich
Ⅰ. der Mutige, 1165—1253)以及地处莱茵河下游的威斯特法仑地区的

伯爵们都改为支持菲利普国王,甚至为奥托四世登上王位立下汗马功劳的科隆的大主教阿道夫在这年也转而与菲利普协商,以科隆城的特权和大量的金币为代价与其和好。1205年1月6日,阿道夫按照传统在亚亨重新为菲利普举行了国王加冕礼。阿道夫的行径遭到因诺森三世的谴责,罢免了其大主教的教职,宣布对其处以绝罚。1206年7月27日,奥托四世的军队与菲利普的军队在瓦森贝格交战,结果是铩羽而归,奥托四世逃往英国,刚刚接替阿道夫不久的科隆大主教布鲁诺(Bruno Ⅳ. von Sayn,1165—1208)被施陶芬家族的军队俘获。瓦森贝格战役之后,教皇因诺森三世似乎越来越倾向于菲利普国王,他于1207年5月派遣两位教皇使节前往德意志。一方面,教皇使节劝说似乎是大势已去的奥托四世放弃德意志的王位,极力促成他与菲利普女儿的婚姻,而且他还可以获得施瓦本公爵领地作为补偿;另一方面,他们与菲利普进行谈判,为教皇的侄子与菲利普另一个女儿的婚姻牵线搭桥。罗马教皇表示愿意承认菲利普为合法国王,并许诺为其加冕为皇帝。菲利普也改变了与教皇对立的态度,他表示不再干预主教的自由选举、不强求教士的遗产,把王国的剥夺法律保护令与教会的绝罚结合在一起。正当这一切都似乎已成定局之时,1208年6月21日,菲利普在班贝格大教堂祈祷时被怒气冲冲的巴伐利亚的行宫伯爵维特尔斯巴赫的奥托八世(Otto Ⅷ. Von Wittelsbach,1180—1209)刺杀,原因是菲利普曾经应允把女儿许配给伯爵,此后却以女儿与其年龄相差太大为借口毁约,伯爵提出与国王的另一个女儿订立婚约的要求也遭到拒绝,深感自己的荣誉受到极大损害的奥托八世趁其不备刺杀了筹措满志准备登上皇位的菲利普国王。

　　菲利普被刺杀为已经准备逊位的奥托四世重又扫清了登上王位的障碍。法国国王菲利普二世企图故技重施,把布拉班特的公爵勇敢者海因里希扶上德意志的王位,遭到施陶芬家族和奥托四世的强烈反对,在马格德堡大主教阿尔布雷希特一世(Albrecht Ⅰ. von Käfernburg,1170—1232)的调停下,奥托四世迎娶菲利普的女儿贝娅特丽克丝(Beatrix von Schwaben,1198—1212)为妻,他通过这个婚姻获得施陶芬家族的承认。在 1208 年 11 月 11 日召开的宫廷会议上，与会的教俗诸侯一致选举奥托四世为国王。为了获得教皇的承认，1209 年 3 月 22 日，奥托四世向两位教皇使节重申支持因诺森三世教皇在此前提出的"收复政策"，遵守"诺伊斯誓言"，此外还同意践行教皇曾对菲利普提出的要求。因诺森三世非常欣慰地称其为"合我心意的人""令我心满意足的儿子"。但奥托四世向教皇使节作出的这次承诺没有任何德意志诸侯在场见证，而且在此之前他已经指定阿奎莱亚的总主教(Patriach)埃尔拉的沃尔夫格(Wolfger von Erla，1140—1218)为帝国特使(Reichslegat)，在伦巴底、图斯策恩以及斯波莱托、安科纳等地区巡游，强调德意志皇帝在这些地区应享有的权利，故而枢机主教团的一些成员告诫因诺森三世，应该慎重考虑为奥托四世加冕为帝。8 月，奥托四世率大军进入意大利，10 月 4 日，教皇因诺森三世在罗马为其举行了加冕礼，戴上皇冠的奥托四世向教皇保证有义务保护罗马教会的财产、维护其所有的权利。

　　登上皇帝宝座的奥托四世刚刚坐稳就违背了曾经许下的所有诺言。他在 1210 年秋季率军到达意大利北部，突然转向西西里，一方面是因为在普利亚地区的德意志的男爵(Baron①)们因与当地贵族的利益冲突向德意志皇帝提出了求援的要求；另一方面，居住在西西里的海因里希六世的儿子弗里德里希二世日益成年，奥托四世越来越感到这将会对他形成一种威胁，企图借此机会将其消灭在萌芽之中。曾经信誓旦旦不会侵犯教皇利益的奥托四世很快就占领了斯波莱托、安科纳等属于教皇的领地，在阿韦尔萨击镇压了当地的反抗。奥托四世的军事行动完全出乎因诺森三世的意料，他深感受到愚弄，于 11 月 18 日宣布对奥托四世处以绝罚，解除所有人对皇帝发过的誓约。这天距他亲自为奥托四世主持加冕礼仅一月有余。他在此后致德意志主教们的信函中声称："我们自己

① Baron 又称 Freiherr(自由领主)，中世纪德意志贵族的一个头衔，冠有这个头衔的贵族多指那些来自波罗的海沿岸地区(Baltikum)以及非德意志地区的贵族。在德意志，这个贵族头衔只包含了地域的区别，没有贵族等级高低的含义。13 世纪以后法国和挪威等国也开始引用了 Baron 这个头衔。

铸造的剑重重地刺伤了我们自己。"①然而,奥托四世并不理会教皇的绝罚,继续南下,皇帝的军队于 1211 年秋占领了意大利南部后直达卡拉布里亚。为了阻止德意志皇帝的势头,教皇示意在德意志的那些反对韦尔夫家族的教俗贵族另选皇帝。这年的 9 月,美因茨的大主教西格弗里德(Siegfried Ⅱ. Eppstein, 1165—1230)、波希米亚的国王奥托卡尔一世(Ottokar Ⅰ., 1155—1230, 1198—1230 年在位)、图林根的侯爵(Landgraf②)赫尔曼一世在法国国王的支持下,召集德意志的诸侯在纽伦堡召开会议,选举远在西西里的弗里德里希二世为皇帝。③ 这一选举超乎寻常,因为此前只有由诸侯选举的德意志国王才能在罗马由教皇加冕为皇帝,从未发生过诸侯直接选举德意志皇帝的现象。惊闻此讯的奥托四世中止了进攻西西里的计划,立刻返回德意志。1212 年 5 月,奥托四世再次在纽伦堡召开宫廷会议,重新掌控德意志的政治局势,7 月围攻了被其视为叛逆的赫尔曼一世的魏森要塞。然而,此后的局势急转直下,8 月 11 日,奥托四世的妻子突然去世;9 月,被选为皇帝的弗里德里希二世第一次踏上了德意志的土地,出现在康斯坦茨。在这同一时期,曾经追随菲利普的施派尔的主教康拉德三世(Konrad Ⅲ. von Scharfenberg, 1165—1224)披露了奥托四世准备征收人头税(Kopfsteuer)和其他一些新赋税的计划,以及企图夺取教会土地财产的预谋。所有这些汇聚在一起,致使原来那些追随施陶芬家族的施瓦本的王室封臣纷纷倒戈,背弃奥托四世,巴伐利亚的王室封臣也紧随其后,他们涌向康斯坦茨,支持施陶芬家族的弗里德里希二世。

---

① H. Grundmann, „Wahlkönigtum, Territorialpolitik und Ostbewegung im 13. und 14. Jahrhundert", in: B. Gebhardt, H*andbuch der deuschen Geschichte*, München: Dt. Taschenbuch-Verl. , ⁸1985, Bd. 5, S. 29.

② 侯爵(Landgraf)是指那些在德意志境内王室和皇室中有较高官职的贵族,他们直接从国王那里获得采邑。这是中世纪中期德意志国王为了削弱势力强大的世族家族公爵的权威而设置的新的领地形式,即:侯爵领地(Landgrafschaft)。

③ K. Görich, *Die Staufer. Herrscher und Reich*, München: Beck, 2006, S. 87.

三、帝国政治重心的南移

弗里德里希二世曾有过传奇般的童年,他的母亲康斯坦茨是西西里王国唯一的继承人,他在父亲加冕为西西里国王的前一天出生在安科纳的耶希,王后分娩时有 19 位主教和枢机主教在场见证了他的出生。[①]1196 年 12 月 25 日,在他两周岁生日的前一天,父亲海因里希六世皇帝就授意将他选为"罗马国王"(rex Romanorum),然而仅一年之后海因里希六世突然去世。皇帝临终之际预见到年仅 3 岁的儿子和他的母亲完全无力抵抗对皇位虎视眈眈的韦尔夫家族,为了能保住儿子在西西里的地位,他指示忠诚的西西里摄政王安韦勒的马克瓦特(Markward von Annweiler,？—1202),辅佐身为西西里国王的弗里德里希二世,要他尊重教皇,把玛蒂尔德的遗产以及教皇国的领地归还给教皇,以换取教皇帮助他的幼子保住在德意志的王位。1198 年 3 月,菲利普被施陶芬家族的追随者选举为德意志的国王,为了保住在西西里的王位,康斯坦茨皇后审时度势,以摄政王的名义宣布弗里德里希二世放弃德意志的王位,同时向教皇宣誓行了效忠礼,由此西西里王国成为罗马教会的采邑,与德意志分离成为独立的领土王国。同年 3 月 17 日,弗里德里希二世在巴勒莫登基为西西里国王,11 月 28 日康斯坦茨去世,她在临终前留下遗嘱,指定教皇因诺森三世为这个 4 岁国王的监护人(Vormund),教皇成为西西里王国的摄政王,但实际的摄政大权却掌握在宫廷的膳务大臣(Truchseß)安韦勒的马克瓦特手中。

年仅 4 岁就失去双亲呵护的弗里德里希二世显得格外早熟,摄政大权几易他人之手、巴勒莫宫廷的尔虞我诈磨炼了他的政治洞察力和应变能力。1201 年,弗里德里希二世 14 岁成年亲政,在这同一年他听从教皇的安排迎娶了比他年长十多岁、且已经寡居的阿拉贡国王阿尔方斯二世

[①] W. Stürner, *Friedrich Ⅱ. Die Königsherrschaft in Sizilien und Deutschland* 1194—1220, Bd. 1, Darmstadt: Wissenschaftl. Buchges., ²2003, S. 47ff.

（Alfons Ⅱ.，1157—1196，1162—1196 年在位）的女儿康斯坦策（Konstanze von Aragón，1179—1222）为妻。在此后的十年，德意志局势的变化为弗里德里希二世登上德意志的王位铺平了道路，1211 年 9 月，在教皇的授意下弗里德里希二世再次被选为德意志的国王。次年的 3 月，这位踌躇满志的年轻人不顾妻子和西西里贵族们的劝阻，仅带几个亲信踏上了夺回德意志王位的征途。在罗马，他首次觐见了素未谋面的监护人因诺森三世教皇，向他宣誓行效忠礼，他向教皇保证，一旦他执掌德意志王权，就立刻践行两位前国王——他的叔父菲利普和韦尔夫家族的奥托四世——从未实践过的所有承诺。为此，他要求因诺森三世为他年仅 1 岁的儿子海因里希（七世）①（Heinrich（Ⅶ.），1211—1242，1212—1242 年在位②）加冕为西西里的国王，以保证西西里的王位不会因为他的远征落入他人之手。教皇满足了他的要求，于 3 月初为海因里希（七世）主持了西西里国王的加冕礼，同时再次重申西西里的独立性。此后，弗里德里希二世在教皇使节、枢机主教巴利的贝拉尔（Berard von Bari，？—?)陪同下前往德意志。这支势单力薄的队伍在途经今天瑞士的库尔时有了军事护卫队，在护卫队的保护下避开布伦纳隘口，绕道翻越阿尔卑斯山，踏上德意志的土地。

当弗里德里希二世出人意料地在康斯坦茨的城门前出现时，这座主教城市正准备迎接前来阻截他的奥托四世，拒绝为他打开大门。贝拉尔向市民宣读了教皇敕令（Bannbulle），弗里德里希二世才得以进城，迟到三个小时的奥托四世只得返回科隆。在康斯坦茨站住脚跟的弗里德里希二世不仅很快就得到施瓦本和上莱茵地区教俗贵族的支持，而且还获得大量的经济资助和承诺。11 月 19 日，弗里德里希二世与法国王储、后来的国王路易八世（Luois Ⅷ.，1187—1226，1223—1226 年在位）在沃

---

① 德国历史学家们认为，海因里希从来没有独立地执掌德意志王国，他只是王国的同治国王（Mitkönig）或称亚国王，所以给他的名字后面表示国王排序的"七世"加括号，即：海因里希（七世）。
② 海因里希（七世）1 岁时就加冕为西西里国王，1220 年起被德意志贵族选为德意志国王。

库勒尔会晤,重建施陶芬-卡佩联盟(das staufisch-kapetingische Bündnis),为此他从法王那里获得 1 万磅的白银。12 月 5 日,德意志诸侯在法兰克福集会,与会的大多数诸侯同意选举弗里德里希二世为国王。四天后,美因茨的大主教西格弗里德在美因茨的大主教教堂为弗里德里希二世主持加冕礼。

初到德意志的弗里德里希二世既不会讲德语,对德意志的一切也都很陌生,同时代的人称他为"普利亚之子"(chint aus Pulle),因为教皇是他需要的最有力的支持者,因而又戏称他是"教士国王"(Pfaffenkönig)。1213 年 7 月 12 日,弗里德里希二世在埃格尔致函因诺森三世,再次重申奥托四世对教皇的允诺:放弃教皇的世袭领地;放弃在这些地区的经济特权;不干预对主教和修道院院长的任命;支持教皇对异端的镇压。弗里德里希二世进入德意志要面对强大的反对派势力,首先是来自韦尔夫家族的反对。被剥夺王位的奥托四世虽然并不甘心,但最初并没有与年轻的新国王直接交锋,只是视他为教皇的傀儡。在奥托四世看来,最主要的敌人应该是与之结盟的法国国王,所以他与法王的宿敌、他的舅父英国的无地王约翰联合起来。此时的无地王约翰正因坎特伯雷大主教的任免以及英国教会的财产等问题与因诺森三世发生冲突,因诺森三世宣布对英国实施褫夺教权令(Interdikt),禁止在英国进行祈祷、举行礼拜仪式等一切宗教活动,不仅如此,教皇还给予法国王室进攻和占领英国的特权。教皇的处罚得到了英国教俗贵族的支持,他们共同谴责无地王约翰,迫使他再次向教皇宣誓行效忠礼,教皇随即撤销了褫夺教权令,阻止已集结在布洛涅的法王军队进攻英国,法王军队转而攻击佛兰德。佛兰德的伯爵费尔南(Ferrand von Portugal,? —1233)和布洛涅的伯爵雷纳尔德一世(Rainald Ⅰ. von Dammartin,1165—1127)逃往英国寻求庇护。无地王约翰从中看到了夺回英王在西欧大陆失去的领地的机会,他计划与他的外甥奥托四世联合起来在莱茵河口地区两面夹击法王的军队。1214 年 7 月初,奥托四世在亚亨集结军队向佛兰德进发,12 日到达尼韦勒。21 日,佛兰德伯爵、布洛涅伯爵和英王的联军在此与其会合。

23 日法王菲利普也率军前往佛兰德,27 日与英国联军在布汶遭遇。虽然法王的军队只有 500 骑兵、1500 名步兵以及骑兵的伺童,而在联军方面,仅奥托四世的军队就有上万之众,然而,法王的军队却以少胜多,佛兰德的伯爵费尔南和布洛涅的伯爵雷纳尔德被俘囚禁,奥托四世逃回科隆。

布汶战役(Schlacht von Bouvines)之后,整个西欧的政局发生巨大的变化。在战役中大获全胜的法国国王把安茹金雀花王朝(Anjou-Plantagenêt)彻底地赶出西欧大陆,法国王室的领土有很大程度地扩大。在布汶战役中惨败的英国国王受到罗马教皇的挟制,引起英国贵族的极大不满。1215 年签订的《大宪章》(Magna Carta)开启了英国通向议会制的道路。在德意志,年轻的国王弗里德里希二世坐享其成,奥托四世的败北消除了与之继续争夺德意志王位的政治实力,奥托四世不得不返回韦尔夫家族的大本营不伦瑞克,同时也放弃了对王位的要求,德意志的王位之争就此落下帷幕。1215 年 7 月 23 日,美因茨的大主教按照传统在亚亨为弗里德里希二世主持国王加冕礼,同时他向在场的红衣主教奥斯蒂亚的雨果、即后来的教皇格雷戈尔九世(Gregor Ⅸ.,1167—1241,1227—1241 年在位)承诺,他将组织德意志十字军远征。1215 年 11 月,因诺森三世教皇在罗马的拉特兰宫召开在中世纪历史上最为重要的宗教会议,参加这次宗教会议的有包括耶路撒冷和君士坦丁堡总主教在内的 71 位总主教(Patriarch①)和大主教、412 位主教、修道院院长和修士会的教长(Prior②),安条克和亚历山德里亚的总主教也派遣使节参加会议。此外,弗里德里希二世以及法国、英国、卡拉贡、匈牙利和耶路撒冷的国王们还有 20 多名其他地区派遣的使节也都前往罗马参加这次宗教会议。在这次宗教会议上做出了许多重要的决议,如反对异端、确立教

---

① 基督教早期有罗马、君士坦丁堡、安条克以及耶路撒冷并列为四大教会,四大教会的大主教称"总主教"(Patriarch)。

② 12 世纪在西欧成立的弗兰西斯修士会、多米尼克修士会等教会机构的首领称之为教长(Prior)。

会法、组织第四次远征东方的十字军等等。对弗里德里希二世来说这次宗教会议更具重要性，因诺森三世向全欧洲宣布，确认德意志诸侯选举的国王是合法的国王。

　　1216 年 7 月 16 日，因诺森三世去世，欧洲的局面再次发生变化，弗里德里希二世也理直气壮地违背了之前对教皇所作的所有承诺。他把妻子和年幼的儿子海因里希接到了德意志，指定这个年仅 5 岁的孩童为施瓦本的公爵和勃艮第地区的教会监理（Rektorat），两年后的 4 月又授意德意志诸侯在法兰克福选他为德意志国王。尽管新教皇洪诺留三世（Honorius Ⅲ., 1148—1227, 1216—1227 年在位）一再重申，只有弗里德里希二世践行了他曾经做过的承诺才会为其加冕为帝，但迫于再次组织十字军的需要不得不妥协，于 1220 年 11 月 22 日在罗马为他主持了皇帝加冕礼。在加冕礼宣誓时，新皇帝向教皇保证，西西里王国不会归属德意志帝国，然而，这一保证很快就成了一纸空文。

　　从小在西西里长大的弗里德里希二世似乎更喜欢童年生活过的地方。在罗马加冕为帝后的同一年他把年幼的儿子海因里希留在了德意志，任命科隆大主教恩格尔贝特（Engelbert Ⅰ. von Köln, 1185—1125）为帝国的摄政王和年幼国王的监护人，自己则仅带少数随从返回西西里，不仅完全违背了让西西里脱离德意志帝国的承诺，而且还在西西里效仿拜占庭的统治模式，采取一系列的措施，在德意志历史上第一次建立起官吏国家（Beamtenstaat）制度，企图以此扩大德意志帝国皇权在意大利地区的影响。从 1220 年 11 月中旬起，弗里德里希二世在卡普阿（Capua）的宫廷会议上先后共颁布了 20 项法令，这些法令总称为《宫廷会议决议》（Assisen）。在卡普阿宫廷会议颁布的最初的法令主要是重申威廉二世（Wihelm Ⅱ., 1153—1189, 1166—1189 年在位）国王执政时期颁布的一些法令，例如：由西西里的国王任免法院官吏（Justitiar）和城市市政官吏（Magistrat）；取缔海因里希六世去世后所有新增加的关税和费用；禁止开设新的市场和集市；等等。次年，还颁布了有关禁止赌博、规范杂耍艺人（Gaukler）以及限制犹太人的服饰等法令。

弗里德里希二世返回意大利以及在那里所采取的一系列措施，都是在延续弗里德里希一世统治时期推行的实现"神圣罗马帝国"的政治目的。弗里德里希一世皇帝强调德意志的皇权直接授命于上帝，弗里德里希一世的儿子海因里希六世则进一步强调，施陶芬家族作为皇室家族（imperialis prosapia）是恺撒的合法继承人，不仅有权统治德意志，而且还有权统治罗马乃至教皇国。[①] 弗里德里希二世以西西里王国为其在意大利实践这一政治目的根据地，在他看来德意志皇帝是基督教世界最高的统治者、罗马教会的保护者、十字军的领导者、最高的立法者，他不仅有权统治德意志，而且还有权统治罗马城、意大利和西西里。为了实践这一目的，他把帝国的政治中心移到了西西里，首先确立了他在西西里的最高司法审判权，而且他还享有绝对的立法权（Gesetzgebung）。1231年，他授意掌玺官、宫廷大法官（Großhofrichter）佩特鲁斯（Petrus de Vinea，1200前—1249）在位于今天意大利波坦察省的梅尔菲编撰了一部法典，即《梅尔菲法典》（Konstitution Melfi）。佩特鲁斯曾在博洛尼亚大学学习过法学和修辞学，自1220年起担任弗里德里希二世的首席书记官（Protonotar[②]），1224年担任宫廷大法官，是弗里德里希二世最信任的一位宠臣。佩特鲁斯为皇室起草的法律文献不论是在文风方面还是在拉丁语方面，都成为那个时期皇室公文文本的范本，并且沿袭到此后相当长时期。

佩特鲁斯领导编撰的《梅尔菲法典》是自古典社会以来西欧第一部国家的法典，这部法典中收录了西西里的国王罗格二世、威廉一世、威廉

[①] J. Deér，„Die Siegel Kaiser Friederichs Ⅰ. Barbarossa und Heinrichs Ⅴ. in der Kunst und Politik ihrer Zeit", in：E. J. Beer（Hrsg.），*Heinrich Ⅵ. Römisch-deutscher Kaiser. Festschrift Hans R. Hahnloser zum* 60. *Geburtstag*，Basel-Stuttgart：Birkhäuser，1959，S. 84，89.

[②] Notar 一般翻译为"公证人"，在中世纪的德意志帝国，Notar 与现代的"公证人"的含义有很大的区别，它具有两层意思，一是指在皇（王）室宫廷里负责起草与法律有关的文职官员，笔者在这里翻译为"书记官"；二是指与法律文书工作相关的一种自由职业。为了与前者有所区别，笔者翻译为"书记员"。

二世以及弗里德里希二世颁布的所有宫廷会议决议。此外,《梅尔菲法典》还综合在西西里和北意大利地区一直盛行的诺曼人、阿拉伯人以及拜占庭的各种习惯法和法令。弗里德里希二世颁布这部法典的目的是要废除在西西里王国内正在施行的其他法律和习俗,任何人都不能违背和对抗这个法典。在这部法典里开宗明义地强调,弗里德里希二世是上帝指定的、由诸侯选出的罗马皇帝,他掌握着上帝赐予的宝剑,负有维护公正及保卫和平的职责。上帝通过诸侯的选举赋予皇帝权力,并借教皇之手为其施加冕礼,德意志的皇帝是基督世界的实际统治者。德意志皇帝的权威第一次这样明确地用法律文献的形式确定下来。[①] 毋庸置疑,12 世纪以后在意大利兴起的罗马法研究对弗里德里希二世制定《梅尔菲法典》产生了极大的影响,也引起他对大学的重视,他于 1224 年 6 月 5 日在那波利建立了一所大学(Universität),这是中世纪第一所没有获得教皇特许权就开办的大学。这所大学按照博洛尼亚大学的模式教授罗马法,其目的是要求这所学校能培养出为皇帝效力的官吏。弗里德里希二世甚至还作出决定,只有他的臣民才可以在这所大学里学习。这所大学自创建以后培养了众多著名学者,其中包括在 13 世纪最著名的经院哲学家(Scholastiker)、神学家托马斯·阿奎那(Thomas von Aguin,1225—1274)。

罗马法的研究以及大学中法律学科的创立对德意志乃至整个西欧都产生了非常重要的影响,不仅皇室、教会都以罗马法为蓝本制定各自的法律,而且各个领地、城市以及村庄也都有了自己的法典,13 世纪最具代表性的地方法规是《萨克森箴言》(Sachsenspiegel)。《萨克森箴言》不是一个制定出来的法律,它汇集了在萨克森地区广为流行的习俗和习惯法(Gewohnheitsrecht),是经由法学家整理记录下来的一部成文法。值得一提的是,这是德意志中世纪历史上第一次不用拉丁语,而是用北德

---

① W. Lautemann, *Geschichte in Quellen. Mittelalter. Reich und Kirche*, München: Bazer. SchulbuchVerl., ³1989, S. 573f.

意志地区的文字记录的成文法典。《萨克森箴言》主要包括邦国权利
(Landrecht)和采邑权利(Lehnrecht)两个主要部分,把邦国的权力和采
邑权明确地区分开,对此后邦国制的形成和发展有着非常深远的意义。
13世纪中叶以后,《萨克森箴言》这种记录当地习惯法的版本很快在德意
志其他地区以及整个西欧传播开来,1275年前后又出现了《德意志箴言》
(Deutschspiegel)和《施瓦本箴言》(Schwabenspiegel)。

四、父与子的争斗

弗里德里希二世宣扬世俗君权的最高统治,完全违背了他曾经多次
对罗马教皇做过的允诺。不仅如此,他还变本加厉地加强对西西里地区
的统治,加紧夺取教皇的领地,政教之间的争斗烽烟再起。

早在因诺森三世时期,成年亲政后的弗里德里希二世就让教皇有
了不安全感,因此再三以加冕为帝要挟其宣誓,承诺保证不侵犯教皇
国的领土,放弃对西西里的管辖权,组建十字军东征,等等。因诺森三
世发动第四次十字军东征时,德意志正值争夺王位之际,仅有少数的
德意志贵族加入其中。弗里德里希二世在教皇的支持下被选为德意志
国王之后,立刻承诺组织十字军,但又由于英法之间争夺在西欧大陆
领地的争斗而搁浅。拉特兰宗教会议上,因诺森三世再次号召西欧各
国的国王和教俗贵族们组建十字军东征,但始终没有得到热烈的反
响。弗里德里希二世虽然在拉特兰宗教会议上信誓旦旦地承诺组建十
字军,但新教皇的优柔寡断让他找到了一再拖延起兵日期的借口。洪
诺留三世教皇为弗里德里希二世加冕为帝时,他再次许下组建十字军
的承诺,却又因为在西西里王国加强其统治权而一再拖延。实际上,
弗里德里希二世一再拖延东征并不表示他对东方没有兴趣,似乎是另
有所谋。1225年11月9日,弗里德里希二世在德意志骑士团
(deutsche Orden)的首领(Hochmeister)萨拉查的赫尔曼(Hermann von
Salaza,1162—1239)的谏言下,出人意料地在意大利布林迪西迎娶耶
路撒冷王国年仅13岁的女王伊莎贝拉二世(Isabella Ⅱ.,1212—

1228,1212—1228 年在位①)为妻,他在举行婚礼的当天就宣布自己是耶路撒冷王国的国王。毋庸置疑,前往耶路撒冷戴上王冠才更能促使弗里德里希二世东征。两年之后的 1227 年 8 月,弗里德里希二世在布林迪西集结了约 6 万名骑士和步兵准备启程,但一场瘟疫再次延迟了起兵的日期。新任教皇格雷戈尔九世对德意志皇帝的再三延误极为愤怒,他不再接受弗里德里希二世做的任何解释,以他没有履行在教皇规定的 8 月 15 日前出兵东征的承诺为由,对他处以绝罚。

教皇的绝罚似乎对弗里德里希二世并没有产生多大的影响,被革除教籍的德意志皇帝依然以基督教君王的身份于 1228 年 6 月率领组建的十字军启程东征。教皇闻讯更加愤怒,再次重申对他的绝罚,并且宣布解除德意志帝国和西西里王国所有封臣对皇帝的誓约,然而,教皇这一次在帝国境内没有找到同盟。早在 1220 年,德意志的教会诸侯就曾以倒向教皇为要挟,迫使弗里德里希二世在这年的 4 月 26 日颁布《与教会诸侯联盟》(Confoederation cum principibus ecclesiasticis)的法令。弗里德里希二世在这个法令中明确指出,皇帝要维护教会的经济利益,给予教会诸侯所有经济特权,禁止任何人违背教会的意愿在教会的土地上修建城堡、建立城市,扩大教会诸侯的司法审判权,保护其控制城市的各种权利以及铸币权等等。弗里德里希二世用这个法令作为对教会和诸侯支持皇权的回报。② 皇帝以这种成文法的形式确认了主教享有权利的合法性,保证不在他们的领地内设立新的关卡和铸币所,禁止自治城市接受主教的依附农,不能未加限制地在主教的城市里支付税金和货币。这个法令中还规定,国王必须禁止直辖区的长官和封臣危害教会的财产,保证世俗服从教会的处罚。③ 获得种种特许权的教会诸侯自然不愿意因

---

① 伊莎贝拉一出生就继承了她母亲的王位,由她的父亲、来自法国的十字军骑士摄政,直到 1225 年她 13 岁时亲政。

② A. Buschmann, *Kaiser und Reich. Verfassungsgeschichte des Heiligen Römischen Reiches Deutscher Nation vom Beginn des 12. Jahrhunderts bis zum Jahre* 1806 *in Dokumenten*, Baden-Baden: Nomos-Verl.-Ges., 1994, Bd. 1, S. 75ff.

③ D. Willoweit, *Deutsche Verfassungsgeschichte*, S. 64.

为弗里德里希二世的下台而失去已经获得的既得利益,他们坚决地站在弗里德里希二世的一边。

1228 年 6 月,在德意志主教和大主教们的支持下,弗里德里希二世率领组建的十字军经塞浦路斯进入耶路撒冷。德意志历史学家们通常认为,弗里德里希二世领导的这次十字军是西欧第五次十字军东征的一部分,也是唯一一次没有发生任何武力冲突的东征。弗里德里希二世利用埃及的苏丹卡米勒(al Kamil Muhammad,1180—1238)与他的侄子因争夺大马士革深陷战争困境之际,与之进行谈判。1229 年 2 月 18 日,双方在雅法达成协议,签订和约。《雅法和约》(Frieden von Jaffa)中确定,弗里德里希二世获得对耶路撒冷、拿撒勒①、伯利恒②、利达③的统治权,穆斯林保留耶路撒冷圣殿山以及清真寺和教堂,允许穆斯林在这一地区自由迁徙,他们应受到耶路撒冷阿拉伯法官(Kadi)的保护。3 月 17 日,未动一兵一卒的弗里德里希二世进入耶路撒冷城,次日在圣墓教堂(Grabeskirche④)里自己戴上耶路撒冷王国的王冠,因为这个时候的他仍然处于绝罚中,任何大主教或主教都不能为他举行任何宗教仪式。⑤ 3 个月后,心满意足的弗里德里希二世返回意大利。

促使弗里德里希二世返回意大利的重要原因在于,伦巴底地区爆发了反对德意志皇帝的反抗,伦巴底的城市素来反对德意志皇帝对该地区的控制。12 世纪中叶以后,日益活跃的工商业在十字军东征的刺激下更加繁盛,商业贸易和手工业逐渐成为社会收入的重要来源之一。 城市是

---

① 拿撒勒是以色列下加利地区的历史名城,据《圣经》记载这里是耶稣同年时期的活动之地,故称耶稣为"拿撒勒的耶稣"。耶稣被神化后所描述的第一次显现奇迹的地方也是在拿撒勒。313 年拿撒勒被基督教教会确定为圣地。
② 伯利恒是古代犹大王国的重要城市之一,意为"面包之家"。据《圣经》中福音书的记载,伯利恒是耶稣的诞生地,尽管现代的圣经学者对此说法持有怀疑的观点。自古以来伯利恒就被基督教教徒视为圣地。
③ 利达又称卢德(Lod)是基督教的《圣经》中多次提及的城市,古代曾经被罗马帝国占领,是犹太教学者和东西方商人聚集的中心。
④ 耶路撒冷城内安葬耶稣的教堂。
⑤ H. E. Mayer, *Geschichte der Kreuzzüge*, Stuttgart: Kohlhammer, 1980, S. 210ff.

商业贸易和手工业的栖息之地,因此控制贸易就必须要控制城市。教皇对弗里德里希二世的绝罚进一步激起了伦巴底城市反对皇权控制的士气,教皇的军队也乘机进入伦巴底地区。返回意大利的弗里德里希二世迅速镇压了伦巴底城市的叛乱,但却不愿意继续激怒教皇而未与教皇的军队交战。为了缓和与教皇的紧张关系,弗里德里希二世任命萨拉查的赫尔曼为特使与教皇的军队进行谈判。1230 年 7 月,双方签订《圣日耳曼协议》(Vertrag von San Germano)。为了促使教皇解除对自己的绝罚,德意志皇帝不惜在谈判中做出一系列的妥协,其中包括教会应自由任命教职,重新恢复被弗里德里希二世罢免人员的教职,世俗不可侵犯教会的教士,教会应该获得免税权,皇帝应放弃教皇国领地。弗里德里希二世采取的这一系列妥协换来教皇解除皇帝绝罚的承诺。

弗里德里希二世一方面竭力修补与教皇之间的关系,另一方面继续打压伦巴底城市同盟。1231 年 11 月,皇帝在拉文纳召开帝国会议,伦巴底城市同盟拒绝参加,不仅如此还自发组织了一支强大的同盟军队与皇帝对抗。1232 年 1 月,弗里德里希二世再次宣布取消意大利北部所有城市的自治权,剥夺市民组织城市议会、任命市政官员的权利,禁止在城市里组织同业公会和行会。弗里德里希二世这项新的城市政策立刻遭到伦巴底城市的抵制和激烈反抗,他们组成了反对德意志皇帝的阵营。

弗里德里希二世长期滞留在意大利,把对德意志本土的统治交由他的幼子海因里希(七世),任命科隆的大主教恩格尔贝特为摄政王辅佐朝政,这就为德意志的教俗贵族增强自身的政治和经济实力创造了最有利的时机,尤其是科隆的大主教通过摄政权不断地扩大自己的势力范围,地方诸侯也趁机争权夺势。为了防御其他权势的侵扰,诸侯们在自己的领地设置边防线,建立城堡,逐渐形成了地域性的、有固定疆域的诸侯邦国。他们在自己的邦国内施行地区性的集权统治,掌控教会,在重要的交通要道设立关卡,在开办的市场征收市场税。1231 年初,18 岁的海因里希(七世)成年亲政,为夺回摄政时期被诸侯分割的王权,与邦君诸侯之间产生了激烈的冲突。为了在与诸侯的斗争中争取更多的政治力量,海因里希(七世)给予各地城市众多特许权,从而赢得了城市市民以及中小贵族的支持,这就更加引起诸侯的不满。诸侯联合起来,先后两次在沃尔姆斯召开诸侯会议,谴责国王对其权利的干预,他们共同做出决议宣布,未经城市领主的允许,任何城市的市民都不得联合起来,不得建立同盟或者联盟。1231年5月1日,海因里希(七世)被迫把诸侯在沃尔姆斯帝国会议上的决议以特许权的形式颁布,即《有利于诸侯的法令》(statutum in favorem principum)。① 年轻的国王宣布放弃在诸侯的邦国领地内的最高司法权、侍从权(Geleitrecht②)、铸币权、征收关税权、建立城堡和城市权。这个法令还强调,国王必须保证诸侯铸的货币在城市有效使用和通行,给予诸侯防御城市的军事权力,要求城市市民维护诸侯的权利。在这个法令中还明确规定,任何城市的市民都不得擅自结成同盟会、联盟,如果未经城市领主的许可,即使是国王都不能给予认可。国王不得以限制市场和道路交通的方式、以接收贵族和教会的依附者以及居住在城堡外的市民进入法律共同体的方式阻止诸侯建立主权领地。在这同一个法令中还规定,在制定和颁布新的法令时,邦君必须获得邦国内各等级的一致同意。

为了迫使国王遵守这个法令,德意志众多诸侯于1231年末前往拉文纳,敦促弗里德里希二世在那里召开帝国会议,在海因里希(七世)缺席的情况下,皇帝认可了《有利于诸侯的法令》,弗里德里希二世由此赢得了众诸侯支持他要建立一个世界性大帝国的政策。在这次帝国会议上,皇帝强调禁止所有城市擅自组成城市议会(Stadtrat)、不得任命市长(Bügermeister),禁止城市成立同业公会(Innung)、兄弟会(Bruderschaft)和行会(Zunft)等自治机构。12世纪以来德意志城市自治的权利几乎完

---

① A. Wolf, *Gesetzgebung in Europa* 1100—1500. *Zur Entstehung der Territorialstaaten*, München: Beck, ²1996, S. 235.

② "侍从权"是指国王要求诸侯随从的权利,这是诸侯必须履行的一种采邑义务。

全消融在诸侯的权利中,城市的自治成为诸侯领地主权化的最大"牺牲品",并且以法令的形式确立了诸侯领地主权的合法性。1232 年 5 月,海因里希(七世)国王在众多诸侯的挟持下前往弗留利地区的奇维达莱觐见他的父亲、德意志的皇帝,向他表示臣服。在奇维达莱,弗里德里希二世正式批准了《有利于诸侯的法令》,要求他的儿子向诸侯保证今后一定正确地对待他们,如果他违背了这个承诺,诸侯和皇帝会请求教皇对他处以绝罚。

　　德国历史学家对 1220 年的《与教会诸侯联盟》以及十余年后的这部《有利于诸侯的法令》给予高度的重视,他们认为这两个法令是德意志历史进程中的一个重要里程碑。它之所以重要,不是因为在德意志形成了一种新的权力关系,而是因为这种新的权力关系以法律的形式被确定下来。①

　　海因里希(七世)国王并不甘心在德意志失去权势,对诸侯依然采取较为强硬的态度,为此他还于 1232 年再次与法国卡佩王朝建立联盟,次年率联军进攻巴伐利亚公爵领地,奥托二世(Otto Ⅱ, der Erleuchte, 1206—1253)公爵战败,臣服国王。海因里希(七世)一直把城市市民作为可以依靠的政治力量,针对进入 13 世纪以后教皇以及皇帝以反对异端为名对城市自治运动的镇压,他在 1234 年 2 月的一次法兰克福宫廷会议上宣布了反对非法迫害异端的命令,支持城市市民在政治上提出诉求。教皇和皇帝对海因里希(七世)的命令十分不满,这年的夏季双方在列蒂会晤,他们共同谴责国王,教皇向特里尔的大主教特奥德里希二世(Theoderich Ⅱ. von Wied, 1170—1242)发布对海因里希(七世)处以绝罚的教令,皇帝也以与他断绝父子关系、不再有任何往来进行威胁。教皇和皇帝的表态迫使海因里希(七世)破釜沉舟,当他获悉弗里德里希二世皇帝即将启程返回德意志的消息后,9 月在博帕德召集反对皇帝的诸侯以及奥格斯堡、维尔茨堡、沃尔姆斯、斯特拉斯堡、施派尔等主教区的

---

① H. Grundmann (Hrsg.), *Handbuch der deutschen Geschichte*, Bd. 1, S. 450.

主教们,此外还有施瓦本的小贵族们共同起兵,企图以武力阻止皇帝进入德意志。海因里希(七世)还与一向反对皇帝的伦巴底城市同盟结成同盟,法国国王路易九世(Luois Ⅸ. 1214—1270,1226—1270 年在位)也加入了反对德意志皇帝的同盟,然而德意志的大多数诸侯都没有站在国王一边。1235 年春季,弗里德里希二世仅带少数随从返回,当他一进入德意志,诸侯就聚集到他的周围,他的队伍就像滚雪球一样越来越壮大,海因里希(七世)的支持者们闻风自行瓦解。同年 7 月 2 日,海因里希(七世)不得不在巴特温普芬的皇室行宫屈膝跪地在他父亲的面前请求宽恕。弗里德里希二世并没有因为父子情宽恕这个反叛的儿子,他在沃尔姆斯设立法庭审判反叛者,海因里希(七世)的追随者们得到赦免,他本人则被废黜,被其父拘押在意大利东南部的普利亚,直至他 1242 年坠马去世。

弗里德里希二世与海因里希(七世)父子间的争斗,为德意志诸侯增强自身的政治实力提供了有利的条件,对海因里希(七世)做出判决之后,皇帝于 8 月 15 日在美因茨首次颁布了《帝国和平条例》(Landfriede),这是德国历史上第一次用德语颁布的法令。[①] 该法律共有 29 个条例,其中包括有关法庭、铸币、关税以及交通等各个方面的规定。在这个法令中,弗里德里希二世以限制私战为由,把对城市的保护权和城市的防御权给予教会和宫廷法庭,其中还包括扩大城外市民(Pfahlbürger[②])范围的禁令,这就在很大程度上限制了城市的自治。从另一个角度来看,这些条例扩大了教俗诸侯的特许权的范围。[③] 可以这样说,一系列的特许权和帝国安全条例的颁布,从法的角度上承认了德意志诸侯在其领地内的权力和政治地位,尤其是给予他们在领地内建立要塞和加强军事实力的权利,

---

① 在中世纪的西欧,拉丁语是各国的官方文字,德意志在此之前颁布的法令都是拉丁语。

② "城外市民"是 13 世纪以后出现的社会群体,这个社会群体居住在城市围墙之外,但享有市民权利。

③ H. Keller, *Zwischen regionaler Begrenzung und unIVersalem Horizont. Deutschland im Imperium des Salier und Staufer* 1024 *bis* 1250, Berlin: Propyläen-Verl. , 1986, S. 492ff.

领地的领土(Territorium①)性质日益呈现出来,邦国逐渐地朝着独立的方向发展。

获得最大利益保证的诸侯给予德弗里德里希二世极大的支持,他在整个帝国具有极强大的政治优势,似乎在此之前没有任何一位皇帝能与之相比。1235 年 7 月 15 日,弗里德里希二世与英国国王亨利三世(Henry Ⅲ.,1210—1272,1216—1272 年在位)的妹妹伊莎贝拉(Isabella von England,1214—1241)结婚,夫妻之间的年龄相差 20 余岁,这次婚姻的政治目的显而易见。法国国王虽然曾经是海因里希(七世)的盟友,但长期以来施陶芬家族与法国卡佩王朝之间的政治互利,很快就消除了路易九世与弗里德里希二世之间的对立。帝国内外有利于皇权的政治形势、意大利伦巴底城市以及罗马教皇表现出来的敌对态度致使弗里德里希二世仅在德意志停留了两年。1237 年秋季,弗里德里希二世率领德意志皇帝的军队兵分两路,越过阿尔卑斯山隘口进入意大利,此后他再也没有回到德意志。

第二节 立足东部的德意志骑士团

一、德意志骑士团

在弗里德里希二世与海因里希(七世)父子之间的争斗中,起到很大政治作用的是德意志骑士团的首领萨拉查的赫尔曼。德意志骑士团成立于第三次十字军东征时期,这次十字军东征是西欧德、英、法君主为在地中海地区瓜分势力范围而进行的一场大规模的侵略战争。1189 年,埃及和叙利亚的联军攻陷了耶路撒冷城,达到权力之巅的德意志皇帝弗里德里希一世率先亲领德意志十字军进军东方,但却在途中溺水身亡。随军同行的大多数诸侯对东征并没有寄予很大的希望,皇帝的意外身亡给

---

① 这个时期的"领土"(Territorium)的概念是相对于中世纪西欧"个人联合的国家"(Personenverbandsstaat)概念而言,诸侯的封地连成片,有了较为明确的边界。

了他们返回家乡的借口，只有少部分十字军继续东进。随后而至的英、法国王带领的十字军矛头直指地中海地区重要的港口城市阿卡，将其围困近 3 年(1189 年 8 月 28 日至 1191 年月 12 日)，久攻不克。在此期间，原在耶路撒冷的圣玛丽娅医护院(St. Marien-Hospital der Deutschen zu Jerusalem)迁移至阿卡，在城下支起帐篷，收容和照顾围城时的受伤者和病弱者。这所基督教教会的医护院(Hospital①)是 12 世纪 20 年代由来自不莱梅和吕贝克的几位商人在耶路撒冷捐建的，1143 年罗马教皇将这个教会的机构置于圣约翰医护院(Hospital des hl. Johannes②)的管辖之下，责令他们必须遵守该医护院的各项规章。

1190 年 10 月，弗里德里希一世的三子、施瓦本公爵弗里德里希五世(Friedrich Ⅴ., 1167—1191)继续父亲未竟的事业，率领德意志十字军东征，抵达阿卡后，圣玛丽娅医护院立刻投庇在公爵的麾下，由公爵的随军教士领导。阿卡和耶路撒冷再次被十字军占领后，耶路撒冷的新国王，来自香槟的伯爵海因里希二世(Heinrich Ⅱ. von Champagne, 1166—1197,1192—1197 年在位)赠予圣玛丽娅医护院土地，在那里修建教堂和居所。1191 年 2 月 6 日，在海因里希六世皇帝的促成下，教皇克莱芒三世(Clemens Ⅲ., ? —1191,1187—1191 年在位)给予圣玛丽娅医护院特许权，承认它与此前成立的圣殿骑士团(der Tempelorden③)和

---

① 早期的"医护院"(Hospital)不是今天"医院"的概念，它是基督教教会的一个救助机构，早在 817 年亚琛的宗教会议上就规定，每所修道院都必须设立医护院以接待途经此地的朝圣者、救助贫困、照顾病患。14 世纪以后，医护院的宗教性质逐渐地开始淡化，其社会救助的性质逐渐增强，几乎每座城市都捐建了医护院。为与近代以医治病人为主的"医院"(Hospital)有所区别，笔者把中世纪的 Hospital 翻译为"医护院"。

② 圣约翰医护院 1099 年由参加第一次十字军东征的法国贵族在耶路撒冷建立，国内通常翻译为"医院骑士团"。1113 年，圣约翰医护院得到罗马教皇的承认，此后逐渐发展成为具有军事性质的修士会。参见 *Lexicon des Mittelalters*, Bd. 5, S. 613ff.

③ 圣殿骑士团是第一次十字军东征之后，法国的 8 名骑士以耶路撒冷所罗门圣殿废墟上建立的阿克萨清真寺为据点成立了一个修士会。1139 年，教皇因诺森二世给予他们特许权，承认该修士会的宗教地位，免除其所有赋税，允许其如教会和修道院一样在所在地区征收什一税，同时赋予其武装保护基督朝圣者的义务，该修士会具有了军事的性质，即：具有宗教性质的骑士团。骑士团的成员要像修道院的修士一样发守贫、禁欲和服从三项誓约，此外还增加了履行军事保护义务的誓约。参见 *Lexicon des Mittelalters*，Bd. 8, S. 532ff.

以圣约翰医护院为基础发展起来的医院骑士团(der Orden vom Hospital des Heiligen Johannes zu Jerusalem)相等的宗教法律地位。由此,圣玛丽娅医护院脱离了圣约翰医护院,成为一个独立的兄弟会。兄弟会的首领借鉴圣殿骑士团和医院骑士团的团规,制定自己的会规,1196 年得到教皇科尔莱斯丁三世(Coelestin Ⅲ.,1106—1198,1191—1198 年在位)的批准。1198 年,因诺森三世继任教皇,他全力实践教权至上的思想,不遗余力地调动各种力量为其效力,在此后相继创立的弗兰西斯修士会(Franziskaner①)和多米尼克修士会(Dominikaner②)都毫无保留地服从他,骑士团这种军事修士会也自然不会离开他的掌控之中。1198 年,因诺森三世发布通谕,要求圣玛丽娅医护院兄弟会承担向异教徒作战的军事义务,从此该兄弟会也具有了军事性质,转变为军事修士会,因为它的成员绝大多数都是来自德意志,故而被称为德意志骑士团(Deutscher Orden)。

德意志骑士团的第一任首领(Hochmeister)是巴森海姆的海因里希·瓦尔波特(Heinrich Walpot von Bassenheim,？—1200),他出身于莱茵兰地区一个王室封臣家庭,在他的领导下这个兄弟会转变为骑士团。骑士团的所有成员都必须宣誓发三愿(Profess):守贫(Armut)、禁欲(Askese)、服从(Gehorsamkeit)。在这个具有宗教性质的骑士团中,最上层成员是修士兄弟(Priesterbrüder),他们要像修道士一样严格遵守修道院的院规,主持骑士团和骑士团所在地区的宗教仪式等宗教方面的事务。骑士兄弟(Ritterbrüder)是骑士团中的中坚力量,他们大多出身于小贵族和市民阶层。尽管他们依然是世俗基督徒,但在加入骑士团时要和修士兄弟一样发三愿,所不同的是他们无需履行宗教的职责,他们

---

① 弗兰西斯修士会是由意大利阿西西城富商的子弟弗兰西斯(Franzikus von Assisi,1181—1226)于 13 世纪初创立的修士会,1210 年获得罗马教皇的承认。国内学界又译为方济各会。
② 多米尼克修士会是由西班牙贵族家庭出身的修道士多米尼克(Dominikus,1170—1221)于 13 世纪初创建的一个以布道为主要活动的修士会,该修士会的修士坚守基督式的贫穷,从不骑马,赤足穿草鞋徒步在各地游方布道。

的主要任务就是作战。修士兄弟和骑士兄弟都有选举骑士团首领（Hochmeister）的权利，但骑士兄弟在骑士团中只能被委以较低的职务。在骑士团中还有出身非贵族家族的世俗的"萨利安特兄弟"（Sariantbrüder），他们通常是步兵、传令兵或者从事其他一些事务。此外还有侍从，被称为"服役的次兄弟"（dienende Halbbrüder），他们没有人身自由，依附于骑士团，从事各种手工劳作，为骑士和萨利安特兄弟服务。[1]　一般来说，参加德意志骑士团的人原则上不受社会地位和出身的限制，凡年满 14 岁的自由男子，发誓禁欲，没有债务缠身，严格遵守骑士团的团规就能加入。德意志骑士团的团服是带有黑色十字的白色披风，萨利安特兄弟则身着灰色披风。德意志骑士团中还有一些修女，负责照顾伤病者，从事慈善性的救护工作。

与圣殿骑士团和医院骑士团比较而言，德意志骑士团成立的时间较晚，但它的发展却很快，存在的时间也较长，或许是因为德意志骑士团的活动没有仅局限在东方。1197 年，德意志骑士团在意大利南部的巴列塔设立一所医护院，1200 年在阿尔卑斯山以北德意志帝国境内的哈雷设立医护院。[2]　1221 年，在萨拉查的所有骑士团都获得罗马教会给予的免受主教管辖的特许权（Exemtion），这些医护院也由此成为所在地区独立的宗教组织机构，并且通过捐赠不断地扩大土地财产，形成一个骑士团辖区（Komturei），这就为此后骑士团返回西欧奠定了一个实际的领地基础。

二、骑士团的新领地

13 世纪初，东方的局势越来越不利于罗马教廷，1202 年因诺森三世

---

[1] H. Boockmann, *Deutsche Geschichte im Osten Europas-Ostpreußen und Westpreußen*, Berlin: Siedler Verlag, 2002, S. 91.

[2] M. Tumler. *Der Deutsche Orden im Werden*, *Wachsen und Wirken bis 1400. Mit einem Abriß der Geschichte des Ordens von 1400 bis zur neuesten Zeit*, Wien: Panorama-Verlag, 1954, S. 27.

发动第四次十字军东征,把进攻的矛头对准同是基督教国家的拜占庭。十字军攻占君士坦丁堡,1204 年在巴尔干半岛的南部建立一个畸形的"拉丁帝国"(Das Lateinische Kaiserreich)。拉丁帝国内部各种矛盾重重,当地人民的起义和反抗斗争此起彼伏,它仅存在 50 年就覆灭了。第四次十字军之后,虽然罗马教廷又相继组织几次十字军东征,但都以流产或失败告终,罗马教廷的势力和影响再次从东方被排除出去,骑士团也不得不另谋出路。由于各骑士团与所在国和地区的封建君主之间的关系不同,所以他们的命运也是南辕北辙。圣殿骑士团是一个具有国际性质的军事修士会,但它的根基和主要领导人在法国,他们与当地封建贵族的地位相差无几。13 世纪中叶,正当骑士团在东方失去立足之地时,法国国王正在消除封建分裂势力,实现集权统治,对任何不服从集权统治的势力都采取强硬的手段,乃至组织十字军讨伐南法的阿尔比派和支持他们的封建贵族。法王甚至还控制罗马教廷,将其迁移到法国南部边境的小城阿维尼翁。峙仗财力桀骜不羁的圣殿骑士团自然也不能令法王容忍,他利用教皇的权威取缔了圣殿骑士团。与此相反,德意志骑士团则由于和北德的封建主合作,在德意志的东进中有了新的发展机遇。

德意志骑士团在围攻阿卡时与图林根伯爵路德维希三世(Ludwig Ⅲ.，1151—1190)以及盖尔登的伯爵奥托一世(Otto Ⅰ. von Geldern，1150—1207)的初次接触,奠定其与德意志诸侯之间相互合作的基础,并且通过他们与施陶芬皇室建立最初的联系。1197 年,皇帝海因里希六世把意大利巴勒莫的一所修道院赠予骑士团,这是他们在德意志帝国领地内的第一处财产。1210 年,萨拉查的赫尔曼任骑士团的首领,他更加密切了与施陶芬皇朝之间的关系,利用骑士团隶属于罗马教会的关系,在德意志皇帝和罗马教皇之间斡旋,获得皇帝的极大信任。在赫尔曼的建议下,弗里德里希二世通过与耶路撒冷女王的政治婚姻,未伤一兵一卒戴上了耶路撒冷的王冠。赫尔曼还利用骑士团直接隶属于罗马教会的地位,周旋于皇帝和教皇之间,他的政治影响因此而增大,军事实力也因此而增强。1209 年,匈牙利的国王安德烈亚斯二世(Andreas Ⅱ.，1177—1235，

1205—1235 年在位)为了镇压东斯拉夫人的一支库曼人(Kumanen)请求德意志骑士团伸出援手为他助战,这就为骑士团敞开了这个地区的大门。安德烈亚斯二世很快就认识到,他的求援是"引狼入室",随即又对骑士团下逐客令,但在两年后的 1211 年骑士团再次返回这一地区,攻占了波罗的海东南沿岸非基督教的普鲁士人(Prußen)所居住的地区。

　　自 12 世纪起,在波罗的海东岸(Balte①)形成了一个由多个异教民族聚居的移民区,移居在其北部的是爱沙尼亚人和立沃尼亚人,移居在波莫瑞海湾和库尔曼区(Kulmer Land②)的是波莫瑞人,此外还有瑞典人和丹麦人。在易北河和奥德河区间以斯拉夫人为主,德意志移民的主要活动区域则主要是在普鲁士地区以及所有在东进运动中建立的城市里。在这些新移民地区以异教民族为主,参与东进运动西多派的修道士们不仅组织拓荒等经济活动,而且还在异教民族中积极布道传教,遭到异教民族的抵制和反抗。1226 年,弗里德里希二世皇帝在意大利的里米尼颁布了金玺诏书(die Goldene Bulle③),把魏克瑟尔河下游东部的库尔姆地区④以及普鲁士人居住的地区封授给了德意志骑士团,授权他们在这个异教地区传播基督教。骑士团以"七城堡"(Siebenbürgen⑤)为核心区域,有了德意志骑士团国家(Deutschordenstaat)的雏形。1228 年,骑士团的第四任首领萨拉察的赫尔曼(Hermann von Salaza, 1162—1239)率领德意志骑士团参加了弗里德里希二世组织的十字军,骑士团由此获得了皇帝给予的采邑豁免权(Lehnsexemtion),解除了骑士团与耶路撒冷王国以及其他所有地区的封建义务,骑士团享有了与德意志诸侯相同

①　波罗的海东岸(Balte)通常是指 12、13 世纪移居到波罗的海东海岸的爱沙尼亚人、利沃尼亚人和拉脱维亚人的移民区,也称波罗的海东岸三国。
②　库尔曼区是一个历史地名,主要区域在今天波兰境内,维斯瓦河的东岸。
③　"黄金诏书"是指盖有黄金制作的圆形封印的谕令,通常是由国王和皇帝或者是教皇颁布的谕令。
④　即今天波兰境内的海乌姆诺(Chelmno)。
⑤　"七城堡"是一个历史地理的概念,源自德意志东进时期萨克森公国的殖民者在这个地区建立了七座城堡,七座城堡所辖地区总的范围称之为"七城堡",地域范围包括今天罗马尼亚的中部和西北部。

的权利和政治地位。1234 年,教皇格雷戈尔九世在列蒂颁布教谕,确认德意志皇帝给予骑士团的金玺诏书,宣布骑士团所获得的土地是圣彼得的财产,在教皇的庇护之下,是骑士团永远享有的自由土地。骑士团的首领赫尔曼不仅是弗里德里希二世的忠实支持者,而且还善于在罗马教皇和德意志皇帝之间进行调停,可以这样说,他的每一次斡旋都增强了双方对其信任,也都因此为骑士团获得特许权和封赠的土地,这无疑促进了骑士团的权力欲膨胀,也极大地增加了骑士团财力,增强了它的军事实力,有了进一步向立沃尼亚地区扩张的条件。

自 12 世纪末起,德意志的传教士们开始在立沃尼亚地区传播基督教;1198 年,教皇批准不莱梅骑士家庭出身的修道士阿尔贝特·封·布克斯霍夫登(Albert von Buxthoeven, 1165—1229)在里加设立主教区。为了保护在异教徒中进行传教的传教者们,阿尔贝特在立沃尼亚创立宝剑兄弟骑士团(Schwertbrüderorden)。宝剑兄弟骑士团是主教依靠的军事力量,1204 年获得教皇因诺森三世的认可。此后,宝剑兄弟骑士团很快就控制了立沃尼亚地区的城堡,成为这个地区的实际统治者。1217 年以后,宝剑兄弟骑士团又征服爱沙尼亚和拉脱维亚地区,形成与丹麦人的对抗。1225 年德意志国王海因里希(七世)给予阿尔贝特等同于主教诸侯的地位和权利,提升骑士团的宗教地位。1236 年 9 月,立陶宛人(Litauen)在立奥利艾战役中大败宝剑兄弟骑士团,赫尔曼"渔翁得利",兼并宝剑兄弟骑士团的残部,接管其所辖的地区,进一步扩大了自己在北欧的势力范围。

1240 年,东亚草原上崛起的蒙古人的军队在拔都(Batu Khan, 1205—1255)的率领下攻克了俄罗斯的基辅公国,之后继续向西分兵进攻波兰和匈牙利。蒙古人的铁骑骁勇剽悍,势如破竹,教皇格雷戈尔九世号召组织十字军抵挡蒙古人的军队,但响应者寥寥无几。1241 年 4 月,蒙古人的军队在瓦尔斯塔特附近的战役中击败了由西里西亚公爵海因里希二世(Heinrich Ⅱ., 1196—1241)率领的德意志和波兰组成的联军。蒙古帝国内部的汗位之争止住了这支强悍军队继续进攻德意志帝国的势头,1242 年拔都回朝,此后他在伏尔加河流域地区建立了金帐汗国,统治俄罗斯长达 200 余年。虽然蒙古人没有再把触角重新伸向西欧,但俄罗斯人却借助蒙古人的军事力量阻挡住了骑士团进一步向东扩张的步伐。

13 世纪中期以后,巴勒斯坦地区的局势发生了极大的变化。1244年,耶路撒冷再次落入阿拉伯人的控制中,13 世纪 50 年代埃及建立的马穆鲁克王朝(Mamelucken①)清除了十字军在东方的残存势力,同时也击退了蒙古军队进攻的势头。1291 年 4 月,马穆鲁克王朝的军队围攻十字军在巴勒斯坦地区最后一个据点阿卡城,5 月 28 日,阿卡城陷落,此后推罗、赛达、贝鲁特等重要的城市也先后沦陷。阿卡城的陷落标志着持续近 2 个世纪的十字军东征的终结,德意志骑士团也完全撤回西欧,其总部迁移到意大利的威尼斯。13 世纪 50 年代以后,德意志骑士团的重要活动主要集中在德意志东部,尤其是在兼并了宝剑兄弟骑士团之后,在普鲁士和立沃尼亚地区的势力有所扩展。1309 年,德意志骑士团的首领西格弗里德(Siegfried von Feuchtwangen,? —1311)在普鲁士的马林贝格修建了城堡,普鲁士成为德意志骑士团的核心地区。德意志骑士团成为中世纪德意志东部殖民(Ostkolonisation)中的一支主力军。

第三节 德意志的东进运动

一、向东部的殖民

东进运动(Ostbewegung)是中世纪德意志持续时间最长的一项拓垦运动,自 7 世纪起巴伐利亚人就开始以马尔克的社会组织形式向东南部地区移居,在那里进行垦荒。法兰克王国时期设立的东部边疆马尔克,再次推动了巴伐利亚人从巴伐利亚公爵领地向东部的推进。巴伐利亚

---

① "马穆鲁克"是阿拉伯语的音译,原意为"奴隶",9 世纪以后特指奴隶出生的军人。12 世纪中叶,埃及的马穆鲁克军人控制了哈里发政权,1249 年马穆鲁克军人政变,1250 年起建立了马穆鲁克王朝,持续了两个半世纪。

人将其领地的范围推进到了今天地处东欧的斯洛伐克、匈牙利、布尔根兰地区。[1] 向东部的殖民从一开始就是在王权和大贵族的主导和组织下进行的,这是因为 9 世纪的法兰克王国已经不再有能够进行分封或者继承的土地,随着人口以及生产力的增长,对土地的需求量越来越大,获得土地的方式也不再是通过战争,而是有组织地拓荒殖民。[2] 德意志王国建立以来,向东扩张的脚步从未停止,955 年 8 月,奥托一世在莱希费尔德平原战胜强悍的匈牙利人,之后以易北河、萨勒河、纳布河为西部一线,以易北河、奥德河以及沃尔达瓦河为东部一线,勾勒出德意志东部马尔克的边界,形成一个很大的三角地带。同年 10 月,奥托一世再次在莱克尼茨河流域的战役中大获全胜,易北河东岸地区的斯拉夫人被迫臣服德意志。德意志的国王和诸侯们在这片区域内建筑了众多城堡,不仅借助武力向斯拉夫人征收苛重的赋税,而且还通过在斯拉夫人地区进行基督教化增强其影响,在汉堡、不莱梅和马格德堡设立了三个大主教区。

萨克森王朝时期德意志国王对东部地区的扩张以及在此地推行的基督教化,带动了对东部的开发,与东部斯拉夫人比邻的萨克森人也因为东部边疆马尔克伯爵领地和主教区的设立而渡过易北河向东部移居。这些移民获得国王给予的特许权,在移居的地区砍伐森林、排干沼泽、开垦荒地,由此拉开了向东部垦殖的大幕。10 世纪,因为受到易北河东岸斯拉夫各部族的阻碍,德意志的东进运动放缓。983 年,斯拉夫人的各部族结成了柳蒂齐同盟(Liutitzen),共同以武力反抗德意志,史称斯拉夫人起义。起义者强占勃兰登堡和哈弗尔贝格,洗劫在卡尔伯的修道院,攻陷汉堡。德意志的诸侯联合波兰贵族与斯拉夫人作战。海因里希二世时期,德意志改变与柳蒂齐同盟为敌的政策,1003 年与其结成同盟。自此,东部地区在斯拉夫人的控制之下,德意志的东进也由此被画上一个

---

[1] F.-W. Henning, *Handbuch der Wirtschafts-und Sozialgeschichte Deutschlands*, Paderborn-München-Wien-Zürich: Schöningh, 1991, S. 350.

[2] E. Pitz, *Wirtschafts-und Sozialgeschichte Deutschland im Mittelalter*, Wiesbaden: Steiner, 1979, S. 55.

休止符,停滞长达近 2 个世纪。

12 世纪,德意志的人口密度比 9 世纪时增长了 3 倍①,自 9 世纪以来在各地不断进行的拓荒活动不仅扩大了德意志境内的耕地面积,而且也促进了农业种植技术的进步和农机具的革新,农产品的丰富为商业的活跃和城市市场提供了丰富的商品和手工业原材料,德意志的手工业也因此有了很大的发展,奥格斯堡和乌尔姆的纺织业、纽伦堡的织呢业都在西欧市场上占有很大的份额。商业和手工业的活跃再次启动向东部地区的拓荒运动,北德的封建诸侯掀起一个沿易北河和萨勒河向东北地区扩张的高潮。绍恩堡和荷尔斯泰因的伯爵阿道夫二世(Adolf Ⅱ. von Schauenburg und Holstein,1128—1164)组织绍恩堡领地的农民移居到易北河北部地区(Nordalbingien②),他公开宣布,任何没有土地的人都可以带着家属到这里来领取最好的土地,这里是谷物丰产、鱼满池塘的空旷乡村。1134 年,大熊阿尔布雷希特率领阿斯卡尼家族的成员和他的封臣挺进到埃尔茨山脉。1136 年迈森的伯爵康拉德(Konrad Ⅰ.,1098—1157)带领着韦廷家族进入劳齐茨,在那里建立劳齐茨马尔克伯爵领地。③ 下萨克森人移居到梅克伦堡和波希米亚,图林根人挺进到更深入的地区,荷兰人和佛兰德人在布满沼泽的波罗的海岸至勃兰登堡这个地区开辟了一个很大的殖民区域。④

二、经营土地的新模式

在 12 世纪诸侯组织的东进运动中,大批德意志移民"带着牛马、带着耕犁与货车以及适合的工作人手"涌进了易北河以东地区。⑤ 这些移民带来了生产技术、农作和园艺的技术、改良耕种土地的方法。葡萄种

---

① F.-W. Henning, *Handbuch der Wirtschafts-und Sozialgeschichte Deutschlands*, S. 88.

② 法兰克时期,易北河北部地区被称之为 Nordalbingien,这个地区名称今天已经不复存在。

③ F.-W. Henning, *Handbuch der Wirtschafts-und Sozialgeschichte Deutschlands*, S. 350.

④ H. Aubin, W. Zorn, *Handbuch der deutschen Wirtschafts-und Zozialgeschichte*, Bd. 1, S. 175.

⑤ 汤普逊:《中世纪经济社会史》,下册,第 110 页。

植业就是随着东进运动从德意志老区进入梅克伦堡、勃兰登堡、波莫瑞和西里西亚。这些移民在他们的迁徙地建立居民新村（Lokation），从易北河到波罗的海之间的所有斯拉夫人地区几乎完全是萨克森人建立的城市、村镇和基督教的教区。德国历史学家们估算，在德意志东进的整个时期，新殖民地区大约建立了约 6000—7000 个村庄，如果每个村庄平均有 10 个农户的话，那么大约有 28 万人从德意志迁移到此。① 诸侯在新移民中指定村长（Lokator）进行管理，村长通常还享有最底层的审判权、磨坊权（Mühlenrecht）、售酒权（Schankrecht②）。诸侯为移民分配要开垦的荒地，组织他们修建排水设施、耕种土地。实际上，这个所谓的村长相当于一个土地的租赁者（Verpächter），他享有对土地的支配权，可以把土地的用益权分配给那些愿意垦殖的人，这种新的经营土地的方式改变了农业生产的结构。首先，被分配的土地不再是传统的长条地，而是一块面积约 24 公顷至 32 公顷左右的连成片的椭圆形块地，这就使耕种者不再受轮作制耕种模式下长条地所固有的种种约束，他们可以自行决定在块地上播种庄稼的种类，根据季节自行决定播种和收割的时间。其次，这种块地有利于三圃制耕作方式的推广，土地的收益也因此有了很大的提高。从这个时期的原始资料中可以得知，通常承租者（Pächter）要交给村长的地租是庄稼收成的 12%，或者是在扣除种子以后收成的 15%—18%。③ 这种新的土地和生产者的关系改变了原有的庄园制的土地和生产者的关系，耕种土地的自主性是人身获得自由的最基本的条件，土地承租者借此冲破了人身依附的关系。自主性的生产方式极大地提升了土地的利用率，租赁者的收益也大幅度上涨。再有就是，无论是土地租赁者还是承租者都享有对租赁土地或者承租土地的继承权，这就在很大程度上保证他们从土地获得收益的稳定性，可以通过经营盈余获得更大的盈利。

---

① F.-W. Henning, *Handbuch der Wirtschafts-und Sozialgeschichte Deutschlands*, S. 363.
② 在中世纪的西欧，通常是由修道院和教会掌握着酿酒和出售酒的垄断权。
③ F.-W. Henning, *Handbuch der Wirtschafts-und Sozialgeschichte Deutschlands*, S. 359.

拓荒地区这种新的租赁制的土地经营方式使土地的所有者无论在什么样的年景都能保证得到租金收入,它也使农民能够自由地支配自己的劳动力,充分发挥自己的主观能动性,他们不再是被动地受封建领主驱使的"生产工具",而是能够完全主宰自己的自由人。租赁制把实物地租和徭役地租转变为货币地租,承租土地的农民也因此有了管理和支配自己生产产品的可能,更重要的是解除了他们与封建主之间的人身依附关系,农民的法律地位由此得到改善。德国历史学家认为,德意志的东进运动无论是从法律的角度还是经济的角度,都在农村中形成一种新的社会关系模式,即农民的依附性大大减弱。主要表现在三个方面:一是农民有了个人的自由;二是他们有了可以继承的财产权;三是为维护可以继承的财产他们参与共同体关系的构建。[①]

拓荒地区土地所属关系和经营方式的改变,以及所产生的社会经济效应和社会效果反馈到了德意志原有的封建领地,不仅吸引更多的农民迁往新开垦地区,而且德意志本土的庄园制经营方式也受到很大的冲击。租赁式的经营方式反馈到德意志本土,在越来越多的地区盛行,特别是在莱茵河下游和威斯特法仑地区,几乎所有大领地的土地都被分成小块土地租赁给农民,小农耕作的社会生产形态在农业生产活动中逐渐成为主体。与庄园制的土地经营方式相比较而言,租赁制的小农耕作是一种自由的劳动方式,它使生产者完全能够根据现有资源的条件选择生产的范围,尽其能力生产,实现最大化的收获,使收获大大超过农民自身消费所需的数量,提高了农民的收入,打破了自给自足的自然经济模式,促进了农业产品之间的交换。

三、贸易新区的形成

驱使这次东进的动力不仅是对土地的渴求,而且还有对波罗的海贸易的需要。北海和波罗的海的海上通路使北德的城市向东连接与俄国、

---

① F. -W. Henning, *Handbuch der Wirtschafts-und Sozialgeschichte Deutschlands*, S. 362.

波兰、斯堪的纳维亚半岛的贸易关系,向北连通与英国、佛兰德和布拉班特的交通,在中世纪的欧洲形成继地中海贸易区之后的又一个重要的国际贸易区。但从 10 世纪起,丹麦人一直垄断着波罗的海的海上贸易,为了能从丹麦人手中夺取波罗的海的贸易权,占据国际贸易重要的一席之地,北德的封建诸侯有组织、有目的地向东部斯拉夫人居住的波兰和波罗的海东岸地区殖民。东部殖民运动中农业的发展也在很大程度上促进商业的活跃,尤其是 12 世纪中叶以后,德意志的商人跟随着向东部进发的拓垦殖民者东进,在德意志诸侯建立的城市中扩展商业活动。

　　12 世纪初,维尔夫家族在德意志王位争夺的斗争中失势,只保留了萨克森和巴伐利亚公爵领地。萨克森和巴伐利亚的公爵狮子海因里希以这两个公爵领地为基地,扩充自己的经济实力,他积极支持市民的自治运动,扶持工商业,建立了布伦瑞克、诺伊堡等城市作为贸易的中心。与此同时,他还控制汉堡、不莱梅等重要的贸易城市,逐步地取代丹麦人对波罗的海的贸易垄断地位。1125 年前后,萨勒河畔的哈雷市是从波罗的海到东进殖民地区商业通路的一个重要交易中心,德意志的商人可以从这里沿萨勒河下行至易北河,再下行至哈弗尔河河口到达波罗的海海沿岸的斯德丁市和沃林市,还可以沿哈弗尔河上行至横贯梅克伦堡和前波美拉尼亚地区的佩内河。吕贝克原是斯拉夫人的一座炮台,1143 年绍恩堡和荷尔斯泰因的伯爵阿道夫二世(Adolf Ⅱ. von Schauenburg und Holstein,1128—1164)以这座炮台为基点建立起一座城市,这是在波罗的海海岸的第一座德意志城市,以此作为与斯拉夫人进行贸易的商埠。1157 年,阿道夫二世与吕贝克市民发生冲突,他坚决拒绝了市民的政治要求,不惜将该城化为灰烬。1158 年,战胜了阿道夫的狮子海因里希在被焚毁城市的原址上重新建立吕贝克,一方面是作为进一步东扩的据点,另一方面是为了保证德意志商人在波罗的海贸易区的利益。不久吕贝克就成为海上贸易的中枢,是波罗的海地区非常重要的一座商业中心城市,保证了德意志商人对波罗的海贸易的控制权。吕贝克是波罗的海贸易的集散地,英国、丹麦、瑞典、挪威以及俄罗斯的商船都汇集于此,以吕贝克为中心在其周边地区又兴建了多个贸易城市,濒临波罗的海的罗斯托、维斯马、居斯特多等都是在这个时期建立起来的。1300年左右,在波美拉尼亚地区奥德河的两岸,新建的德意志商人的城市多达38座。斯拉夫的封建诸侯也以积极的态度促进城市的建立,勃兰登堡,施潘道、柏林以及奥德河畔的法兰克福①都是在这个时期建立的,这些新建立的城市中施行德意志的城市法,允许德意志的商人用吕贝克的城市法管理新建的市政。

　　德意志的商人还大批地涌入东部斯拉夫人建立的城市。1227年,波兰的斯瓦托波克公爵(Swantopolk,1195—1266)在他的城堡但泽划分出了一个德意志商人的居住区,在这个居住区内德意志商人有自己的行政长官。诺伊马克特是最先获得斯拉夫诸侯给予特许权的城市,该城施行的是马格德堡的城市法。布雷斯芬是起始于纽伦堡经希拉格、桑恩到达但泽这条远程贸易商路中的一个重要枢纽,1241年为蒙古人所毁,此后斯拉夫诸侯以马格德堡为模本重建了布雷斯芬。自13世纪初以后的一个半世纪里,在萨勒河和易北河之间新建立170座城市。在欧洲再没有哪一个地区在这个时间段建立如此多的城市。同样是在这一个半世纪里,在西里西亚也建立120座城市,新出现1200余个村庄。② 这些城市往往都保持着原有的斯拉夫地名③,它们基本都以商业活动为主,其中也有一部分是以矿业为主的城市。12世纪下半叶,西多派修道院的修道士们最先在埃尔茨山区发现银矿石和金矿石,他们从哈茨山的矿区招募大批的矿工到此开采。这些矿工不仅带来熟练的采矿技术,更重要的是他们还被赋予自由开采矿山的权利。在这些新开发的矿区附近逐渐兴起一些德意志矿工的居住区。在这同一时期,匈牙利的王公们也以优惠的

---

① 德国有两个城市的名字为法兰克福,一是位于德国黑森州的"美因河畔的法兰克福"(Frankfurt am Main.),一是位于勃兰登堡州的"奥德河畔的法兰克福"(Frankfurt an der Oder)。

② H. Kellenbenz, *Deutsche Wirtschaftlsgeschichte*, München: Beck 1977, Bd. 1. , S. 80.

③ 斯拉夫地名通常是以-ig结尾,例如:Leipzig(莱比锡)、Dannzig(但泽),或者以-in结尾,如:Küstrin(屈斯特林)、Cammin(卡明)等等。

条件吸引萨克森的矿工,在特兰西瓦尼亚就有数以千计的矿工来自图林根等地。

13 世纪上半叶,德意志的骑士团作为一种新的因素加入德意志的东进运动中。1211 年,匈牙利国王安德烈亚斯二世请骑士团的大团长赫尔曼帮助他抵御库曼人的进攻,虽然事后由于安德烈亚斯二世食言,他们没有得到被许诺的领地,但是却为骑士团从东方向欧洲波罗的海地区的转向提供了有利的契机。罗马教廷也没有忽视这片尚未基督教化的地域,教皇因诺森三世于 1255 年招募十字军,大规模地征讨斯拉夫人,骑士团是当仁不让的主力。紧接着德意志皇帝也把手伸向波兰、立陶宛、拉脱维亚以及爱沙尼亚等遥远的北方,骑士团同样是皇帝借助的军事力量。各种势力的介入带来它们之间的矛盾和冲突,各种势力都在借助骑士团,各自都给骑士团诸多的特许权,为它提供了建立独立的封建邦国的可能和机会。

1230 年,波兰的马索维恩公爵康拉德(Konrad von Masowien,1187—1247)意欲攻打普鲁士人,他与德意志骑士团的赫尔曼立约,骑士团帮他攻占了普鲁士后将会得到托伦和赫翁诺之间的一大片领地,这样骑士团在东扩之地有了自己的实际领地。德皇弗里德里希二世认可公爵与骑士团之间的协约,并给予赫尔曼对所得到的领地有最高领土权,他享有和帝国内其他邦国君主同样的权利。也想在波罗的海地区建立势力范围的教皇格雷戈尔九世不甘落后,积极拉拢骑士团,他于 1234 年颁布通谕,宣布骑士团的领地是圣彼得的财产,受教皇宗教法权的保护,把其作为采邑分封给骑士团。通过这个特许权骑士团被免除了对德皇的封建义务,成为一个较为独立的骑士团王国。

有了实际领地的骑士团继续向外扩张,占领整个普鲁士,并窥伺着立沃尼亚。[①] 早在 1180 年,北德的一些传教士就和吕贝克的商人一起进入立沃尼亚,1199 年不莱梅的大主教阿尔贝特到此设立主教区,1201 年

① B. U. Arnold, „Entstehung und Frühzeit des deutschen Orden", in: J. Fleckenstein, M Hellmann(Hrsg), *Die geistlichen Ritterorden Europas*, Sigmaringen: Thorbecke, 1980, S. 99ff.

在里加设立大主教区,同时还捐资成立圣剑骑士团。1214 年,圣剑骑士团占领爱沙尼亚,然而它在 1236 年与立陶宛和拉脱维亚的联合军的战斗中惨败,不得不投靠德意志骑士团。德意志骑士团把圣剑骑士团的领地与自己的领地连成一片,在波罗的海的东岸和南岸建立一个较为强大的独立的骑士团王国。骑士团在维斯瓦河以东地区建立大约上千个为其纳税的村庄,占据约有两百万人口范围的农村,[①]德意志骑士团还曾一度拥有托伦、柯尼斯堡、库姆、马林堡、梅梅尔等 50 余座城市。骑士团的首领把持着政治、经济、司法和宗教大权,所有主教和其他教会职务均由骑士团的神甫担任。世俗的各种权利使骑士团完全丢弃成立之初时的原则,虽然加入骑士团的成员依然要例行公事般地发三项誓愿,但事后都将其置于脑后。1263 年,教皇给予骑士团直接参与经商的特许权,德意志骑士团与北德的汉萨城市同盟联合起来,控制了波罗的海的海上交通要道,垄断了海上贸易。

在德意志的东进运动中西多派修道院同样是一个不应忽视的因素。

第四节 新修士团与异端教派

一、西多派修道院

自 11 世纪西欧修道院改革之后,改革后的修道院通过世俗君王、诸侯的赠予、获得各种捐赠以及垦荒等方式占有大片的土地,同时还获得开办市场等经济特权。在土地是唯一资源的中世纪的西欧,占有土地也就享有附着在土地上的各种权利,修道院的院长也因此享有与地方诸侯相同的政治权利,尤其是修道院改革运动的先锋克吕尼修道院。克吕尼修道院通过传播改革运动建起一个庞大的修道院联盟,修道院院长的政治影响力有了很大的提升。克吕尼修道院的第六任院长雨果不仅是罗马教皇的使节,而且还是德意志皇帝海因里希四世的教父,在卡诺萨事

---

① F.-W. Henning, *Handbuch der Wirtschafts-und Sozialgeschichte Deutschlands*, S. 363.

件中他斡旋于皇帝和教皇之间,在西欧的政治影响日益增强。丰厚的物质财富、举足轻重的政治影响力改变了修道院改革运动的初衷,修道院的修道士不再亲身参与农业生产活动,不再把劳动视为拯救灵魂的重要方式,也不再严格地用本尼狄克院规约束修道士的宗教生活。依然醉心于禁欲隐修生活的虔诚修士们不满克吕尼修道院的贵族作风,试图建立一种新的修道院模式,他们当中最典型的代表是修道士罗贝尔(Robert von Molesme,1028—1111)。

　　罗贝尔出身于法国香槟地区的一个贵族世家,很少有记载他生平的史料,他自 1044 年起进入本尼狄克派的修道院,后来担任莫莱斯姆修道院(Kloster Molesme)的院长。他认为,克吕尼修道院的制度违背本尼狄克院规,修士们放弃手工劳作,修道院掌有本应属于世俗和教会的政治权和经济权,它的实际生活方式以及繁缛的礼仪,与它所提出的修道院制度的本质完全不相符合。他坚信,只有与世隔绝的隐修生活才更能体现本尼狄克院规的本质,才更接近理想的宗教生活,所以修道院,应该建立在远离城市、远离居民区的荒芜地区。1098 年,罗贝尔带领 20 余名修道士离开了莫莱斯姆修道院,迁入法国东部第戎以南 20 公里的茂密丛林中,在被称为西多的地方建立了一所修道院。"西多"在古法语中意为"向沼泽进军",这就比较贴切地体现了罗贝尔选择建院地址的原则,他在这个新的修道院里重申本尼狄克院规,带领修道士开垦荒地,改变丛林的面貌,在它的周围很快就吸引并聚集了世俗居民。1100 年 10 月,教皇帕斯卡利斯二世发布通谕,首肯西多修道院(Kloster Cîteaux)的模式,宣布修道院在罗马教会的保护之下。西多修道院的建院原则很快就在法国以及法国之外的地区流行,凡是遵循西多修道院原则的都被称为西多派修道院(Zisterzinser①)。西多修道院的第三任院长、英国盎格鲁-撒克逊贵族家庭出身的司提凡・哈丁(Stephan Harding,1059—1134)时期,西多派修道院进入了一个发展的高峰期。1115 年,斯特凡・哈丁授

————————————

① 法语为 Cisterciensis。

命年仅 25 岁的修道士贝尔纳带领 12 名修士和一些世俗兄弟在特鲁瓦东面的克莱尔沃建立一所修道院。克莱尔沃丛林密布，盗匪出没，有"苦恼之林"的恶名。贝尔纳带领修道士和世俗兄弟在丛林中盖起简陋的房屋，清除树木和杂草，开垦荒地，很快就改变了那里的面貌，并被冠以"明亮的山谷"的美称。因此，克莱尔沃修道院被称为明谷修道院（Kloster Clairvaux）。

西多派修道院在经济上呈现出来的功能很快就得以在西欧各地迅速普及和发展。1123 年 1 月，科隆大主教施瓦岑堡的弗里德里希一世（Friedrich Ⅰ. von Schwarzenburg，1075—1131）在位于莱茵河下游的坎普山上建立坎普修道院（Kloster Kamp），任命他的兄弟、修道士阿努尔夫（Arnulf，？—？）为这所新建修道院的院长。阿努尔夫曾经是莫利蒙特修道院（Kloster Morimond）的修道士，它是西多派最初建立的四所修道院之一。[①] 坎普修道院是在德意志地区的第一所西多派修道院。德意志西多派修道院的建立正值东进运动之际，西多派修道院提出"向沼泽进军"的建院原则无疑是这一派修道院在德意志地区迅速发展的重要原因之一，至 13 世纪末期，仅坎普修道院就有 15 所子修道院，在它监管下的修道院有 60 所，修女院 24 所。西多派修道院的政治影响力也是不容忽视的一个重要方面，这一派修道院创始人之一的贝尔纳是罗马教会教权至上理论的最积极的辩护者，他不仅在理论上对教权至上的神学政治思想进行大量的阐述，而且积极地将其付诸实践。在他的倡导和努力下，最终消除了因 1130 年两个教皇并立在教廷内部出现的分裂。贝尔纳曾经为他的学生、西多派修道士出身的教皇欧根三世（Eugen Ⅲ.，？—1153，1145—1153 年在位）撰写了《思考》一文，提出了实现教权至上思想的具体建议，他也曾为 5 位教皇出谋划策，为他们摇唇鼓舌，并且

[①] 西多修道院最初建立了 4 所子修道院，即：1113 年建立的拉霏泰修道院（Kloster La Ferté）、1114 年建立的波蒂涅修道院（Kloster Pontigny）、1115 年建立的莫利蒙特修道院（Kloster Morimengd，）、1115 年建立的克莱尔沃修道院或称明谷修道院（Kloster ClaIVaux，）。西多派每年轮流在西多修道院和它的四个子修道院举行宗教列会。

还亲自参与那个时期在欧洲发生的所有重大事件的裁决,在当时有"无冕教皇"的美誉。也正因为如此,德意志的西多派修道院极少建在德皇势力较强大的地区,大多建立在皇帝的反对派诸侯的领地,尤其是在东部新殖民的地区。

　　在 12 世纪德意志的东进运动中,德意志的西多派修道院起到非常重要的经济作用,在易北河以东地区几乎不存在克吕尼派的修道院。哈尔茨山脉和图林根地区有着大片的林地和低湿地,布满着泥炭、沼泽、树木断枝。1144 年,萨勒河畔的罗滕堡的伯爵克里斯蒂安(Christian von Rothenburg,？—？)将其领地内的一片泥炭地赠给了西多派的瓦尔肯里德修道院,马格德堡的大主教免除该修道院新开垦土地的什一税,4 年之后这里变成了一片肥沃的草原,北起哈尔茨山脉的南缘,南至温德莱特山和屈夫霍伊泽山,被誉为"金色草原"。绍恩堡和荷尔斯泰因的伯爵阿道夫二世是最早倡导荷兰人和佛兰德人向东部殖民的组织者之一,他的儿子阿道夫三世(Adolf Ⅲ.,1160—1225)为了促进这个地区的垦殖,把湿地捐赠给了位于汉诺威附近的西多派的洛库姆修道院(Kloster Loccum),在西多派修道士的带领下把沼泽地变成了"快乐草原"(die Heilsaue)。

　　12 世纪以前,西里西亚的大部分地区依然覆盖着林地和沼泽地,只有少数地区有人居住。自 12 世纪上半叶以后,德意志的移民涌入这个地区拓垦土地,这里逐渐有了生气。1146 年,西里西亚的公爵博莱斯瓦夫(Boleslaw Ⅰ. 1127—1201)和他的父母一起被他的叔父赶出了西里西亚,他们逃亡到图林根,在那里居住了近 20 年。图林根是西多派修道院建立得最早也是最多的地区,博莱斯瓦夫接触到在这个地区较早建立的普弗尔塔修道院(Kloster Pforta)的修道士。1163 年,在巴巴罗萨·弗里德里希一世皇帝的支持下,博莱斯瓦夫返回西里西亚,重新掌握西里西亚的中部和南部地区的统治。1175 年,他委托普弗尔塔修道院的修道士在位于下西里西亚的弗雷茨瓦夫附近建立洛伊巴斯修道院(Kloster Leubus),给予该修道院土地、各种特许权以及征收利格尼茨地区什一税的权利。西多派的修道士们以洛伊巴斯修道院为大本营成为西里西亚拓垦殖民的领导者。13世纪初期,该修道院占有27个村庄和城市,其中一部分是修道院自己建立,一部分是以捐赠的方式获得的。13世纪中期,洛伊巴斯修道院新建约70座新的村庄,该修道院的所在地逐渐成为欧洲中东部地区经济和文化中心。

二、普雷蒙特雷修士会

12世纪与西多派修道院同时出现的还有普雷蒙特雷修士会(Prämonstratenser)。马格德堡的大主教克桑滕的诺贝特(Norbert von Xanten,1080或1085—1134)曾是海因里希五世的宫廷教士,他也曾陪同海因里希五世前往罗马接受教皇为其举行的加冕礼。在经历此后德意志皇帝与罗马教皇之间的争斗后,诺贝特与德意志皇帝渐行渐远,逐渐倒向罗马教廷一边。1113年,诺贝特拒绝德意志皇帝给予他康布雷主教区主教的教职,转而接受罗马教皇给他的教士授职礼,脱去丝织的衣服,换上粗羊毛制的教士袍,过上一种隐居修道的生活。此后诺贝特返回他的家乡克桑滕,试图在当地的修道院推行一种隐修制度,遭到当地居民激烈的反对,他也因此被斥为异端分子(Kezter),不得不于1118年被迫离开家乡。诺贝特游方到了法国南部,在那里偶遇罗马教皇格拉休斯二世(Gelasius Ⅱ.,1060或1064—1119,1118—1119年在位),教皇给予他在法国北部和西部地区游方布道的许可。诺贝特在布道中号召基督徒应该追随基督和使徒(Apostel),按照原始基督教的模式生活。1120年,拉昂的主教根据教皇加里斯都二世(Calixt Ⅱ.,1060—1124,1119—1124年在位)的提议允许诺贝特在其主教区内的普雷蒙特雷成立一个修士会。尽管建立一所修道院并不是诺贝特游方布道的初衷,但他还是遵循主教的意愿建立了普雷蒙特雷修士会,他为修士会制定规程,要求在修士会执行圣奥古斯丁为修道院制定的院规——奥古斯丁院规(Augustinusregel),遵守严格的隐修生活方式。1122年,在威斯特法仑伯爵戈特弗里德(Gottfried von Cappenberg,1096—1127)的赞助下,德意志境内有了第一所普雷蒙特雷修士会的修道院，同年，在今天德国和比利时交界之处的韦瑙也建立了一所普雷蒙特雷修士会的修道院。1125 年，诺贝特前往罗马，受到教皇洪诺留二世（Honorius Ⅱ.，1060—1130，1124—1130 年在位）的礼遇，在他的请求下，教皇正式承认了普雷蒙特雷修士会。

　　普雷蒙特雷修士会成立之后迅速传播开来。1126 年 7 月 18 日，与洪诺留二世教皇结成同盟的萨克森公爵、德意志的对立派国王洛塔尔三世在施派尔召开宫廷会议，诺贝特应邀前往，他身着破旧的僧服赤脚到此，在那些身着华丽服饰、来自大主教区修道院修道士（Chorherr）和教士们中引起一片哗然。尽管如此，诺贝特作为洛塔尔三世的忠实支持者，在这次宫廷会议上被任命为马格德堡的大主教，并获得教皇洪诺留二世的认可。马格德堡大主教区是德意志东进运动的大本营，在诺贝特主持的马格德堡大主教区内普雷蒙特雷修士会有了更大范围地普及。与西多派修道院一样，普雷蒙特雷修士会由于获得罗马教会的支持而受到德意志皇帝的排斥，它也与西多派修道院一样，在德意志东进运动中起到重要的经济作用，领导易北河以及奥得河以东地区的垦殖，承担在斯拉夫地区实现基督教化的职责。普雷蒙特雷修士会的修道院还普及到波希米亚和摩拉维亚，修道院所在地成为那里拓荒垦殖的核心地区。12 世纪 40 年代，在科隆大主教区、班贝克主教区也都先后建立了普雷蒙特雷修士会的修道院。13 世纪，普雷蒙特雷修士会的影响扩大到图林根、克恩滕等地区。

三、瓦尔多派和卡塔尔派

　　12 世纪以后产生的新修士团（Ordensgemeinschaft）不仅局限于修道院这种教会组织机构，而且还有在修道院院墙之外的游方的托钵修士会（Bettelorden）。托钵这种修行方式 11 世纪 70 年代最早在法国出现，被视为中世纪托钵僧第一人的是罗伯特（Robert von Arbrissel，1045—1116），他出生于法国南部布列塔尼的阿尔布列塞，出于对神学的求知在法国各地游历,聆听过许多著名神学家的布道,他追求一种贫穷的隐修生活方式,效仿基督的形象,身穿破旧的僧服,打着赤脚,蓄着长长的胡须,手拿布袋,以化缘乞食为生。他用 4 年的时间走遍图卢兹、沙特尔、布列塔尼、佩里格等南法的大部分地区,在十字路口、在村头、在晒谷场、在集市上,用大众的语言宣讲基督教的教义,谴责世俗教士的堕落,劝导人们坚守基督式的贫穷,保持内心的虔诚,追随十字架上赤裸的基督,这样就能获得灵魂的得救。① 罗伯特极富感染力和煽动性的布道与罗马教会改革的主张如出一辙,教皇乌尔班二世于 1096 年封他为布道师,给予他在任何地方讲经布道的特许权。在他的影响下,南法地区出现一批颇有影响的游方修士。1100 年罗伯特在法国安茹地区建立了一个占地面积约 15 平方公里的双重修道院(Doppelkloster②)——丰特夫罗拉拜修道院(Abbaye Royale de Fontevraud),这个修道院俨然如一个修道院城市。罗伯特建立的修道院与克吕尼派修道院、西多派修道院以及普雷蒙特雷修士会的修道院最大的不同,是修道院的修道士和修女不以从事经济活动为己任,罗伯特也没有把他的精力放在如何建设修道院上,他没有长居在此,依然作为传教的游方修士,携同他的学生周游各地,把修道院的生活带出深院高墙。

12 世纪是西欧社会宗教意识极为活跃的年代,席卷整个西欧的宗教世俗运动(die religiöse Laienbewegung③)增强了整个社会的宗教意识,除了在各地出现的这些新的修士团之外还出现以虔诚的基督徒组成的世俗教团,例如以市民阶层为主体的卡塔尔派(Katharer)、瓦尔多派

---

① E. Werner, *Pauperes Christi. Studien zu sozial-relgiösen Bewegungen im Zeitalter des Reformpapsttums*, Leipzig : Teubner, 1956, S. 44f.

② Doppelkoster 意为修女院和修道院同在一起,但由高墙隔开。

③ "宗教世俗运动"的概念源自于 13 世纪教会法学家格拉蒂安(Gratian, ? —1160)编纂的《教会法》(Decretum Gratiani),他把自中世纪以来教会的敕令和国王的敕令区别开,有了教会法和世俗法的概念,教会法适用教士和修道士等专职的宗教人士,世俗法适用于除宗教人士之外的基督徒,即:世俗(Laien)

(Waldenser①)等多个以市民为主体的教派。瓦尔多派的创始人是地处法国南部里昂市的富商佩特鲁斯·瓦尔多(Petrus Valdes,? —1218),他请人把《圣经》(Bibel)从拉丁文翻译为法语,以便自己阅读和研习。瓦尔多以《马太福音》中描述的基督为榜样,过一种贫穷的使徒式的生活,他效仿使徒保罗云游四方布道传教,自称是"云游忏悔布道士"。他还召集与其有相同思想的信男信女们,让他们两人一组,在大道旁、谷场上宣讲《圣经》。《圣经》是他们的座右铭,"回归贫穷的使徒教会"是他们的宗教主张,因此,他们被称为瓦尔多教派,也被称为里昂穷人派。② 1179年,罗马教皇亚历山大三世在第三次拉特兰宗教会议上驳回瓦尔多要求自由布道的请求,命令他服从里昂大主教。1184 年,教皇卢修斯三世(Lucius Ⅲ., 1097—1185,1181—1185 在位)在维罗纳召开的宗教会议上,斥瓦尔多派是异端教派,给予其严厉的处罚。自此,里昂的瓦尔多派被迫迁移他乡,在法国南部、西班牙北部以及意大利北部找到新的支持者。1215 年,教皇因诺森三世在第四次拉特兰宗教会议上更加严厉地谴责和迫害瓦尔多派,但瓦尔多派始终没有被完全铲除。

与瓦尔多派相比较,卡塔尔派(Katharer)的历史可以追溯到古代社会晚期,"卡塔尔"是希腊语"纯洁"的音译。这一教派的宗旨是要"保持基督的纯洁"。③ 8 世纪前后,卡塔尔派在小亚细亚和巴尔干地区十分活跃,他们有自己的教会组织和教义纲领。卡塔尔派以宗教的二元论为教义的基础理论,他们认为,有两个完全独立的世界和上帝,一个是由善的上帝统治着的善的世界,另一个是由恶的上帝统治着的恶的世界,这两个上帝和世界势均力敌,无法调和。恶的世界的统治者把天使引诱到他的王国,把其关进他所创造的生物——人和动物——之中,使其忘记自己的本源。天使被囚表明的是他对善的上帝的叛逆。因此,人的救赎就是

---

① 国内学界也有将其译为"韦尔多派"。

② E. Werner; M. Erbstoesser, *Ketzer und Heillige. Das religiöse Leben im Hochmittelalter*, Wien: Böhlau, 1986, S. 272ff.

③ A. Holl (Hrsg.), *Die Ketzer*, Hamburg: Hoffmann u. Campe,1994, S. 207f.

要把天使从拘禁中解放出来,使其回到自己的世界去,解放天使的前提是人要认识到这两个世界之间的关系。认识就要有知识,知识只能从福音书中获得,福音书是卡塔尔派宗教思想的理论根据。① 十字军东征期间,西欧与拜占庭和巴尔干之间的贸易往来日益活跃,东正教的传教士随着往来于东西方的商人和返回西欧的十字军进入西欧,他们带来了卡塔尔派的宗教思想。② 卡塔尔派主张的善恶二元论的宗教观念很快就在西欧找到了"知音"。声称要回归贫穷基督的托钵修士会批评教会的奢华和腐败,他们借鉴了卡塔尔派的宗教主张,认为腐败的教会和它的财富是由恶的上帝创造出来的,是他们阻止人们认识通往救赎的真正道路,是恶的上帝给了教会权力和财富,教皇和教士们是恶的喉舌,天主教教会宣传的救赎之路是要把基督徒引向歧途。

进入西欧的卡塔尔派,在不同的政治环境和社会条件下走上了不同的发展之路。在法国南部地区,卡塔尔派迅速发展为人数众多、涵盖各个社会阶层的教派。在南法封建诸侯的支持下,卡塔尔派在阿尔比城建立根据地,组织自己的教会,拒绝罗马教会的宗教法权,公开地与之抗衡。罗马教会联合法国国王,组成征讨的十字军,动用武力对其进行镇压。更确切地说,南法的卡塔尔派运动是一场政治运动。12 世纪 40 年代,在德意志中部的科隆附近出现了卡塔尔派,1147 年时,卡塔尔派在莱茵河至比利牛斯山之间广为流行,并于 12 世纪 60 年代传到了意大利北部。卡塔尔派的宗教思想公开对罗马教会的宗教权威提出了挑战,尽管它与同时代托钵修士会所倡导的遵守基督式的贫穷如出一辙,但是依然被罗马教会斥为异端教派。在德意志地区的卡塔尔派没有建立像阿尔比城那样的大本营,它在德意志的社会影响也很有限,但是对此后科隆经院哲学流派的形成却有着不容忽视的影响。

---

① E. Werner, M. Erbstoesser, *Ketzer und Heillige. Das religiöse Leben im Hochmittelalter*, S. 320ff..

② M. D. Lambert, *Medieval Heresy. Popular Movements from the Gregorian reform to the Reformation*, Oxford: Blackwell, 1992, pp. 55—61.

　　罗马教会把宣扬守贫的瓦尔多派斥为异端，但在意大利，罗马教会则大力支持同样具有托钵性质、以布道传教为宗旨的弗兰西斯修士会和多米尼克修士会。无论是异端教派还是新的修士会都对德意志君权与罗马教会的最后争斗产生极大的影响。

第七章　选侯的权势和城乡的转变

　　弗里德里希二世与教皇的争斗加剧了德意志在政治上的分裂,国王的反对派与教皇以及英、法国王结盟,一再选举对立派国王相互抗衡,多次出现两王并立的政治局面,德意志进入了无政府的"大空位"时期。为了克服这种政治局面的混乱,德意志的大诸侯们相互妥协达成一致,确立了七大选侯制度。然而,选侯制度不仅没有避免两王并立的现象,反而加剧了德意志政治上的分裂,选侯的政治势力更加强大,邦国制度基本确立。

　　13 世纪的德意志与西欧其他地区一样,在常态的拓荒运动带动下,农业生产以及对土地的经营方式都有革命性的进步。农业的进步更加活跃了城市的经济,大小城市如雨后春笋般涌现,市场是连接城乡之间的重要经济桥梁,形成地区性的经济中心。城市的形态和城市文化也有很大的变化。不仅如此,城市还成为文化的中心,聚集了博学的修士,涌现出一批对基督教文化有巨大贡献的经院哲学家。

第一节　无法驾驭的选侯

一、政教的最后争斗

　　1237 年,意大利的局势以及与罗马教皇的敌对,迫使弗里德里希二世率军分两路进入意大利,11 月战胜以米兰为首的伦巴底城市同盟的军队,攻克多座伦巴底城市,但却在 1238 年 7 月攻打一座小城布雷西亚时马失前蹄,皇帝的军队围攻该城 10 个月之久后徒劳而归。意大利地区反德意志皇帝的势力借机再起,教皇格雷戈尔九世也因此返回罗马城。他拆毁敌对贵族的城堡,调停热那亚和威尼斯之间因贸易竞争而引起的纠纷。1238 年,弗里德里希二世主持了他的非婚生子恩齐奥(Enzio von Sardinien①, 1220—1272)与享有撒丁王国四分之一统治权的托雷斯的辖区行政长官之女阿德勒希娅(Adelasia de Lacon-Gunale,1207—1255)的婚事,次年,宣布恩齐奥为撒丁的国王。撒丁岛是位于西地中海地区仅次于西西里的第二大岛屿,从 9 世纪起该岛屿被分为阿尔伯勒阿(Arborea)、卡利亚里(Cagliari)、加卢拉(Gallura)和托雷斯(Torres)四个行政辖区(Judikate)。1014 年,撒丁岛遭受阿拉伯舰队的攻击,1016 年热内亚和比萨的舰队击退了阿拉伯人,在此后的两个多世纪内撒丁岛一直作为教皇的采邑由比萨领有。教皇把弗里德里希二世宣布恩齐奥为撒丁国王看作强占教皇的封地。1239 年 3 月 20 日,格雷戈尔九世以弗里德里希二世霸占教皇国封地为由,第二次宣布对其处以绝罚,教皇与德意志皇帝之间的争斗烽烟再起。

在这同一年,一直充当罗马教廷和德意志皇帝调停者的德意志骑士团团长萨拉查的赫尔曼辞世。另一方面,弗兰西斯修士会的总教长科尔托纳的埃利亚斯(Elias von Cortona, 1180—1253)则因为积极调停教皇与皇帝之间的矛盾而被教皇免去了教职。缓解政教之间矛盾的两个重要因素先后消失,双方之间的相互指责和激战越演越烈。1240 年秋季,

---

① 中世纪西欧施行的是一夫一妻制,只有合法婚姻的子女才享有父母双方两个家族的继承权。但在中世纪还存在着或因等级的差异、或因政治等多种因素无法获得正式认可的婚姻,这种婚姻的子女,被称之为非婚生子(natürliches Kind),他们通常不享有继承权,但贵族的非婚生子同样可以被晋封为骑士或者成为教会的教士或进入修道院成为修道士,以保证他们的社会地位。弗里德里希二世一生曾有过四次合法婚姻,曾与多名妇女有过情爱关系,恩齐奥是其与士瓦本的乌尔斯林根家族的阿德海德所生。因为他是非婚生子或可被封为伯爵,或可为教会的高级教士。

格雷戈尔九世邀请意大利、西班牙、德意志和法国等地的高级教士于次年复活节期间参加在罗马举行的宗教会议,他意欲当众宣布废黜弗里德里希二世。弗里德里希二世不甘束手就擒,于 1241 年的 3 月在托斯卡纳地区的吉廖岛附近伏击了热那亚舰队,这支舰队是负责输送前往罗马参加宗教会议的教士们,皇帝俘获两名枢机主教、鲁昂的大主教、波尔多的大主教、欧什的大主教以及一百多位主教和修道院的院长,将他们拘押在那波利。

吉廖岛海战(Seeschlacht von Giglio)之后,弗里德里希二世依仗着强大的军队占领了蒙特卡西诺,取消了贝内文托作为教皇在西西里王国境内的内飞地(Enklave①),把斯波勒托公爵领地和安科纳伯爵领地从教皇的领地中分离出来,并在托斯卡纳和伦巴底设立一个常设权力机构,任命恩齐奥为皇帝在这个地区的总特使,通过这一系列的措施加强对这个地区的控制。此时,意大利的大部地区似乎都被置于德意志皇帝的控制之下,而且在罗马和枢机主教团中也不乏皇帝的支持者。1241 年 8 月22 日,处于劣势的教皇格雷戈尔九世辞世。

罗马教会枢机主教团为了向弗里德里希二世示好,同时也为了表明新教皇的选举不受他人的干扰,第一次于 1241 年 10 月采取"秘密会议"(Konklave)的方式,不是在拉特兰宫而是在罗马城内著名的温泉宫(Septizodium②)选举乌尔班三世教皇的侄子、年迈且疾病缠身的枢机主教克勒斯丁四世(Coelestin Ⅳ,? —1241,1241 年在位)为教皇,但他登上圣宗座仅 17 天就辞世。在此之后,圣宗座经历了 19 个月的空位(Sedisvakanz),直至 1243 年 6 月 25 日,热内亚的教会学者、出身于热内亚贵族世家菲希家族的西尼巴尔多(Sinibaldo de Fieschi)被枢机主教团

---

① "内飞地"是在西欧中世纪特有的一种政治地理概念,是指在一个王国之内不属于该王国的一块领地。16 世纪以后,内飞地是指在某个国家境内,但属于其他国家的一个行政区域。比较典型的是二战之后在东德境内的西柏林。

② "Septizodium"是罗马皇帝谢普提米乌斯·塞维鲁(Septimius Severus,146—211)修建的一座温泉宫,故这座温泉宫以他的名字命名,笔者把"Septizodium"这个专有名词翻译为"温泉宫"。

推选为教皇称因诺森四世(Innozenz Ⅳ.，1195—1254，1243—1254 年在位)。弗里德里希二世致函新教皇，愿与其建立一个良好的关系，他在信函中不仅认可了罗马教会的惩处权(Strafgewalt)，而且也承认皇帝有忏悔的义务(Bußpflicht)，他表示在作出这些允诺的妥协后，教皇应该解除对他的绝罚。然而，因诺森四世自上台之初起就对德意志皇帝充满了不信任，双方更因为在维泰博的归属问题上发生公开的冲突。

维泰博位于罗马北部 77 公里处，是伦巴底王国最后一位国王德西代留(Desiderius，? —786，757—774 在位)修建的一座要塞。9 世纪中叶维泰博归属于罗马教皇国，罗马教会曾多次在维泰博举行宗教会议，多名教皇在此居住，将其看作是"教皇的城市"(Stadt der Päpster)。1167 年，德意志皇帝弗里德里希一世给予该城市民自治的城市权，自此之后维泰博成为一个自由城市，受皇帝的司法审判权保护。因诺森四世力图收回维泰博，而弗里德里希二世则不甘心放弃对伦巴底城市的掌控，企图以教会保护者的身份继续掌控伦巴底城市，双方的对立因此激化。1244 年 6 月 29 日，弗里德里希二世应约赴罗马，欲与因诺森四世会晤，极不信任皇帝的教皇秘密逃到热那亚，转道去了法国的里昂。

1245 年 6 月 28 日，教皇在里昂召开宗教会议，尽管这次宗教会议被冠以第 13 次"公会议"(ökumenisch①)，但与会者仅有法国的主教、大主教和修道院的院长，德意志的教士几乎都没有参加这次宗教会议，也极少有英国教士前往。教皇因诺森四世在宗教会议上以法官的身份传讯弗里德里希二世到会，皇帝指派西西里的宫廷大法官塞萨的塔德乌斯(Thaddäus von Sessa，? —?)前往里昂，在会上为自己进行辩护，并且信誓旦旦地表示，皇帝愿意归还原属教皇国的领地，应允组织十字军解放耶路撒冷，抵抗鞑靼人的进攻，甚至表示愿为犯过的错道歉。因诺森四世似乎并不打算改变自己出逃罗马的初衷，对德意志皇帝的诚意表示

---

① 罗马帝国时期，"公会议"(ökumenisch)是指基督教主教们的会议，4 世纪至 8 世纪则是包括天主教和东正教的主教和高级教士参加的会议。1054 年，基督教教会分裂为东西两大教派后，"公会议"指天主教所有地区高级教士参加的宗教会议。

出极大的不信任,他列举弗里德里希二世多次违背誓约的事实,力图证明他不仅是针对教皇本人,而且也是针对整个教会,尤其是 1241 年拘捕教皇使节和多位主教的事件,他的行为已经具有异端性质。7 月 17 日,在弗里德里希二世和他的使节不在场的情况下,因诺森四世召开本次宗教会议的第二次会议,第三次宣布对弗里德里希二世处以绝罚,并且废黜他为德意志皇帝。得知这一处罚的弗里德里希二世并没有因此而示弱,反而宣称,他过去一直就像一个铁砧一样过于容忍,现在他要做铁锤了。针对教皇置他于教会公敌的做法,弗里德里希二世则重申教会应该改革,教士和修道士应该遵守当时社会中倡导的像基督那样的守贫原则,鼓动西欧各王国的君主和大贵族抵制迷恋权势和财富的教会。

德意志皇帝与罗马教皇之间的争斗,在意大利形成两个鲜明的政治派别,即支持德意志皇帝的吉伯林派(Ghibellinen)和站在教皇一边的归尔甫派(Guelfen)。归尔甫派这一名称源自于韦尔夫家族。自施陶芬家族登上德意志的王位之后,韦尔夫家族与之的明争暗斗从未停止,12、13 世纪之交,韦尔夫家族与其争夺王位的争斗愈演愈烈。1215 年前后,以佛罗伦萨为首的一些反对德意志皇帝政策的意大利城市按照韦尔夫的意大利语的谐音自称为归尔甫派,支持德意志皇帝的那些城市则按照施陶芬家族的领地内的城市魏布林根的谐音称吉伯林派。支持教皇的归尔甫派无法在武力上与皇帝较量,1246 年春季,他们密谋刺杀皇帝,密谋的首领是教皇的妹夫、佛罗伦萨市的执政官奥兰多·罗西(Orlando Rossi aus Parma,? —?),但这一密谋还未实施就被揭露,参与密谋者遭受严厉的酷刑。与此同时,在意大利的南部地区也发生大动乱。自从因诺森四世潜逃到法国之后,教皇使节、枢机主教维泰博的赖纳(Rainer von Viterbo 或 Raniero Capocci,1180 或 1190—1250)就一直率领教皇的军队在意大利南部地区与皇帝的军队对峙。1246 年,教皇军队与归尔甫派的军队联合起来共同与皇帝的军队作战,教皇联军惨败,维泰博市再次被置于皇帝的掌控之中。

弗里德里希二世在与教皇进行的斗争中也并没有完全占据上风,他未能真正地控制意大利,同时又因为忽略对德意志本土的统治,德意志诸侯利用皇帝长期在外无暇顾及德意志境内局势的时机,增强各自的权势,或结成同盟,或与教皇联合,皇帝反而在德意志本土失去重要支持者。教皇格雷戈尔九世去世后,曾经是弗里德里希二世重要政治支持者的美因茨的大主教西格弗里德三世(Siegfried Ⅲ. von Eppstein, 1194—1249)和科隆的大主教上施塔登的康拉德(Konrad von Hochstaden, 1205—1261)突然联合起来同时调转枪口,成为皇帝的反对派。在意大利刺杀皇帝未遂的消息传到德意志后,美因茨、科隆以及特里尔的大主教召集那些反对皇帝的主教们,于 1246 年 5 月 22 日在维尔茨堡附近的法伊茨赫希海姆集会,共同选举图林根的侯爵(Landgraf①)海因里希·拉斯佩四世(Heinrich Raspe Ⅳ., 1204—1247, 1246—1247 年在位)为德意志的对立派国王。

对立派国王的产生并没有促使弗里德里希二世做出返回德意志的决定,他反而于 1247 年春季率军进攻里昂。为了扫清进军道路上的阻碍,弗里德里希二世给予萨瓦②地区的伯爵们大量的土地财产。然而,当皇帝的军队抵达都灵时,帕尔马却被奥兰多·罗西率领的教皇军队和归尔甫派的军队占领,弗里德里希二世率军围困帕尔马城长达一月之久。1248 年 2 月 18 日,帕尔马城中的归尔甫派军队冲破了皇帝军队围攻的防线,皇帝军队对这突然的攻击毫无防备,溃不成军,但这似乎并没有完全削弱皇帝军队的军事实力。在这同一时期,教皇的军队进攻意大利北部的罗马涅,遭到强硬的抵抗,无果而终。反对派在军事上难以战胜皇帝的军队,于 1249 年再次计划暗杀弗里德里希二世。他们贿赂皇帝的御医,企图用毒药毒死皇帝,皇帝最信任的宠臣、宫廷大法官佩特鲁斯也被牵扯其中,最终又因东窗事发而未得逞,佩特鲁斯被拘押,被处以刺瞎

---

① 侯爵(Landgraf)是德意志帝国时期高于伯爵的大贵族,中世纪中期图林根的侯爵享有非常重要的政治地位。

② 这里的萨瓦是个历史地理概念,地处今天法国罗讷河与阿尔卑斯山主峰之间的区域,934 年属于勃艮第国王,1032 年起归属神圣罗马帝国。

双目的刑罚。但丁（Dante Allghieri，1265—1321）在他的《神曲》（Göttliche Komödie）中，记述了佩特鲁斯极富戏剧性的一生，将其描写为一个蒙冤的灵魂。①

　　1249 年 5 月，归尔甫派一支拥有四千骑兵和三千步兵的军队进攻意大利北部的摩德纳，弗里德里希二世的爱子恩齐奥也率军前往摩德纳援助吉柏林派的军队，双方在摩德纳附近的福萨勒塔进行了激烈的战斗，皇帝和吉伯林派的军队大败，恩齐奥被俘，被囚禁在博洛尼亚城内长达22 年之久。福萨勒塔战役（Schlacht bei Fossalta）的失利无疑给予皇帝一个较为沉重的打击，然而德意志内部的局势风云突变，导致意大利北部的城市再次站到皇帝一边，教皇因诺森四世重又深陷危难之中，他被迫接受法王路易九世的建议，在里昂静候弗里德里希二世的到来，与其进行谈判。弗里德里希二世在前往里昂的途中身染重病，于 1250 年 12月 13 日在普里亚北部卡皮塔纳塔的菲奥伦蒂诺城堡（Castel Fiorentino）辞世。直至临终，弗里德里希二世都没有获得教皇的宽恕，没有解除给予他的绝罚，为此，他命一位教士为自己穿上了西多派修道士的僧衣。

　　弗里德里希二世的去世为政教争斗画上了一个句号。德意志皇帝与罗马教皇围绕基督教世界最高统治者这个虚名争斗近 2 个世纪，最终不仅没有分出胜负，而且双方的政治实力都因此有不同程度的损耗。四年之后，弗里德里希二世的儿子、施陶芬王朝的最后一位国王康拉德四世（Konrad Ⅳ.，1228—1254，1237—1254 年在位②）年仅 26 岁也离开了人世，他从未戴上过神圣罗马帝国皇帝的皇冠，也未有任何政绩，施陶芬家族就此退出德意志的历史舞台，自此之后德意志进入一种长时期的无政府状态。

---

① 但丁《神曲》第 13 篇章中的第 31 至 108 行。中文版译文中按照其拉丁文名字 Pier delle Vigne 翻译为皮埃尔·德拉·维涅亚。
② 康拉德四世还是西西里的国王（1250—1254）和耶路撒冷的国王（1228—1254）。

二、无政府的"大空位"时期

弗里德里希二世因与教皇争夺在意大利的统治权而久留意大利,为安抚德意志的教俗诸侯防止后院起火,不惜牺牲德意志城市的自治权以及已经给予市民的各种权利,先后颁布了《与教会诸侯联盟》《有利于诸侯的法令》以及《帝国和平条例》,这就为教俗诸侯巩固和增强自身的权力提供了政治条件,德意志的采邑逐渐领土化,形成了有固定疆域有主权的邦国制(Landesherrschaft)。

13 世纪初,蒙古大军的西征改变了欧洲的政治格局,也对德意志产生深刻的影响。1237 年,蒙古成吉思汗(Dschingis Khan,1155 或 1162 或 1167—1227)的孙子拔都率大军西征,攻占今天俄罗斯的大部分地区,其军事势力扩张到多瑙河的下游,到达黑海地区,最后直抵诺夫哥罗德。1240 年,拔都在占领了基辅公国后分兵进攻匈牙利和波兰,此时教皇格雷戈尔九世和弗里德里希二世的政教争斗正酣,他们都未正视蒙古西征的威胁,更没有准备采取任何措施来联合西欧各王国的军事力量组织十字军进行抵抗。匈牙利、波兰、西里西亚等地处欧洲东部地区的诸侯不得不独自抵抗这股强大的外来入侵者,但都遭到沉重的打击。1241 年 4 月 9 日,西里西亚的公爵海因里希二世(Heinrich Ⅱ.,1196 或 1207—1241)在今天波兰的利格尼茨附近的瓦尔斯塔特与蒙古军队交战,尽管德意志骑士团提供军事上的援助,但依然惨败,不仅全军覆灭,海因里希二世公爵也战死沙场。两天后的 4 月 11 日,匈牙利的国王贝洛四世(Béla Ⅳ.,1206—1270,1235—1270 年在位)也在今天匈牙利的米什科尔茨附近的穆伊战役(Schlacht bai Muhi)中兵败,蒙古人渡过多瑙河进入布达市①,贝洛四世幸免于难,逃亡匈牙利北部。瓦尔斯塔特战役和穆伊战役的失利令西欧陷入极大的恐慌之中,然而在军事上取得节节胜利的拔都却因汗位之争突然于次年班师回朝,此后再未重返西欧,而是在伏尔

---

① 布达市是今天匈牙利首都布达佩斯的一部分,布达位于多瑙河的右岸,佩斯位于其左岸。

加河下游建立了钦察汗国,又称金帐汗国(Goldenen Horde①),统治俄罗斯长达几个世纪。蒙古西征为东西欧划了一条无形的界限,一方面俄罗斯被排挤出波罗的海地区;另一方面,企图继续东进的德意志骑士团也止步于纳尔瓦河畔。

正当蒙古西征对西欧造成巨大威胁之时,德意志境内的政治局势风云变幻。1241 年 9 月,科隆的大主教上施塔登的康拉德与美因茨的大主教西格弗里德三世结成反皇帝的联盟,他们同赴里昂谒见教皇,表示认同他处以弗里德里希二世的绝罚。1245 年,特里尔的大主教阿诺尔德二世(Arnold Ⅱ von Isenburg,1190—1259)也加入这个联盟,次年 5 月 22 日,他们在没有任何世俗诸侯在场的情况下选举海因里希·拉斯佩四世为对立派国王,被戏称为"教士国王"(Pfaffenkönig)。教士国王从未接受过国王的加冕礼,在被推举 9 个月之后溘然长逝。1247 年 10 月 3 日,反对皇帝的主教们再在科隆附近的沃林根选举没有任何权势的年轻的荷兰伯爵威廉(Wilhelm von Holland,1128—1256,1254—1256 年在位②)为德意志的国王,但直到近一年后的 1248 年 9 月 1 日威廉才在亚亨接受科隆大主教为其主持的加冕礼。

威廉是布兰班特公爵海因里希二世(Heinrich Ⅱ.,1207—1248)的侄子,他的妻子伊丽莎白(Elisabeth von Braunschweig,1230—1266)是不伦瑞克的公爵奥托一世(Otto Ⅰ.,1204—1252)的女儿。奥托一世出身施陶芬家族的宿敌韦尔弗家族,威廉的婚姻为其争取到萨克森、勃兰登堡等北德意志诸侯的支持。1252 年 3 月 25 日,北德意志的诸侯以及吕贝克、戈斯拉尔等其他一些北德意志的城市代表聚集在不伦瑞克,追加选举威廉为德意志的国王。因为有世俗诸侯和城市参与的选举和支持,威廉国王不再被看作是"教士国王",1254 年康拉德四世去世后,威廉得到德意志诸侯的广泛承认。然而,威廉却因为海因里希·拉斯佩四世

---

① 因钦察汗国的帐篷尖顶都是金色的,故欧洲人将其称之为"金帐汗国"。
② 威廉于 1248—1254 年间被选为对立派国王,在 1254—1256 年间才是德意志唯一的国王。

在图林根的遗产以及佛兰德的归属等问题，与美因茨的大主教和科隆的大主教反目成仇，科隆的大主教上施塔登的康拉德甚至企图谋杀威廉。这一企图失败后，他又以许诺王位为条件欲与波希米亚的国王奥托卡尔二世（Ottokar Ⅱ. von Böhmen，1232—1278,1253—1278 年在位）联手，试图迫使威廉退位，因未获得教皇的支持而未能得逞。

早在海因里希（七世）幼年登基为国王，科隆的大主教就通过摄政权扩大自己的势力范围，地方诸侯也趁机争权夺势。为了防御其他权势的侵扰，越来越自成一体的采邑封地因为具有领土主权的性质更为封闭，诸侯们在自己的领地设置边防线、建立城堡，仅在 12 世纪就在德意志各地出现了成百的新建城堡。德国历史学家们普遍认为，城堡的建立是中世纪德意志从个人联合的政体形式向领地领土化的邦国制过渡的较为典型的标志，诸侯通常把城堡建立在较高的地势上，它不仅坚固不易攻克，更重要的是以此表明对领地的最高统治权。1245 年教皇对弗里德里希二世处以的绝罚以及此后一再出现的对立派国王，致使德意志处于一种无政府的状态，更加强了邦国的独立性和封闭性，直至哈布斯堡王朝的开始。席勒（Johann Christiph Friedrich von Schiller[①], 1759—1805）称这个时期是"无帝时代"（die „kaiserlose" Zeit），德国历史学家们则通常把这个历史阶段称为"大空位时期"（Interregnum）。

三、莱茵城市同盟的建立

所谓的"大空位时期"并不是德意志出现了王朝的空位，而是王位的权威降到了最低点。采邑的领土化和邦国制度的确立，极大地削弱了王权在司法审判权和经济利益方面对城市的保护。诸侯掌握着邦国内的市场权、关税权和铸币权，与一向受德意志国王保护的城市发生了冲突。城市领主，尤其是那些作为大主教驻节地的城市领主，肆意征收各种赋税的情况日益严重，皇帝还慷慨地给予教俗诸侯征收各种收通行税的特

[①] 席勒是 18 世纪末、19 世纪初德意志著名的诗人、哲学家和历史学家。

许权。在莱茵河上,领主们设立的关卡急剧增加,从原来的 19 处猛增到 62 处,税率也提高到了 60%。弗里德里希一世皇帝曾经一度非常引以为自豪地把莱茵河称为"王家大道",此时则被戏称为"教士的胡同"。①苛重的赋税和林立的关卡为活跃的贸易活动设置重重阻碍,独立自治的邦国与一向受德意志国王保护的城市之间的冲突不断升级,几乎已经消失的私战重又复燃。13 世纪 20 年代,位于莱茵河中游的一些城市多次试图联合起来抵抗教俗诸侯征收的通关税,美因茨的大主教西格弗里德三世为此曾多次向弗里德里希二世皇帝提起申诉。1231 年,海因里希(七世)国王在沃尔姆斯的王国会议上宣布,禁止莱茵河流域沿岸的城市结成任何同盟,这就更加激起了城市市民的愤怒,拒绝服从。

1254 年 2 月,美因茨的市政长官(Walpod)阿诺尔德(Arnold,? —?)与沃尔姆斯的市政长官阿诺尔德(Arnold zum Turm,? —?)根据 1235 年 8 月弗里德里希二世在美因茨宫廷会议上颁布的《帝国和平条例》签订一个双边协议,目的是共同抵制那些享有领土主权(Territorialgewahlte)的领主们(Territorialherr)对城市市民利益的盘剥,在无政府状态下进行自我保护,同时还以这个双边协议为基础缔结了"永久同盟"(Ewiges Bündnis)。同年春季,奥彭海姆市、宾根市表示愿意遵守该协议加入永久同盟,成为同盟中的一员。此后,越来越多的城市表示愿意加入这个同盟。7 月 13 日,沃尔姆斯、科隆、施派尔、巴塞尔、斯特拉斯堡、亚亨、法兰克福、苏黎世、维尔茨堡、弗赖堡等众多城市的代表在美因茨召开大会,共同签订一个有效期长达 10 年的和平条约(Freidensvertrag),在此基础上结成莱茵城市同盟(Rheinischer Städtebund②)。和平条约强调禁止成员相互之间的私战,要求教俗诸侯撤销分设的关卡。

莱茵城市同盟是德意志中世纪历史上第一个为维持社会秩序自发

---

① 汤普逊:《中世纪经济社会史》,下册,第 93、97 页。
② 为与此后的莱茵城市同盟有所区别,又称之为"第一次莱茵城市同盟"(Erster Rheinscher Städtebund)。

联合起来的社会团体,它在一定程度上有效地保证了各城市在无政府状态下从事经济活动。尽管莱茵城市同盟签订的条约中有针对教俗诸侯的条例,但后者很快就看到这一组织建制对社会安定以及自身的利益都有极大的好处,随即改变了与城市同盟为敌的态度。1254 年 10 月 6 日,莱茵城市同盟在沃尔姆斯召开第二次会议,参加这次会议的城市多达 70 余座,其中不仅有莱茵河上游和下游沿岸的城市,而且还有来自德意志中部和西部地区的城市。此外,莱茵地区的几位大主教、主教以及世俗诸侯也都参加了会议。在这次大会上,教俗诸侯与城市达成协议,前者允诺取消随意设立的关卡,以此为条件城市同意不再扩大城外市民。1255 年 2 月,威廉国王在沃尔姆斯的王国会议上正式承认莱茵城市同盟,同时还规定,没有国王或者由国王任命的王室宫廷法官的同意,不得对扰乱社会的人采取任何行动,如果在诸侯与同盟的成员城市间发生纠纷时应由国王进行仲裁。获得国王许可后的莱茵城市同盟进一步扩大,在 1255 年 6 月 29 日召开的同盟会议上一致同意,向所有成员城市征收同盟关税以作为同盟的开支,同时还组建了一支有百余艘船只的舰队,驻扎在位于摩泽尔河与莱茵河交汇之处的科布伦茨。1268 年,莱茵城市同盟甚至还在王国的会议上争取到一项法令,除依据古老权利确定的通行税以外撤销所有新制定的通行税。

莱茵城市同盟作为一个松散的机构,它既没有独立完善的组织机制也没有制定任何纲领,仅是每个季度召开一次全体成员城市参加的会议,就所出现的问题或摩擦共同协商,达成某种协议。但是,参加同盟的邦国诸侯与城市之间在利益要求上很难取得一致,因而它不可能长期存在。自 1256 年 5 月起,邦国诸侯不再参加同盟大会,成员城市间的纠纷也很难得到解决,第一次莱茵城市同盟因而解体。莱茵城市同盟仅存在约 2 年的时间,如同昙花一现在历史的长河中瞬间消失,但是它所产生的政治影响是不容忽视的,威廉国王把莱茵城市同盟看作是一个政治屏障,它在一定程度上阻碍或者延缓了邦国诸侯对帝国权力的瓜分。另一方面,莱茵城市同盟的建立标志着城市市民阶层开始登上德意志的政治舞台,在此后德意志的国王选举时,城市市民的政治影响力日益凸显出来,市民首次对国王的选举有了发言权。对于市民来说,重要的不是谁来当国王,而是当选的国王是否能保证他们与邻国间的贸易不受到阻碍。

四、王位继承的乱象

城市经济对德意志的王位选举产生的重要影响日益显现,持续了3个多世纪向东部的拓荒和殖民活动,在政治上对德意志的影响更为深刻,尤其是在东部地区后兴起的普鲁士、勃兰登堡、波希米亚公国以及不莱梅的大主教都成为实力不菲的大诸侯,整个帝国的政治中心也由此逐渐地东移,帝国的政治格局发生很大变化。帝国原有的公爵领地和伯爵领地因为政治中心的移位更加独立,在领土化的过程中加强了邦国地域性的自治统治。弗里德里希二世在政教的最后斗争中给予诸侯的特许权更是使邦国的独立自治合法化,邦国俨然成为独立的王国。这些独立的邦国都不希望受到一个在政治上强势的王权的制约。

1256年1月28日,荷兰的威廉去世,德意志再次面临国王的选举。自13世纪以来,虽然德意志的诸侯都有权参与国王的选举,但决定国王候选人的仅限于7位教俗诸侯,即美因茨的大主教、科隆的大主教、特里尔的大主教、莱茵行宫的伯爵①、萨克森的公爵、勃兰登堡的伯爵以及波希米亚的国王。他们同时还担任帝国的要职,科隆的大主教是德意志地区的帝国大掌玺官(Reichserzkanzler),美因茨的大主教是意大利地区的帝国大掌玺官,特里尔的大主教是勃艮第地区的帝国大掌玺官,莱茵行宫伯爵是宫廷膳务大臣(Erztruchsess),萨克森的公爵是内廷大臣(Erzmarschall),勃兰登堡的伯爵是司库大臣(Erzkämmerer),波希米亚的国王是掌酒大臣(Erzmundschenk),他们被称为七大选侯(Kurfürst)。

---

① 国内学界将 Rhein-Pfalz 音译为莱茵-普法尔茨,但这一历史地名与今天的莱茵兰-普法尔茨州有所区别,故笔者在这里意译为莱茵行宫。

1256 年的国王选举与此前不同,正在西欧各个地区形成的国际贸易为国王的选举打上较深的烙印,德意志南北地区的诸侯们都在根据各自的经济利益决定政治立场,此外还有两位异国诸侯也在谋求德意志的王位。康拉德四世的儿子康拉丁(Konradin,1252—1268,1254—1258 年在位①)是施陶芬家族最后一位男性合法继承人,在他父亲去世时他年仅 2 岁,被置于巴伐利亚公爵路德维希二世和海因里希十三世(Heinrich ⅩⅢ.,1235—1290)的监护下,他的叔父曼弗雷德(Manfred,1232—1266)替他掌管在西西里的遗产。曼弗雷德因在意大利财产问题上与教皇发生冲突,这就为幼年的康拉丁谋求王位的继承制造了极大的障碍。1255 年,教皇亚历山大四世(Alexander Ⅳ.,1199—1261,1254—1261 年在位)要求施瓦本公爵领地的所有贵族和封臣解除与康拉丁的采邑关系,剥夺他继承王位的权利。英国康沃尔的理查德(Richard von Cornwall,1209—1272,1257—1272 年在位)是狮心理查德王的侄子、无地王约翰的儿子、英国国王亨利三世属下卡岑埃尔恩博根伯爵领地的伯爵威廉二世(Wilhelm Ⅱ.,1331 前—1385)的弟弟,是当时欧洲最富有的诸侯之一。1235 年,弗里德里希二世迎娶他的妹妹,他也因此顺理成章地成为施陶芬家族的继承人之一。为了获得科隆大主教上施塔登的康拉德的支持,理查德支付给他 1.2 万英镑的调解费,同时还承诺帮助康拉德修复与罗马教会之间的紧张关系。美因茨的大主教格哈德一世(Gerhard Ⅰ.,von Dhaun,？—1259)在与不伦瑞克的公爵阿尔布雷希特(Albrecht Ⅰ.,1236—1279)发生冲突时身陷囹圄,为了赎买格哈德一世大主教的自由,理查德向阿尔布雷希特公爵支付 8000 英镑的赎金进而获得大主教的支持。为了减少不必要的竞争者,理查德还支付给康拉丁 1.2 万英镑,承认其对施陶芬家族遗产的继承权。正如同时代的人所说,理查德为了获得支持,像"泼水一样把钱倒在诸侯的脚前"。莱茵河流域地区的诸侯以

---

① 康拉丁又称康拉德,1254 年起为耶路撒冷国王,称康拉德三世;1254—1258 年间为西西里国王,称康拉德二世;1262 年起为施瓦本公爵,称康拉德四世。

及莱茵城市同盟的诸城市与英国有着频繁的贸易往来,因此莱茵行宫伯爵路德维希二世(Ludwig Ⅱ. der Strenge, 1229—1294)也不拒绝这个来自英国的王位候选人。理查德通过"贿选"得到美因茨大主教、科隆大主教以及莱茵行宫伯爵的选票,同时也获得康拉丁的监护人巴伐利亚的公爵路德维希二世和海因里希十三世两兄弟的支持。

西班牙卡斯蒂利亚王国的国王阿尔方斯十世(Alfons Ⅹ., 1221—1284,1252—1282① 在位)的母亲是施瓦本菲利普三世的女儿,他于1230年兼并莱昂王国,征服摩尔人统治的西班牙南部,此后积极筹划组建征讨北非的十字军。一系列的征服激发了阿尔方斯的野心,力图在教皇的支持下以其母继承人的身份谋求巴伐利亚公爵领地,进而窥视德意志的王位,尽管他从来没有踏上过德意志的土地。与西班牙和北非有着贸易往来的意大利城市比萨和法国南部的商业重镇马赛,都积极支持阿尔方斯争夺德意志的王位,这就更加刺激了他的皇帝梦。另一方面,法国南部地区与地中海的贸易也促使法国国王意欲渗透意大利,支持阿尔方斯十世竞选德意志王位是其达到这一目的有利途径。特里尔的大主教阿诺尔德二世与法国有较为密切的关系,萨克森的公爵和勃兰登堡的马尔克伯爵也都支持阿尔方斯十世,他同样也获得了这三张选票。

1257年1月13日,科隆的大主教上施塔登的康拉德和莱茵行宫伯爵前往法兰克福参加选举国王会议,行至法兰克福城外时被先行到达的特里尔的大主教和萨克森的公爵阻挡在城门之外,他们立刻在城外召开会议,选举理查德为德意志的国王,此后赶到的波希米亚国王的使者也对此投了赞同票。波希米亚国王奥托卡二世在此之前的政治态度非常暧昧。他是施瓦本公爵菲利普三世的外孙,又娶了海因里希(七世)的遗孀为妻,虽然他也具有继承德意志王位的权利,但波希米亚和德意志东部以及直达波罗的海地区的贸易似乎更符合他的利益。因此无意竞争德意志王位的他,仅派遣使者参加这次的王位选举。先行进入法兰克福

---

① 阿尔方斯十世从1257至1273年期间被选为德意志对立派国王。

的特里尔的大主教并没有因此放弃,于同年 4 月 1 日在法兰克福城内与萨克森的公爵和勃兰登堡马尔克伯爵共同选举阿尔方斯十世为德意志国王。更为戏剧性的是,一直摇摆不定的奥托卡二世也为他投了赞同票。急于获得德意志王位的理查德获悉此信后立刻率领扈从进入德意志,1257 年的耶稣升天节(Himmelfahrt[①])期间,由科隆的大主教上施塔登的康拉德在亚亨为其举行加冕礼。

　　1257 年的国王双重选举(Doppelwahl)对德意志此后的历史产生非常重要的影响。首先,这两位外籍国王在德意志都没有实际的领地基础,因此他们都不可能长期在德意志境内停留。康沃尔的理查德从其加冕至 1269 年卸任这 12 年中仅四次踏上德意志的土地,且停留的时间都非常短暂,所到地区也极为有限,他甚至从来没有踏上过莱茵河右岸的土地。不仅如此,理查德还把莱茵河右岸的帝国领地都委托给了波希米亚的国王奥托卡二世,奥地利和施泰尔马尔克也因此成为奥托卡二世的合法领地。阿尔方斯十世同样也长期居住在他自己的领地内,极少在德意志帝国境内逗留。其次,两位外籍国王虽然在获得的选票上旗鼓相当,但是都缺少德意志本土诸侯真正的支持,此时的德意志诸侯更多的是把精力投入在扩大自己邦国的实力上,对这两位近似于虚设的国王并不关心,两位国王的周围都没有聚集较为强势的政治势力。再次,这次双重选举关系到德意志城市的商业利益,两位外籍国王的当选成为莱茵城市同盟瓦解的一个重要原因,与英国有着密切贸易关系的德意志北部地区的城市无疑都是康沃尔的理查德的支持者,并由此促进了正在形成的汉萨城市同盟的扩展。这次双重选举还产生一个重要的结果,它最终确立科隆、美茵茨、特里尔的大主教以及萨克森公爵、莱茵行宫伯爵、勃兰登堡马尔克伯爵以及波希米亚国王为德意志帝国的七大选侯,极大地提升了选侯的政治地位,为德意志在政治上的统一设

---

① 耶稣升天节是在复活节的第四十天,复活节是每年春分月圆后的第一个周日,因此升天节通常是在每年的 5 月。

置了更大的障碍。

五、选侯们的决策

自中世纪中期以来一直干预德意志王位选举的罗马教皇在这次双重选举中也举棋不定,亚历山大四世教皇既希望西班牙人阿尔方斯十世组织十字军帮助他实现远征的计划,同时也希望英国人康沃尔的理查德帮助他获得对西西里的控制权,权衡利弊陷入两难之中,只得对此保持缄默。弗里德里希二世去世后,亚历山大四世的前任因诺森四世为了夺回对西西里的掌控权,意欲把西西里的王位封授给康沃尔的理查德,但他断然拒绝因诺森四世的封授。1254 年,英国国王亨利三世以为教廷出兵出钱支持教皇反对施陶芬家族为条件,企图为他的儿子埃德蒙(Edmund Crouchback, 1245—1296)谋求西西里的王位。但英王的这一决策遭到国内贵族的强烈反对。另一方面,弗里德里希二世的儿子曼弗雷德始终没有放弃对西西里的继承权,1258 年 8 月 10 日,他在巴勒莫自封为西西里国王,因而受到教皇的绝罚。1260 年 9 月 4 日,支持教皇的归尔甫派联军与吉柏林派联军在蒙塔波利交战,曼弗雷德在此次战役中战胜了佛罗伦萨的军队,托斯卡纳臣服于他的统治,这就给埃德蒙造成更大的政治压力。1263 年,埃德蒙放弃谋求西西里的王位。1265 年,萨比纳的枢机主教当选为教皇,称克莱门斯四世(Clemens Ⅳ., 1200—1268,1265—1268 年在位)。与他的前任乌尔班四世(Urban Ⅳ., 1200—1264,1261—1264 年在位)一样,身为教皇的克莱门斯四世从未踏进掌控在罗马城贵族手中的罗马城,面对逐渐失势的施陶芬家族,他向法国安茹的伯爵查理(Charles d'Anjou, 1227—1285)伸出橄榄枝。

查理是法国国王路易八世(Luois Ⅷ., 1187—1226,1223—1226 年在位)的幼子,早在 1263 年 8 月就被推举为市政议员(Senator)。克莱门斯四世力图借助查理进入罗马的意图一目了然。1266 年 1 月 6 日,克莱门斯四世为查理举行西西里国王的加冕礼,一个半月之后查理率领军队在贝内文托与曼弗雷德的军队交战，曼弗雷德在战役中身亡。3 月查理率军进入那波利，囚禁曼弗雷德的家人。次年，弗里德里希二世的孙子康拉丁再次决心为争夺施陶芬家族的遗产而战，于 1267 年的秋季越过阿尔卑斯山，1268 年 7 月抵达罗马，得到反对阿尔方斯十世一派的支持。8 月 23 日，康拉丁的军队与安茹伯爵查理的军队在塔利亚科佐相遇，施陶芬的军队先胜后败，康拉丁逃亡罗马。康拉丁的扈从眼见其大势已去，卖主求荣将他俘获，引渡给了安茹伯爵查理，康拉丁和他的几个亲信被囚 2 个月之后，于 10 月 29 日在那不勒斯的广场被处死。施陶芬家族王朝就此结束在意大利的政治统治，德意志皇权也就此失去了对西西里的控制权。

　　1272 年 4 月 2 日，康沃尔的理查德在英国病逝，安茹伯爵查理试图利用这个机会渗入德意志，他以组织十字军为条件要求教皇格雷戈尔十世（Gregor Ⅹ.，1210—1276，1271—1276 年在位）支持他推荐他的侄子、法国国王菲利普三世（Philipp Ⅲ.，1245—1285，1270—1285 年在位）为德意志国王的候选人。格雷戈尔十世始终把解放圣地作为己任，为此他一直试图消除意大利归尔甫派和吉柏林派之间的矛盾和敌对，结束德意志的无政府状态，因此无意支持安茹伯爵增强在德意志的势力，而是意欲在德意志寻找自己的代言人。在这同一历史时期，德意志诸侯也意识到外国势力利用选立国王对其构成的威胁，美因茨的大主教埃彭施泰因的维尔纳（Werner von Eppenstein，1225—1284）选择哈布斯堡的伯爵鲁道夫（Rudolf von Habsburg，1218—1291，1273—1291 年在位）为德意志王位的候选人。

　　鲁道夫的祖先拉特博特（Radbot，985—1045）原是克莱特高地区的一个小伯爵，11 世纪上半叶，他在今天瑞士北部的阿尔高修建一座城堡，命名为哈布斯堡，该家族从此也被称为哈布斯堡家族。1108 年，哈布斯堡的奥托二世（Otto Ⅱ.，？—1111）随海因里希五世皇帝远征意大利，第一次被冠以哈布斯堡伯爵的头衔，也由此而发迹。1167 年，哈布斯堡家族的阿尔布雷希特三世（Albrecht Ⅲ.，？—1119）被任命为位于今天瑞士中部伯尔尼地区的穆里王室特辖区的行政长官,他的儿子鲁道夫二世(Rudolf Ⅱ.,？—1232)迎娶施陶芬家族的阿戈内斯(Agnes von Staufen,？—?)为妻,与施陶芬家族有了姻亲关系,弗里德里希二世是他们的孙子鲁道夫的教父。鲁道夫的父亲阿尔布雷希特四世(Albrecht Ⅳ.,1188—1239)与基堡①的伯爵之女结亲,因其母系家族绝嗣继承了基堡伯爵家族的大部分财产。1242年,鲁道夫进入施陶芬的宫廷,成为弗里德里希二世的忠实支持者。弗里德里希二世去世后继续效忠施陶芬王朝,即使在康拉丁明显失势之时,他依然为其效力,追随他前往意大利争夺西西里的王位。鲁道夫的忠诚为其赢得了良好的声誉,获得同时代人的尊重和信任,获得菲尔斯滕贝格的伯爵、弗赖堡的伯爵、苏尔茨的伯爵以及卢普芬地区领主们的支持。与此同时,鲁道夫也借此扩充自己的实力,1245年以后哈布斯堡家族成为德意志西南部最富有的邦君,至1273年时他的统治区域甚至包括著名的圣加仑修道院(Kloster St. Gallen②)以及所属修道院的王室特辖区。

德意志的诸侯们并不十分愿意支持这位与施陶芬家族有着密切关系的王位候选人,但或许鲁道夫仅仅是一个伯爵,其政治影响力有限,不会给诸侯带来很大的政治威胁,又经过美因茨的大主教埃彭施泰因的维尔纳的四处游说,再加上鲁道夫在军事上的才能和实力是他们可以借助抵御波希米亚王国的重要的军事力量。几经周折权衡利弊之后的诸侯们不得不妥协,同意有条件地选立鲁道夫为王位候选人,要求他承诺在当选国王后收回施陶芬家族占有的帝国皇室领地,不经选侯们的允许不得转让。1273年10月1日,达成共识的七大选侯在法兰克福一致推举

---

① 基堡伯爵领地地处今天瑞士的苏黎世区。
② 圣加仑修道院位于瑞士东部,始建于612年,818年成为法兰克的王室修道院,1180年,弗里德里希一世设立了圣加仑修道院特辖区。

哈布斯堡的伯爵鲁道夫为国王,德国历史学家称之为"伯爵国王"(Grafenkönig①)。1273 年 10 月 24 日,在亚亨为新国王举行加冕仪式,德意志重又有了一致认同的国王。

六、登上王位的哈布斯堡家族

戴上王冠的鲁道夫为了巩固王位,积极与诸侯建立密切的关系,甚至不惜授予选侯共同参与监管王室领地的特权,国王只有得到选侯的同意证书(Willebriefe)后才能支配和处置王室的土地和采邑。与世俗选侯建立姻亲关系,也是鲁道夫密切与选侯关系而采取的一项重要措施。1253 年,鲁道夫与施瓦本的世族贵族家族霍恩贝格的伯爵之女格特鲁德(Gertrud von Hohenberg, 1225—1281)结亲,他们共养育了 6 个儿子、8 个女儿。在他被选立为国王之前,鲁道夫就把自己的长女玛蒂尔德(Mathild, 1251—1304)许配给了莱茵行宫伯爵路德维希二世,把三女阿戈内斯(Agnes, 1257—1322)许配给了萨克森公爵阿尔布雷希特二世(Albrecht Ⅱ., 1250—1298)。在他登上王位这一年的 10 月,他的两个女儿几乎同时完婚。在此之后的几年间,鲁道夫又把他的次女嫁给下巴伐利亚的公爵奥托三世(Otto Ⅲ., 1261—1312),把四女儿许配给勃兰登堡的马尔克伯爵奥托四世(Otto Ⅳ., 1238—1308),德意志的四个世俗选侯以及波希米亚的国王瓦茨拉夫(Václav Ⅱ., 1271—1305,1278—1305 年在位)都成为他的女婿。他的几个儿子则先后迎娶英国国王爱德华一世(Eduard Ⅰ., 1239—1307,1272—1307 年在位)女儿、波希米亚国王奥托卡二世的女儿。鲁道夫通过儿女们的婚姻密切与诸侯们间的友好关系,以期获得他们的支持,巩固和扩大自己的政治势力。

获得罗马教皇的认可和支持是鲁道夫登上皇位的必要条件,为此他

---

① 德国历史学家 B. Schneidmüller 在其《中世纪的皇帝》一书把从大空位时期的 1273 年到 1437 年哈布斯堡王朝的最终确立这一百多年间的 10 位德意志国王称为"伯爵国王",参见 B. Schneidmüller, *Die Kaiser des Mittelalters*, *Vom Karl der Großen bis Maximilian*, München: Beck, 2006.

登基后立刻向教皇格雷戈尔十世承诺,只要为其在罗马加冕称帝,他将不实施施陶芬王朝在意大利推行的所有政策,承认此前历任国王给予教廷的所有特许权,遵照教皇的意愿放弃对意大利政治权力的要求。他还向教皇承诺组建十字军,与那波利的国王安茹的查理二世(Charles Ⅱ. von Anjou,1254—1309,1285—1309 年在位)改善关系。1274 年 9 月 26 日,格雷戈尔十世承认鲁道夫为"罗马人的国王",计划于 1275 年 11 月 1 日为其在罗马举行皇帝加冕礼。然而,鲁道夫对教皇的承诺并没有得到德意志诸侯的支持,他们不愿为其远赴罗马支付任何费用,同时还拒绝缴纳组建十字军的什一税。鲁道夫不得不把前往罗马的时间推迟到 1276 年的春季,并请求教皇给予前往罗马的费用。1276 年 1 月 10 日,格雷戈尔十世去世,新上任的教皇因诺森五世(Innozenz Ⅴ.,1225—1276,1276 年在位)仅在任几个月就去世,在他之后的教皇哈德里安五世(Hadrian Ⅴ.,1215—1276,1276 年在位)的任期更短,仅有 38 天,约翰内斯二十一世(Johannes ⅩⅪ.,1205—1277,1277 年在位)也只任期 8 个月。教皇在如此短期内的频繁更替,延误了教皇为鲁道夫加冕为帝的时间。在这同一时期,鲁道夫与波希米亚国王奥托卡二世的冲突加剧。

鲁道夫登上王位之后立刻开始实施"再收回财产政策"(die Revindikationspolitik)。1273 年,他在施派尔召开帝国会议,重申弗里德里希二世于 1235 年颁布的《帝国和平条例》,取缔所有在此之后设立的不合法的关卡,尤其是在莱茵河上设立的关卡。此外,他还宣布,弗里德里希二世之后未经选侯认可赠予或封授的帝国领地一律收回。鲁道夫在巡视帝国时要求所到之处的地方贵族都要向他宣誓,承诺履行《帝国和平条例》中规定的各项义务,他还威胁要对那些拒不执行或负隅顽抗的贵族进行武力镇压。奥托卡二世从一开始就不承认鲁道夫为德意志的国王,更何况他是从康沃尔的理查德那里获得了奥地利和施泰尔马尔克。1274 年 11 月,鲁道夫在纽伦堡的帝国会议上宣布,奥托卡二世必须在一年内归还 1243 年以后获得的帝国领地,向国王宣誓效忠,否则他将失去所有的帝国采邑。恃强自傲的奥托卡二世没有把鲁道夫放在眼里,拒不服从帝国会议的决议。1275 年 6 月 24 日,鲁道夫宣布奥托卡二世不再受国王的司法审判权的保护。1276 年 10 月初,鲁道夫率领支持他的诸侯们组建的军队进攻奥托卡二世的领地,途经克恩滕和克赖因时不战而胜,施泰尔马尔克的贵族们也主动与鲁道夫媾和。大军压境之时,波希米亚的贵族也借机叛乱,起兵反对奥托卡二世。鲁道夫的军队借道下巴伐利亚,顺利渡过多瑙河,直抵维也纳。内外交困的奥托卡二世只得屈膝向鲁道夫求和。11 月 21 日,鲁道夫在维也纳城外主持仲裁法庭,宣布对奥托卡二世的处罚。奥托卡二世必须放弃对奥地利、施泰尔马尔克、克恩滕、克赖因、文迪施马尔克、埃格尔和波代诺内的所有权利;承认鲁道夫为国王,波希米亚和摩拉维亚作为国王的采邑封授给他,他必须向国王宣誓效忠;鲁道夫的一个儿子娶奥托卡的女儿为妻,而奥托卡的儿子也必须同鲁道夫的一个女儿定亲。处于劣势的奥托卡二世并不甘心失去已经获得的领地以及强加给他的条约,伺机反抗。在此后的两年内,他先后与西里西亚反哈布斯堡家族的贵族们、下巴伐利亚的公爵、勃兰登堡的马尔克伯爵等结成政治联盟。1278 年 8 月,奥托卡二世与他的盟友组建了一支有 6500 名骑兵的大军意欲攻打维也纳,26 日在维也纳东北马希费尔德地区的迪恩克鲁特和耶登施派戈恩与迎战的鲁道夫的军队相遇。在双方的激战中,鲁道夫被挑下战马几乎丧命,奥托卡二世眼看胜利在望之时,他的骑兵却因装备过重、耗时过长、消耗体力过大丧失了战斗力,鲁道夫的骑兵反败为胜,奥托卡二世的骑兵队伍兵败如山倒,他本人也在败军的混乱中丧生。

马希费尔德战役(Schlacht auf dem Marchfeld)取得胜利之后,鲁道夫获得了隶属于奥托卡二世的克恩滕、施泰尔马尔克、奥地利三个公爵领地和克赖因马尔克伯爵领地,从多瑙河至亚得里亚海之间以及与匈牙利交界的东南地区都成为哈布斯堡邦国的领地,构成了后来哈布斯堡王朝的核心区域。然而,鲁道夫并没有打算完全铲除普热米斯尔家族,他依然把波希米亚王国和摩拉维亚留给了奥托卡二世的儿子文茨尔二世

(Wenzel Ⅱ. 1271—1305,1278—1305 年在位①),但实际的统治者是文茨尔二世的监护人、勃兰登堡的马尔克伯爵奥托(五世)(Otto(Ⅴ).,1246—1298)。鲁道夫还在摩拉维亚任命了地方官吏,把它置于鲁道夫本人的直接掌控之下。为了稳定哈布斯堡家族在收回的帝国领地内的权力,鲁道夫在维也纳长住四年之久,培植亲信,争取当地教俗贵族的支持。1282 年,鲁道夫在离开维也纳之前把奥地利、施泰尔马尔克分封给他的长子阿尔布雷希特一世(Albrecht Ⅰ.,1255—1308,1298—1308 年在位②),把克莱恩和文迪施马尔克分封给他的另一个儿子鲁道夫二世(Rudolf Ⅱ.,1271—1290)。为了保障他的儿子们能够牢牢地掌握所获封的领地,鲁道夫提升他们在帝国诸侯中的政治地位。另一方面,为了避免家族财产被分割,他于 1283 年 6 月 1 日在莱茵费尔登颁布《莱茵费尔登宫廷条例》(Rheinfelder Hausordnung③)。鲁道夫在这个宫廷条例中否认领地可以有"共同所有者"(Gesamthand)的传统,禁止其他诸侯插手干预他的儿子们领地内的政治、经济和行政事务,并且明确地宣布莱茵河上游和中游地区是哈布斯堡家族的祖传领地(Habsburgische Stammlande),奥地利作为哈布斯堡家族的世袭领地(Habsburgische Erblande),把世袭领地交与他的长子阿尔布雷希特一世统治。《莱茵费尔登宫廷条例》颁布的历史意义在于,它确立了哈布斯堡家族在奥地利的世袭领地权(Hausmacht),它还把包括今天的德意志、瑞士、法国、奥地利、意大利以及匈牙利、斯洛文尼亚和克罗地亚等地域内所有讲德语的地区(der deutsche Sprachraum)都确定为哈布斯堡家族的祖传领地;另一方面,在这个条例中还明确规定,修改自中世纪以来一直施行的遗产分配制(Erbteilung)的原则,实行长子继承制(Primogenitur)的原则。

---

① 文策尔二世是普热米斯尔家族在波希米亚王国的最后一位统治者,1278 年起为波希米亚国王,1300 年起为波兰国王,称文策尔一世。
② 阿尔布雷希特一世自 1282 年其为奥地利公爵,1298 年起为德意志国王。
③ 自中世纪以来,一些大贵族家族都会为本家族制定《家族条例》(Hausordnung),王室家族的《宫廷条例》,内容主要涉及权利的转让、继承权、监护权、祖传财产的不可转让以及家族的分支等。

　　鲁道夫与历任德意志国王一样,都把在罗马加冕为皇帝作为最终的政治目标,但是由于与奥托卡二世的争斗以及在这个时期教皇频繁的更替而迟迟无法实现。马希费尔德战役之后,鲁道夫再次试图与教皇尼古劳斯三世(Nikolaus Ⅲ.,1210 或 1220—1280,1277—1280 年在位)为加冕皇帝一事进行谈判,讨价还价。鲁道夫向教皇作出很大的妥协,他承认托斯卡纳是教皇的领地,同时还放弃对罗马涅地区的采邑权。然而,双方的谈判尚未达成协议,尼古劳斯三世就于 1280 年 8 月 22 日去世,鲁道夫的计划也付之东流。几个月的教皇空位之后,枢机主教团于 1281 年 2 月 22 日推举法国籍的红衣主教布里翁的西蒙(Simon de Brion)为教皇,称马丁四世(Martin Ⅳ.,1210—1285,1281—1285 年在位)。马丁四世曾任已故法国国王路易九世(Louis Ⅸ.,1214—1270,1226—1270 年在位)的掌玺大臣,他也是安茹的查理二世的坚决支持者,这就让鲁道夫完全失去了与罗马教会修好的可能。直到 1285 年 4 月洪诺留四世(Honorius Ⅳ.,1210—1287,1285—1287 在位)登上圣宗座之后,鲁道夫才又重新启动与罗马教会的谈判。政教双方约定,教皇在 1287 年的"圣母行洁净礼日"(Lichtmess①)这天为鲁道夫举行皇帝加冕礼,但因为鲁道夫缺少前往罗马的经费不得不推迟。这年的 3 月,鲁道夫接受教皇使节图斯卡纳的红衣主教约翰内斯·博卡马奇(Johannes Boccamazzi,?—?)的建议,二人在维尔茨堡分别召开帝国会议和宗教会议,同时宣布向诸侯、城市市民和教士征收赋税,这就激起了德意志教俗诸侯以及市民的激烈反对和谴责,博卡马奇被迫离开德意志。恰逢此时,与鲁道夫达成协议的教皇洪诺留四世辞世,他再次丧失加冕为帝的机会,直到他去世都没有实现梦寐以求的愿望,最终也没有戴上皇帝的

---

① "圣母行洁净礼日"又译为"圣烛节"(Lichtmess),按照犹太教的传统,妇女在生产男孩之后的第 40 天,生产女孩之后的 80 天之后要行洁净礼,基督教《新约全书·路加福音书》中把这一仪式阐述为圣母玛利娅在行洁净礼的同时把婴儿耶稣献给了上帝。早期的"圣母行洁净礼日"是 2 月 14 日,因为圣诞之日是从 12 月 25 日至 1 月 6 日,即在 1 月 6 日之后的第 40 日。6 世纪,罗马教会规定"圣母行洁净礼日"为 2 月 2 日,这一天也标志着圣诞节的结束。

皇冠,反而因此在德意志的教俗贵族和城市中树敌。选侯们因为顾忌哈布斯堡家族不断扩张的势力,拒绝了鲁道夫临终前提出由其长子阿尔布雷希特一世继承德意志王位的要求,共同推举拿骚的伯爵阿道夫(Adolf von Nassau,1250—1298,1292—1298 年在位)为德意志的国王。

第二节 农村的变革

一、农业居民区域的扩大

13 世纪德意志邦国制度的形成不仅是政教最后斗争的结果,而且还有着非常重要的经济原因。以拓荒垦殖为动力促进的土地经营方式、农民社会结构以及种植等多方面的变革都是邦国制度形成不容忽视的经济基础。

自 955 年奥托一世击退了匈牙利人的入侵之后,德意志进入一个长时期的相对平稳的历史阶段,人口增长的速度有所增加。据历史学家们估计,9 世纪德意志的人口在 250 万—300 万之间;萨克森王朝时期增长到了 300 万—350 万之间;12 世纪以后更是达到 500 万。[1] 在人口比较密集的莱茵河与摩泽尔河之间的地区,10—13 世纪期间,人口增长了约 10 倍,平均每平方公里的人口密度为 10 人。[2] 还有学者统计,在 11 世纪至 14 世纪初的 220 年间,德意志的人口平均每年增长率约为 5%,14 世纪初人口总数达到了 1400 万。[3] 人口快速地增长加大对土地的需求,自 10 世纪起在德意志地区开始的拓垦运动持续了几个世纪,拓荒垦殖成为一种常态的经济活动。伴随拓荒运动的是人口较大规模地流动,萨克森和图林根的垦殖者成群结队地进入易北河和萨勒河流域之间的广

---

① 汤普逊:《中世纪经济社会史》,上册,第 347 页。

② F.-W. Henning, *Handbuch der Wirtschafts-und Sozialgeschichte Deutsches*, Bd. 1, S. 110.

③ H. Aubin, W. Zorn, *Handbuch der deutschen Wirtschafts-und Sozialgewschichte*, Bd. 1, S. 198.

衮地区；威斯特法仑和萨克森的农民涌入勃兰登堡、梅克伦堡和劳齐茨；巴伐利亚人和莱茵兰人进入阿尔比斯山和多瑙河之间的地域。在这些新殖民的地区出现许多新的村庄和马尔克居民区，10 世纪时有 90 多个，11 世纪增加到了 140 多个，12 世纪则达到 250 多个。[①] 萨克森的统治者在曾经是人烟稀少的易北河、萨勒河、奥德河流域地区设立多个马尔克伯爵领地和主教区。

　　大规模的殖民拓荒活动扩大了耕地面积。10 世纪的德意志，除莱茵河、摩泽尔河流域地区有罗马帝国时期保留下来的农业经济文明外，有三分之二的地区是被森林、荒地、低谷地或者沼泽地覆盖。11 世纪，一些拓殖者迁移到北海沿岸，他们在荷尔斯泰因和不莱梅附近的海岸筑起堤坎，用以抵御海水侵浸，排干圈围起来的沼泽地的水，他们把这些圈围起来的沼泽地以及围海排干的土地改造成肥沃的耕地。同是在这一个世纪，易北河和奥德河之间也迁移来大批的移民，大片的森林被砍伐，大片的内陆沼泽地被改造为良田。在这几个世纪的垦殖活动中，教会和修道院的作用是不容忽略的。一方面是因为修道院制度本身所决定，无论是 11 世纪的克吕尼派修道院还是 12 世纪以后的西多派修道院，都要求修道士严格遵守本尼狄克院规制度，而从事农业生产活动是本尼狄克院规中一个重要的内容。也正因为如此，11 世纪以后建立的修道院通常都是地处偏远的荒地、林地或沼泽地，尤其是西多派修道院。另一方面，修道院本身具有的这项社会经济功能是世俗诸侯捐建修道院的一个动力，他们有目的地捐赠给修道院荒地、林地、沼泽地，以便通过修道院的拓垦改造成良田。在那些新开垦地区建立的每一所修道院都是一个新居民点产生的基础，富尔达、埃尔福特、马尔堡、哈默尔恩、希尔绍等这些著名的修道院都先后启用世俗兄弟耕种土地，从事各种农业的和手工业的经济活动。希尔绍施行一种"世俗兄弟"制度

---

① E. Pitz, *Wirtschafts-und Sozialgeschichte Deutschlands im Mittelalter*, Wiesbaden: Steiner 1979, S. 53.

(Laienbrüderschaft 或者 Konversen),世俗兄弟与修道士有严格的区别,虽然他们也要参加祈祷等宗教活动,但不承担任何宗教义务,他们应履行的义务是在修道院的组织下开垦荒地,从而在经济上和法律上都能获得修道院给予的保护。

12世纪,在与德皇的政治斗争中处于劣势的北德地区的大诸侯,为蓄积实力而向东部地区扩张,特别是萨克森的公爵狮子海因里希对此更是不遗余力,他借助十字军的军事力量为东进殖民开辟通路。与此同时,西多派修道院在德意志东进运动中的经济作用也极为明显,德意志的西多派修道院几乎无一例外都是建立在沼泽地区。通过建立西多派修道院,图林根盆地被改造成"金色草原",马格德堡附近的沼泽地同样也被改造成良田。13世纪,在萨克森和多瑙河中游地区已看不到荒野和大片的森林,少数保留下来的森林则被贵族圈围起来供他们狩猎娱乐和垄断木材的砍伐权。

二、庄园依附关系的松动

耕地面积的扩大对原有的土地结构产生巨大的冲击,首先是公有地的性质有了改变。公有地通常是指荒地、林地、湿地以及河流和道路,公有地的用益权是属于马尔克全体成员的共同权利。大片荒野、林地、沼泽地的减少是公有地逐渐消亡的重要原因,附着在公有地上的共同权利,如在树林里砍伐木材和柴火的木材权(Holzrecht)、在草地上放牧牛羊的放牧权(Weiderecht)、用于水利灌溉的水权(Wasserrecht)以及捕鱼权(Fischerreirecht)等都被封建领主掌控,成为他们个人的权利。其次是大领地的土地耕种方式随着耕地面积的扩大而逐渐发生变化,引起这种变化的是份地形状的改变。自罗马帝国晚期以来,胡符地(份地)都是长条形状,在拓荒运动中逐渐地出现一种块形地(Blockfelder)。块形地更利于三圃制的推广和普及,三圃制比轮作的二圃制更大程度地利用土地,春天播种夏熟作物,夏天作为休耕地,秋天播种冬熟作物。在韦特劳地区,三圃制耕地

中的春耕地约占 13 约赫(Joch①),夏耕地为 15½约赫,冬耕地为 11 约赫;
在德意志的西南地区通常是 20:18:14 的比例,或者是 7:6:7 的比
例。② 这种三圃制似乎更利于个体农民根据气候、土质等各个方面的因
素自主选择耕种的农作物。在德意志西南部地区,主要种植斯佩尔特小
麦,西部种植的是小麦,其他地区更多的是黑麦,在较为寒冷的地区则种
植各个种类的大麦和燕麦。此外,休耕地也得到充分利用,通常用来种
植一些荚果、蔬菜、水果和经济作物,如亚麻、大麻以及用于染色的菘蓝、
西洋茜草。③ 地块形状的变化以及自主选择农作物促进了大土地经营方
式逐渐改变乃至消亡,同时有助于小土地经营方式的增长。12 世纪之
后,在莱茵河上游和中游地区、内卡河流域地区、普法尔茨地区、威斯特
法仑以及从黑森的北部至法兰克的南部,小块的耕地面积占主导,通常
由小农户耕种。在石勒苏益格-荷尔斯泰因、下萨克森、北部的威斯特法
仑、南部的巴伐利亚以及东部地区则是较大块的耕地,每个农户通常都
承租 2 个胡符地,或者约 33 公顷。④ 在森林覆盖比较密集的西里西亚、
上萨克森地区的农户的耕地通常是约 24 公顷。⑤ 承租土地的农户通常
以块形地的方式进行耕种,块形地的耕地面积一般都小于一个摩尔干
(Morgen⑥)。

　　小土地的经营方式松动了领主和农民之间的依附关系,因为大领地
土地制度中的徭役庄园几乎不复存在,徭役地租的消亡也消除了这种依
附关系。1106 年,不莱梅的大主教弗里德里希一世(Friedrich Ⅰ.,？—
1123)组织荷兰的农民迁居到他的大主教区,他给每个前来参加拓荒的

---

① 约赫(Joch)是中世纪的一个耕地面积单位,即一头牛和一张犁一天可以翻耕的土地面积,但在
　各个地区约赫的面积大小不等。
② H. Aubin, W. Zorn, *Handbuch der deutschen Wirtschafts-und Sozialgewschichte*, Bd. 1,
　S. 191.
③ H. Kellenbenz, *Deutsche Wirtschaftsgeschichte*, Bd. 1, S. 100f.
④ H. Aubin, W. Zorn, *Handbuch der Wirtschafts-und Sozialgeschichte*, Bd. 1, S. 190.
⑤ H. Kellenbenz, *Deutsche Wirtschaftsgeschichte*, Bd. 1, S. 98.
⑥ 中世纪的土地面积单位,1 摩尔干约 0.25—0.34 公顷,等于 2 约赫。

人 30×720 杆①的胡符地,拓荒者每年只需上缴给大主教 1 先令的土地认可金、11 捆禾、教会什一税和牲畜什一税。② 大主教虽然是被开垦土地的所有者,但是土地的用益权和使用权给了拓荒者。在萨勒河和奥德河流域地区,参加拓荒的农民也都分到胡符地,他们每年只需交纳1—2先令的租金。

13 世纪初,德意志处于从个人联合的政体形式向领土化的邦国制度过渡的历史时期,也正是在这同一历史时期,德意志的大土地制度也随之解体。这是因为邦国不再是一种领地的制度,邦君的政治权力不再仅仅取决于对土地的占有,土地也不再是唯一的资源和财富,邦君诸侯把领地中的自营地完全交与他们的管理者迈尔们经营,向他们征收固定的赋税。德意志骑士团用剑和十字架占领了尚处落后状态的普鲁士,加速了对东部地区的开发,把向东部的拓荒和殖民活动推向了高峰。为了有效地组织殖民,教俗封建主给予拓荒殖民者很大的利益。首先,给予自由和不自由的农民自由迁徙权;其次,给予他们世袭承租地产权(Erbpacht);再次,免除他们对封建领主的各种义务。1260 年,美因茨大主教区创建的圣玛丽娅修道院的一份合约中规定,如果农民在荒芜的山坡上开垦和种植的话,他将享有 6 年免租的豁免权,在此后的 10 年内缴纳土地收获的 1/3 作为地租,在这之后缴纳其收获的 1/2 作为地租。③13 世纪末,西里西亚和迈伦的拓荒农民每年只需向他们的领主交纳1/4—1/2 银马克④作为租税。不仅如此,很多地区的诸侯甚至在拓荒的头几年免除农民的租税,在西里西亚地区拓免租年长达 14—20 年。⑤

向东部殖民的东进运动给社会结构带来的最直接影响是促进人口

---

① 一杆(Ruten)约等于3.8米。

② E. Ennen, *Deutsche Agrargeschichte*,. Weisbaden:Steiner, 1979, S. 166.

③ H. Aubin, W. Zorn, *Handbuch der deutschen Wirtschafts-und Sozialgewschichte*, Bd. 1, S. 197.

④ 在这里马克是银的重量单位,不同地区的马克重量单位各不相同,11 世纪之后,通常以科隆地区的马克(Kölner Mark)重量为准,1 科隆马克大约相当于 234 克银。

⑤ Ch. Higounet, *Die deutsche Ostsiedlung im Mittelalter*, Berlin:Siedler,1986, S. 54ff.

的流动,大规模的人口流动对社会结构造成很大的冲击,特别是社会的中下阶层。在新开垦地区,封建主很少保有自营地,也就不存在服徭役的非自由农民,自由农民的境况也有改善。封建主有目的、有计划地向东部殖民,解除了加在自由农民身上不许自由迁徙的束缚。"国王的自由人"被新的拓荒自由人取代[1],与之相比,拓荒自由人的境况更好一些,他们不需要承担对封建主的义务也能获得胡符地,而且享有世袭承租权,也可以再把土地租赁出去,甚至可以有条件地出售土地和购买土地。他们有迁徙自由权,不用交纳人头税等束缚其迁徙自由的捐税。自由迁徙和自由租佃土地,是自由农民在政治、经济和法律地位方面有所改善的具体表现。庄园的依附农也有提高法律地位的机会,他们通过向东部的殖民脱离原来的庄园,人身的不自由被消除,也成为新的拓荒自由人。他们在封建主的司法权的保护下结成社团(Gemeind),受不许自由迁徙束缚的自由农民和庄园的依附农构成农村中新的佃农阶层。事实上,在很多情况下,依附农获得人身自由并不是因为他们有足够的经济实力可以赎身,而是封建主自己改变了对土地的经营方式,即用租佃制取代了徭役制。这是因为与租佃制相比徭役制的费用更高,一是由于封建主要为依附农提供食宿等日常生活必需品;二是强制劳动既不能调动劳动积极性又无法增强被强制者的责任感,土地的收益得不到保证;三是农忙时劳力不足与农闲时劳力过剩的矛盾无法解决。收取固定地租的租佃制可以保证封建主不论在任何年景其收入都不会受损失,因为徭役地租被折合为实物地租或货币地租。

　　德国历史学家们普遍认为,13 世纪的德意志农民曾有过不错的境况,根据上述的地租状况来看,他们的地租负担并不很沉重,同时他们还有人身的自由。从法律的概念讲,自由农民享有很多权利,他们有权自主地处理自己的财产,可以立遗嘱,也有权以继承人的身份合法地继承

---

① K. H. Schulze, „ Rodungsfreiheit und Königfreiheit ", in: *Historische Zeitschrift*, 219 (1974),S. 529 – 550.

遗产,有权签订契约。他们有权自己选择庇护人和保护者,无须为其服兵役和劳役,只是在死亡时要捐献出最好的衣物作为死亡税。[①] 他们有迁徙的自由,有持有土地的自由,无须缴纳任何形式的赋税,他们有对土地的用益权和使用权,因此可以自己选择种植适合市场需要的农产品,从中得到潜滋暗长的利益。特别是在粮食或其他农产品价格上涨时对小农户较为有利,使他们有经济实力购置土地,雇佣短工。与租佃制同时出现的还有雇佣制,在中世纪德意志的农村中有相当一批的雇佣农民。他们没有土地,靠出卖劳动力为生,摘收葡萄、运送葡萄酒、收割谷物等等。农忙时期,有的修道院每天的雇工甚至多达 5000 人左右。[②] 租赁制的这种经营方式把附着在土地上的各种权利和义务剥离开,迈尔成为土地经济的真正管理者和获益者,他们甚至巧取豪夺修道院的土地。1165 年前后,富尔达修道院院长就曾抱怨那些管理该修道院土地的迈尔们,他们通过继承等各种方式把修道院的胡符地据为己有,致使修道院的土地被侵占、被抢夺。[③] 迈尔把通过各种方式获得经营的土地继续租赁给农户,一般有着几个帮工的农户可以耕种 5—20 公顷的田产。

应该强调的是,这个时期的租佃制有很大的局限性,依然是封建的。在封建社会中,政权的统治是通过特许权和司法权实施的。特许权和司法权既是强权,同时也具有保护的功能,保护是扩大统治权的一种有效方式。在封建社会中"自由"是在强权保护下给某个人的一种权利,自由农民只有服从封建主的庄园法,在其司法权的保护之下,才享有自由承租土地的权利。另一方面,由于个人根本无法防御干旱、洪涝等自然灾害,又由于必需借用磨房、水车、牲畜等生产工具,自由农民也不能完全

① 威廉·威美尔曼:《伟大的德国农民战争》,上册,北京编译社译,商务印书馆 1982 年版,第 18—19 页。

② A. Dopsch, *Herrschaft und Bauer in der deutschen Kaiserzeit : Untersuchungen zur Agrar- und Sozialeschichte des hohen Mittelalters mit besonderer Berücksichtigung des sündostdeutschen Raumes*, Jena: Fischer, 1939, S. 117f.

③ H. Aubin, W. Zorn, *Handbuch der Wirtschafts-und Sozialgeschichte*, Bd. 1, S. 184.

脱离封建主的庄园,结成了庄园合作社(Hofgenossenschaft)。庄园合作社不仅是一个经济联合体,而且也是一个在封建主司法权管辖之下的法律联合体。封建主利用司法权尽可能地使庄园合作社成为一个封闭的社团,这就为租佃制造成极为严格的限制。在这个封闭的社团中,不仅土地的承租人必须是合作社的成员,而且禁止其与外人结婚,否则他将失去承租权,或称为"农民权"(Baumannrecht),封建主有权随时收回租佃给他的土地。实际上农民的自由又受到"农民权"和封建主的司法权的制约。这种封闭的经济性的社团是地方分权统治的重要社会基础,也是 13 世纪德意志最终确立分权的邦国制的一个重要经济原因。

三、连接城乡的市场

小的块形地易于土壤的改良,垂直刀具和水平犁头的铁犁使用可以深翻土地,石灰、炭灰、草根泥等作为肥料改良了土质,土地的轮作和强制轮作的现象越来越少,取而代之的是常年的耕种。这种小的块形地以及耕种技术的改进增强了耕种者的自由度,他们可以根据土质以及气候条件选择种植农作物的种类,开始实行一种集约型的耕种模式。根据史料的记载,从 11 世纪起人们就已经开始有意识地在莱茵河、摩泽尔河沿岸种植葡萄,进入 12 世纪以后,这两个地区已经出现多个专门的葡萄种植区。13 世纪,葡萄种植技术在德意志北部地区已经很普遍,在施滕达尔和奥得河的法兰克福也有葡萄种植园。与欧洲其他地区比较而言,德意志的农业较早出现葡萄种植区、粮食种植区、经济作物种植区:粮食产区主要是在中部、东部地区;莱茵河、易比河和威悉河沿岸是葡萄产地;萨克森、图林根和北部沿海一带盛产啤酒花;奥格斯堡、科隆是亚麻的产区;图林根、埃尔福特的大部分地区种植大青。从 12 世纪起,尤其是在 13 世纪,阿尔萨斯、施瓦本以及巴伐利亚的丘陵地区,逐渐把那些粮食产量较低的农田改为牧场。1150 年,瑞士穆里修道院(Kloster Muri)的一个庄园法中规定,把高山牧场(Almen)租赁给牧民(Senn),承租的牧民需缴纳奶酪、肉类、羊毛、皮革等作为租金。[①] 畜牧业的发展以及奶制品的增加为商业的扩展提供了较为丰富的商品品种。在图林根,被改造的草原上发展起了畜牧业,通过养牛业提供了大量的牛肉、奶制品、奶酪、奶油以及皮毛,也通过养羊业提供纺织手工业需要的羊毛,猪和家禽的饲养也提供了肉类和蛋类。

显而易见,农村专业种植区的出现促使农产品进入商品交换的轨道,加速了农业从自给自足型经济(Hauswirtschaft)向交换型经济(Tauschwirtschaft)的转变。这个转型的过程中另一个重要的方面是市场的扩大。美国历史学家汤普逊认为:"在 13 世纪,德意志的商业和工业历史,大部是受封建统治的农村和城市之间的冲突史。"[②]汤普逊进一步说明这种冲突源于 12 世纪的经济变革,变革所导致的结果是,诸侯封建主们通过地产收益获得的财富明显减少,商业和手工业逐渐成为聚集财富的一个重要源泉,他们通过控制市场获得财富,这就导致封建诸侯与从事商业和手工业活动的市民之间在政治上的冲突。另一方面,农村和城市之间在经济上呈现出来的区别衍生出城乡之间密不可分的供需关系,连接这种供需关系的是市场,市场是在城市和农村之间的一座桥梁。

德意志的城市兴起于 11 世纪,至 13 世纪,大大小小的城市如雨后春笋般地在德意志各地尤其是在东部新开发的地区出现。仅在奥德河两岸就建立了 38 座城市,[③]在波希米亚、匈牙利也出现一些按照德意志的城市法建立的城市,如 1237 年建立的普罗茨卡市、1253 年建立的波森市、1257 年建立的克拉科市、1270 年建立的伦贝格市等等。[④] 1231 年,德意志骑士团在其辖区内建立托伦市,1232 年建立库尔姆市,在整个 13 世纪骑士团共建立 93 座城市。[⑤] 12 世纪,易北河到萨勒河流域区间仅

[①] E. Pitz, *Wirtschafts-und Sozialgeschichte Deutschlands im Mittelalter*, S. 94.

[②] 詹姆斯·W. 汤普逊:《中世纪经济社会史》,下册,第 97 页。

[③] F. Rörig, *Die europäische Stadt und die Kultur des Bürgertum im Mittelalter*, Göttingen: Vandenhoeck & Ruprecht, 1955, S. 16ff.

[④] E. Pitz, *Wirtschafts-und Sozialgeschichte Deutschlands im Mittelalter*, S. 91f.

[⑤] E. Ennen, *Deutsche Agrargeschichte*, S. 168.

有 250 座城市,13 世纪则增加到 2000 座。① 12 世纪中叶之后新建的城市,无论其规模大小都有一个共同的特点,即没有一座城市不是通过获得诸侯授予的城市法建立的,也没有一座城市不是对其周边地区有着非常重要的经济作用。对于其周边乡村来说,这些城市承载的是非农业的经济活动,其周边区域范围的大小通常是以农民可以在一天之内把农产品运到并返回的距离。这些城市对所在区域而言有利于权力的确立和巩固,因此又是周边地区的统治中心。12 世纪城市数量迅速增加的一个主要原因是市场的生长,而市场生长的一个首要条件是交通运输(Verkehr und Transport)条件的改善。

德意志中世纪最重要的交通要道是水路,德意志境内有着较为丰富的水系,莱茵河、多瑙河、奥得河、易北河、威悉河、埃姆斯河以及莱茵河的支流美因河、内卡河、摩泽河、鲁尔河都是可航行的水路,可通往北海、波罗的海和黑海。自 12 世纪起在这些可航行的河流两岸都有拉纤的路。12 世纪下半叶,莱茵河上已经有双向航道,在河面较宽的地区甚至还能同时并行四艘船只。这个时期船只的大小不同,其长度一般在15—30 米之间,宽度为 1.8—3 米之间,载货能力为 25—100 吨之间。此外,还有近距离运输的摇桨的小船、木筏等。② 农业专门种植区的形成,无疑更加促进内陆航路的活跃,其中一个重要的标志是关卡的猛增。仅以莱茵河为例,12 世纪末期仅有 19 处关卡,13 世纪增加到 44 处,14 世纪更达 64 处之多。③ 便利的水路航道两岸、河流的入海口处以及易于航行的海岸通常都是建立城市的最佳地点。1210 年不莱梅的主教阿尔贝特(Albert von Buxthoeven,1165—1129)在道加瓦河流入波罗的海的入海口处建立里加市,这里很快就成为德意志商人与立窝尼亚地区进行贸易的中心和扩张的据点。1218 年和 1226 年在波罗的海沿岸还先后建立

---

① H. Kellenbenz, *Deutsche Wirtschaftsgeschichte*, Bd. 1, S. 82.

② F.-W. Henning, *Handbuch der Wirtschafts-und Sozialgeschichte Deutsches*, Bd. 1, S. 285f.

③ Ebd. , S. 286f.

罗斯托克市和维斯马市,1227 年魏克瑟尔河入海口处建立但泽市、1217年在奥德河畔建立布雷斯劳市。

　　直至中世纪的中期,无论是在德意志境内还是在整个西欧,几乎还都谈不上陆路交通,人们沿用的还是罗马帝国时期修筑的道路,但这些道路年久失修很少受到维护。封闭式的农业生产活动致使人们很少出行,即使是远程贸易的商人也更多的是选择水路,一是因为水运成本较低,二是水路上拦路抢劫的风险相对要小很多。向东部的拓垦殖民在很大程度上促进道路的改善,此外,桥梁的架设也使得陆路更加畅通。12世纪上半叶,从莱茵河、美因河流域地区经多瑙河向东方的交通要道上先后修筑多座桥梁,例如 1133 年在位于美因河谷中部地区的维尔茨堡修建横跨美因河的大桥;位于多瑙河与其两条支流汇合之处的累根斯堡于 1135—1146 年间修建一座长达 300 米的拱形石桥,这座石桥至今依然坚固通行;1143 年在位于多瑙河、因河和伊茨河三河交汇处的帕骚修筑石桥。这些桥梁把在此前因为河流而阻断的陆路交通网络连接在一起,建立起一个连接整个欧洲的道路交通系统。从马格德堡和埃尔福特经德意志的中部地区的通路,从纽伦堡经波希米亚和波兰南部的通路,以及从累根斯堡经多瑙河流域地区的交通要道,构成途经波罗的海的东西交通动脉。在德意志中部和东部地区有了奥格斯堡、纽伦堡、埃尔福、莱比锡一线以及维也纳、布雷斯劳、托伦一线的南北交通动脉。不仅如此,1225 年还有了规范道路交通的规定。在《萨克森箴言》中就曾这样规定:"国王道路的宽度应该是一辆车行驶时留出另一辆车的空间,空车要给载货的车让路,载重少的应该给载重多的让路,行人要给骑马者让路。但是,在一条狭窄的道路上,或者是一座桥上,遇到了骑马者或者步行者时,车辆应该停驶等候他们通过。先上桥的车应该先通过,无论是空载。还是载货的。"①

---

① K. A. Eckhardt (Hrsg.), *Der Sachsenspiegel*: *Landrecht*, Hannover: Hahn, 1995＝1973, Art. 59, § 3.

交通运输工具的改进无疑也是联系城市和农村的一个重要因素,牲畜挽具的改进使马逐渐取代牛作为农业生产的役畜。两轮的牛车被前轴可以旋转的四轮马车取代。[①] 四轮马车的运输能力是牛车的两倍,而且速度也有很大提升,这就在一定程度上减少农民的运输时间和成本,他们可以把日常所需之外的剩余农产品运往距离较近的市场出售。与此前不同的是,12 世纪形成的市场都不是在已经建立的城市里开办的,抑或可以这样说,是先有市场后有城市。通常是诸侯或者国王有目的地给予位于交通便利的居民点或者村落开办市场的市场权(Marktrecht),在市场的基础上发展为城市。例如 12 世纪末期在易北河流经的萨克森-安哈尔特地区建立的施滕达尔市,就是在位于陆路相交处的集市的基础上发展起来的。地处易北河岸边的勃兰登堡原来也是殖民区的一个市场(Marktsiedlung),13 世纪发展为城市。同样,位于易北河岸边的阿肯市、位于易北河支流耶策河岸边的萨尔茨维德尔市最初也都是当地的市场,13 世纪初被授予城市法成为城市。1182 年在韦拉河、威悉河以及富尔达河三河交汇之处开办的市场,1200 年成为汉诺威斯-明登市。类似这样的例证还有很多,例如布里克森市、埃姆登市、菲尔特市、巴道勒夫采尔市以及斯塔弗伦市都是在 12—13 世纪期间从市场发展为城市。[②]莱比锡市位于迈森马尔克伯爵领地内,从莱茵兰地区向东欧以及从意大利向波罗的海岸两条通路纵横相交穿过该领地。1165 年,马尔克伯爵奥托(Otto von Meißen, 1125—1190)给予这两条通路交叉处之地修建城堡权和开办市场权,并沿用斯拉夫人在此地时使用的名称,以便于商人们在此处从事贸易,尤其是远程贸易。1190 年,奥托确定莱比锡为春季和秋季年市场(Oster-und Michaelismärkte[③]),并且规定在距莱比锡方圆一萨克森里(sächsische Meile[④])的范围内不得开办其他市场。1268

---

① E. Pitz, *Wirtschafts-und Sozialgeschichte Deutschlands im Mittelalter*, S. 93.
② H. Planitz, *Die deutsche Stadt im Mittelalter*, S. 164.
③ 或翻译为复活节和米迦勒节市集。
④ 1 萨克森里约等于 15.39 公里。

年,马尔克伯爵迪特里希(Dietrich von Landesberg,1242—1285)为了保护莱比锡的市场再次给予其护路的特许权(Geleitschutzprivilege),这就为这个地区的远程贸易奠定基石,莱比锡成为德意志乃至欧洲非常重要的传统交易集市(Messe①)。地处德意志东部边界的勃兰登堡是德意志向东部拓垦殖民的桥头堡,具有非常重要的政治意义,同时这里还是从马格德堡前往柏林交通要道上的商人殖民区(Marktsiedlung),在马尔克伯爵奥托 1170 年颁布的特许权文件中将其称为城市,历史学家们通常认为这一年是勃兰登堡城市建立的起始年。

第三节　城市的繁兴

一、城市的规模

12 世纪以后,德意志的城市规模分为四类。一类是有约千人左右的小城市,这些小城市中约有 30% 的居民依然还从事农业经济活动,它们与村庄最根本的区别在于有一个与城市法相关的市场。一类是有 2000 以下居民的中小城市,其中几乎有一半的居民从事手工业活动。在这些小城市和中小城市中,通常在每周的某个固定日子开办地区性的周市场(Wochenmarkt),以交换地区性的日常消费食品和日用品为主,此外还有当地手工业所需的经济作物。有 2000—5000 居民的城市属于中等城市,这类城市的经济关系远远超越附近的周边地区,供给城市居民的食品以及经济作物来自其半径约 10—30 公里的区域范围。5000 以上人口的城市是大城市,至 14 世纪中期之前,这类城市大约有 20 个,大多都位于交通极为便利的内陆河流航道和海路旁,如科隆、累根斯堡、斯特拉斯堡、汉堡、不莱梅等,或者是在中世纪德意志的几条著名的黑勒之路上,

---

① 交易集市(Messe)即今天的交易会,德国今天一些大型交易会城市的历史和传统,如莱比锡、法兰克福、汉诺威、慕尼黑等,都可以追溯到 13 世纪。

例如多特蒙德、索斯特等。[1] 在这些大城市中通常都举行年市(Jahrmarkt),一般是在复活节、圣诞节、圣灵降临节等重要的基督教节日期间开办。年市是集中交易大宗商品的地方,例如木材、纺织品、铁制品等,此外还有远程贸易的商品。

城市经济与农村经济最大的区别在于,它是供给制的,需要为其提供粮食、奶酪、蔬菜、禽类和酒类。城市数量的增多,城市规模的扩大,所需生活必需品的量也大大提高,城市周边乡村从事的农牧生产不再仅仅是为了自给自足,他们运送到城市里的农牧产品也不再是满足自身需要之后的剩余,乡村的农业生产为城市市场生产交换的产品,农业经济向交换型的经济转变。12 世纪以后,德意志的远程贸易不再仅局限于满足对奢侈品的需要(Luxusbedarf),同时也越来越多地要满足人们的基本需求(Grundbedarf),贩运食盐、木材、谷物、葡萄酒以及手工业生产所需的原材料等大宗商品。进入 14 世纪以后,粮食贸易进入远程贸易中,这就更加刺激粮食贸易的活跃。普鲁士、波兰、西里西亚以及德意志中部地区的粮食通过威克瑟河、奥德河、易北河运送到沿海的汉堡、罗斯托克、维斯马、艾恩贝克等城市,再从这些城市输出。另一方面,德意志本土的手工业也有很大发展,需要农业为其提供大量的原材料,如:用于纺织业的大麻、亚麻,用于染色的菘篮和茜草,用于酿造的葡萄和啤酒花,等等。在那些供需关系比较集中、往来比较自由、没有苛重赋税、同时还能受到王权司法审判权保护的年市场中发展出交易集市。交易集市通常都聚集在大城市,受到皇帝或者国王以及大贵族给予的保护。1240年,弗里德里希二世给予美因河畔的法兰克福市举办秋季交易集市的特许权,凡来秋季交易集市的商人都会受到皇帝的保护。[2] 与年市场相比较,交易集市最大的特点是其超越地区性。换句话说,交易集市通常是地区与地区商业贸易间的重要连接点,由此产生了今天在欧洲依然还有

---

[1] F. -W. Henning, *Handbuch der Wirtschafts-und Sozialgeschichte Deutsches*, Bd. 1, S. 204ff.

[2] Ebd. , S. 282.

着很重要影响的交易集市城市（Messestadt），如上文提到的莱比锡、纽伦堡、慕尼黑、美因河畔的法兰克福等等。

　　开办各种市场促进了城市规模的扩大。科隆市是早在罗马帝国时期就已经建立的城市，虽然在日耳曼人大迁徙时期衰敝，但因其是大主教的驻节地而存留下来。10 世纪前后科隆市开始复苏，以莱茵河畔古罗马时期的老城为基础扩容，从最初的 96 公顷扩大到了约 120 公顷。947年，科隆市开始修建城市围墙，施行城市自治。12 世纪初，科隆市再次向外扩展。1106 年，城市面积从原来的 120 公顷扩大到 236 公顷。1180年，科隆市重新修建城墙，城墙内的面积达到约 400 公顷，这个面积一直保持到 19 世纪初。科隆是中世纪德意志境内最大的城市。12 世纪，德意志城市的规模普遍都有所扩大，同样是大主教驻节地的斯特拉斯堡从15 公顷的城市面积扩大到 73 公顷；马格德堡于 1150 年建立时其城内面积是 80 公顷，13 世纪扩大到 110 公顷；亚亨市的城市面积原来仅有 8 公顷，13 世纪扩大到 44 公顷；奥格斯堡最初的城市面积是 13 公顷，在这个世纪扩大到 46 公顷；巴塞尔在 11 世纪时以教堂为核心的方圆半径是 8公顷，此后由于大小市场的开办，半径距离增加到 15 公顷。东进运动时建立的城市勃兰登堡市初期仅有 32 公顷，此后扩大到 92 公顷；内陆重要的贸易城市不莱梅的城市面积从 12 公顷扩大到 49 公顷。12 世纪新建城市的范围通常都是在 20 公顷左右，13 世纪很多城市的面积都在100 公顷上下。索斯特的城市面积从 1179 年起一直到 1880 年一直保持在 101 公顷。多特蒙德的城市面积在 12 世纪末期是 81 公顷；1192 年维也纳的城市面积是 102 公顷，13 世纪则扩大到 110 公顷。一些地处重要贸易地位的城市面积甚至扩大十余倍乃至几十倍，例如狮子海因里希有目的地建立的吕贝克。吕贝克建立之初的城市面积仅有 8 公顷，随着吕贝克贸易地位越来越凸显出来，成为东北欧最重要的贸易城市，其城市面积也扩大到 44 公顷，13 世纪更是扩大到 107 公顷。位于北海岸的布鲁日 1200 年获得开办年市的权利，它的城市面积从原来的 70 公顷猛增到 343 公顷。12 世纪下半叶，曾经是罗马帝国重要桥头堡的日内瓦成为阿尔卑斯山区重要交易集市城市,其城市面积也从 80 公顷扩大到 644 公顷。[①]

二、城市的形态

城市规模的扩大及其经济职能和政治功能的增强,致使城市的形态也发生明显的变化,有了帝国城市、邦国城市(Landesstadt)和自由城市(die freie Stadt)的区别。

所谓的帝国城市原是指在皇室领地内由皇帝本人建立和直接掌控的城市,12 世纪中期以前,仅有亚亨和韦茨拉尔两座帝国城市,随着 12 世纪中叶之后城市的经济作用和政治作用越来越凸显出来,施陶芬王朝的历任皇帝和国王在其王室领地较为集中的德意志西南部以及图林根和阿尔萨斯地区,以原来的城堡为基础建立众多帝国城市;此外,如汉堡、不莱梅等一些重要的贸易城市也都因皇帝(国王)授予的特许权转为帝国城市。在这个历史时期,也有一些城市从教会的掌控之中解脱出来成为自由城市,如吕贝克、科隆、乌特勒支、奥格斯堡、美因茨、沃尔姆斯、斯特拉斯堡、累根斯堡、巴塞尔等等。这些自由城市中有的又成为帝国城市,例如科隆市。进入 13 世纪以后,德意志的帝国城市增加到 29 座,而且诸如多特蒙德、美因河畔的法兰克福、乌尔姆、罗腾堡、纽伦堡这些帝国城市管辖的区域范围都很大,一般都超过城市自身的界限。德意志"大空位"期间以及在此之后,由于王朝更替的频繁,王室家族的财产和帝国财产逐渐地被分离开,为了从城市中获得更大的经济利益,施瓦本的菲利普任国王期间把帝国城市典当给城市议会,以此获得经费。施陶芬王朝之后,一些位于具有主权邦国领地内的帝国城市逐渐隶属于邦国的邦君,成为邦国城市(Landestadt),帝国城市大幅度减少。14 世纪以后帝国城市仅保有 15 座,它们被置于国王和皇帝的控制之下。[②]

[①] H. Planitz, *Die deutsche Stadt im Mittelalter*, S. 198ff.

[②] F.-W. Henning, *Handbuch der Wirtschafts-und Sozialgeschichte Deutsches*, Bd. 1, S. 208.

13 世纪,德意志邦国的领地日益趋向于领土化,诸侯的首府城市(Residenzstadt)都转为邦国城市,不仅如此,诸侯们为了从贸易和市场上获得更大的利益,在其邦国境内建立众多的邦国城市。地处莱茵河下游莱茵兰东部地区的贝格原是一个伯爵领地,自奥托一世时期起领有这个伯爵领地的家族就是国王和皇帝的宠臣。13 世纪初,贝格的伯爵阿道夫三世(Adolf Ⅲ. von Berg,1176—1218)在第五次十字军东征时丧生,他的弟弟科隆的大主教恩格尔贝特一世接管了贝格伯爵领地,将其并入科隆大主教区的辖区,贝格伯爵领地随后上升为公爵领地。与此同时,大主教管辖的领地也领土化成为教会邦国,恩格贝特一世在公爵领地的威斯特法仑地区建立一系列的邦国城市,如阿滕多恩、布里隆、盖瑟克、马尔斯贝格等等。他的继任莫勒那尔克的海因里希一世(Heinrich Ⅰ. von Molenark,1190—1238)为了保障能够从莱茵河下游地区获利,也在其大主教辖区的邦国之内建立雷斯、克桑滕、德里茨、莱茵斯贝格、雷克灵豪森等城市。[①] 皇帝海因里希二世时期,他在莱茵河下游设立盖尔登伯爵领地和克莱韦伯爵领地,分别分封给他的两个兄弟。13 世纪初,这两个伯爵领地先后上升为公爵领地,并且逐渐地领土化成为邦国。在此期间,诸侯们把其邦国内的一些市场扩大为城市,哈尔德韦克、埃默里希、阿纳姆等城市都是在这个历史时期建立的。在克莱韦地区,一些古老的贸易城市也都转变为邦国城市,诸如克莱韦、卡尔卡尔、格里特、丁斯拉肯、克拉嫩堡、奥尔索伊、比德里希等。[②] 此外,在一些地区还出现了一些具有邦国性质的城市,尤其是在没有较大诸侯领地的西南地区。通常这些城市管辖的区域范围都很大,其中管辖区域最大的是今天瑞士的首都伯尔尼。1191 年,策林根的公爵贝特霍尔德五世(Berthold Ⅴ.,1160—1218)建立伯尔尼。贝特霍尔德五世去世后策林根公爵领地被一分为二,伯尔尼市的市民利用这一机会通过斗争和赎买将之转为自由城

---

① H. Planitz, *Die deutsche Stadt im Mittelalter*, S. 168f.
② Ebd., S. 170.

市。1298 年,伯尔尼成为一个具有邦国领土主权性质的城市。

三、城市的象征

　　13 世纪以后涌现出来的帝国城市和邦国城市造就了一个新的社会阶层——市民。市民以行会和同业公会形式组织起来,是贸易以及手工业等城市经济活动的主要参与者和承担者。随着贸易和手工业在经济中的比重越来越大,他们不仅在城市内的政治地位越来越高,而且无论是在帝国还是在邦国的政治事务中的影响也越来越大。随着城市的大量出现以及市民阶层的成长,新的城市文化也由此产生。城市文化并不是也不可能是完全世俗的文化,市民阶层没有完全置身于基督教化的社会之外,市民的精神生活及文化依然是基督教文化的组成部分,教堂依然是每个城市的精神文化中心。每一座古代存留下来的或者新建的城市里都不会仅有一座教堂,教堂前面的广场是从事商业活动、进行商品交换的场所,也是活跃于各地的吟游诗人们聚集的地方。中世纪的教堂并不总是用于宗教的目的,正如美国学者汤普逊所说的:"因为教堂是当地社会中的最大而又最好的建筑物,又是一所大家都有一份共同利益的建筑物,所以它用于许多世俗目的方面。"[1]它可以是社会动乱时期人们的避难场所,又可以是和平年代社会活动的中心和商业贸易活动的中心。在位于弗赖堡市中心的大教堂的墙壁上,直至今天还能清楚地看到 11 世纪规范人们进行贸易交换时要遵守的规定,例如面包的大小和重量、丈量的尺寸、度量衡的标准等等。在很多地方,教堂甚至还用于粮食、干草以及葡萄酒和啤酒桶的存放,教堂被用于社会公共集会之地的现象更是屡见不鲜。[2]

　　城市的教堂大多是由市民出于对宗教信仰的虔诚而自愿捐建的,因而在教堂的设计方面体现了市民对基督教的理解以及他们的宗教观念,

---

① 汤普逊:《中世纪经济社会史》,下册,第 293 页。
② 同上书,第 293—294 页。

甚至可以这样说,中世纪的城市是与教堂一起成长起来的。12 世纪末期、13 世纪初,在西欧开始出现一种清新的哥特式(Gotik①)建筑风格,哥特式建筑风格主要集中体现于这个时期建造的教堂上,科隆大教堂是德意志地区最具代表性的哥特式教堂建筑之一。科隆大教堂最早奠定的基石可以追溯到 1 世纪,6 世纪 30 年代法兰克的大贵族选择科隆的教堂作为其安葬的墓地,教堂因此得以扩建。787 年,查理大帝任命希尔德博尔德(Hildebold,? —818)为科隆的大主教,他在任期内把原有的教堂(Kirche)扩建为大教堂(Dom),873 年 9 月 27 日,举行大教堂的落成典礼。1164 年 6 月 23 日,弗里德里希一世皇帝把从意大利带回来的"三圣王"(Heilige Drei Könige②)的遗骸赠送给科隆的大主教达瑟尔的雷纳尔德(Rainald von Dassel,1114 或 1120—1167),为此,他再次扩建大教堂。13 世纪初,大教堂的一些建筑年久失修开始坍塌。1248 年 8 月 15 日,在建筑大师格哈德(Meister Gerhard von Rile,1210—1271)的主持下开始重建科隆大教堂。科隆市的市民成为大教堂建筑的主要出资人,越来越独立自主的城市市民把建造大教堂看作是自己城市荣誉的表征,几乎所有市民都力所能及地投入财力和人力,积极参与教堂建筑,不惜耗费大量的财力和人力。教堂的入口处以及大殿内都装饰有耶稣、圣母玛利亚、圣徒以及《圣经》中人物的雕塑,所有这些"都是一种供那些不识字的人了解的刻在石头上的中世纪的百科全书",③从而成就了一座具有完美哥特式风格的教堂建筑。

①12 世纪中叶哥特式建筑风格的教堂最先出现在法国巴黎,13 世纪初期,哥特式这种建筑风格传到德意志。

②"三圣王"源自于《新约全书·马太福音书》,来自东方的"三博士"寻找犹太人的王,即:耶稣;2 世纪基督教教会把三博士称为"三贤人";6 世纪,基督教教会为三贤人赋予了三个名字:卡斯帕(Caspar)、梅尔希奥(Melchior)和巴尔塔扎(Balthasar)。12 世纪,西欧人认为基督教世界是由欧洲、亚洲和非洲三个大陆构成,三贤人代表三个大陆,继而三贤人改称为"三圣王"。326 年君士坦丁大帝的母亲海伦娜在巴勒斯坦发现了三圣王的遗骸,将其带回,赠送给米兰的大主教。1158 年,德意志皇帝弗里德里希一世把三圣王的遗骸运回德意志赠送给了科隆的大主教,以此表明他是不依赖罗马教皇的国王。

③菲利普·李·拉尔夫等:《世界文明史》,上卷,第 651 页。

城市市民把自己建造的教堂看作是自身独立的一种象征,在建造教堂时倾注了自己的宗教情感。正如美国学者汤普逊所说的:"一所中世纪的大礼拜堂,是一个城市市民自豪的对象,也是一个规模宏大的社会企业,社会的所有各阶层以及各种地位的人们都对此有兴趣,无论在精神上,或在捐助它的建造费用上。"①13 世纪以后在德意志许多城市包括那些大主教的驻节地马格德堡、特里尔、弗赖堡、哈尔伯施塔特、乌尔姆等城市中新建的教堂都是哥特式的,并且形成了一种不同于法国的德意志哥特式(Deutsche Sondergotik②)建筑风格特点。13 世纪的哥特式大教堂通常都被视为所坐落城市的象征,市民们把大教堂看作是自己生活城市的一种荣誉。也正是由于市民的参与,哥特式建筑风格教堂中宗教人物的雕塑更具有现实感,被融入更多的世俗因素和色彩。哥特式这种新型的建筑风格也对世俗建筑,尤其是对作为城市政治中心的市政厅的建筑有着深刻的影响。

四、城市世俗文化

城市市民生活以及活跃的市场和集市也为游吟诗人们提供展示技能的场所,繁荣了世俗文化,也涌现出一批撰写韵文故事和爱情诗歌的世俗作家。这些世俗作家大多是出身于贵族家族的骑士,他们的文学作品通常也都被归于骑士文学的范畴。但是,13 世纪的骑士文学家都久住城市,他们的作品更多地代表和反映市民的情感和意识,较具代表性的是费尔德克的海因里希(Heinrich von Veldeke,1150 或 1190—1200)。海因里希出身于今天比利时费尔德克的一个小贵族家族,他从小接受过教士教育,能够熟练地读写拉丁语,后来他成为施陶芬皇室一位封臣的侍从,居住在美因茨为其服役。海因里希是中世纪第一位使用德语写作的作家,他善于把那个时代流行的一些拉丁语的史诗改写为德语。他曾

---

① 汤普逊:《中世纪经济社会史》,下册,第 293 页。
② 有关德国哥特式建筑的特点请见第三编、第八章的第七节。

亲身经历过弗里德里希一世于 1184 年在美因茨举办的那场盛大的皇室庆典。或许是因为这场庆典给他留下极为深刻的印记,他用中世纪中期的德语(Mittelhochdeutsch①)改写法文版韵文故事《埃涅阿斯传奇》(Eneasroman②)。《埃涅阿斯传奇》给他带来极大的荣誉,德国后世学者对其给予很高的评价,称之为德语地区第一部史诗经典巨著,费尔德克的海因里希被誉为是 12 世纪伟大的游吟诗人,是中世纪中期德文版宫廷韵文故事的创立者,是这种新的艺术形式的创立者。③

这个时期德意志的世俗文学深受法国骑士文学的影响,尤其是受法国著名的抒情诗人特鲁瓦的克雷蒂安(Chrétien de Troyes,1140—1190)的影响。艾森巴赫的沃尔弗拉姆(Wolfram von Eschenbach,1160或 1180—1220)、奥厄的哈特曼(Hartmann von Aue,? —1210 或 1220)以及斯特拉斯堡的戈特弗里德(Gottfried von Straßburg,? —1215)都是 13 世纪上半叶与费尔德克的海因里希比肩的世俗作家,他们被誉为中世纪中期德意志三大叙事诗人。沃尔弗拉姆曾在多个贵族的宫廷中服役,与莱茵河中游法兰克的韦尔特海姆的伯爵们有密切的联系,此后他为萨克森的行宫伯爵赫尔曼一世(Hermann Ⅰ.,1155—1217)服役,在这个期间用中世纪中期德语创作了著名的长篇史诗《帕尔齐法勒》(Parzifal)。这部长篇史诗共有 2.5 万行,分为 16 部,集宫廷体的叙事史

---

① "中世纪中期德语"是语言学的概念,语言学史家把 750—1050 年期间的古德语称之为"早期古德语"(Althochdeutsch);1050—1350 年期间的古德语为中世纪中期的古德语(Mittelhochdeutsch)。国内学界通常将 Mittelhochdeutsch 译为"中古高地德语",但 Mittelhoch 不是地理的概念,而是时间的概念,相当于 Hochmittelalter(中世纪中期),故这里将其翻译为"中世纪中期德语"。中世纪中期的古德语是施陶芬皇朝时期宫廷文学使用的语言。

② 埃涅阿斯(Eneas)是希腊神话中的人物,他是爱神维纳斯的儿子、丘比特的兄弟。在特洛伊战争中,埃涅阿斯率领他的士兵、背着双目失明的父亲冲出沦陷的特洛伊城,在地中海地区游历了几年寻找新的家园。在古罗马的神话中,埃涅阿斯被尊称为朱庇特,是古罗马的神,被奉为"种族的缔造者"。

③ H. Brunner, *Geschichte der deutschen Literatur des Mittelalters und der Frühen Neuzeit*. Erweiterte und bibliographisch ergänzte Ausgabe. Reclams Universal-Bibliothek, Stuttgart: Reclam,2010,S. 148f.

诗（Epik）、爱情抒情诗（Minnelyrik）和英雄史诗（Heldendichtung）为一体。这部长篇史诗是根据特鲁瓦的克雷蒂安创作的《帕尔齐法勒》写成的，但又增添了一些新的内容，把世俗的爱情与寻找圣杯的宗教行为综合在一起。史诗叙述的内容是，一个名叫帕尔齐法勒的笨人连自己的名字都搞不清楚，却混沌不觉地踏上寻找圣杯的冒险之路。但是，他凭借着真诚、朴实以及责任感做到了那些自诩为聪明的人所做不到的事情。最终他不仅成长为一个完美的骑士而且还获得真正的爱情，承担起保护圣杯的职责。后世学者给予《帕尔齐法勒》很高的评价，认为"它是但丁的《神曲》之外中世纪盛期最精妙、复杂、眼界最开阔的一部作品"，史诗中描写主人公的心理路径也被认为"自古希腊以来在西方文学中是第一次"。① 艾森巴赫的沃尔弗拉姆作出的贡献是，他在创作长诗《蒂图埃尔》（Titurel）时，为史诗的写作开创了一种不同于成对连韵诗行形式的、新的诗节体形式，被称为"蒂图埃尔诗节体"（Titurelstrophe）。这种诗节体广为流行，被同时代以及后世很多诗人采用。

奥厄的哈特曼在他的第一部叙事诗《哀诉书》（Klagebüchlein）中，所有 16 首抒情诗都采用隐喻性的对话体形式，对话的双方是同一个人的身体和灵魂，谈论的内容是如何赢得一位女子的芳心。这种灵魂与身体对话式的题材在当时的宗教诗歌中极为流行，不过哈特曼这部叙事诗的影响极为有限。他最著名的作品是《艾莱克》（Erec）以及《伊万因》（Iwein），前者是根据特鲁瓦的克雷蒂安以亚瑟王（König Artus）为主题的叙事诗《艾莱克和艾尼德》（Erec et Enide）创作的，后者讲述的是一位美丽善良的姑娘帮助一位麻风病人的故事。哈特曼保存至今的作品中还有《可怜的海因里希》（Der arme Heinrich）和《格里高利或善良的罪人》（Gregorius oder Der gute Sünder）。哈特曼的作品比较注重于启迪和教导的作用，力图通过作品达到宣德劝善的目的，因此他的文笔更明晰、更直率。在斯特拉斯堡的戈特弗里德的作品中也可以看出，他十分

---

① 菲利普·李·拉尔夫等：《世界文明史》，上卷，第 644 页。

注重道德伦理。戈特弗里德虽然不是出身于贵族家族,但是却受过良好的教育,他的作品显示出他具有渊博的学识。他最著名的作品是以古希腊的雅典史诗为题材的《特里斯坦和伊索尔德》(Tristan und Isolde)。戈特弗里德的作品现存的不多,但是与他同时代的叙事诗作家埃姆斯的鲁道夫(Rudolf von Ems, 1200—1254)给予他很高的评价。

埃姆斯的鲁道夫出生于今天奥地利境内福拉尔贝格的一个极有势力的贵族家族,他是 13 世纪 20 年代最多产的叙事诗诗人,而且他写作的题材非常广泛。他撰写的《亚历山大传奇》(Alexanderroman)和《奥尔良的威廉》(Willehalm von Orlens)是有关英雄题材的史诗,歌颂的是骑士的美德。他根据从希腊语翻译为拉丁语的文本中有关印度佛陀的传奇撰写了《巴拉姆和约萨法特》(Barlaam und Josaphat),从中世纪的一个基督徒的角度看待佛教。他的《世界纪年》(Weltchronik)是中世纪第一部德语版的世界编年史,遗憾的是因为他陪同康拉德四世国王远征意大利时去世,这部世界编年史最终没有完成。在这里还值得一提的是鲁道夫的《善良的格哈德》(Der guote Gêrhart),他笔下的格哈德既不是古典时期的英雄人物也不是英勇的骑士,而是科隆市的一位商人,他同样具有骑士所具备的高雅品质,而且仁慈、谦逊,甚至得到人们的爱戴要拥立他为英国国王,但被他本人拒绝。这显然是一种杜撰,但却反映那个时代社会对城市商人的评价。13 世纪有关市民乃至农民的文学作品并不少见,一本署名为园丁韦恩赫尔(Wernher der Gärtner[①])的诗体文学作品《迈尔黑尔姆布雷希特》(Meier Helmbrecht)在那个时期流传较广。这部作品中描写的黑尔姆布雷希特是一个墨守成规、敬畏上帝、诚实的迈尔,但他的儿子却很不安分,放荡无忌,总是幻想着能过骑士的生活方式。但他最终不但没有脱离所属的社会等级,反而成为强盗,受到法律

---

① 德国历史学家们推测园丁韦恩赫尔(Wernher der Gärtner)是巴伐利亚或者奥地利的出身于中等社会阶层的一位作家。

的处罚。① 奈德哈特(Neidhart②)也是 13 世纪最具影响且多产的叙事诗人之一,他的作品同样流传很广,深得受众的喜欢,很多人都模仿他的风格写作,有了所谓的"奈德哈特文体"(Neidhart-Stil)。奈德哈特叙事诗中的人物大多是农民,因而又被称为"乡村诗作"(Dörperliche Dichtung)。他的诗作通常按照季节分为夏季歌(Sommerlieder)和冬季歌(Winterlieder)。夏季歌一般描述的是生活的快乐、爱情的喜悦,冬季歌则多是对生活中的抱怨。正是这些宫廷体、骑士体以及乡村体叙事诗的繁荣和普及,促进了中世纪中期德语语言文字和语法的推广,尽管中世纪中期德语还不是一种统一的语言,各地都有自己独特的方言,而且在文字书写方式和习俗方面都有很大的差异,但它毕竟打破了拉丁语在文字和书写方面的垄断地位,为此后标准德语的创立奠定了必要的先决条件。

---

① 参见汉斯-维尔纳·格茨的《欧洲中世纪生活》,王亚平译,东方出版社 2002 年,第 152 页。
② 奈德哈特自称是巴伐利亚的骑士,生于 1180 年,艾森巴赫的沃尔弗拉姆曾在其作品中提及过他,据说萨尔茨堡的大主教埃伯哈特和奥地利的公爵弗里德里希二世公爵都曾做过他的资助人。但迄今为止有关奈德哈特这个诗人的名字和出身还没有完全明确地考据清楚,鉴于此也有的当代学者认为奈德哈特是一个虚构的人物。

第八章　难以统一的大帝国

　　王位选举的混乱增强了地方诸侯的权势,尤其是那些掌握选帝权的教俗诸侯更是各霸一方。由于诸侯都在谋求自己的最大利益,因而再次出现了王位双重选举,英、法国王以及罗马教会乘机染指王位的选举,致使帝国的政治更难以统一。在与诸侯博弈的过程中,国王为了获得更多的支持分别召开了各等级的会议。帝国政治上的分裂致使邦国的领地更加封闭,邦国制进一步确立。在东部建立据点的骑士团利用武力进行扩张,扩大了其领地的范围,同时还提升了其在帝国的政治影响力,上升为一个强势的公国。

　　政治上的分裂致使德意志帝国形成区域性经济的特点,各地关卡林立,为城市间日益活跃的贸易往来造成极大的阻碍。为了克服政治分裂造成的不利因素,有着商业来往的城市联合起来结为城市同盟,其中最具代表的是汉萨同盟。城市同盟不仅是帝国形成统一市场的障碍,同时更加剧帝国在政治上的分裂。

　　英、法议会制的建立以及德意志邦国制的进一步确立,动摇了罗马教会自中世纪早期以来一直宣传的"君权神授"的神学政治理论,社会的宗教意识也有极大的变化,在基督教的神学理论中产生新神秘主义学说。新神秘主义反映的是城市市民的宗教意识,具体体现在哥特式的教堂建筑和哥特式的文化之中。

第一节　诸侯与国王的博弈

一、"伯爵国王"的策略

　　鲁道夫国王去世后,他的长子阿尔布雷希特一世并未能如其父所愿继任德意志的国王,因为选侯们并不愿意看到哈布斯堡家族通过世袭王位更加强大,更何况此时的阿尔布雷希特一世已经四处树敌,在很多地区都爆发反对他的抗争。鲁道夫国王去世 10 个月后,选侯们才在科隆大主教西格弗里德的力荐下,选举拿骚的阿道夫为德意志的国王。

　　拿骚的阿道夫的家世并不显赫,12 世纪中叶才以莱茵河的支流兰河畔的拿骚城堡为府邸有了伯爵的名号。1128 年,拿骚家族的两兄弟获得沃尔姆斯修道院的管辖权,从而享有在这个地区征收诸如什一税、管理修道院的采邑权以及司法审判权等权利。12 世纪末期,拿骚家族管辖区域范围内的威斯巴登成为德意志王室在西南地区重要的行宫所在地,拿骚家族也因而得以与王室逐步建立较为密切的联系。1255 年,拿骚家族以兰河为界分为南北两支,南岸的瓦尔拉姆(Walram Ⅱ., 1220—1276)一支是后来卢森堡王国的前身,北岸的拿骚的奥托(Otto Ⅰ. von Nassau, ? —1289 或 1290)一支是荷兰王室在中世纪的源头。瓦尔拉姆的儿子拿骚的迪特尔(Diether von Nassau, 1250—1307)是多米尼克修士会的修士,获得过神学硕士学位,自 1295 年起成为教皇博尼法修斯八世(Bonifatius Ⅷ., 1235—1303, 1294—1303 年在位)的幕僚,深得其重用,1307 年被博尼法修斯八世任命为特里尔的大主教,成为七大选侯之一。阿道夫是瓦尔拉姆的次子、迪特尔的弟弟,1270 年他迎娶科隆大主教西格弗里德的姐姐伊玛吉娜(Imagina von Isenburg-Limburg, 1255—1318)为妻,由此成为科隆大主教最坚定的支持者,也因此进入哈布斯堡鲁道夫一世的宫廷,他于 1286 年成为莱茵行宫伯爵的封臣。

1292 年 5 月 5 日,西格弗里德大主教向选侯们推荐还只是伯爵的阿道夫为德意志的国王,他于 6 月 24 日在亚亨接受国王加冕礼,他被德国历史学家们称为"伯爵国王"(Grafkönig)。

还只是伯爵的阿道夫之所以能够获得选侯们的同意,是因为选侯们各自怀有不同的政治目的。13 世纪下半叶,波希米亚的国王文茨尔二世(Wenzel Ⅱ.，1271—1305,1278—1305① 年在位)与鲁道夫的长子阿尔布雷希特一世之间因为争夺克恩滕而发生冲突,甚至兵刃相向,文茨尔二世希望通过国王的选举削弱哈布斯堡家族的政治势力。阿道夫向他承诺,在获得王位后将剥夺阿尔布莱希特一世控制的奥地利和施泰尔马尔克这两个公爵领地的采邑权并转交给他。除此之外,得到承诺的文茨尔二世还游说萨克森和勃兰登堡两位选侯支持阿道夫。美因茨的大主教格哈德二世(Gerhard Ⅱ. von Eppstein，1230—1305)与阿道夫的妻子有着亲戚关系,文茨尔二世向他承诺,他登上王位后会把米尔豪森和北豪森这两座帝国城市的控制权转交给他,以实现其要在图林根地区增强势力的目的。此外,文茨尔二世还允诺美因茨的大主教进入阿道夫王室议会,还向他作出很多经济利益方面的保证。

科隆的大主教西格弗里德也试图在选举阿道夫为德意志国王中获得最大的利益,改善因在遗产争夺战中失利而导致其在政治和经济上的颓势。1279 年 10 月 4 日,林堡的公爵瓦尔拉姆五世(Walram Ⅴ.，？—1279)去世,终因其无子嗣引发了一场争夺公爵领地遗产的大战。大主教西格弗里德对此虎视眈眈,目的是为了扩大科隆大主教区的势力范围。布拉班特的公爵约翰一世(Johann Ⅰ.，1252—1294)也不示弱,与大主教发生公开的冲突,德意志帝国西北部地区的诸侯几乎都被卷入这场争夺遗产的大战之中。盖尔登、卢森堡的诸侯以及列日的主教支持科隆大主教;贝格、于利希、泰克伦堡的诸侯与约翰一世结成联盟,科隆市的市民也坚定地站在了反对大主教的阵营一边。自 1283 年以后的 5

---

① 自 1305 年起文茨尔二世还成为波兰国王。

年间,双方经常发生武力冲突。1288 年 5 月,卢森堡的伯爵海因里希率军前往科隆,他的队伍在行进中像滚雪球一样,人数越来越多,队伍越来越壮大,5 月末与盖尔登的伯爵雷纳尔德一世(Rainald Ⅰ.,1255—1326)汇合。雷纳尔德一世以 4 万马克的布拉班特的第纳尔①把盖尔登的所有权利都出售给海因里希。与此同时,布拉班特的约翰公爵也向科隆进军,到达布吕尔时与贝格和于利希的诸侯们签订和约。科隆的市民派代表参与和约的签订,科隆是约翰公爵想要占领的目标。5 月 29 日,约翰公爵的军队围攻科隆大主教的驻节地沃林根城堡。6 月 5 日双方交火激战,大主教的军队战败,西格弗里德被俘,被迫缴纳巨额赎金后才得以获释,大主教在政治上和经济上都遭受到巨大的损失。1291 年 7 月初,鲁道夫国王去世,西格弗里德从中看到东山再起的良机。他力图借助选侯的权势选立一个完全顺从于他的国王,这是他竭力推举与他有姻亲关系的阿道夫为德意志国王的动因。很显然,西格弗里德并不打算让阿道夫轻易得到王位,向他提出一系列近乎苛刻的条件。1292 年 4 月 27 日,西格弗里德递交给阿道夫一份长长的清单,上面列举了阿道夫当选国王后必须确认的科隆大主教应拥有的财产,其中包括把多特蒙德、杜伊斯堡等帝国的直辖市以及帝国的一些城堡和庄园、埃森的帝国直辖区等都交由科隆的大主教管辖;承诺交付给大主教 2.5 万马克的银作为帝国服务的费用,修复被严重损坏的科隆大教堂。此外,阿道夫还要承诺在政治上支持科隆大主教,帮助大主教镇压科隆市民及其他反对者,在他的王室议会中不能任用任何反对大主教的反对派,阿道夫当选后必须向大主教提供履行这些诺言的有效保证,否则他将立刻失去王位,由选侯们再立新君。

　　阿道夫当选国王之时,失势的阿尔布雷希特一世正在前往法兰克福的途中。这位具有政治头脑的公爵并没有急于向新国王发起抢夺王位的攻势,而是进入他的领地平定贵族的叛乱,以防后院起火。在此之后,

---

① 布拉班特的第纳尔是指在布拉班特公爵领地的铸币所中铸造的第纳尔。

他于 1292 年 11 月前往哈格瑙会晤新国王,交给他王冠、权杖和宝剑等王权象征物,并向其宣誓效忠以保全他已有的帝国采邑。阿尔布雷希特一世的这一举措出乎所有人的意料,曾经支持过新国王的教俗诸侯也都没有如愿以偿。波希米亚国王并没有如期望的那样获得奥地利和施泰尔马尔克两个公爵领地的采邑权,这令他大失所望。莱茵行宫伯爵路德维希二世是与美因茨大主教争夺图林根权势的强劲对手,他的儿子鲁道夫一世(Rudolf Ⅰ., 1274—1319)迎娶了新国王的女儿梅希蒂尔德(Mechthild, 1280—1323)为妻,这就使大主教企图借助国王的政治影响在图林根扩大势力的企图破灭。企图以苛刻的条件约束新国王的科隆大主教西格弗里德同样也没有达到预期的目的,阿道夫加冕后不久就与大主教的宿敌布拉班特的公爵约翰一世建立友好关系,委任他为莱茵河下游地区的帝国监督人(Reichspfleger)。阿道夫国王借助这些新的支持者打破了选侯们为其戴上的紧箍咒,推行自己的独立政治政策。

二、英、法国王的介入

13 世纪下半叶,经过一系列改革以及王室领土的扩张,法国逐渐改变在政治上封建割据的局面。卡佩王朝(Kapetinger)建立起的中央王权进一步巩固和加强,越来越多的城市和封建主投庇于法王旗下,向其宣誓效忠成为其封臣,甚至德意志帝国境内的一些城市和封建主也投庇于法王。1292 年,位于亨讷高伯爵领地①境内的瓦朗谢讷市宣布脱离德意志帝国投靠法国国王。在此之前,曾向前任国王鲁道夫一世宣誓效忠的勃艮第行宫伯爵奥托四世把他的女儿许配给当时的法国王子、后来的法国国王路易十世(Louis Ⅹ., 1289—1316, 1314—1316② 年在位)为妻,这就使法国国王可以通过继承权获得勃艮第行宫伯爵领地。获悉此讯

---

① 亨讷高伯爵领地位于今天法国北部加来海峡大区,10 世纪末期以后属洛林公爵领地,1070 年归属于亨讷高伯爵领地,成为亨讷高伯爵的府邸。
② 路易十世 1305—1314 年为纳瓦拉的国王。

的阿道夫国王于 1296 年在法兰克福召开帝国会议,宣布剥夺奥托四世的采邑权,但这项决议还未来得及执行奥托四世就把伯爵领地的采邑权出售给路易。1294 年,卢森堡的海因里希七世(Heinrich Ⅶ.,1278—1313)也向法国国王宣誓效忠成为他的封臣。获取了这些采邑权的法国国王美男子菲利普四世(Philipp Ⅳ.,1268—1314,1285—1314 年在位)不仅进一步向佛兰德扩张,而且还窥伺着洛林地区。

佛兰德与英国有着极为密切的纺织品贸易往来,英法之间因领土进行的武装争斗不利于佛兰德与英国的贸易往来。佛兰德的伯爵吉多一世(Guido Ⅰ.,1226—1305)为抵御法王政治势力的进一步渗入,保证自己的主权地位,竭力促成阿道夫与法国国王的宿敌、英国国王爱德华一世的联盟,阿道夫从中获得 6 万英镑的经费。有了财力支持的阿道夫意欲联合英王夺回这些丧失的采邑权。1294 年 8 月 31 日,阿道夫向法国国王菲利普四世递交宣战书,准备向法国进攻,但因爱德华一世国王陷入威尔士的叛乱以及苏格兰的反叛中无力自拔,无法履行对阿道夫的承诺,导致阿道夫对法国的进攻计划付诸东流。阿道夫与英国的结盟不仅没有能抵御住法国势力的扩张,反而促成潜在的反对派哈布斯堡的阿尔布雷希特一世与卡佩王朝的联合。

自 12 世纪以来德意志向东部地区的拓殖以及北海和波罗的海地区贸易的发展,吸引着阿道夫国王,愿意把王国的政治重心转向东部,寄希望于在帝国东部地区获得财力增强家族的权势。自 13 世纪中期以来,图林根经历了较长时间的遗产继承之争,最终由迈森的马尔克伯爵阿尔布雷希特二世(Albrecht Ⅱ.,1240—1314)继承。1293 年,阿尔布雷希特二世因为财政困窘把图林根出售给阿道夫国王,国王把包括图林根、萨克森以及萨克森-安哈尔特在内的整个东部地区(Osterland)和迈森马尔克伯爵领地都看作是帝国的采邑,拟把这个地区作为其推行独立政策、建立独立权力的领地基础。阿道夫的这个举措不仅进一步打破选侯们对他的制约,而且还侵害了选侯们在这个地区的经济利益。美因茨的大主教在图林根的埃尔福特占有地产并一直怀有吞并图林根的企图,波希米亚的国王则一直想把迈森马尔克伯爵领地据为己有,他们都把选立阿道夫为德意志国王看作是实现自身目的的一个筹码。阿道夫登上王位后不仅没有履行对他们做出的所有承诺,反而极大地损害了他们的利益,他们立刻开始转而向国王的反对派哈布斯堡家族靠拢。1297年的圣灵降临节时期间,美因茨的大主教格哈德二世在布拉格为波希米亚的国王文茨尔二世举行加冕礼,借此机会与前往参加加冕礼的布拉格的哈布斯堡的阿尔布雷希特一世以及萨克森和勃兰登堡的两位选侯聚集,共同策划废黜国王阿道夫。

波希米亚和哈布斯堡长期以来因为争夺奥地利和施泰尔马尔克的领地冲突不断,文茨尔二世与阿尔布雷希特一世的和解为阿道夫制造了不利的局面。1298年1月,美因茨的大主教格哈德传讯哈布斯堡的阿尔布雷希特一世,强制他与阿道夫国王和解,不仅未获成功反而导致双方在莱茵河上游的河谷地带发生武力冲突,双方都遭受惨重的损失。3月,哈布斯堡的阿尔布雷希特一世率领大军从奥地利向西进军,波希米亚和匈牙利的国王都给予他兵力上的增援,阿道夫国王则率领军队力图阻止他渡过莱茵河。选侯们把双方的征战看作是私战,美因茨的大主教甚至以帝国的法官自居,于5月1日和6月15日两次传唤作为私战一方的国王阿道夫到庭接受聆讯,对冲突做出解释,但国王没有到庭。6月23日,美因茨的大主教受波希米亚的国王和科隆的大主教的委托,与萨克森的公爵和勃兰登堡的马尔克伯爵共同组成法庭,在国王缺席的情况下启动法庭审判程序,作出判决,宣布阿道夫违背誓言、制造争端,这些不合法的行为都证实他不配作为国王,不能继续统治帝国,宣布将其废黜,解除所有封臣对他的效忠誓言。[①] 阿道夫是德意志中世纪历史上第一位不是被教皇,而是被选侯们废黜的国王。值得强调的是,也正是这些选侯们在六年前亲自将其扶上王位,企图打造一个百依百顺的傀儡君王。但

---

① M. Prietzel, *Das Heilige Römische Reich im Spätmittelalter*, Darmstadt: Wiss. Buchges. 2004, S. 33.

是,当新君王违背他们的意愿,就立刻依仗着选侯的权利将其废黜。这一历史事件说明,德意志的选侯们完全控制着对国王的选立和废黜,选立国王成为他们抑制社会政治势力增长的有力工具。在德意志选侯的控制下,德意志的国王频繁更替,外来的政治势力也有了介入德意志政治的可乘之机。

就在废黜阿道夫国王的同一天,选侯们选立哈布斯堡的阿尔布雷希特一世为德意志国王。当被废的消息传到阿道夫那里时,早已集结的已废国王的军队正准备围攻哈布斯堡家族重要的城市阿尔蔡市。善战的阿尔布雷希特一世避开与之正面攻击,把军队调往离阿尔蔡约 20 公里开外的哈森比尔,该地是格尔海姆丘陵地区一个非常重要的战略要地。双方在那里交战,尽管双方军队的军事实力相差无几,但因为阿道夫在激战中阵亡,他的军队也因此溃败。格尔海姆战役(Schlacht bei Göllheim)的结果被选侯们看作是上帝的裁决。7 月 27 日,选侯们再次在法兰克福集会,选举阿尔布雷希特一世为国王,四周后科隆的大主教在亚亨为其主持加冕礼,哈布斯堡家族再次登上德意志的王位。

登上王位的阿尔布雷希特一世与他的前任一样,以书面的形式对选侯们做出众多的承诺,尤其是重申了弗里德里希二世曾经给予教俗诸侯的特许权。1289 年 11 月 21 日,阿尔布雷希特一世在纽伦堡召开登上王位后的第一次帝国会议,他在这次会议上把奥地利和施泰尔马尔克分封给他的三个儿子共治,以加强哈布斯堡家族在这两个公爵领地的政治影响。[①] 与此同时,阿尔布雷希特一世还就有关波兰的争议问题与波希米亚的国王文茨尔二世达成和解,德意志国王把波兰王国的大部分地区作为采邑封授给后者,消除了双方的争端。阿尔布雷希特一世深知要推行自己独立的政治措施就必须摆脱选侯的控制和制约,他所能借助的可以与之相抗衡的政治力量是法国的卡佩王室。1299 年 12 月,阿尔布雷希

---

① J. Nepomuk, J. Mailáth, *Geschichte des östreichischen Kaiserstaates*, Hamburg: Perthes, 1834, S. 81.

特一世在图尔附近的卡特勒沃与法国国王会晤,确定他的长子和法王美男子菲利普四世的妹妹布兰卡(Blanka,1282—1305)的联姻,他还向菲利普四世保证,在布兰卡居寡后将会获得阿尔萨斯和于希特兰①这两处哈布斯堡家族的产业。不仅如此,阿尔布雷希特一世还在有关勃艮第的自由伯爵领地的争议方面做出妥协,他甚至还放弃了马斯河左岸凡尔登以北地区的统治权。1300年圣灵降临节之际,阿尔布雷希特一世的长子、奥地利的公爵鲁道夫三世(Rudolf Ⅲ.,1282—1307②)在巴黎迎娶布兰卡。

　　哈布斯堡王室与法国的结盟,对莱茵河入海口地区表现出来的欲望,对荷兰西兰岛以及弗里斯兰地区的干涉,再次引起选侯们的不安。13世纪70年代,亨讷高的伯爵约翰二世(Johann Ⅱ.,1248—1304)获得哈布斯堡的鲁道夫一世国王的承诺,如果荷兰伯爵无子嗣,那么他就可以继承荷兰伯爵领地。1285年,荷兰伯爵弗洛朗五世(Florens Ⅴ.,1254—1296)为他年仅一岁的儿子、后来的荷兰伯爵约翰一世(Johann Ⅰ.,1284—1299)与英国国王爱德华一世(Eduar Ⅰ.,1239—1307,1272—1307年在位)的女儿订婚,不久就被英王接到英王室接受教育。1296年,弗洛朗五世战死沙场,约翰一世时年仅12岁,由亲近英国的博尔瑟伦家族(Haus Borsselen)摄政。1299年11月5日,刚满15岁的约翰一世伯爵去世,阿尔布雷希特一世企图把这个地区作为帝国的采邑收回,遭到亨讷高的伯爵约翰二世的反对。1300年10月14日,以美因茨大主教为首的莱茵地区的选侯们在宾根附近的海姆巴赫共同结成联盟,为了保护各自的利益,策划再次废黜国王。然而,阿尔布雷希特一世国王同样也在国内找到强有力的支持者。

---

① 于希特兰(Üchtland)地区位于今天瑞士的西部,以伯尔尼和(布赖斯高的)弗赖堡市为核心。
② 鲁道夫自1298—1306年为奥地利公爵称鲁道夫三世,1306—1307年为波希米亚国王称鲁道夫一世。

三、罗马教会的态度

弗里德里希二世曾给予莱茵河流域地区大主教们特许权,他们可以在莱茵河上设立关卡、征收关税。大主教们依仗着这项特许权肆意征收关税,严重阻碍莱茵河流域的贸易往来。阿尔布雷希特一世宣布取消这些关卡,这一决定赢得莱茵河沿岸城市乃至莱茵河下游地区中小贵族们对他的支持,他在莱茵地区有了可以依靠的政治力量,开始逐一对选侯们发起进攻。1301 年 6 月,他率军围攻海德尔堡,迫使行宫伯爵鲁道夫一世(Rudolf Ⅰ.,1274—1319)背弃与选侯的联盟。1302 年 3 月,阿尔布雷希特一世占领宾根,首先把矛头对准美因茨的大主教格哈特,此后又指向科隆的大主教维格博尔德(Wighold von Holte,？— 1304)和特里尔的大主教迪特尔(Diether von Nassau,1250—1307),最终将其各个击破。

自 1220 年弗里德里希二世在罗马接受教皇的加冕后,几乎在近一个世纪的时间里再没有德意志的国王被加冕为皇帝,教皇和德意志皇帝之间的矛盾和摩擦几乎也被湮没在各自面临的争斗中。1294 年,亚历山大四世的外甥被枢机主教团选为教皇,称博尼法修斯八世(Bonifatius Ⅷ.,1235—1303)。博尼法修斯八世精通法学,1303 年他在罗马建立了第一所大学,即罗马第一大学(Universität La Sapienza)。他一上任就凭借着掌握的法学知识灵活并且强势地干预西欧各王国的内政。他把 1300 年定为大赦年(Jubeljahr 或 Heiliges Jahr[①]),赦免所有到罗马来朝圣者的罪。这次大赦年的庆典既提升了罗马教会日益减弱的影响力,同时也为罗马教会广开财源。在这同一年,博尼法修斯八世发布禁止法国国王向教士课税的教令,法王美男子菲利普四世指令他的法学家对此进

---

① 大赦年(Jubeljahr)原本是犹太教的宗教传统节日,又译为五十年节。1300 年 2 月 22 日博尼法修斯八世颁布教皇谕令,号召广大基督徒在圣诞节期间前往罗马朝圣庆祝耶稣诞辰,并宣布凡前来罗马的朝圣者都将获得大赦,这是基督教历史上的第一次大赦年,大赦年原定每百年一次,但在此后逢 25 年、50 年或者基督教发生重大事件的年代都有大赦年。

行激烈的反击。为解决与教皇斗争而导致财政上的困境,菲利普四世于1302年4月在巴黎召开第一次有市民代表参加的三个等级的会议,法国各个社会等级联合起来一致反对教皇对法国内政的干涉。1302年11月18日,博尼法修斯八世颁布《神圣一体》(Unam Sanctam 德语:Eine heilige)的谕令,重申"双剑论"的理论,强调世俗君权这把剑要服从于罗马教会这把剑,教皇的权力至高无上,应该凌驾于所有世俗君权之上。教皇还力图争取德意志国王,他承认阿尔布雷希特一世为德意志合法国王,条件是他必须解除德法之间的联盟。对阿尔布雷希特一世来说,获得教皇的承认,并以此摆脱选侯们对他的控制比与法国的联盟更有利。为此,他不惜默认罗马教皇权力至高无上的神学政治理论,向教皇宣誓效忠,甚至还承诺在五年之内不向伦巴底和托斯卡纳地区派遣帝国使节。

阿尔布雷希特一世国王利用教皇和法王的争斗获得教皇的承认,尽管博尼法修斯八世于1303年10月去世,双方还来不及商谈加冕皇帝的事宜,但也为德意志国王摆脱选侯的控制增加了政治筹码。与此同时,他还把触角伸向蕴藏着丰富矿物资源的匈牙利、波希米亚和图林根地区。1305年6月,波希米亚国王文茨尔二世去世,年仅十六岁的文茨尔三世(Wenzel Ⅲ., 1289—1306)为了保证在波希米亚的权势不得不放弃匈牙利的王冠,并且允诺把迈森和埃格尔转让给阿尔布雷希特一世。然而,文茨尔三世一年后就夭亡,阿尔布雷希特一世把波希米亚作为帝国的采邑封授给他的长子鲁道夫一世。1307年7月3日,鲁道夫病逝,哈布斯堡家族的反对派、图林根的伯爵大胆者弗里德里希(Friedrich der Freidige, 1257—1323)联合波希米亚的贵族,拥立文茨尔三世的姑父、克恩滕的海因里希(Heinrich von Kärnten, 1273 或 1280—1335, 1307—1310年在位)为波希米亚的国王,哈布斯堡家族面临来自波希米亚和图林根的反抗。正当阿尔布雷希特一世前往德意志南部地区聚集兵力准备进攻波希米亚时,他却在自己的故土被他的侄子、奥地利的公爵、施瓦本的约翰(Johann von Schwaben,1290—1313)刺杀身亡。

　　阿尔布雷希特一世的意外死亡再次导致德意志帝国内部的混乱,法国国王菲利普四世乘机举荐他的弟弟、瓦卢瓦的卡尔(Karl von Valois,1270—1325)为德意志国王的候选人,并希冀获得阿维尼翁教皇克莱门斯五世(Clemens V.①,1250 或 1265—1314,1305—1314 年在位)的支持,而在此时德意志选侯的政治立场也发生极大变化。1304 年 3 月,菲尔内堡家族的海因里希二世(Heinrich Ⅱ. von Virneburg,1244 或 1246—1332)继任科隆大主教,虽然直到 2 年后他才获得克莱门斯五世教皇的认可。菲尔内堡家族在莱茵兰地区有着重要的政治影响力,他是法王菲利普四世的盟友,法王在德意志又有了政治实力强大的支持者。1306 年,美因茨的大主教易主,克莱门斯五世任命曾经做过波希米亚国王文茨尔二世掌玺官的阿斯珀尔特的彼得(Peter von Aspelt,1245—1320)为美因茨的大主教,他曾经帮助文茨尔二世与法王菲利普四世结成反对阿尔布雷希特一世的政治联盟。1307 年,卢森堡的巴尔杜因(Balduin von Luxemburg,1285—1354)的兄长、卢森堡的伯爵海因里希七世伯爵(Heinrich Ⅶ.,1278—1313)被教皇任命为特里尔的大主教,他从 13 世纪 90 年代中期起就与法国王室有极为密切的关系。海因里希七世伯爵是法王的封臣,他的母语是法语,接受过法国骑士的教育。巴尔杜因也与他的兄长一样曾在法国接受过教育,讲一口流利的法语,他还在法国的普瓦蒂埃接受教皇为他主持的授职礼。此外,克恩滕的海因里希也是在教皇克莱门斯五世的支持下保住了波希米亚的王位。在这个时期,七位选侯中有四位与法国王室有着程度不同的密切关系,1308 年 6 月,菲利普四世向德意志的选侯们举荐他的弟弟查理为德意志国王的候选人,并且派遣特使携带大量货币贿选;与此同时,菲利普四世还对克莱门斯五世施加压力,敦促他在德意志的王位选举时助查理一臂之

---

① 克莱门斯出身法国贵族世家,1305 年被枢机主教团推举为教皇,1309 年 3 月,在法王腓力四世的支持下他把教廷从罗马迁往法国南部阿维尼翁,史称“阿维尼翁教廷”,并导致 1378 年教廷分裂为罗马教廷和阿维尼翁教廷,直到 1417 年康斯坦茨宗教会议,教廷的分裂才被弥合,阿维尼翁教廷被取消。

力。然而,无论是教皇还是德意志的选侯们都各怀目的,无法统一,他们都无意满足菲利普四世的意愿。在这场王位选举的博弈中,特里尔的大主教巴尔杜因首先与美因茨的大主教阿斯珀尔特的彼得达成一致,共同推举前者的兄长、法王的封臣、卢森堡的伯爵海因里希七世为德意志国王的候选人,动摇不定的科隆大主教菲尔内堡家族的海因里希二世在经过权衡之后也投了卢森堡伯爵一票。1308年11月27日,七位选侯聚集在法兰克福,一致选举海因里希七世为德意志的国王。次年1月6日,他在亚亨接受国王加冕礼。

卢森堡家族轻而易举地获得了德意志的王位,这并不是因为其家族政治势力的强大,恰恰相反,正是因为其在德意志帝国有限的政治影响力才使他能够获得选侯们的选票。登上王位的海因里希七世首先把他的关注投向帝国的东部地区。在美因茨大主教和波希米亚主教们的撮合下,1310年他为他的儿子约翰(Johann von Böhmen,1296—1346)安排了与波希米亚已故国王文茨尔二世次女的婚姻。这一政治联姻迫使克恩滕的公爵不得不退出波希米亚,卢森堡家族轻而易举地取而代之。与之前的伯爵国王们不同的是,海因里希七世似乎更注重皇帝的头衔,而教皇克莱门斯五世似乎也希望借助新国王摆脱法王对罗马教会的强势干涉。在海因里希七世登上王位的6个月后,就在7月26日这天承认他是德意志的合法国王。一个月后,海因里希七世则迫不及待地在施派尔召开的帝国会议上宣布进军意大利。同年10月,他仅率5000人的军队翻越阿尔卑斯山进入意大利,随同前往的只有他的弟弟、特里尔的大主教巴尔杜因。约翰王子在美因茨大主教的辅佐下代掌帝国。

克莱门斯五世入主罗马教会后,深感在罗马的地位不稳固,他在法国国王的支持下于1309年3月把教廷迁往阿维尼翁。教廷的迁都使意大利处于一种完全的无政府状态之中,持续不断的党派斗争、城市间的斗争更加剧政治上的混乱。1311年1月6日,顺利到达米兰的海因里希七世戴上伦巴底的王冠,但是他的加冕称帝之行却受到很大的阻碍,他不得不绕道热那亚前往罗马。1312年5月7日,海因里希七世进入贵族混战不断的罗马,远在阿维尼翁的教皇无意返回罗马,更何况此时的教皇不愿意因为德意志国王得罪法国国王。无奈的海因里希七世只得于 6 月 29 日由两位枢机主教为其在罗马主持皇帝加冕礼。海因里希七世是德意志历史上第一位不是由教皇主持加冕礼的德意志皇帝。自弗里德里希二世在罗马加冕为帝(1220 年)时隔一个多世纪后,才再次有德意志国王在罗马接受皇帝的加冕礼。

四、王位的双重选举

海因里希七世在罗马加冕为帝之后仅一年多,尚未返回他的帝国就于 1313 年 8 月 24 日在意大利的锡耶纳患痢疾去世。随其前往意大利的军队随之溃不成军,意大利也因此陷入更深的城市之间、党派之间和等级之间的争斗和冲突之中。法国国王菲利普四世再次试图借助教皇掌控德意志的王位,遭到了除美因茨大主教和科隆大主教之外的所有选侯们的抵制。但即便如此,选侯在有关国王的候选人问题上同样还是存在着极大的分歧,以美因茨大主教为一派的选侯和诸侯们拟选举哈布斯堡家族的成员为国王;以科隆大主教为首的另一派则想把卢森堡家族的成员推上王位。哈布斯堡家族和卢森堡家族也都各自拉拢他们的支持者。

1255 年,巴伐利亚公爵领地被老公爵的两个儿子路德维希二世(Ludwig der Strenge Ⅱ.,1229—1294)和海因里希八世(Heinrich Ⅷ.,1235—1290)一分为二,分为上巴伐利亚公爵领地和下巴伐利亚公爵领地,上、下巴伐利亚两大贵族家族自分支后一直窥视着对方的领土权。1273 年 10 月,上巴伐利亚的路德维希二世在第三次婚姻中迎娶国王拿骚的鲁道夫的女儿玛蒂尔德(Mathilde,1251—1304)为妻,由此与哈布斯堡家族有了姻亲关系。他的儿子盲人鲁道夫二世(Rudolf Ⅱ. der Blinde,1306—1353)也觊觎着德意志的王位,有目的地与哈布斯堡家族建立非常密切的关系。波希米亚的国王、勃兰登堡的伯爵以及萨克森的公爵也都因为各自的政治和经济利益与哈布斯堡家族站在同一战线上。

　　莱茵河流域地区的选侯们虽然并不希望哈布斯堡家族占据王位,但又对海因里希七世的儿子、年轻的约翰极不放心。1314 年 10 月 19 日,科隆的大主教、莱茵行宫伯爵、萨克森-维滕贝格①的公爵在萨克森豪森集会,选举奥地利的公爵、人称美男子的弗里德里希(Friedrich der Schöne, 1289—1330,1314—1330 年在位)为国王,由科隆大主教在波恩为其主持加冕礼。法国卡佩王朝立刻表态支持与之交好的哈布斯堡家族推举的奥地利的弗里德里希为国王。次日(10 月 20 日),美因茨的大主教、特里尔的大主教、萨克森-劳恩堡的公爵、勃兰登堡的伯爵集会法兰克福,选举以卢森堡家族为首的一派的候选人上巴伐利亚的公爵路德维希四世(Ludwig Ⅳ., 1281 或 1282—1347,1314—1347 年在位②)为德意志国王,③由美因茨的大主教在亚亨为其主持加冕礼。在这次双重选举中,波希米亚国王暧昧的态度令人质疑,他虽然公开表示支持哈布斯堡家族,但同时也把选票投给卢森堡派的国王路德维希四世,这就使两派的政治实力看起来似乎是势均力敌,也由此出现一种双重选举的政治局面。

　　国王双重选举的双方都声称自己的选举是合法的,但双方又都违背自中世纪以来德意志选举国王的传统。路德维希四世尽管是依据传统在亚亨接受的加冕礼,但依据传统主持加冕礼的应该是科隆的大主教;奥地利的弗里德里希虽然是由科隆的大主教为其戴上王冠,但加冕礼却是在波恩举行。按照传统有权判定德意志国王合法性的罗马教廷因自身分裂为罗马和阿维尼翁两个教廷,相互之间争斗不休,自顾不暇,这就导致双重选举出来的两位国王都试图凭借武力确定自身王位的合法性,双方也都力图争取各地的诸侯和城市市民给予的支持。自 1298 年的格

---

① 1295 年萨克森公爵领地被分为两个公爵领地,即:萨克森-维滕贝格公爵领地和萨克森-劳恩堡公爵领地。

② 1328 年路德维希四世加冕为皇帝。

③ 尽管路德维希四世出自维特尔斯巴赫家族,但该家族同样与哈布斯堡家族有血缘关系,路德维希的母亲来自哈布斯堡家族。

尔海姆战役之后,路德维希四世的兄长、上巴伐利亚的公爵和莱茵行宫伯爵鲁道夫一世就加入反对哈布斯堡家族的阵营,从而在维特尔斯巴赫家族①内部发生内讧,奥地利和巴伐利亚之间多年来一直因为公爵的领地和权力范围等问题相互牵制和争斗。路德维希四世加冕为国王后,对鲁道夫发动一系列的武力进攻,最终迫使其与他达成一致,他们共同统治上巴伐利亚公爵领地。

13 世纪初,随着德意志和意大利贸易往来的活跃以及地缘政治的加强,开通了连接阿尔卑斯山南北间的重要通道圣戈特哈德隘口。弗里德里希二世把在今天瑞士一端的地处隘口的乌里的最高统治权给予哈布斯堡家族,但自 13 世纪 30 年代起乌里又被划定为直属帝国的辖区,乌里的居民是直属国王的臣民,享有直接隶属帝国的权利(Reichsunmittelbarkeit),这一权利于 1274 年获得鲁道夫国王的认可。鲁道夫国王去世后,为了保证已有的权利,抵御大贵族尤其是奥地利哈布斯堡家族对其染指,乌里的市民与周边的施维茨和翁特瓦尔登地区的居民结成"永久同盟"(Ewiges Bündnis),并于 1291 年 8 月在吕特立宣誓,史称"吕特立誓言"(Ütlischwur)。王位的双重选举后,永久同盟站在路德维希四世国王一边。被称为"哈布斯堡之剑"的奥地利公爵利奥波德一世(Leopold Ⅰ., 1290—1326)竭力想渗入"永久同盟"所在地区。施维茨的农民与隶属哈布斯堡家族的艾恩西德尔恩修道院(Kloster Einsiedeln)经常因土地界线问题发生冲突且愈演愈烈。土地界限之争(Marchenstreit)最终于 1314 年激化为哈布斯堡家族与"永久同盟"之间的一场战争。1315 年秋季,利奥波德一世公爵召集两千骑士和七千步兵向该地区进军,11 月 15 日,行至莫尔加藤山口时被熟悉地形的当地农民军打败。1316 年,路德维希四世剥夺哈布斯堡家族对永久同盟所在地区的采邑审判权(Lehensgericht)。莫尔加藤战役之后,哈布斯堡家族与维

---

① 维特尔斯巴赫家族是德意志最古老的家族之一,在中世纪千年的历程中这个家族中产生了多位行宫伯爵、公爵、选侯以及国王。在中世纪晚期以及近代早期,荷兰、瑞典、挪威的国王、公爵等也都源自这个古老的家族。

特尔斯巴赫家族之间的摩擦始终不断。1319 年 8 月,上巴伐利亚的公爵鲁道夫在争斗中去世,虽然他最终未和他的弟弟国王路德维希四世相互谅解,但却为国王扩大在上巴伐利亚的权势提供有利的条件。1322 年 9 月,哈布斯堡派的国王美男子弗里德里希率军从奥地利向巴伐利亚进军,21 日在帕骚与帕骚主教的军队会合,沿因河朝着米尔多夫方向进军;卢森堡派的国王路德维希与施瓦本公爵组成联军,从累根斯堡出发也朝着米尔多夫方向进军。28 日,双方在米尔多夫进行会战,美男子弗里德里希再次战败被俘,跟随他的贵族和骑士也大都作为俘虏与其一起被囚禁在特劳斯尼茨城堡,在陆续缴纳足够的赎金后才逐一获释。米尔多夫战役之后,路德维希四世巩固了自己的王位,并且从哈布斯堡派国王手中夺取了王权象征物,但他仍然没有获得全帝国的一致认同,为此他把要争取的政治力量转向意大利。

五、教皇的态度

1316 年 8 月 7 日,约翰内斯二十二世(Johannes XXII.，1245 或 1249—1334,1316—1334 年在位)在里昂被选为教皇,他是在阿维尼翁教廷登上圣宗座的第一位教皇。约翰内斯二十二世出身于法国西南部卡奥尔城一个鞋匠家庭,曾在巴黎大学学习法学和神学,此后担任过那不勒斯王室的掌玺官,他在法国王室的帮助下逐步走入教廷的高层。他执掌阿维尼翁教廷之初,正值法国王位交替之际。在这一年,法王美男子菲利普四世的儿子路易十世仅执政两年就辞世,身后仅留下一个女儿和即将分娩的妻子,他的弟弟菲利普五世(Philipp V.，1293—1322, 1317—1322 年在位)以摄政的身份继任法国国王,并获得约翰内斯二十二世的支持和认可。德意志双重选举出来的两位国王也都积极向其靠拢,试图赢得教皇的支持和认可。

米尔多夫战役之后,哈布斯堡派的国王美男子弗里德里希虽然失去王权的象征物,被路德维希四世拘押长达 3 年之久,但他在获释后依然没有放弃王位,把寻求政治力量支持的重点转向意大利,他积极采取政治联姻的政策,试图在意大利占得先机。弗里德里希通过他的岳父、阿拉贡的国王雅各布二世(Jakob Ⅱ., 1267—1327,1291—1327 年①在位)为其在教皇面前美言。与此同时,他还通过妹妹与那不勒斯王子的婚姻力图与之建立友好关系。因为约翰内斯二十二世曾是那波利的国王罗伯特(Robert von Anjou, 1278—1343,1309—1343 年在位)的老师和掌玺官,此举帮助他赢回在意大利的声望。显而易见,弗里德里希希望罗伯特能够在阿维尼翁教皇面前为其说情。不仅如此,弗里德里希更与一贯反对德意志皇权的意大利的归尔甫派结成联盟。然而,弗里德里希的频频示好并没有打动约翰内斯二十二世,后者没有对此作出积极回应,始终持观望态度。

与弗里德里希比较而言,卢森堡派的国王路德维希四世在对待教皇的态度上似乎更肆无忌惮,或许是因为米尔多夫战役的大获全胜令他低估了教皇的政治影响力。1323 年春季,路德维希四世派遣马尔施泰腾的伯爵贝特霍尔德五世(Berthold Ⅴ. von Neuffen, 1290—1324)作为帝国的全权大使前往意大利,联合米兰的维斯孔蒂家族以及支持德意志皇权的吉伯林派,共同抗击归尔甫派以及那不勒斯国王。路德维希四世的桀骜不驯引起约翰内斯二十二世极大的不满,他命人于 1323 年 10 月 8 日在阿维尼翁教堂的大门上张贴对路德维希四世的起诉书,声称他未经认可就戴上国王的王冠,支持公开与教廷对抗的异端维斯孔蒂家族,命他在三个月之内前来阿维尼翁接受宗教法庭的审判(Inquisitionsverfahren),否则将对他处以绝罚。获悉此信息的路德维希四世一方面派使者前往阿维尼翁与教皇斡旋,另一方面却在这年的 12 月 18 日在纽伦堡召开王国会议,对教皇的诉讼提起抗诉。1324 年 3 月 23 日,约翰内斯二十二世教皇宣布,因路德维希四世未在教廷规定期限前到达阿维尼翁,这是对教皇的藐视,对其处以绝罚,凡仍然视其为国王的人一律给予绝罚,同时还颁布褫夺教权的禁令。

---

① 雅各布二世在 1285—1291 年期间还是西西里的国王。

得知教皇处罚的路德维希四世并没有因此而妥协,他于 1324 年 5 月 22 日在萨克森豪森提出言辞激烈的申诉,此后命人在帝国所有地区和城市进行宣读和说明。这似乎就更加激怒教皇,他于 7 月 11 日再次宣布剥夺路德维希四世因被选举为国王获得的所有权利,解除帝国所有封臣对他做的任何誓言。教皇激烈的反对态度动摇了路德维希四世的政治权威,此时曾经坚定支持他的一些老臣也先后去世,这就更削弱了他的政治实力。然而,丝毫没有妥协的他却通过政治联姻与法国卡佩王室保持着较为密切的合作关系。约翰内斯二十二世试图利用对路德维希四世的绝罚争取哈布斯堡家族的支持,这样不仅在德意志而且在法国的王位更替中也能获得先机。卢森堡家族与法王之间、哈布斯堡家族与教皇之间的密切关系,都对受到教皇绝罚的路德维希四世不利,他做出姿态欲与哈布斯堡派的国王美男子弗里德里希和解,提出与其共治德意志,甚至还作出承诺,如果教皇在六个月之内承认弗里德里希为德意志的国王,他将放弃王位。路德维希四世做出的姿态显然是为解除在德意志的后顾之忧,他并不甘心继续受制于教皇。1327 年春,路德维希四世率大军进入意大利,获得当地吉伯林派的大力支持,按照传统拥立他为伦巴底的国王,于 5 月 31 日在米兰为他戴上伦巴底的铁王冠。1328 年 1 月 17 日,路德维希四世的大军到达罗马,罗马市民拥立他为皇帝,由一位主教为其施加冕礼。4 月 18 日,路德维希以皇帝的名义废黜远在阿维尼翁的时任教皇约翰二十二世,此后又以皇帝的身份发布谕令,声称教皇不应离开罗马,否则将失去教职。在罗马的枢机主教们以此为依据,于 5 月 12 日选举尼古劳斯五世(Nikolaus V.,1275—1333,1328—1330年在位)为对立派教皇。27 日,新教皇在罗马再次为路德维希四世主持了皇帝加冕礼。然而,这位在路德维希扶持下登上罗马圣宗座的新教皇很难获得广泛的认可,更是遭到法国以及阿维尼翁教廷的坚决抵制,甚至在罗马城内也缺乏稳固的基础。在选立新教皇三个月之后,罗马市民就因不满路德维希四世和新教皇的强征暴敛而进行反抗,迫使皇帝和教皇同时离开罗马。路德维希四世原计划于 12 月在米兰召开针对约翰内

斯二十二世的宗教会议,但曾经为他戴上伦巴底铁王冠的米兰市民却紧
闭大门,将其拒之城外。1328 年和 1329 年之交期间,一些曾经希望能够
获得德意志国王支持的高级教士也都纷纷倒戈,甚至被路德维希四世在
罗马扶上圣宗座的尼古劳斯五世也对他亲自加冕的德意志皇帝失去信
心,他只身前往阿维尼翁向约翰内斯二十二世忏悔,取得后者的宽恕。
1330 年 1 月 13 日,美男子弗里德里希去世,帝国境内风云突变,路德维
希四世不得不于 2 月返回德意志。

　　与路德维希四世针锋相对的约翰二十二世力图趁弗里德里希去世
的时机,在德意志选立一位亲法国王室的对立派国王。但由于教皇曾多
次干预德意志各大主教区大主教和主教的任免,引起德意志的教士以及
各主教区驻节地城市市民的极大不满,这就把他们推向路德维希四世的
阵营。1331 年 11 月 20 日,22 个帝国城市和奥格斯堡的主教与维特斯
巴赫家族结成大联盟,以确保西南地区在王位空缺或者双重选举时帝国
和平条例的实施,同时也保证在选举新国王时采取统一行动。可以这样
说,在经历"大空位时期"之后,德意志社会的各等级都在有意识地联合
起来,以同盟或者联合会的形式维护本地区的和平与安定,进行自我保
护。正因为如此,教皇在德意志境内找到支持者的概率似乎并不很大。

　　在双重选举时态度暧昧的波希米亚国王卢森堡的约翰似乎在其中
看到了机遇。他一方面向路德维希四世承诺,在教皇面前为他斡旋,通
过他们之间的儿女婚姻缔结互助条约,同时还在此基础上获得伦巴底部
分吉柏林派城市的控制权,实现在意大利扩张的计划。另一方面,他又
把女儿尤塔(Jutta von Luxemburg①, 1315—1349)许配给法国王位的继
承人约翰二世(Johann Ⅱ., 1319—1364,1350—1364 年在位)并向他的
父亲、时任法国国王菲利普六世(Philipp Ⅵ., 1293—1350,1328—1350

---

① 尤塔是卢森堡家族实行政治联姻的牺牲者,自六岁起她的父亲卢森堡的约翰就为了家族的
　政治利益一再将她多次许配他人,最终在她 17 岁时嫁给了法国的王位继承人约翰,因为她
　的美貌、举止文雅很快就在法国的王室宫廷赢得了重要的地位,也因此遭到他人的嫉恨和诽
　谤,致使她多疑的丈夫约翰甚至怀疑妻子与自己的长子有染。

年在位)承诺,如果他能成为德意志的国王或皇帝,将给予他所需要的任何援助。支持路德维希四世的卢森堡的约翰也与教皇斡旋,以帮助他获得教皇的赦免,为此还向教皇作出一定的妥协,以此换取教廷的支持和认同。1332年11月,卢森堡的约翰造访阿维尼翁,把在其统治下的、教皇一直在谋求的帕尔马、雷焦和摩德纳让与教皇作为他的采邑,同时还放弃了卢卡地区。卢森堡的约翰完成在意大利地区布局后,向路德维希四世转达教皇约翰内斯二十二世提出的条件,他只有退位才可能赦免他。

卢森堡的约翰在意大利的布局并没为他打下可以站得住脚跟的基础,适得其反,由于意大利诸城市与那不勒斯国王结成的大联盟自1333年4月以后遭到一系列失败,他的意大利政策也因此受到重挫而付之东流。1334年12月4日,教皇约翰内斯二十二世辞世,为已经做好退位准备的路德维希四世提供了转机。12日,阿维尼翁的枢机主教团选举本尼狄克十二世(Benidikt XII.,1285—1342,1334—1342年在位)为教皇。本尼狄克十二世出身于法国萨维尔丹一个普通面包师的家庭,早年进入著名的莫利蒙特修道院(Kloster Morimond①),成为西多派修道院的修道士,在那里接受了良好的神学教育。新教皇具有很深的神学造诣,但他却缺少必要的政治阅历和经验。他在当选后立刻宣布对教廷进行改革,不再采取任人唯亲的政策。在对待世俗政治方面,他采取折中的态度,既没有维系约翰内斯二十二世与法王之间极为密切的关系,也没有坚持与路德维希四世敌对的立场,只是认为因为后者没有遵从教会法庭的诉讼,需要就这一无理的行为认错和道歉。教皇还提出,德法之间应该进行谈判,相互谅解。新教皇的中立态度没有缓和德意志国王和法国国王之间在政治上的对立,双方都提出保留条件。路德维希四世更不愿意放弃王位,尽管他的王位从未获得教皇的认可,他依然坚持其王

———————————

① 莫利蒙特修道院位于今天法国香槟-阿登地区,由西多修道院第三任的院长于1115年在此地建立的一所子修道院。此后莫利蒙德修道院在法国、德意志、意大利、奥地利、西班牙等多地建立了29所子修道院。

位的合法性。这就改变了本尼狄克十二世的中立立场，他于 1337 年 4 月 11 日召开的枢机主教会议上宣布，因为路德维希四世不愿放弃非法王位，说明他并无悔意，不能得到教皇的宽恕。与教皇再次发生冲突后，路德维希四世立刻与法王的宿敌英国国王爱德华三世（Eduard Ⅲ.，1312—1377，1327—1377 年在位）建立联盟。

六、等级会议

进入 14 世纪，莱茵河流域以及佛兰德地区与英国的贸易往来日益密切，同时还与意大利的诸多城市有着信贷关系，因此英国国王在西欧大陆获得德意志和意大利城市以及两地贵族的支持。法国国王以及教皇屡屡干预德意志政务，给城市和贵族的经济利益造成很大的损害，后者成为路德维希四世实施对外政策的有力支持者。尽管在德意志并没出现类似在英国和法国那样的三级会议，但是却在 1338 年分别召开教会等级的、诸侯等级的以及市民等级的会议。3 月 27 日，美因茨大主教菲尔内堡的海因里希三世（Heinrich Ⅲ. von Virneburg，1295—1353）召集美因茨大主教区的 10 名主教在施派尔召开宗教会议，向教皇呈交声明，表示愿意在教皇和路德维希四世之间进行调解，但遭到教皇言辞激烈的拒绝。5 月 17 日，路德维希四世在法兰克福召开有德意志的教士、贵族及城市市民代表参加的等级会议，36 个帝国城市联名致信教皇，要求取消对德意志皇帝的绝罚，甚至宣战式地向教皇表明，绝不会背弃德意志国王。7 月 16 日，除波希米亚国王之外的六位选侯在莱恩斯聚会，成立了选侯联合会（Kurverein）。在这次会议上制定的《诸侯决议案》（Fürstenweitum）中决定，由多数选侯选举产生的国王无须经过教皇的认可，这就间接地承认了路德维希四世王位的合法性。8 月 6 日，路德维希四世在莱茵河畔的法兰克福召开帝国会议，以 6 世纪罗马皇帝查士丁尼（Justinian Ⅰ.，482—565，527—565 年在位）制定的《罗马民法大全》（Corpus Iuris Civilis）为蓝本，颁布了"委托授权令"，（Licet iuris，或 Mandat），该法令确认了选侯联合会颁布的《诸侯决议案》中的主要内容，尤其强调在选举国王时诸侯选举的多数票原则,由此否决了教皇的批准权。

路德维希的强硬态度在国内赢得广泛的支持,他还进一步加强与英国王室合作,双方签订一个有效期为 7 年的盟约,他公开支持英王争夺法兰西王位的继承权。1338 年 9 月初,路德维希在科布伦茨召开宫廷会议,邀请英王爱德华三世赴会,委任他为皇权在莱茵河左岸地区的总代理,所辖区域的社会各等级都有义务服从他的统治。这次帝国的宫廷会议还做出决议,如果教皇拒绝承认选侯们推举出的国王,他们将推举一位大主教或主教在罗马之外的任何地方为新国王施加冕礼。路德维希四世在这次宫廷会议上明确宣布,教皇对其诉讼无效,帝国各个等级的臣民都有义务服从皇帝,凡违背《诸侯决议案》、侵害帝国财产和权利者都将给予处罚。1339 年 3 月,路德维希四世在法兰克福召开帝国会议,在此颁布《诸侯决议案》,并且附加新的内容,即如果教皇拒绝为多数选侯选出的国王加冕为帝国的皇帝,该国王可以在罗马之外的任何地方,由任何一个大主教或者主教为其主持皇帝加冕礼,任何人都必须把这看作是帝国的法令来服从,须向选出的皇帝宣誓效忠,即使他受到革除教籍的处罚。1338 年以后召开的一系列帝国会议、宫廷会议和等级会议都表明,自中世纪以来教皇干预和认可德意志国王和皇帝的政治传统完全被否认。另一方面,市民的代表也被允许参加帝国会议和宫廷会议,他们是支持国王的新的政治力量,在帝国的政治中占有重要的一席之地。

与英国的联盟并没有为路德维希四世增添新的政治砝码,反而导致新的国际政治势力渗入到德意志的王位之争中。1339 年秋季,英国人进入法国的北部,波希米亚的国王与法国站在同一战线。1340 年 6 月,法国军队在康布雷与入侵的英国军队遭遇,受到重创,法王菲利普六世转而请求德意志国王为其进行调停,路德维希四世把这看作缓和与教皇关系的一个契机,希冀以此解除教皇对其绝罚。他单方面撕毁与英国的盟约,宣布剥夺爱德华三世在莱茵河左岸全权代理皇权的权利,并于1341 年初与法国缔结友好条约,次年秋派遣使团向教皇提出妥协性的建议。

路德维希的示好并没有达到与教皇和解的目的,无论是本尼狄克十二世还是他的继任克莱门斯六世(Clemens Ⅵ.,1290—1352,1342—1352 年在位)都无意赦免德意志国王,反而态度更加强硬,不仅一再重申对他提出的诉讼,还提出了更加苛刻的赦免条件。与此同时,教皇还采取灵活的外交手段促成英法之间在 1343 年停战,在国际事务中赢得更多的先机。

路德维希四世在英法关系上的出尔反尔反而使他在帝国内失去原有的支持者。当他再次发出反对教皇干预的号召时不仅失去感召力,其王位也因此遭受到威胁,选侯们甚至告诫国王不能过于迁就教皇。路德维希四世一直试图与哈布斯堡家族联合起来抑制卢森堡家族势力的增长,但这两个家族却因为双方各自的利益相互妥协取得了谅解。1346 年4 月,美因茨的大主教菲尔内堡的海因里希三世因支持路德维希四世被教皇克莱芒六世免职,接任他的是拿骚的格拉赫(Gerlach von Nassau,1322—1371),这就在相当大的程度上削弱了路德维希四世的政治力量。5 月,出身卢森堡家族的特里尔的大主教巴尔杜因公开反对路德维希四世。7 月 11 日,美因茨、科隆和特里尔的三位大主教以及波希米亚的国王、萨克森的公爵在伦斯选举巴尔杜因的侄孙、卢森堡家族的卡尔四世(Karl Ⅳ.,1316—1378,1355—1378 年在位①)为德意志的国王,11 月 6日获得教皇的认可,26 日在波恩接受加冕礼。

卡尔四世是波希米亚国王卢森堡的约翰的长子,少年时就读巴黎,曾经是克莱芒六世在法国宫廷的住学门生(Zögling②),更与法国保持着友好的关系。他的第一任妻子布兰卡·玛格丽特(Blanca Margarete von Valois,1316/1317—1348)是法王菲利普三世的孙女、在法国颇具影响力的瓦卢瓦的伯爵卡尔一世(Charles Ⅰ.,1270—1325)的女儿。卡尔四世

---

① 卡尔四世自 1346 年起为德意志国王,1347 年起为波希米亚国王,1355 年起为意大利国王,1355 年加冕为德意志皇帝。

② 住学门生(Zögling)在中世纪是指那些在某个教师专门指导下的学生,今天这个德语单词则是指艺术或舞蹈学校的学生。

年仅 15 岁时就被其父任命为波希米亚在意大利的总督,此后经常代表其父处理政务。他从不主张约翰国王向德意志皇帝妥协,并且积极维系与教皇的友好关系。他利用与克莱芒六世的师生关系把布拉格主教区提升为大主教区,以此使波希米亚从美因茨大主教区分离出来。约翰国王因与法国结盟被卷入英法百年战争(Hundertjähriger Krieg①)中,在 1346 年 8 月的克雷西战役(Schlacht von Crécy②)中阵亡。一年后的 9 月,卡尔四世被加冕为波希米亚的国王,他对抗路德维希四世的态度更加强硬。10 月 11 日路德维希四世在狩猎时突发中风而亡,尽管此时的卡尔四世作为德意志国王的身份已获得教皇的认可,选侯们依然按照他的要求,根据德意志的政治传统于 1349 年 6 月 17 日在美因河畔的法兰克福再次进行选举,自 1313 年之后德意志重又有了无争议的国王。7 月 25 日,卡尔四世在亚亨接受国王的加冕礼。

德意志的王位之争导致帝国内政治分裂,邦君诸侯为维护自身的利益把自己的领地封闭起来,建立了邦国政权(Landesherrschaft),比较典型的是在东部地区,德意志骑士团在这个历史时期成长为普鲁士公国。

第二节 从骑士团国家到普鲁士公国

一、骑士团国家

13 世纪上半叶,德意志骑士团在第四任骑士团首领萨尔察的赫尔曼的领导下在普鲁士地区站住了脚,他在德意志皇帝和罗马教皇之间灵活地进行斡旋,获得双方给予的特许权,骑士团有了固定的领地,成为一个

---

① 英法两个王国为争夺在西欧大陆的领地而进行的战争,战争始于 1337 年,分三个阶段,持续了 116 年,直至 1453 年,史称百年战争。
② 克雷西(Crécy)即今天法国的克雷西昂蓬蒂约(Crécy-en-Pomthieu)。

具有邦国性质的骑士团国家(Ordensstaat①)。骑士团国家的领地范围包括原来的老普鲁士地区,即东普鲁士、西普鲁士、直至 1561 年一直是独立的立沃尼亚、今天的爱沙尼亚和拉脱维亚的大部分地区,此外还包括在德意志帝国境内直属骑士团首领的教会省区。与其他邦国有所不同的是,德意志骑士团国家依然保留比较浓重的、类似修道院的宗教性质。骑士团的成员依然要无条件地遵守自己的誓言,要禁欲、放弃财产和对遗产的继承。另一方面,骑士团国家还具有很强烈的军事机构的特点,骑士团国家下设多个辖区,由骑士团首领任命的团长统治管理,每个辖区都修建骑士团城堡(Ordensburg)。在骑士团国家里,骑士团的首领亲自指定五大头领(Großgebietiger)协助其处理日常事务,即:负责骑士团所有赋税和相关条约事务的大头领(Großkomtur)、负责军事的大长官(Ordensmarschall)、负责医疗救济的大院长(Großspittler)、掌管财政大权的大财政官(Ordenstressler)、负责装备的大军需官(Ordenstrappier)。骑士团国家还效仿西西里王国,与神圣罗马帝国之间缔结了一种"君合国"(Personalunion②)的关系。

　　自 13 世纪末期以后,骑士团以反对异教为名不断地向立陶宛扩张。1308 年,骑士团渡过维斯瓦河,占领维斯瓦河左岸大片地区以及但泽市。1309 年骑士团又占领波莫瑞海湾地区,并且在但泽市东南方向的诺佳特河畔修建马林堡(Mareinburg),把在威尼斯的骑士团总部迁移至此。1346 年爱沙尼亚被并入骑士团的领地。1398 年哥得兰岛也在骑士团的管辖之下。骑士团国家这一系列的扩张不可避免地与立陶宛之间从已有的摩擦升级为武力冲突,由此发生了一场持续一个世纪之久的立陶宛

① Staat 这个德语单词在中世纪是指"团体"或者"群体"的含义,不同于今天"国家"的概念,Ordensstaat 确切地说是指骑士团是一个有着具体"位置"(Stellung)、地位(Zustand)的一个群体,因很难找到相应的中文词汇,故国内学者通常把 Ordensstaat 翻译为骑士团国家。
② 所谓的"君合国"是指两个王国达成和约,共同置于同一个君主之下,但是两个王国的国王均掌有自己的权力,西欧最早的君合国是神圣罗马帝国和西西里王国于 1194—1197 年间以及 1212—1254 年间两次缔结了君合国关系,1386 年波兰和立陶宛也缔结了君合国。

战争(Litauerkriege des Deutschen Ordens①)。

14 世纪初,立陶宛西部的萨莫基迪恩(Samogitien②)还是一片荒芜的"无人区",为了在普鲁士和立沃尼亚地区之间架起一座"桥梁",骑士团曾多次进攻该地,但始终未能在这个地区立驻足。40 年代,立陶宛的雇佣军侵入骑士团的领地,对骑士团的核心地区造成极大的威胁。1347年,英法之间持续了百年的战争落下帷幕,大批的雇佣兵以反对异教的名义被招募加入德意志骑士团,增强了骑士团的军事实力。1348 年 1 月中旬,骑士团及其雇佣兵挺进到考纳斯的东南地区,在涅曼河的支流斯特勒瓦河遭遇立陶宛军队,骑士团在这场激烈的战斗中大获全胜,失利的立陶宛最终丧失在普斯科夫和斯摩棱斯克地区的控制权。50 年代,立陶宛皈依基督教,换取了德意志皇帝卡尔四世给予立陶宛大公国和平的保证,但后者却向皇帝提出骑士团应撤离波罗的海东岸地区的要求,遭到严词拒绝。1362 年,立陶宛军队再次入侵骑士团的领地。1370 年 2月,双方军队在柯尼希山附近的鲁道再次进行了激烈的战斗,立陶宛军队也再次惨败,铩羽而归。

1377 年,立陶宛大公瓦迪斯瓦夫二世(Wladyslaw Ⅱ. Jagiełło,1362—1434,1377—1434 年在位③)与他的叔父克斯托迪斯(Kęstutis,1297—1382)争夺王位。为了减小来自外部的威胁,瓦迪斯瓦夫二世于1380 年 5 月 31 日与骑士团签订停战协议,向其承诺不再侵入普鲁士和立沃尼亚,并保证不介入骑士团与克斯托迪斯的争斗。1386 年,瓦迪斯瓦夫二世和他的支持者维托尔德(Vytautas,1350—1430)合谋夺取波兰的王冠,维托尔德成为立陶宛大公,波兰和立陶宛联合在一起,组成君合国。然而,来自蒙古金帐汗国的威胁迫使维托尔德不得不与骑士团和平相处,他于 1398 年 10 月 12 日与骑士团签订一个有关确定边界维护双方

① 立陶宛战争是德意志骑士团与立陶宛大公国之间于 1303—1422 年间进行的战争。
② 萨莫基迪恩(Samogitien)是中世纪的一个历史地名,即立陶宛的西部地区,拉丁语是 Samogitia,德语为 Schamaitien,立陶宛语是 Žemaitien,今天这个地名已经不复存在。
③ 瓦迪斯瓦夫二世于 1377—1381 和 1382—1434 年为立陶宛大公,1382—1434 年为波兰国王。

和平的《萨林维尔德条约》(Vertrag von Sallinwerder),条约中订立多项条款,其中包括立陶宛大公承认德意志骑士团对萨莫基迪恩的控制权;确定双方的边界并保证双方的自由贸易往来;双方保证不与他人签订不利于双方和平的条约;允许在立陶宛大公国境内传播基督教;等等。此后,骑士团频频染指波罗的海和北海地区的事务,从中谋取利益。1402年,立陶宛大公为了获得骑士团在军事上的支持,把奥德河东岸的诺伊马克租赁给骑士团。波兰同样早就对诺伊马克有着极大的兴趣,这就使德意志骑士团与波兰之间原本就紧张的关系更加恶化,波兰贵族甚至进入波莫瑞海湾,立陶宛大公则公开支持萨莫基迪恩摆脱骑士团独立,骑士团与波兰和立陶宛之间的战争一触即发。1408 年,在匈牙利国王西吉斯蒙德(Sigismund von Luxemburg,1368—1437,1387—1437 年在位①)的支持下,骑士团在帝国境内招募雇佣兵,这无疑为此后与波兰的战争做好了军备准备。

骑士团是依仗着军事力量建起的"国家",也依仗着军事力量对外扩张,因此需要庞大的军费开支,征收赋税是军费开支的主要来源。骑士团的国家包含了波罗的海沿岸一些重要的汉萨城市,诸如但泽、柯尼斯堡等海上贸易极为活跃的港口城市,以及地处内陆的托伦、库尔姆等贸易重镇。汉萨城市都享有着城市的自由和自治,汉萨商人们一直自由地从事海外贸易,向斯堪的纳维亚、佛兰德和英国输送谷物和木材,也与匈牙利和俄国有密切的贸易往来。骑士团不仅依仗着强大的军事实力垄断波罗的海沿岸地区的经济大权,而且还在其权力能及的范围内设立总督(Großschäffer),向城市和商人征收各种高额的赋税。另一方面,在骑士团国家的辖区内,维斯瓦河右岸就有千余村庄承担着缴纳各种租的义务。骑士团国家的大部分地区都是新皈依基督教,而且是在骑士团刀剑下强行皈依的,与西欧其他地区比较而言基督教教会在社会各方面的影

---

① 西格蒙德自 1387 年起为匈牙利国王,1411 年其为德意志国王,1419 年为波希米亚国王,自1433 年起为德意志皇帝。

响还很有限,强行征收的什一税增加了民众对教会的不满情绪。1405年,在萨莫基迪恩发生了抵制什一税的起义。不满骑士团强权的市民、贵族等社会各等级多次提出参政的要求,都遭到骑士团首领的拒绝,这就为此后发生的等级起义埋下反抗的火种。

1409年,萨莫基迪恩再次发生反对骑士团的起义,成为波兰-立陶宛君合国组成联军共同向德意志骑士团宣战的契机。1410年7月15日,双方军队在坦嫩贝格进行激战,骑士团不败的神话终被打破。1411年2月1日,波兰-立陶宛君合国与骑士团在托伦签订了合约,即第一次托伦和约(Erster Frieden von Thorn)。和平协议中规定,骑士团必须把有争议的地区转交给前者,同时还要向其交付十万朔克(Schock)的波希米亚格罗申(Groschen①)作为损失赔偿费,为此骑士团不得不在其所辖区域内的城市和贵族征收高额的赋税。另一方面,骑士团的首领并不甘于失败,在筹集赔偿费的同时也在筹集军费,这不仅加剧了城市市民的赋税负担,而且还促使他们在农村加紧实行"遗产复归"(Heimfall②)的政策。这一政策的关键在于,骑士团不再需要贵族履行服兵役的义务,因此从他们手中收回土地转而租赁给农民,以此扩大骑士团的收入来源。这一系列强制性的经济措施引起普鲁士贵族和城市市民的极大不满。1440年3月14日,53位贵族和19个城市在克维普结成普鲁士联盟(Preußischer Bund),共同抵制骑士团的强权和不公正。1441年,在普鲁士东部的埃姆兰德地区爆发了农民起义与之相呼应。

二、普鲁士公爵领地

为了缓和内部不断激化的社会矛盾,新上任的骑士团首领埃里克豪

---

① 朔克(Schock)是中世纪西欧的计量单位,1朔克是60个;"格罗申"(Groschen)是中世纪在波兰地区的银币名称,1朔克格罗申等于60个格罗申,一格罗申银币相当于3.7克银,骑士团要支付约22.2吨银。参见 D. Zimmerling, *Der Deutsche Ritterorden*, Düsseldorf: Econ-Verl. 1988, S. 260.

② "遗产复归"是指,在中世纪时领有庄园或者采邑的封臣如果去世后没有子嗣的话,其庄园或采邑将会被领主收回。

森·冯·康拉德(Konrad von Erlichshausen，1390 或 1395—1449)改变了前任强硬的政策，他一方面认可普鲁士联盟，另一方面又企图借助教皇和德意志皇帝的法律权威调停骑士团和普鲁士联盟之间的矛盾。1450 年 3 月，埃里克豪森·冯·路德维希(Ludwig von Erlichshausen，1410 或 1415—1467)被选为新一任首领，他重又对普鲁士联盟采取强硬的态度，与普鲁士联盟的冲突再起。普鲁士联盟试图在欧洲寻求政治上和军事上的支持，但只有波兰国王积极响应支持。1453 年 6 月 24 日，德意志皇帝弗里德里希三世(Friedrich Ⅲ.，1415—1493，1452 —1493年在位①)在维也纳设立法庭，就有关骑士团和普鲁士联盟的纠纷进行审理，12 月 1 日作出判决，普鲁士联盟是违法组织，下令其解散。普鲁士联盟中的城市成员都不甘心作茧自缚，在曾经为骑士团服役的骑士汉斯·冯·拜森(Hans von Baysen，1390—1459)的领导下奋起反抗。1454 年2 月 4 日，普鲁士联盟向骑士团宣战，仅在几天之内，起义者就占领骑士团的大部分领地，攻占普鲁士西部几乎所有的城市。与此同时，普鲁士联盟的起义也得到波兰国王卡斯米尔四世(Kasmir Ⅳ. Jagiełło，1427—1492，1447—1492 年在位②)的支持，他于 2 月 22 日向骑士团宣战，由此开始了"十三年战争"(Dreizehnjähriger Krieg)。3 月 6 日卡斯米尔四世接受普鲁士各等级的投诚，把普鲁士联盟占领的地区并入波兰王国，将其划分为库尔姆、波莫瑞海湾、埃尔宾、柯尼斯堡四个公爵领地，任命汉斯·冯·拜森为总督。然而，9 月 18 日在克尼茨(Konitz③)的一场战役改变了战局，骑士团以少胜多，收回众多城市和柯尼斯堡。尽管如此，骑士团依然因为失地过多而减少了重要的收入来源，为了筹集经费不得不把诺伊马克出售给勃兰登堡，甚至还用一纸协议把一些城堡租赁给骑士团的雇佣兵们。

15 世纪 60 年代，普鲁士联盟和波兰的军队再次取得一系列胜利，控

---

① 弗里德里希三世于 1440 年被选为德意志国王，1452 年由教皇加冕为德意志皇帝。
② 卡斯米尔四世于 1440 起为立陶宛大公。
③ 克尼茨是今天波兰的霍伊尼茨(Chojnice)。

制了维斯瓦河流域地区。然而,骑士团于 1466 年却失去了波莫瑞海湾。在教皇使节吕德斯海姆的鲁道夫(Rudolf von Rüdesheim,1402—1482)的调停下,骑士团与波兰于 10 月 19 日在托伦第二次签订和约(Zweite Frieden von Thorn)。尽管这个合约从未获得教皇和德意志皇帝的认可,但它却为双方持续了 13 年的战争画上句号。至此,埃姆兰德、波莫瑞海湾、库尔姆、德莱文茨河畔的米歇劳以及马林堡、施图姆和克里斯特堡周边地区以自治为先决条件臣服于波兰国王,但泽、埃尔宾、托伦等汉萨城市重又获得自治权。普鲁士联盟占领的西部地区广泛地获得自治,形成一个在波兰王室控制之下的"普鲁士王室属地"("Preußen königlichen Anteils")。普鲁士的东部地区虽然仍然归属骑士团,但骑士团的首领要向波兰国王个人宣誓效忠,骑士团国家成为波兰国王的采邑。

　　进入 16 世纪,德意志帝国开始帝国改革和宗教改革,骑士团的首领阿尔布雷希特(Albrecht von Preußen,1490—1568)试图重新恢复昔日的骑士团国家,解除与波兰国王的采邑关系,于 1520 年再次与波兰进行了一场未有结果的战争。1522 年,为了寻求德意志皇帝的支持,阿尔布雷希特前往纽伦堡,然而他的希望落空了。1523 年 11 月,阿尔布雷希特在纽伦堡结识宗教改革运动的发起者马丁·路德(Martin Luther,1483—1546),在此后的书信来往中,路德建议阿尔布雷希特放弃骑士团首领的称谓,将骑士团国家改为公爵领地。次年,对德意志皇帝极度失望的阿尔布雷希特拒绝为皇帝出兵意大利,再次面临陷入战争的危险,为此不得不又投入波兰国王的庇护之下。1525 年 4 月 8 日,阿尔布雷希特在克拉科夫向波兰国王西吉斯蒙德一世(Sigismund Ⅰ.,1467—1548,1507—1548 年在位)宣誓效忠,此时他不再是以骑士团的首领的身份,而是作为世俗诸侯接受普鲁士公爵领地(Herzogtum Preußen①)。② 阿尔布雷希特是普鲁士

---

① 骑士团国家成为公爵领地以后,德意志骑士团作为基督教教会中的一个组织机构依然存在直至今天,下设五个骑士团教会省,其驻节地分别在德国的帕骚、奥地利的弗里萨赫、意大利的拉纳、捷克的奥帕瓦、斯洛文尼亚的柳托姆。

② H. Boockmann, *Der deutsche Orden*, München: Beck, 1981, S. 218f.

公爵领地的第一任公爵,在此之后普鲁士公爵领地逐渐发展成为德意志帝国内最强大的君主国。

第三节　德意志的区域性经济

一、社会经济形态的改变

进入 13 世纪以后,无论是法国还是英国都开始走上领地主权化(Territorialisierung)的道路,英法的领地主权化也是王权的集权以及民族国家形成的过程。但是在德意志,因为王位选举制导致无法消除在政治上的分裂,形成在帝国框架下的具有主权领土性质的邦国体制。具有主权性质的邦国依然是帝国的采邑,但是其采邑的性质已经开始发生变化,邦国不仅有了更加独立的自主权,而且还有着固定清晰的地域边界,更为重要的是各邦国内都有了自己的经济中心。促进主权邦国形成的一个重要因素是特辖区的设立,新设立的特辖区消除了原有公爵领地和伯爵领地的界限,特辖区的特许权削弱了公爵领地和伯爵领地原有的采邑性质,把公爵领地和伯爵领地的非封地(Allod①)与帝国的采邑连接在一起,使之具有独立性。这种独立性通过弗里德里希二世于 1220 年颁布的《与教会诸侯联盟》和 1232 年的《有利于诸侯的法令》有了法律依据而合法化。邦国制确立的重要经济基础在于,德意志的地产结构和经济结构都发生很大的变化。

德意志经济结构和地产结构的变化始于 12 世纪开始向东部地区的垦殖运动。毋庸置疑,拓垦运动在很大程度上扩大了德意志帝国的区域,从德意志王国的老区沿易北河和萨勒河一线向低地和波罗的海沿岸延伸,从阿尔卑斯山的山脚一直到波罗的海岸边开垦了大片的林地、沼泽地,13 世纪末,拓垦的德意志农民到达西里西亚。在北部地区,组织拓

---

① 所谓的非封地是相对于封地而言,尤指那些世袭的伯爵领地和公爵领地。

垦的贵族们以 1234 年建于于克河岸边的普伦茨劳为波莫瑞地区①的中心，继续向外扩展。尤其是 13 世纪 30 年代德意志骑士团进入波莫瑞地区以后，在此为根据地建立起一个骑士团王国，与进入这个地区的西多派修道院一起，拓垦开发出一个广袤的农业地区。② 在不断扩大的区域内，人口增长的速度很快，从 10 世纪到 13 世纪这三百年间莱茵河到摩泽河之间地区的人口几乎增长了 10 倍③，14 世纪初，在拓殖的德语区内的人口约有 1400 万④。尽管在 1315—1317 年的三年间，中欧地区因为严重的自然灾害导致发生了中世纪以来连续三年最为严重的饥荒，人口大幅减少，但饥荒过后人口又快速增长，从莱茵河到奥德河、多瑙河以及摩泽河之间人口密度也普遍增加。

　　拓殖扩大耕地面积，改变农作物的结构，同时也改变地产的结构。首先是地产模式的变化，尽管随着拓荒运动的规模越来越大，贵族的土地财产也相应增加，但无论是王室的还是诸侯的乃至教会和修道院的大地产的数量却在减少，与之相反的是中型地产以及小地产的数量在增加。改变原有地产规模的原因，一是土地租赁制的广泛实行；二是自 12 世纪之后德意志城市发展的速度和程度在整个西欧范围内处于领先地位，美国学者汤普逊认为，"在 13、14 和 15 世纪，德意志是欧洲'最杰出的'市民国度"⑤；三是因为城市与乡村之间的经济联系极为密切，由此改变了社会经济的形态。

　　中世纪早期形成的封建领地制度完全是一种自然经济的形态，调节生产和经济的是消费性的价值，在领地制的自然经济中，自给自足的消费是这个经济结构中的主体，消费主导着社会的生产活动、土地的耕种，

---

① 波莫瑞是今天衔接德国东北部和波兰西北部的中间地段。
② H. Aubin, *Handbuch der deutschen Wirtschafts-und Sozialgeschichte*, Bd. 1, S. 175.
③ 布瓦松纳:《中世纪欧洲生活和劳动》,第 240 页。
④ E. Pitz, *Wirtschafts-und Sozialgeschichte Deutschlands im Mittelalter*, S. 139; H. Aubin, *Handbuch der deutschen Wirtschafts-und Sozialgeschichte*, Bd. 1, S. 198.
⑤ 詹姆斯·W. 汤普逊:《中世纪晚期欧洲经济社会史》,徐家玲等译,商务印书馆 1992 年,第 172 页。

领地的财富也是一种消费性的财富。因此,领地制经济的经济活动较为
单一,耕种的品种也较为单一,土地的收益有很大的局限性。① 城市的兴
起和繁盛打破了自然经济的形态,城市对日常生活的需求、城市手工业
对乡村原材料的需求,冲破了乡村自然经济这扇紧闭着的大门,交换的
经济模式不可阻挡地渗入乡村,货币进入乡村的家政和生产中,致使乡
村经济开始发生本质性的改变。在这个交换经济中交换的不仅仅是农
产品,更重要的是土地。虽然尚没有史料证明已经有土地的买卖,但是
土地的流转已经很普遍,最常见的方式是土地的租赁。土地租赁打破土
地仅在马尔克内部流转的传统。领主的自营地乃至教会或者修道院的
耕地短期或者长期地租赁给农民,农民家庭承租的土地甚至还可以世袭
承租。上巴伐利亚的鲍姆堡修道院(Kloster Baumburg)之前所有土地
都是自己耕种,1245 年以后全部租赁给农民。租赁形式分为两类,一类
是把收获二分之一或者的三分之一作为地租,称之为分成租赁
(Teilpacht);一类是以固定的实物或者固定的货币作为地租,称之为固
定租赁(Festpacht)。因为普遍实行三圃制的耕种方式,所以租期通常是
3 年或者是 3 年的倍数,即 3—18 年或者 3—12 年。② 自 13 世纪起,领主
为了增加收益,还把一种原本是自愿的、不定期交纳的赋税"随意税"
(Bede③),改为强制征收的定期赋税。此外,为了从土地上尽可能多地获
得租金收益,领主们还缩小出租份地的面积。12 世纪末以后,莱茵河流
域以及摩泽河流域地区原来的份地通常都被分割为两块或者四块,在莱
茵兰和阿尔萨斯地区则是四分之一胡符地(Viertelhufe),在上法兰克和

---

① K. Bücher, *Die Entstehung der Volkswirtschaft*, Tübingen: Laupp, ¹³1926, Bd. 1, S. 92ff.
② M. M. 波斯坦:《剑桥欧洲经济史》,第 1 卷,第 285 页。
③ Bede 相当于现代德语 Bitte 或者 Gebet,也可翻译为"帮助金",这原本是自愿交纳给领主的一
　种赋税,13 世纪之后几乎在所有的邦国中都成为一种邦君直接向农民和市民征收的赋税,骑
　士和教会人士则免征这一税金;帝国城市则直接缴纳给皇帝。参见 *Lexikon des
　Mittelalters*, Bd. 1, S. 1779f.

上巴伐利亚地区的胡符地（Solde①）、在博登湖地区的胡符地（Schuppose②）的地块面积也都大大减小到仅有 1 摩尔干多一点。进入 14 世纪之后，耕地地块的面积更有所缩小。根据1357 年勃兰登堡地区的一本土地册记载，154 个农民农庄（Baernhof 或 Bauerngut）中有 24 个农庄的耕地面积都是在 20—40 公顷之间，70 块是在 5—20 公顷，6 块地是在 0.5—5 公顷之间。

土地租赁制把早期领地制的各种权利，以及把对土地的统治权和对人的统治权，即：司法审判权、特辖权以及经济权等都合并为一个整体的权力。显然这更增强了领主的权势，是邦国领土化必备的政治条件；但另一方面，农民的自由度也相应更大了，这就动摇了采邑制的社会基础。相对于 12 世纪的"城市的空气使人自由"的政治谚语，13 世纪有了"拓垦使人自由"（Rodung macht frei）的政治谚语。农民的自由表现在两个方面，首先是领主与农民之间的依附关系的松弛，他们享有迁徙自由和居住自由，个人的权利地位也因此有所增强。13 世纪出现"农民"（Bauernschaft）这样的概念，原有的三个等级的概念似乎已经不能诠释正在发生变化的社会结构，第三等级分为市民和农民这两个社会阶层。其次，由于农民可以自由租赁土地，同样也就摆脱了在耕种土地时的各种约束，例如徭役的束缚、农作物种植的约束以及播种和收获的约束。12 世纪末，在帝国很多地区，徭役这种地租形态被小麦、燕麦等实物或者货币的地租形态取代。没有徭役束缚的土地承租人可以更加自由地支配自己的劳动，将其用在耕种和管理农作物上，提升土地的产量。

为了满足三圃制的耕种方式，农民通常把租赁的土地划分为三份的小块耕地，在 1300 年左右的韦特劳地区，农民的庄园通常都被分为三块，第一块约 13 约赫，第二块是 15½ 约赫，第三块是 11 约赫，还有的比例是 7：6：7，或者是 20：18：14。③ 耕地以麦类的粮食作物为主，休耕

---

① 在上法兰克和上巴伐利亚地区，四分之一的胡符地称之为 Solde 或者 Sölede 或者 Selde。
② 1Schuppose 相当于 7—15 约赫。
③ H. Aubin, *Handbuch der deutschen Wirtschafts-und Sozialgeschichte*, Bd. 1, S. 190f.

的土地或者用于种植以蔬菜和水果以及染料、亚麻、大麻等用于纺织手工业原材料为主的夏季作物,即所谓的特种经济作物(Sonderkultur),或者用于放养牛、猪、羊等牲畜和鸡鸭鹅等家禽的休耕地,由此促进畜牧业的发展。从 12 世纪起,在施瓦本、巴伐利亚、蒂罗尔和克恩滕以及阿尔萨斯和瑞士都有了大量以畜牧业为主的农庄,把不适于农耕的土地转为专门畜牧的草场地。根据位于巴伐利亚基姆湖以南一些领地的登记册的记载,1305 年时该地区还主要是以燕麦和黑麦为地租的租金,但在几十年之后就仅以奶制品为地租的租金。从位于希尔德斯海姆的埃施尔德教会机构(Stift①)地租构成中或许也可以看出种植种类的多样性,1324 年一个承租土地的迈尔要向这个教会机构的租赁者缴纳所收获果实和牲畜的十分之一、地产收获的三分之一,此外还有 12 头猪、1 马克的纯银、62 只鸡、12 只鹅和 1200 个鸡蛋。②

　　粮食作物、特种经济作物的生长以及畜牧业的发展都在很大程度上取决于气候和地质条件,必须符合所在地区的自然条件。中小型的地产和能够自由租赁土地、追求土地产值最大效益的农民可以根据自然条件选择经营土地的方式和种类。1300 年前后,在莱茵河、摩泽河流域地区以及阴冷的艾菲尔高原山区,除了粮食作物之外,还种植苹果、梨、樱桃等品种的果树、核桃等坚果树以及葡萄,或者统称为酿酒作物(Brennkultur)。③ 经济作物和酿酒作物的扩大是城市经济发展的前提条件,同时反过来又极大地影响着农业生产,农民在很大程度上是根据城市的需求种植农作物。在一些河谷和低地地区利于粮食作物的生长,而在莱茵河、摩泽河、内卡河以及阿尔萨斯地区,休耕地都用于夏季作物和品类众多的特种作物,例如染料、麻类、水果、蔬菜和葡萄树等等。农业作物种类的增加极大地提升了土地的收益和土地的价值,尤其是葡萄园和森林的价值提升幅度更大,在莱茵河与摩泽河之间种植葡萄园的土

---

① Stift 是指属于教会办的养老院或其他类型慈善机构。

② H. Aubin, *Handbuch der deutschen Wirtschafts-und Sozialgeschichte*, Bd. 1, S. 181, 197.

③ Ebd., S. 195.

地价值平均增长 7 倍,有的地方甚至高达 16—20 倍。土地价值的提升带动地租以及农产品价值的提高①,有历史学家估计,在 12 世纪下半叶和 13 世纪上半叶这一百年期间,德意志地租的价格至少上涨 50% 左右②。1324 年,一胡符地相当于 20 马克以及 8 舍非尔(Scheffel③)黑麦,8 舍非尔大麦,2 福德的(Fuder④)泥炭。⑤

二、商业促成的城市同盟

农业专门种植区域的形成也使地区手工业的分布初现端倪。织麻布业是奥格斯堡和乌尔姆最重要的手工业,纽伦堡是织呢绒业的中心,马斯河流域是有色金属和玻璃制造业的中心,那些覆盖森林的地区则是铁器制造业的主要产地,莱茵河流域地区是酿造业的所在地。在专业的农业、手工业地区的基础上以城市间结成的城市同盟为核心形成区域性的经济。德意志区域性经济可以按照其地理位置划分为三个区域,即:以美因茨、科隆、美因河岸边的法兰克福、沃尔姆斯、斯特拉斯堡和巴塞尔等城市环绕的莱茵河流域经济区域;以地处北海和波罗的海沿岸的不莱梅、汉堡、吕贝克、但泽等城市为核心的沿海经济区域;以沿多瑙河流域的乌尔姆、奥格斯堡、慕尼黑、累根斯堡、帕骚、维也纳等城市在德意志南部地区环绕的经济区域。⑥ 与西欧其他王国和地区比较而言,在这三个区域内中世纪城市的贸易功能似乎更为突出,正如美国学者汤普逊所

---

① 布瓦松纳:《中世纪欧洲生活和劳动》,第 242—243 页。
② M. M. 波斯坦等:《剑桥欧洲经济史》,钟和等译,经济科学出版社 2004 年版,第 2 卷,第 180 页。
③ "舍非尔"是普鲁士地区粮食度量单位,各地区标准不一,甚至相差近 2 百倍,即从 22—223 升。
④ "福德"是中世纪一种以车为单位的计量单位,同时也可以做酒的计量单位,一车酒约有 1000—1800 升。
⑤ H. Aubin, *Handbuch der deutschen Wirtschafts-und Sozialgeschichte*, Bd. 1, S. 185.
⑥ 詹姆斯・W. 汤普逊:《中世纪晚期欧洲经济社会史》,徐家玲等译,商务印书馆 1992 年版,第 174 页。

说的:"城市间的商业联系是德意志城市的突出特点。"①在城市间的贸易中,农产品和畜牧业产品占据相当的比例,如粮食、盐、葡萄酒、奶制品、用于纺织业的麻类、染料等等。然而,已经初具形态的邦国政治体制为城市间的贸易造成很大的障碍,尤其是"大空位"时期的无政府状态更增强了这种态势。邦国的领地边界逐渐划定,邦国越来越封闭,各邦国的邦君以及各领地的贵族都在流经所属自己管辖范围内的所有河流航道上设立关卡,收取通关税。12 世纪末,莱茵河上的关卡约有 19 处,13 世纪末增加到 44 处,14 世纪末更是多达 64 处。② 驻节地位于莱茵河岸边的科隆、特里尔和美因茨的教会选侯们,都是把关税作为其收入的一个重要来源。13 世纪末 14 世纪初,威悉河上有 30 多处关卡,易北河上有 35 处。③ 有些河段的关卡密度也很大,莱茵河从巴塞尔至鹿特丹区间,大约每 10 公里就有一处关卡,易北河沿岸从布拉格到汉堡区间每 14 公里有一处关卡,多瑙河沿岸从乌尔姆到帕骚区间每 15 公里一处关卡。④关卡的增加提高了运输的成本,14 世纪中叶,从宾根到科布伦茨期间直线约 50 公里的运输成本中,仅关税一项就上升了 53%—67%。⑤

　　关税造成的成本上升影响城市的收益,自弗里德里希二世以后连续发生的王位之争、国王与贵族和选侯们之间的争斗常常以牺牲城市的利益为代价,这就迫使那些利益相关的德意志城市结成同盟,加强自卫的能力,实现互利。1226 年,美因茨、沃尔姆斯、施派尔、斯特拉斯堡、巴塞尔等城市结成莱茵城市同盟,虽然这些城市因为皇帝与教皇的争斗各自加入相互对立的阵营,仅存在十余年就于 1239 年解体,但却为城市提供

---

① 詹姆斯·W. 汤普逊:《中世纪晚期欧洲经济社会史》,徐家玲等译,商务印书馆 1992 年版,第 176 页。

② F. -W. Henning, *Handbuch der Wirtschafts-und Sozialgeschichte Deutschlands*, Bd. 1, S. 286f.

③ M. M. 波斯坦等:《剑桥欧洲经济史》,第 2 卷,第 155 页。

④ H. Aubin, *Handbuch der deutschen Wirtschafts-und Sozialgeschichte*, Bd. 1, S. 210.

⑤ F. -W. Henning, *Handbuch der Wirtschafts-und Sozialgeschichte Deutschlands*, Bd. 1., S. 286f.

了一种以互卫和互利为目的结成同盟的模式。在此之后相继出现一些利益相关的城市同盟,尽管这些城市同盟的规模并不很大,有的甚至只是两个城市的联合。1254 年,莱茵地区的城市再次结成同盟,参加的成员城市不仅局限在莱茵河中游地区,而且还沿莱茵河的支流摩泽河和美因河等向外延伸,特里尔、班贝格等城市也都相继加入其中,成员城市发展到 70 个。同盟条约的第一条就明确说明:"我们曾一直征收的那些不公正的陆路和水路通行税,我们将不再征收这些税款。"①

1285 年,斯特拉斯堡、巴塞尔和弗莱堡结成同盟,以保护城市已有的自由和自治的权利。1331 年 11 月 20 日,奥格斯堡、乌尔姆、罗伊特林根以及海尔布隆等 22 座城市也组成城市同盟,符腾堡、厄廷根和霍恩贝格的伯爵们也都于 1340 年加入该城市同盟。1376 年,上施瓦本地区的 14 座帝国城市是这个城市同盟的成员,故被称为施瓦本城市同盟(Schwäbische Städtebund)。然而,皇帝卡尔四世并无意承认这个城市同盟,并因此于 1377 年 5 月引发了城市雇佣兵与支持皇帝的伯爵之间的武力冲突。大获全胜的城市同盟在此后有进一步的发展,除了以总部所在的奥格斯堡为中心之外,施瓦本同盟还有围绕康斯坦茨和在阿尔卑斯山的两个中心区域。为了抑制城市同盟影响的不断扩大,拿骚家族的伯爵们②与卡岑埃尔恩博根伯爵领地的伯爵威廉二世(Wilhelm Ⅱ.,1331—1385)以及贵族和骑士等于 1379 年 10 月 17 日结成一个贵族同盟,因该同盟成员的家族族徽都是狮子,故命名为"狮子同盟"(Löwenbund)。为了共同抵抗狮子同盟对城市的攻击,莱茵城市同盟与施瓦本城市同盟联合起来,于 1381 年 6 月 17 日宣布成立"南德意志城市

① 詹姆斯·W.汤普逊:《中世纪晚期欧洲经济社会史》,第 179 页。
② 拿骚家族是德意志最古老的家族之一,以地处莱茵河中游、今天莱茵兰-普法尔茨州的拿骚城堡为驻节地而命名。13 世纪末拿骚的阿道夫被选立为德意志国王后,该家族的势力急剧扩大。1255 年拿骚的伯爵海因里希二世(Heinrich Ⅱ.,1190—1251)临终前把伯爵领地一分为二留给了他的两个儿子,由此产生了两支,即:后来成为荷兰王室家族的奥托一支(1255—1890)和后来成为卢森堡家族的瓦尔拉姆一支(1255—1919),这两大家族在近代欧洲历史上都曾经有着非常重要的影响力。

同盟"(Süddeutscher Städtebund)。在此后的几年内,"南德意志城市同盟"不断扩大,伯尔尼、苏黎世、索洛图恩和楚格等城市于 1385 年 2 月加入其中,该同盟发展为"康斯坦茨同盟"(Konstanzer Bund),囊括了 50 座帝国城市。

13 世纪中叶以后相继结成的城市同盟增强了德意志地区的区域性。在同一历史时期,法国和英国先后有了以巴黎和伦敦为统一市场的经济中心,而在德意志则因为城市同盟的出现形成多个经济中心。这些经济中心各自为政,建立了较为广泛的海外贸易往来,首屈一指的是汉萨同盟(Hanse)。

三、对外贸易的汉萨同盟

"汉萨"的原意是"群体",在北海和波罗的海沿岸从事贸易活动的德意志商人们因航海和防范强盗的需要,又因有着相同的目的地而结伴同行,组成的商人行会,称之为"商人汉萨"(Kaufmannshanse)。早在 11 世纪,科隆以及莱茵河沿岸的商人就与英国有贸易往来,在迄今为止发现的史料中最早提到"汉萨"的是 1157 年伦敦市的一则档案材料。1175年,英国国王亨利二世给予科隆商人特许权,允许他们在伦敦侨居,免除他们的各种捐税,因为科隆的商人曾慷慨地为狮心理查德王捐赠赎金。[1]科隆的商人们在泰晤士河岸边修筑行会商栈(Guildhalle),成为此后商人汉萨在伦敦建立的商业事务所(Kontor)的根据地。1238、1260 年,亨利三世国王两次重申这个特许权,并将特许权的范围扩大到所有在伦敦的德意志商人,他们为英国人运去粮食和布匹。

1159 年,被毁的吕贝克城市复建,次年吕贝克获得"索斯特城市法"(Soester Stadtrecht[2]),吕贝克商人将其贸易活动开展到哥得兰岛。

---

[1] 詹姆斯·W. 汤普逊:《中世纪晚期欧洲经济社会史》,第 200 页。

[2] "索斯特城市法"是迄今为止在德意志境内发现的第一部城市法,在德意志北部地区广为施行,自吕贝克之后在德意志先后共有 65 座城市施行这个城市法。参见 W. Ebel, „Das Soester Recht. Wesen, Herkunft und Bedeutung ", in: *Soester Zeitschrift*, 72(1959), S. 5ff.

1163 年,萨克森的公爵狮子海因里希给予吕贝克和哥得兰岛的维斯比两座城市相同的特许权,以促进两地之间的贸易往来。维斯比是波罗的海地区与俄罗斯进行贸易往来的一个重要中转站,德意志商人以维斯比为中转站,将其贸易活动一直延伸到诺夫哥罗德。德意志商人把佛兰德的布匹、盐啤酒贩卖到斯拉夫人地区,返程时带回来斯拉夫人居住地区的毛皮、皮革、蜂蜡和琥珀。在维斯比的德意志商人于 1192 年在诺夫哥罗德建立自己的商栈——彼得商栈(Peterhof)。为了获得对诺夫哥罗德贸易的垄断,德意志的商人在瑞典的哥得兰岛组建了一个具有航海性质的商人行会,称之为"汉萨"(hanse①)。哥得兰岛是扼制西欧通向俄罗斯航线的要地,德意志的商人一直对此岛有所企图,德意志的封建主也支持他们占据此岛。1161 年,哥得兰岛上的德意志商人与斯堪的纳维亚商人之间发生争端,狮子海因里希出面进行调停,他给予斯堪的纳维亚商人在萨克森公爵领地内经商的特许权,但同时也附加一个条件,要求他们必须途经吕贝克;吕贝克的商人则可以在哥得兰进行商业贸易活动,允许他们在岛上成立德意志商人行会。汉萨这一商人行会组织形式得到狮子海因里希的认可和支持,这是此后汉萨城市同盟最早的组织胚胎。1176 年,吕贝克商人获得了英国国王的特许权,免除他们受《船难法》的约束。此后,吕贝克的商人还获得免交通行税以及可以在英国所有集市进行贸易活动的特许权。1226 年,德意志帝国的皇帝弗里德里希二世把吕贝克提升为帝国直辖市,给予其更多的贸易特许权,吕贝克的商人也完成从行商到坐商的转变过程,在海外设立数个商业事务所,从事固定性的贸易活动。13 世纪中叶以后,在维斯玛海湾至梅梅尔河的波罗的海沿岸,从吕贝克经维斯玛(1147 年)、罗斯托克(1171 年)、施特拉尔松德(1234 年)、格赖夫斯瓦尔德(1248 年)、斯德丁(1243 年)、但泽(1224年)、柯尼斯堡(1255 年)、梅梅尔(1250 年)、里加(1150 年)、雷瓦尔(1237

---

① hanse 的原意为"队伍"。中世纪早期是指那些前往同一贸易目的地结伴而行的商人团体;13世纪以后则指那些国外同一国家经商的商人组织。

年)到诺夫哥罗德,这 12 座城市都是以德意志商人为主体的贸易城市,都有重要的港口,也都获得实施吕贝克城市法的特许权。

狮子海因里希在政治上失势之后,德意志商人在哥得兰的贸易一度受挫,13 世纪的东进运动再次为德意志商人在此地的贸易活动打开方便之门。东部地区农业经济的繁兴、商业贸易的活跃和扩大、东部殖民地区城市数量的急剧增加,为德意志商人向东部地区进军创造良好的条件,与此同时,位于东北欧的波罗的海和北海贸易区也逐步形成。东北欧是莱茵河、摩泽河、斯海尔德河、索姆河流入北海冲击而成的肥沃平原,这里河流纵横交错,沿海港口林立,可以通向四面八方,是沟通地中海贸易区与波罗的海贸易区之间的枢纽。布鲁日是北欧最大的商埠,这里不仅有来自波罗的海沿岸的产品、不莱梅的啤酒,还有来自英国的羊毛、法国皮卡第的布匹、洛瑟尔的葡萄酒和食盐、巴巴利或西班牙的马皮和羊皮。这里停靠着来自威尼斯和热那亚的满载东方货物的大商船。这些都表现出波罗的海和北海贸易区从事国际贸易的主要特征。13 世纪,布鲁日逐渐取代香槟集市的地位,成为北欧和地中海间贸易的枢纽。[①]

德意志在向东部殖民时期城市的迅速兴起,为德意志商人扩大了商业活动的区域,莱茵河沿岸城市的商业的重要性更为突出,尤其是在东北欧与地中海地区进行的中介贸易。亚亨位于艾瑟尔河从莱茵河分出的支点上,沿艾瑟尔河向北是聚特芬,从 12 世纪末期起它就是周边地区的商贸中心。乌得勒支位于莱茵河北部最东的支流费希特河畔,费希特河是中世纪连接莱茵河下游和北海海湾的重要航道,是运送沿海的鱼类、食盐和内陆葡萄酒和谷物的通道,从科隆运往英国和北方的葡萄酒和谷物业都是通过这个航道到达乌特勒支,在这里集散。

位于北海沿岸的佛兰德是北欧所有陆路、河流和海上商业的集中点,横向和纵向的两条贸易大道在佛兰德相交。1134 年的一场大海啸打

---

① 汤普逊:《中世纪经济社会史》,下册,第 87—88 页。

通了连接布鲁日和北海的茨文河。①被看作是连接北海和欧洲内陆桥梁
的布鲁日②与英国多佛尔之间的海峡间距最小,其最窄距离仅有 33 公
里,但其海峡的水深非常适合航行。沿茨文河逆流而上进入法国,沿罗
纳河和索恩河可到达香槟集市,又以香槟集市为起点与流经法国的莱茵
河中游的支流摩泽河相通。因此,科隆的商人很早就出现在布鲁日,布
鲁日的商人也活跃在德意志多个城市里。1173 年,德意志皇帝弗里德里
希一世给予佛兰德的商人特许权,允许他们在亚亨和杜伊斯堡城开办集
市以及可以在莱茵河上自由航行的权利。1178 年,科隆大主教菲利普准
许佛兰德的根特市的商人享有在科隆市进行贸易的权利,并且享有可以
沿莱茵河向下游自由航行的权利。1209 年,奥托四世皇帝把科隆大主教
的这个特许权给予佛兰德的所有商人。③ 与此同时,汉堡、吕贝克等德意
志城市的商人们也先后来此。1200 年前后,在布鲁日有了最初的交易集
市,贸易的货物是来自英国的羊毛、法国的葡萄酒和佛兰德的布匹等,也
成就了汉堡和布吕克商人之间的合作。1210 年,两个城市的商人达成一
致,在从事贸易活动时服从共同的法律规则,互助互利,减少竞争。1226
年和 1232 年,弗里德里希二世分别给予吕贝克和汉堡特许权,享有城市
自治的权利,相同的自由城市地位更利于两个城市间商人的互通互利。
1241 年,吕贝克和汉堡市结成城市同盟,签订保护相互利益、共同抵御匪
盗的协议。这一协议不仅仅是两个城市的结盟,更为重要的是通过这个
协议也把波罗的海和北海两个区域的商业贸易活动联系在一起。1252
年,吕贝克、汉堡共同与布鲁日订立协议。1253 年,佛兰德的女伯爵玛格
丽特二世(Margarete Ⅱ.,1202—1280)承诺给予德意志商人低关税以
及其他优惠的特许权,允许他们在当地建立商业事务所。1259 年,罗斯

---

① 茨文河因常年泥沙淤塞已于 16 世纪消失。

② Brügge 一词的原形为西日耳曼语 Brücke(桥),在古日耳曼语中,Brücke 的原意是长型的大
坝。参见 Dudenredaktion (Hrsg.), *Das Herkunftswörterbuch* ,, Berlin: Duden Verlag,
2014, Bd. 7, S. 100b.

③ 詹姆斯·W. 汤普逊:《中世纪晚期欧洲经济社会史》,第 202 页。

托克和维斯马也先后加入吕贝克和汉堡的城市同盟,成为商业事务所的成员城市。

13 世纪中叶,商人汉萨还仅仅是指在布鲁日、伦敦、维斯比和诺夫哥罗德的德意志商人行会。随着北海和波罗的海与英国和诺夫哥罗德贸易的扩大,进入英国东部海岸地区的德意志商人们效仿在伦敦的汉萨组建多个商人汉萨。1267 年,英国的商人汉萨在伦敦原有行会商栈的基础上建立了商业事务所,即"施塔勒商栈"(Stalhof①),主要从事纺织品贸易。1280 年,玛格丽特二世去世,她的儿子吉多一世(Guido Ⅰ.,1226—1305)继承佛兰德伯爵的头衔,他与布鲁日市民之间因利益纠纷产生矛盾,德意志以及法国和西班牙的商人因此受到牵连,位于布鲁日的商业事务所也不得不暂时迁至阿尔登堡,两年后才又迁回。为了稳固在北海和波罗的海地区已取得的商业垄断地位,这两个地区的德意志商人们以吕贝克和汉堡两个城市为核心于 1282 年联合起来。同年,在英国的所有德意志商人打破行业和城市的界限,以科隆商人为首联合在一起,统称为"德意志汉萨"(deutsche Hanse),并且加入吕贝克和汉堡的城市同盟,在欧洲北部的商人汉萨发展成为城市汉萨(Städtehanse)。

第四节 新的宗教意识

一、13 世纪的经院哲学家

自加洛林文艺复兴以来,拉丁语是西欧唯一的官方语言文字,修道院的学校和教堂学校是学习拉丁语读写的唯一教育机构,因此社会中能够熟练运用拉丁语阅读和书写的只有修道士和教士。13 世纪在法国最先出现弗兰西斯修士会(Franziskaner)、多米尼克修士会(Dominikaner)等新

---

① 国内学者通常把德语 Stalhof、英文 steelyard 意译为"钢院商站"。据德文版的《中世纪百科全书》注解,因贩运的纺织品都在这个商栈封铅而得此名,可见这与"钢"无关,故笔者在这里将 Stalhof 音译为"施塔勒商栈"。参见 *Lexikon des Mittelalters*,Bd. 8,S. 40.

的修士团,而且其发展的速度极快,很快在整个西欧普及。在1215年召开的第四次拉特兰公会议上,教皇因诺森三世给予这两个修士团存在的合法性,给予其在各地布道传教的特许权。这些修士会成立之初并没有像传统的修道院一样有固定的场所和土地财产,修士会的修士们以游历四方宣讲布道为己任。他们效仿基督身穿破旧的僧服,打着赤脚,蓄着长长的胡须,手拿布袋,以化缘乞食为生,故被称为"托钵修士会"(Bettelorden①)。这些游方布道的修士们不定居在某个修道院内,也不置身于教区主教或者大主教区的管辖之下。修士会有自己的总教长(Generalsuperior),并在一些城市中设有集会的场所,故而组成修士团(Konvent②)。托钵修士会与修道院最大的不同之处在于,他们从不参与任何经济活动,他们的修士团只设在城市里,尽管此后修士会也获得丰富的馈赠,有相当可观的财富,但修士会将所有的生产和经济管理都委托给世俗的迈尔和可以信任的商人。修士会的修士们的身影越来越多地出现在中世纪的大学或者修道院和教会的学校里。1222年,萨克森的约尔丹(Jordan von Sachsen,1200—1237)继多米尼克之后担任第二任多米尼克修士会的总教长,多米尼克修士会有了快速的发展,仅他任总教长的15年内就成立300余个修士团,分布在欧洲许多建立了大学的城市里,约尔丹也有了众多的追随者,其中最著名的是大阿尔贝特(Albertus Magnus③,1200—1280)。

大阿尔贝特出生在多瑙河畔的劳英根,他的父亲可能是施陶芬王室的王室封臣,迄今还尚未发现较为详细记载有关他出生年代和早年经历的史料。1222年,他居住在威尼斯其叔父家里,并在这一年加入了多米

---

① Bettel 的德语原意是"乞讨",国内学者按照佛教的宗教语言将其翻译为"托钵"。
② Konvent 的原意是指修道院里修道士的居所,多米尼克修士会和弗兰西斯修士会借用这个词指在各地固定的集会场所,笔者将其翻译为修士会下属的"修士团"。
③ Magnus 是拉丁语,即德语的 der Große(伟大的或大),如同 Karl der Große(查理大帝)一样,der Große 不是他的姓,而是对他的尊称;Albertus 是拉丁语,德语为 Albert,他也被称为 Albertus von Lauingen(劳英根的阿尔贝特),或 Albertus der Deutsche(德意志的阿尔伯贝特)。

尼克修士会。他先后在博洛尼亚大学和帕多瓦大学学习了几个月后，被修士会派回德意志，在科隆大教堂学校学习神学。1240 年，他被派到巴黎大学学习。1245 年获得神学硕士学位后受聘巴黎大学的讲师。他在巴黎大学教学的三年期间潜心研究亚里士多德主义以及犹太人和阿拉伯人的哲学，年轻的托马斯・阿奎那正是在这个时期成为他的学生。1248 年，大阿尔贝特返回科隆，他在科隆建立并领导多米尼克修士会的研究院（Studium Generale），即今天科隆大学的前身。虽然被誉为中世纪第一所大学的博洛尼亚大学是在德意志皇帝的支持下建立的，但它地处意大利。直至 13 世纪末期，在今天的德国境内以及讲德语的所有地区都还尚未有一所中世纪的大学。尽管如此，大阿尔贝特建立和领导的科隆研究院是 13 世纪继巴黎大学和牛津大学之后经院哲学的第三个大本营，聚集了来自欧洲各地的众多学者和求学者，科隆的研究院是德意志神学以及此后德意志哲学思想最初的家园。1254 年，大阿尔贝特在沃尔姆斯被任命为多米尼克修士会德语区教省的教长（Provinzial），他在担任这个职务的三年期间放弃了在科隆的教学工作。1260 年，教皇亚历山大四世任命他为累根斯堡的主教，但两年后他辞去主教的职务再次返回科隆，在那里度过他的最后岁月。

　　大阿尔伯特是一个百科全书般的人物，是当时多个学科领域的权威。① "大"不是阿尔贝特原名中所有的，是后人封给他的尊称。大约在 14 世纪上半叶，阿尔贝特的名字后面才加上了"大"②，这是对他知识丰富和学识深厚的赞誉。从 12 世纪初期起，在西欧掀起一个对亚里士多德和其他古典哲学家著作进行翻译的高潮，但这个时期的翻译不只是一种文字对文字的转换工作，许多基督教学者在翻译的同时还写了大量的评论性的文章，这是这项工作的意义所在——在对亚里士多德主义的评说和研究中产

---

① M. Grabmann, „Der Einfluss Alberts der Griossen auf das mittelalterliche Geistersleben"，in: *Zeitschirft für katholische Theologe*，（52）1928, S. 163.

② 按照拉丁语的书写方式，形容词或定语在名词的后面，所以"大"在他名字的后面，即：Albertus Magnus.

生了新的神学思想。对亚里士多德主义研究的意义还不仅于此,亚里士多德主义不是一个陈旧的、一成不变的哲学思想和观念,它在几百年的历史长河中不断被提炼,其中包括希腊化时期、罗马时期的学者们对它的诠释,犹太学者和阿拉伯学者也对其注入自己的精髓,12 世纪的亚里士多德主义中更是凝聚了古代希腊和罗马思想的精华。因此,学习和研究亚里士多德主义,就必然要接触所有附着在其中的思想和理论,也就必然要打破宗教信仰之间和民族之间无形的界限,这是中世纪西欧认识史上向前跨出的一大步。大阿尔贝特在巴黎大学学习和教学期间接触并研究亚里士多德主义,同时他也接触到犹太人和阿拉伯人的哲学。身为基督教的学者,他最早旗帜鲜明地宣布只要是知识就应该接受,他认为所有正确的知识,不论是来自异教徒的或是犹太教徒的,不论是来自希腊人的或是罗马人的还是阿拉伯人的,不论是形而上学的还是物理学的,都是有益的,都不可能与基督教的教义相矛盾。他曾开宗明义地说,接受所有已被证实的知识,无论这个知识是来自哪个宗教。[①] 大阿尔贝特首先在知识领域内打破宗教信仰和种族的界限,摈弃宗教偏见和民族歧视,这是他为西欧人文科学做出的最大贡献。大阿尔伯特用亚里士多德的哲学观点诠释基督教拉丁正统教义,第一次明确地提出应该把哲学和神学区分开来。

　　大阿尔贝特一生著作浩瀚,1890—1899 年间在巴黎出版的全集共有38 卷。研究大阿尔贝特的当代学者把他的写作大致分为四个阶段:第一阶段(1228—1248 年间),他的主要著作都是与神学问题相关;第二阶段(1248—1254 年间),他写了戴奥尼夏的传记[②]和关于亚里士多德伦理学的著作;第三阶段(1254—1270 年间),他着重研究亚里士多德;第四阶段(1270—1275 年间),他又回到神学问题上。[③] 与这同时期研究亚里士多

---

① G. M. Manser, „Abert der Grosse als Neuerer auf philosophischem Gebiete", in: *Divus Thomas Ser.* Bd. 3, 10(1932), S. 151 – 172.

② 戴奥尼夏是古代叙拉古的一个暴君。

③ D. Knowles, *The Evolution of Medieval Thought*, London-New York: Longman, 2ⁿᵈ edn. 1988, p. 228.

德主义的基督教学者最大的不同之处在于,大阿尔贝特从不断章取义。
13 世纪中叶,研究亚里士多德主义在西欧已经成为时尚,但是绝大多数
学者都只是摘取能说明自己观点的部分。大阿尔贝特不是西欧第一个
研究亚里士多德的学者,也不是最早对此写评论的人。在他之前,多米
尼克修士会和弗兰西斯修士会的经院哲学家们,已经对亚里士多德的部
分哲学著作有所评论,但都是断章取义,并不全面。大阿尔贝特是在西
欧中世纪第一个全面介绍亚里士多德学术成就的人,[①]他为亚里士多德
的物理学、数学、植物学、动物学、逻辑学和形而上学的著作写过评论,并
在他的评论中发展了亚里士多德主义的思想;另一方面,他还通过对古
典学科的介绍,为世俗人文科学的恢复和建立提供借鉴。大阿尔贝特在
自然科学的建设方面也有所建树,他被公认为是西欧植物学、生物学、天
文学等自然科学的创始人。自然科学的建设使人对自身有了科学的认
识,对人的机体、人的生命、人的思维能力的认识,必然会对原有的信仰
和教义提出疑问,这是因为哲学在中世纪属于自然科学的范畴,它从有
机体的角度阐述人与上帝的关系。

　　大阿尔贝特对亚里士多德主义较为全面的介绍是其为基督教理论
的发展做出的贡献,他为处于迷茫和徘徊状态的基督教神学家们提供了
指南,为他们开辟了继续前进的道路。社会活动不断创造的丰富物质和
基督教关于贫穷的教义,这两者所产生的相互对立给人们的宗教观念造
成很大的困惑,这一点在城市市民的身上表现得尤为突出。获利的经济
活动、享受物资的生活与原有的社会价值观、渴望灵魂获救的宗教观,物
质生活与精神生活之间的矛盾,通过放弃财产、救济穷人、捐建教堂等善
举,并不能完全地得到解释和解决,宗教的困惑并不能由此而消除。亚
里士多德主义为他们另辟蹊径,在亚里士多德的哲学理论中包含有自然
哲学的因素,他把人的精神存在和物质存在有机地区分开,把哲学分为
先验的(即形而上学的)、物理的和伦理的。先验的哲学是关于上帝的,

---

① G. M. Manser, „Abert der Grosse als Neuerer auf philosophischem Gebiete", S. 24.

是精神的,精神来源于上帝;物理的哲学是关于自然的实际事物,是物质的,是受精神支配的;伦理的哲学则是关于人的行为,是道德的,是认识精神的。在奥古斯丁的神学思想中,人的精神存在和物质存是被混合为一体的,人的道德行为必须遵守宗教的伦理。"道德是精神的一个善的性质,有了它,人才能正确地生活,没有人不需要它,这是在还没有我们时,上帝就在我们的内在中创造了的。"[1]在奥古斯丁主义中,上帝恩赐的伦理和人的道德伦理之间没有本质的区别,因此他非常强调人的外在行为与教义教导的一致性,强调要遵守禁欲、苦修、放弃财产等这种外在表现的行为准则。13世纪的经院哲学家们在接受亚里士多德主义之后,对奥古斯丁主义做了新的注解。他们把伦理分为神学的伦理和哲学的伦理,进而把上帝恩赐的道德和人的道德区分开,即注入的道德和获得的道德。前者是超自然的、神学的,后者是自然的、哲学的。这两种道德相互转换,成为一体,这个转换的过程就是对上帝的认识过程。恭顺、温厚、怜悯、对良心的谴责等,是上帝的道德标准,人们的社会性行为依然受宗教伦理的制约。但是,人的道德是在意志之中,需要思考、需要认识,人的理性受到重视,信仰和理性被调和在一起。

大阿尔贝特一生培养了很多学生,其中最出类拔萃的是托马斯·阿奎纳。托马斯用亚里士多德主义重新诠释了基督教的教义,由此结束基督教的圣奥古斯丁时代,创立托马斯主义(Thomismus),开创了基督教神学的一个新的时代,他由此获得罗马教会给予的无上荣誉和尊重,被看作是基督教史上的一代宗师。

弗赖贝格的迪特里希(Dietrich von Freiberg,1240或1245—1310)是与大阿尔贝特同时代的神学家、经院哲学家和自然科学家,他18岁加入弗莱贝格的多米尼克修士团,开始学习神学、逻辑学,接触亚里士多德的著作。1271年,完成学业的迪特里希在他的家乡弗莱贝格的修士团担

---

[1] D. Mieth, „Die theologische Transposition der Tugendethik bei Meister Eckhard", in: K. Ruh(Hrsg.), *Meister Eckhart*: *Theologe*, *Prediger*, *Mystiker*, München: Beck, 1985, S. 71.

任教师,一年后他被送到巴黎大学深造,1280 年学成返回德意志,在特里尔的多米尼克修士团从教。此后他以学士的身份受聘巴黎大学讲授《教父名言集》(Sentenzen①),这是由巴黎的主教伦巴底的彼得(Petrus Lombardus,1095—1160②)编纂的。1292 年,迪特里希返回德意志,次年被推举为多米尼克修士会德语区教省的教长。1296 年,他又重返巴黎大学攻读硕士学位,此后在那里任教。13 世纪的巴黎大学极少聘任非法国籍的学者任教,更何况是多米尼克修士会的修士,迪特里希和大阿尔贝特是极少见的例外。1303 年,迪特里希在康斯坦茨被推举为教省的副教长。迪特里希虽然是多米尼克修士会的成员,但他在神学和哲学方面的观点更接近弗兰西斯修士会的学者们,他在一些神学理论方面的观点与托马斯·阿奎那很接近。所不同的是,托马斯无论是在方法论和认识论方面都遵从亚里士多德主义,而迪特里希则是采用新柏拉图主义的方法论和理论认识论。托马斯认为,上帝是纯粹的形式、纯粹的现实,他根据亚里士多德的方法论,即:每一被推动的东西都必然是由某种东西推动的,每一个结果都应含有一个原因,因而必定有一处是不被推动的运动原则,他由此推论,上帝是宇宙最初的和最后的原因。③ 迪特里希还从上帝造物的理论中推论出上帝的存在,但他认为天体的运动是被一种独立的精神实质(理性)驱动的,而且他还认为这个过程可以返回其本源。依据迪特里希的观点,在存在和本质之间确实存在着一种区别,有着一个并不取决于本体的非本质的属性,正是这一观点让他陷入与教会关于圣餐的争论中。④ 迪特里希的认识论和创世说对此后的德意志新神秘主

①《教父名言集》是伦巴第的彼得于 1155—117 年编纂的,是 13 世纪大学里攻读神学博士学位必须研读的读本。

② 彼得·伦巴德是 12 世纪巴黎圣母院大教堂学校的校长,是当时与彼得·阿贝拉尔(Petrus Abaelardus,1079—1142)和圣维克多雨果(Hugo von Sankt Victor,1097—1141)齐名的经院哲学家,也担任过巴黎的主教。

③ 参见梯利:《西方哲学史》,葛力译,商务印书馆 2000 年版,第 215—216 页。

④ K. Flasch, *Dietrich von Freiberg*:*Philosophie*,*Theologie*,*Naturforschung um 1300*, Frankfurt am Main:Klostermann, 2007, S. 256ff, 267ff.

义的创始人埃克哈特(Eckhard,1260—1328)产生了深刻的影响。

13 世纪经院哲学的繁盛不仅在理论上而且在实践上把希腊古典哲学与基督教的信仰协调一致,增强了人们对知识的认识。在这同一历史时期以经院哲学的方法评注的罗马法也被看作是一门重要的知识。这些新的知识强烈地冲击了"君权神授"的神学政治理论,这就为此后西欧现代立法制度的建立清除了原有的保守的理论障碍,为新的世俗政治理论的提出创造条件。虽然在 13 世纪的德意志并没有像法国和英国一样出现一个中央集权的议会制政体,但正在形成的邦国制也在逐渐地成长为一种不再是以依附关系组成的共同体,有了以等级议会制为政体形式的领土化了的邦国。

二、新神秘主义的大师

德意志王位之争、国王和皇帝与教皇间的争斗、"大空位时期",在发生这一系列的政治事件期间,各大封建诸侯都在忙于巩固或扩大自己的邦国领地。诸侯之间、诸侯和德皇之间的征战连年不断。与此同时,西欧其他王国和地区的政治格局和社会结构也在发生极大的变化。在法国,逐步树立起来的王权权威,与市民阶层联合起来,三级会议改变着自 10 世纪以来存在的封建分裂的政治格局;在英国,市民则与贵族联合起来,通过三级会议限制王权的专制;在意大利,自治的城市共和国摆脱了德意志皇权的控制,实现着城市的自治。这些无疑都对罗马教会一直竭力推行的"君权神授"的神学政治理论产生巨大的冲击。12 世纪中叶,卡塔尔派在德意志中部地区的科隆附近出现,科隆经院哲学的核心人物大阿尔贝特提出只要是知识就接受的观点,大阿尔贝特的学生、被称为"大师"的埃克哈特(Meister Eckhard)从中演绎出基督教新神秘主义的学说。

埃克哈特出生于哥达附近或者是埃尔福特附近的霍赫海姆[①],他的

[①] 在这两个地方都有叫霍赫海姆的小镇,哪个是埃克哈特出生地迄今仍然存在着争议。参见 W. Trusen, *Der Prozeß gegen Meister Eckhart: Vorgeschichte, Verlauf und Folgen*, Paderborn: Schöningh 1988, S. 11ff; B. Mojsisch, „Notiz, Eckhart von Hochheim", in: *Bochumer Philosophisches Jahrbuch für Antike und Mittelalter*, 6(2001), S. 239.

父亲是一位骑士,但他并没有子承父业,而是在 15 岁时就在埃尔福特加入多米尼克修士会,在当地的修士会接受教育,此后在大阿尔伯特主持的科隆研究院深造。1277 年,他被修士会送到巴黎去深造,3 年后学成回到科隆。大阿尔贝特于这一年的 11 月在科隆去世,因此历史学家们普遍认为,埃克哈特是大阿尔贝特的学生。尽管他们之间的师生关系很短,但是大阿尔贝特对亚里士多德主义的研究成果却让他获益匪浅。1293 年 2 月,埃克哈特的名字被列入巴黎大学神学教授的名单,他在那里讲授彼得·伦巴德编著的《箴言书》(Sentenz①)。当时的巴黎大学已经有近百年的历史,在学术上享有绝对的权威,特别是在哲学和神学方面,埃克哈特能受聘于此,足以说明他在神学方面造诣之深。两年后,埃克哈特因受命新教职离开巴黎,前往图林根担任多米尼克修士会的埃尔福特修道院的副院长,同时还兼任修士会在图林根的大教长(Provinzial)的代理(Vikar)。在此期间,埃克哈特始终保持着巴黎大学客座教授的资格,他经常受邀去巴黎大学教学和布道,参加一些学术讨论会,对《圣经》进行评注。从这个时期起,人们在他的名字前面增加了"大师"(Meister)的称谓。1303 年,多米尼克修士会在德意志北部地区成立新教区,埃克哈特被任命为新教区的大教长。1307 年,埃克哈特被任命为波希米亚地区的总教长。这是埃克哈特最辉煌的时期,他经常往来于各个教区,做了大量的布道演说。1311 年他再次受聘于巴黎大学,在那里进行了 3 年的讲学和神学研究。两次受聘巴黎大学的这种殊荣,在巴黎大学的历史上只有他和托马斯·阿奎那才曾经享有过。1323 年以后,埃克哈特回到科隆,领导多米尼克修士会设在那里的研究会。

埃克哈特是多米尼克修士会的修道士、修士会的领导者,同时他也是著名的神学家、大学的教授,他还是基督教的布道士。他与彼得·阿

---

① 这部《箴言书》收录了教父学时期的基督教的神学经典论文和论据,是中世纪一部影响极为深刻的神学教科书,包括托马斯·阿奎那在内的经院哲学家们都对其有过评注。

伯拉尔、大阿尔贝特和托马斯·阿奎那一样，是一位真正虔诚的基督教徒。但与他们最大的区别是，埃克哈特比他的前辈和同时代的神学家们都更贴近社会，更了解民众，抑或也可以这样说，那个时代给他打下了更深的印记，使他对神学有了新的认识。埃克哈特不仅在巴黎大学和科隆研究院的讲堂上讲座，在修道院和修女院面向修道士和修女们讲经说道，他还经常在各地巡查，向广大世俗基督徒们布道演说。汉堡、斯特拉斯堡、哈勒、哈伯斯塔特等众多城市都留下了他的足迹。[①]埃克哈特是在中世纪最早用大众的语言进行布道讲演的布道士，他的布道更易被世俗接受，给人们留下的印象更深刻，社会影响也更大。

三、神学的新观点

　　埃克哈特生活在一个巨变的年代。在这个年代里，德意志帝国经历了"大空位"时期，各大封建诸侯借机巩固邦国领地；在这个年代里，法国王权趋于集权，第三等级的政治力量日益强大；在这个年代里，英国的君主立宪制初露端倪，市民阶层和贵族联合起来限制封建王权的专制；在这个年代里，意大利从德意志皇权的阴影中走出来，城市共同体的自治体制基本确立；在这个年代里，罗马教会从它权力的顶峰滑下，甚至从罗马城迁到法国南部的小城阿维尼翁，"阿维尼翁之囚"（Avignonesistisches Exil[②]）无疑极大地冲击了罗马教会的宗教权威。在这个年代发生的每桩事件似

---

① P. U. M. Nix（Hrsg.），*Meister Eckhart der Predige：Festschrift zum Eckhart-Gedenkjahr*，Freiburg：Herder，1960，S. 7f.

② 14 世纪初，法国王权日益强盛，因法兰西境内的教会土地问题，腓力四世国王与博尼法修斯八世教皇发生了冲突。1305 年，在腓力四世的干预下枢机主教团在里昂推举法国籍的枢机主教贝特朗·德·戈特（Bertrand de Got）为教皇，称克莱门斯五世（Clemens V.，1250—1314）。克莱门斯五世深感在罗马市反对派的威胁，1309 年把教廷迁往位于法国南部的教皇夏宫所在地阿维尼翁。在阿维尼翁的教廷中，134 名枢机主教团的成员中有 111 名是法籍，引起来自其他地区教职人员的极大不满。1328 年，罗马城的市民在德意志皇帝路德维希四世的支持下选举意大利籍的枢机主教为对立派教皇，称尼古劳斯五世。1376 年 9 月，格雷戈尔十一世教皇把教廷重又迁回罗马城。历史学家们把 1309 年—1377 年在阿维尼翁近 70 年时间的教廷称之为"阿维尼翁之囚"。

乎都在佐证,西欧社会正处于剧烈的变迁中,无论是在政治、经济、社会乃至宗教信仰方面都在努力冲破封建制度的束缚。人们提出的最普遍的要求是自由:经济活动的自由、社会交往的自由、独立思考的自由。社会各阶层提出的各种自由还都受到封建宗教法权的限制,宗教法权的确立建立在宗教权威的基础上。社会的变迁触及了传统的神学思想和对基督教教义的诠释,具体反映在 13 世纪经院哲学家们关于唯名论(Nominalismus)和实在论(Realismus)的辩论。托马斯和埃克哈特都是唯名论的代表,他们都承认基督教的普世性,同时也强调在普世的基督教世界中人的个体性(Individuum)。然而,埃克哈特与托马斯的基础神学理论并不完全一致。托马斯认为,上帝的根本作用和创造行为是存在;埃克哈特则认为,上帝本身就是存在,被创造物的存在源于上帝的存在。埃克哈特强调,每个事物都在其自己的存在中作用,没有什么是能够超越自己的存在而活动的,上帝就在人的存在中,"上帝和我,我们是一体的"。[1] 埃克哈特认为,每个人都可以按照自己的意愿走自己的路,只要内心是虔诚的,无论是在修道院内的生活还是在修道院外的生活都是一样的。埃克哈特有关信仰的布道极大地动摇了自罗马帝国晚期确立的罗马教会宗教权威的根基,受到罗马教会的强烈反对。

　　1323、1324 年,埃克哈特在斯特拉斯堡巡查,进行多场布道演讲。斯特拉斯堡多米尼克修士会的教长尼古劳斯(Nikolaus von Straßburg,?—1331)对他的布道内容和用大众语言进行布道的方式提出异议。1326 年,在尼古劳斯的主持下对埃克哈特的布道进行甄别。尽管这次甄别没有做出否定埃克哈特学说的决议,但是却引起科隆的大主教海因里希二世的注意。中世纪的斯特拉斯堡教区隶属于科隆大主教区,海因里希二世组成一个宗教审判法庭,对埃克哈特的布道进行审判,埃克哈特对此进行积极的自辩,并且得到一些主教和多米尼克修道士以及广大民

---

[1] K. Ruh, *Meister Eckhart:Theologe,Prediger,Mystiker*, München:Beck, 1985, S. 36.

众的支持。1327 年 1 月,科隆的宗教审判法庭将此案提交给教皇约翰内斯二十二世。同年,埃克哈特亲往阿维尼翁在教皇面前自辩。1328 年 4 月 8 日,阿维尼翁教廷的宗教审判法庭对埃克哈特的布道词逐一进行判决,其中大部分被判定为异端邪说,其余部分被裁定为不易传播。所幸的是,埃克哈特本人并没有获悉这一判决,他在判决下来之前就已于 1327 年底去世,避免了因异端罪名受迫害的厄运。迄今为止尚没有发现任何记载他死亡原因的史料,也没有任何记载说明他被葬的具体地点,这在基督教教会史中是个仅有的例外。尽管埃克哈特已经过世,但科隆大主教依然要求教皇把对埃克哈特的惩罚公布于众。1329 年 3 月 27 日,教皇约翰内斯二十二世发布敕令,宣布埃克哈特是异端分子,焚毁他的所有著作,禁止进行传播。埃克哈特是中世纪第一位受宗教法庭审判的经院哲学家、教会神学家和高级教士,这在中世纪也是一个特例。后世的教会史学家们高度评价他的神学思想,称他是基督教新神秘主义的创始人。

埃克哈特的神学著作以及布道词虽然被宗教审判庭付之一炬,但是他的神学思想和理论被德意志的另一位神学家约翰内斯·陶勒(Johannes Tauler,1300—1361)传承下来。陶勒出生于斯特拉斯堡的一个富裕市民家庭,18 岁加入多米尼克修士会,1325 年在科隆接受神学教育。14 世纪 20、30 年代,德意志皇帝路德维希四世与阿维尼翁教廷之间纷争再起,莱茵地区的教俗贵族都被卷入其中,形成两个旗帜鲜明的对立阵营,多米尼克修士会的内部也出现分裂。1324 年 3 月 23 日,教皇约翰内斯二十二世宣布褫夺教权的禁令,停止在莱茵兰地区的一切宗教活动。亲教皇的多米尼克修士们按照教皇的指令,拒绝在斯特拉斯堡为世俗基督徒主持弥撒、祈祷、布道等一切宗教仪式,这种状态一直持续到 1353 年。1346 年,巴塞尔发生大地震,诸如教堂、房屋、城墙、城楼等建筑都被震塌。也正是在这同一年,从意大利商船带来的黑死病越来越严重地从南向北蔓延开,吞噬了无数人的性命。1348 年,斯特拉斯堡又发生严重的虫灾。1349 年夏季,斯特拉斯堡遭受到长达四个月之久的鼠疫的侵害。在这一连串的天灾面前,人们束手无策,如同到了地狱的边缘,面临世界的末日。人们的恐惧和担心可想而知,基督徒们把天灾和疾病都归罪于犹太人和异教徒,对他们的迫害十分残酷。[①] 这段时间,陶勒被迫离开斯特拉斯堡逃亡巴塞尔,经常往返科隆,他在莱茵兰地区做了大量的布道演说。[②]

陶勒的布道通俗易懂,从他留下的大量布道词中可以看出,他深受埃克哈特的影响,强调个人和上帝的一致性,走一条自我寻找上帝的宗教之路。在他的布道中,上帝是中心,人所走的宗教之路就是主动地寻找上帝,认识上帝就是认识自我。他把人的自我认识能力归结为是上帝认识能力的体现。他强调,信仰的虔诚不在于外在的行为,而在于人的内心,每个人都可以走自我寻找上帝的路。[③] 陶勒把基督的贫穷解释为精神的贫穷,把虔诚的宗教贫穷与物质的贫穷区分开来。他的新神秘主义的宗教思想对一个世纪之后的德意志人文主义(Humanismus)思想产生极为重要的影响。新神秘主义和人文主义为 16 世纪在德意志燃起的宗教改革的熊熊烈火播下理性的火种。

四、哥特文化的繁盛

基督教教会中坚持守贫的修士会的建立,各个异端教派的产生,世俗基督徒阅读《圣经》的现象日益普及,新神秘主义者通过布道对教义的诠释,所有这些都在 13 世纪汇集为一种世俗宗教运动(Laienbewegung)。世俗宗教运动中的各种宗教思潮都反映在这个历史时期的教堂建筑上,有

---

① L. Gnädinger, *Johannes Tauler. Lebenswelt und mystische Lehre*, München: Beck, 1993. S. 43ff.

② L. Gnädinger, *Johannes Tauler. Gotteserfahrung und Weg in die Welt*, Olten: Walter, 1983, S. 43ff.

③ L. Cognet, *Gottes Geburt in der Seele. Einführung in die Deusche Mystik*, Freiburg: Herder, 1980, S. 108f.

了哥特式的教堂建筑(Gotik①)。

　　哥特式的教堂建筑最早出现在法国。12世纪初期,巴黎圣丹尼斯修道院的院长叙热(Suger von Saint-Denis,1081—1151)对该修道院的教堂进行改建,他把教堂看作是传播《圣经》内容的重要途径,对罗马式教堂建筑风格(Romanik②)进行大刀阔斧地改进,开启了哥特式建筑风格的时代。叙热为修道院的长廊设计了形似火炬的廊柱,取代罗马式建筑的圆形立柱,更具观赏性,在教堂的建筑上采用尖拱、肋形拱顶,使用镶嵌式的彩色玻璃,尤其是在教堂的正立面上有一个巨大的玫瑰花形玻璃圆窗,这个大玫瑰玻璃窗上的每一个圆环里都是《圣经》中讲述的一个故事。叙热明确地说明,教堂"玻璃窗中的图画是为那些不识字的穷人而作的,为的是告诉他们应该信仰什么",教堂要成为任何人都能"读"得懂的"石头圣经"。③ 圣丹尼斯修道院教堂的建筑风格很快就在西欧各地被采纳,相对西欧其他地区而言,哥特式建筑在德意志地区出现得比较晚④,12世纪70年代,黑森地区兰河岸边的林堡有了最早的哥特式的教堂,但并不很普及,直到13世纪20年代之后才在德意志境内多个地区有了早期哥特式的教堂建筑。

　　马格德堡主教区是奥托一世国王在向东部扩张时设立的。在马格

① "哥特式"(Gothic)这个术语最早是一个语言学的概念,15世纪上半叶意大利著名的人文主义者、语言学家乔治·瓦拉(Giorgio Valla,1447—1499)把中世纪的拉丁语与古典拉丁语进行比较,他认为古典拉丁语是优美的、正确的,而中世纪的拉丁语则是粗俗的,就像野蛮的哥特人一样,因而把中世纪的拉丁语称为"哥特式"的。此后,人文主义者们把中世纪的建筑、雕塑、绘画乃至教堂里的音乐统称为哥特式,用来代表12世纪至16世纪这个历史时期的艺术风格,以区别12世纪以前为主导的罗马式的艺术风格以及16世纪以后出现的巴洛克式的艺术风格。参见 *Lesikon des Mittelalters*,S. 1579‐1580。
② 罗马式是指法兰克王国时期至12世纪期间的教堂建筑风格,以厚重的墙壁、矩形墩柱和细长的柱子为建筑特点,是罗马帝国时期建筑风格的一种延续。在德意志地区比较典型的罗马式教堂是在亚亨的大教堂以及在施派尔的大教堂。
③ 乔纳森·格兰西:《建筑的故事》,罗德胤等译,三联书店2003年版,第54页。
④ 哥特式建筑分为早期哥特式、中期哥特式和晚期哥特式。在法国,早期哥特式是1140—1200年,中期哥特式为1200—1350,晚期哥特式是在1350—1520年。在英国,早期哥特式在1170—1250年,中期哥特式为1250—1350年,晚期哥特式是在1350年大约至1550年。

德堡市建造了一座名为圣毛里蒂乌斯(St. Mauritius[1]，？—290)和卡塔琳娜(Kathrarina von Alexandarien[2]，？—?)的大教堂。967 年,教皇约翰内斯十三世在拉韦纳召开的宗教会议上将马格德堡主教区提升为大主教区,该教堂也成为大主教教堂(Katherale),奥托一世和他的第一任妻子合葬在此教堂内。[3] 1207 年 4 月 20 日,耶稣受难节(Karfreitag)这天的一场大火烧毁大半个马格德堡城,大主教教堂也难逃一劫,成为一片废墟。1209 年,在时任大主教阿尔布雷希特一世主持下重新建造大主教教堂,他采纳法国早期哥特式建筑的风格,两年后大主教教堂落成。尽管这个大主教教堂依然包含很多罗马式建筑风格的元素,但学者们依然认为这座大主教教堂的落成标志着德意志早期哥特式时代的开始。[4]位于特里尔市中心的圣玛丽亚教堂(Liebfrauenkirch)建于罗马帝国君士坦丁时期,历经千年几乎坍塌。1230 年,特里尔的大主教特奥德里希二世决定对该教堂进行维修和改建,洛林地区一些知名的建筑师和工艺匠都参加了该教堂的建筑。1242 年特奥德里希二世去世,教堂也因为缺少资金而停建。次年,经科隆的大主教上施塔登的康拉德的同意后续建,于 1260 年落成。圣玛丽娅教堂被认为是在德意志地区第一批具有完全哥特式建筑风格的教堂之一。[5] 1235 年,德意志骑士团在图林根贵族们的资助下在马堡修建一座教堂,1283 年落成,为纪念图林根的侯爵夫人伊丽莎白(Elisabeth von Thüringen，1207—1231)将其命名为伊丽莎白

---

① 毛里蒂乌斯是埃及人,基督教的殉教者,4 世纪被罗马教会封为圣者，9 世纪他的圣迹被供奉在马格德堡、科隆等多地的教堂内。

② 卡塔琳娜是天主教尊奉的十四救难圣徒(Nothelfer)之一,传说她生活在 300 年前后的埃及亚历山大城,是一位聪慧、美丽的少女。十四救难圣徒的提法流行于中世纪晚期德意志境内的雷根斯堡、班贝格、维尔茨堡以及纽伦堡等主教管区,此后传到整个讲德语的地区以及瑞典、匈牙利和意大利。参见 K. Müssel, *Das Rätsel Grünewald und Oberfranken. Zum Jubiläum des 500 - jährigen "Lindenhardter Altars"* (1503—2003), in: *Archiv für Geschichte von Oberfranken*, Bd. 83(2003), Bayreuth: Verein, S. 262ff.

③ 参见 C. L. Brandt, *Der Dom zu Magdeburg*, Magdeburg: Hopfer, 1936, S. 9f.

④ 西方学者一般认为德意志早期哥特式时代是 1220—1250 年,中期为 1250—1350 年,晚期为 1350 年至约 1520 年或 1530 年。

⑤ 圣玛利亚教堂和特里尔大教堂一起于 1986 年被联合国教科文组织列为世界文化遗产。

教堂(Elisabethkirche)。马格德堡的大主教教堂、特里尔的玛丽娅教堂、伊丽莎白教堂以及科隆大教堂是德意志早期哥特式教堂建筑的典范。

科隆大教堂始建于 1164 年。弗里德里希一世皇帝从米兰运回三圣王的遗骸,赠送给科隆的大主教雷纳尔德,在他的主持下建造供奉三圣王遗骸的大教堂。1225 年,科隆大主教康拉德计划为其修建新的大教堂,聘请当时负有盛名的教堂建筑设计师格哈德(Meister Gerhard von Rile,1210—1271)进行设计。格哈德出生于地处摩泽河流域利勒地区的一个贵族世家,他曾经在法国拜师学艺,亲身参加过巴黎圣母院的建造①,也在法国南部参与过多个哥特式教堂的建设。② 1247 年 3 月,科隆大主教区最终决定修建科隆大教堂,次年 8 月奠基开工,格哈德是大教堂的首位建筑师,他因设计和参与大教堂的建设成为科隆大教堂教士会的成员(Domkapitel),并因此获得一份丰厚的世袭承租地产(Erbpacht)。③ 1271 年,阿诺尔德(Meister Arnold,? —1308)成为科隆大教堂的第二任建筑师。1277 年,大阿尔贝特为竣工的大教堂的圣器室(Domsakrstei)主持落成礼。1308 年阿诺尔德的儿子约翰内斯(Johannes von Köln,1270—1331)继承其父未竟的事业,在他的主持下,大教堂的唱诗堂于 1322 年封顶,标志着大教堂第一期建筑工程完成。1333 年,意大利著名的人文主义者彼得拉克(Frabcesco Petrarca,1304—1374)造访科隆时为科隆大主教堂的壮观所折服,给予大教堂很多的赞誉之词。

哥特式教堂最大的特点是拔地而起,修建这个建筑的目的是使基督徒能通过在教堂里举行的圣礼触摸到上帝的面庞。④ 圣丹尼斯教堂的主建筑高达 48 米,塔尖高达 150 米,科隆大教堂的双顶高达 44 米,塔尖更

---

① 巴黎圣母院始建于 1163 年,历时四个时期,1345 年落成。

② E. Leonard, "Gerhard von Rile", in: *Allgemeine Deutsche Biographie*, Leipzig: Duncker & Humblot(ADB),1878, Bd. 8, S. 756ff.

③ J. Klinkenberg, P. Clemen (Hrsg.): *Der Dom zu Köln* (= Die Kunstdenkmäler der Rheinprovinz), Düsseldorf: Schwann, 1980, Bd. 6, Teil Ⅲ., S. 54.

④ 乔纳森·格兰西:《建筑的故事》,第 56 页。

是高达 160 米。挺拔的建筑结构常常会引起人们的宗教遐想,似乎高耸处的上端通向天堂,因为教堂是能与上帝通话的地方。大教堂的双塔如此高耸笔直,具有非常震撼的垂直线性感观,令人叹为观止,在建造它时的技术难度可想而知,也充分说明当时建筑工艺的高超、设计师和建造者的智慧和才能。为了保证大教堂的牢固性,聪明的建筑师们借鉴罗马式大教堂建筑中特有的拱门结构,设计了有尖角的拱门、肋形拱顶和飞拱,与立柱共同支撑穹隆式吊顶。大教堂内的每一根主柱周围都有相应的三拱的、五拱的或者七拱的拱墙相对应,正是这种绝妙的设计构成哥特式建筑的一个精髓。

科隆、特里尔、马格德堡以及马堡这四座大教堂的建筑引领了德意志哥特式建筑发展的方向,通过简约以及丰富法国早期哥特式的元素脱离了法国哥特式的模式,在 14 世纪中期至 15 世纪中期这一百年间形成自己的风格。德国 20 世纪初著名的艺术史学家库尔特·格斯滕伯格(Kurt Gerstenberg,1886—1968)评价说,这是一种"德意志特有的哥特式"(die deutsche Sondergotik)。

德意志哥特式大教堂的频频出现得益于 14 世纪德意志城市的发展,气势宏伟的哥特式大教堂是那个时代城市荣誉的一个表征,几乎这个历史时期的每座城市都建立了一座或者多座哥特式的教堂。毋庸置疑,哥特式大教堂的建造费用极为高昂,如果没有市民在财政上的大力支持,也就不会有德意志中期哥特式建筑的辉煌。代表了吕贝克这个汉萨城市权威和财富的玛丽娅教堂(Marienkirche)始建于 1250 年,历时百年直至 1350 年才最终落成。玛丽娅教堂矗立在吕贝克商人居住区,完全是由吕贝克的市民捐建的。它在建筑风格上具有的最大特点是,它不是按照传统的方式用石头垒砌起来的,而是一个用砖砌成的哥特式建筑(Backsteigotik),教堂内砖砌的拱顶中跨高度为 38.5 米,是迄今为止世界上最高的砖砌拱顶,同样是砖砌的教堂双塔高达 125 米。玛丽娅教堂成为德意志北部和波罗的海岸地区教堂建筑的典范,在这个地区有 70 多座教堂都是按照玛丽娅教堂风格修建的。

累根斯堡地处纳布河与雷根河这两条河同时汇入多瑙河的入河口处,因其丰富的水系资源享有"欧洲运河"(Europakanal)的美誉。累根斯堡的主教区是在法兰克王国时期由博尼法修斯建立的,此后这里又是巴伐利亚公爵领地的首府所在地。1200年,累根斯堡成为帝国城市,有了城市议会,实行城市自治。1273年,市民们决定在城市西部的一座倒塌的教堂废墟上复建一座新的教堂,命名为圣彼得教堂。圣彼得教堂建造了约250年,直至1520年前后才最终完成。圣彼得教堂是德意志南部地区哥特式建筑的一个典范,教堂塔钟的最高处达105米。教堂里有代表德意志中期哥特式风格的、最精美的埃尔米诺德式圣母像(Erminoldmaria①)。埃尔米诺德式圣母像标志着德意志完成从早期哥特式向中期哥特式风格的过渡,并由此有了一批埃尔米诺德式工艺匠(Erminoldmeister)。地处多瑙河畔的乌尔姆市自9世纪初以来隶属著名的赖兴瑙修道院的管辖,因其得天独厚的地理位置逐渐成为重要的商贸城市。1184年,乌尔姆上升为帝国的自由城市。1274年,哈布斯堡的鲁道夫给予乌尔姆城市自治权,乌尔姆市一步一步走向了自治城市,进入14世纪以后成为德国最富庶的城市之一。1376年,乌尔姆市决定建造一座大教堂(Münster②),1377年6月奠基,直到1543年历时160余年才完成第一阶段的建造,先后有上万市民为建造教堂出资。乌尔姆大教堂从一开始似乎就不是为教会而是为了市民建造的,东西两侧有3座塔楼的这种独特设计,似乎就在宣布市民要摆脱赖兴瑙修道院以及其他的权势束缚的意愿。教堂西侧主塔楼高达161余米,是世界上最高的教堂塔楼,教堂东侧唱诗堂的双塔楼也高达86米。

14、15世纪相继修建的哥特式教堂以及教堂内的雕塑、窗户上的玻璃

---

① 埃尔米诺德(Erminold, ? —1121)是1119年在雷根斯堡建立的普吕芬宁修道院(Kloster Prüfening)的第一任院长,以在修道院中严格实行本尼狄克院规著称。1280年,一位匿名的雕刻工艺匠在埃尔米诺德的墓碑上雕刻异族圣母和天使的塑像,由此得名"埃尔米诺德式圣母像"。参见 *Lexikon des Mittelalters*, Bd. 3, S. 2158.

② Dom, Münster 和 Kathedrale 都是大教堂,各个地区的叫法不同,在士瓦本、阿雷曼地区一般叫 Münster,在法国、英国等地则叫 Kathedrale。

镶嵌圣画像等,都集中反映了那个历史时期德意志文化的风貌。1344 年,布拉格主教区被提升为大主教区,在卡尔四世的指示下邀请法国建筑师阿拉斯的马蒂亚斯(Matthias von Arras,1290—1352)担任教堂的设计者,在原有教堂的基础上修建圣法伊特大主教教堂(St. Veitsdom①)。马蒂亚斯曾经为阿维尼翁教廷设计和修建教堂,是法国晚期哥特式建筑设计的代表人物,8 年后由帕莱家族的彼得(Peter Parler,1330/1333—1399)接替他的职务。帕莱家族是 14 世纪德意志著名的建筑和雕塑世家之一,他们在欧洲很多地方都留下了杰出的哥特式建筑。彼得的父亲海因里希(Heinrich Parler,1300—1370)原是一位石匠,在建造科隆的大主教教堂时,他负责用石料雕刻石像装饰教堂,这是在德意志哥特式教堂中最早出现的石雕。海因里希还是乌尔姆大主教教堂的第一任设计者,彼得的两个兄弟也都是当时著名的建筑师和雕塑家,他的两个儿子也继承了家族的衣钵。彼得不仅参与建造圣法伊特大主教教堂的建筑,而且在布拉格建造了著名的卡尔大桥(Karlbrücke),为卡尔四世在布拉格建造了名为"卡尔岩石"的城堡(Burg Karlstein,捷克语:Burg Karlštejn)。这些建筑都体现德意志哥特式中期建筑的风格。

---

① 圣法伊特(der Heillige Veit 或 Sank Vitus,？—304),意大利西西里人,3 世纪末、4 世纪初的殉教者。8 世纪,他的遗迹葬在巴黎的圣丹尼斯修道院,836 年作为圣礼赠送给了萨克森地区的第一所本尼狄克派的科尔维修道院,在德意志的北部和东部地区一直奉圣法伊特为圣者。

第四编

宗教改革前夜的德意志

第九章 帝国政治中心的东移

初登王位的卡尔四世为保证其政治地位的稳固,不惜违背对罗马教会的承诺向罗马贵族妥协,而且还在帝国内颁布《金玺诏书》,以法律文书的形式确认了帝国诸侯的各项权利。《金玺诏书》保证邦国实现领土化,阻碍了帝国实现政体统一的步伐,延缓了德意志迈向民族国家的进程。另一方面,卢森堡王室只关注自身的利益,为推行其领土政策将政治中心转移到东部的布拉格,同时还通过政治联姻等政治手段把东部地区连成一片。然而,西方教会的大分裂激化了德意志帝国诸侯间的矛盾,法国国王乘机介入罗马教会事务,损害了德意志诸侯的利益,为此诸侯联合起来废黜了国王。

14世纪中叶,肆虐西欧的黑死病带来毁灭性的灾难,人口大量死亡,农业和手工业生产几乎停滞。黑死病之后,农业经济结构发生巨变,土地所有权大转移,庄园制完全瓦解。另一方面,手工业也有极大发展,包买商制度盛行。农业和手工业结构的调整促进了国际新贸易的产生和发展;然而,德意志政治的分裂导致帝国内关税和币制的不统一,汉萨城市同盟在国际贸易中起到了极大的作用。

卡尔四世登基后,布拉格逐渐成为帝国的政治中心和文化中心,他在布拉格建立了德意志帝国的第一所大学。布拉格大学不仅为帝国培养了理论家和官吏,同时也是胡斯运动的发源地。14世纪中叶之后,帝国各地的诸侯也都效仿皇室在各邦国内建立了多所大学。

第一节　德意志皇帝的内政外交

一、卡尔四世和《金玺诏书》

1349年,被选立为德意志国王的卡尔四世在亚亨接受加冕礼后就计划前往罗马,拟在罗马接受神圣罗马帝国皇帝的皇冠。此时的意大利深深地陷入大贵族的纷争之中,为卡尔四世的远行在政治上提供有利的时机。在伦巴底,维斯孔蒂家族自1349年起世袭米兰市的执政官,此后又兼并热那亚和博洛尼亚,企图建立一个统一的王国。威尼斯和佛罗伦萨等城市结成统一战线与之相抗衡,因此这些城市的市民积极支持德意志国王前来意大利,力图借助国王的政治力量削弱米兰的政治实力。罗马城既没有便利的地理位置,又缺少活跃的商业和手工业,它的兴盛和影响力一直依赖于罗马教廷。自1309年克莱芒把教廷迁往阿维尼翁之后,罗马城无论是在政治上还是在经济上都日渐衰退,失去教廷权威的罗马陷入城市贵族和市民之间的争斗中。1347年圣灵降临节前后,酒店老板的儿子、罗马的一位公证人(Notar)科拉·迪·里恩佐(Cola di Rienzo,1313—1354)领导市民举行反对罗马元老贵族的起义,宣布成立共和国,自任护民官(Volkstribun)。7个月之后,起义者遭到罗马贵族的血腥镇压,新建立的共和国政权被推翻,迪·里恩佐被指控为异端,受到教会处以的绝罚,被驱逐出罗马城。1348年迅速席卷整个欧洲的黑死病使他免遭进一步迫害,在阿布鲁奇隐居了两年。1350年春季,迪·里恩佐乔装返回罗马试图东山再起。同年6月,他再次出逃罗马,前往布拉格游说卡尔四世进军意大利。迪·里恩佐的游说虽然没有达到他本人的目的,但却为卡尔四世进军罗马提供了一个极有利的政治理由。1352年,被拘押了两年的迪·里恩佐被遣送到阿维尼翁,在同年的12月

18 日,法国籍的红衣主教因诺森六世(Innozenz Ⅵ.,1285/1292—1362,1352—1362 年在位)被推举为阿维尼翁的教皇,他才得以返回罗马,但却在 1354 年 10 月爆发的一场罗马骚乱中丧生。因诺森六世上任后推行任人唯亲的裙带政策,先后任命他的四个亲属为红衣主教,三个亲属为主教。为了能把教廷迁回罗马,他改变前任教皇克莱芒六世与德意志国王敌对的态度,这就为卡尔四世敞开了罗马城的大门。

　　1354 年 9 月,卡尔四世仅率 300 名骑士前往意大利。10 月初,掌握米兰大权的维斯孔蒂家族的大主教乔瓦尼(Giovanni Visconti,1290—1354)去世,这就在很大程度上削弱了皇帝反对派的实力,与此同时卡尔四世还在很大程度上获得佛罗伦萨等伦巴底城市市民们的支持。1355 年 1 月,卡尔四世毫无阻力地进入米兰市,1 月 6 日在米兰被加冕为伦巴底的国王。罗马城的贵族们同样也希望卡尔四世能在罗马举行皇帝加冕礼,以此重新恢复罗马昔日曾经有过的地位和辉煌。他们积极要求与卡尔四世谈判,只要他承诺加冕后不干预罗马城的任何事务,就同意为他打开罗马的城门。彼得拉克等意大利人文主义者们也都把希望寄托在卡尔四世身上,希冀借助德意志皇帝的政治势力缓和或平息意大利混乱的政治派别争斗。1355 年复活节之际,卡尔四世行进到罗马城下,市民们敞开城门热烈欢迎卡尔四世和他的随从进城,随即由因诺森六世指派的教皇使节为卡尔四世主持了皇帝加冕礼。卡尔四世履行对罗马贵族们的承诺,甚至违背加冕礼后要在皇帝常驻地(Kaiserlager①)蒂沃利逗留三天的惯例,在举行加冕礼的当天就离开罗马城,把对罗马城的统治权以租赁的方式交与罗马贵族。卡尔四世绕开混乱的比萨,重与米兰的维斯孔蒂家族握手言和,他不仅没有在意大利行使罗马皇帝的权力,而且还确认维斯孔蒂家族在米兰和佛罗伦萨的政治权力。卡尔四世的举措令寄予其很大希望的这两个城市的市民和人文主义者非常失

---

① “皇帝常驻地”是皇帝在罗马教廷领地内的内飞地。按照传统皇帝加冕后需在皇帝常驻地停留三日,以便回应对其加冕提出的异议,以此避免可能出现的任何纠纷。

望，彼得拉克讥讽他如同一个小商贩一样自己戴上皇冠，填满钱袋，但是却给罗马和意大利留下很多困境。

卡尔四世如此迅速地离开罗马的原因并不仅仅是因为他有意要履行对罗马贵族们的承诺，同时还要保持与罗马教皇的和平共处，更重要的是他非常注重德意志的政局。在卡尔四世前往罗马之前，他的叔祖父、选侯特里尔的大主教卢森堡的巴尔杜因去世。巴尔杜因是卡尔四世在帝国西部地区最重要的政治支持者，巴尔杜因在世时就帮助他的王兄海因里希七世推行邦国政策，并且把特里尔大主教区打造成为以特里尔和科布伦茨为中心的选侯邦国（Kurstaat 或 Kurtrier）。在巴尔杜因的支持下，科布伦茨市建造了横跨摩泽河的巴尔杜因桥（Barduinbrücke），把科布伦茨老城区与吕策勒连接起来，并且沿摩泽河修建众多城堡，以此为据点镇压反对者来稳固邦国。巴尔杜因启用特里尔大主教教堂的大长老鲁道夫·洛瑟（Rudolf Losse，1310—1364）为邦国书记员（Schreiber）和公证人，负责整理和起草邦国的各类文件，在邦国内设立各种类型的管理部门（Kellerei①），征聘书记员和公证人为专职的官员（Amt），有了行政机制最初的雏形。此外，巴尔杜因还获得在大主教区设立铸币所的特许权，在整个邦国推行统一币制的改革。②

巴尔杜因在其邦国内实施的一系列改革措施为选侯们加强邦国自治提供了一种模式，被普遍采用。匆匆赶回德意志的卡尔四世为了稳固其在帝国刚刚确立的皇权，不得不对选侯做出让步。1355 年 11 月底，卡尔四世在纽伦堡召开帝国宫廷会议，与选侯们达成协议，于 1356 年 1 月 10 日颁布《金玺诏书》（Goldene Bulle）。《金玺诏书》是中世纪德意志帝国的第一部基本法，初期只有 23 章，同年 12 月 25 日在梅斯的帝国宫廷

---

① Keller 的原意是王室或皇室酒窖的管理者，中世纪中期以后该词是指为王室和皇室服役的大臣，他们是国王或皇帝的封臣，掌有司法审判权和征税的权利，负责管理某个地区或某个部门，Kellerei 相当于今天的 Ministerium（政府的部）。

② M. Persch，„ Balduin von Luxemburg “，in：F. W. Bautz （Hrsg.），*Biographisch-Bibliographisches Kirchenlexikon*，Bd. 15，Hamm（Westf.）：Bautz，1999，S. 55ff.

会议上又补充增加了 8 章,共有 31 章。《金玺诏书》第一次以法律的形式明文规定了选侯选举国王的程序,即:在国王去世后的 30 天之内,由美因茨的大主教召集选侯们在美因河畔的法兰克福选举国王,选侯要发誓他们的决定没有经过秘密协商,没有收过任何酬劳。此后,按照规定的顺序依次投票:身兼勃艮第掌玺官的特里尔的大主教、身兼意大利王国的掌玺官的科隆大主教、波希米亚的国王、身兼宫廷膳务大臣的莱茵行宫伯爵、萨克森的公爵、身兼司库大臣的勃兰登堡的伯爵,最后投票的是美因茨的大主教,他还负责根据投票结果宣布被选出的国王。

《金玺诏书》再次确认了选侯已经享有的各项权利。首先,选侯在自己的邦国内与国王享有同等的地位和权利,享有最高统治权和不受帝国司法权干预的最高司法权;其次,选侯有权参与帝国的政事,每年复活节后的第四周,皇帝要召集有选侯们参加的会议,共同决策帝国内外的政策;再次,选侯享有开采矿山、盐矿、铸币和收取关税的经济特权;最后,选侯有权保护犹太人、有权禁止城市接受外来居民、有权限制或取缔城市间的结盟。为了保证选侯的财产和权利不被分割,选侯的所有权利和领地都只能由长子继承,不得以任何借口或任何方式对其进行分割。如果选侯家族没有子嗣继承其领地,选举权及国王分封的采邑都要转让他人,但波希米亚王国除外,王国有权选举自己的国王。各邦国都可以在自己的境内保持和实行约定成俗习惯法和习俗,也可以保留自己的语言。[1]

《金玺诏书》保证选侯邦国领地不因任何因素被分割,保证邦国实现领土化的进程,但毋庸置疑的是,它也是阻碍德意志实现政体统一的一块巨大的绊脚石,《金玺诏书》直到 1648 年才被废除。《金玺诏书》以立法的形式保护了选侯的权利,邦国在政治上、经济上以及司法和军事上都有了完全的自主性,这就使德意志长期处于多头政治的格局中,国王的权力仅局限在自己的邦国领地内。卡尔四世在位 30 年,其努力实施

---

[1] W. Lautemann, *Geschichte in Quellen. Mittelalter. Reich und Kirche*, S. 772ff.

的政策就是扩大卢森堡的领地范围,他以摩泽尔与马斯河之间的家族产业为根据地向波希米亚、波兰等东部地区扩张。他把德意志帝国的政治中心迁移到布拉格,德意志的大部分地区则都是在各选侯的控制之下。15 世纪英法以王权为中心逐步克服政治上的封建分裂,步入民族国家的历史进程时,貌似庞大的神圣罗马帝国则无法逾越选侯制造成的障碍,始终处于分裂的状态,延缓了德意志迈向民族国家的进程。

二、卢森堡王朝的领土政策

卡尔四世颁布的《金玺诏书》在很大程度上抑制住诸侯以及城市同盟之间因利益纠纷引起的争斗,他也就有可能把精力放在推行他的领土政策上。

1347 年 9 月,卡尔四世被加冕为波希米亚的国王,他把布拉格作为权力的中心,在那里大兴土木。在他的建议下建筑圣法伊特大主教教堂,受他之命在布拉格的郊外建造王室行宫——"卡尔岩石"城堡,在流经布拉格的伏尔塔瓦河上建造"卡尔大桥",他欲把布拉格打造成一座防御牢固的"金城"。1348 年,卡尔四世在布拉格建立卡尔大学(Karls-Univeristät),这是中世纪德语地区乃至欧洲中部的第一所大学。这一系列的措施很快就把布拉格提升为德意志帝国在东部地区最重要的政治、精神和文化中心。另一方面,卡尔四世还有目的地在上普法尔茨地区划分了以美因河畔的法兰克福、纽伦堡以及苏尔茨巴赫为中心的三个行政区域,通过实施世袭领地政策(Hausmachtpolitik)把原本各自为政的公爵或伯爵领地连成片,扩大成为卢森堡家族的领土。

通过政治联姻在帝国东部获得领地是卡尔四世实现领地领土化的一个重要措施。1352 年,卡尔四世的异母弟弟文茨尔一世(Wenzel Ⅰ.,1337—1383)迎娶荷兰伯爵威廉四世(Wilhelm Ⅳ.,1318—1345)的遗孀约翰娜(Johanna von Brabant,1322—1406)为妻。她是布拉班特和林堡两个公爵领地的继承人,她在父亲去世后曾与几个妹妹争夺公爵领地,得到卡尔四世的支持。1354 年,卡尔四世把卢森堡伯爵领地提升为公爵领地,宣布其为德意志王国的封地,文茨尔作为国王的封臣是卢森堡公爵领地的第一任公爵。由此卢森堡、林堡和布拉班特三个公爵领地组合在一起,都成为王国的封地。1368 年,文茨尔一世被任命为摄政王,此后因为争夺扈从权的问题与于利希的公爵威廉二世(Wilhelm Ⅱ., 1325—1393)和盖尔登的公爵爱德华(Eduard, 1336—1371)发生争斗。地处莱茵河下游西岸的于利希位于盖尔登公爵领地和科隆选侯辖区之间,1328年被巴伐利亚的路德维希皇帝提升为公爵领地。巴伐利亚的维特斯巴赫家族从皇帝的手中接管了勃兰登堡伯爵领地、蒂罗尔伯爵领地、巴伐利亚公爵领地,但在当时这些领地尚没有实现领土化连成一片。1371 年8 月,文茨尔一世率军进攻于利希公爵领地,与于利希公爵和盖尔登公爵的联军在巴斯维勒会战。文茨尔一世在巴斯维勒战役(Schlacht bei Baesweiler)中成了威廉二世的阶下囚,为了营救他,卡尔四世付出了巨额赎金。威廉二世不仅从这次战役中获得大量的钱财,而且还轻而易举地得到盖尔登公爵领地。盖尔登的公爵爱德华在战役中阵亡,曾经与他争夺公爵领地的兄长雷纳尔德三世(Rainald Ⅲ., 1333—1371)也在三个月之后去世,兄弟二人都无子嗣,盖尔登公爵领地成为威廉二世的囊中之物。卡尔四世不满威廉二世的行径,于 1372 年 6 月宣布处以他剥夺法律保护令的惩罚。威廉二世为了保障他的子嗣能够继承盖尔登公爵领地,不得不屈从地向卡尔四世俯首称臣。

1323 年,路德维希四世皇帝把勃兰登堡伯爵领地封授给他的长子路德维希五世(Ludwig Ⅴ., 1315—1361),后者同时还获得蒂罗尔伯爵领地。1356 年,卡尔四世在其颁布的《金玺诏书》中确立了勃兰登堡伯爵选侯的地位。1363 年,时任勃兰登堡伯爵罗马人路德维希六世(Ludwig Ⅵ., der Römer, 1328—1365)向卡尔四世承诺,如果他和他的兄弟、有"懒人"之称的奥托五世(Otto Ⅴ. der Faule, 1346—1379)都无子嗣,将放弃勃兰登堡伯爵领地。1366 年 3 月,奥托五世与奥地利公爵的遗孀、卡尔四世的次女卡塔琳娜(Katharine vom Luxemburg, 1342—1395)在布拉格举行婚礼,这个婚姻无疑是卡尔四世实行领土政治的一个重要步骤。1373 年 8 月 18 日,奥托五世与他的岳父卡尔四世在菲尔斯滕瓦尔德签订协议,以 50 万古尔登(Gulden①)以及在上普法尔茨地区的几个行宫和几座城市为代价,换取对勃兰登堡伯爵领地的统治权。奥托五世迁往在巴伐利亚的宫廷,但他的妻子却留在布拉格。卡尔四世通过菲尔斯滕瓦尔德协议(Vertrag von Fürstenwalde)最终把勃兰登堡伯爵领地掌握在自己的手中,卢森堡家族也因此在七大选侯中占据两个席位,为他的子嗣能够继承德意志王位增加了重要的筹码。

勃兰登堡伯爵领地与西里西亚和下劳西茨相连。14 世纪初,劳西茨伯爵领地陷入阿斯卡纳家族和韦廷家族争夺之中。1307 年,图林根的侯爵迪特里希四世(Diethrich Ⅳ., 1260—1307)把劳西茨伯爵领地卖给勃兰登堡的阿斯卡纳家族,巴伐利亚的路德维希任皇帝时期,维特斯巴赫获得劳西茨伯爵领地的大部分土地。1367 年,劳西茨伯爵领地被卡尔四世并入波希米亚王国,成为波希米亚国王的封地。12 世纪中叶之前,西里西亚一直是波希米亚和波兰争夺的对象,蒙古人东征之后,德意志的移民在这里站住了脚,在这个地区建立百余城市、千余村镇以及许多教堂。1138 年,波兰的皮亚斯特家族在西里西亚建立公爵领地;1289 年之后,西里西亚向波希米亚的国王卢森堡的约翰称臣;1335 年,波希米亚国王与波兰国王在特伦钦城堡订立协议,波希米亚的国王放弃对波兰王位的要求,换取波兰国王放弃西里西亚采邑权的承诺。1348 年,卡尔四世与波兰国王再次在纳梅斯武夫签订协议确认特伦钦城堡协议(Vertrag von Trentschin),特伦钦城堡协议和纳梅斯武夫协议(Vertrag von Namslau)把西里西亚与波兰彻底分开。1353 年,居鳏的卡尔四世与年仅 11 岁的安娜(Anna von Schweidnitz, 1339—1362)订婚,安娜是西里西亚施维德尼茨公爵领地的继承人,这段年龄相差悬殊的婚姻的目的昭然若揭。安娜 20 余岁去世,她去世不到一年,卡尔四世就又迎娶波莫瑞公爵的女儿伊丽萨贝特(Elisabeth von Pommern, 1345—1393)为妻。

_____

① 古尔登是 13—16 世纪在德语地区广为通用的一种金币。

卡尔四世一生娶过四位妻子,每一次都是为了实现他推行领土政策的目的,每一次都让他得到了相当可观的领地。

卡尔四世不仅充分利用自己的婚姻实行领土政策,而且还通过其子女的婚姻实现他的政治目的。卡尔四世的长女玛格丽特(Margarethe von Luxemburg, 1335—1349)10 岁时就与匈牙利 19 岁的年轻国王路德维希一世(Ludwig Ⅰ., 1326—1382,1342—1382 年在位①)订婚,但她在 14 岁时早逝。次女卡塔琳娜的第一次婚姻嫁给了哈布斯堡家族的鲁道夫四世(Rudolf Ⅳ., 1339—1365),成为奥地利的公爵夫人,她多次充当调节人,缓和其父与其夫之间的紧张关系。1363 年 3 月 18 日,卡尔四世与维特斯巴赫家族签订继承协议,次年把蒂罗尔伯爵领地封授给鲁道夫四世。与此同时,哈布斯堡家族、卢森堡家族以及匈牙利的安茹家族共同就蒂罗尔伯爵领地签订继承协议。卡尔四世把他所有子女的婚姻都作为其在帝国东部扩大领土的筹码。卡尔四世的四次婚姻有过五个儿子,但存活下来的只有两个。次子文茨尔四世(Wenzel Ⅳ., 1361—1419,1363—1419 年在位②)两岁就被加冕为波希米亚的国王,9 岁与荷兰公爵 8 岁的女儿约翰娜(Johanna von Bayern, 1362—1386)定亲。后来成为德意志皇帝的三子卢森堡的西吉斯蒙德(Sigmund von Luxemburg, 1368—1437,1433—1437 年在位③)迎娶了匈牙利国王路德维希一世的女儿玛丽娅(Maria von Anjou, 1370—1395),尽管此前玛丽娅已经许配给了奥地利的公爵阿尔布雷希特三世(Albrecht Ⅲ., 1349—1395),因为她是匈牙利王位的唯一继承人,西吉斯蒙德通过这个婚姻获得了匈牙利的王位。为了保证西吉斯蒙德能通过婚姻获得匈牙利的王位,卡尔四世把三女伊丽莎白(Elisabeth von Luxemburg-Böhmen, 1358—1373)嫁给奥地利的公爵,而她曾与懒人奥托五世订过婚,但并未

---

① 路德维希一世还于 1370 年起为波兰国王。
② 文茨尔于 1376 年被选为德意志国王,1400 年被废黜。
③ 西格蒙德出身卢森堡王室,1378—1388 年、1411—1415 年为卢森堡选侯,自 1387 年起为匈牙利国王,1411 年被选为德意志国王,1419 年为波希米亚国王,1433 年加冕为德意志皇帝。

成婚,后者成了她的姐夫,卡尔把他的次女卡塔琳娜(Katharina,1342—
1395)嫁给了他。卡尔四世最小的女儿安讷(Anne von Böhmen,1366—
1394)在 14 岁的时候许配给英国国王理查德二世(Richard Ⅱ.,1367—
1400,1377—1399 年在位①)。

　　如果说卡尔四世在实施政治联姻政策方面得心应手的话,那么在处
理与法国和意大利的关系方面也表现出极大的灵活性。在英法百年战
争第一阶段,卡尔四世审时度势保持中立,这就在很大程度上保证德意
志帝国西部地区的稳定,并趁法国在战争中失利之际获得了勃艮第的王
位,他于 1365 年 6 月 4 日被加冕为勃艮第的国王。英法百年战争牵制了
法王对阿维尼翁教廷的控制和干预,教廷再次陷入意大利的争斗中。卡
尔四世没有如意大利贵族家族所希望的插手进行干预,而是谋划如何让
选侯们选举他的儿子文茨尔为德意志的国王,并且能够顺利地获得教皇
的承认。为了达到这个政治目的,卡尔四世再次对特里尔的大主教和科
隆的大主教作出让步,允许他们进一步扩大已有的邦君的权利,并且还
颁布敕令,禁止在大主教所辖领地内的城市谋求自治和关税豁免权。为
了保证选举的顺利,卡尔四世甚至串通支持他的选侯修改《金玺诏书》中
有关选举国王的相关规定,增加允许国王在世时指定王位的继承者的条
例。1376 年 6 月 10 日,选侯们在美因河畔的法兰克福选举文茨尔为德
意志的国王,7 月 6 日,由科隆的大主教弗里德里希三世(Friedrich Ⅲ.
von Saarwerdem,1348—1414)为其主持了加冕礼。教皇格雷戈尔十一
世(Gregor Ⅺ.,1329—1378,1370—1378 年在位)以各种苛刻的条件迟
迟不肯给予承认,1378 年发生的西方教会大分裂(Abendländische
Schisma,1378—1417)再次为卡尔四世提供了施展灵活外交策略的机
遇,但遗憾的是无法避免的死神使他最终未能如愿以偿。1378 年 11 月
29 日,卡尔四世与世长辞,在他执掌"神圣罗马帝国"的 20 余年间,为地

---

① 理查德二世 10 岁登基为英国国王,由他的叔叔摄政,1381 年瓦特·泰勒农民起义时,年仅 14
　岁的理查德二世与农民领袖会谈,此后镇压了农民起义。他在任期间推行与法国和平共处
　的政策,百年战争停战 28 年。1399 年,理查德二世因与贵族的矛盾激化被废黜。

处帝国边隅之地的卢森堡家族获得了伦巴底、波希米亚、匈牙利以及勃艮第的王冠,并且还保证他的儿子顺利地登上德意志的王位。

三、捉襟见肘的外交政策

登上王位的文茨尔首先面对的是西方教会的大分裂以及德意志帝国内部政治秩序的重建。1377 年 9 月,教皇格雷戈尔十一世带领 16 位枢机主教把教廷从阿维尼翁迁回罗马,结束长达 75 年的阿维尼翁教廷时期。一年后,格雷戈尔十一世去世,枢机主教团选举意大利巴里的大主教巴尔托洛梅奥·普里尼亚诺为教皇,称乌尔班六世(Urban Ⅵ.,1318—1389,1378—1389 年在位)。乌尔班六世的父亲原是普利亚地区的一名屠夫,后来迁居到罗马城,受雇于多个手工工场。乌尔班六世在罗马城度过他的童年,后在那波利大学学习法学并成为该校的教授,1363 年以后任职大主教,此后一直跟随格雷戈尔十一世,深得他的信任。教廷迁移回罗马之后,尽管乌尔班六世当时并不是枢机主教,但依然被教皇委任领导枢机主教团的重任。格雷戈尔十一世去世时,罗马市民强烈要求选举罗马出身的枢机主教为教皇,但一时找不到合适的人选,勉为其难地选举了意大利籍的、但并不是枢机主教的巴尔托洛梅奥·普里尼亚诺为教皇。新教皇上任后坚定地继续贯彻其前任的政策,拒绝返回阿维尼翁。与此同时,为了摆脱阿维尼翁的阴影,他即位后任命了 29 位枢机主教,其中意大利籍的就有 20 位,法国籍的只有 3 位。非意大利籍枢机主教们对此极为不满,他们以乌尔班六世不是枢机主教为由宣布对他的选举是无效的,要求他退位,并呼吁德意志和法国的国王拒绝承认乌尔班六世为教皇。非意大利籍枢机主教们得到法国国王查理五世(Charles Ⅴ.,1338—1380,1364—1380 年在位)的支持,他派遣雇佣兵武力保护非意大利籍枢机主教们前往地处罗马城东南的丰迪市,1378 年 9 月 28 日在那里选举日内瓦的伯爵、法国康布雷的主教、枢机主教团的成员罗伯特为对立派教皇,称克莱门斯七世(Clemens Ⅶ.,1342—1394,1378—1394 年在位)。1379 年 6 月,克莱门斯七世带领他的支持者返回阿维尼翁,自此开始了长达 40 年之久的"西方教会大分裂"。乌尔班六世为了与克莱门斯七世对抗,向文茨尔一世抛出橄榄枝,承认他为德意志的国王。

西方教会的大分裂激化了德意志帝国内部诸侯间的矛盾。莱茵兰地区的四个选侯要求文茨尔国王与乌尔班六世结成联盟,他们甚至于 1380 年 1 月 11 日在莱茵河中游岸边的上韦瑟尔集会达成共识,如果需要的话愿意在武力上支持乌尔班六世。拿骚家族的阿道夫(Adolf von Nassau-Wiesbaden-Idstein,1353—1390)18 岁就成为施派尔的主教,为了谋求美因茨大主教的职位与一些世俗诸侯联合起来,并且希望通过克莱门斯七世实现这一目的,因而十分明确地表示对其支持。1379 年,克莱门斯七世确认他为美因茨的大主教,阿道夫与克莱门斯七世结成联盟,同时也成了莱茵兰地区选侯们的反对派。这个反对派中的又一重要成员是奥地利公爵利奥波德三世(Leopold Ⅲ. von Habsburg,1351—1386),他是哈布斯堡家族首位德意志国王阿尔布雷希特一世的孙子,他的父亲阿尔布雷希特二世(Albrecht Ⅱ. von Österreich,1298—1358)公爵在世时就与法国国王结成联盟,共同对抗德意志的皇帝和英国国王。利奥波德三世延续其父的政策,与法国国王交好,义无反顾地站在克莱门斯七世教皇一边,他还于 1380 年与克莱门斯七世结成共同防御联盟,在德意志南部地区形成以他为首的支持阿维尼翁教皇的政治力量。

面对教会的大分裂,文茨尔显然缺少外交经验,他既明确地表示支持罗马的教皇,但也不希望开罪于阿维尼翁教皇,可是又很难保持中立的立场,更何况周旋于两位教皇间又与处理英法间的外交关系相互交织在一起。处于英法对立中的文茨尔试图缓和与法国国王之间的紧张关系,但因英国国王理查德二世与他的妹妹安讷的婚姻以及给予他在财政上的支持,使他在处理与法国的关系时捉襟见肘,在外交上一再失利。在帝国内部,卡尔四世以及他的前任们推行的一系列政策逐渐显露出难以克服的弊端。《金玺诏书》最终承认邦君的政治地位,领土化的邦国制

极大地阻碍了王权的集权,帝国的政治分裂无法避免。另一方面,自 12
世纪中叶以来,在王权的保护下出现大批自由城市,但在弗里德里希二
世时期则以牺牲自由城市的利益来平衡与邦君之间的矛盾,这就使城市
成为邦国制形成过程中的牺牲品。13 世纪下半叶,这些自由城市以地区
或者利益为基础结成互助互利的城市联盟。邦国的领土化触及骑士和
中小贵族原有的特许权和自由,选侯、诸侯与骑士和中小贵族之间的差
异逐渐凸显出来。骑士和中小贵族与城市市民之间的矛盾也日益尖锐,
市民的财富提升了他们的政治影响力,而骑士和中小贵族则越来越被排
斥在正在发生变化的经济体制之外,他们不仅生活水平每况愈下,其政
治影响力也随之减小,他们也效仿城市结成利益相关的骑士联盟。城市
联盟和骑士联盟都被卷入到两个教皇的对立中,更强化了城市和骑士之
间的敌对情绪。

1379 年 10 月 17 日,拿骚地区 17 位伯爵、骑士和中小贵族在威斯巴
登集会,联合起来结成一个贵族骑士同盟,因这些伯爵家族的族徽都是
狮子,故又名"狮子同盟"(Löwenbund)。[①] 狮子同盟自成立之时起就获
得美因茨大主教和奥地利公爵的支持,在教会大分裂时期自然也站在克
莱门斯七世的阵线一边。1380 年 6 月,狮子同盟与巴塞尔结盟,为克莱
门斯七世增添了新的政治力量。1380 年 12 月 21 日,施瓦本地区的黑尔
芬施泰因家族的伯爵们联合起来结成"圣威廉同盟"(Gesellschaft mit
sant Wilhelm)。几乎在这同一时期,在法兰克地区的伯爵也结成"圣格
奥尔格同盟"(Gesellschaft von Georg)。[②] 1381 年 3 月,圣威廉同盟与圣
格奥尔格同盟联合在一起。这些伯爵同盟之间经常发生武力冲突,更使
德意志政局乱象丛生。为此,文茨尔在获得美因茨和科隆的大主教以及
萨克森选侯的同意后,于 1383 年 3 月在纽伦堡颁布《帝国和平条例》,计

---

① A. Ranft, *Adelsgesellschaften*: *Gruppenbildung und Genossenschaft im spätmittelalterlichen
Reich*, Sigmaringen: Thorbecker, 1994, S. 209.

② H. Kruse, W. Paravicini, A. Ranft (Hrsg.), *Ritterorden und Adelsgesellschaften im
spätmittelalterlichen Deutschland*, Frankfurt am Main: Lang, 1991, S. 103.

划把帝国划分为几个大的行政区域,创建一个新的"纽伦堡领主同盟"(Nürnberger Herrenbund),但遭到城市同盟的抵制。1384 年 7 月,城市同盟与领主同盟在海德尔堡签订协议,双方同意共同维持为期 4 年的和平。

文茨尔一世建立的伯爵同盟并没有按照他的意愿行事,反而为自己树立了新的政敌。14 世纪 80 年代,城市同盟与伯爵同盟以及与王室军队之间发生多次战役,迫使文茨尔不得不与施瓦本城市同盟订立协议,希望以此取代 80 年代结成的各种联合体。1389 年 5 月 5 日,文茨尔在埃格尔①颁布的《帝国和平条例》中宣布,只要城市遵循埃格尔帝国和平条例,国王就可以保护它的利益。然而,城市和国王的联盟并没有真正地实现,反而因为文茨尔实施家族政策而被瓦解。在文茨尔执政时期,他对家族政治的关心远远超过对帝国政治的关心,甚至为了家族牺牲帝国的利益,当法国人的军队入侵德意志帝国的领地时也袖手旁观,致使勃艮第公爵夺取了林堡-布拉班特。在帝国的东部地区,文茨尔延续其父的政治联姻政策确保其弟西吉斯蒙德享有匈牙利王位的继承权。然而,西吉斯蒙德却因为财政上的困窘,不得不于 1388 年 5 月把勃兰登堡伯爵领地连同选侯的权利抵押给他的堂弟、摩拉维亚的侯爵约布斯特(Jobst von Mähren,1351—1411),后者曾经帮助西吉斯蒙德获得匈牙利的王位,但也怀有很大的野心,不仅觊觎卢森堡家族享有的选帝权利,而且还想以此作为谋求德意志王位的踏脚石。抵押双方达成协议,如果西吉斯蒙德在 5 年之内不能赎回勃兰登堡伯爵领地,就要把伯爵领地以及选侯的权利转让给约布斯特。约布斯特是个权力欲极强的人,为了实现获得德意志王位的目的,不惜与同家族的兄弟反目成仇。1394 年初,在卢森堡家族的世袭领地内发生波希米亚贵族反对文茨尔一世的争斗,约布斯特加入反国王的阵营,成为贵族暴动中的领导者,在这年的 5 月 8 日,他俘获旅途中的文茨尔一世,在帝国等级议会的压力下才将其释放。

---

① 埃格尔(Eger)位于今天捷克境内,捷克语为 Cheb(海布)。

与此同时,文茨尔一世还面临着来自外部的极大威胁。14 世纪初,奥斯曼一世(Osman Ⅰ., 1258—1326,1299—1326 年在位)建立的土耳其王国迅速壮大,在巴尔干地区站稳了脚,并伺机向西欧地区扩张。1396 年匈牙利和法国组成十字军联合抵抗土耳其人的进攻,虽然这一年 9 月 28 日在尼科波利斯战役(Schlacht bei Nikopolis)中惨败,但西格蒙德的实力也因此被大大削弱,无法赎回抵押出去的勃兰登堡伯爵领地。1397 年 4 月 3 日,文茨尔一世最终把该领地连同选侯享有的所有权利都一起给予了约布斯特。

四、诸侯废黜的国王

文茨尔一世为了家族的利益在面对教会分裂的问题上摇摆不定,法国国王有了可乘之机,把他的权力触角伸向意大利。1396 年 9 月,法国国王与佛罗伦萨市结成同盟,此后进一步占领了热那亚,与米兰市争夺对意大利北部的控制权。文茨尔一世的无所作为,极大地削弱了德意志皇权在意大利自中世纪以来已有的权威,同时也损害了德意志西部地区的经济利益。1396 年 10 月 24 日,维特尔斯巴赫家族和拿骚家族在奥彭海姆结成联盟,企图废黜文茨尔一世,得到罗马派教皇博尼法修斯九世(Bonifacius Ⅸ., 1350—1404,1389—1404 年在位)的支持。1397 年 1 月,博尼法修斯九世任命拿骚家族的约翰(Johann von Nassau-Wiesbaden-Idenstein, 1360—1419)为美因茨的大主教,为维特尔斯巴赫家族和拿骚家族企图废黜文茨尔一世增加了政治筹码。1399 年 4 月,美因茨的大主教、科隆的大主教以及莱茵行宫伯爵这三位选侯联合起来,一方面积极争取萨克森公爵以及帝国西部和中部的诸侯的支持,另一方面大造舆论,公然宣布因为他们享有选举国王的权利,所以也应该享有废黜国王的权利。1400 年 8 月 10 日,三位选侯在兰河流入莱茵河入口处的上兰施泰因召开诸侯会议,传唤文茨尔一世到此参加会议,文茨尔拒绝前往。20 日,选侯们在莱茵河西岸的雷恩斯再次召开诸侯会议,以文茨尔一世已有 10 年之久未踏入帝国的西部地区为由,宣布他是一个

"无所事事、懒政、粗心大意的失职者，不配掌有神圣罗马帝国"①，故将其废黜。次日，他们选举选侯莱茵行宫伯爵、维特尔斯巴赫家族的鲁普雷希特（Ruprecht，1352—1410，1400—1410 年在位）为德意志的国王。

　　文茨尔一世是中世纪的德意志第一位被诸侯们废黜的国王，但是在雷恩斯选出的国王也很难得到帝国内所有地区和所有等级的一致承认。卢森堡家族的辖区自然更不可能承认鲁普雷希特为新国王。法定的选举城法兰克福以及国王加冕之地亚亨都因为反对这次选举而紧闭城门拒绝选侯们进入。科隆的大主教只得于 1401 年 1 月 6 日在科隆为新国王主持加冕礼。鲁普雷希特寄希望于教皇博尼法修斯九世，他 6 月 29日在美因茨召开王国会议，提出进军意大利的计划。佛罗伦萨市的市民对新国王的计划表示了极大的热情，为他进军意大利提供了巨大的财政支持。然而，鲁普雷希特的政权根基并不牢固，他虽然登上王位，但并没有在整个德意志帝国享有权威，帝国的东部地区依然在卢森堡家族的掌控之下，是这个地区的无冕之王；更何况鲁普雷希特同样抱着扩充自己家族实力的目的，在对待教会分裂的态度上与支持他的美因茨和科隆的大主教产生分歧，施瓦本地区的 17 座城市和一些诸侯也联合起来反对鲁普雷希特。鲁普雷希特贸然做出的进军意大利的决定，缺少国内政治力量的支持，他在意大利连连失利，无功而归。

　　1410 年 5 月 18 日，鲁普雷希特在与城市和诸侯的对立中去世，这就为卢森堡家族再次登上王位提供了契机。这一年的 9 月 20 日，莱茵行宫伯爵、特里尔的大主教以及勃兰登堡伯爵这三位选侯选举文茨尔的弟弟西吉斯蒙德为德意志的国王。但美因茨、科隆、波希米亚以及萨克森四位选侯却在 10 月 1 日选举西格蒙德的堂弟约布斯特为德意志的国王。德意志将再次面临双重国王的政治局面，1411 年 1 月 18 日，约布斯特的突然去世改变了这种分裂的政治格局。西吉斯蒙德为了获得所有

---

① K. Zeumer（bearb.），*Quellensammlung zur Geschichte der Deutschen Reichsverfassung in Mittelalter und Neuzeit*，Tübingen：Mohr，²1913，S. 223ff.

选侯的选票，也及时地改变策略，与其兄妥协，他把王国的王权象征物转交给文茨尔，并帮助他戴上梦寐以求的王冠，并且明确表示在他有生之年不与其争夺王位。政局的发展正如西吉斯蒙德谋划的，7月21日，美因茨的大主教、科隆的大主教以及萨克森、勃艮第和波希米亚的选侯在法兰克福再次进行选举，共同选举西吉斯蒙德为德意志的国王，莱茵行宫伯爵以及特里尔的大主教没有参加这次选举，因为他们始终没有否认之前选举的有效性，德意志避免了再次出现双重国王的政治局面。

第二节　经济的变革

一、黑死病的冲击

12、13世纪持续两个世纪之久的拓荒扩大了耕地面积，改良了生产工具和生产技术，提高了农业生产的产量，进而促进农产品进入交换流通轨道，自给自足的自然经济的农业逐步向为市场生产的交换经济转变。农业形态的这种变化改变了农村原有的村落布局，那些地处老德意志边远地区的农民为了方便交换农产品，迁移到城市周边或者交通便利的地区，致使这些地区的居民区被弃置，在符腾堡地区甚至有20％的居民区消失。① 与此同时，向东部的拓荒殖民活动也逐步地进入尾声，自1295年之后几乎完全停止，也不再有新建立的城市出现。进入14世纪，这种现象更为加剧。从1309年起，欧洲北部地区就连续几年出现极端恶劣的自然气候，从而导致经常性地发生连续3—5年不等的歉收以及荒年，产生的直接后果是人口出生率几乎处于停滞的状态。1347年，意大利爆发令人不寒而栗的黑死病，一年后的6月越过阿尔卑斯山，肆虐阿尔卑斯山以北的第一座城市后在极短的时间内就波及整个德意志的西南地区。

1347—1353年，从意大利西西里的墨西拿开始爆发波及整个西欧的

---

① E. Pitz, *Deusche Wirtschafts-und Sozialgeschichte im Mittelalter*, S. 150f.

瘟疫(Pest①),西欧有近三分之一的人口在这场瘟疫中丧生。② 此后,在西欧各地又多次发生程度不同的瘟疫。在德意志地区一共发生四次,每一次瘟疫发生的时间都持续几年之久。继 1353 年第一次瘟疫结束之后,又在 1357—1362 年、1370—1376 年、1380—1383 年发生三次大瘟疫,每次紧随大瘟疫之后的是歉收和饥荒。瘟疫和饥荒产生的第一个直接严重后果是人口的骤减,莱茵河畔的米尔多夫市于 1348 年 6 月 29 日出现了第一例因黑死病死亡的案例,此后仅在几个月的时间之内就有 1400 人死于黑死病。③ 这场大瘟疫对整个欧洲产生的深刻影响一直延续到 15 世纪,为了说明这场旷日持久的疾病对当时西欧社会造成的严重危害以及当时人们对其极度恐惧,16 世纪北欧的编年史学家将这场持续长久的瘟疫称为"黑色的死亡"(Schwarzer Tod)。18 世纪 30 年代,德国和英国学者也采用这一名词,用它来标注 14 世纪的流行性疾病,我国学者将其翻译为"黑死病"。

必须强调的是,欧洲各个地区遭受黑死病肆掠的程度不尽相同,死亡人口的比率也大小不等。④ 根据德国历史学家亨宁的研究,黑死病肆虐期间在老德意志地区城乡居民人口从 600 万—700 万下降到 400 万—450 万,人口密度从每平方公里的 25 人下降到 15—18 人;在东部新殖民地区的人口从 1200 万—1300 万下降到 800 万—900 万,每平方公里的人口密度从 18—21 人下降为 12—15 人。在这同一时期的法国,人口从 2100 万下降到 1300 万;英国则从 380 万下降为 230 万;意大利从 930

---

① 根据当代学者的研究,这场瘟疫是因鼠疫引起的。从中亚返回意大利墨西拿的商船携带了鼠疫,从墨西拿传染到了热那亚和位于地中海沿岸的法国马赛市,逐渐在整个西欧地区扩散,1350 年转向北欧和东欧,1353 年传染到了俄罗斯。因此,历史学家们把黑死病的发生时间划分为自 1347—1353 年。

② M. Vasold, „Die Ausbreitung des Schwarzen Todes in Deutschland nach 1348 ", in: *Historische Zeitschrift*, Bd. 277(2003), S. 304.

③ K. Bergdolf, *Der Schwarze Tod in Europa. Die Große Pest und das Ende des Mittelalter*, München: Beck, 1994, S. 78f.

④ M. Vasold, „Die Ausbreitung des Schwarzen Todes in Deutschland nach 1348 ", in: *Historische Zeitschrift*, Bd. 277(2003), S. 304.

万—950 万下降为 700 万。从 14 世纪 80 年代中期至 1470 年这近百年的时间,人口增长的数据几乎没有太大的变化。[1] 相对农村居民而言,城市居民被传染的可能性要大得多,因为城市的人口稠密,居住拥挤,而且卫生环境恶劣,甚至"堆积着各种各样的垃圾"。[2] 在美因茨市,1349 年和 1350 年间死亡了 6000 人,在兰河岸边的林堡市有 2400 人、汉诺威有 3000 人、埃尔福特有 1.2 万人、明斯特有 1.1 万人都死于黑死病。[3] 根据德国历史学家阿贝尔对 29 座城市的研究,从 14 世纪的第 3 季度到 15 世纪的第 3 季度这个时间段,这 29 座城市的人口平均下降 15%—20%。[4]

黑死病与 14 世纪恶劣的自然气候叠加在一起,对整个西欧地区的社会经济基础造成严重的冲击,首先表现在农业方面。自中世纪以来,在德意志拓荒运动中开垦的土地都是用来种植谷物,以满足人们对面包的需求。黑死病发生期间,由于人口,尤其是城市人口的大幅减少,不仅农业的劳动力相应地减少,而且城市对面包以及其他农产品的消费也大大萎缩,对谷物的需求大不如前,所有这些都是导致土地大量被荒置的原因,造成这个历史时期出现大面积的荒耕现象。土地的荒耕改变了原有居住区域的布局,首先是新城市的建设基本处于停滞状态,在黑死病发生期间几乎没有出现新建设的城市;其次是农村村落和居民区的减少,14 世纪以后在符腾堡地区有 520 处居民区不复存在,相当于这个地区居民区总数的 50% 左右。在北海沿岸地区,居民区遭受风暴的破坏极为严重,特别是 1362 年被称为"曼德朗克"(Mandränke)的风暴之后,原有的 17 万处居民点仅存大约 4 万处。在图林根地区,直至 16 世纪时仍有 66% 的居民区被废弃,黑森林地区有 40%—44% 的居民区被废弃,哈

---

[1] R. -W. Henning, *Handbuch der Wirtschafts und Sozialgeschichte Deutschland*, Bd. 1, S. 397.

[2] H. -W. Goetz, *Leben im Mittellater*, S. 225.

[3] K. Bergdolf, *Der Schwarze Tod in Europa. Die Große Pest und das Ende des Mittelalter*, S. 82f.

[4] H. Kellenbenz, *Deutsche Wirtschaftgeschichte*, Bd. 1, S. 148.

尔茨东部和艾希斯弗尔德地区被废弃的居民区也都高达 50%。[①] 在整个德意志地区,居民区总共下降 23%。[②]

黑死病在造成人口和居民区大幅减少的同时,也对社会造成极大的冲击,首当其冲的是在中世纪社会中被视为异教的犹太人。在当时的医疗卫生条件下,人们因为对这个来势凶猛的疾病缺少认识和了解而束手无策,一方面无奈地求助宗教的慰藉,另一方面则把这场灾难的起源以及对黑死病的恐惧转嫁到犹太人身上。1321 年最先在阿奎丹地区出现犹太人在井里下毒(Brunnenvergiftung)毒害基督徒的谣言。十字军东征时期产生的反犹情绪再次被煽动,谣言的内容也多样化,激起人们对犹太人的仇视,谣言所到之处都发生了杀害犹太人、夺取犹太人财产的恶性事件,甚至演变为大规模地驱除和迫害犹太人。很多城市原有的犹太人居住区或者社团因此而消失,以致教皇克莱芒六世不得不于 1348 年 9 月 26 日颁布教谕,作出禁止洗劫犹太人、禁止用暴力的方式让犹太人改宗基督教以及禁止未经司法程序不能杀死犹太人等规定。尽管如此,迫害犹太人的现象依然屡屡发生。1349 年 1 月末,沃尔姆斯的犹太人居住区被付之一炬,有约 400 人被烧死。同年 8 月 23 日,美因茨的市民在袭击抢劫犹太人后,点燃了他们居住的房屋,一些幸存的犹太人逃往法兰克福和巴哈拉赫。1348、1349 年,帝国城市海尔布隆曾两次对犹太人进行大屠杀。黑死病时期,科隆、斯图加特、奥格斯堡等德意志的许多城市都发生过迫害犹太人的事件。[③] 民众在谣言的煽动下大规模迫害和屠杀犹太人更深层的原因是为了劫掠犹太人的财产;同时,在这个历史时期国王和诸侯们也趁机向犹太人收取苛刻的"保护费"大发横财。

黑死病时期,不仅犹太人的财产被大肆劫掠,而且整个社会资源的

① E. Pitz, *Deusche Wirtschafts-und Sozialgeschichte im Mittelalter*, S. 150f.

② F.-W. Henning, *Handbuch der Wirtschafts-und Sozialgeschichte Deutschland*, Bd. 1, S. 403.

③ K. Bergdolf, *Der Schwarze Tod in Europa. Die Große Pest und das Ende des Mittelalter*, S. 124ff.

使用权和土地的财产权也都发生大转移,在黑死病中幸存下来人们有了在一夜之间占有大片土地的可能。他们或者是原来没有土地的依附农或者雇工,轻而易举地获得了往生者的土地;或者是原有的庄园所有者,把相邻的庄园归为己有,扩大了原来庄园的面积。在东普鲁士地区,原来七八公顷的庄园都扩大为约 15 公顷左右。[①] 尽管如此,社会中土地的价值却大大下降,土地的闲置率大大上升。1419 年,所属德意志骑士团的31525块份地中有 6561 块被撂荒,占其份地总数的 21%,到了 1439 年,这个比率上升到 40%,有些地区甚至上升到 50% 乃至 80%。由于劳动力的减少提高了劳动力的工资,生产成本必然就会增加,此外,人口与农业收成之间的比率长期处于一种极不稳定的状态,也极大地影响到了农产品的价格。在黑死病之后的 1351—1360 年间,法兰克福市场上每百升的黑麦价值是 147 个第纳尔,1361—1370 年上涨为 213 个第纳尔,在 1371—1380 年却又回落到 146 个第纳尔,而在 1381—1390 年则跌到了 111 个第纳尔,1391—1400 年略微回升到 129 个第纳尔。[②] 市场价格的起伏也改变了农业和畜牧业的结构,畜牧业不仅可以提供价格不低的乳制品,而且还为毛纺织业提供所需的原材料,这就使畜牧业产品的价格超过谷物以及其他农产品的价格。价格因素是黑死病之后促进畜牧业快速发展不容忽视的一个原因,与农耕生产比较而言,畜牧业所需的土地面积小于农业作物所需的土地面积,劳动力的投入也小很多,生产成本相对较低,但收益却相对要高些。在扩大畜牧业生产的同时,蔬菜种植、水果树、葡萄的园林种植业也有很大的发展。农业经济结构的这种变化改变了那个时代人们的膳食结构,同时也更加充实了市场交易的商品种类,农民为市场而生产的观念和意识越来越强烈,这就必然要改变农业的耕种和经营方式。

黑死病加速了已经开始的土地所有权的流转,人身的依附关系松

① F.-W. Henning, *Handbuch der Wirtschafts-und Sozialgeschichte Deutschland*, Bd. 1, S. 406.
② M. M. 波斯坦:《剑桥欧洲经济史》,第 1 卷,第 583 页。

弛。14 世纪中叶以后,在德意志逐渐实现的邦国领土化取代了领地制度,雇佣兵制度日益成为邦国制度中不可分割的一个重要部分,骑士们通过缴纳兵役税摆离了服兵役的义务,逐步地转向农业生产谋其自身的利益。黑死病期间土地财产权的大转移为他们的这个转变提供一个有利的契机,他们占有大片的土地,自营地的面积有了 2 倍、3 倍或者更大的增长,成为大土地的占有者。这种现象在骑士团国家所在的普鲁士和德意志东部地区尤为显著。15 世纪末期,在德意志东部地区的乡村中产生"大地产主"(Gustherr)这种新的社会阶层。大地产主与这个时期同时出现的自由农民最大的区别在于,他们不仅经营土地,而且还依仗原有的贵族政治地位把持所在地的司法审判权、行政管理权,抑或说掌有了现代意义的地方"公安"(Polizei)的权力。不仅如此,这些大地产主还控制所在地区的磨坊和干酪坊,以此垄断当地的粮食和乳制品市场,为近代早期大地产制(Gutsherrschaft)的确立打下基础。

德意志西部地区农业朝着另一个方向发展,这个地区在黑死病之前人口、居民区和城市的密度都很大,因此与东部地区比较而言受黑死病肆虐的程度更大,尤其是城市人口的死亡率非常高。在西部地区受城市发展和农产品交易的影响,早已实行的租赁制在黑死病期间更为普及。尽管在西部地区同样存在着领主自营地的形式,但是并没有向东部地区那样转变为大地产,其中一个重要的原因在于劳动力的短缺制约了大地产的形成。与此相反,承租土地的下层农民则因为劳资的上涨改善了自身的生活状况,此外,他们中的相当一部分流入城市为城市手工业补充了因黑死病而短缺的劳动力。还有必要强调的是,领土化的大邦国都集中在德意志东部地区,在西部地区则是众多的小邦国,因而这里不具备形成大地产制的政治条件,城市通过市场对乡村施加的政治影响和经济影响更大,非城市的手工业由此发展起来。

二、城市和非城市手工业的发展

黑死病对城市造成的危害远大于乡村,但是城市的恢复速度也比乡村快，黑死病造成的劳动力损失很快就通过大量流入的农民得到补充。1376 年在汉堡有 457 名酿酒工人，大约稍晚些年，吕贝克有 187 名织工，魏玛有 182 名织工。在城市手工业中，纺织业发展得最快。15 世纪初的科隆有 200 名织工，平均每年生产约七千匹布料，纽伦堡大约有 80 名染色工，每年大约使用 200 余车的菘蓝，格尔利次在 1443 年有 126 名织工。1500 年前后各城市织工的人数成倍增长。1430—1440 年的 10 年间，纽伦堡新增加 14 个亚麻纺织作坊，在 1490—1500 年的 10 年间增加 49 个。1400 年前后，圣加仑以及周边地区每年大约生产 2000 匹亚麻布，1530 年已经增长到 1 万匹。说明纺织业在黑死病之后大发展的另一个佐证是纺织同业公会在很多城市出现，尤其是在一些中小城市也有了纺织同业公会。1496 年，莱比锡和马格德堡还公开招聘外来织工。[①] 但城市的规模终究是手工业发展难以突破的局限，最先在意大利出现的包买商制度（Verlagssystem）为此拓展了新的路径。

14 世纪 60 年代，包买商制度传到了德意志。包买商制度是一种由商人提供原材料，同时经销成品的手工业经营方式，为扩大纺织业的再生产提供了有利的条件。包买商人手中掌握着充足的资金，可以购买和运送手工业所需的原材料，同时他们也掌握着销售的渠道。这种包买商制度尤其在促进乡村纺织手工业的发展方面有了用武之地，纺织业需求的麻类和羊毛等原材料都来自乡村，但它却是在中世纪城市中发展起来的专门手工业。黑死病改变了农业经济的结构，种植经济作物和用于畜牧业的耕地面积扩大了，为纺织业的发展提供更充分的原材料。不仅如此，农村还可以为纺织业提供劳动力和场所。乡村中蕴藏着尚未开发的劳动力资源，那些无法离开土地的中小农户都有可以投入到手工业生产中的劳动力，但又都几乎没有能够用于家庭劳动力加工原材料所需的资金。据德国历史学家计算，那个时代的一个农户家庭需要饲养 80—100

[①] H. Aubin, W. Zorn (Hrgs.), *Handbuch der deutschen Wirtschafts-und Sozialgeschichte*, Bd. , S. 335f.

只羊的羊毛才能满足 2.2 个家庭劳动力的需求,此外他们还需要购买来自地中海的棉花。包买商把来自东方的丝和棉花贩运到德意志的亚麻种植区,组织当地的农民进行家庭手工生产,同时又把在当地生产出来的纺织成品营销出去。包买商为纺织业在农民家庭中找到了低价的充足劳动力,而农民家庭也可以通过家庭手工劳作增加收入。另一方面,包买商制度还冲破城市中的行会为纺织业设立的种种禁锢条例,帮助纺织业发展成为一种非城市的手工业。15 世纪中叶,亚麻纺织手工业在莱茵兰山区的乡村和城市周边落户。15 世纪末、16 世纪初,在威斯特法仑有了乡村亚麻纺织业。此后在萨克森、波希米亚、摩拉维亚、西里西亚的乡村中相继都有了亚麻纺织手工业。[1]

西方历史学家一般把工业革命前的历史时期称为前工业时期(Vorindustrialisierung)。他们认为,这个历史时期的农业和工业是很难区分开的,一是因为土地依然是社会中最主要的资本,二是因为大多数的手工业者还都离不开农村。这个时期经济的特点决定了纺织业成为前工业时期的先导工业,最先成为非城市的手工业。纺织业所用的羊毛提高了土地资本的价值;纺织业的技术性要求不高,可以包容农村中的剩余劳动力,对农村的社会结构产生很大的影响;纺织品的价值较高,只需相对较少的投资就能获取较高的利润;纺织品的成品重量较轻,便于包装运输。综上种种,在西欧工业化之前,纺织业是最先吸引资本和劳动力、最先产生利润的手工业行业。纺织技术的革新和纺织业的发展带动与之相关的手工业部门,首先是机器制造业。可以说,是纺织业的发展揭开了英国工业革命的序幕,这一观点已经得到大多数历史学家的认同。

中世纪德意志的纺织品以棉麻混纺的粗斜纹布、丝绸制品和单面绒布享誉欧洲。纺织品的原材料决定了纺织业的分布区域性比较强,主要

---

[1] F.-W. Henning, *Handbuch der Wirtschafts-und Sozialgeschichte Deutschlands*, Bd. 1, S. 429f.

分布在亚麻种植地区,而且集中在这些地区交通较为便利的远程贸易集市附近,因为棉麻混纺所用的棉花来自叙利亚,丝绸的丝是经威尼斯从东方输入。单面绒布的生产主要集中在德意志的南部地区,来自东方的棉花经过威尼斯在这里经销,以奥格斯堡和乌尔姆为主要生产基地,与当地产的亚麻混纺加工出成品。1470 年,在乌尔姆有 71 个单面绒手工作坊,1481 年增加到 90 个。[①] 在德意志的中部山区是亚麻的专门种植区,这里自然也是亚麻纺织业的集中区,从黑森到博登湖有一系列以棉麻纺织业为主要手工业的城市,圣加仑、康斯坦茨、拉芬斯堡、比伯拉赫、肯普滕、梅明根、考夫博伊伦,等等。在威斯特法仑和下萨克森种植亚麻的地区也有了以麻纺织业为主的手工业城市,[②]这些纺织业城市也带动了周边乡村纺织业的发展。

包买商制度为种植亚麻并从事纺织业的农民家庭提升了经济地位和社会地位,同时也为这个社会阶层提供了发展的机遇,此后在奥格斯堡显赫一时的富格尔家族就是比较典型的例证。汉斯·富格尔(Hans Fugger, ？—1408/1409)原是居住在盛产亚麻的格拉本的一个乡村织布工,1376 年举家迁至奥格斯堡。他很快就成为该市纺织行会的成员,但是他并没有购置纺织机,而是做了纺织包买商,经过两代人的努力成为在奥格斯堡首屈一指的富商,甚至在整个西欧的经济发展中都起到过举足轻重的作用。[③]

在城市手工业中,有色金属和一些较为特殊的铁制品占据很重要的地位。14 世纪上半叶,新工艺和新技术的出现为城市手工业增加了新的内容。1329 年,康斯坦茨一位对炼丹术极为有兴趣的教士贝特霍尔德·施瓦茨(Berthold Schwarz, ？—?)在一次进行炼丹术的实验时,在研钵中放入硝石、硫黄、木炭,将其放在火炉上用杵研进行研磨,在他离开的

---

① H. Aubin, W. Zorn (Hrgs.), *Handbuch der deutschen Wirtschafts-und Sozialgeschichte*, Bd. , S. 336.

② H. Kellenbenz, *Deutsche Wirtschaftsgeschichte*, Bd. 1, 170f.

③ 有关富格尔家族请见第四篇、第十章的第五节。

短暂瞬间发生了爆炸,施瓦茨幸免于难,却在无意中制造出黑色火药。黑色火药的制造看似是一种偶然,①但却与这个历史时期金属制造业的发展有着密切的关联。14 世纪中叶,德意志的金属锻造和制造工艺都有很大进步。1363 年的纽伦堡市,包括黄铜铸造、锡铸造、白铁制造和金属环扣制造方面在内的所有师傅以及工匠有 33 名。1375 年的汉堡有 12名锡铸造工匠。1400 年前后的不伦瑞克有 47 名制作盆的铸造工匠。在萨克森地区,15 世纪之前仅不伦瑞克有一个金器制作同业公会,进入 15世纪之后汉堡、不莱梅、吕贝克、汉诺威等多个城市相继都有了金器制作同业公会。② 金属制造业为火药用于军事上提供了条件,此后又有了火药丸、枪膛等一系列的发明。1405 年,康拉德·基泽(Konrad Kyeser,1366—1405 年之后)在他撰写的《战争英雄》(Bellifortis,德语Kriegsheld)中详细记录了制作黑色火药以及各种兵器的方法,把它呈献给刚刚登上王位的鲁普雷希特国王,这本书也广为流传。

　　黑色火药和火器的快速传播得力于印刷业的发展。14 世纪之前,西欧已经有平版印刷技术,但这种印刷成本很高。1390 年,纽伦堡的大商人乌尔曼·施特罗默(Ulman Stromer,1329—1407)在纽伦堡附近的佩格尼茨建立了一个造纸作坊,这是阿尔卑斯山以北第一个造纸作坊。这个作坊的师傅雇佣 18 个造纸工人生产纸张,从而取代中世纪以来一直使用的较为昂贵的羊皮纸。③活字印刷技术的出现更加促进了印刷业的

---

① 西方历史学家普遍认为,早在贝特霍尔德·施瓦茨之前西欧就已经有了关于制造火药配方的文字记载,迄今发现最早的是 11 世纪一部署名为马尔库斯·格拉库斯(Marcus Graecus,？—?)撰写的《火之书》(Liber Ignium 德语 das Buch des Feuer)。13 世纪初,英国剑桥大学著名的神学家、法朗西斯修士会的修道士罗格·巴康(Roger Bacon,1214—1292 或 1294)以及大阿尔贝特等经院哲学家们都在其撰写的有关炼丹术的著作中提及了制造火药的配方,但尚未发现有关制造火药的文字。据记载,西欧最早在战争中使用火药是在 1346 年,即英法百年战争期间,此之后是丹麦人在 1354 年的海战中也使用了火药。参见 F. Seel,"Geschichte des Schwarzpulvers", in: *Chemie in unserer Zeit*, 22 Jahrgang (Feb. 1988),S. 9.

② H. Aubin, W. Zorn (Hrsg.), *Handbuch der deutschen Wirtschafts-und Sozialgeschichte*,Bd. , S. 335.

③ H. Kellenbenz, *Deutsche Wirtschaftsgeschichte*, Bd. 1, S. 171.

发展。活字印刷的发明者是约翰内斯·古滕贝格（Johannes Gutenberg①，1400—1468），他出身于美因茨市的一个城市贵族家庭，父亲是位富商。1411年，美因茨的诸行会因为提出免交各种赋税和关税的要求与城市贵族们发生纠纷，他的父亲和其他百余名贵族离开美因茨。有关古滕贝格的文字资料很少，只能通过一些只言片语有所了解。他随父母离开美因茨后曾被送到美因茨郊外的圣维克多修道院学校接受教育，后来又在埃尔福特大学深造。自1434年起古滕贝格居住在斯特拉斯堡，曾因负债而被拘禁。1437年，古滕贝格与亚亨的地方长官签订协议为1439年在亚亨举行的朝圣活动制作一批用铅和锡合成的朝圣镜（Wallfahrtsspiegel②），可见这时的古滕贝格已经掌握了金属合成的技术。然而因为这年发生了瘟疫，这一朝圣活动延期到1440年，古滕贝格未能如期收回制作朝圣镜的成本，被他的债主们告上法庭。古滕贝格虽然没有从制作朝圣镜中获利，但是却积累了合金和铸造技术方面的宝贵经验。1448年10月，古滕贝格回到美因茨，向他的堂兄举债150古尔登筹建了一个印刷作坊，印刷诸如赎罪券（Ablassbriefe）、日历之类的单面印刷品以及词典等书籍。古滕贝格在经营印刷作坊时，应用其在制造朝圣镜时掌握的合金和铸造技术制作了硬度较强的字母模子，使之能够反复使用，以降低印刷成本，这就在很大程度上改进了印刷技术。此外，他还改善印刷的墨水，改进印刷的机器，降低了印刷的成本。

　　活字印刷技术满足了市民和贵族阅读的需求。这个时期的读物不仅有《圣经》，而且还有大量的世俗读物，例如1470年以后在施瓦本地区非常流行的一种家庭画册（Handbuch③）类的读物。阅读读物需求量的

————————

① 约翰内斯·古滕贝格的原名是约翰内斯·根斯弗莱斯（Johannnes Gensfleisch），其父母在美因茨居住的庭院名为古滕贝格，他出生在此，因此按照当时的习俗，人们称他为约翰内斯·古滕贝格。

② 所谓的"朝圣镜"是朝圣者希望可以用这种圆形的镜子记录下在朝圣地的圣迹，通过这个镜子将其带回家。

③ "家庭画册"是15世纪比较流行的一种收录了贵族家族的族徽、贵族城堡的建筑风格和城堡艺术、星象图片以及骑士生活等方面内容的读物。

增加促进印刷业和造纸业的快速发展,这两个行业很快就在德意志乃至西欧其他地区迅速推广开来,成为城市手工业中一个非常重要的行业。印刷业、造纸业以及火器制造都是复合型的手工业行业,从生产到营销,包销商都起到非常重要的作用,同时也促进相互关联的手工业同业公会联合起来,成立超越城市界限的跨行业的同业公会联盟。在莱茵河中游地区就有由多座城市的 20 多个同业公会结成的联盟。[1]

城市手工业的发展带动了非城市手工业,最大的非城市手工业是采矿业和冶金业,这两个行业也是中世纪德意志的第一大手工业。德意志有着得天独厚的贵重金属和有色金属矿藏资源,是中世纪西欧最重要的产铁地区,铁矿石主要分布在四个地区,一是位于莱茵河两岸的宾根和杜塞尔多夫之间的山区地带;二是在萨克森山区地带,尤其是在厄尔茨山区,那里不仅蕴藏着铁矿,而且有丰富的木材和木炭资源,因此这里有很多铁矿坑,聚集了众多的冶炼作坊(Erzhütte)和锻造作坊;三是德意志南部的上普法尔茨;四是东部的阿尔卑斯山地区。此外,地处南部的蒂罗尔山区有着丰富的铜矿,中部的哈茨山和东部波希米亚厄尔茨山有银矿,从坎尼斯堡到诺伊索尔是金矿和银矿,还有铅矿、汞矿、盐矿等等。15 世纪以后,在这些采矿地区相继出现许多矿山城市(Bergstadt),它们享有国王或者所在邦国的诸侯授予的开采矿山的权利(Bergregal),有自己的法庭以及管理矿山的机构。

早在 12 世纪,德意志的采矿业就已经具有一定的规模,但仅限于地表层的采矿,采矿只是一锹一镐地在地表层进行作业。对重金属需求量的增加是促进矿业发展的重要因素,首先是对金银需求量的增大。13 世纪,意大利的佛罗伦萨最先开始铸造金币弗罗林(Floren)。14 世纪以后,这种金币铸造技术进入德意志,并且在莱茵河流域地区流通金制的古尔登。商业的活跃和手工业的发展,使对金币的需求量增大。除了德

---

① H. Aubin, W. Zorn (Hrsg.), *Handbuch der deutschen Wirtschafts-und Sozialgeschichte*, Bd. 1, S. 337.

意志中部的山区以外,在图林根、菲希特尔山、西里西亚以及利格尼茨等多个地方都有了被开采的金矿。1340 年左右,在德意志最大的金矿场有2500 名左右的矿工。14 世纪上半叶,利格尼茨金矿每年大约开采 30 公担(Zentner①)的黄金。② 15 世纪初,银币逐渐取代金币进入流通领域。15 世纪 60 年代,弗莱贝格以及戈斯拉尔平均每年需要 7 公担的银用于铸币,这必然带动银矿的开发和开采。自 15 世纪下半叶起,萨克森地区的银矿开采进入一个繁盛时期,弗莱贝格、施内贝格以及地处埃尔茨山脉的施雷肯贝格都有银矿,银矿的产量也逐年提高。15 世纪中叶,拉梅尔斯山平均每年产银 20 公担,此外还有 40 公担的铜和 1.9 万公担的铅矿石;1496 年奥地利安娜贝格的银矿产量高达 150 公担。③ 蒂罗尔的施瓦茨矿区大约在 1420 年前后才开发,1470—1520 年期间,仅法尔肯施泰因一个矿区的银矿产量就从 80 公担提高到 300 公担,铜的产量从 7000公担提高到 1.6 万公担。④ 印刷技术革新后,对铅的需求量增大,1500年哈茨矿区铅的年产量达到 1.9 万公斤。

　　金和银是铸币的原材料,金矿和银矿自然都掌握在诸侯和国王的手中,他们不仅掌控着金矿和银矿的生产,而且还投入大量的资金支持技术改进和安装新设备。1451 年,埃尔福特的冶金工匠约翰内斯·丰克(Johannes Funcke,？—？)用添加铅的方法从铜矿石中提炼出银,发明从矿石中熔析金属的技术,铜矿石的价格陡然增长,在图林根、波希米亚、蒂罗尔和匈牙利都开始大规模地开采铜矿,各地都出现大量的熔析作坊(Saigerhütte)。⑤ 与此同时,采矿的设备和技术也都因此有了很大改进,采矿作业不再仅局限于地面表层,而是挖掘到了地下。采矿深入

---

① 1 公担相当于 50 公斤。
② H. Aubin, W. Zorn (Hrsg.), *Handbuch der deutschen Wirtschafts-und Sozialgeschichte*, Bd. 1, S. 341.
③ H. Kellenbenz, *Deutsche Wirtschaftsgeschichte*, Bd. 1, S. 164f.
④ H. Aubin, W. Zorn (Hrsg.), *Handbuch der deutschen Wirtschafts-und Sozialgeschichte*, Bd. 1, S. 341f.
⑤ E. Pitz, *Wirtschafts-und Sozialgeschichte im Mittelalter*, S. 148.

到地下,首先要解决矿井的支撑、地下水的排除以及往井上运送矿石等技术问题。深井作业最为困难的是排干地下水。1470 年发明用水泵排水的系统,解决了这一最大的难题,使矿井的深度达到 200 余米。深井开采需要使用更多的劳力共同作业,分工也更为精确,有了采掘、机械、排水、选矿、洗矿等多个工种,矿区的规模一般也都很大。在蒂罗尔的一个矿区内共有 7000 多矿工,一个 240 米深的竖井仅排水一项就需要 600 人,所需费用为高达 1.4 万弗罗林,1538 年这个竖井安装了 8 个排水泵,但仍需 240 人进行排水作业。[①] 施瓦茨矿区的人数更多,达 1.2 万人。[②] 运送开采出来的矿石也是深井开采要解决的一个重要问题,矿工们采用马拉动绞车带动庞大的机器把大块的矿石运送到地面。采矿技术和采矿设施的改进极大地提高了德意志的矿产量。1493—1560 年间,银的年产量从 3.15 万公斤提高到 5.32 万公斤,同一时期欧洲其他地区仅从 1 万公斤上升到 1.15 万公斤。[③] 复杂的井下作业,昂贵的设备,较高的技术要求,不是像纺织业那样可以由一家一户的手工业者单独承担的。就连有一定经济实力的商人也很少有能力独立投资开采一个矿区,所以在采矿业很早就实行股份制,1477 年在弗赖堡出现一种被称为 Kux 的"矿山证券",这可以说是西欧最早的一种股票形式。

矿藏资源的开发带动了冶炼技术的发展。15 世纪中叶,炼铁的熔炉有了历史性的改进,一是熔炉的高度增加,鼓风不再用手和脚,而是借用水力。水力鼓风提高了炼炉的温度,可以一次性熔化矿石。控制炼炉的温度可以熔炼出品质比较硬的生铁和品质较软的熟铁,与生铁相比较熟铁的含碳量更高。水力鼓风还被应用于锻锤上,增加了锻造的品种。这一时期德意志铁的年产量达 3 万吨,共有 180 个锻锤,生产的品种有轨型铁、条型

① H. Kellenbenz, „Technik und Wirtschaft im Zeitalter der wissenschaftlichen Revolution", in: C. M. Cipolla, (Hrsg.), *Europäische Wirtschaftsgeschichte 16. und 17. Jahrhundert*, Stuttgart: Fischer, 1978, S. 127.

② H. Kellenbenz, *Deutsche Wirtschaftsgeschichte*, Bd. 1, S. 248f.

③ H. Grundmann (Hrsg.), *Handbuch der deutschen Geschichte*, Bd. 2, S. 460.

铁、铁板等等。采矿业和冶金业促进武器制造业、铁蹄和铁钉的制造、机械制造等多种手工业的技术革新和改进,同时也促进造船业的发展。

三、国际贸易的新变化

15世纪的德意志是西欧最先从黑死病的灾害中恢复过来的地区,农业经济结构的调整为农产品打开通向国内市场和欧洲市场的通路,城市手工业与非城市手工业的发展较充分地开发了德意志丰富的资源,新的技能和新生产技术的应用不仅极大地提升了生产力水平,而且还为欧洲其他地区提供了精致的产品以及欧洲市场需要的贵重金属和有色金属,这就改变了德意志在中世纪以中介贸易为主的商业结构。

中世纪德意志的商业发展得比较早,但中介贸易的比例非常大,这是因其地理位置所决定。德意志地处欧洲中部,从地中海经米兰穿越阿尔卑斯山隘口进入之后,沿纵贯南北的莱茵河直达北海和波罗的海,可以从那里跨越海峡到达英国。从北海和波罗的海沿岸的港口出发既可以经弗里西兰到达斯堪的纳维亚,也可以在佛兰德和比利时的布拉班选择前往法国的几条陆路,与之相接的还有卢森堡、萨尔流域地区。莱茵河有多条具有通航条件的支流,像扇面一样地张开,与横贯东西的多瑙河相通,可经匈牙利、巴尔干地区直抵黑海。北海与波罗的海沿岸的汉堡、吕贝克等重要的港口城市既可以直达斯德丁,也可以直通但泽和柯尼斯堡。陆路交通也四通八达,东南地区有一条从纽伦堡经累根斯堡、林茨到维也纳的大路;西南地区最重要的是从博登湖经日内瓦到罗纳谷地的主干道。这些陆路又都有众多的支路相互交接,交通十分便利畅通。[①] 地理位置的优势以及相互交叉的水路和陆路交通网络,使德意志的商人直到中世纪的晚期都一直控制着欧洲的中介贸易,尤其是南德地区的商人一直垄断着从地中海到西欧的中介贸易。

14世纪之后,北海和波罗的海地区的贸易逐渐形成,与以输入为主

---

① H. Kellenbenz, *Deutsche Wirtschaftsgeschichte*, Bd. 1, S. 177.

地中海贸易截然不同的是，北海和波罗的海贸易以输出为贸易的特征，抑或可以这样说，地中海贸易主要是贩运来自东方的香料、丝绸等仅供社会上层以及教会的奢侈品，而北海和波罗的海的贸易则是以交换当地的农牧产品以及手工业和资源类的产品为主。北海和波罗的海贸易区的形成主要得利于德意志东进运动，莱茵河下游的低地地区以及易北河以东的波希米亚、普鲁士、西里西亚等地区的荒地、林地，经过拓荒运动拓殖出大片的良田。这些地区受黑死病肆虐的程度远低于欧洲其他地区，与西欧其他地区相比较，黑死病导致的荒耕的程度要小很多。英国、佛兰德等地区因在黑死病时期人口骤然下降，荒耕现象严重，大片的耕地转变为牧场，养羊业迅速发展。黑死病之后，这些地区的人口陡然增长，养羊业的高额利润又不可能使草场退回为耕田，德意志东部地区生产的粮食满足了这些地区对粮食的需求，汉萨城市联盟充当了输出粮食的主力军，在北海和波罗的海地区贸易市场担任了重要角色。

四、不统一的关卡和铸币权

"大空位"时期之后，被选侯推选出来的几任国王都将其政策的重心放在增强家族的政治势力和经济实力上，忽略了王权对帝国其他邦国和地区施加的影响，致使各邦国无论在政治还是经济上都很独立，贸易活动受到分权政体的限制，其范围和规模都不可能超越邦国的地域，水路、陆路、隘口、所有的商路和交通要道上关卡不断地增加。14 世纪初期，威悉河上有 30 个关卡，易北河上至少有 35 个。12 世纪末，莱茵河上约有 19 个关卡，13 世纪末增至 35 个，14 世纪末有 50 个，15 世纪末则多达 360 余个。[①] 这些关卡大多数属于教俗贵族，关卡所收的关税并不很高，设立关卡主要的目的并不在此，而是要实施货栈法（Stapelrecht），即过往的商旅必须卸下部分货物，按照当地的定价任凭当地居民购买，否则不允许通行，这无疑给商人设置了许多不难想象的障碍，不仅延缓货运时间，敲

---

① H. Kellenbenz, *Deutsche Wirtschaftsgeschichte*, Bd. 1, S. 174f.

诈勒索的现象也屡见不鲜。另一方面,货币的不统一也是政治不统一的必然结果。

铸币权是中世纪封建主的一项重要的经济特权,凡是在权力较为集中的封建王国,铸币所的数量都比较少,铸币权也比较集中。铸币权决定着货币的价值,一个封建王国内货币种类的多与寡某种程度上可以反映出国王权力的集中或分散的程度,因为"货币是法律规定的价值"①。12世纪,英伦三岛上有众多的铸币所,随着英国国王集权的增强,铸币所不断地减少到400处,13世纪末仅存12处。13世纪以前的法国大约有300余处铸币所,1315年尚有30个封建领主有铸币权,14世纪末仅有勃艮第、阿奎丹、不列塔尼的公爵领地,佛兰德、纳瓦拉、贝阿恩的伯爵领地以及普罗旺斯还保留着铸币所。与英法相反,13世纪以前在德意志仅有16处铸币所,随着邦国制度的确立,铸币权也更加分散,不仅是教俗诸侯有铸币权,甚至每个自治城市和修道院也都有铸币权,几乎无法计算出共有多少铸币所。② 如此众多的铸币所造成货币的混乱和贬值,14世纪下半叶,在下萨克森地区的城市中不得不用金块进行交易。为了克服货币的混乱,一些地区相继出现货币联盟。1311年3月7日,奥地利和巴塞尔的公爵试图统一两个公爵领地的货币,结成生丁货币联盟(Rappenmünzbund③),但很快就因规则的不合理而解散。1387年9月,沙夫豪森、苏黎世、伯尔尼等城市联合周边地区,统一铸币的银含量,此后这个联盟的成员迅速增加,这种货币的流通范围也很快扩大,1403年2月24日再次结成生丁货币联盟。1379年,吕贝克、汉堡、维斯马、罗斯托克、施特拉尔松德、吕内堡等城市以吕贝克的马克为基础,结成文迪货币联盟(Wendischer Münzverein)。在德意志帝国的其他地区也都出现

---

① 尼古拉斯·巴尔本:《贸易论》,顾为群等译,商务印书馆1997年版,第58、59、60页。
② J. Kulischer, *Allgemeine Wirtschaftsgeschichte des Mittelalters und der Neuzeit*, Darmstadt: Wiss. Buchges. , 1976, Bd. 1, S. 325f.
③ "生丁"(Rappen)是中世纪德意志西北地区通行的一种货币名称,自近代社会以后是瑞士货币中的一种,1瑞士法郎=100生丁。

类似的货币联盟。1385 年和 1386 年之交,莱茵兰地区的 4 位选侯共同制定了《永久和平条例》,在此基础上结成莱茵货币联盟(Rheinischer Münzverein)。大约在同一时期,上法兰西亚的诸侯也结成类似的货币联盟。1403 年位于莱茵河上游的诸城市和一些封建主结成货币联盟,此后符腾堡和施瓦本地区的城市也效仿之。14 世纪中叶,路德维希和西吉斯蒙德皇帝都试图统一币制,但都没有获得成功。1426 年,帝国的财政大臣康拉德九世(Konrad Ⅸ. von Weinsberg,1370—1448)竭力推行被称为"苹果古尔登"(Apfelgulden)的帝国金币,但遭到汉萨同盟的坚决抵制。直到 16 世纪在德意志帝国内始终没有确立统一的货币。①

　　货币的不统一、关卡的林立使 14 世纪以后的德意志形成类似汉萨城市为主体的多个贸易中心。但泽、不伦瑞克、布雷斯劳、不莱梅以及多特蒙德都是各地区的贸易中心。位于莱茵河中游的科隆是中世纪德意志境内最大的城市,也是东西水路和南北陆路的交叉点,既可以通过水路与英国有着直接的贸易往来,也可以通过陆路到达法国。地处美因河下游的法兰克福自 15 世纪下半叶起取代美因茨的地位,成为这个地区最重要的经济中心,便利的水路和陆路交通促进了法兰克福交易集市的发展,成为韦特劳地区最重要的交易集市。早在 14 世纪时,法兰克福的总资产就高达 1 万古尔登,15 世纪时约达 3 万—4.5 万弗罗林。德意志北部的自由城市汉堡位于易北河畔,易北河良好的航道可以使商船直接进入通往北海和波罗的海的航道,与吕贝克的商路相通。自中世纪以来,汉堡无论是在内陆贸易还是过往贸易都占据着重要的地位,它的造船业和航运业都十分发达。易北河除了是连接东西方的重要航道以外,还承担着内陆商品交换的重任,通过易北河的航道可以从马尔克地区②、卢日采山区③、迈森、安哈尔特④地区运送出当地盛产的粮食、木料和布

---

① Kellenbenz, H., *Deutsche Wirtschaftsgeschichte*, Bd. 1, S. 196ff.
② 马尔克地区指法兰克中部埃朗根与赫希施塔特之间地区,这里有丰富的森林资源。
③ 该地区位于今天波兰和德国的边境地区。
④ 安哈尔特地区位于今天的萨克森-安哈尔特州。

匹,从哈茨山区运送出矿石,又可以从下萨克森、劳恩堡和荷尔斯泰因运来羊毛、粮食、亚麻、蜂蜡和畜牧产品,尤其是易北河下游低湿地地区的牲畜和黄油。14 世纪末,汉堡就有"强制货栈权",并且适用于所有在易北河下游运送粮食的船只。1482 年,汉堡的这项特许权得到帝国的官方认可。①

五、国际贸易中的汉萨城市

德意志北部地区的城市大多进行的是国际贸易,汉萨城市同盟的作用非常明确地凸现出来,15 世纪领导汉萨城市同盟的是吕贝克。吕贝克位于特拉沃河下游注入波罗的海的入海口处。作为扼守波罗的海贸易桥头堡的吕贝克在 15 世纪的德意志是继科隆之后的第二大城市,这里聚集着来自挪威卑尔根、俄罗斯诺夫哥罗德、瑞典施科讷以及上德意志各地的商人,他们可以很方便地前往汉堡,也可以通过施泰克尼茨运河进入易北河的水路交通动脉。此外,吕贝克还有与地中海贸易区相连的陆路交通。可以这样说,吕贝克是中世纪晚期地中海贸易区与北海和波罗的海贸易区的一个非常重要的相交点。商人们贩运来自东部和北部地区的毛皮、木材、蜡、蜂蜜、焦油、柏油、大麻等手工业的原材料,与来自西部地区的布匹、金属制成品以及一些小商品等手工业的制成品进行贸易交换。从斯堪的纳维亚地区运送进施科讷的蜂蜜、卑尔根的鳕鱼以及黄油、铁矿石和铜矿石,在吕贝克以及周边城市进行加工。在吕内堡生产的食盐则可以通过施泰克尼茨运河与易北河的水路相连接运送到但泽。吕贝克因为其无与伦比的贸易优势赢得极大的政治权利,作为帝国的直辖市,它的市议会享有"任意性"(Willküren)的特权,正是这个特权吸引百余城市与之联合。1340 年,路德维希皇帝给予吕贝克铸造金币的"金币权"(Goldmünzrecht),这无疑更加提升了吕贝克在汉萨城市中的地位。

---

① Kellenbenz,H.,*Deutsche Wirtschaftsgeschichte*,Bd. 1,S. 179.

　　1340 年,丹麦人瓦尔德马四世(Waldemar Ⅳ., 1321—1375, 1340—1375 年在位)在沿海各汉萨城市的支持下登上丹麦王位,为了回报汉萨城市的支持,他重新认可其已经享有的各种特许权。1356 年,汉萨城市首次在吕贝克召开汉萨会议(Hansetag),所有加入汉萨的城市都派代表参加汉萨城市议会。这次会议确立了吕贝克在汉萨城市中的领导地位,各汉萨城市都有权参与重要事务的决议。会议的决议还规定,所有汉萨城市都必须遵守共同制定的章程,加入汉萨同盟的商人有权享有诸如免税、使用货仓和码头等特许权,他们受汉萨同盟法的保护。作为德意志北部地区最大的商人联合体,汉萨同盟虽然没有起到统一德意志国内市场的作用,但是汉萨同盟设立的商站是所有商人共同的据点。在佛兰德,从 1360 年起汉萨同盟的商人就被允许在伯爵领地的任何地方和任何时间出售商品,保证他们的人身和财产安全,免除他们向当地人偿付债务和赎罪的义务。如果汉萨同盟的商人遭到佛兰德人的袭击和抢劫,必须给予赔偿。一直以来,挪威禁止外来商人在其境内进行贸易交换,也不准许他们和当地的村民进行直接交易,只有在夏季的几个月中才允许外籍商人在挪威进行交易活动,但是汉萨同盟的商人不受这些规定的限制。[1] 1360、1361 年丹麦国王瓦尔德马四世先后率兵攻占施科讷和格兰岛的重要港口城市维斯比,阻碍汉萨商人在这些地区的贸易活动。吕贝克的市长约翰·维滕堡(Johann Wittenborg, 1321—1363)建议汉萨同盟与丹麦国王对抗。1362 年,汉萨城市的船队被丹麦军队围困于地处厄勒海峡的赫尔辛堡,损失惨重,失去在这个地区的海上优势。次年,约翰·维滕堡因指挥失败而被汉萨城市法庭处死,成为这次兵败的替罪羊。

　　1367 年 11 月 19 日,汉萨城市在科隆举行共同会议,结成共同反对丹麦的科隆联盟(Kölner Konföderation),共有 57 座汉萨城市加入该联盟。1368 年 2 月 2 日,科隆联盟的汉萨城市与瑞典的国王阿尔布雷希特

---

[1] Kulischer, J., *Allgemeine Wirtschaftsgeschichte des Mittelalters und der Neuzeit*, S. 260.

三世（Albrecht Ⅲ., 1338—1412, 1389—1412 年在位）以及德意志和丹麦的贵族联合起来共同向丹麦国王宣战。同年 4 月，由 37 艘船组成的汉萨城市的舰队驶向丹麦，5 月占领哥本哈根，此后又占领施科讷、挪威以及日德兰半岛的南部地区，迫使丹麦国王不得不妥协，与汉萨城市共同宣布停战。1370 年 5 月 1 日，23 座汉萨城市的代表与丹麦国王的特使在施特拉尔松德会晤，由瑞典隆德大主教亨宁·波德布斯克（Henningen Podebusk，？—1388）主持共同签署条约，丹麦国王承认汉萨城市在施科讷和丹麦的所有特许权，汉萨城市还掌控了赫尔辛堡、斯卡讷、马尔默以及法尔斯特布 15 年的权利，丹麦国王要想赎回这些城市，必须缴纳 1.2 万马克的纯银，由此丹麦在厄勒海峡的所有关税都落入汉萨城市的金库。此外，丹麦议会还承诺，如选举丹麦国王必须经过汉萨城市的认可。《施特拉尔松德条约》（Friede von Stralsund）确立了以吕贝克为首领的汉萨城市在北海和波罗的海的海上贸易霸权地位。

1387 年，瓦尔德马四世唯一的儿子夭折，他的女儿玛格丽特一世（Margarethe Ⅰ., 1353—1412, 1387—1380 年在位）继承丹麦的王位，她与挪威国王的婚姻使她有了掌控挪威王权的可能。1388 年，梅克伦堡的公爵阿尔布雷希特三世（Albrecht Ⅲ., 1338—1412, 1364—1389 年在位）被选为瑞典国王，因王国内的不安定，不得不求助玛格丽特一世女王。女王抓住这个机会为她的继承人、侄孙埃里克七世（Erik Ⅶ., 1382—1459, 1397—1459 年在位）铺路。1397 年 6 月 17 日，埃里克七世在卡尔马同时加冕为丹麦国王、瑞典国王和挪威国王，这就标志着卡尔马联邦（Kalmarer Union）的诞生。1406 年，埃里克七世迎娶英国国王亨利四世（Henry Ⅵ., 1366 或 1367—1413, 1399—1413 年在位）的女儿，这一婚姻促使埃里克七世的扩张欲望膨胀，将其推向汉萨城市、德意志骑士团和荷尔斯泰因公爵的对立面。1429 年，埃里克七世在扼守厄勒海峡的要塞克罗堡设立关卡，征收海峡关税（Sundzoll），这就更加使得汉萨城市与卡尔马联邦之间的关系恶化，激化为武力冲突。直至 1434 年瑞典发生反对联邦苛重赋税的农民起义，才迫使埃里克不得不向汉萨城市妥协。1435 年 7 月 15 日,汉萨城市同盟与卡尔玛联邦在沃尔丁堡签订和约,《沃尔丁堡和约》(Friede von Vordingborg)保证汉萨城市原有的特许权。

自 1259 年吕贝克与诺夫哥罗德、基尔、维斯马、罗斯托克和施特拉尔松德建立文迪城市同盟(Wendischer① Städtebund)后,一直垄断特拉沃河与易北河区域间的货栈权,而法国和英国一直试图打破这个垄断权。1433 年,荷兰伯爵领地落入勃艮第公爵好人菲利普(Philipp der Gute, 1396—1467)手中,菲利普试图以荷兰为跳板进入汉萨城市控制的地区。1438 年 4 月,12 艘满载盐的货船在贝斯特的港口被海盗抢劫,这一事件成为点燃北部德意志 6 座汉萨城市以及荷尔施泰因公爵与荷兰之间战火的导火索,好人菲利普借助海盗的力量与汉萨城市对垒。从 1440 年起,克里斯托夫三世(Christoph Ⅲ., 1416—1448,1440—1448 年在位)相继继承丹麦(1440)、瑞典(1441)和挪威(1442)三个王国的王位。他为了削弱三王国内的反对派势力,不得不借助汉萨城市的政治力量,他在这年的 4 月前往吕贝克寻求与之和解的可能。在克里斯托夫三世的斡旋下,1441 年交战双方在哥本哈根签订有效期为 10 年的停战协议,荷兰的城市有义务赔偿普鲁士和立陶宛的汉萨城市 22 艘商船,向克里斯托夫三世支付 5000 古尔登作为罚金。汉萨城市则要求解除所有对荷兰城市的贸易限制,保证其交通往来的自由。这一停战协议开始打破汉萨城市在波罗的海地区的垄断。

在百年战争期间,汉萨城市曾经给予英国王室军事上的援助,因而获得英国国王很优惠的特许权。百年战争以及黑死病之后,英国的毛纺织业有了极大的发展,它在扩大毛纺织品销路方面遇到的第一个障碍就是汉萨城市在波罗的海地区的贸易优先权。1447 年,亨利六世(Henry Ⅵ., 1421—1471,1422—1461 年在位②)国王取消了给予汉萨城市的所

① Wenden 是指在德意志北部和东部西斯拉夫人居住的地区。
② 亨利六世是英国兰开斯特王朝的最后一位国王,他执政时期分为两个阶段,第一阶段为 1422—1461 年,第二阶段为 1470—1471 年。

有特许权。1449 年 5 月,英国人抢劫汉萨的运盐船队,吕贝克损失 16 艘大船,但泽损失 14 艘大船,尽管经过艰难的谈判这次事端被压制下去,但是并没有从根本上解决引起事端的根源。1468 年,英国的商船在海峡被抢劫和征用。1469 年初,英国国王爱德华四世(Eduard Ⅳ.,1442—1483,1471—1483 年在位)下令实施报复,洗劫汉萨同盟在伦敦的施塔勒商栈,拘押商栈的商人,用他们的财产赔偿在海峡遭受的损失。4 月,吕贝克、汉堡、但泽以及不莱梅等城市的汉萨商人在吕贝克集会,共同决定向英国宣战,禁运英国的布匹,组织海盗船拦截英国的商船。与英国素有宿怨的勃艮第的公爵勇敢者查理(Karl der Kühne,①1433—1477)为汉萨城市组织的海盗船开放荷兰的港口。此时的英国正处在"玫瑰战争"(Rosenkrieg②)中,受到内乱牵制的爱德华四世逃亡勃艮第。勇敢者查理为了协助英王返回英国,为汉萨城市同盟的商船开放了一年的通路,但是但泽的商船不仅攻击英国敌对面的船只,甚至还攻击英王乘坐的返回英国的船只。此后,公爵再次对汉萨城市同盟和海盗船关闭港口,汉萨商人也再次失去把佛兰德的港口作为军事基地的可能。1472 年,汉萨城市同盟在汉堡和吕贝克组建船队,并借助海盗船的力量不断地袭击英国的船队和港口,英国遭受极为惨重的损失,于 1474 年与汉萨城市在乌得勒支签订和约。汉萨城市通过《乌得勒支和约》(Frienden von Utrecht)重新获得在英国原有的权利和特许权,不仅在伦敦恢复施塔勒商栈,而且还被允许在波士顿和林恩设立商栈,并获得 1 万英镑的损失赔偿。

汉萨城市虽然在与荷兰和英国的战争中都赢得胜利,但汉萨城市同盟仅仅是一个松散的商业组织机制。进入 16 世纪的西欧在宗教改革运动的冲击下发生极大的变化,依然处于德意志分权国家政体中的汉萨城

---

① Karl der Kühne 的法语是:Charles Ⅰᵉʳ le Téméraire,笔者按照法文名字的译音翻译为"勇敢者查理"。

② 英国约克家族与兰开斯特家族为争夺王位进行的战争,因两个家族的族徽分别为红玫瑰和白玫瑰,故被称为玫瑰战争。

市同盟,在与有国家政治强权支持下的英国、法国、尼德兰等大公司之间进行的世界性远程贸易大战中,逐渐失去自中世纪以来一直占有的贸易优势,从 16 世纪初起走向衰落。

第三节 德意志中世纪的大学

一、皇帝建立的大学

11 世纪末,在德意志皇帝的支持下成立的博洛尼亚大学被看作是西欧中世纪的第一所大学。1158 年,德意志皇帝弗里德里希一世发布敕令,允许任何人自由前往西欧各地已经建立的大学学习,给予他们司法审判权的保护。为了分散西欧各地涌向博洛尼亚大学的求学者,1224年,弗里德里希二世皇帝无视教皇的反对,在那波利建立一所大学。在此后的一个多世纪,西欧一些重要的政治中心或文化中心的城市中都相继建立大学,但直到 14 世纪中叶,在德语地区尚没有建立一所中世纪的大学。尽管如此,德意志依然是西欧各地学者前来造访之地,帝国各地经常有经院哲学各流派的论争,科隆等城市聚集着经院哲学的大家,德意志帝国是教权和政权争辩的大平台。

14 世纪 20 年代,教皇约翰内斯二十二世因插手德意志王位之争与路德维希四世发生公开的冲突,这个时期的著名学者奥卡姆的威廉(Wilhelm von Ockham,1288—1347)也被卷入其中。奥卡姆的威廉出生在英国一个叫奥卡姆的小镇,很早就加入法兰西斯修士会,后在牛津大学求学,因评注伦巴底的彼得撰写的《教父名言集》,抨击教会占有大量财产,提倡基督守贫等神学观点,被牛津大学的校长斥责为异端。1323 年 8 月,奥卡姆的威廉收到阿维尼翁教廷的传讯,前往教廷为自己进行申辩。此时,教皇约翰内斯二十二世与法兰西斯修士会的切塞纳的米夏埃尔(Michael von Cesena,1270—1342)也针对基督守贫等教义问题进行激烈的争论,威廉因支持米夏埃尔的观点受到牵连与其一起被囚禁在阿维尼翁。1328 年 5 月 26 日，奥卡姆的威廉和切塞纳的米夏埃尔以及法兰西斯修士会的修士一起逃出阿维尼翁，他们在比萨偶遇德意志皇帝路德维希四世。被约翰内斯二十二世宣布绝罚的路德维希四世立刻将这一行人置于自己的保护之下。1330 年初，奥卡姆的威廉以及与他一同逃出阿维尼翁的同行者跟随路德维希四世到了慕尼黑，他长居那里直至终老。在慕尼黑，威廉撰写了很多有关教皇权限以及教权和政权关系的论著，他在《关于皇帝和教皇权力的对话》中，立场鲜明地维护皇权的权威，提倡废除枢机主教选举教皇的制度，改为由宗教会议选举教皇，反对教皇享有绝对的权力。后人用"你用剑保护我，我用笔保护你"这句话恰当地描述出了威廉与路德维希四世之间的关系。

　　卡尔四世登基后，布拉格成为神圣罗马帝国皇帝的首府，自 14 世纪下半叶之后成为政治、经济和文化的中心。1348 年 4 月 7 日，卡尔四世授意在布拉格建立卡尔大学。① 卡尔大学是中世纪中欧地区的第一所大学，也是德语地区的第一所大学。前来求学的学生除了来自波希米亚地区，还有来自萨克森、巴伐利亚、西里西亚以及法国、英国和意大利的学生。15 世纪初，这所大学就有万余名注册学子，其中来自德意志的学生占四分之三。卡尔大学完全按照巴黎大学的模式建校，建校之初就设立了神学、法学、医学和哲学四个传统的系，根据学生来自的地区将他们分为波希米亚、巴伐利亚、波兰和萨克森 4 个学生同乡会，每个同乡会为一票，参与学校的管理。14 世纪下半叶，在波希米亚地区的德意志移民和捷克当地人的矛盾激化，这一社会矛盾也波及卡尔大学内部，在各个同乡会之间进行激烈的大辩论。辩论的内容主要是围绕着威克里夫的学说以及西方教会大分裂，其中还涉及是否承认在比萨宗教会议上选出的教皇等问题。当时还只是波希米亚国王的文茨尔四世的态度明显倾向于波希米亚学生同乡会，他于 1409 年 1 月 18 日在库滕贝格颁布一个敕

---

① 1645 年，皇帝费尔迪南德三世改建了卡尔大学，此后将其改名为卡尔-费尔迪南德大学，直至今日。

令,其中规定波希米亚学生同乡会在卡尔大学中享有三票,其他三个同乡会仅保留了一票。《库滕贝格敕令》(Kuttenberger Dekret)颁布之后,大约千名左右讲德语的学生和教授在这年的 5 月被驱逐出卡尔大学,其中包括校长明斯特贝格的约翰内斯·奥托(Johannes Otto von Münsterberg，1360—1416),捷克教士扬·胡斯(Jan Hus，1369—1415)因此当上卡尔大学的校长。卡尔大学成为胡斯运动的发源地,被驱赶的大学生和教授们在约翰内斯·奥托的带领下前往莱比锡,在那里建立新的大学。1409 年 9 月 9 日,莱比锡大学获得教皇亚历山大五世授予的成立证书。莱比锡大学同样分为四个学生同乡会,即:迈森同乡会;萨克森同乡会,包括来自德意志北部、西北地区、斯堪的纳维亚以及英国的学生;巴伐利亚同乡会,由来自德意志南部、西南部以及欧洲南部和东南部地区的学生构成;波兰同乡会,其中包括来自西里西亚、德意志东部和欧洲东部的学生。莱比锡大学得到迈森地区诸侯们的大力支持,图林根的侯爵、人称爱争执的弗里德里希一世(Friedrich Ⅳ.，1370—1428)和他的兄弟威廉(Wilhelm Ⅱ.，1371—1425)每年为大学提供 500 古尔登的赞助资金。

二、诸侯建立的大学

14 世纪中叶以后,在德意志帝国境内相继建立多所大学,这些大学或是由所在地的教俗诸侯或是由城市建立的。1365 年 3 月 12 日,奥地利的公爵鲁道夫四世和他的两个兄弟阿尔布雷希特三世及利奥波德三世共同决定在维也纳建立大学。1383 年,巴黎大学神学系索邦学堂(Sorbonne①)的著名教授和学生们经常就天主教教义进行大辩论,阿尔布雷希特三世乘机广纳人才,吸引巴黎大学不同观点的教授们到维也纳大学讲授课程,1384 年再次给予维也纳大学捐赠证书,同时还设立神学院。1450 年左右,在维也纳大学学习的学生约有 6000 余名。在西方教

---

① 索邦学堂得名于法国著名的神学家、王室神甫索邦的罗伯特(Robert von Sorbon，1201—1274),在这个大讲堂中经常举行著名神学家们的大辩论。

会大分裂期间,巴黎的索邦学堂支持阿维尼翁教廷,尽管在布拉格的卡尔大学是罗马教廷的支持者,但因远离罗马而且其讲授的课程都无法使它成为新的神学中心。行宫伯爵、选侯鲁普雷希特一世(Ruprecht Ⅰ.,1309—1390)决定在海德尔堡建立一所大学,得到罗马派教皇乌尔班六世的支持。鲁普雷希特一世任命曾在巴黎大学任教,后因教会分裂被驱逐的神学家英恩的马西利乌斯(Marsilius von Inghen,1335—1396)为海德尔堡大学的首任校长。1386 年 10 月 18 日,海德尔堡举行盛大的弥撒,这一天被看作是海德尔堡大学的建校日。海德尔堡大学建立后长期坚持唯名论的哲学观点,宗教改革时期这里成为新教的学术大本营。

早在 850 年,科隆大主教教堂就设有教会学校。1248 年,多米尼克修士会的修士大阿尔贝在科隆开办修士会的研究院,他的博学吸引大批求学者前来。1260 年,法兰西斯修士会也在科隆开办研究院。然而,科隆大学既不是由教会也不是由诸侯提议建立的,而是由科隆的市民议会决定筹建,获得教皇乌尔班六世的认可。1388 年 5 月 21 日被确定为科隆大学的建校日。埃尔福特大学也是由市议会决定于 1392 年建立的。从 15 世纪初起,埃尔福特大学的法学系不仅讲授教会法,而且还设有民法课程,成为阿尔卑斯山以北著名的法学研究中心,有"北方博洛尼亚"的美誉,吸引很多学生慕名而来。埃尔福特大学除了有神学、法学、哲学和医学这四个传统的系以外,还设立了文学系,主要讲授古典自由七艺的课程。文艺复兴时期,在埃尔福特大学活跃着一批人文主义学者。

15 世纪,在德意志还先后建立了罗斯托克大学、特里尔大学、美因茨大学、蒂宾根大学。大学是德意志人文主义者的聚集地,也为此后的宗教改革运动培养和储备了改革者。

第十章　德意志帝国最初的改革

　　15 世纪初开始的宗教会议时代强调宗教会议的权威高于罗马教皇，康斯坦茨宗教会议最终结束了西方教会的大分裂。然而，捷克修士胡斯的教会改革拉开了此后宗教改革的序幕。随之而来爆发的胡斯战争不仅对罗马教会，而且对德意志帝国也造成很大的冲击，帝国内部诸侯纷争再起。为此，取代卢森堡王朝的哈布斯堡家族的几任皇帝开始了帝国改革，力图实现帝国在经济和政治上的统一。

　　黑死病之后农业的巨变和发展加速农产品进入国际贸易的领域，粮食的国际贸易刺激大地产的发展，在德意志帝国的东部地区出现"二期农奴制"，农民的徭役和赋税加重，激化农村中的社会矛盾。在胡斯战争的影响下，农民的反抗越演越烈，并自发组织起带子鞋会。各地先后爆发的农民反抗最终酿成农民战争的熊熊烈火。

　　国际贸易的发展同样也为城市注入新的活力，城市中的富裕市民扩大其经营范围，有了最初的大贸易商行。在这些富裕市民中一枝独秀的是富格尔家族，他们不仅经营商业而且还从事银行业，涉足采矿业、纺织业等实体经济，同时还赞助德意志的文艺复兴。德意志的人文主义者大多集中在大学里，他们都有一个共同的特点：具有较浓厚的宗教色彩。大学中的人文主义对宗教改革运动的开启者马丁·路德施加了重要的影响。

第一节 哈布斯堡王朝开启的帝国改革

一、宗教会议时代

德意志再次实现王位统一后，如愿以偿登上王位的西吉斯蒙德虽然踌躇满志，但是罗马教会的分裂、奥斯曼土耳其人的入侵、胡斯战争的爆发等等，所有这些历史事件都加剧了国际环境的复杂性，阻碍了他的施政策略，甚至延缓了他举行加冕礼的时间，直到他被选为国王 3 年后才于 1414 年 11 月 8 日在亚亨接受加冕礼，此后他立刻前往康斯坦茨参加罗马教会在那里举行的宗教会议（das Konstanzer Konzil）。

14 世纪 70 年代，基督教西方教会的大分裂依然无法弥合，严重地削弱教会的宗教权威，同时也不利于西欧各国王权的集权。法国国王极力促进教会的统一，以便能凌驾于统一后的教会之上，继续对其施加影响。德意志王位之争的双方都希望借助某一派教皇的支持，宣布自己掌有合法的王权，这就使教会分裂处于更加错综复杂的国际形势中。在这个时期，大学中的神学教授们纷纷阐述各自的神学观点，试图弥合教会的分裂。1379、1380 年盖尔恩豪森的康拉德（Konrad von Gelnhausen，1320—1390）先后撰写了《文档概要》（Epistola brevis）和《和谐概要》（Epistola concordie）两篇文章就此进行论述。康拉德曾在巴黎大学和博洛尼亚大学攻读过教会法学，他从基督教早期宗教会议的理论和法规的角度提出解决教会分裂的方法。1397、1381 年，维也纳大学校长朗根施泰因的海因里希（Heinrich von Langenstein，1325—1397）先后撰写《敦促和平概要》（Epistola pacis）和《敦促统一和平概要》（Epistola concilii pacis），提出解决教会分裂的方法。他们都认为，教会是因为受到异端的侵害而分裂，因此必须回归到自然的、上帝的法规上，即关系到所有人的事情应该由所有人共同决定。枢机主教团既然在有关教皇的人选方面无法达成一致，就应该根据这个原则召开所有主教和大主教都参加的宗教会议做出决议,有关教皇人选的宗教会议可以由世俗君王主持召开。1395 年 2 月 2 日,法国召开了一次全王国性质的教会省会议,按照法王的意愿要求两位教皇同时退位,这个决议自然遭到两位教皇的拒绝。阿维尼翁教皇本尼狄克十三世(Benedikt XIII.,1342—1423,1394—1423 年在位)甚至向文茨尔请求,希望他能够帮助弥合教会的分裂。

法国国王和文茨尔对待教会分裂的不同态度造成德意志内部的教会分为两派。帝国西部地区的主教和大主教们纷纷宣布对此保持中立,以此摆脱长久以来从属罗马教会的宗教地位,这反而为德意志的分裂增添新的因素,也是文茨尔被诸侯废黜的一个重要原因。1406 年 11 月 30 日,罗马的枢机主教团选举威尼斯的安杰洛·克雷尔为罗马的教皇,称格雷戈尔十二世(Gregor XII.,1335—1417,1406—1415 年在位)。格雷戈尔十二世一上任就积极着手解决教会分裂问题,他提出与本尼狄克十三世在萨沃纳会面,但遭到身边亲信的竭力反对,罗马枢机主教团中的大多数枢机主教也因此反戈,站到阿维尼翁教廷一边,并且重提 14 世纪末期召开宗教会议的主张。1408 年 6 月,阿维尼翁的枢机主教团在意大利的里窝那与罗马枢机主教团的代表会晤,定于次年的圣母领报节(Maria Verkündigung①)这一天在比萨召开宗教会议。亚历山大城的大主教(Patriarch②)西 蒙 · 德 · 克 拉 莫 德(Simon de Cramaud,1345—1423)代表耶路撒冷和安条克两大主教区的大主教以及 22 位枢机主教、80 位主教前往比萨参加这次宗教会议,此外,与会的还有 100 位主教、200 余位修道院院长和修士团的教长以及他们派的代表、300 位神

---

① 圣母领报节为每年的 3 月 25 日。
② 基督教早期有罗马、安条克、耶路撒冷、亚历山大城和君士坦丁堡这五大主教区,五大主教区的大主教称之为 Patriarch,五大主教区的大主教享有同等的宗教权威和宗教法权。东西教会大分裂之后 Patriarch 的含义有所变化,在西方罗马教会中 Patriarch 的宗教法权仅次于教皇,但高于大主教(Erzbischof),故国内学界也将其译为"宗主教"以示区别。

学家和众多的普通教士。① 西蒙·德·克拉莫德被选为比萨宗教会议
(Konzil von Pisa)的主持者。这次宗教会议持续了将近一个月,共召开
22 次大会,在举行第一次会议时就任命了 2 位司法大臣(Marschall②)、
高级法官(Auditoren③)、律师(Advokat)、司库(Prokurator④)和公证人
(Notar),由此形成一种新的宗教会议的组织机制,开启了中世纪晚期的
宗教会议时代(Konzilszeit)。

　　比萨宗教会议的目的是解决西方教会的分裂,然而两位教皇都没有
到场,甚至也都没有派遣特使参加会议。在宗教会议上最为引人注目的
人物是法国国王派出的代表团的团长,英国国王也派出了代表,而文茨
尔则更希望通过这次宗教会议恢复他的王位。与此相反,坐在王位上的
鲁普雷希特深深感受到教皇的束缚和来自法国的威胁,对比萨宗教会议
采取排斥的态度。虽然他也派遣使团参加了比萨宗教会议,但却作为神
圣罗马帝国的代表和罗马教会的保护者宣布,比萨宗教会议作出的所有
决议无效。6 月 5 日,在西蒙·德·克拉莫德的主持下,宗教会议作出决
议宣布,同时废黜未到会的格雷戈尔十二世和贝尼迪克特十三世,选举
米兰的大主教、枢机主教、干地亚的彼得·菲拉吉为教皇,称亚历山大五
世(Alexander Ⅴ.,1340—1410,1409—1410 年在位)。具有讽刺意味的
是,比萨宗教会议的宗旨是要消除西方教会的分裂,但却因为格雷戈尔
十二世和贝尼迪克特十三世均不承认宗教会议废弃其的决议,且又各自
掌有在其权势范围内的教会辖区,亚历山大五世的任命则是教会的第三
个教皇,形成三足鼎立的局面,教会的分裂反而更为加剧。

---

① H.-G. Beck, K. A. Fink, J. Glazik, E. Iserloh, H. Wolter, *Handbuch der Kirchengeschichte.*
Vom Hochmittelalter bis zum Vorabend der Reformation, Freiburg-Basel-Wien: Herder, 1985,
Bd.,Ⅲ/2, S. 508f.

② Marschall 现代德语的意思是"元帅",在早期罗马教会中有四位上帝的"守护圣徒"
(Schutzpatrone),主要的职能是抵御瘟疫和疾病;中世纪中期以后"守护圣徒"的职能转变为
司法意义,尤其是比萨宗教会议时,故笔者将其翻译为"司法大臣"。

③ Auditoren 尤指罗马教会法庭的高级法官。

④ Prokurator 通常译为司库,其职责是负责财政。

教会的分裂直接影响到德意志政局的分裂。在此之前德意志的教会基本上都统一在罗马教会的管辖之下，比萨宗教会议之后，德意志教会分别支持三个教皇，只是因为鲁普雷希特的去世才没有导致形成三个派别。1410 年 5 月 3 日，上任尚不到一年的亚历山大五世辞世，两周后出身于南意大利特洛亚伯爵家族的巴尔达萨雷被选为亚历山大五世的继任者，称约翰内斯二十三世（Johannes ⅩⅩⅢ., 1370—1419, 1410—1415 年在位）。1413 年，西吉斯蒙德在意大利伦巴底地区的洛迪与约翰内斯二十三世会晤，敦促他再次召开宗教会议解决教会分裂问题。1414 年 11 月 5 日，约翰内斯二十三世在德意志南部的城市康斯坦茨召开宗教会议，但初期参加会议的只有意大利地区的主教们。1414 年末，西吉斯蒙德来到康斯坦茨，康斯坦茨宗教会议持续了 3 年半之久，他几乎一直停留在那里。在西吉斯蒙德的大力敦促下，大约有 29 位枢机主教、300 余位主教、众多的教会学者以及君王和诸侯的代表陆续来到康斯坦茨，与会人数骤增，最多时与会者达到 700 余名，格雷戈尔十二世和贝尼迪克特十三世也均派代表赴会。[1]

来自西欧各地的众多参会者很难在思想上达到统一，更何况参加会议的各等级之间始终有着难以消除的隔阂。与会的教会学者们按照中世纪大学的组织机制结成社团（Nation[2]），1415 年 1 月共有 4 个宗教会议社团（Konzilnation），即：德意志社团，其中包括来自丹麦、斯堪的纳维亚、波希米亚、波兰、匈牙利以及苏格兰的与会者；意大利社团、法国社团和英国社团。按照西吉斯蒙德的旨意，宗教会议在作出决议时不再是每个参加者都有表决权，而是每个社团和枢机主教团都各自只有一票的表决权。这无疑是宗教会议时代的一种新的机制，抑或说是一个改革，这也为此后提出宗教会议高于教皇的决议奠定了一定的基础。

---

① H. -G. Beck, K. A. Fink, J. Glazik, E. Iserloh, H. Wolter, *Handbuch der Kirchengeschichte. Vom Hochmittelalter bis zum Vorabend der Reformation*, Bd., Ⅲ/2, S. 550.

② Nation 源自拉丁语 natio，在 12 世纪的大学里，来自同一个地区的大学生们自行组成的同乡会称之为 natio；自 16 世纪以后，Nation 才被赋予政治学中"民族国家"的涵义。

西吉斯蒙德强势干预康斯坦茨宗教会议给约翰内斯二十三世很大的压力，他于 1415 年 3 月初提出，为了教会的统一他可以辞去教皇的职位，前提是格雷戈尔十二世和贝尼迪克特十三世也同时辞去教皇的职位。这一提议没有得到另外两个对立派教皇的响应。此后，约翰内斯二十三世试图借助奥地利蒂罗尔的伯爵弗里德里希四世（Friedrich Ⅳ.，1382—1439）摆脱西吉斯蒙德对宗教会议的控制，试图把宗教会议的会址迁往在弗里德里希四世掌控的美因河畔的法兰克福。弗里德里希四世曾是鲁普雷希特的坚定支持者，他虽然是伯爵，但却以公爵的名义统治着上奥地利。西吉斯蒙德立刻对弗里德里希四世采取强硬的态度，宣布剥夺他的法律保护令，任何人都可以夺取他的领地，获得西吉斯蒙德的授封，这就迫使弗里德里希四世不得不拒绝约翰内斯二十三世的求助。1415 年 3 月 20 日，约翰内斯二十三世乔装成仆役秘密从康斯坦茨逃往沙夫豪森，1 个月后在弗莱堡被德意志国王的封臣俘获拘押。西吉斯蒙德对教皇的逃匿非常愤怒，他于 4 月 6 日在康斯坦茨亲自主持召开宗教会议，颁布《神圣的宗教会议》（Haec sancta synodus）的教令。在这个教令中强调，在康斯坦茨召开的这次宗教会议是由圣灵召集的，它具有普遍意义，有争议的天主教教会的宗教会议应该是直接置于基督之下，因此任何人、任何等级或者任何显贵，即使有着教皇头衔的人也都必须服从它，宗教会议的决议应该高于教皇之上。[①] 西吉斯蒙德还授意教会对逃跑的约翰内斯二十三世进行审判，在 5 月 29 日召开的第 12 次会议上宣布废黜他的教皇之职，将其长期囚禁。在此后两年，康斯坦茨宗教会议先后作出废黜格雷戈尔十二世和本尼狄克十三世的决议。在 1417 年的马丁日（11 月 11 日）这一天，23 位枢机主教和 30 位宗教会议的代表选举出身于意大利古老贵族家族科隆纳的奥多为教皇，称马丁五世（Martin Ⅴ.，1368—1431，1417—1431 年在位）。

---

① H. -G. Beck, K. A. Fink, J. Glazik, E. Iserloh, H. Wolter, *Handbuch der Kirchengeschichte. Vom Hochmittelalter bis zum Vorabend der Reformation*, Bd. , Ⅲ/2, S. 552.

马丁五世的当选标志着基督教西方教会大分裂的结束。尽管本尼狄克十三世在他有生之年始终维护他作为教皇的权力,但西吉斯蒙德推行的政策成功地争取到西班牙的阿拉贡王室、卡斯蒂利亚王室以及纳瓦拉王室的支持,这不仅削弱了法国国王在这些地区的政治影响,同时也极大地减少了本尼狄克十三世宗教权威的支撑点,这也就使其失去了坚持作为对立派教皇的社会基础,从而为马丁五世作为一致被认可的教皇扫清了障碍。

康斯坦茨宗教会议不仅结束了西方教会近四十年的分裂,而且还就那个时代神学家有关教义理论的分歧作出裁决。13 世纪下半叶之后,经院哲学中有关上帝存在的辩论日益激烈,出现一批颇有见地的经院哲学家,例如被称为“精细博士”的苏格兰的约翰·邓·司各脱(John Duns Scotus,1266—1308)、英国奥卡姆的威廉以及英国的神学家约翰·威克里夫(John Wyclif,1330—1384)等等。他们的神学观点在很大程度上动摇了教皇的宗教权威,尤其是英国唯实论的代表人物威克里夫。他从唯实论的立场出发,强调所有权力都是直接来自上帝,否认教会、主教和教士在上帝和广大信徒之间的中介作用。他的神学观点遭到教会上层教士的强烈反对,但他的神学思想的影响跨越英吉利海峡进入西欧大陆,尤其是对捷克的教士扬·胡斯产生极为深刻的影响。

胡斯出身于捷克一个车夫家庭,他的母亲是一个虔诚的基督徒,虽然家境贫寒依然送他去接受教育,希望他能够成为一名教士,借此提高社会地位。毋庸置疑,母亲对他的影响以及出身底层的社会环境都给他打下了深深的烙印。1390 年,胡斯前往布拉格,在卡尔大学学习,获得硕士学位并由此成为大学的教师。1398 年,胡斯在卡尔大学继续学习神学,1400 年,接受神职成为一名教士,此后被聘为大学的神学教授,同时还是波希米亚国王文茨尔四世的妻子巴伐利亚的索菲(Sophie von Bayern,1376—1425)的祈祷神甫。1409 年,在卡尔大学的德意志籍的教授们被驱逐,胡斯担任卡尔大学的校长。卡尔大学在建校之初就与英国牛津大学有着较为密切的学术往来,这归功于卡尔四世的妹妹波希米亚的安讷。安讷于 1382 年嫁给英国国王理查德二世,一些追随她的波希米亚的贵族接触到牛津大学神学教授威克里夫的神学思想,通过他们把威克里夫的神学思想和神学观念传到卡尔大学。以胡斯以及希罗尼穆斯(Hieronymus von Prag,1365—1416)为首的大学的神学家们深受威克里夫的影响,在有关教义问题上与布拉格的大主教哈森堡的兹宾科·扎伊茨(Zbynko Zajíc von Hasenburg,1376—1411)发生激烈的辩论。胡斯以《圣经》为依据撰写了一批著作对此进行深入的阐述,其中最重要的是《论教会》(Über die Kirche,拉丁语:De ecclesia)。胡斯谴责教士们偏离《圣经》的基本教义,斥责在当时颇为流行的买卖赎罪券(Ablass)这种宗教救赎方式。胡斯是第一个用捷克语布道的教士,他提倡建立一种朴素的民族教会,这就对罗马教皇乃至宗教议会的宗教权威都形成一股潜在的冲击力和威胁。

康斯坦茨宗教会议召开之初就对威克里夫和胡斯的神学思想提出严厉的谴责,宣布威克里夫和胡斯为异端分子,焚烧威克里夫的神学著作,传唤扬·胡斯和希罗尼穆斯前往康斯坦茨接受质询。德意志国王西吉斯蒙德处于政治上的考虑也要求胡斯前往康斯坦茨,并向他做出人身自由和往返自由的保证(Freies Geleit)。然而,1414 年 11 月,当胡斯一进入康斯坦茨就立刻被拘捕,被囚禁 8 个月后,于 1415 年 7 月 6 日以异端的罪名被处以火刑。胡斯被处死激化了波希米亚长久以来存在的社会矛盾。

二、胡斯运动

康斯坦茨宗教会议对胡斯的判决并没有获得波希米亚绝大多数民众的认可。1415 年 9 月,452 位波希米亚贵族联合起来向康斯坦茨宗教会议提出抗议。胡斯的殉难在很大程度上激发了捷克人的民族意识。

自 12 世纪德意志东部殖民拓荒运动以来,大批德意志移民进入捷克人居住的地区。尽管他们的拓垦活动促进了捷克农业和矿业的发展,在当地建立很多城市,商品流通极为活跃,使之自 13 世纪起成为向西欧其他地区输出粮食和白银等金属的输出地,但是,无论是农业、矿业还是在商业方面,最大的获利者是德意志的移民,他们享有很多特许权,成为捷克社会中的贵族阶层。在农村,大部分的土地掌握在德意志上层移民的手中,利用货币地租剥削当地的捷克人,他们还垄断谷物等农产品的出口。在城市,手工业者和小商人多为捷克人,但城市的领主以及城市贵族都是德意志移民,他们控制城市的手工业,垄断商业贸易。矿山也都掌握在德意志上层移民手中,他们享有矿山的开采权和出售矿石的优先权,甚至捷克的教会和修道院也都控制在德意志的主教和修道士的手里。捷克人与德意志移民者之间的民族矛盾越来越凸显出来,在捷克人民中演化为对德意志移民的敌对情绪,胡斯的殉难更是把这种敌对情绪激化为对德意志移民的仇视,大有一触即发之势。1415 年,康斯坦茨宗教会议的一次会议上作出决议,在举行圣餐礼(Kelchkommunion①)时只有教士才能领圣餐的面饼和葡萄酒,禁止世俗教徒用圣杯(Kelch)领圣餐。根据这一决议,在捷克只有德意志的教士才能在举行圣餐时使用圣杯,而广大捷克教徒都被排斥在此之外。捷克教会中的教士们提出异议,他们提倡所有教徒都应该同样可以受领圣餐的面饼和葡萄酒,强调所有教徒都有权在举行圣餐礼时使用圣杯,阐述了"圣杯"理论。

捷克教会在"圣杯"理论方面与罗马教会产生分歧,这不利于西吉斯蒙德实施教会统一的政策,他下令在教会中清除捷克教士,这就更激怒了捷克广大民众。1419 年 7 月 30 日,布拉格市的市民为了解救那些被拘押的胡斯派成员,冲进市议会,把市长、城市的法官、市议员等 10 个官员从市议会的窗户扔了出去,酿成流血事件,愤怒的民众还抢劫和烧毁了一些教堂。布拉格的暴乱很快就扩散到波希米亚王国各地。11 月,胡斯派的军队与西吉斯蒙德的军队在比尔森附近的尼科米尔发生正面冲

---

① 圣餐礼是基督教主要的仪式之一,源自于《新约全书》,耶稣在最后的晚餐时对面饼和葡萄酒祝祷,将其分给共同进餐的使徒们,称这是他为众人赎罪舍弃的自己的身体和流出的血。面饼和葡萄酒通过圣餐礼"变体"为基督的身体和血,这种宗教的习俗一直保存下来,有关圣餐的宗教辩论也成为在基督教中形成各种教派原因之一。

突,这次武装冲突持续几个月之久。1420年3月,新教皇马丁五世号召组织十字军讨伐波希米亚胡斯派的军队,西吉斯蒙德的军队得以扩充,最终以多取胜。西吉斯蒙德是这次武装冲突的最大获益者,在这一年的7月28日,布拉格的大主教为他戴上波希米亚的王冠,他成为波希米亚的国王。然而,兵败的胡斯派并没有就此罢休,在这同一年颁布了"布拉格四项条款"(Vier Prager Artikel),提出布道自由、使用圣杯领圣餐的自由、摆脱世俗控制教会、摆脱不公正的世俗统治等口号,以此团结捷克人民抵抗十字军的讨伐。3个月之后,人数众多的十字军兵败维什拉德,此后又在库滕贝格附近的哈贝恩以及德意志移民聚集的哈夫利奇·科瓦博罗瓦一败涂地。1421年7月7日,胡斯派在恰斯拉夫集会,宣布废黜西吉斯蒙德波希米亚国王,把王冠交给波兰的国王瓦迪斯瓦夫二世,西吉斯蒙德由此失去波希米亚。此后,胡斯派的军事力量延伸到德意志帝国境内的巴伐利亚、法兰克尼亚、萨克森等地区,西里西亚以及勃兰登堡等地因直接遭到胡斯派军队的进攻而受到很大的破坏。为了保住波希米亚邻近地区以及西里西亚和劳齐茨,西吉斯蒙德不得不妥协,与瓦迪斯瓦夫二世达成和解。

　　1423年,胡斯派内部分裂为坚持"布拉格四项条款"的圣杯派(Kalixtiner 或者 Utraquisten)和坚持早期基督教原则的塔博尔派(Taboriten①),这就为西吉斯蒙德解决波希米亚问题提供了有利的契机。一方面,他与温和的圣杯派就宗教问题进行谈判,同意胡斯派提出的"布拉格四项条款";另一方面,则对激进的塔博尔派采取较为强硬的态度,致使两派的矛盾更加难于调和,两派军队甚至于1434年5月30日在捷克境内的利帕尼发生武力冲突。利帕尼战役是胡斯战争的终结点,为西吉斯蒙德赢得了在波希米亚的控制权,1437年波希米亚的贵族重又承认西吉斯蒙德的国王权威。

---

① 塔博尔派这一名称源自于位于波希米亚南部的塔博尔市,这个地区的下层民众以及低级教士再次集会结成教派,故而得此名。

胡斯派的宗教主张对刚刚弥合分裂的罗马教会的权威再次造成冲击,康斯坦茨宗教会议上未根本解决的有关教会最高权力的问题又显露出来。教皇马丁五世在舆论的压力下不得不提出再次召开宗教会议,然而会议尚未召开,他就于 1431 年 2 月 2 日去世。一个月后,出身于威尼斯一位富商家庭的红衣主教加布里埃利·孔杜尔马洛被推选为教皇,称欧根四世(Eugen Ⅳ. ,1383—1447,1431—1447 年在位)。7 月 23 日他在巴塞尔召开由前任教皇马丁五世决定但未来得及召开的宗教会议。在这次宗教会议上,德意志的神学家库斯①的尼古劳斯(Nikolaus von Kues,1401—1464)提交 3 卷本的神学著作《论包罗万象的一致》(De concordantia catholica;德语:Über die allumfassende Eintracht)。尼古劳斯的父亲是摩泽河上一个殷实的船夫。尼古劳斯曾在海德尔堡大学和科隆大学接受过教育,被认为是德意志第一批人文主义者中的一员。尼古劳斯深受科隆学派大阿尔伯特神学思想的影响,但提出的神学思想更接近于中世纪晚期的新柏拉图主义(Neuplatonismus)。他指出,参加宗教会议的多数人维护的是上帝的法令和自然法,因为涉及众人的事情势必会得到大多数人的同意。获得大多数人同意的宗教会议的决议同样对教皇具有约束力,宗教会议应该享有废黜背离教义的教皇的权利。②尼古劳斯有关宗教会议权限的神学理论遭到教皇的激烈反对,他于 1431 年 12 月 18 日宣布解散刚刚召开不久的巴塞尔宗教会议(Konzil von Basel),支持尼古劳斯神学思想的与会者拒不服从。远在意大利的西吉斯蒙德虽然支持宗教会议的决议高于教皇宗教权威的主张,但为了能实现戴上皇冠的目的又不愿意与教皇交恶。在相持了两年之后,欧根四世不得不向西吉斯蒙德妥协,1433 年 5 月 31 日,在罗马主持了皇帝的加冕礼,为西吉斯蒙德戴上皇帝的皇冠。同年 12 月,欧根四世宣布恢复巴塞

① 库斯今天称贝恩卡斯特-库斯。

② H. -G. Beck, K. A. Fink, J. Glazik, E. Iserloh, H. Wolter, *Handbuch der Kirchengeschichte. Vom Hochmittelalter bis zum Vorabend der Reformation*, Bd. , III/2, S. 701ff.

尔宗教会议,重新召开的巴塞尔宗教会议再次面临教会分裂的危机,而坐上皇位的西吉斯蒙德则把其政策从干预教会事务转向帝国的事务。

三、卢森堡皇室的终结

15 世纪的德意志帝国中大大小小的邦国林立。邦国的领土主权政策不仅瓜分了帝国的皇权,而且也极大地削弱了帝国的财政来源,帝国议会的职能和权限也受到很大的制约,《帝国和平条例》的法律效力也大打折扣。为此,西吉斯蒙德皇帝试图从立法入手进行帝国改革(Reichsreform)。1434 年 9 月,西吉斯蒙德颁布《十六条款纲领》(Programm von 16 Artikeln),提出在帝国原有的"菲莫"(Feme①)法庭形式的基础上建立一种固定的法律制度。菲莫法庭自 13 世纪以后在德意志地区出现,1371 年卡尔四世皇帝在为威斯特法仑地区颁布的《帝国和平条例》中为菲莫法庭赋予更重要的意义,将其也转换为一种由一位主法官(Sthulherr)以及多位陪审法官(Schöffe)组成的陪审法庭。法庭设在阿恩斯贝格,威斯特法仑地区的一些有权势的公爵、行宫伯爵等诸侯都曾经是菲莫法庭的陪审法官,主要调节各邦国因施行领地政策相互之间产生的矛盾和冲突。1420 年,为了解决争端,威斯特法仑的菲莫法庭在阿恩斯贝格开庭,组织了一个庞大的陪审法庭,有来自威斯特法仑各个地区的 15 位主审法官、31 位贵族审判法官和 200 余位各等级的陪审法官以及一些市民代表。1422 年,科隆的大主教迪特里希二世(Dietrich Ⅱ. von Moers,1385—1463)作为威斯特法仑菲莫法庭的主法官被给予对所有自由伯爵的行为进行监管的权利,菲莫法庭的权限也越来越大,1426、1430 年先后在阿恩斯贝格、索斯特、多特蒙德多次组织大法庭。1431 年,西吉斯蒙德也作为陪审法官参与过威斯特法仑菲莫法

---

① Feme 或 Veme 出自中低德语,自 13 世纪以来的一个法律专业词汇,意为"属于同等法庭的自由人的联盟",此外还有"处罚"的意思。14 世纪以后,Feme 转意为"自由法庭"(Freigericht,或 Freistuhl)。

庭,这无疑是他此后决定进行帝国司法改革的一个重要因素。1437 年,西吉斯蒙德在阿恩斯贝格召开帝国会议,这次会议涉及有关法典的编撰、设立最高主审法官(Oberfreistuhl)等司法机构等问题,被称为"阿恩斯贝格改革"(Arnsberger Reformation)。然而,改革尚未启动,西吉斯蒙德于这年的 12 月 9 日辞世,因其身后没有子嗣,这也就标志着卢森堡皇室的终结。

西吉斯蒙德在执政期间给后人留下一个动荡不安的德意志。胡斯战争虽然结束,但胡斯战争对德意志帝国境内产生深刻的影响,为一个世纪以后爆发的德国农民战争埋下火种。库萨的尼古劳斯在巴塞尔宗教会议上提出的神学思想理论、人文主义,一波又一波的思潮强烈地冲击着罗马教皇自中世纪以来稳固的宗教权威基石。"大空位"以来邦国的领土化使德意志帝国日益成为一个失去政治中心的松散的大帝国。身为德意志帝国统治者的西格蒙德在迟暮之年清醒地看到这一点,萌生改变帝国现状的改革思想,但终未能实践。帝国的改革是由再次兴起的哈布斯堡王朝实现的。

四、哈布斯堡家族的再崛起

14 世纪下半叶,哈布斯堡家族内部发生严重的纷争,奥地利被分为上奥地利(Oberösterreich)、下奥地利(Niederösterreich)和中奥地利(Innerösterreich[①])三个部分,哈布斯堡家族也有了阿尔布雷希特、利奥波德和蒂罗尔三个支系。阿尔布雷希特支系的阿尔布雷希特二世(Albrecht Ⅱ. von Habsburg, 1397—1439,1438—1439 年在位[②])因为迎娶了德意志皇帝西吉斯蒙德的独生女儿,而被选为德意志的王位继承人。西吉斯蒙德在世之时,阿尔布雷希特二世积极支持岳父的政策,参

---

① Innerösterreich 的德文原意是"奥地利内部",作为地名则应与"上奥地利"(Oberösterreich)、"下奥地利"(Niederösterreich)相对应,故笔者将其翻译为"中奥地利",包括施泰尔马尔克公爵领地、克恩滕公爵领地、克赖恩公爵领地以及滨海地区(das Küstenland)。

② 阿尔布雷希特于 1404 年为奥地利公爵,称阿尔布雷希特五世;自 1438 年起为德意志和匈牙利国王,称阿尔布雷希特二世。

与反对胡斯派的斗争、迫害和驱逐在维也纳的犹太人等。为此,他获得了岳父的政治庇佑,1423年更是获得摩拉维亚作为采邑,哈布斯堡家族的阿尔布雷希特一支的经济实力和政治势力都有很大增长。

西吉斯蒙德去世后,匈牙利各个社会等级一致选举阿尔布雷希特二世为匈牙利的国王,并于1438年的1月1日施了加冕礼。同年3月18日,德意志的选侯们一致同意选举阿尔布雷希特二世为德意志的国王,哈布斯堡家族再次登上德意志的王位,阿尔布雷希特二世继承了岳父西吉斯蒙德已经推行的帝国改革的政策。可以这样说,这个时期正在举行的巴塞尔宗教会议上提出的改革主张,对新国王的执政主张产生很深的影响,但为了能够获得教皇欧根四世的承认,他在对待教皇和宗教会议冲突的问题上采取中立的态度。6月29日,阿尔布雷希特二世在布拉格的圣法伊特大教堂(St.-Veits-Dom)接受波希米亚国王的王冠,如同他的岳父一样,他拥有德意志王国、匈牙利国王和波希米亚王国的三个王冠。7月,阿尔布雷希特二世在纽伦堡召开帝国会议,再次提出把帝国分为四个大区的帝国改革方案。然而,因为国王与诸侯们各怀目的,尤其是在有关地区的执政权方面产生极大的分歧。

诸侯们原本希冀通过这一改革方案独掌各大区的大权,参与帝国的执政,增强在皇室中的政治影响力,并能够以此牵制皇帝的权力。阿尔布雷希特二世则提出每个大区的执政者应该由各大区内的社会各等级共同选举产生,候选人首先应该具有诸侯等级身份,并且是经过法令确立的、享有维护地区和平的全权;主持选举的应是当地最有威望的诸侯,如果社会各等级无法取得一致的话,则由国王作最终的裁决。阿尔布雷希特二世的这一改革主张无疑是在扩大国王的权限,不仅遭到诸侯们的反对,而且也没有获得城市市民的支持,致使帝国改革方案长时间搁置,迟迟未能付诸实施。1439年4月,土耳其人入侵匈牙利,阿尔布雷希特二世在与土耳其人的征战中身染痢疾,于10月27日不治身亡,这就更为帝国改革的实施增添新的障碍。1440年2月2日,在教会选侯、萨克森公爵以及行宫伯爵两位世俗选侯的大力推荐下,选侯们在法兰克福推举克恩滕的公爵弗里德里希三世为德意志的国王,两年后的 1442 年 6 月 17 日在亚亨接受加冕。

弗里德里希三世出身哈布斯堡家族的利奥波德这一支系。1424 年他的父亲、中奥地利的公爵铁人恩斯特(Ernst der Eiserne,1377—1424)去世,时年 9 岁的弗里德里希三世继任为公爵。1436 年,21 岁的弗里德里希三世和那个时代众多名门贵族的青年男子一样,长途跋涉前往耶路撒冷朝圣,在耶路撒冷的圣墓前由耶路撒冷圣墓骑士团(Ritterorden vom Heilligen Grab zu Jerusalem①)晋封为骑士。1440 年,被称为遗腹子的拉迪斯劳斯(Ladislaus Postumus,1440—1457,1440—1457 年在位②)出生仅三个月就被加冕为匈牙利国王,弗里德里希三世获得对拉迪斯劳斯的监护权。毋庸置疑,从此时起他就已经有了把拉迪斯劳斯的领地并入哈布斯堡家族世袭领地的野心。也正是在这同一年,弗里德里希三世登上德意志的王位。尽管新国王依然要面对土耳其人进攻的威胁,但他把施政的重点放在增强哈布斯堡家族政治权力上,刻印在哈布斯堡家族族徽上的缩写字母 A. E. I. O. U. 就是最好的写照。这几个缩写字母被看作是弗里德里希三世的座右铭,即:"土地上的所有一切都属于奥地利。"(Alles Erdreich ist Oesterreich untertan③)从某种意义上来看,弗里德里希三世并不赞同他的前任国王提出帝国改革的主张,在他看来这样的改革是在加强诸侯的政治实力,与其推行哈布斯堡的家族政策格格不入。

1442 年,已经被选为国王两年的弗里德里希三世首次进入帝国西部地区,6 月 17 日在亚亨接受国王加冕礼。8 月 14 日,他在法兰克福召开

---

① 耶路撒冷圣墓骑士团成立于 1099 年,其职责是保护前往耶路撒冷的朝圣者,享有罗马教会给予的极大教权和法权。14、15 世纪,欧洲一些知名的贵族子弟前往耶路撒冷朝圣,在那里接受圣墓骑士团授予的骑士称号。该骑士团一直存在于今天,在罗马、法国、德国、瑞士、奥地利等国家都有其分支机构。

② 拉迪斯劳斯一出生就继承王位,是波希米亚和匈牙利的国王。

③ 奥地利历史学家洛霍茨基从这几个缩写字母演绎出了多个含义,但总体的意思都是表述了弗里德里希三世要称霸的政治野心。参见 A. Lhotsky, „A. E. I. O. U. Die ‚Devise' Kaiser Friedrichs Ⅲ. ", in: *Mitteilungen des Instituts für Österreichische Geschichtsforschung*, 60 (1952), S. 155ff.

帝国会议,尽管在这次会议上颁布了要进行改革的法令,但在改革法令中并没有涉及曾经提及过的区域划分等重要的改革内容。在同一时期,瑞士联邦(Schweizerische Eidgenossengschaft①)中的大多数成员城市与苏黎世之间发生激烈的冲突。弗里德里希三世认为这是重新夺回哈布斯堡家族丧失的故土阿尔高的极好机会,他介入其中与苏黎世站在同一战线上。1442 年底、1443 年初,弗里德里希三世在费尔德基希召集施瓦本和瑞士东部地区的贵族一起建立了一个反对瑞士联邦的战争同盟,同时重新整顿施瓦本公爵领地的秩序。然而,这场战争并未帮助弗里德里希三世实现他的目的,反而为法国国王试图向莱茵河地区扩张打开大门,法国的雇佣军借机进入洛林地区。在这场被称为"苏黎世古战争"(Alter Zürichkrieg)中,瑞士联盟占据上风,获得最大的利益,法国人付出高昂的代价,而弗里德里希三世未能达到他的目的,无功返回自己的世袭领地。德意志西北部地区再次陷入混战之中。

五、诸侯的纷争

明斯特教会辖区是德意志西北部地区较大的也是最重要的教会领地之一。自 12 世纪以来这个地区的伯爵世家或者贵族家族逐步掌控了其主教的职位,他们通过掌控教职的授职权增强在这个地区的政治实力。12 世纪中叶,默尔斯还只是在一所修道院的基础上扩展的伯爵领地。默尔斯伯爵家族通过政治联姻以及增强与国王的密切关系逐渐扩大伯爵领地的势力范围。该家族借助原有修道院的宗教地位,不断在德意志西北部地区各个主教区和重要的修道院中安插其家族成员。1414年,默尔斯的弗里德里希三世(Dietrich Ⅱ. von Moers,1385—1463)被选为科隆的大主教,其家族的势力范围更加扩大。在同一历史时期,霍亚伯爵家族也在扩大势力范围,该家族与克莱夫公爵领地的公爵建立密

---

① 哈布斯堡的鲁道夫一世去世后,1291 年瑞士一些城市为了保护自己的利益结成了誓约联盟,即瑞士联邦。

切的关系,获得公爵的支持。默尔斯家族与霍亚伯爵家族的扩张导致双方势不两立,于 1450 年起爆发了持续 7 年之久的明斯特教区武力冲突(Münsterische Stiftsfehde)。然而,这两个家族都没有在这场武装冲突中获益,从中得利增强了实力的是克莱夫的公爵家族。

为了平定类似德意志西北地区这样的冲突,弗里德里希三世只能借助教皇的宗教权威。1448 年 3 月 19 日,弗里德里希三世与教皇尼古劳斯五世(Nikolaus Ⅴ., 1397—1455,1447—1455 年在位)在维也纳缔结《维也纳协议》(Wiener Konkordat①),明确规定主教和大主教的任命必须经过主教区的全体教士会议(Domkapitel)一致同意,这就在很大程度上避免有权势的贵族家族对教职的掌控。② 1452 年初,弗里德里希三世率领一支由侍从组织的队伍前往意大利,3 月 19 日,尼古劳斯五世在罗马为其主持皇帝加冕礼。在德意志中世纪的历史上,弗里德里希三世是最后一位在罗马由教皇主持加冕礼的德意志皇帝。在尼古劳斯五世的安排下,弗里德里希三世还在罗马迎娶葡萄牙国王爱德华(Eduard Ⅰ., 1391—1438,1433—1438 年在位)的女儿,尼古劳斯五世为他们主持婚礼,并为新娘加冕为皇后。

弗里德里希三世执政期间,帝国各地的诸侯家族都企图扩充自己的经济和政治实力,掌控当地的政局,从而导致地方势力争斗不断,政治局势不稳定,社会动荡不安。在德意志南部地区,霍亨索伦家族是因追随弗里德里希一世皇帝和海因里希六世皇帝而发家的。15 世纪中叶,该家族的阿尔布雷希特·阿希莱斯(Albrecht Archilles,1414—1486)掌控了安斯巴赫和库尔姆巴赫两个马尔克伯爵领地,他的兄长弗里德里希二世(Friedrich Ⅱ., 1413—1471)是勃兰登堡马尔克伯爵和选侯。霍亨索伦家族企图将其家族的势力扩充到整个法兰克公爵领地。该家族与维尔

---

① 《维也纳协议》的有效性一直延续到 1806 年才终止。

② A. Meyer, „Das Wiener Konkordat von 1448 – eine erfolgreiche Reform des Spätmittelalters", in: *Quellen und Forschungen aus italienischen Archiven und Bibliotheken*, Bd. 66 (1986), S. 108ff. .

茨堡的主教鲁道夫二世(Rudolf Ⅱ. von Scherenberg，1401—1495)以及班贝格的主教菲利普(Philipp von Henneberg，1430—1487)联合起来，结成一个教俗贵族的政治强权。贵族家族势力的扩张侵蚀了城市的利益，纽伦堡、乌尔姆、奥格斯堡等 31 座城市联合起来结成城市联盟与之相抗衡。1449 年，以阿尔布雷希特·阿希莱斯为首的诸侯联盟与以纽伦堡为首的城市联盟发生武力冲突。在持续近 5 年的战争中，城市之间的利益矛盾逐渐显现出来，城市联盟内部出现分裂。然而，霍亨索伦家族的扩张并非一帆风顺，该家族又与巴伐利亚-兰茨胡特的公爵路德维希九世(Ludwig Ⅸ.，1417—1479)发生冲突。1450 年，路德维希九世与维特尔斯巴赫家族的巴伐利亚-慕尼黑公爵阿尔布雷希特三世(Albrecht Ⅲ.，1401—1460)签订协议，结成一个巴伐利亚阵营，同时还获得波希米亚国王的支持。

面对帝国内部诸侯的纷争，弗里德里希三世采取消极的态度，任凭诸侯的政治势力自然发展，他则把政治中心放在增强家族的政治实力上。1453 年，弗里德里希三世重申奥地利公爵鲁道夫四世曾于 1358 年要求的"大特许权书"(Privilegium Maius[①])，其中明确宣布奥地利为"大公爵领地"(Erzherzogum)，更加扩大了哈布斯堡家族世袭领地的势力范围。1457 年，由弗里德里希三世掌握监护权的匈牙利的拉迪斯劳斯尚未满十八岁就因瘟疫而辞世，他身兼匈牙利和波希米亚两个国王头衔，身后没有留下子嗣，这就使弗里德里希三世面临着同时失去对匈牙利和波希米亚控制权的局面。1458 年，匈牙利的贵族们推举匈牙利人马蒂亚斯·科温(Matthias Corvinus，1443—1490,1458—1490 年在位)为匈牙利的国王。在同一年，以圣杯派为首的捷克社会各等级选举捷克人波迪

[①] 1158 年的"小特权书"(Privilegium minus)宣布奥地利马尔克伯爵领地从巴伐利亚公爵领地脱离出来上升为公爵领地;1358 年，奥地利公爵鲁道夫四世以"小特许权"为依据要求"大特许权书"，其中包含 5 个授予奥地利各种特许权。1453 年，意大利的人文主义者弗兰切斯卡托·彼得拉卡通过研究证实这些文档都是伪造的。参见 H. Appelt, „Zur diplomatischen Beurteilung des Privilegium maius ", in: W. Schlögl, P. , Herder (Hrsg.), *Grundwissenschaften und Geschichte. Festschrift für Peter Acht*, Kallmünz, Opf.: Lassleben, 1976, S. 210ff.

布拉德的格奥尔格(Georg von Podiebrad，1420—1471，1458—1471 年在位)为波希米亚的国王。在此期间，哈布斯堡家族的其他成员都没有放弃争夺匈牙利和波希米亚的王位，弗里德里希三世的胞弟阿尔布雷希特六世(Albrecht Ⅵ.，1418—1463)也加入争夺波希米亚王位的争斗。直到 15 世纪 90 年代初，匈牙利和波希米亚地区才重又被置于哈布斯堡家族的控制之下。

六、帝国改革的初衷

德意志的西部地区一直受到英法百年战争的影响，15 世纪 50 年代初百年战争接近尾声时，法国国王与勃艮第缔结和约，把扩张的触角伸向经济繁盛的莱茵河流域地区。自 14 世纪下半叶以来，法国王室瓦卢瓦家族的旁支、瓦卢瓦-勃艮第家族执掌勃艮第公国，一直力图将其缔造为一个大王国。自 1465 年勇敢者查理担任勃艮第的公爵以来，更是不遗余力地扩充勃艮第的势力范围。1469 年，弗里德里希三世的叔父、奥地利-蒂罗尔的大公爵西格蒙德(Siegmund von Österreich-Tirol，1427—1496)租赁了对费雷伯爵领地、上阿尔萨斯特辖区和布赖斯高的统治权，并且承诺帮助勇敢者查理反对瑞士联邦。1472 年末、1473 年初，查理购买盖尔登公爵领地，他还计划将其势力范围延伸到法国和德意志相间的地区。1473 年 9 月 30 日，查理与弗里德里希三世在特里尔会晤，双方就弗里德里希三世的儿子马克西米利安一世(Maximilian Ⅰ.，1459—1519，1508—1519 年在位①)与查理唯一的女儿、勃艮第的玛丽娅(Maria von Burgund，1457—1482)的婚姻进行协商。11 月 4 日，双方达成协议，查理放弃对"罗马国王"(Rex Romanorum②)王位的要求，但要为他确立一个新的包括勃艮第和弗里斯兰在内的大勃艮第王国的

---

① 马克西米利安一世自 1477 年起为勃艮第的公爵，1486 年被选为德意志国王，1493 年为奥地利世袭领地的君主，1508 年为德意志的皇帝。

② 自萨利安王朝晚期起，德意志的国王自称为 Rex Romanorum(罗马-德意志国王)，自中世纪晚期起，这个称谓通常是指还没有加冕为德意志皇帝的德意志国王。

国王头衔。1477 年 4 月 21 日,在弗里德里希三世的安排下,马克西米利安一世与玛丽娅缔结婚约,8 月 19 日他们举行婚礼。次年 4 月,弗里德里希三世把勃艮第分封给他的儿子马克西米利安一世和儿媳玛丽娅,并给予他们的子嗣享有对勃艮第大王国的继承权,他试图通过这种方式确保勃艮第在哈布斯堡家族的掌控之中。1487 年 1 月,弗里德里希三世把女儿、奥地利的库尼贡德(Kunigunde von Österreich,1465—1520)许配给巴伐利亚的公爵智者阿尔布雷希特四世(Albrecht Ⅳ. der Weise,1447—1508),与巴伐利亚公爵建立政治联姻关系。更为重要的是,在他的建议和保驾下,选侯们于 1486 年 2 月 16 日在法兰克福选立马克西米利安为罗马-德意志国王,4 月 9 日马克西米利安在亚亨接受加冕,确立了在德意志的统治地位。

为了保证他的儿子能顺利地戴上罗马-德意志的王冠,弗里德里希三世不得不对诸侯作出妥协的姿态,重提帝国改革。主张改革的诸侯们以美因茨的大主教亨讷贝格的贝特霍尔德(Berthold von Henneberg,1441—1504)为首,他们主张重塑一个置于国王和各邦国之上的统一的帝国权威。主张帝国改革的改革派集中在德意志帝国的西部地区,位于西部地区的各邦国的政治实力都比较弱,邦国中的社会各等级希望获得更强大的政治势力的保护,因而积极支持贝特霍尔德的改革主张。与之相反,东部地区那些政治实力较为强大邦国则无意以削弱自身自治权为代价增强帝国的权威,他们对帝国改革采取消极的态度。1486 年 3 月17 日,弗里德里希三世颁布《帝国和平条例》,其中涉及帝国的最高司法审判权与皇帝的权力相分离、设立帝国最高法院等内容。尽管皇帝和反改革派消极对待帝国改革,但是在改革派的努力下,社会各等级参与帝国会议的可能性增大了,从 1489 年起帝国会议已经成为社会各等级联合起来的一个代议性的机构。

1493 年 8 月 19 日,弗里德里希三世辞世,为他的儿子留下有着较为牢固政治基础的家族政权,以及重启帝国改革的计划。在其父还在世时就已经登上王位的马克西米利安一世并不拒绝帝国改革,更何况他同时还要面临来自外部进攻的威胁。自 15 世纪中叶以来,土耳其人进攻西欧地区的威胁日益加大,尤其是 1453 年拜占庭帝国在奥斯曼帝国(Osmanisches Reich)的打击下覆灭后,奥斯曼人继续向西欧的北部和西部进攻,开始了长达几个世纪的土耳其战争(Türkenkriege①),哈布斯堡家族的世袭领地奥地利因其地理位置首当其冲。另一方面,意大利那波利的国王费迪南德一世(Ferdinand Ⅰ., 1424—1494,1458—1494 年在位)于 1494 年 1 月去世,意大利再次陷入混战中,早已垂涎意大利的法国国王查理八世(Charles Ⅷ., 1470—1498,1483—1498 年在位)率军进入意大利。如果法王介入意大利战争(Italienische Kriege②)会对教皇、米兰以及意大利的其他城市造成更大的威胁,因此,马克西米利安一世计划次年率军前往意大利,一是力图把法国军队驱除出意大利,二是在罗马接受皇帝的加冕礼。为了筹集经费,马克西米利安一世于 1494 年 11 月 24 日发布公告,拟于 1495 年 2 月 2 日在沃尔姆斯召开帝国会议。但由于种种原因,国王于 3 月 18 日才到达沃尔姆斯,帝国会议推迟到 26 日才正式召开。7 位选侯中有 5 位参加了这次帝国会议,10 位教会诸侯和 29 位世俗诸侯亲自到会,还有 12 位教俗诸侯派代表前往,此外还有 67 位伯爵以及 24 位帝国城市的代表。

在这次帝国会议上,马克西米利安一世要求社会各等级支持他前往意大利与法国人作战,为此他提出帝国凡 15 岁以上的臣民都必须缴纳被称为"共同芬尼"(Gemeine Pfennig)的帝国税,纳税时间为期 4 年。对此,亨讷贝格的贝特霍尔德则提出交换条件,要求设立一个由社会各等级代表参与商议帝国重要事务的、常设的帝国权力机构(Reichsregiment)。马克西米利安一世与社会各等级达成一个"推行和

---

① 土耳其战争是指自 1453 年拜占庭帝国覆灭后奥斯曼帝国与西欧各国之间进行的战争,威尼斯、哈布斯堡的奥地利、波兰-立陶宛、俄罗斯先后被卷入这场战争,这场战争持续到 19 世纪 70 年代中期。

② 意大利战争开始于 1494 年初,法国和哈布斯堡王朝先后介入其中,经历了三个阶段,一直持续到 1559 年才结束。

平与法律"(Handhabung Friedens und Rechts)的协议,即双方都有义务维护共同建立起来的新秩序。这次帝国会议颁布《永久和平条例》(Ewiger Landfriede),禁止自中世纪以来一直实行的私战,所有纠纷只能通过法庭以和平的方式解决。这个条例的颁布标志着帝国改革的开始。同年8月7日,根据《永久和平条例》中的决定成立帝国议会法庭(Reichskammergericht)。1500年4月10日,马克西米利安一世在奥格斯堡召开帝国会议,履行在沃尔姆斯帝国会议上做出的承诺,设立帝国权力机构,由国王①的代表和22名社会各等级的代表组成,成为帝国最高的行政机构。这次帝国会议还决定,打破邦国的界限,在帝国内划分6个司法管辖区(Reichskreis②)。国王为每一个司法辖区任命帝国法官(Kammerrichter),与4位陪审法官(Assessor)组成审判团,陪审法官由社会各等级选出,由这个审判团主持的帝国法庭从国王的手中夺得最高司法审判权。帝国权力机构和帝国议会法庭的成立标志着,德意志帝国的最高权威不再是国王个人的权力,国王与社会各等级一样都要服从这个最高权威的监管。

在进行帝国改革的同时,马克西米利安一世并没有放弃对意大利利益的追逐,他与教皇亚历山大六世(Alexander Ⅵ., 1431—1503, 1492—1503年在位)、西班牙阿拉贡的费迪南德二世(Ferdinand Ⅱ., 1452—1516,1479—1516年在位③)以及威尼斯和米兰市结成"神圣同盟"(Heilige Liga)。他把自己的女儿许配给费迪南德二世的儿子,次年又让他的儿子菲利普一世(Philipp Ⅰ., 1478—1506)迎娶费迪南德的女儿。1497年,费迪南德的儿子病逝,身后未留子嗣,他的女儿成了西班牙王位的唯一继承人,菲利普一世顺理成章地成为在西班牙阿拉贡王朝中

---

① 因此时马克西米利安尚未加冕为皇帝,故在此仍称为国王。

② 1500年划分的6个司法管辖区是巴伐利亚、士瓦本、上莱茵、下莱茵-威斯特法伦、法兰克、下萨克森。1512年又增加勃艮第、奥地利、下萨克森、莱茵选侯区(即科隆、美因茨和特里尔三个大主教选侯所管辖的区域)。

③ 1474—1504年,费迪南德为卡斯蒂利亚和莱昂王国的国王,1468年为西西里的国王,自1479年是阿拉贡的国王,1505年起是那波利的国王,称费迪南德三世。

第一位出身于哈布斯堡家族的国王。正是他这对儿女与费迪南德二世一对儿女的两个婚姻把西班牙与哈布斯堡家族联系在一起,为西班牙最终成为哈布斯堡家族世袭领地的一部分铺上第一块踏脚石。为了能登上神圣罗马帝国的皇位,1508 年初,马克西米利安一世启程前往罗马。因必经之地米兰在法国人的控制之下,他只得绕道威尼斯,与时任教皇尤里乌斯二世(Julius Ⅱ., 1443—1513,1503—1513 年在位)在特里安会面。2 月 4 日,尤里乌斯二世宣布马克西米利安一世为神圣罗马帝国的皇帝,但却无法在罗马为他主持加冕礼。

马克西米利安执政期间,把大部分的精力放在对外交事务的斡旋上,他用军事力量解决外交冲突的成功率很低,但却在政治联姻方面取得很大的成功。在与瑞士的军事冲突中,虽然强大的瑞士联邦脱离了德意志帝国,但是他却成功地通过政治联姻把西班牙收入囊中。由于法国国王对意大利的武装渗透,致使德意志皇权对意大利以及罗马教会的政治影响力大大减弱。他通过子孙的婚姻获得和保留了与哈布斯堡家族的世袭领地相邻的匈牙利的继承权,在他去世后匈牙利顺利地被并入奥地利。马克西米利安一世开始实施西吉斯蒙德提出的帝国改革的计划,但是由于邦国经济的独立性较强,未能实现税制改革的目的。不可否认的是,这一时期在禁止私战、通过法律和平地解决纠纷方面有了明显的成效,这无疑是在法律制度方面向前迈进了一大步,同步成立的帝国议会法庭是德国现代法律制度的一个重要起点。在此基础上划分的司法管辖区是现代行政区划的雏形。帝国最高权力机构的组成是实现宪政制度的敲门砖。抑或可以这样说,1495 年的帝国改革抬起了德意志帝国沉重的一条腿,迈进了近代社会的门槛。

第二节　农业经济结构的深层演变

一、"二期农奴制"

15 世纪下半叶,西欧逐渐摆脱黑死病和饥荒带来的噩梦,人口重又开始快速增长,粮食的价格也随之上扬。不仅复耕荒废的土地,而且恢复围海造田、改造沼泽地等一系列扩大耕地面积的经济活动。1500 年左右,仅在石勒苏益格-荷尔斯坦茵改造的沼泽地就有约 1.7 万公顷。[①] 早在黑死病之前,西欧就已经出现自然经济向交换经济的转变,农业不再仅仅是为了满足自给自足的需要,为市场生产的趋向越来越明显,在很大程度上丰富和充实了商业贸易的种类。城市市民在交换经济中积累了财富,由此提升了社会地位和政治影响力,市民阶层整体有了很大的改善。但与城市比较而言,农村中农民的状况却呈下降趋势。虽然农产品的商品化松懈了农民的人身依附关系,然而苛重的货币地租以及利用河流、森林等公共资源,使用磨坊、水车甚至举行婚礼、葬礼等这些宗教仪式都需要交纳费用,各种租税和费用的叠加加重农民的负担,他们受剥削的程度更加严重。北海和波罗的海贸易区的形成和粮食贸易的扩大,使粮食生产有利可图。在这新一轮的开荒造田扩大耕地面积的经济活动中,大地产主不再采用给予土地用益权的方式经营土地,而是利用封建法权强制农民服劳役,新开垦的土地也不再免租,而是以收取高额地租的形式租佃。

黑死病导致的荒耕对从事个体小生产的农民造成的损失是无法弥补的,黑死病之后粮食价格大幅度的波动并没有改善个体小生产农民的经济状况,他们也没有在自己的家庭经济中进行互补的能力,那些持有小块土地的自由小农被迫出售土地,为了生计又不得不租借土地,成为在生产和经济上失去了自主和独立的佃农,他们还必须受到大土地所有者的任意差遣。这些大土地所有者不仅通过地租获取收益,而且利用手中的立法权控制粮食贸易。自 15 世纪以来,德意志封建主经营粮食贸易的现象极为普遍,特别是在东部地区,那里是粮食的主要供应地。1488 年,梅克伦堡的公爵马格努斯二世(Magnus Ⅱ.,1441—1503)颁布法令,限制农民把粮食运进城市进行销售。粮食贸易掌握在封建主手里产生的后果是,商业资本对农村的影响受到极大的限制,无法对农村的

---

① E. Ennen, *Deutsche Agrargeschichte*, S. 190.

封建制度起到瓦解作用,相反却刺激大地产的形成和发展。粮食的国际贸易使封建主(Grundherr)成为占有连成片的大土地、同时又从事粮食贸易的产销一体的大地产主(Gutsherr)。

在帝国邦国制的体制中,这些大地产主通过土地的集中掌握所在地区的地方司法审判权和对地方的行政管理权。不仅是租佃土地的佃农,而且那些自由的小农都受制于大地产主。大地产主通过掌握社会的公共权力强占公有土地,他们拥有的耕地约占地区地产总数的 1/3。他们还利用手中的公共权力任意征收各种赋税和费用,凡违抗者都会被课以罚金,并且把罚金作为永久租金强加在自由承袭的地产上。土地的承认金也有很大提高,从原来的 2 先令上涨为 2—4 古尔登。[①] 大地产主还借助庄园原有的习惯法大肆获取土地。庄园具有的封闭性最大限度地限制了土地的买卖,按照庄园的条约规定,土地的买卖只能在庄园内部进行,因此有能力购买土地的只有庄园的封建主,土地只会重新集中在大地产主的手中。土地的集中消除因采邑分封造成的耕地的交叉和分散,出现连成片的大农场式地产结构。在这种大土地的地产结构中,自由农民不仅失去土地用益权,而且还失去自由选择庇护人和保护人的权利,他们完全被羁绊在赖以生存的土地上。农民经济状况的恶化阻碍了他们社会地位的改善,无法冲破中世纪等级制度的障碍,甚至他们的婚姻都受到限制,不允许他们通过婚姻改变法律身份。[②] 此外,还有无限额的兵役税和不定期的劳役,自由农民与农奴的地位和境况相差无几,尤其是在易北河以东地区,大地产主几乎完全控制农业,农民的境遇每况愈下,德国学者以"二期农奴制"(die zweite Leibeigenschaft)说明这个时期农民状况的特征。

"二期农奴制"与之前的农奴制有所不同,它是在邦国专制的政治条件下产生的。15 世纪末期,英、法先后在建立民族国家的过程中走上中央集

---

① 威廉·戚美尔曼:《伟大的德国农民战争》,商务印书馆 1982 年版,第 25 页。
② P. Blickle, *Die Revolution von* 1525,München:Oldenbourg 1975,42ff.

权的议会君主制的道路,实施君主专制。在同一历史时期,德意志则是一个由独立自治的邦国和自由城市构成的一个松散的大帝国,在政治上处于严重的分裂割据状态,但是各个邦国都程度不同地实现了中央集权的议会君主制。邦国有明确的疆域界限,在行政体制上有邦国的等级议会,议会有立法权以及关税权、铸币权。邦国有自己的最高法院,掌有执法权。邦国的君主是立法者、执法者,是当权者,实施邦国的君主专制。邦国的邦君取消了邦国内自由城市的自治权,确认了农村中农民的依附身份,皇帝的最高司法权在邦国境内失去效力。在英、法君主专制统治下,货币地租以及商品经济能够起到松动封建关系,直至瓦解农奴制的作用。但是在德意志的邦国专制政体中,诸侯的权势压倒了一切政治势力,在经济上他们也掌握着绝对的垄断权。他们不仅实际占有大量的土地,而且还控制着农产品的贸易和远程贸易。因此,在德意志地区尤其是易北河东部地区,农产品的商业化反而刺激了农奴制的发展,农民的徭役加重了,农村中的剩余劳动力丧失自由发挥的可能,从而导致"二期农奴制"的产生。

二、农民运动的星火

15 世纪 30 年代,曾经参加过胡斯战争的一些失败者从波希米亚逃亡到法兰克地区。这些逃亡者在那里定居,生活在社会的最底层,他们带来胡斯的宗教思想,传播反对罗马教会以征收什一税方式的盘剥社会下层的主张,在这些地区产生很大的反响。农村社会不稳定的因素在增加,各地反抗占有大量土地的教士和大地产主的骚动、局部地区的起义时有发生。1476 年 3 月,一个经常在各地流浪的吹笛手汉斯·伯姆(Hans Böhm,1458—1476)自称多次在梦中见到圣母玛利亚,圣母给予他启示,授意他传教。从他的名字来看,这个年仅 18 岁的年轻人显然是波希米亚移民的后裔①,他知道的唯一圣地是在他的家乡、名为尼克拉斯

---

① 移居法兰克的波希米亚人 Bömmen 在当地通常被称为 Böhm,因此可以从汉斯的姓氏上看出他是波希米亚移民的后裔。

豪森的小村庄里的一座圣母小教堂。汉斯·伯姆经常向村民讲述他在梦中所见到的圣母显像(Marienerscheinung),激烈地抨击教士的贪婪和对农民无度的勒索。他借玛丽娅之口预示,所有的租税、徭役、什一税和杂税都将会取消,森林、河流、草地都将自由使用,人人都将亲如兄弟,不会再有皇帝、教皇、诸侯以及其他官吏。他或是站在倒置的大木桶上,或是站在大树的树枝上,或是站在某个农家的窗台上宣讲、布道,号召人们去尼克拉斯豪森的圣母小教堂朝圣。汉斯的布道一传十、十传百,很快就在社会下层民众中广为传播,与其说是人们相信他的布道,不如说是因为他对时事的批判在社会下层乃至小贵族阶层中引起共鸣。仅在短短几个月的时间内就有成千上万的人从美因河河谷、莱茵河流域,甚至从施瓦本、巴伐利亚等地涌向尼克拉斯豪森朝圣,朝圣者人数最多时甚至高达三四万。

汉斯·伯姆的鼓动以及成千上万人的朝圣行为给予教士等级和贵族等级很大的冲击。美因茨的大主教伊森堡的迪特尔(Diether von Isenburg,1412—1482)和维尔茨堡的主教鲁道夫以及纽伦堡市议会发布敕令,严禁民众前往尼克拉斯豪森朝圣。教会的严令激起民众的强烈不满,朝圣的浪潮不仅没有停止,反而越演越烈。7 月 13 日深夜,鲁道夫主教派遣 30 余名骑兵拘押了汉斯·伯姆,到尼克拉斯豪森朝圣的近四千名朝圣者获悉后试图将其救回,但无果而归。次日,约 1.6 万余名朝圣者在维尔茨堡集结,要求大主教释放他们的布道者,这其中不乏贵族骑士。然而,由于朝圣者群龙无首,他们很快就被大主教和贵族分化瓦解,各自散去。大主教则出尔反尔,命令骑兵从背后袭击准备各自返回的朝圣者队伍。几天后,汉斯·伯姆被判异端处以火刑。汉斯死后,前往尼克拉斯豪森的朝圣者仍然络绎不断,为此教会下令拆毁了这座圣母小教堂。

尼克拉斯豪森的朝圣虽然因为教堂的拆毁而被终止,但是它在社会中的影响则是深远的,抑或可以说这是 16 世纪德国农民战争的序曲。15 世纪中叶以后,为了反抗社会上层和当局的盘剥,在很多地区先后成立农民联合会(Bauernbund)。这些农民联合会通常以只有农民才穿的那种带子鞋(Bundschuh)为标志,把带子鞋挑在杆子上,或者把它画在旗子上,因此被称为"带子鞋会"。最先出现带子鞋会的是莱茵河上游的斯特拉斯堡主教区。1444 年,弗里德里希三世皇帝与瑞士联邦作战时,雇佣法国阿马尼亚克地区(Armagnac)的伯爵的雇佣兵。8 月 26 日,瑞士联邦的军队与阿马尼亚克雇佣兵在比尔斯河畔的圣雅各布交战,阿马尼亚克的雇佣兵战败,残余的败兵对阿尔萨斯地区肆无忌惮地劫掠,引狼入室的皇帝却对此置若罔闻。得不到保护的农民们组织起来进行自我护卫,克恩滕地区的带子鞋会正是为了自我防护而成立的。自 1473 年以后,土耳其人多次侵入克恩滕地区,当地的邦君诸侯自顾自地躲在修建的城堡里,不组织军队防御土耳其人的进攻。1478 年 6 月 25 日,土耳其人第三次穿越普雷迪尔山口进入克恩滕,克恩滕的农民在彼得·文德利希(Peter Wunderlich,? —?)的号召和领导下,组织起 6000 人的武装力量进行抵抗。然而,面对土耳其骑兵勇猛的攻击,既缺少武器装备又没有经过任何训练的农民军队很快就被土耳其人冲垮,最终仅剩大约 600 人坚持抵抗。土耳其的骑兵势如破竹地进入克恩滕,甚至皇帝弗里德里希三世和教皇保罗二世为抵抗土耳其人建立的圣乔治骑士团也弃城落荒而逃。土耳其人的军队洗劫了这一地区,农民军队被彻底击溃,彼得·文德利希也被抓获,被残忍地五马分尸。

三、带子鞋会

15 世纪末、16 世纪初,在德意志很多地区都先后出现了带子鞋会的组织,这些鞋会不仅抵御来自外部的威胁,而且还联合起来共同抵抗当地教俗贵族对他们的盘剥,一些市民、小骑士贵族也加入鞋会。1493 年,阿尔萨斯地区石勒施塔特的百余名农民以带子鞋为标志结成联合会,他们的目的是反对教俗贵族征收的高额赋税,取消教俗贵族的任意赋税权,取消关税和其他赋税;要求驱赶犹太人;提出限制教士的俸禄在 50—60 古尔登之内,取消秘密忏悔;要求自己组建审判法庭;等等。石勒施塔特鞋会的这些主张比较全面地反映了当时农民的诉求,在德意志引起巨大的反响。在石勒施塔特开始的起义席卷整个阿尔萨斯地区,虽然起义很快被镇压,但其影响则很难消除。

1501 年,施佩尔地区发生饥荒和瘟疫,农民的生活异常艰难。下格隆巴赫一个农奴的儿子约斯·弗里茨(Joß Fritz,1470—1525)组织农民结成一个秘密誓约团体,同样以带子鞋作为誓约团体的标志。这个秘密誓约团体提出取消农奴制、把教会的财产分给农民等 14 项主张。这个带子鞋会的成员仅半年就发展到七千余人,萨芬豪森、苏黎世等地区的农民也加入其中。施佩尔鞋会的迅速扩张不仅令教俗贵族坐立不安,城市也感到鞋会存在给它们带来威胁。1513 年 10 月,巴塞尔市议会派兵袭击途经该市的鞋会领导人,百余名鞋会的重要成员被抓后被处死,约斯·弗里茨逃往弗莱堡附近的雷恩。弗里茨在雷恩重新组织鞋会,再次提出除皇帝和教皇外不应有其他的领主、教会法庭只能有权审判教士、限制教士的俸禄,自由使用森林、鱼塘、草地以及每个鞋会成员都应受到保护等多项主张。尽管弗里茨在雷恩依然没有达到他的目的,弗莱堡市议会也同样派兵驱赶了他,但鞋会这种组织形式以及农民的主张都留下了深刻的社会影响。在 1525 年的《十二条款》(Zwörf Artikel)中可以明显地看到约斯·弗里茨提出的主张留下的印迹。进入 16 世纪以后,在德意志各地发生的农民起义此起彼伏,就像点点星火,最终成为德国农民战争(Deutscher Bauernkrieg)的燎原烈火。

第三节　富裕市民阶层的崛起

一、大贸易商行

15 世纪,活跃的国际和国内商贸、丰富的矿藏和森林资源、精耕的土地和驰名的手工业产品,所有这些都使德意志成为那个时代欧洲较为富庶的地区。从事手工业、商业活动的市民由此积累了财富,产生一批富裕的市民家族，他们通过资本的积累和对金融的运作，经济影响力甚至超越德意志扩及整个欧洲。

中世纪晚期，德意志没有像英国和法国一样形成一个统一的国内市场，其中一个重要的原因在于，德意志南北地区的贸易和商品交易各具特点，北部沿海地区多以国际贸易为主，出现汉萨城市同盟这样只经营远程贸易的商业集团；在南德地区则是以手工业为基础形成的贸易中心，出现类似今天股份公司形式的家族联盟，其中最著名的是"拉芬斯堡大贸易商行"（Die Große Ravensburger Handelsgesellschaft）。拉芬斯堡地处上施瓦本地区，1278 年被哈布斯堡家族提升为帝国城市。1380 年，拉芬斯堡的商人洪丕思（Humpis aus Ravensburg，？—?）、布鸿赫姆的莫特利（Mötteli aus Buchhom①，？—?）和康斯坦茨的蒙特布拉特（Muntprat aus Konstanz，？—?）为了销售各自所在城市的手工业产品，诸如单面绒布、亚麻布等纺织业产品等，共同组建了一个大商行。洪丕思家族以从事贸易活动起家，主要经营原材料、来自东方的香料以及其他的一些生活食用品，是在德意志南部尤其是博登湖地区颇具影响的商人家族。从 1298 年起，这个家族就一直有成员在拉芬斯堡市议会中任职，至 16 世纪中叶，这个家族曾有 77 人曾担任该市的市长职务。洪丕思家族因其殷实的家产受到弗里德里希三世和马克西米安一世皇帝的青睐和重用，并且逐步地为拉芬斯堡大贸易商行，赢得司法审判权，在其家族的族徽上增添了相关的标志。1488 年，该家族成为在施瓦本地区享有极高声望的"圣乔治盾牌"（Sank Jörgenschild②）骑士社团的成员。

拉芬斯堡大贸易商行成立之初仅是拉芬斯堡城的商人出于交易的需要，互相签订契约的一种贸易合作机构，签订契约的时间都不长，从 1 年到 5 年不等，到期后重新签订。进入 15 世纪，拉芬斯堡大贸易商行的经营范围有所扩大。1402 年，拉芬斯堡有了阿尔卑斯山以北的第一批造

---

① 布鸿赫姆（Buchhom）是今天的腓特烈港（Freidrichshafen）。
② "圣乔治盾牌"骑士社团始建于 15 世纪初，是士瓦本地区中下层骑士通过誓约结成的社团，因其成员所持的盾牌上都标有圣徒乔治的塑像而得名。

纸作坊,纸张成为大贸易商行销售的重要商品。此外大贸易商行还经营来自东方的香料、地中海的葡萄酒、食油以及中欧的矿石。不仅如此,大贸易商行的成员也有所增加,大约有康斯坦茨、纽伦堡和林道等 10 座帝国自由城市的百余富商家族加入其中。大贸易商行的组织结构也有改变,成员之间不再签订契约,而是以股份的方式加入商行。据 1497 年大贸易商行的账簿记载,入股的资产有 16.5 万弗罗林。拉芬斯堡大贸易商行设有 3 个执政官和由 9 个人组成的监察委员会,管理和处理日常事务。大贸易商行每年定期召开全体成员会议,根据账簿做出结算,确定股息。16 世纪初,大贸易商行的年赢利率在 6.8%—7.5%之间。大贸易商行的总部设在拉芬斯堡,在科隆、纽伦堡、维也纳,意大利的米兰、热内亚,瑞士的伯尔尼、日内瓦,法国的里昂、阿维尼翁,西班牙的巴塞罗那、萨拉各萨、巴伦西亚,尼德兰的布卢日和安特卫普等城市设立 13 处分理处。此外,还派代表常驻在法兰克福、莱比锡、意大利、西班牙和尼德兰等地的一些大型交易会。拉芬斯堡大贸易商行只从事商品货物的交易,从不进行货币和信贷业务,这个大股份公司依然固执地坚持物物交换的传统保守的交易模式,最终在 1530 年被时代淘汰。15、16 世纪类似这类的商业股份公司还有巴塞尔公司,它的资产有 40 万—50 万弗罗林。在法兰克福的商业股份公司的资产高达 60 万—70 万弗罗林。在这个历史时期,德意志的股份公司依然是商人家族的联盟,是同一地或异地城市商人家族为共同经营某项贸易而进行的合作,他们不涉及手工业、金融业等其他的经济领域。与这些仅从事贸易的大商行比较而言,奥格斯堡的富格尔(Fugger)家族的影响力更大。

二、富格尔家族

1367 年,原本是亚麻织工的汉斯·富格尔从格拉本的乡村迁移到帝国自由城市奥格斯堡,这里是巴伐利亚地区的纺织业中心,也是德意志南部地区的商贸中心。根据奥格斯堡市政税册的记载,汉斯于 1386 年成为奥格斯堡纺织同业公会的大师傅(Zunftmeister),有多个纺织作坊。

因为需要在威尼斯购买棉花,汉斯与意大利有了商业往来,他从单纯的纺织师傅成为一个包买商商人。汉斯有两个儿子,长子是安德烈亚斯·富格尔(Andreas Fugger, 1394—1457),次子是人称长者的雅各布·富格尔(Jakob Fugger der Ältere①, 1398—1469)。汉斯去世后,他的遗孀并没有将家产分给这两个儿子,而是自己继续经营纺织和亚麻布匹生意,把两个儿子分别送到金银制作作坊当学徒。直到 1455 年富格尔家族的财产才分给安德烈亚斯和雅各布,此后富格尔家族分为两支。安德烈亚斯这一支家族的族徽上标有狍子的图形,故被称为"狍子富格尔"(Fugger vom Reh);雅各布这一支家族的族徽上刻有百合花,因此被称为"百合富格尔"(Fugger von der Lilie)。

15 世纪中叶以来,狍子富格尔家族主要从事与德意志汉萨城市、莱比锡和奥德河畔的法兰克福之间的贸易往来,此外它还与安特卫普、伦敦、米兰和威尼斯建立了贸易关系。自安德烈亚斯的长子卢卡斯·富格尔(Lukas Fugger, 1439—1499)起,狍子富格尔与哈布斯堡王朝建立了密切的联系,但因借贷给弗里德里希三世和马克西米安一世的金钱得不到偿还而破产。百合富格尔家族蒸蒸日上。长者雅各布迎娶奥格斯堡金匠的女儿,这个婚姻无疑为他增添了财富。此后他又在与意大利进行的棉花贸易中迅速积累财富,成为奥格斯堡最富有的市民。雅各布的儿子乌尔里希·富格尔(Ulrich Fugger, 1441—1510)和格奥尔格·富格尔(Georg Fugger, 1453—1506)分别在威尼斯和纽伦堡这两个欧洲重要的贸易中心开办工场,扩大富格尔家族在欧洲的经济影响力。他们的兄弟马尔库斯·富格尔(Markus Fugger,? —?)是个教士,自 1470 年起在罗马教廷的文书处作文秘,他为富格尔家族与罗马教廷之间建立经济关系搭起一座桥梁。

百合富格尔家族最有作为的继承人是雅各布·富格尔(Jakob Fugger, 1459—1525),他 14 岁就被送到威尼斯在德国人办的交易所

---

① 为了与富格尔家族第三代的雅各布区别,故后人在其名字前加了"长者"以示区别。

(Fondaco dei Tedeschi)当学徒,在那里学习银行金融知识。自 1487 年起,雅各布开始掌管百合富格尔家族产业的营运。1484 年,该家族在因斯布鲁克开办工场,此后又相继在哈雷(1510 年)、施瓦茨(1539 年)开办工场,该家族还在奥格斯堡、蒂罗尔、威尼斯和罗马之间建立起一个家族产业链条。根据 1494 年奥格斯堡的税收册记载,乌尔里希、格奥尔格和雅各布三兄弟的资产高达 5.4 万弗罗林。[①] 雅各布充分利用手中的资金,以购买矿山证券的形式投资萨尔茨堡的银矿,他把家族的经营范围扩大到矿业。此外,他还以这种方式取代多个中间商,直接从加斯特和施拉德明两个矿区收购银矿石。与此同时,雅各布还向那些缺少资金的诸侯放贷,从而与社会的上层建立密切的经济关系。

奥地利和蒂罗尔的大公爵西格蒙德因大兴土木修建宫廷经常囊中羞涩,雅各布慷慨解囊放贷给公爵。1487 年,大公爵西格蒙德在与威尼斯的战争中败北,他要向威尼斯人支付 10 万古尔登的赔偿金,这就让他的财政面临雪上加霜的困境,不得不继续向雅各布贷款。1488 年,大公爵西格蒙德向富格尔举债高达 15 万古尔登,无力偿还的大公爵只得把萨尔茨堡银矿的开采权抵押给富格尔家族。[②] 1489 年,雅各布在法兰克福的交易集市上结识年轻的马克西米安国王,他对这位年轻的皇位继承人非常有好感。1490 年 3 月 16 日,马克西米安国王出席在奥地利和蒂罗尔召开的等级议会,各等级以逼迫他逊位为要挟,要求他敦促西格蒙德大公爵必须偿还所有的负债。雅各布慷慨解囊为马克西米安出资,帮助他解除危难。1507 年 7 月 15 日,马克西米安再次在经费上捉襟见肘,为了筹集款项,他用 5 万古尔登把在乌尔姆的基希贝格伯爵领地卖给雅各布。此后,国王又把施米希恩和比伯拉赫的统治权出售给富格尔家族。富格尔家族对哈布斯堡王室在金融上的支持为其赢得很高的政治和社会地位。1511 年,雅各布被封为贵族,进入贵族等级。1514 年,他

---

① H. Kellenbenz, *Deutsche Wirtschaftsgeschichte*, Bd. 1, S. 201.
② Ebd., S. 200.

又被授予帝国伯爵的头衔。1519 年,为了帮助哈布斯堡家族赢得德意志的皇位,雅各布为其出资 54 万余古尔登,哈布斯堡家族则以领地内的矿业作为抵押。通过这一系列的投资,富格尔家族相继获得西里西亚、匈牙利、卡林西亚、蒂罗尔、波希米亚等地的铜矿、银矿、金矿和铁矿的采矿权。

1473 年,富格尔家族通过马尔库斯与罗马教廷建立了经济上的联系。1477 年,富格尔家族首次代教廷在瑞典收取教会的税金,取代佛罗伦萨的美帝奇家族(Medici)代理教皇的金融业务。1495 年,富格尔家族在罗马开设银行分行。1505 年,新上任的教皇尤里乌斯二世为了自身的安全筹建贴身护卫,他从瑞士招募 150 名士兵组建了一支瑞士护卫队(Schweizergarde①),富格尔家族给予教皇在财政上的大力支持,这一资助更加密切了其与罗马教廷的经济联系。1508—1524 年间,富格尔家族在罗马租用铸币所,先后为 4 位教皇铸造 66 种货币。此外,富格尔家族还协助罗马教廷出售和经营赎罪券的业务。

采矿业和银行业的经营,尤其是与哈布斯堡家族和罗马教廷的业务往来,使富格尔家族的财富剧增,16 世纪中叶以前该家族成为主宰欧洲金融业的银行巨头,几乎控制了欧洲的金属市场。1505 年,富格尔家族还与奥格斯堡和纽伦堡的富裕市民家族一起出资 3000 古尔登,组建 3 艘商船参与西班牙王室组织的前往印度的首次远航,试图在新开辟的航路上分一杯羹。首次远航的船队于 3 月 25 日从里斯本起航,9 月 13 日到达印度西海岸,1506 年底返回里斯本。尽管这次航海运回的三分之一的货物要交给葡萄牙王室,但是参加航海的德意志商船依然获得 175% 的高额利润。如此巨大的收益促使西班牙王室完全垄断对印度的航海贸易,富格尔家族也和其他商人一样被排斥在外,但是他们依然被允许在西班牙进行铜的贸易,因为只有他们能够提供与印度进行的贸易中不可缺少的铜。

---

① 从 1505 年起直至今天,罗马教廷一直保持着在瑞士招募护卫队的传统。

　　15 世纪的德意志,类似富格尔家族这样富庶的市民不在少数,诸如奥格斯堡的霍赫施泰特家族(Höchstetter)、纽伦堡的韦尔泽家族(Welser)、伊姆霍夫家族(Imhoff)、希尔施弗格尔家族(Hirschvogel)、梅明根的弗林家族(Vöhlin)等等。这些富庶的市民家族都有与富格尔家族相似的发家史,或从事矿业、布匹、武器等手工业行业,或从事香料、棉花等远程贸易,这些家族也都与德意志的皇(王)室或者诸侯有着密切的经济往来,给予他们资金资助。早在 14 世纪末,纽伦堡的大商人乌尔曼·施特罗默就是鲁普雷希特国王的资助人;莫伊廷根家族(Meutingen)于1456 年资助哈布斯堡家族的西格蒙德 3.5 万古尔登,帮助他偿还债务,为此西格蒙德把在施瓦茨的银矿开采权转让给该家族。① 这些市民家族不仅通过手工业和贸易商业积累了财富,而且还都掌控着所在城市的议会,对这些城市的经济以及改善城市社会起着积极的作用。1521 年,雅各布在奥格斯堡修建"富格尔家园"(Fuggerei)②,以 1 马克的租金租给在该城工作的那些贫穷的手工业者和日工们。这些富庶的市民还作为市民等级的代表参与重要的帝国会议,在 16 世纪的帝国改革和宗教改革运动中起着重要的作用。此外,他们还热衷于资助德意志的文艺复兴,形成独具特色的人文主义思潮。

第四节　德意志的人文主义

一、大学中的人文主义

　　14 世纪末期,走出黑死病灾难的西欧很快就进入快速发展的历史时期,人口的增长、农村中撂荒地的复耕、手工业的发展以及商业贸易的活跃,所有这些都为社会积累了财富。具有西欧古典文化传统的意大利虽

---

① H. Kellenbenz, *Deutsche Wirtschaftsgeschichte*, Bd. 1, S. 200.
② 富格尔家园今天依然由富格尔家族管理,以每月 0.88 欧元一套的租金租给奥格斯堡生活水平低下的市民。

然在中世纪从未形成一个独立的王国,但却是欧洲最富庶的地区。米
兰、佛罗伦萨、威尼斯、比萨等城市里聚集着大批的教俗贵族、富足的商
人和银行家。市民的财富和生活水平也高于西欧其他地区,他们对所居
住的城市有着较为强烈的荣誉感,比较注重城市公共性建筑的建设,具
有热衷于资助代表城市文化公众事务的传统。城市的财富和古典文化
的传统构成培育文化的土壤。在这片土壤上生长出了但丁、彼得拉克、
薄伽丘(Giovanni Boccaccio,1313—1375)等中世纪文化的巨匠。他们
延续 12 世纪文艺复兴的传统,努力寻找尚未被发现的古代拉丁文献,倾
心于对古典拉丁文献的研究,引用和模仿古典文献的词句撰写文章和诗
歌,开始一种新的、完全世俗的文化运动。这个新文化的创立者们认为,
在古典时代和他们所生活的年代之间横亘着一千年,在过去的一千年中
充斥着野蛮和黑暗,主管文学和译著的缪斯女神都因此逃离欧洲。然而
在 14 世纪,缪斯女神突然重新返回欧洲,重新恢复古典文化,是艺术的
复兴,开始了一个新的"文艺复兴"(Renaissance①)的时代。

　　15 世纪,意大利的富商们,诸如米兰的维斯孔蒂家族、佛罗伦萨的美
第奇家族等,聚揽大批工艺匠人大兴土木建造豪华的府邸,同时还资助
工艺匠人和学者创造艺术品和文学作品。达·芬奇(Leonardo da Vinci,
1452—1519)、米 开 朗 基 罗 (Michelangelo di Lodovico Buonarroti
Simoni,1475—1564)、拉斐尔(Raffaello Sanzio,1483—1520)等文艺复
兴时期的巨匠们都是在这些富裕家族的资助下,创造了许多流传百世的
艺术佳作。德意志的富格尔家族也加入建造豪宅、资助文化创作的行
列。1509 年,雅各布为其已故的兄长在圣安娜修道院修建一座祈祷室,
特意聘请在那个时代德意志最伟大的艺术家阿尔布雷希特·丢勒
(Albrecht Dürer,1471—1528)以及颇具影响的画家和艺术家汉斯·布
克迈尔(Hans Burgkmair der Ältere,1473—1531)、约尔格·布罗伊

---

① 西方学者普遍认为,1350—1550 年为文艺复兴时代,分为早期、中期和晚期三个历史阶段,
　　即:14 世纪(Quattrocento)、15 世纪(Cinquecento)和 16 世纪的艺术矫饰时期
　　(Manierismus)。

(Jörg Breu der Ältere，1475 或 1480—1537)为这座祈祷室进行装饰。1512 年,雅各布在奥格斯堡建造了具有意大利文艺复兴风格的富格尔府邸(Fuggerhäuser)。

如果说德意志文艺复兴时期的建筑在很大程度上还具有很强烈的意大利风格的话,那么从早期人文主义时期起,德意志的人文主义者就具有自己的特征。

"人文主义"(Humanismus)这一术语是 19 世纪德国哲学家弗里德里希·伊曼纽尔·尼特哈默尔(Frierich Immanuel Niethammer，1766—1848)在 1808 年最先提出来的,旨在以重视语言知识、数学教育和文法为基础的教育,取代中世纪经院哲学中的逻辑和形而上学。1841年,"人文主义"这个词被普遍用于标注 14—16 世纪西欧的文化运动。在这场文化运动中,对文法、修辞、诗歌、历史以及道德哲学的重视促进了人文学科的发展。人文学科的沿袭和发展需要阅读古典文献,而那个时代能够找到的古典文献仅限于经院哲学的著作。为此,这个时期的一批学者积极寻找更早的古典文献,后世学界把那些致力于古典文献研究的学者们称为人文主义者。

在德意志,人文主义更多地被看作是在文艺复兴时期的一种教育运动,因为它开始于大学中开设的人文学科的课程。彼得·卢德尔(Peter Luder，1415—1472)被誉为德意志人文主义的创始人。彼得·卢德尔出生在一个并不富裕的家庭,他曾在意大利游学,是文艺复兴时期著名的希腊语学者格里诺·达·韦罗纳(Guarino da Verona，1370—1460)的学生。1456 年,彼得·卢德尔受宫廷伯爵弗里德里希一世(Friedrich Ⅰ.，1425—1475)之邀去了海德尔堡,受聘海德尔堡大学讲授拉丁语,他是笫一位在德意志的大学中用德语讲授拉丁语课程的教师,因此他被看作是人文主义在德意志的开创者,他任教的这一年也被看作是德意志人文主义的起始年。卢德尔严厉批评经院哲学那种空洞的形而上学以及无休止地纠缠于概念的争论,提倡开设一些比较实用的人文学科的课程。他认为,大学生应该通过学习人文学科正确表达和传递他们的知识。彼得·卢德尔的观点在海德尔堡大学遭遇到经院学者们的强烈抵制,他也最终未能获得该大学的教授职务。他转而去了乌尔姆大学,依然没有得到教授的职务,直到1460年底才受聘埃尔福特大学,两年后又去了莱比锡大学。彼得·卢德尔虽然一直受到大学中经院哲学学者的抵制,致使他辗转多所大学,但他每到一处都留下深刻的印记。这些大学中先后都组建人文主义小组,涌现出一大批人文主义学者,例如第一部印刷版《世界编年史》(Die Schedel'sche Weltchronik)的作者哈特曼·舍德尔(Hartmann Schedel,1440—1514),他是第一位用拉丁语和德语撰写编年史的学者。

哈特曼·舍德尔出生于纽伦堡的一个市民家庭,他的两位兄弟一位是成功的商人,一位是多米尼克修士会的修士,他的堂兄是勃兰登堡选侯弗里德里希二世(Friedrich Ⅱ.,1413—1471)的御医。哈特曼16岁在莱比锡大学学习法学,在那里加入彼得·卢德尔组建的人文主义小组。1463年,哈特曼在帕多瓦大学学习医学,1466年返回纽伦堡。纽伦堡是当时德意志帝国最为富庶的城市,也是人文主义者较为集中的地方。他在那里结识威利巴尔德·皮克海默(Willibald Pirckheimer,1470—1530)和阿尔布雷希特·丢勒,他们都热衷于把希腊文的经典翻译为德语。威利巴尔德·皮克海默的父亲是位富商,经常带着他在各地旅游,这些亲身的经历不仅有助于他熟谙商业,而且也帮助他对当时的政治局势有独到的认识。此后,他的父亲送他到帕多瓦大学和帕维亚大学学习了7年的法学。1495年,皮克海默初识阿尔布雷希特·丢勒,与他结成终生的朋友。在意大利学成归来后,皮克海默进入纽伦堡市议会,同时还经常参加帝国的会议,很快就成为马克西米安的法律顾问。

阿尔布雷希特·丢勒出生在纽伦堡,他的父亲是从匈牙利移居到该城的金匠。丢勒从15岁起跟随维滕堡宫廷的画师、木雕师米夏埃尔·沃尔格穆德(Michael Wolgmut,1434—1519)学艺,因参与印刷《世界编年史》与哈特曼有了较为密切的往来。1494年,丢勒旅居意大利,他在那里学习意大利人文主义者创造的有关人的比例、透视和立体感等绘画技术,但是他并没有完全接受意大利人奉行的古典主义和奢华的风格。丢勒的绘画作品具有北方文艺复兴(Nordischen Renaissance①)的特征,他的三幅著名代表作《骑士、死亡和魔鬼》(Ritter,Tod und Teufel)、《房屋里的圣哲罗姆》(Der heilige Hieronymus im Gehäus)和《忧郁》(Melencolia Ⅰ),既体现了基督教人文主义不拘礼仪的内心虔诚,同时又批判了基督教教士腐败行为的特点。

在德意志早期人文主义者中较有代表性的是鲁道夫·阿格里科拉(Rudolf Agricola,1444—1485),他虽然没有留下传世之作,也从未获得大学教授的职务,但却是作为第一位自由学者在大学中讲授希腊文、拉丁文的经典以及教授希伯来文字。他的学生中有被称为"人文主义大学者"(Erzhumanist)的康拉德·策尔蒂斯(Conrad Celtis,1459—1508)。策尔蒂斯曾在科隆大学学习,在匈牙利游学两年后于 1484 年在海德尔堡大学继续他的学业,学习诗学和修辞学,一年后毕业,再次游学意大利。他于 1487 年返回德意志,在埃尔福特大学、莱比锡大学和罗斯托克大学教授诗学。策尔蒂斯在求学和教学的同时创作了很多脍炙人口的诗歌,在他的诗歌中非常真实地再现了现实生活中的趣事。另一方面,在他撰写或编辑的历史著作中非常明显地表述出德意志民族主义的意识。1487 年 4 月 18 日,弗里德里希三世皇帝在纽伦堡召开的帝国会议上封他为"桂冠诗人"(poeta laureatus②)。1502 年,马克西米安命策尔蒂斯在维也纳大学附近建立一所"诗歌和数学学院"(Collegium poetarum et mathematicorum),并且还给予该学院授予诗人桂冠的权利。

斯特拉斯堡是德意志人文主义的又一个中心,这里聚集着一批人文

---

① "北方文艺复兴"是指在文艺复兴时期形成的不同于意大利风格的建筑、绘画和雕塑艺术风格,它包括德意志、法国、尼德兰、英国和斯堪的纳维亚等地区。

② "桂冠诗人"是文艺复兴时期对在诗歌创作方面有着突出成就者的赞许和荣誉,彼得拉克是第一位获得"桂冠诗人"的人文主义者。所谓"桂冠"是用月桂树的树枝编成的花冠,通常是君主为诗人戴到头上,以示给予的荣誉。

主义者,诸如雅各布·温普林(Jakob Wimpfeling,1450—1528)、塞巴斯蒂安·布兰德(Sebastian Brant,1458—1521)、约翰·盖勒·封·凯伊泽贝格(Johann Geiler von Kaysersberg,1445—1510)等。在他们的领导下组成斯特拉斯堡文学协会(die Straßburger literarische Gesellschaft),他们用民族语言进行创作,收集和整理德意志的民歌,撰写有关德意志的历史。在奥格斯堡,人文主义者们更多的是获得富格尔家族这样富裕市民的资助,在他们的作品中也更多地反映和代表他们的情感和意识。出生于奥格斯堡富裕商人家庭的市政书记员康拉德·波伊廷格(Konrad Peutiger,1465—1547)不仅是马克西米安皇帝的顾问,而且还与伊拉斯谟(Erasmus von Rotterdam,1466 或 1467 或 1469—1536)交往甚密。

二、宗教改革的先驱们

德国人文主义的一个重要特点是,其具有较为浓厚的宗教色彩,伊拉斯谟就被看作是最具代表性的德意志基督教人文主义者。伊拉斯谟出生于鹿特丹,因为他是身为教士的父亲和他的女管家所生的非婚生子,所以从小就和他的兄长一起寄宿在监护人的家里,后又被送到修道院的学校接受教育。1492 年,伊拉斯谟接受教士的授职礼,被送到巴黎大学学习神学。他的这些经历无疑为他打下深刻的烙印,身为教士的儿子以及接受的神学教育,使得虔诚的信仰在他的内心根深蒂固,然而,非婚生的身份以及在修道院过着的禁锢生活又使他有了摆脱宗教束缚的意愿。他既阅读了大量的基督教经典著作,同时也很熟悉那些非基督教的作品,他游历过威尼斯、罗马、布鲁萨尔以及英国的一些城市,较为广泛地接触过各地文艺复兴时期人文主义的作品和思想。所有这些都成为伊拉斯谟作为一名人文主义者的创作源泉,这些都集中地反映在他的讽刺作品《愚蠢颂》(Lob der Torheit)中。伊拉斯谟在强调宗教信仰虔诚的同时,也批评宗教戒律的束缚。他既提倡研读包括《圣经》在内的基督教的经典,也反对围绕基督教教义中那些形而上学问题展开无休止的争论。他用十年的时间修订了希腊文本的《新约全书》(Neuen Testaments)手抄本,于 1516 年由巴塞尔的著名印刷商约翰·弗罗本 (Johann Froben,1460—1527)印刷出版。这本《新约全书》是 16 世纪以后乃至一直到 19 世纪出版的大多数《新约全书》版本的依据,在这部《新约全书》中还有伊拉姆斯做的注释以及他翻译的拉丁文译文。

对《圣经》的修订激发人文主义者对希伯来语学习的热情。德意志最有影响的希伯来语学者是约翰内斯·罗伊希林(Johannes Reuchlin,1455—1522)。罗伊希林的父亲是一所修道院地产的管家,因此他能够从小就在这所修道院的学校接受教育,15 岁起就在弗莱堡大学学习神学、修辞学和文法。1473 年,他陪同巴登马尔克伯爵的儿子们去巴黎大学就读,有了在巴黎大学学习神学的机会,一年后他去了巴塞尔,1477 年,在那里获得文学硕士学位。1479 年,罗伊希林在奥尔良大学教授古典语言,同时还学习法学。1482 年,罗伊希林再次陪同符腾堡的伯爵去罗马学习,此后他在符腾堡伯爵的宫廷中服役。在多个大学学习语言学、法学和神学,罗伊希林熟练地掌握希腊语、希伯来语,同时也积累了法学方面的知识,对基督教的教义有了新的认识。罗伊希林甚至认为可以在犹太人的宗教思想中找到基督教教义的精髓,他强烈反对科隆的多米尼克修士们提出要焚烧除《圣经》以外所有犹太书籍的主张。罗伊希林的提议和主张遭到教皇的反对,将他斥为异端。此外还有最激烈的反对者约翰内斯·普费弗科恩(Johannes Pfefferkorn,1469—1521),普费弗科恩原是居住在布拉格的犹太教徒,后移居科隆,他在科隆接触了多米尼克修士会,带领全家改宗基督教,改宗后的普费弗科恩更激烈地抨击罗伊希林反对烧毁犹太教经典《塔木托》(Tamud)的主张。但罗伊希林依然赢得德意志知识界的广泛支持,乌尔里希·胡滕(Ulrich von Hutten,1488—1523)就是其中之一。

乌尔里希·胡滕出身于法兰克的一个贵族世家,因从小体弱多病被送到富尔达修道院,显然他的父母认为他的体质无法胜任一个骑士的职责,希望他能成为一名修道士。1505 年以后,胡滕以埃尔福特大学为起点开始游学生活，他先后在科隆、埃尔福特、莱比锡、罗斯克特、维也纳等多所大学学习。他虽然不是骑士，却以骑士的精神用笔进行战斗，为了声援罗伊希林，他与人合著《蒙昧者书简》(Epistolae obscurorum virorum，德语为：Dunkelmännerbriefe)。在这部以书信为体裁的著作中，他们用蹩脚的拉丁文模仿那些在科隆的罗伊希林的反对者的口吻、讽刺嘲弄的语气，谴责他们自称了解基督教的教义，而实际上却是一帮故弄玄虚毫无学识的蠢材，以此支持罗伊希林在有关神学方面的观点。

德意志的人文主义者们，无论是在此后发生的宗教改革运动中成为马丁·路德的同盟者或是他的反对者，都对这场改变德意志的伟大运动起到推动作用。德意志的人文主义者们与马丁·路德一起推开近代社会的大门，迈入近代社会。

附 录

一　地图

1. 日耳曼人大迁徙及其建立的王国①

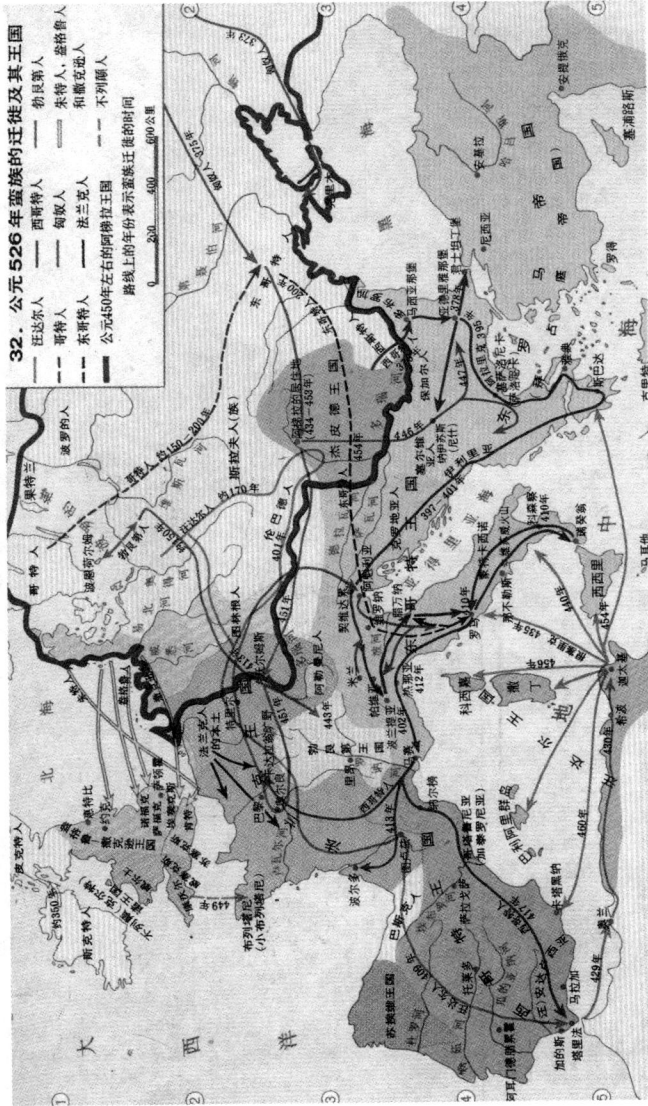

　　① 选自《钱伯斯世界历史地图》，杨慧玫译，生活·读书·新知三联书店 1981 年版，图 32。

2. 法兰克王国的三分①

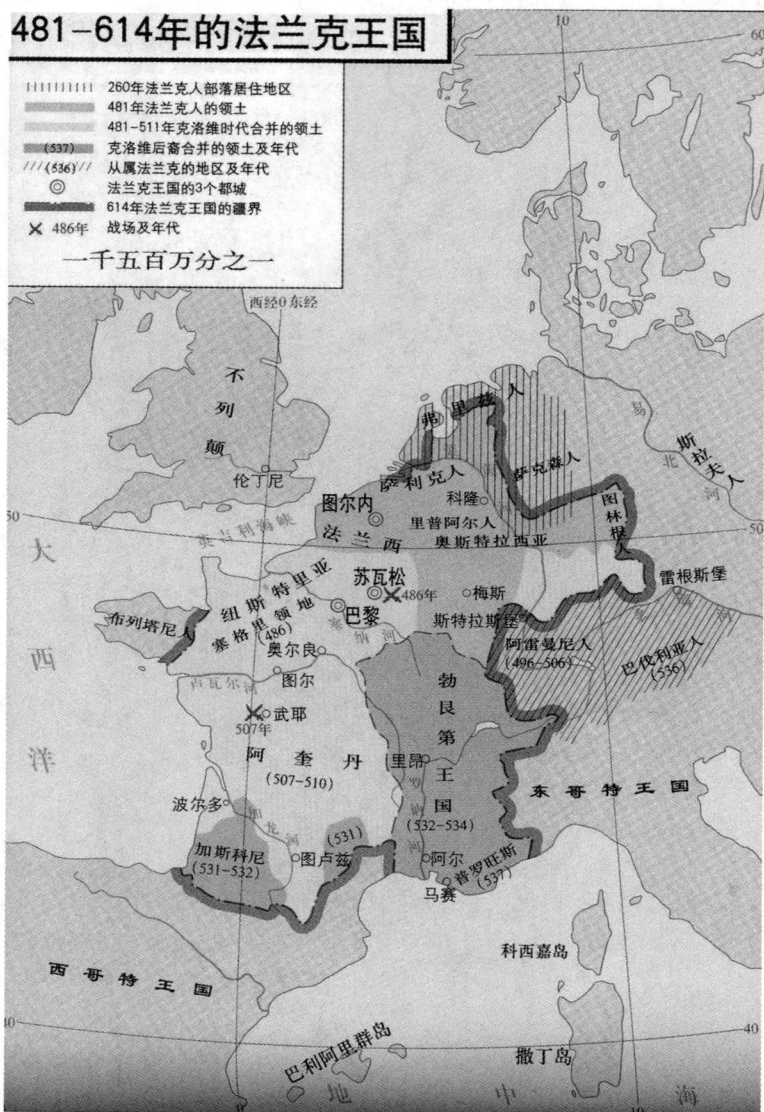

481-614年的法兰克王国

‖‖‖‖‖	260年法兰克人部落居住地区
	481年法兰克人的领土
	481—511年克洛维时代合并的领土
(537)	克洛维后裔合并的领土及年代
//// (536)	从属法兰克的地区及年代
◎	法兰克王国的3个都城
	614年法兰克王国的疆界
✕ 486年	战场及年代

一千五百万分之一

---

① 选自张芝联等主编《世界历史地图集》，中国地图出版社 2001 年版，第 43 页。

3. 中世纪中期德意志帝国的版图①

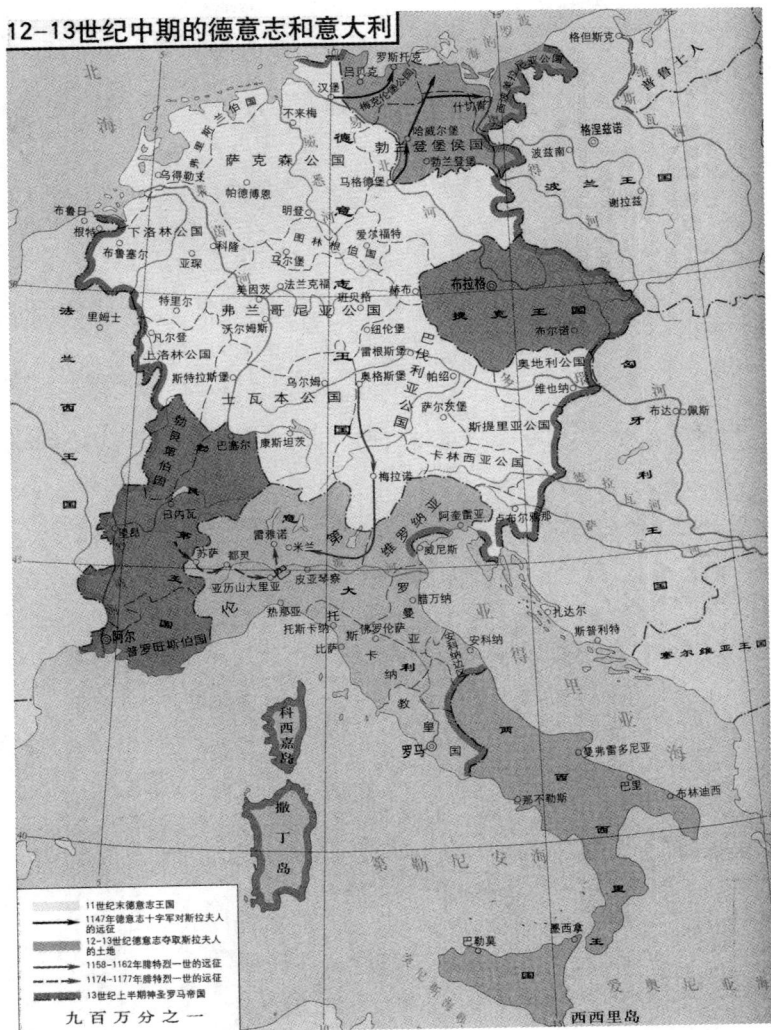

12-13世纪中期的德意志和意大利

---

① 选自张芝联等主编《世界历史地图集》，中国地图出版社 2001 年版，第 60 页。

4. 至 16 世纪中叶的哈布斯堡王朝的统治区域①

① 选自《钱伯斯世界历史地图》，杨慧玫译，生活·读书·新知三联书店 1981 年版，图 57。

5. 15 世纪末西欧主要资源分布图①

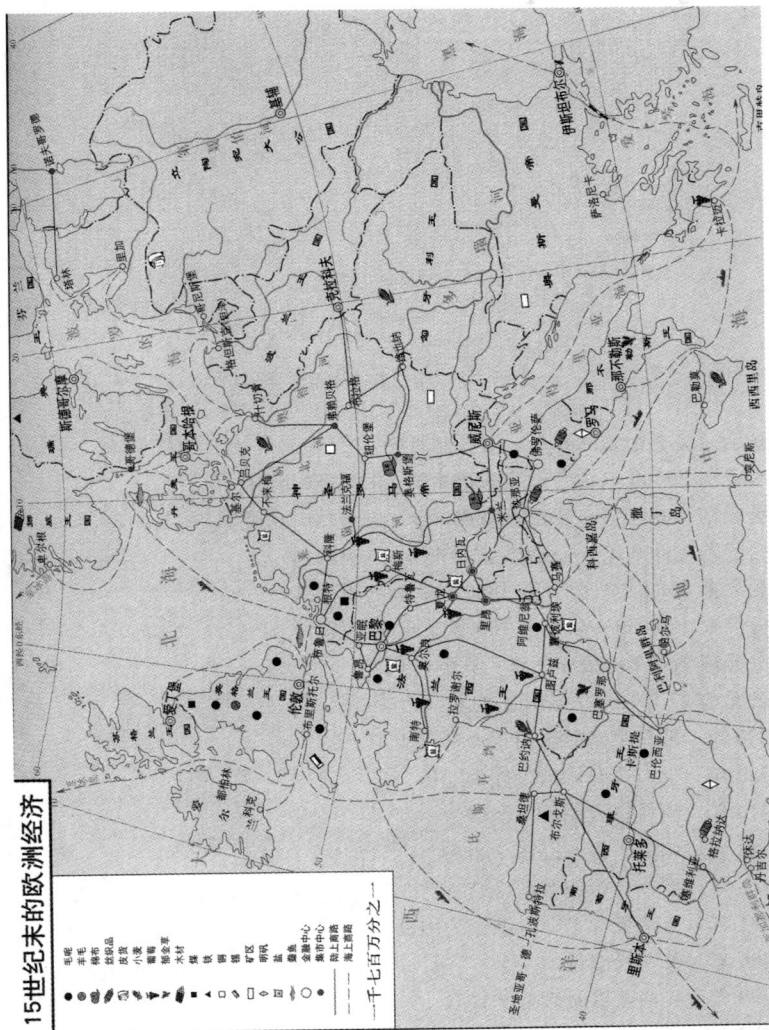

① 选自张芝联等主编《世界历史地图集》，中国地图出版社 2001 年版，第 67 页。

二 大事年表

远古—公元前 **80000** 年　旧石器时代

公元前 **80000** 年—公元前 **35000** 年　旧石器时代中期

公元前 **35000** 年—公元前 **10000** 年　旧石器时代晚期

公元前 **10000** 年—公元前 **4500** 年　中石器时代

公元前 **4500** 年—公元前 **1800** 年　新石器时代

公元前 **1800** 年—公元前 **700** 年　青铜时代

公元前 **700** 年—公元 **1** 年　铁器时代

公元前 **27** 年　屋大维开始的罗马帝国

330 年　罗马皇帝君士坦丁迁都君士坦丁堡

350 年　匈奴人开始的民族大迁徙

410 年　西哥特人围攻罗马城

441 年　匈奴人进入巴尔干半岛

476 年　西罗马帝国帝国终结

481 年　克洛德维希一世继位为国王

486 年　苏瓦松战役

498 年　克洛德维希皈依基督教

507 年　开始编纂《萨利克法典》

511 年　克洛德维希一世的四个儿子继承王位

615 年　皮平为宫相

619 年　博尼法修斯开始传教

679 年　皮平二世为宫相

714 年　铁锤卡尔为宫相

732 年　铁锤卡尔战胜阿拉伯人

751 年　皮平为法兰克国王

768 年　查理继位为法兰克国王

770 年　查理开始萨克森战争

800 年　查理在罗马加冕为皇帝

814 年　查理大帝去世，虔诚者路德维希继位

837 年　路德维希一世和洛塔尔二世瓜分法兰克

843 年　凡尔登条约

870 年　梅尔森条约（东西法兰克）

919 年　萨克森的海因里希一世为东法兰克国王

936 年　奥托一世加冕为德意志国王

962 年　奥托一世加冕为皇帝

973 年　奥托二世加冕为德意志国王

983 年　奥托三世加冕为国王

1002 年　海因里希二世为德意志国王

1004 年　海因里希二世加冕为皇帝

1024 年　康拉德二世开始的萨利尔王朝

1027 年　康拉德二世加冕为皇帝

1028 年　海因里希三世被选为德意志国王

1047 年　海因里希三世加冕为皇帝

1049 年　利奥九世为教皇

1054 年　基督教东西教会大分裂

1056 年　海因里希四世为国王

1075 年　教皇格雷戈尔七世颁布《教皇选举敕令》

1077 年　卡诺萨之路

1084 年　海因里希四世加冕为皇帝

1088 年　乌尔班二世为教皇

1095 年　第一次十字军东征

1099 年　十字军占领耶路撒冷

1122 年　《沃尔姆斯宗教协议》的签订

1147 年　第二次十字军东征

1152 年　弗里德里希一世加冕为皇帝

1189 年　第三次十字军东征

1198 年　因诺森三世继位教皇

1204 年　第四次十字军东征

1212 年　弗里德里希二世继位

1220 年 弗里德里希二世颁布《与教会诸侯联盟》

1226 年 德意志骑士团建立

1228 年 第五次十字军东征

1231 年 《有利于诸侯的法令》

1245 年 "大空位"时期开始

1254 年 莱茵城市同盟建立

1273 年 哈布斯堡家族的鲁道夫被选为德意志国王

1291 年 瑞士联邦成立

1298 年 阿尔布雷希特一世继位

1308 年 卢森堡的海因里希七世继位

1309 年 教廷迁徙至阿维尼翁

1347 年 黑死病爆发

1348 年 德意志帝国的第一所大学建立

1356 年 《金玺诏书》

1367 年 教廷迁回罗马

1370 年 汉萨同盟战胜丹麦

1376 年 施瓦本城市同盟建立

1378 年 西方教会的大分裂

1408 年 比萨宗教会议

1414 年 康斯坦茨宗教会议

1415 年 胡斯受审

1417 年 西方教会大分裂终结

1419 年 胡斯战争爆发

1436 年 胡斯战争结束

1450 年 发明活字印刷术

1453 年 君士坦丁堡沦陷

1493 年 马克西米安一世登基

1495 年 《永久和平条例》

三　参考书目

一、西文部分

Althoff, G. , *Die Ottonen. Königsherrschaft ohne Staat*, Stuttgart: Kohlhammer [2]2005.

Althoff, G. , *Heinrich Ⅳ.*, Darmstadt: Wiss. Buchges 2006.

Aubin, H. ; Zorn, W. (hrg), *Handbuch der deutschen Wirtschafts-und Sozialgeschichte*, Stuttgart: Klett-Cotta, 1978.

Bader, K. S. , *Dorfgenossenschaft und Dorfgemeinde*, Wien-Köln-Graz: Böhlau 1962.

Bader, K. S. , *Rechtsformen und Schichten der Liegenschaftsnutzung im mittelalterlichen Dorf*, Wien-Köln-Graz: Böhlau 1973.

Bauer, A. (bearb.), *Quellen zur Geschichte der sächsischen Kaiserzeit*, Darmstadt: WBG, Wiss. Buchges [5]2002.

Baus, K. (hrg.), *Handbuch der Kirchengeschichte. Die Reichskirche nach Konstantin dem Großen*, Freiburg • Basel • Wien: Herder 1985.

Beck, H. -G. , Fink, K. A. , Glazik, J. , Iserloh, E. , Wolter, H. , *Handbuch der Kirchengeschichte. Vom Hochmittelalter bis zum Vorabend der Reformation*, Freiburg-Basel-Wien: Herder 1985.

Bergdolf, K. , *Der Schwarze Tod in Europa. Die Große Pest und das Ende des Mittelalter*, München: C. H. Beck 1994.

Borden, F. (bear.), *Das Problem der Freiheit*, Paderborn: Schöningh 1962

Biographisch-Bibliographisches Kirchenlexikon, Nordhausen: Bautz 1999.

Blick, S. , *A Canterbury Keepsake*: *English Medieval Pilgrim Souvenirs and Popular Culture*, Kansas: UMI 1994.

Blickle, P. , *Die Revolution von* 1525, München: C. H. Beck 1975.

Boockmann, H. , *Der deutsche Orden*, München: C. H. Beck 1981.

Boockmann, H. , *Deutsche Geschichte im Osten Europas-Ostpreußen und Westpreußen*, Berlin: Siedler Verlag 2002.

Borchardt, K. , *Grundriß der deutschen Wirtschaftsgeschichte*, Göttingen: Vandenhoeck & Ruprecht 1985.

Born, M. , *Die Entwicklung der deutschen Agrarlandschaft*, Darmstadt: Wiss. Buchges. 1989.

Boshof, E. , *Die Salier*, Stuttgart: Kohlhammer [5] 2008.

Boshof, E. , *Ludwig der Fromme*, Darmstadt: Wiss. Buchges. 1996.

Bosl, K. , *Frühformen der Gesellschaft im mittelalterlichen Europa*, München-Wien: R. Oldenbourg Verlag 1964.

Brandt, C. L. , *Der Dom zu Magdeburg*, Magdeburg: Hopfer 1863.

Brandt, M. und Eggebrecht, A. (hrgs.), *Bernward von Hildesheim und das Zeitalter der Ottonen*, Hildesheim: Ausstellungskatalog, hg. v. Wiss. Beratung Hans Jakob Schuffels 1993.

Brühl, C. , *Deutschland-Frankreich. Die Geburt zweier Völker*, Köln: Böhlau, 1990.

Brunner, H. , *Geschichte der deutschen Literatur des Mittelalters und der Frühen Neuzeit*. Stuttgart: Reclams Universal-Bibliothek 2010.

Brunner, O. , *Neue Wege der Verfassungs-und Sozialgeschichte*, Göttingen: Vandenhoeck & Ruprecht [2] 1968.

Bumke, J. , *Höfische Kultur. Literatur und Gesellschaft im hohen Mittelalter*, München: Dt. Taschenbuch-Verl. [7] 1994.

Bücher, K. , *Die Entstehung der Volkswirtschaft*, Tübingen: Laupp, [13] 1926.

Buschmann, A. , *Kaiser und Reich. Verfassungsgeschichte des Heiligen Römischen Reiches Deutscher Nation vom Beginn des 12. Jahrhunderts bis zum Jahre 1806 in Dokumenten*, Baden-Baden: Nomos-Verl. -Ges. 1994.

Caspar, E. (Hrsg.), *Das Register Gregors* Ⅷ. 1. Buch Ⅰ-Ⅳ. 2. unveränderte Auflage. Berlin: Weidmann 1955, (*Monumenta Epistolae* 4, *Epistolae selectae* 2, 1).

Cipolla, C. M. (hrg.), *Europäische Wirtschaftsgeschichte* 16. *und* 17. *Jahrhundert*, Stuttgart: Fischer 1978.

Classen, P. , *Karl der Große*, *das Papstutum und Byzanz. Die Begründung des karolingischen Kaisertums*, Sigmaringen: Thorbecke 1988

Cognet, L. , *Gottes Geburt in der Seele. Einführung in die Deusche Mystik*,

Freiburg: Herder 1980.

Demandt, A. (Hrsg.), *Macht und Recht. Große Prozesse in der Geschichte*, München: C. H. Beck 1996.

Fleckenstein, J., und Hellmann, M. (hrg.), *Die geistlichen Ritterorden Europas*, Sigmaringen: Thorbecke 1980.

Dopsch, A., *Herrschaft und Bauer in der deutschen Kaiserzeit: Untersuchungen zur Agrar-und Sozialeschichte des hohen Mittelalters mit besonderer Berücksichtigung des sündostdeutschen Raumes*, Jena: Fischer 1939.

Ebel, W., „Das Soester Recht. Wesen, Herkunft und Bedeutung". In: *Soester Zeitschrift* 72(1959), S. 5 - 23.

Eckhardt, K. A. (Hrsg.), *Der Sachsenspiegel: Landrecht*, Hannover: Hahn, 1995＝1973.

Ennen, E., *Deutsche Agrageschichte*, Wiesbaden: Steiner 1979.

Ennen, E., *Die europäische Stadt des Mittelalters*, Göttingen: Vandenhoeck &. Ruprecht [2]1979.

Ennen, E., *Frühgeschichte der europäischen Stadt*, Bonn: Röhrscheid 1953.

Erdmann, C., *Die Entstehung des Kreuzzugsgedankens*, Stuttgart: Wiss. Buchges. 1965.

Erkens, F. -R., *Konrad II. (um 990 - 1039). Herrschaft und Reich des ersten Salierkaisers*, Regensburg: Pustet 1998.

Ferdinand, O., *Stadt und Reich im 12. Jahrhundert*, Wein-Köln: Böhlau 1986.

Flasch, K., *Dietrich von Freiberg*, Frankfurt am Main: Klostermann 2007.

Fleckenstein, J., Hellmann, M. (Hrsg),. *Die geistlichen Ritterorden Europas*, Sigmaringen: Thorbecke, 1980

Fleckenstein, J. „Problematik und Gestalt der Reichskirche", in: K. Schmid (Hrsg), *Reich und Kirche vor dem Investiturstreit: Vorträge beim wissenschaftlichen Kolloquium aus Anlaß des 80. Geburtstag von Gerd Tellenbach*, Sigmaringen: Thorbecke 1985.

Fuhrmann, H., „Das Papsttum und das kirchliche Leben im Frankenreich", in: *Settimane di studio del Centro italiano di studi sull' alto medioevo*, Bd. 28, Spoleto: Centro, 1981, 419—456.

G. Duby, *Les trois orders ou l'imaginaire du féodalisme*, Paris: Flammarion 1978.

Ganshof, F. L., *Was ist das Lehnswesen ?*, Darmstadt: Wiss. Buchges. [7]1989.

Geary, P. J. (edited), *Readings in Medieval History*, Peterborough: Broadview Press 1995.

Gebhardt, B. *Handbuch der deuschen Geschichte* , München: Dt. Taschenbuch-Verl. , [8]1985.

Gerd, A. , *Die Ottonen. Königsherrschaft ohne Staat* , Stuttgart-Berlin-Köln: Kohlhammer [2]2005.

Giese, W. , *Heinrich I. Begründer der ottonischen Herrschaft* , Darmstadt: Wiss. Buchges. 2008.

Giesebrecht, W. v. , *Geschichte der deutschen Kaiserzeit* , Leipzig: Duncker &. Humblot [5]1881.

Gnaedinger, L. , *Johannes Tauler. Gotteserfahrung und Weg in die Welt* , Freiburg: Herder 1983.

Gnaedinger, L. , *Johannes Tauler. Lebenswelt und mystische Lehre* , München: C. H. Beck 1993.

Goetz, H. -W. (Hrsg.):*Konrad I. : auf dem Weg zum "Deutschen Reich"?* , Bochum: Winkler 2006.

Goetz, H. -W. , *Leben im Mittellater* , München: C. H. Beck [6]1986.

Görich, K. , *Die Staufer. Herrscher und Reich* , München: C. H. Beck 2006.

Grierson, P. ; Mays. , M. , *Catalogue of late Roman coins in the Dumbarton Oaks Collection and in the Whittemore Collection. From Arcadius and Honorius to the Accession of Anastasius* , Washington: Dumbarton Oaks Center for Byzantine Studies. Trustees for Harvard University 1992.

Grundmann, H. (Hrsg.), *Handbuch der deutschen Geschichte* , Stuttgart: Wiss. Buchges. [2]1981.

Hastings, R. , *The Universities of Europe in the Middle Ages* , Oxford: Oxford University. Press 1937.

Hauschild, W. -D. , *Lehrbuch der Kirchen-und Dogmengeschichte* , Gütersloh: Gütersloher Verl. -Haus [2]2000.

Henning, R. -W. , *Handbuch der Wirtschafts und Sozialgeschichte Deutschland* , Paderborn-München-Wien-Zürich: Schöningh 1991.

Higounet, Ch. , *Die deutsche Ostsiedlung im Mittelalter* , Berlin: Siedler 1986.

Hirsch, H. , *Die hohe Gerichtsbarkeit im deutschen Mittelalter* , Prag: Verl. der Ges. Zur Föederung Dt. Wiss. , Kunst und Literatur in Böhmen 1922.

Hirsch, H. , *Die Klosterimmunität seit dem Investiturstreit: Untersuchungen zur Verfassungsgeschichte des deutschen Reiches und der deutschen Kirche* , Köln: Böhlau 1967＝1931.

Holl, A. (Hrsg.), *Die Ketzer* , Hamburg: Hoffmann u. Campe 1994.

Isenmann, E. , *Die deutschen Stadt im Spätmittelalter* 1250—1500, Stuttgart: Wiss. Buchges. 1988.

Jakobs, H. , *Die Hirsauer. Ihre Ausbreitung und Rechtstellung im Zeitalter des Investiturtstreites*, Köln: Böhlau 1959.

Jarnut, J. , *Geschichte der Langobarden*, Stuttgart: Kohlhammer 1982.

Kantorowicz, E. H. , The King's Two Bodies. A Study in Medieval Political Theology, Princeton University Press 1957.

Kellenbenz, H. , *Deutsche Wirtschaftsgeschichte*, München: C. H. Beck 1977.

Kellenbenz, H. , *Handbuch der Europaeischen Wirtschafts-und Sozialgeschichte*, , Stuttgart: Wiss. Buchges. 1980.

Keller, H. , *Zwischen regionaler Begrenzung und universalem Horizont. Deutschland im Imperium des Salier und Staufer 1024 bis 1250*, Berlin: Propyläen-Verl. 1986.

Kern, F. , *Gottesgnadentum und Widerstandsrecht im früheren Mittelalter. Zur Entwicklungsgeschichte der Monarchie*, Münster: Böhlau [2]1954.

Keutgen, F. , *Urkunde zur städtischen Verfassungsgeschichte*, Berlin: Felber 1901.

Knowles, D. , *The Evolution of Medieval Thought*, London-New York: Longman 1988.

Körntgen, L. , *Königsherrschaft und Gottes Gnade. Zu Kontext und Funktion sakraler Vorstellungen in Historiographie und Bildzeugnissen der ottonisch-frühsalischen Zeit*, Berlin: Akad. -Verl. 2001.

Koschaker, P. , *Europa und das römische Recht*, München • Berlin: C. H. Beck 1966.

Kriedte, P. , *Industrialiesierung vor der Industrialiesierung*, Göttingen: Vandenhoeck & Ruprecht 1978.

Kruse, H. ; Paravicini, W. ; Ranft, A. (Hrsg.), *Ritterorden und Adelsgesellschaften im spätmittelalterlichen Deutschland*, Frankfurt am Main: Lang 1991.

Kulischer, J. , *Allgemeine Wirtschaftsgeschichte des Mittelalters und der Neuzeit*, Darmstadt: Wiss. Buchges. 1976.

Lambert, M. D. , *Medieval Heresy. Popular Movements from the Gregorian reform to the Reformation*, Oxford: Blackwell 1992.

Landau, G. , *Die Territorien in Bezug auf ihre Bildung und ihre Entwicklung*, Hamburg-Gotha: Friedrich und Andreas Perthes 1854.

Lander, G. , *Theologie und Politik vor dem Investiturstret*: Abendmahlstreit, Kirchenreform, Cluni und Heinrich Ⅲ. , Wien: Wiss. Buchges. 1936.

Lange, H. , *Römisches Recht im Mittelalter*, München: C. H. Beck 1997.

Lautemann, W. *Geschichte in Quellen. Mittelalter. Reich und Kirche*, München: Bayer. Schulbuch-Verl. [3]1989.

Le Goff, J. [Hrsg.], *Der Mensch des Mittelalters*, Frankfurt: Campus-Verl. 1989.

Le Goff, J. , *Kultur des europaeischen Mittelalters*, München: Droemer Knaur 1970.

Lexikon des Mittelalters, Stuttgart-Weimar: Verlag J. B. Metzler 1999.

Lieber, H. J. , *Politische Theorien von der Antike bis zur Gegenwart*, München: Olzog 1991.

Lütge, F. , *Deutsche Sozial-und Wirtschaftsgeschichte*, Berlin: Springer 1966.

Manser, G. M. , „Abert der Grosse als Neuerer auf philosophischem Gebiete", in: *Divus Thomas Ser.* Bd. 3, 10(1932), S. 151－172

Mayer, T. (Hrsg.), *Adel und Bauern in deutschen Staat des Mittelalters*, Leipzig: Koehler & Amelang 1943.

Mayer, H. E. , *Geschichte der Kreuzzüge*, Stuttgart: Wiss. Buchges. 1985.

Mitteis, H. , „Über den Rechtsgrund des Satzes, Stadtluft macht frei'", in: ders. *Die Reichsidee in der Geschichte*, Weimar: Böhlau 1957.

Nepomuk, J; Mailáth, J. , *Geschichte des östreichischen Kaiserstaates*. Reihe *Geschichte der europäischen Staaten*. Hamburg: Perthes 1834.

Neue Deutsche Biographie, Berlin: Duncker & Humblot, 2001, Bd. 20.

Nix, P. U. M. (Hrsg), *Meister Eckhart der Prediger*, Freiburg: Herder 1960.

Pitz, E. , *Wirtschafts-und Sozialgeschichte Deutschland im Mittelalter*, Wiesbaden: Steiner 1979.

Planitz, H. , *Die deutsche Sradt im Mittelalter*, Köln-Graz: Böhlau 1954.

Prietzel, M. , *Das Heilige Römische Reich im Spätmittelalter*, Darmstadt: Wiss. Buchges. 2004.

Prinz, F. , *Frühes Mönchtum im Frankenreich*, München: R. Oldenbourg Verlag 1988.

Rau, R. (Bearb.), *Die Reichsannalen. Einhard Leben Karls des Grossen, Zwei „Leben" Ludwigs, Nithard Geschichten*, Darmstadt: Wiss. Buchges. [2]1977.

Ranft, A. , *Adelsgesellschaften: Gruppenbildung und Genossenschaft im spätmittelalterlichen Reich*, Sigmaringen: Thorbecke 1994.

Reich und Kirche vor dem Investiturstreit, Sigmaringen: Thorbecke 1985.

Reichard, H. , *Die deutschen Stadtrechte des Mittelalters in ihrer geograghischen, politischen und wirtschaftlichen Begrüdungen*, Berlin: Sittenfeld 1930.

Reinhold Rau (Hrsg.): *Quellen zur karolingischen Reichsgeschichte*, Darmstadt: Wiss. Buchges. 1987.

Rörig, F. , *Die europäische Stadt und die Kultur des Bürgertum im Mittelalter*, Göttingen: Vandenhoeck & Ruprecht 1955.

Rörig, F. , *Die europäische Stadt und die Kultur des Bürgertum im Mittelalter*, Göttingen: Vandenhoeck & Ruprecht 1955.

Rösener, W. , *Bauern im Mittelalter*, München: C. H. Beck 1985.

Ruh K. , *Meister Eckhart: Meister Eckhart: Theologe, Prediger, Mystiker*, München: C. H. Beck 1985.

Schieder, Th. , *Handbuch der europäischen Geschichte*, Stuttgart: Wiss. Buchges. 1968.

Schieffer, R. , *Die Zeit des karolingischen Großreichs 714—887*, Stuttgart: Wiss. Buchges. [10] 2005.

Schieffer, R. , *Die Karolinger*, Stuttgart: Kohlhammer [4] 2006.

Schneider, R. , *Das Frankenreich*, München: R. Oldenbourg Verlag 1990.

Schneidmüller, B. , *Die Kaiser des Mittelalters, Vom Karl der Großen bis Maximilian*, München: Beck 2006.

Schnith, K. , R. (Hrsg.), *Festschrift für Eduard Hlawitschka zum 65. Geburtstag, Münchener Historische Studien. Abteilung Mittelalterliche Geschichte 5*, Kallmünz-Opf. : Lassleben 1993.

Schubert, H. v. , *Geschichte der christlichen Kirche im Frühmittelalter*, Darmstadt: Wiss. Buchges. 1962.

Schulze, K. H. , „ Rodungsfreiheit und Königfreiheit ", in: *Historische Zeitschrift*, 219(1974) S. 529 - 550.

Schwineköper, B. (Hrsg), *Gilden und Zünfte*, Sigmaringen: Thorbecke 1985.

Steinen, W. v. , *Chlodwigs Übergang zum Chritsntum*, Darmstadt: Wiss. Buchges. 1963.

Stoob, H. , *Forschung zur Städtewesen in Europa*, Köln-Wien: Böhlau 1970.

Stürner W. , *Friedrich II. Die Königsherrschaft in Sizilien und Deutschland 1194—1220*, Darmstadt: Wiss. Buchges. [2] 2003.

Tellenbach, G. , *Die Entstehung des deutschen Reiches: von der Entwicklung des fränkischen und deutschen Staates im 9. und 10. Jahrhundert*, München: Rinn 1943.

Tumler. M. , *Der Deutsche Orden im Werden, Wachsen und Wirken bis 1400. Mit einem Abriß der Geschichte des Ordens von 1400 bis zur neuesten Zeit*, Wien: Panorama-Verlag 1954.

Ullmann, W. , *Law and Politics in the Middle Ages. An Introduction to the Source of Medieval Political Ideas*, London: Sources of History 1975.

Waitz, G. , *Jahrbücher des Deutschen Reichs unter König Heinrich I.*, Darmstadt: Wiss. Buchges. 1963.

Wasserschleben, H. , *Sammlung deutscher Rechtsquellen*, Gießen: Heinemann 1860.

Weber, M. , *Gesammelte Aufsätze zur Sozial-und Wirtschaftsgeschichte*, Tübingen: Mohr (Siebeck) 1924.

Weber, M., *Wirtschaft und Gesellschaft-Grundriß der verstehenden Soziologie*, Tübingen: Mohr (Siebeck) 1921.

Weinfurter, St. (Hrsg.), *Die Salier und das Reich*, Sigmaringen: Thorbecke 1992.

Weinrich, L., *Quellen zur deutschen Verfassungs-, Wirtschafts-und Sozialgeschichte bis* 1250, Darmstadt: Wiss. Buchges. 1977.

Werner, E., *Pauperes Christi. Studien zu sozial-relgiösen Bewegungen im Zeitalter des Reformpapsttums*, Leipzig: Teubner 1956.

Werner, E.; Erbstoesser, M., Ketzer und Heillige. Das religiöse Leben im Hochmittelalter, Wien-Berlin: Böhlau 1986.

Wernicke, C., *Die Geschichte des Mittelalters*, Berlin: Duncker 1854.

Wesel, U., *Geschichte des Rechts. Von der Frühformen bis zu Gegenwart*, München: C. H. Beck 2001.

Willoweit, D., *Deutsche Verfassungsgeschichte*, München: C. H. Beck [3] 1997.

Wolf, A., *Gesetzgebung in Europa* 1100—1500. *Zur Entstehung der Territorialstaaten*, München: C. H. Beck [2] 1996.

Wolfram, H., *Konrad* II. 990—1039. *Kaiser dreier Reiche*, München: C. H. Beck 2000.

Young, Ch. R. (edited), *The Twelfth-Century Renaissance*, London: Themas & Hudson 1976.

Ziegler, W., „Studien zur staufischen Opposition unter Lothar III. (1125—1137)", in: *Concilium medii aevi* 10(2007) S. 77 - 111.

Zimmermann, H., *Das Papsttum im Mittelalter: eine Paptgeschichte im Spiegel im Spiegel der Historiographie*, Stuttgart: Ulmer 1981.

二、中文部分

《马克思恩格斯选集》,人民出版社,1972 年。

《不列颠百科全书》,中国大百科全书出版社,1990 年。

阿庇安:《罗马史》,谢德风译,商务印书馆,1976 年。

C. 沃伦·霍莱斯特:《欧洲中世纪简史》,陶松寿译,商务印书馆,1988 年。

E. P. 克伯雷:《外国教育史料》,华中师大教育系译,华中师范大学出版社,1991 年。

艾因哈德:《查理大帝传》,戚国淦译,商务印书馆,1893 年。

道格拉斯·诺思、罗伯斯·托马斯:《西方世界的兴起》,厉以平等译,华夏出版社,1999 年。

M. M. 波斯坦等主编:《剑桥欧洲经济史》,王春法等译,经济科学出版社,1987 年。

菲利普·李·拉尔夫等:《世界文明史》,赵丰等译,商务印书馆,2001 年。

费尔南·布罗代尔:《法兰西的特性》,顾良等译,商务印书馆,1995 年。

格雷戈里:《法兰克人史》,寿纪瑜等译,商务印书馆,1981 年。

亨利·皮雷纳:《中世纪的城市》,陈国梁译,商务印书馆,1985 年。

基佐:《法国文明史》,沅芷等译,商务印书馆,1998 年。

卡洛·M. 奇波拉:《欧洲经济史》,徐璇译,商务印书馆,1988 年。

恺撒:《高卢战记》,任炳湘译,商务印书馆,1979 年。

科瓦略夫:《古代罗马史》,王以铸译,生活·读书·新知三联书店,1957 年。

克雷维列夫:《宗教史》,王先睿等译,中国社会科学出版社,1981 年。

克里斯托弗·道森:《宗教与西方文化的兴起》,长川某译,四川人民出版社,1989 年。

理查德·詹金斯主编:《罗马的遗产》,晏绍祥等译,上海人民出版社,2002 年。

马克·布洛赫:《法国农村史》,余中先等译,商务印书馆,1991 年。

佩里·安德森:《从古代到封建主义的过渡》,郭方等译,上海人民出版社,2001 年。

塔西佗:《阿古利可拉传日耳曼尼亚志》,马雍等译,商务印书馆,1983 年。

泰格、利维:《法律与资本主义的兴起》,纪琨译,学林出版社,1996 年。

汤普逊:《中世纪经济社会史》,耿淡如译,商务印书馆,1988 年。

威廉·戚美尔曼:《伟大的德国农民战争》,北京编译社译,商务印书馆,1982 年。

杨真:《基督教史纲》,生活·读书·新知三联书店,1979 年。

朱塞佩·格罗索:《罗马法史》,黄风译,中国政法大学出版社,1994 年。

P. 布瓦松纳:《中世纪欧洲生活和劳动》,潘源来译,商务印书馆,1985 年。

梯利:《西方哲学史》,葛力译,商务印书馆,2000 年。

乔纳森·格兰西:《建筑的故事》,罗德胤等译,三联书店,2003 年。

尼古拉斯·巴尔本:《贸易论》,顾为群等译,商务印书馆,1997 年。

张芝联等主编:《世界历史地图集》,中国地图出版社,2001 年。

《钱伯斯世界历史地图》,杨慧玫译,生活·读书·新知三联书店,1981 年。

四 译名对照

506

1207—1255）

阿恩施塔特（Arnstadt）

阿恩斯贝格（Arnsberg）

阿尔卑斯山（Alpen）

阿尔贝罗，特里尔的大主教（Albero von Montreuil，1080—1052）

阿尔贝特，不莱梅的主教（Albert von Buxthoeven，1165—1129）

阿尔贝特（Albertus Magnus，1200—1280）

阿尔贝特·封·布克斯霍夫登（Albert von Buxthoeven，1165—1229）

阿尔布雷希特，阿斯卡尼家族的大熊（Albrechter der Bär，1100—1170 ）

阿尔布雷希特，不伦瑞克的公爵（Albrecht Ⅰ.，1236—1279）

阿尔布雷希特，骑士团首领（Albrecht von Preußen，1490—1568）

阿尔布雷希特·阿希莱斯（Albrecht Archilles，1414—1486）

阿尔布雷希特·丢勒（Albrecht Dürer，1471—1528）

阿尔布雷希特二世，奥地利公爵（Albrecht Ⅱ. von Österreich，1298—1358）

阿尔布雷希特二世，德意志国王（Albrecht Ⅱ.，1397—1439，1438—1439 年在位）

阿尔布雷希特二世，迈森的马尔克伯爵（Albrecht Ⅱ.，1240—1314）

阿尔布雷希特二世，萨克森公爵（Albrecht Ⅱ.，1250—1298）

阿尔布雷希特六世（Albrecht Ⅵ.，1418—1463）

阿尔布雷希特三世，奥地利的公爵（Albrecht Ⅲ.，1349—1395）

阿尔布雷希特三世，哈布斯堡的（Albrecht Ⅲ.，? —1119）

阿尔布雷希特三世，瑞典国王（Albrecht Ⅲ.，1338—1412，1364—1389 年在位）

阿尔布雷希特三世，巴伐利亚-慕尼黑公爵（Albrecht Ⅲ.，1401—1460）

阿尔布雷希特四世，哈布斯堡的（Albrecht Ⅳ.，1188—1239）

阿尔布雷希特四世，巴伐利亚的公爵（Albrecht Ⅳ. der Weise，1447—1508）

阿尔布雷希特一世，德国国王（Albrecht Ⅰ.，1255—1308，1298—1308 年在位）

阿尔布雷希特一世，马格德堡大主教（ Albrecht Ⅰ. von Käfernburg，1170—1232）

阿尔布列塞（Arbrissel）

阿尔蔡（Alzey）

阿尔登堡（Aardenburg）

阿尔方斯二世，阿拉贡国王（Alfons Ⅱ.，1157—1196，1162—1196 年在位）

阿尔高（Aargau）

阿尔昆（Alkuin，735—804）

阿尔勒（Arles）

阿尔诺河（Arno）

阿尔萨斯（Elsaß）

阿尔特马克（Altmark）

阿尔滕堡（Altenburg）

阿尔方斯十世，卡斯蒂利亚国王（Alfons Ⅹ.，1221—1284，1252—1282 年在位）

阿戈巴德（Agobard von Lyon，769—840）

阿戈内斯（Agnes von Poitou，1025—1077）

阿戈内斯，施陶芬的（Agnes von Staufen，? —?）

埃格伯德(Egbert，950—993)

埃格尔河(Eger)

埃格尔兰(Egerland)

埃及(Ägypten)

埃克贝尔特，不伦瑞克的伯爵(Ekbert Ⅰ.，？—1068)

埃克哈特(Eckhard，1260—1328)

埃朗根(Erlangen)

埃利吉乌斯(Eligius，589—659)

埃利亚斯(Elias von Cortona，1180—1253)

埃里克七世，丹麦、瑞典和挪威国王(Erik Ⅶ.，1382—1459，1397—1459年在位)

埃里克豪森·冯·康拉德(Konrad von Erlichshausen，1390或1395—1449)

埃里克豪森·冯·路德维希(Ludwig von Erlichshausen，1410或1415—1467)

埃默里希(Emmerich)

埃姆登(Emden)

埃姆兰德(Ermland)

埃姆尼达(Emnida，973—1017)

埃姆斯(Ems)

埃姆斯河(Ems)

埃皮法尼(Epiphanius，439—496)

埃申巴赫(Eschenbach)

艾恩西德尔恩修道院(Kloster Einsiedeln)

艾菲尔高原(die Eifel)

艾伦堡(Eilenburg)

艾赛尼派(Essener)

艾瑟尔河(Ijssel)

艾斯图尔夫(Aistulf，？—756)

艾希施泰特(Eichstätt)

艾因哈特(Einhard，770—840)

爱德华，盖尔登的公爵(Eduard，1336—1371)

爱德华一世，葡萄牙国王(Eduard Ⅰ.，1391—1438，1433—1438年在位)

爱德华一世，英国国王(Eduard Ⅰ.，1239—1307，1272—1307年在位)

爱德华三世，英国国王(Eduard Ⅲ.，1312—1377，1327—1377年在位)

爱德华四世，英国国王(Eduard Ⅳ.，1442—1483，1471—1483年在位)

爱德沙伯国(Grafschaft Edessa)

爱尔福特(Erfurt)

爱情抒情诗(Minnelyrik)

爱沙尼亚(Estland)

安布罗修斯(Ambrosius von Mailand，339—397)

安德烈亚斯·富格尔(Andreas Fugger，1394—1457)

安德烈亚斯二世，匈牙利国王(Andereas Ⅱ.，1177—1235，1205—1235年在位)

安德纳赫(Andernach)

安东尼，罗马皇帝(Antoninus Pius，86—161，138—161年在位)

安哈尔特(Anhalt)

安科纳(Ancona)

安娜(Anna von Schweidnitz，1339—1362)

安娜贝格(Annaberg)

安讷(Anne von Böhmen，1366—1394)

安诺，英利茨修道院的(Anno，？—？)

安诺，科隆的大主教(Anno Ⅱ.，1010—1075)

安普利亚(Ampurias)

安茹(Anjou)

安塞尔莫(Anselmo，即亚历山大二世教皇)

安瑟姆(Anselm von Canterbury，1033—1109)

安斯巴赫(Ansbach)

安特卫普(Antwerpen)

安条克(Antionchia)

安条克公国(Fürstentum Antiochia)

安韦勒(Annweiler)

盎格鲁撒克逊(Angelsachsen)

奥伯豪森 (Oberhausen)

奥达(Oda, 873—903)

奥德河(Oder)

奥多恩-达多(Audoen-Dado, 609—684)

奥多瓦卡,意大利国王(Odowakar,约
　433—493, 476—493 年在位)

奥地利(Österreich)

奥迪洛,巴伐利亚公爵(Odilo, 700—
　748)

奥迪洛,克吕尼的(Odilo, 961—1049)

奥厄(Aue)

奥尔贝特(Olbert von Gembloux, ? —
　1048)

奥尔德鲁夫(Ohrdruf)

奥尔登堡(Oldenburg)

奥尔良(Orlé)

奥尔索伊(Orsoy)

奥格斯堡(Augsburg)

奥 古 斯 丁 (Augustinus von Hippo,
　354—420)

奥古斯丁院规(Augustinusregel)

奥古斯都(Augustus)

奥胡斯(Aarhus)

奥克塔维安(Oktavian,即维克多四世教
　皇)

奥拉明德(Orlamündd)

奥兰多·罗西(Orlando Rossi aus Par-
　ma, ? —?)

奥雷留斯(Aurelius von Riditio, 400—
　475)

奥彭海姆(Oppenheim)

奥斯蒂亚(Ostia)

奥斯曼帝国(Osmanisches Reich)

奥斯曼人(Osmannen)

奥斯曼一世,土耳其国王(Osman Ⅰ.,
　1258—1326,1299—1326 年在位)

奥斯特法伦(Ostfalen)

奥斯特拉西亚(Austrasien)

奥特里克(Ohtrich, ? —981)

奥托,显赫的(Otto Ⅰ., der Erlauchte,
　877—912)

奥托,乌尔姆斯的(Otto von Worms,
　948—1004)

奥托,拿骚的(Otto Ⅰ. von Nassau,
　? —1289 或 1290)

奥托,诺特海姆的伯爵(Otto von North-
　eim, 1020—1083)

奥托二世,哈布斯堡的(Otto Ⅱ., ? —
　1111)

奥托一世,神圣罗马帝国皇帝(Otto
　Ⅰ., Otto der Große, 912—973,
　962—973 年在位)

奥托一世,盖尔登的伯爵(Otto Ⅰ. von
　Geldern, 1150—1207)

奥托一世,不伦瑞克的公爵(Otto Ⅰ.,
　1204—1252)

奥托二世,神圣罗马帝国皇帝(Otto
　Ⅱ., 955—983,973—983 年在位)

奥托二世,巴伐利亚公爵(Otto Ⅱ, der
　Erlauchte, 1206—1253)

奥托三世,神圣罗马帝国皇帝(Otto
　Ⅲ., 980—1002,996—1002 年在位)

奥托三世,下巴伐利亚的公爵(Otto
　Ⅲ., 1261—1312)

奥托四世,神圣罗马帝国皇帝(Otto
　Ⅳ., 1175—1218,1209—1218 年在
　位)

奥托四世,勃艮第行宫伯爵(Otto Ⅳ.
　1238—1303)

奥托(五世),勃兰登堡的马尔克伯爵
　(Otto(Ⅴ)., 1246—1298)

奥托八世，维特尔斯巴赫的（Otto Ⅷ.
Von Wittelsbach，1180—1209）

奥托，特尔斯巴赫家族的（Otto Ⅰ.，
1117—1183）

奥托卡尔一世，波希米亚的国王（Ot-
tokar Ⅰ.，1155—1230，1198—1230
年在位）

奥托卡尔二世，波希米亚的国王（Ot-
tokar Ⅱ. von Böhmen，1232—1278，
1253—1278 年在位）

奥托五世，勃兰登堡的（Otto Ⅴ. der
Faule，1346—1379）

奥托特恩权（Ottonianum）

《奥托史诗》（Gesta Ottonis）

B

巴本贝尔格（Babenberger）

巴道勒夫采尔（Badolfzell）

巴登-符腾堡（Baden-Wüttemberg）

巴尔达萨雷（Baldassare，即约翰内斯二
十三世教皇）

巴尔杜因，卢森堡的（Balduin von Lux-
emburg，1285—1354）

巴尔托洛梅奥·普里尼亚诺（Bartolo-
meo Prignano，即乌尔班六世教皇）

巴伐利亚（Bayern）

巴戈德运动（Bagaudes）

巴哈拉赫（Bacharach）

巴拉顿湖（Balaton）

巴勒莫（Palermo）

巴勒斯坦（Palästina）

巴里（Bari）

巴列塔（Barletta）

巴塞尔（Basel）

巴塞尔宗教会议（Konzil von Basel）

巴塞罗那（Barcelona）

巴斯克人（Basken）

巴斯维勒（Baesweiler）

巴特温普芬（Bad Wimpfen）

巴约（Bayeux）

拔都（Batu Khan，1205—1255）

百年战争（Hundertjähriger Krieg）

拜森（Baysen）

拜占庭（Byzanz）

班贝格（Bamberg）

班诺尼亚（Pannonia）

半自由人（lite）

邦国（Land）

邦国城市（Landstadt）

邦国政权（Landesherrschaft）

包买商制度（Verlagssystem）

保罗（Paulus von Tarsus，10？—67？）

宝剑兄弟骑士团（Schwertbrüderorden）

保加利亚人（Protobulgaren）

保利努斯（Paulinus Ⅱ. von Aquileia，
730 至 740 间—802）

保卢斯（Paulus Diaconus，725/730—
797）

卑尔根（Bergen）

北方巨石文化圈（der nordisch-megali-
tische Kreis）

北方文化圈（nordischer Kulturkreis）

北海（Nordsee）

北豪森（Nordhausen）

北莱茵-威斯特法仑（Nordrhein-West-
falen）

北伊利亚人（Nordillyriern）

贝恩瓦尔德（Bernward，950 或 960—
1022）

贝尔蒂诺罗（Bertinoro）

贝尔哈德（Bedrnhard Ⅰ.，950—1011）

贝尔加（Berga）

贝尔诺，克吕尼的（Berno von Baume，
850—927）

贝尔沙（Berchar，？—688）

贝尔塔（Berta von Alamannien，907—

山大五世教皇）

彼得·克拉苏（Peter Crassus，? —?）

彼得·文德利希（Peter Wunderlich，? —?）

彼得·卢德尔（Peter Luder，1415—1472）

彼得拉克（Francesco Petrarca，1304—1374）

彼得商栈（Peterhof）

彼拉堡（Büraburg）

庇护制（Munt）

宾根（Bingen）

波代诺内（Pordenone）

波迪布拉德（Podiebrad）

波兰人（Polanen）

波罗的海（东海）（Baltisches Meer 或 Ostsee）

波罗的海东岸（Balte）

波莫瑞（Pommern）

波莫瑞海湾（Pommerellen）

波森（Posen）

波士顿（Boston）

波坦察（Potenza）

波希米亚人（Böhme）

波希米亚（Böhmen）

剥夺法律保护令（Reichsacht）

伯尔尼（Bern）

伯恩哈德，普勒茨考的（Bernhard von Plötzkau，? —1147）

伯爵（Graf）

伯爵领地（Grafschaft）

伯利恒（Bethlehem）

勃艮第（Burgund）

勃兰登堡（Brandenburg）

博登湖（Bodensee）

博尔瑟伦家族（Haus Borsselen）

博莱斯瓦夫一世，波兰国王（Boleslaw Ⅰ.，965 或 967—1025，1024—1025

年在位）

博莱斯瓦夫三世，波兰公爵（Boleslaw Ⅲ.，1085—1138）

博莱斯瓦夫一世，西里西亚公爵（Boleslaw Ⅰ. 1127—1201）

博洛尼亚（Bologna）

博尼法修斯，盎格鲁撒克逊的（Bonifatius，672—754）

博尼法修斯，卡诺萨的（Bonifatius von Canossa，985—1052）

博尼法修斯八世，罗马教皇（Bonifatius Ⅷ.，1235—1303，1294—1303 年在位）

博尼法修斯九世，罗马教皇（Bonifacius Ⅸ.，1350—1404，1389—1404 年在位）

博帕德（Boppard）

博韦（Beauvais）

薄伽丘（Giovanni Boccaccio，1313—1375）

不莱梅（Bremen）

阿达尔贝特，不莱梅的（Adalbert von Bremen，1000—1072）

不伦瑞克（Braunschweig）

布达（Buda）

布蒂林（Butilin，? —554）

布尔加鲁斯（Bulgarus，? —?）

布尔根兰（Burgenland）

"布拉格四项条款"（Vier Prager Artikel）

布尔夏德，沃尔姆斯的（Burhard von Worms，965—1025）

布尔夏德，雷蒂亚的（Burchard Ⅰ.，855 至 860 期间—911）

布尔夏德，施瓦本公爵（Burchard Ⅲ.，906 或 915—973 ）

布尔夏德，沃尔姆斯的（Burchard，965—1025）

布尔夏德二世,哈尔伯施塔特的主教
　　(Burchard Ⅱ.,1028—1088)

布尔夏德二世,施瓦本公爵(Burhard
　　Ⅱ.,883—926)

布卡德(Burkard, 683—755)

布格豪森(Burghausen)

布格河(Bug)

布拉班特(Brabant)

布拉格(Prag)

布赖斯高(Breisgau)

布兰卡,法国的(Blanka, 1282—1305)

布兰卡·玛格丽特(Blanca Margarete
　　von Valois,1316/1317—1348)

布雷斯劳(Breslau)

布雷西亚(Brescia)

布里克森(Brixen)

布里隆(Brilon)

布里翁(Brion)

布列塔尼(Bretagne)

布林迪西(Brindisi)

布鲁诺,科隆大主教(Bruno, 925—965)

布鲁诺,科隆大主教(Bruno Ⅳ. von
　　Sayn,1165—1208)

布鲁诺,特里尔的大主教(Bruno von
　　Lauffen, 1045—1124)

布鲁日(Brügge)

布吕尔(Brühl)

布伦纳山口(Brennerpaß)

布洛涅(Boulogne)

布匿战争(Punische Kriege)

布汶(Bouvines)

布永(Bouillon)

C

《查理大帝传》(Vita Karoli Magni)

财政大臣(Schatzmeister)

采邑制度(Lehnswesen)

策林格(Zähringen)

查理,安茹的伯爵(Charles d′Anjou,
　　1227—1285)

查理,勇敢者(法语：Charles Ⅰ er le
　　Téméraire,德语：Karl der Kühne,
　　1433—1477)

查理八世,法国国王(Charles Ⅷ.,
　　1470—1498,1483—1498 年在位)

查理大帝,法兰克王国国王(Karl der
　　Große,747—814,768—814 年在位)

查理二世,那波利的国王(Charles Ⅱ.
　　von Anjou, 1254—1309,1285—1309
　　年在位)

查士丁尼一世,东罗马皇帝(Justinian
　　Ⅰ.,482—565,527—565 年在位)

忏悔(Buße)

长条形耕地(Langstreifen-Flur)

朝圣(Pilgerfahrt)

成吉思汗(Dschingis Khan, 1155 或
　　1162 或 1167—1227)

成文法(das schriftliche Recht)

承租者(Pächter)

城堡(Burg)

城堡辖区(Burgwarde)

城市(Stadt)

城市汉萨(Städtehanse)

城市徽章(Stadtsiegel)

城市议会(Stadtrat)

褫夺教权令(Interdikt)

楚格(Zug)

传教(Mission)

传教主教(Missionsbischof)

茨维考(Zwickau)

茨文蒂博尔德(Zwentibold)

茨文河(Zwin)

村长(Lokator)

村庄(Dorf)

兹宾科·扎伊茨(Zbynko Zajíc von
　　Hasenburg, 1376—1411)

D

达·芬奇（Leonardo da Vinci, 1452—1519）

达戈贝特一世，法兰克国王（Dagobert I.，608—639,629—639 年在位）

达马苏斯二世，罗马教皇（Damasus II.，？—1048,1048—1049 年在位）

达马苏斯一世，罗马教皇（Damasus I.，350—384,366—384 年在位）

达瑟尔（Dassel）

大地产制（Gutsherrschaft）

大地产主（Gustherr）

"大空位时期"（Interregnum）

大赦年（Jubeljahr 或 Heiliges Jahr）

"大特许权书"（Privilegium Maius）

大西洋（Atlantik）

大学（Universität）

大掌玺官（Erzkanzler）

大主教（Erzbischof）

大主教教堂（Dom）

大主教教堂图书馆（Dombibliotek）

大主教教堂学校（Domschule）

大主教区（Erzbistum）

带状纹陶器（Bandkeramik）

戴克里先，罗马皇帝（Gaius Aurelius Valerius Diocletianus, 245—312, 284—305 年在位）

丹麦（Dänemark）

单人墓穴（Einzelgräber）

但丁（Dante Allghieri, 1265—1321）

但泽（Danzig）

道加瓦河（Düna）

德莱文茨河畔的米歇劳（Michelau an der Drewenz）

德里茨（Deutz）

德罗戈（Drogo, 670—708）

德西代留，伦巴底国王（Desiderius, ？—786,757—774 年在位）

德意志骑士团（deutsche Orden）

德意志骑士团国家（Deutschordenstaat）

《德意志箴言》（Deutschspiegel）

德希德里（Desideriu，？—786）的黎波里（Tripoli）

等级（Stand）

狄奥多尔夫（Theodulf von Orléans, 750—821）

《狄奥多里克法典》（Edictum Theodorici）

狄奥多里克，东哥特国王（Flavius Theodoricus, 451 或 456—526,493—526 年在位）

迪奥菲拉特（Theophylakt, 即本尼狄克九世教皇）

迪恩克鲁特（Dürnkrut）

迪恩施泰因（Dürnstein）

迪尔门（Dülmen）

迪朗斯河（Durance）

迪特尔，特里尔的大主教（Diether von Nassau, 1250—1307）

迪特尔，美因茨的大主教（Diether von Isenburg, 1412—1482）

迪特尔，拿骚的（Diether von Nassau, 1250—1307）

迪特里希（Dietrich von Landesberg, 1242—1285）

迪特里希二世，科隆的大主教（Dietrich II. von Moers, 1385—1463）

迪特里希四世，图林根的侯爵（Diethrich IV.，1260—1307）

迪特里希，弗赖贝格的（Dietrich von Freiberg, 1240 或 1245—1310）

地中海（Mittelmeer）

地租（Abgaben）

帝国城市（Reichsstadt）

帝国法官（Kammerrichter）

帝国改革(Reichsreform)

帝国会议①(Reichstag)

帝国权力机构(Reichsregiment)

帝国特使(Reichslegat)

帝国特辖区(Reichsvogtei)

帝国制度（Ordnung ders Reichs，拉丁语：ordinatio imperii）

《帝国和平条例》(Landfriede)

《蒂图埃尔》(Titurel)

第纳尔(Denar)

第戎(Dijon)

蒂罗尔(Tirol)

蒂特马尔(Thietmar，975—1018)

蒂沃利(Tivoli)

丁斯拉肯(Dinslaken)

东部马尔克(Ostmark 或 Marchia orientals)

东部殖民(Ostkolonisation)

东法兰克(Ostfrankenreich，拉丁语：orientali Francia)

东西方教会的大分裂(Das Morgenländische Schisma)

都灵(Turin)

杜塞尔多夫(Düsseldorf)

杜伊斯堡(Duisburg)

对立派国王(Gegenkönig)

对立派教皇(Gegenpapst)

盾牌制度(Heerschild)

多布罗米尔(Dobromir)

多佛尔(Dover)

多兰热(Dollinger)

多米尼克修士会(Dominikaner)

多纳(Donar)

多瑙河(Donau)

多瑙河文化(Donaukultur)

多特蒙德(Dortmund)

E

俄罗斯(Rußland)

厄勒海峡(Öresund［Øresund］)

厄廷根(Öttingen)

恩格尔(Enger)

恩格尔贝特一世,科隆大大主教(Engelbert Ⅰ. von Köln，1185—1125)

恩格尔斯(Engeerns)

恩齐奥(Enzio von Sardinien，1220—1272)

恩斯堡(Ennsburg)

恩斯河(Enns)

恩斯特,奥地利的公爵(Ernst der Eiserne，1377—1424)

二圃制(Zweifelderwirschaft)

二期农奴制(die zweite Leibeigenschaft)

F

法典(codex)

法尔肯施泰因(Falkenstein)

法尔斯特布(Falsterbo)

法兰茨恩(Franzien)

法兰克人(Franken)

法伊茨赫希海姆(Veitshöchheim)

法院官吏(Justitiar)

凡尔登(Verdun)

《凡尔登条约》(Vertrag von Verdum)

防御权(Wehrhoheit)

非封地(Allod)

非自由农(servi)

非自由人(Gesinde)

菲尔内堡(Virneburg)

菲尔斯滕贝格(Fürstenberg)

---

① 中世纪时期的 Reichstag 是一种不定期的由皇帝召开的商讨国事的会议,还不是一种机构,故译为帝国会议,近代以后成为一种常设机构,因而译为帝国议会。

菲尔斯滕瓦尔德(Fürstenwalde)

菲尔斯滕瓦尔德协议（Vertrag von Fürstenwalde）

菲尔特(Fürth)

菲利普，班贝格的主教（Philipp von Henneberg，1430—1487）

菲利普，勃艮第公爵（Philipp der Gute，1396—1467）

菲利普，科隆的大主教（Philipp von Heinsberg，1130—1191）

菲利普，施瓦本的公爵（Philipp von Schwaben，1177—1191）

菲利普二世，法国国王（Philipp Ⅱ.，1165—1223，1180—1223 年在位）

菲利普六世，法国国王（Philipp Ⅵ.，1293—1350，1328—1350 年在位）

菲利普三世，法国国王（Philipp Ⅲ.，1245—1285，1270—1285 年在位）

菲利普四世，法国国王（Philipp Ⅳ.，1268—1314，1285—1314 年在位）

菲利普五世，法国国王（Philipp Ⅴ.，1293—1322，1317—1322 年在位）

菲利普一世，阿拉贡的（Philipp Ⅰ.，1478—1506）

菲利普一世，法国国王（Philipp Ⅰ.，1052—1108，1059—1108 年在位）

菲希特尔山(Fichtelgebirge)

费迪南德一世，那波利国王（Ferdinand Ⅰ.，1424—1494，1458—1494 年在位）

费迪南德二世，阿拉贡国王，那波利国王（Ferdinand Ⅱ.，1452—1516，1479—1516 年在位）

费尔德基希(Feldkirch)

费尔德克(Veldeke)

费尔莫(Fermo)

费尔南，佛兰德的伯爵（Ferrand von Portugal，? —1233 ）

费雷（Pfirt 法语：Ferrette）

费希特河(Vecht)

分王国(Teilreich)

丰迪(Fondi)

丰特夫罗拉拜修道院（Abbaye Royale de Fontevraud）

封臣(Vasalle)

封地(Landleihe)

封建领地(Grundherrschaft)

佛兰德(Flandern)

弗尔林(Föhring)

弗吉尔（Virgil，700—784）

弗拉季斯拉夫二世（Vratislav Ⅱ.，1035—1092）

弗莱贝格(Freiberg)

弗赖堡(Freiburg)

弗赖贝格(Freiberg)

弗赖辛(Freising)

法兰克的侏罗山脉(Frankenjura)

弗兰西斯(Francis)

弗兰西斯修士会(Franziskaner)

弗朗什孔泰(Franche Comté)

弗勒里(Fleury)

弗雷茨瓦夫（Breslau，波兰语：Wrocław）

弗里茨拉尔(Fritzlar)

弗里德里希，奥地利的美男子，德国国王（Friedrich der Schöne，1289—1330，1314—1330 年在位）

弗里德里希，豪森的（Friedrich von Hausen，1150—1190）

弗里德里希，卡尔维伯爵（Friedrich Ⅰ.，? —1071）

弗里德里希，美因茨大主教（Friedrich，937—954）

弗里德里希，施瓦本的公爵（Friedrich Ⅱ. der Einäugige，1090—1147）

弗里德里希，施瓦本公爵（Friedrich，1050—1105）

格里莫阿尔德(Grimoald,680—714)

格里诺·达·韦罗纳(Guarino da Verona,1370—1460)

格里特(Griet)

格罗(Gero,900—965)

格罗伊奇(Groitzsch)

格特鲁德,萨克森的(Gertrud von Sachsen,1115—1143)

格特鲁德,霍恩贝戈的(Gertrud von Hohenberg,1225—1281)

个体性(Individuum)

根特(Gent)

公爵(Herzoge)

公爵领地或公国(Herzogtum)

公有地(ager publicus,Allmende)

公证人(Notar)

宫廷大法官(Großhofrichter)

宫廷法庭(Hofgericht)

宫廷会议(Hoftag)

《宫廷会议决议》(Assisen)

宫廷教士(Kaplan)

宫廷教堂(Hofkapelle)

宫廷膳务大臣(Erztruchsess)

宫廷学校(Hofschule)

宫相(Hausmeier)

"共同芬尼"(Gemeine Pfennig)

"共同所有者"(Gesamthand)

共同体(Gemeinde 或 Kommune)

共治皇帝(Mitkaiser)

贡特拉姆一世,勃艮第国王(Guntram I.,532—592,561—592 年在位)

古尔登(Gulden)

古滕贝格(Gutenberg)

骨灰坛墓穴(Urnengrabe)

归尔甫派(Guelfen)

"桂冠诗人"(poeta laureatus)

贵族(Adel)

贵族血亲复仇(Adelsfehden)

国王(König)

国王的自由人(Königsfreie)

H

哈贝恩(Habern 捷克语:Habří)

哈布斯堡(Habsburg)

哈德里安四世(Hadrian Ⅳ. 1100 或 1120—1159,1154—1159 年在位)

哈德里安五世(Hadrian Ⅴ.,1215—1276,1276 年在位)

哈德里安一世(Hadrian Ⅰ,? —795,772—795 年在位)

哈德良(Publius Aelius Traianus Hadrianus,76—138,117—138 年在位)

哈德维希(Hadwig,914 或 920—950)

哈尔伯施塔特(Halberstadt)

哈尔茨(Harz)

哈尔茨堡(Harzburg)

哈尔德韦克(Harderwijk)

哈尔登斯莱本(Haldensleben)

哈尔施塔特(Hallstatt)

哈尔施塔特文化(Hallstattkultur)

哈尔滕(Haltern)

哈夫利奇·科瓦博罗瓦(Havlíčkův Borová 德语:Deutschbrod)

哈弗尔贝格(Havelberg)

哈弗尔河(Havel)

哈弗尔兰(Havelland)

哈格瑙(Hagenau)

哈雷(Halle)

哈默斯莱本(Hamersleben)

哈森堡(Hasenburg)

哈森比尔(Hasenbühl)

哈特曼,奥厄的(Hartmann von Aue,? —1210 或 1220)

哈特曼·舍德尔(Hartmann Schedel,1440—1514)

哈托一世(Hatto Ⅰ.,850—913)

1081/1086—1125,1106—1125 年在位)

海因里希一世,东法兰克国王(Heinrich Ⅰ. der Vogler, 876—936,919—936 年在位)

海因里希一世,法国国王(Heinrich Ⅰ., 1008—1060,1027—1060 年在位)

海因里希一世,莫勒那尔克的(Heinrich Ⅰ. von Molenark, 1190—1238)

海因斯贝格(Heinsberg)

汉堡(Hamburg)

汉诺威(Hannover)

汉萨同盟(Hanse)

汉萨城市(Hansestadt)

汉萨会议(Hansetag)

汉斯·伯姆(Hans Böhm, 1458—1476)

汉斯·布克迈尔(Hans Burgkmair der Ältere, 1473—1531)

汉斯·封·拜森(Hans von Baysen, 1390—1459)

汉斯·富格尔(Hans Fugger, ? —1408/9)

豪森流派(Hausen-Schule)

荷尔斯泰因(Holstein)

赫尔曼一世,班贝格的主教(Herman Ⅰ., ? —1084)

赫尔曼,萨拉察的(Hermann von Salaza, 1162—1239)

赫尔曼,萨勒姆伯爵(Hermann von Salm, 1035—1088)

赫尔曼一世,施瓦本公爵(Hermann Ⅰ., ? —949)

赫尔曼,斯塔勒克的(Hermann von Stahleck, ? —1156)

赫尔曼,温泽堡的(Hermann von Winzenburg, ? —1152)

赫尔曼·比隆(Hermann Billung, 900 或 912—973)

赫尔曼三世,科隆的大主教(Hermann Ⅲ., 1055—1099)

赫尔曼一世,萨克森的行宫伯爵(Hermann Ⅰ., 1275—1308)

赫尔曼一世,图林根的(Hermann Ⅰ., 1190—1217)

赫尔辛堡(Helsingborg)

赫纳比(Hnabi, 710 或 715—785 或 788)

赫洛德希尔德(Chrodechild,474—544)

赫罗茨维斯(Hrotswith von Gandersheim, 935—973)

赫希施塔特(Höchstädt)

黑里贝特(Heribert)

黑里格(Heriger, ? —927)

黑尔芬施泰因(Helfenstein)

黑尔莫(Helmern)

黑尔默河(Helme)

黑尔姆布雷希特(Helmbrecht)

黑尔姆施塔特(Helmstadt)

黑尔韦格(Hellwege)

黑海(Schwarzes See)

黑勒之路(Hellweg)

黑林山(Schwarzwald)

黑森(Hessen)

黑死病(Schwarzer Tod)

亨利二世,英国国王(Henry Ⅱ., 1133—1189,1154—1189 年在位)

亨利六世,英国国王(Henry Ⅵ., 1421—1471,1422—1461 年在位)

亨利三世,英国国王(Henry Ⅲ., 1210—1272,1216—1272 年在位)

亨利四世,英国国王(Henry Ⅵ., 1366 或 1367—1413,1399—1413 年在位)

亨利一世,英国国王(Henry Ⅰ., 1068—1135,1100—1135 年在位)

亨讷贝格(Henneberg)

亨宁·波德布斯克(Henningen Podebusk，? —1388）

洪堡（Homburg）

洪贝特（Humbert von Moyenmoutier，1006 或 1010—1061）

洪诺留二世，罗马教皇（Honorius Ⅱ.，1060—1130,1124—1130 年在位）

洪诺留二世，对立派教皇（Honorius Ⅱ.，? —1072,1061—1072 年在位）

洪诺留三世，罗马教皇（Honorius Ⅲ.，1148—1227,1216—1227 年在位）

洪诺留四世，罗马教皇（Honorius Ⅳ.，1210—1287,1285—1287 年在位）

洪丕思（Humpis aus Ravensburg，? —?）

侯爵（Landgraf）

胡符地（Hufe）

胡戈，法兰茨恩的公爵（Hugo der Große,895—956）

胡戈·坎迪杜斯（Hugo Candidus，? —1099）

胡戈贝尔特（Hugobert，? —693）

胡诺尔德（Hunold，? —774）

琥珀之路（Bernsteinstraße）

护民官（Volkstribun）

扈从（Gefolgmann）

皇帝直辖市（Kaiserstadt）

货栈法（Stapelrecht）

霍恩巴赫（Hornbach）

霍恩贝格（Hohenberg）

霍恩施陶芬（Hohenstaufer）

霍赫海姆（Hochheim）

霍赫施泰特（Höchstetter）

霍亨索伦（Hohenzollern）

霍滕斯莱本（Hoetensleben）

霍亚（Hoya）

霍伊尼茨（Chojnice）

行会（Gilde）

行会商栈（Gildhalle）

J

基堡（Kyburg）

基督（Christus）

基督教（Christentum）

基尔（Kiel）

基辅（Kiew）

基洛纳（Girrona）

基姆湖（Chiemsee）

基希贝格（Kirchberg）

吉伯林派（Ghibellinen）

吉多一世，佛兰德的伯爵（Guido Ⅰ.，1226—1305）

吉廖岛（Giglio）

吉廖岛海战（Seeschlacht von Giglio）

吉塞拉（Gisela，989—1043）

吉泽贝尔特（Giselbert，890—939）

集市（mercatus）

集市人（mercatores）

加来海峡北部大区（Nord-Pas-de-Calais）

加布里埃利·孔杜尔马洛（Gabriele Condulmaro,即欧根四世教皇）

加洛林（Karolinger）

加尔达（Garda）

加里巴尔德（Garibald，550—591）

加里斯都二世，罗马教皇（Calixt Ⅱ.，1060—1124,1119—1124 年在位）

加龙河（Garonne）

加洛林的法令（Kapitularien）

加洛林文艺复兴（Karolingische Renaissance）

加洛林字体（karolingische Minuskel）

加斯科涅（Gascogne）

迦太基（Carthage）

《家庭画册》（Handbuch）

监护人（Vormund）

交易集市（Messe）

柯尼斯堡(Königberg)

柯尼希湖(Königssee)

柯尼希山(Königsberg)

科布伦茨(Koblenz)

科迪茨(Coditz)

科尔比(Corbie)

科尔多瓦(Cordova)

科尔莱斯丁三世,罗马教皇(Coelestin Ⅲ.,1106—1198,1191—1198 年在位)

科尔维(Korvei)

科尔维修道院(Kloster Corvey)

科拉·迪·里恩佐(Cola di Rienzo, 1313—1354)

科隆(Köln)

科隆联盟(Kölner Konföderation)

科隆纳(Colonna)

科西嘉(Korsika)

克恩滕(Kärnten)

克拉科(Krakau)

克拉科夫(Krakau 波兰语:Kraków)

克拉嫩堡(Kranenburg)

克莱尔沃(Clairvaux)

克莱夫(Kleve)

克莱门斯二世,罗马教皇(Clemens Ⅱ., 1005—1047,1046—1047 年在位)

克莱门斯六世,罗马教皇(Clemens Ⅵ., 1290—1352,1342—1352 年在位)

克莱门斯七世,罗马教皇(Clemens Ⅶ., 1342—1394,1378—1394 年在位)

克莱门斯三世,对立派教皇(Clemens Ⅲ., 1020 或 1030—1100,1080—1100 年在位)

克莱门斯三世,罗马教皇(Clemens Ⅲ., ?—1191,1187—1191 年在位)

克莱门斯四世,罗马教皇(Clemens Ⅳ., 1200—1268,1265—1268 年在位)

克莱门斯五世(Clemens Ⅴ., 1250 或 1265—1314)

克莱斯汀三世,罗马教皇(Coelestin Ⅲ.,1106—1198,1191—1198 年在位)

克莱特高(Klettgau)

克赖因(Krain)

克勒斯丁四世,罗马教皇(Coelestin Ⅳ., ?—1241,1241 年在位)

克勒斯丁五世,罗马教皇(Coelestin Ⅴ, 1209/1210—1296,1294—1296 年在位)

克勒斯丁一世,罗马教皇(Coelestin Ⅰ., ?—432,422—432 年在位)

克雷蒂安,特鲁瓦的(Chrétien de Troyes,1140—1190)

克雷莫纳(Cremona)

克雷西战役(Schlacht von Crécy)

克里斯蒂安,罗滕堡的伯爵(Christian von Rothenburg, ?—?)

克里斯特堡(Christburg)

克里斯托夫三世,丹麦国王、瑞典国王、挪威国王(Christoph Ⅲ., 1416—1448,1440—1448 年在位)

克吕尼(Cluny)

克罗地亚(Kroatien 克罗地亚语: Hravtska)

克洛德墨(Chlodomer,494—524)

克洛德维希一世,法兰克国王(Chlodwig Ⅰ.,466—511,481—511 年在位)

克洛塔尔二世,法兰克国王(Chlothar Ⅱ., 584—629,584—629 年在位)

克洛塔尔三世,法兰克国王(Chlothar, 650—673,657—673 年在位)

克洛塔尔四世,法兰克国王(Chlothar Ⅳ, ?—719,717—719 年在位)

克洛塔尔一世(Chlothar Ⅰ.,500—561)

克尼茨(Konitz)

劳厄(Rauhen)

劳恩堡(Lauenburg)

劳齐茨(Lausitz)

劳英根(Lauingen)

勒芒(Le Mans)

勒米尔蒙(Remiremont)

勒皮(Le Puy)

雷蒂亚(Rätien)

雷恩(Lehen)

雷恩斯(Rhens)

雷根河(Regen)

雷焦(Reggio)

雷克灵豪森(Recklinghausen)

雷米吉乌斯(Remigius von Reims, 436—533)

雷纳尔德,科隆的大主教(Rainald von Dassel, 1114/1120—1167)

雷纳尔德三世(Rainald Ⅲ., 1333—1371)

雷纳尔德一世,布洛涅的伯爵(Rainald Ⅰ. von Dammartin, 1165—1127)

雷纳尔德一世,盖尔登的伯爵(Rainald Ⅰ., 1255—1326)

雷斯(Rees)

雷根斯堡(Regensburg)

犁文化(Pflugkultur)

里昂(Lyons)

里昂高卢行省(Gallia Lugdunensis)

里加(Riga)

理查德,康沃尔的,德意志国王(Richard von Cornwall, 1209—1272, 1257—1272 年在位)

理查德,卡普阿的伯爵(Richard von Capua, ? —1078)

理查德二世,英国国王(Richard Ⅱ., 1367—1400,1377—1399 年在位)

里米尼(Rimini)

里佩(Ripen)

里普阿利尔部族(Ripuarier)

里斯本(Lisaabon 葡萄牙语:Lisboa)

里斯高(Riesgau)

里瓦戈萨(Ribagorça)

里窝那(Livorno)

里西亚(Raetia)

里亚德战役(Schlacht bei Riade)

立陶宛(Litauen 立陶宛语:Lietuva)

立陶宛人(Litaue)

立沃尼亚(Livland 拉丁语:Livonia)

丽兴扎(Richenza)

利奥八世,罗马教皇(Leo Ⅷ., ? —965,963—965 年在位)

利奥波德,奥地利的(Leopold Ⅲ., 1073—1136)

利奥波德三世,奥地利公爵(Leopold Ⅲ. von Habsburg, 1351—1386)

利奥波德四世,巴伐利亚公爵(Leopold Ⅳ., 1108—1141)

利奥波德五世,奥地利公爵(Leopold Ⅴ., 1157—1194)

利奥波德一世,奥地利公爵(Leopold Ⅰ., 1290—1326)

利奥九世,罗马教皇(Leo Ⅸ., 1002—1054,1049—1054 年在位)

利奥三世(Leo Ⅲ., ? —816,795—816 年在位)

利奥一世,罗马教皇(Leo der Große, 400—461, 440—461 年在位)

利达(Lydda)

利格尼茨(Liegnitz)

利勒(Rile)

利马尔(Liemar)

利帕尼(Lipany 德语:Lipan)

利珀河(Lippe)

利乌多尔夫(Liudorf)

丽兴扎(Richenza von Northeim, 1078 或 1089—1141)

隶农（colonus）

列蒂（Rieti）

列曼（Liemar，？—1101）

列日（Lüttich 比利时语 Liège）

列支敦士登（Liechtenstein）

林堡（Limburg）

林道（Lindau）

林恩（Lynn）

领地（Herrschaft 拉丁语：possessiones）

领地制（Grundherrschaft）

领土主权（Souveränität）

领主（possessores）

柳蒂齐同盟（Liutitzen）

柳特普兰德，伦巴底国王（Liutprand，？—744,712—744 年在位）

柳特普兰德，克雷莫纳的（Liutprand von Cremona，920—972）

柳托尔德，埃彭施泰因的（Liutold von Eppenstein，1050—1090）

柳多夫（Liudolf，805—866）

六音步诗行（Hexametern）

龙塞（Roncevaux）

隆德（Lund）

隆卡利亚（Roncaglia）

卢卡（Lucca）

卢普芬（Lupfen）

卢日采山区（Lausitz 斯拉夫语：Luzici）

卢卡斯·富格尔（Lukas Fugger，1439—1499）

卢森堡（Luxemburg）

卢瓦尔（Loire）

卢瓦尔河（Loire）

卢修斯三世，罗马教皇（Lucius Ⅲ.，1097—1185,1181—1185 年在位）

卢伊特波尔德（Luitpold，？—907）

鲁昂（Rouen）

鲁道（Rudau）

鲁道夫，埃姆斯的（Rudolf von Ems，1200—1254）

鲁道夫，哈布斯堡的，德意志国王（Rudolf von Habsburg，1218—1291，1273—1291 年在位）

鲁道夫，莱茵费尔登的公爵（Rudolf von Rheinfelden，1025—1080）

鲁道夫，吕德斯海姆的（Rudolf von Rüdesheim，1402—1482）

鲁道夫·阿格里科拉（Rudolf Agricola，1444—1485）

鲁道夫·洛瑟（Rudolf Losse，1310—1364）

鲁道夫二世，奥地利的（Rudolf Ⅱ.，1271—1290）

鲁道夫二世，勃艮第公爵（Rudolf Ⅱ.，880 或 905—937）

鲁道夫二世，哈布斯堡的（Rudolf Ⅱ.，？—1232）

鲁道夫二世，盲人（Rudolf Ⅱ. der Blinde，1306—1353）

鲁道夫二世，维尔茨堡的主教（Rudolf Ⅱ. von Scherenberg，1401—1495）

鲁道夫四世，奥地利的公爵（Rudolf Ⅳ.，1339—1365）

鲁道夫一世，莱茵行宫伯爵（Rudolf Ⅰ.，1274—1319）

鲁尔河（Ruhr）

鲁普雷希特（Ruprecht，1352—1410，1400—1410 年在位）

鲁普雷希特一世，行宫伯爵（Ruprecht Ⅰ.，1309—1390）

鲁西永（Roussillon）

"吕特立誓言"（Ütlischwur）

《伦巴底史》（Historis Langobardorum）

《论圣灵》（Das Heilige Geist，拉丁语：filioque）

《论洗礼仪式》（De ordine baptismi）

《罗兰之歌》（Rolandslied）

买卖圣职(Simonie)

迈尔(Meier)

迈森(Meißen)

迈因维尔克(Meinwerk, 975—1036)

曼弗雷德(Manfred, 1232—1266)

曼雷萨(Manresa)

曼奴斯(Mannus)

毛里蒂乌斯(St. Mauritius, ? —290)

曼托瓦(Mantua)

梅尔菲(Melfi)

《梅尔菲法典》(Konstitution Melfi)

梅尔里希施塔特(Mellrichstadt)

梅尔森(Meerssen)

梅克伦堡(Mecklenburg)

梅梅尔河(Memel)

梅明根(Memmingen)

梅什克(Mieszko Ⅰ., 922 或 945—992)

梅斯(Metz)

梅希蒂尔德(Mechthild, 1280—1323)

梅泽堡(Merseburg)

美因茨(Mainz)

美因河(Main)

蒙塔波利(Montaperi)

蒙特布拉特(Muntprat aus Konstanz, ? —?)

蒙特卡西诺(Montecassino)

《蒙昧者书简》(Dunkelmännerbriefe)

米尔多夫(Mühldorf)

米尔豪森(Mühlhausen)

米开朗基罗(Michelangelo di Lodovico Buonarroti Simoni, 1475—1564)

米兰(Mailand)

米洛(Milo, ? —761 或 762)

《米兰敕令》(Edikt von Mailand)

米什科尔茨(Miskolc)

米恰尔·色鲁拉里乌斯,君士坦丁堡大牧首(Michael I. Cerularius, 1000—1059,1043—1058 年在位)

米夏埃尔(Michael von Cesena, 1270—1342)

米夏埃尔·沃尔格穆德(Michael Wolgmut, 1434—1519)

民族大迁徙(Völkerwanderung)

"秘密会议"(Konklave)

明登(Minden)

明谷修道院 (Kloster Clairvaux)

明斯特贝尔格(Münsterberg)

摩德纳(Modena)

摩尔人(Mauren)

摩拉维亚(Mähren 捷克语:Moravia)

摩泽尔河(Mosel 法语:Moselle)

莫尔加藤(Morgarten)

莫莱斯姆修道院(Kloster Molesme)

莫利蒙特修道院(Kloster Morimond)

莫特利(Mötteli aus Buchhom, ? —?)

莫伊廷根(Meutingen)

墨洛维希(Merowech, ? —?)

墨洛温王朝(Merowinger)

墨西拿(Messina)

默尔斯(Moers)

慕尼黑(München)

穆里(Muri)

穆里修道院(Kloster Muri)

穆斯林(Muslim)

穆伊战役(Schlacht bai Muhi)

穆宗(Mouzon)

N

拿撒勒(Nazareth)

拿骚(Nassau)

内飞地(Enklave)

内卡河(Neckar)

那不勒斯(或译为那波利;Neapel 意大利语:Napoli)

那慕尔(Namur)

那旁高卢行省(Gallia Narbonensis)

纳布河（Naab）

纳尔榜南西斯（Narbonensis）

纳尔瓦河（Narwa）

纳梅斯武夫（Namslau 波兰语：Namyslów）

纳瓦拉（Navarra）

奈德哈特（Neidhart）

"奈德哈特文体（Neidhart-Stil）"

"南德意志城市同盟"（Süddeutscher Städtebund）

男爵（Baron）

瑙姆堡（Naumburg）

尼安德人（Neandertaler）

尼安德山谷（Neandertal）

尼德兰（Niederlande）

尼古劳斯，库斯（Nikolaus von Kues，1401—1464）

尼古劳斯，斯特拉斯堡的（Nikolaus von Strassburg，? —1331）

尼古劳斯二世，罗马教皇（Nikolaus Ⅱ.，990 或 995—1061，1058—1061 年在位）

尼古劳斯三世，罗马教皇（Nikolaus Ⅲ.，1210 或 1220—1280，1277—1280 年在位）

尼古劳斯五世，罗马教皇（Nikolaus Ⅴ.，1397—1455，1447—1455 年在位）

尼古劳斯五世，对立派教皇（Nikolaus Ⅴ.，1275—1333，1328—1330 年在位）

尼科波利斯战役（Schlacht bei Nikopolis）

尼科米尔（Nekmíř）

尼克拉斯豪森（Niklashausen）

尼韦勒（Nivelles）

尼西亚（Nicäa）

《尼西亚信经》（Bekenntnis von Nicäa）

纽伦堡（Nürnberg）

"纽伦堡同盟"（Nürnberger Herrenbund）

纽斯特里亚（Neustrien）

农民（Bauer）

农民联合会（Bauernbund）

农民农庄（Bauernhof 或 Bauerngut）

农奴（Leineigene）

农奴制（Leibeigenschaft）

农庄（hoba，mansus）

诺贝特，马格德堡的的大主教（Norbert von Xanten，1080 或 1085—1134）

诺夫哥罗德（Nowgorod）

诺佳特河（Nogat）

诺里库姆（Noricum）

诺曼人（Normannen）

诺特格（Notger，? —1008）

诺特海姆（Northeim）

诺瓦拉（Novara）

诺伊堡（Neuburg）

诺伊马克（Neunark）

诺伊马克特（Neumarkt）

诺伊斯（Neuss）

"诺伊斯誓言"（Neusser Eid）

O

欧根三世，罗马教皇（Eugen Ⅲ. ? —1153，1145—1153 年在位）

欧根四世，罗马教皇（Eugen Ⅳ.，1383—1447，1431—1447 年在位）

欧里亚克（Aurillac）

欧什（Auch）

P

《帕尔齐法勒》（Parzifal）

帕德博恩（Paderborn）

帕多瓦（Padua 意大利语：Padova）

帕尔马（Parma）

帕莱（Parler）

帕骚（Passau）

帕斯卡利斯二世，罗马教皇（Paschalis Ⅱ.，? —1118,1099—1118 年在位）

帕斯卡利斯三世，罗马教皇（Paschalis Ⅲ.，? —1168,1164—1168 年在位）

帕塔利亚会（Pataria）

帕维亚（Pavia）

潘德尔夫（Pandulf Ⅰ.，? —?）

潘诺尼亚（Pannonia）

潘泰诺（Panterno）

庞蒂昂（Ponthion）

庞修斯（Pontius von Melgueil，? — 1126）

珀波，斯塔伯洛的（Poppo von Stablo，978—1048）

珀波，维尔茨堡的大主教（Poppo，? — 961）

陪审法官（Assessor 或 Beisitzer）

陪审员（Schöffe）

佩格尼茨（Pegnitz）

佩克尔斯海姆（Peckelsheim）

佩内河（Peene）

佩特鲁斯·达米亚尼（Petrus Damiani，1006—1072）

佩特鲁斯·瓦尔多（Petrus Valdes，? —1218）

皮卡第（Picardie）

皮里茨（Pyritzer）

皮尔米缪斯（Pirminius，670—753）

皮尔格林（Pilgrim，? —1036）

皮平（Pippin，797—838）

皮平，矮子（Pippin der Jüngere，714—768,751—768 年在位）

皮平二世（Pipping der Mittlere，640—714）

"皮平赠礼"（Pippinische Schenkung）

皮平，意大利的，伦巴底国王（Pipinn von Italien，777—810,781—810 年在位）

皮亚琴察（Piacenza）

皮亚斯特（Piasten）

破坏圣像运动（Ikonoklasmus）

普法尔茨（Pfalz）

普弗尔塔修道院（Kloster Pforta）

普勒茨考（Plötzkau）

普雷迪尔（Predil）

普雷蒙特雷（Prémontré）

普雷蒙特雷修士会（Prämonstratenser）

普雷内斯特（Praeneste）

普雷斯堡（Pressburg）

普利比斯拉夫（Pribislaw，1075—1150）

普利亚（Apulien 意大利语：Puglie）

普鲁士（Preußen）

普鲁士联盟（Preußischer Bund）

普鲁士人（Preußen）

普伦茨劳（Prenzlau）

普罗茨卡（Plozk）

普罗旺斯（Provence）

普热米斯尔（Přemysl）

普斯科夫（Pskow）

普瓦蒂埃（Poitiers）

普瓦图（Poitou）

Q

奇维达莱（Cividale）

奇维塔（Civita）

骑士（Ritter）

骑士晋封仪式（Ritterschlag）

骑士授剑礼（Schwertschlag）

骑士团首领（Hochmeister）

骑士团辖区（Komturei）

恰斯拉夫（Tschaslau 捷克语：Čáslav）

牵马礼（Stratordienst）

前波美拉尼亚（Vorpommern）

乔瓦尼，米兰的大主教（Giovanni Visconti，1290—1354)

切普拉诺(Ceprano)

切塞纳(Cesena)

亲兵(Hausgesinde)

曲尔皮希(Zülpich)

屈夫霍伊泽山(Kyffhäuser)

R

让布卢(Gembloux)

热拉尔（Gerhard Ⅰ. von Cambrai，? —1051)

热那亚(Genua)

人文主义(Humanismus)

日德兰(Jütland)

《日耳曼尼亚志》(Germania)

日耳曼人(Germanen)

日内瓦(Genf 法语:Genéve)

日内瓦湖（der Genfsee 法语：le Lac Léman)

熔析作坊(Saigerhütte)

瑞士(Schweiz 法语:Suisse)

瑞士联邦（Schweizerische Eidgenossenschaft)

瑞朱耶日(Jumièges)

S

撒丁(Sardinien)

《撒利克法典》(Lex Salica)

萨比纳(Sabina)

萨尔察(Salza)

萨尔茨堡(Salzburg)

萨尔茨维德尔(Salzwedel)

萨克森(Sachsen)

萨克森-安哈尔特(Sachsen-Anhalt)

萨克森豪森(Sachsenhausen)

萨克森人(Sachsen)

《萨克森箴言》(Sachsenspiegel)

萨拉查(Salza)

萨拉戈萨(Saragossa)

萨莱诺(Salerno)

萨勒河(die Saale)

萨利尔(Salier)

萨瓦(Savoyen)

萨维尔丹(Saverdun)

萨沃纳(Savona)

塞奥法诺（Theophanu，955 或 980—991)

塞巴斯蒂安·布兰德（Sebastian Brant，1458—1521)

塞恩霍芬(Selnhofen)

塞尔丹亚(Cerdanya)

塞尔柱突厥人(türkische Seldschuken)

塞利根施塔特(Seligenstadt)

塞浦路斯(Zypern 塞浦路斯语:Kýpros)

赛达(Sidon)

三圃制(Dreifelderwirtschaft)

三圣王(Heilige Drei Könige)

"三位一体"(Trinität)

沙夫豪森(Schaffhausen)

沙里贝尔特(Charibert,520—567)

沙特尔(Chartres)

沙滕人(Chatten)

膳务大臣(Truchseß)

商人(Kaufmann)

商人汉萨(Kaufmannshanse)

商业事务所(Kontor)

上阿尔特海姆(Hohenaltheim)

《上帝城》(De civiate Dei)

"上帝和平"(Gottesfrieden)

上兰施泰因(Oberlahnstein)

上普法尔茨(Oberpfalz)

上日耳曼行省(Germania Inferior)

上施塔登(Hochstaden)

上韦瑟尔(Oberwesel)

尚帕涅(Champagne)

邵尔兰(Sauerland)

摄政王（Regent）

神圣罗马帝国（das Heillige Römische Reich）

神圣同盟（Heilige Liga）

《神圣的宗教会议》（Haec sancta synodus）

神学家（Theologe）

绳纹陶器（Schnurkeramik）

圣杯派（Kalixtiner 捷克语：Utraquisten）

圣贝廷修道院（Abtei Saint Bertin）

圣彼得修道院（St. Peterkloster）

圣丹尼斯修道院（Suger von Saint-Denis）

圣殿骑士团（Tempelorden）

圣戈特哈德（St. Gotthard）

圣加莱修道院（St. Calaiskloster）

圣加仑（St. Gallen）

圣加仑修道院（Kloster St. Gallen）

《圣经》（Bibel）

圣卡斯托教堂（Basilika St. Kastor）

圣马丁修道院（Kloster St. Martin）

圣玛丽娅医护院（St. Marien-Hospital der Deutschen zu Jerusalem）

圣玛丽娅·德·里珀尔修道院（Kloster Santa Maria de Ripoll）

圣玛丽娅修道院（St. Marienkloster）

圣毛里蒂乌斯修道院（St. -Mauritius-Kloster）

圣梅达尔德修道院（Kloster Saint-Médard）

圣墓教堂（Grabeskirche）

圣乔治盾牌（Sank Jörgenschild）

"圣格奥尔格同盟"（Gesellschaft von Georg）

"圣威廉同盟"（Gesellschaft mit sant Wilhelm）

《圣日耳曼协议》（Vertrag von San Germano）

圣雅各布（St. Jakob）

诗歌和数学学院（Collegium poetarum et mathematicorum）

"狮子同盟"（Löwenbund）

理查德，英国国王狮心（Richard Löwenherz，1157—1199，1189—1199 年在位）

施科讷（Schonen 瑞典语：Skåne）

施雷肯贝格（Schreckenberg）

施米希恩（Schmiechen）

施内贝格（Schneeberg）

施派尔（Speyer）

施塔勒商栈（Stalhof）

施泰尔马尔克（Steiermark）

施泰克尼茨（Stecknitz）

施陶芬（Staufer）

施陶芬-卡佩联盟（das staufisch-kapetingische Bündnis）

施特拉尔松德（Stralsund）

《施特拉尔松德条约》（Friede von Stralsund）

施滕达尔（Stendal）

施图尔姆（Sturmius，? —779）

施图姆（Stuhm）

施瓦本（Schwaben）

施瓦本哈尔（Schwäbisch Hall）

《施瓦本箴言》（Schwabenspiegel）

施瓦岑堡（Schwarzenburg）

施瓦茨（Schwaz）

施维茨（Schwyz）

施维德尼茨（Schweidnitz）

"十三年战争"（Dreizehnjähriger Krieg）

十字军（Kreuzzug）

什一税（Zehnte）

石勒施塔特（Schlettstadt）

石勒苏益格（Schleswig）

石勒苏益格-荷尔斯泰因（Schleswig-Holstein）

实在论（Realismus）
史前史（Prähistorie）
氏族公国（Stammesherzogtum）
氏族贵族（Stammesadel）
世俗宗教运动（Laienbewegung）
世俗兄弟（Laienbrüder）
世袭承租地产（Erbpacht）
世袭领地权（Hausmacht）
世族公爵领地（Stammesherzogtum）
市长（Bürgermeister）
市场（Markt）
市场权（Marktrecht）
市民（Bürger）
市民阶层（Bürgertum）
市政官吏（Magistrat）
誓约团体（Eidgenossenschaft）
手工业（Handwerk 或 Gewerbe）
手工业者（Handwerker）
手工作坊（Handwerksbetrieb）
"收复政策"（Rekuperationen）
授职礼（Weihe）
书记员（Schreiber）
枢机主教（Kardinal）
枢机主教团（Kardinalskollegium）
赎罪券（Ablassbriefe）
双重选举（Doppelwahl）
"双剑论"（Zwei-Schwerter-Theorie）
司法审判权（Gerichtshoheit）
司库大臣（Erzkämmerer）
司提凡·哈丁（Stephan Harding,
　1059—1134）
私有教会（Eigenkirche）
私有修道院（Eigenkloster）
私战（Fehde）
斯波勒托（Spoleto）
斯德丁（Stettin）
斯海尔德河（Schelde）
斯卡讷（Skanör）

斯堪的纳维亚（Skandinavien）
斯拉夫人（Slawen）
斯洛文尼亚（Slowenien）
斯摩棱斯克（Smolensk）
斯塔弗伦（Staveren）
斯特凡（Stephan von Novara, ？—？）
斯特凡二世，罗马教皇（Stephan Ⅱ.,
　？—757,752—757 年在位）
斯特凡四世，罗马教皇（Stephan Ⅳ.,
　？—817,816—817 年在位）
斯特凡九世，罗马教皇（Stephan Ⅸ,
　1020—1058,1057—1058 年在位）
斯特拉斯堡（Straβburg）
斯特拉斯堡文学协会（die Straßburger
　literarische Gesellschaft）
斯特勒瓦河（Streva）
斯图加特（Stuttgart）
斯瓦托波克（Swantopolk,1195—1266）
苏尔茨（Sulz）
苏尔茨巴赫（Sulzbach）
苏黎世（Zürich）
"苏黎世古战争"（Alter Zürichkrieg）
苏特立（Sutri）
苏瓦松（Soissons）
苏维汇人（Sueben）
苏伊特格（Suidger）
随意税（Bede）
索布人（Sorben）
索恩河（Saône）
索恩河畔的沙隆（Shâlon-sur-Saône）
索尔兹伯里（Salisbury）
索菲（Sophie von Bayern,1376—1425）
索洛图恩（Solothurn）
索斯特（Soest）

T

塔博尔派（Táboriten）
塔德乌斯（Thaddäus von Sessa,？—？）

537

塔利亚科佐(Tagliacozzo)

塔伦特(Talent)

塔西洛三世(Tassilo Ⅲ, 741—796)

塔西佗(Publius Cornelius Tacitus, 58—120)

泰尔特里(Tertry)

泰尔图利安(Quintus Septimius Florens Tertullianus, 150—230)

泰克伦堡(Tecklenburg)

泰晤士河(Thames)

坦克雷德,莱切的(Tankred von Lecce, 1138—1194)

坦嫩贝格(Tannenberg)

唐克马尔(Thankmar, 900 或 906—938)

特奥德里希二世,特里尔的大主教(Theoderich Ⅱ. von Wied, 1170—1242)

特达尔多(Tedaldo da Castiglione, ? —?)

特霍尔德(Berthold, 900—947)

特拉沃河(Trave)

特兰西瓦尼亚(Transyvania)

特劳斯尼茨(Trausnitz)

特里安(Trient)

特里波利伯国(Grafschaft Tripolis)

特里布尔(Tribur)

特里尔(Trier)

特里菲尔斯(Trifels)

《特里斯坦和伊索尔德》(Tristan und Isolde)

特鲁瓦(Troyes)

特伦钦(Trentschin 匈牙利语:Trenčin)

特伦钦城堡协议(Vertrag von Trentschin)

特罗斯勒(Trosle)

特洛亚(Toria)

特辖区(Vogtei)

特许权(Privileg)

提奥多里克三世,法兰克国王(Theuderich Ⅲ., 653—691,675—691 年在位)

提奥多里克四世,法兰克国王(Theuderich Ⅳ., 711—737,715—743 年在位)

提奥多里克一世(Theodorich Ⅰ., 484—533)

条顿人(Teutonen)

通函(Rundbrief 或 Rundschreiben)

同盟者(Föderaten)

同业公会(Zunft 或 Innung)

统治权(Oberhoheit)

图尔(Tours)

图尔奈(Tournai)

图勒(Toul)

图里(Turri)

图林根(Thuringen)

图林根人(Thüringer)

图斯策恩(Tuszien)

图斯库拉讷(Tusculaner)

推罗(Tyros 或 Tyrus)

陨士妥(Tuisto)

托钵修士会(Bettelorden)

托克桑德里亚(Toxandrien)

托伦(Thorn)

托马斯·阿奎那(Thomas von Aquin, 1225—1274)

托马斯·贝克特,坎特伯雷的大主教(Thomas Becket, 1118—1170)

托马斯主义(Thomismus)

托斯卡纳(Toskana)

W

瓦茨拉夫二世,波希米亚的国王(Václav Ⅱ., 1271—1305,1278—1305 年在位)

瓦措(Wazo von Lüttich, ? —?)

瓦迪斯瓦夫二世,立陶宛大公(Wladys-law Ⅱ. Jagiełło, 1362—1434, 1377—1434 年在位)

瓦尔德马,丹麦国王(Waldemar Ⅰ., 1131—1182, 1157—1182 年在位)

瓦尔德马四世,丹麦国王(Waldemar Ⅳ., 1321—1375, 1340—1375 年在位)

瓦尔多派(Waldenser)

瓦尔肯里德(Walkenried)

瓦尔拉姆二世(Walram Ⅱ., 1220—1276)

瓦尔拉姆五世,林堡的公爵(Walram Ⅴ., ? —1279)

瓦尔鲁夫(Walluf)

瓦尔斯塔特(Wahlstatt)

瓦尔斯塔特战役(Schlacht bei Wahl-statt)

瓦尔魏斯(Wahlweis)

瓦拉托(Waratto, ? —686)

瓦朗谢讷(Valenciennes)

瓦林(Warin, ? —985)

瓦伦蒂尼安三世,西罗马皇帝(Valen-tinian Ⅲ., 419—455, 425—455 年在位)

瓦森贝格(Wassenberg)

万圣修道院(Kloster Allerheilligen)

王国(Königtum)

王(皇)国会议(Reichstag)

王(皇)国文书处(Reichskanzlei)

王(皇)权象征物(Reichsinsignien)

王(皇)室城堡(Reichsburg)

王(皇)室封臣(Reichsministerialität)

王(皇)室经济特权(Regalien)

王(皇)室领地(Fiscus)

王(皇)室行宫(Pfalz)

威利巴尔德·皮克海默(Willibald Pirckheimer, 1470—1530)

威廉,阿奎丹的(Wilhelm von Aquita-nien, 754—812)

威廉,奥卡姆的(Wilhelm von Ockham, 1288—1347)

威廉,德意志国王(Wilhelm von Hol-land, 1128—1256, 1254—1256 年在位)

威廉,美因茨的大主教(Wilhelm, 929—968)

威廉,图林根的(Wilhelm Ⅱ., 1371—1425)

威廉,希尔绍修道院的(Wihelm von Hirsau, 1030—1091)

威廉,香槟的主教(Wilhelm von Cham-peaux, 1070—1121)

威廉,英国国王征服者(Wilhlem der Er-oberer Ⅰ., 1027 或 1028—1087, 1066—1087 年在位)

威廉八世,阿奎丹公爵(Wilhelm Ⅷ., 1025—1086)

威廉二世,卡岑埃尔恩博根伯爵(Wil-helm Ⅱ., 1331—1385)

威廉二世,英国国王(Wihlem Ⅱ., 1056—1100, 1087—1100 年在位)

威廉二世,于利希的公爵(Wilhelm Ⅱ., 1325—1393)

威廉九世,阿奎丹公爵(Wilhelm Ⅸ, 1071—1126)

威廉三世,阿奎丹公爵(Wilhelm Ⅲ., 900—963)

威廉四世,荷兰伯爵(Wilhelm Ⅳ., 1318—1345)

威廉一世,西西里国王恶人(Wilhelm I. der Böse, 1122—1166, 1154—1166 年在位)

威尼斯(Venedig)

威尼斯王国(Venezianisches Königtum)

威斯巴登(Wiesbaden)

威斯特法仑(Westfalen)

威悉河(Weser)

韦茨拉尔(Wetzlar)

韦尔费斯霍尔茨(Welfesholz)

韦尔费斯霍尔茨战役(Schlacht am Welfesholz)

韦尔夫六世,图斯策恩伯爵(Welf Ⅵ., 1115—1191)

韦尔夫四世,巴伐利亚公爵(Welf Ⅳ., 1030 或 1040—1101)

韦尔夫五世,(Welf Ⅴ., 1073—1120)

韦尔切利(Vercelli)

韦尔特海姆(Wertheim)

韦尔泽家族(Welser)

韦拉河(Werra)

韦瑙(Wenau)

韦特劳(Wetterau)

唯名论(Nominalismus)

维埃纳(Vienne 法语:Vouillé)

维贝尔特(Wibert)

维杜金德(Widukind, 925—973)

维多,勒皮的主教(Wido Ⅱ., ? —?)

维尔茨堡(Würzburg)

维尔纳,马格德堡的大主教(Werner von Steußlingen, ? —1078)

维尔纳,美因茨的大主教(Werner von Eppenstein, 1225—1284)

维格博尔德,科隆的大主教(Wighold von Holte, ? —1304)

维克(wik)

维克托三世,罗马教皇(Viktor Ⅲ, 1027—1087,1086—1087 年在位)

维克托四世(Viktor Ⅳ,1095—1164)

维利希斯(Willigs, 940—1011)

维罗纳(Verona)

维普雷希特(Wiprecht von Groitzsch, 1050—1124)

维什拉德(Wyšehrad)

维斯比(Wisby,瑞典语:Visby)

维斯孔蒂(Visconti)

维斯马(Wismar)

维斯瓦河(Weichsel 波兰语:Wisla,捷克语:Visla)

维泰博(Viterbo)

维特尔斯巴赫(Wittelsbach)

维滕贝格(Wittenberg)

维托尔德(Vytautas, 1350—1430)

维希曼,马格德堡的大主教(Wichmann von Seeburg, 1116—1192)

维也纳(Wien)

维也纳大学(Universität Wien)

《伪伊西多尔教令集》(Pseudoisidor)

"委托授权令"(Licet iuris,或 Mandat)

魏布林根(Waiblingen)

魏克瑟尔河(Weichsel)

魏玛(Weimar)

魏森堡(Weissenburg)

魏森要塞(Feste Weißensee)

温德高地(Windleite)

温德莱特山脉(die Windleite)

温斯特鲁特河(Unstrut)

温泽堡(Winzenburg)

文茨尔二世,波希米亚国王(Wenzel Ⅱ., 1271—1305,1278—1305 年在位)

文茨尔三世,波希米亚国王(Wenzel Ⅲ., 1289—1306,1305—1306 年在位)

文茨尔四世,波希米亚国王(Wenzel Ⅳ., 1361—1419,1363—1419 年在位)

文茨尔一世(Wenzel Ⅰ., 1337—1383)

文德人(Wenden)

文迪城市同盟(Wendischer Städtebund)

文迪货币联盟(Wendischer Münzverein)

文迪施马尔克(Windische Mark)

Y

雅法(Jaffa)

"雅法和约"(Frieden von Jaffa Frieden von Jaffa)

雅各布二世,阿拉贡的国王(Jakob Ⅱ., 1267—1327,1291—1327 年在位)

雅克布斯(Jacobus,？ —？)

雅各布·富格尔,长者(Jakob Fugger der Ältere, 1398—1469)

雅各布·富格尔(Jakob Fugger, 1459—1525)

雅各布·温普林(Jakob Wimpfeling, 1450—1528)

亚得里亚海(Adriatisces Meer)

亚亨(Aachen)

亚历克赛一世,拜占庭皇帝(Alexius Ⅰ., 1048—1118, 1081—1118 年在位)

亚历山大二世,罗马教皇(Alexander Ⅱ., 1010 或 1015—1073, 1061—1073 年在位)

亚历山大三世,罗马教皇(Alexander Ⅲ., 1100—1181, 1159—1181 年在位)

亚历山大四世,罗马教皇(Alexander Ⅳ., 1199—1261, 1254—1261 年在位)

亚历山大五世,罗马教皇(Alexander Ⅴ., 1340—1410, 1409—1410 年在位)

亚历山大六世,罗马教皇(Alexander Ⅵ., 1431—1503, 1492—1503 年在位)

亚历山德里亚(Alexanderia)

亚眠(Amiens)

亚王国(Unterkönigtum)

扬·胡斯(Jan Hus,1369—1415)

徭役(Frondienste)

要塞(Festung)

耶策河(Jeetze)

耶登施派戈恩(Jedenspeigen)

耶路撒冷(Jerusalem)

耶路撒冷王国(Königreich Jerusalen)

耶稣(Jesus von Nazaret, 4 v. Chr. —30 或 31 v. Chr.)

耶希(Jesi)

冶炼作坊(Erzhütte)

伊尔内留斯(Irnerius,1050—1130)

伊达(Ida,？ —986)

伊茨河(Ilz)

伊玛吉娜(Imagina von Isenburg-Limburg, 1255—1318)

伊拉斯谟(Erasmus von Rotterdam, 1466/1467/1469—1536)

伊勒河(Iller)

伊丽莎白,布伦瑞克的(Elisabeth von Braunschweig, 1230—1266)

伊丽莎白,特波莫瑞的(Elisabeth von Pommern, 1345—1393)

伊丽莎白,图林根的(Elisabeth von Thüringen, 1207—1231)

伊丽莎白,波莫瑞的(Elisabeth von Pommern, 1345—1393)

伊丽莎白,奥地利的(Elisabeth von Luxemburg-Böhmen, 1358—1373)

伊姆霍夫家族(Imhoff)

伊珀尔(Ypern 荷兰语：Icper)

伊萨尔河(Isar)

伊森堡(Isenburg)

伊莎贝拉(Isabella von England, 1214—1241)

伊莎贝拉二世,耶路撒冷女王(Isabella Ⅱ., 1212—1228, 1212—1228 年在位)

《伊万因》(Iwein)

543

伊沃,沙特尔的(Ivo von Chartres, 1040—1115)

伊希特斯豪森(Ichtershausen)

医护院(Hospital)

医院骑士团(der Orden vom Hospital des Heiligen Johannes zu Jerusalem)

遗产分配制(Erbteilung)

异端分子(Kezter)

异端教派(Häresie 或 Kezterei)

异教(Heidentum)

异教徒(Heide)

易北河(Elbe)

意大利(Italien)

因河(Inn)

因诺森二世,罗马教皇(Innocenz Ⅱ., ？—1143,1130—1143 年在位)

因诺森三世,罗马教皇(Innocenz Ⅲ., 1161—1216,1198—1216 年在位)

因诺森四世,罗马教皇(Innozenz Ⅳ., 1195—1254,1243—1254 年在位)

因诺森五世,罗马教皇(Innozenz Ⅴ., 1225—1276,1276 年在位)

因诺森六世,罗马教皇(Innozenz Ⅵ., 1285/1292—1362,1352—1362 年在位)

吟游诗人(Trobador)

英恩(Inghen)

英格尔海姆(Ingelheim)

英国(England)

英吉利海峡(Ärmelkanal 或 English Chan)

英雄史诗(Heldendichtung)

尤迪特(Judith,795—843)

尤迪特(Judith,925—985)

尤迪特,韦尔夫家族的(Judith,1100—1130)

尤里安,罗马皇帝(Flavius Claudius Julianus,331/332—363,360—363 年

在位)

尤里乌斯二世,罗马教皇(Julius Ⅱ., 1443—1513,1503—1513 年在位)

《尤列克法典》(Codex Euricianus)

尤塔(Jutta von Luxemburg,1315—1349)

犹太教(Judentum)

犹太人(Juden)

《有利于诸侯的法令》(statutum in favorem principum)

于克河(Uecker)

于利希(Jülich)

《愚蠢颂》(Lob der Torheit)

《永久和平条例》(Ewiger Landfriede)

"永久同盟"(Ewiges Bündnis)

雨果,普罗旺斯的(Hugo Ⅰ.,？—947)

雨果(Hugo,？—?)

雨果,圣维克多的(Hugo von Sankt Victor,1097—1141)

《与教会诸侯联盟》(Confoederation cum principibus ecclesiasticis)

元老院贵族(Senat)

约布斯特,摩拉维亚的侯爵(Jobst von Mähren,1351—1411)

约尔丹,萨克森的(Jordan von Sachsen, 1200—1237)

约尔格·布罗伊(Jörg Breu der Ältere, 1475 或 1480—1537)

约翰,奥地利的公爵(Johann von Schwaben,1290—1313)

约翰,波希米亚的国王(Johann von Luxemburg,1296—1346,1311—1346 年在位)

约翰,美因茨的大主教(Johann von Nassau-Wiesbaden-Idenstein,1360—1419)

约翰,英国国王(Johann Ohneland, 1167—1216,1199—1216 年在位)

约翰·邓·司各脱（John Duns Scotus，1266—1308）

约翰·盖勒·封·凯伊泽贝格（Johann Geiler von Kaysersberg）

约翰·维滕堡（Johann Wittenborg，1321—1363）

约翰·威克里夫（John Wyclif，1330—1384）

约翰·弗罗本（Johann Froben，1460—1527）

约翰二世，法国国王（Johann Ⅱ.，1319—1364，1350—1364 年在位）

约翰二世，亨讷高的伯爵（Johann Ⅱ.，1248—1304）

约翰一世，布拉班特的公爵（Johann Ⅰ.，1252—1294）

约翰一世，荷兰伯爵（Johann Ⅰ.，1284—1299）

约翰内斯，科隆的（Johannes von Köln，1270—1331）

约翰内斯十世，拉文纳的大主教（Johannes Ⅹ.，？—998）

约翰内斯，修道士（Johannes von Gorze，900—974）

约翰内斯·奥托（Johannes Otto von Münsterberg，1360—1416）

约翰内斯·博卡马奇（Johannes Boccamazzi，？—？）

约翰内斯·丰克（Johannes Funcke，？—？）

约翰内斯·根斯弗莱斯（Johannnes Gensfleisch）

约翰内斯·古滕贝格（Johannes Gutenberg，1400—1468）

约翰内斯·罗伊希林（Johannes Reuchlin，1455—1522）

约翰内斯·普费弗科恩（Johannes Pfefferkorn，1469—1521）

约翰内斯·陶勒（Johannes Tauler，1300—1361）

约翰内斯八世，罗马教皇（Johannes Ⅷ.，？—882，872—882 年在位）

约翰内斯二十二世，罗马教皇（Johannes ⅩⅫ.，1245 或 1249—1334，1316—1334 年在位）

约翰内斯二十三世，罗马教皇（Johannes ⅩⅩⅢ.，1370—1419，1410—1415 年在位）

约翰内斯二十一世，罗马教皇（Johannes ⅩⅪ.，1205—1277，1277 年在位）

约翰内斯十二世，罗马教皇（Johannes ⅩⅡ.，937 或 939—964，955—963 年在位）

约翰内斯十九世，罗马教皇（Johannes ⅩⅨ.，？—1032，1024—1032 年在位）

约翰内斯十三世，罗马教皇（Johannes ⅩⅢ.，？—972，965—972 年在位）

约翰内斯十五世，罗马教皇（Johannes，ⅩⅤ.？—996，985—996 年在位）

约翰娜（Johanna von Brabant，1322—1406）

约翰娜，荷兰的（Johanna von Bayern，1362—1386）

约克（York）

约斯·弗里茨（Joß Fritz，1470—1525）

Z

扎哈里亚斯，罗马教皇（Zacharias，679—752，741—752 年在位）

扎洛莫三世（Salomon Ⅲ.，860—919 或 920）

长者皮平（Pippin der Ältere，580—640）

长子继承制（Primogenitur）

杂耍艺人（Gaukler）

泽斯特（Soester）